Democracia, crise e reforma

Democracia, crise e reforma

Estudos sobre a era FERNANDO HENRIQUE CARDOSO

Organizadores:
Maria Angela D'Incao e
Hermínio Martins

PAZ E TERRA

Preparação: Vivian Mannheimer
Tradução: Juliana Lemos (artigos de Amann e Baer, Goertzel, Whitehead, Horisaka e Koyasu, Hurrel, e Santiso)
Produção editorial: Katia Halbe
Diagramação: Join Bureau
Projeto gráfico e capa: Miriam Lerner
Imagem de capa: © Paulo Fridman/Sygma/Corbis/Corbis (DC)/Latinstock
Tratamento das imagens: André Stenico

CIP-Brasil. Catalogação na Fonte
Sindicato Nacional dos Editores de Livros, RJ

D45
Democracia, crise e reforma : estudos sobre a era Fernando Henrique Cardoso / organização Maria Angela D'Incao, Hermínio Martins. – São Paulo : Paz e Terra, 2010.
524p.

ISBN 978-85-7753-108-0

1. Brasil. Presidente (1995-2002): Fernando Henrique Cardoso). 2. Brasil – Política e governo – 1995-2002. 3. Democracia. I. D'Incao, Maria Angela. II. Martins, Hrmínio.

10-0039
CDD 320.981
CDU: 32(81)
016999

PAZ E TERRA
Rua do Triunfo, 177
Santa Ifigênia, São Paulo, SP – CEP: 01212-010
Tel.: (11) 3337-8399
e-mail: vendas@pazeterra.com.br
home page: www.pazeterra.com.br

2010
Impresso no Brasil / Printed in Brazil

Sumário

Segunda Parte: Políticas públicas setoriais do governo FHC

Terceira Parte: Comparações e contextualizações internacionais

Introdução

Maria Angela D'Incao
Hermínio Martins

O presente livro é uma homenagem a Fernando Henrique Cardoso, sociólogo, professor da Universidade de São Paulo e ex-presidente do Brasil.

A que se deve essa homenagem e o que ela se propõe a fazer?

Têm se tornado cada vez mais comuns, no Brasil, os livros em homenagem a cientistas em geral e, em particular, estudiosos das ciências sociais e humanas, historiadores e filósofos.

Em geral as homenagens referem-se à obra escrita dos autores e a seu papel pedagógico na formação de gerações de estudantes, por vezes crucial em momentos decisivos da constituição de disciplinas acadêmicas, como o de Florestan Fernandes na USP.[1] Dada a natureza particularmente instigante da vida e da obra de Fernando Henrique Cardoso, concebemos este volume como um conjunto de estudos acadêmicos sobre a figura e a presidência, seguindo um projeto cujo objetivo principal foi o de reunir e apresentar aos leitores a compreensão da experiência FHC para a consolidação da democracia no Brasil. Buscamos uma perspectiva analítica e comparativa (histórica, internacional), aproveitando as contribuições de uma galáxia de estudiosos das ciências sociais e humanas, com certo equilíbrio entre os *scholars* nacionais e os estrangeiros.

---

1 Além de Florestan Fernandes, Caio Prado Júnior e Antonio Candido também foram homenageados, pela faculdade de Marília, sob orientação de um dos organizadores deste volume. Seguiram pela mesma faculdade as homenagens a Octavio Ianni e Maria Izaura Pereira de Queiroz. Tratam-se em geral de homenagens aos vivos, com a exceção de Caio Prado Júnior, que foi bem tardia, póstuma, e portanto, em certo sentido, bem diferente, embora a memória afetiva estivesse bem presente neste caso: obviamente que com os vivos podemos apresentar entrevistas realizadas recentemente.

Os autores são provenientes de quatro continentes e representam um amplo leque de perspectivas disciplinares nas ciências sociais e humanas. São estudiosos das Relações Internacionais, economistas, sociólogos, antropólogos, historiadores e filósofos. Assim, não se trata de um livro de homenagem no sentido estrito, com a colaboração exclusiva de amigos, admiradores, colegas, colaboradores, discípulos e alunos do homenageado. No entanto, o livro também evita debates puramente ideológicos e polêmicos sem interesse acadêmico. Almejamos um volume de reflexões ponderadas e análise serena por estudiosos de valor reconhecido, que procuram acima de tudo analisar, compreender e explicar.

Este livro, decorridos quase dois mandatos de presidência do PT, do presidente Lula, em sucessão ao período FHC, não poderia ser exaustivo ou definitivo, dado ao fato de o tempo decorrido desde o término do segundo mandato de FHC ser relativamente curto. Contudo, esperamos que este conjunto de estudos, único na sua concepção, seja uma contribuição indispensável para os estudantes e para o público interessado no tema global da construção e consolidação da democracia.

A Primeira Parte deste volume reúne um conjunto de artigos sobre o perfil de FHC como sociólogo e como político. O período de presidência situou-se entre 1995 e 2002 e, ainda que alguns artigos se refiram exatamente a ele, outros vão um pouco além, procurando entender todo o processo social de transformações que nos trouxe ao período atual, no qual a democracia caminha na direção de um fortalecimento efetivo.

Abre essa primeira parte a entrevista de Fernando Henrique Cardoso a Bernardo Sorj e Sérgio Fausto. Intitulada "O sociólogo e o político", a entrevista oferece, com suas questões, importante depoimento do homenageado quanto a suas orientações políticas, sociais e culturais, e revisita um passado que alguns de nós partilhamos, ainda que fragmentariamente: o período da Faculdade de Filosofia da USP, a nossa velha Maria Antônia. O depoimento faz menção a duas orientações que o influenciaram: a de inspiração científica – momento em que a sociologia no Brasil se constituía como disciplina acadêmica – e a de tradição política familiar.

A leitura propicia, de um lado, um conhecimento importante para as contradições do conhecimento e da prática política, para a biografia do político e do sociólogo, além de enriquecer o conhecimento da formação das ideias no Brasil contemporâneo. Vai mais além, por outro lado, discutindo suas opções e escolhas durante o período de presidência no país. Expõe uma visão democrática da política e do futuro do Brasil como país democrático entre os *players*, e não submisso, como tantos outros nesse período econômico e social da globalização. Além disso, esse depoimento lança luzes, pela abertura que traz, no futuro voltado para a democracia e nas possibilidades, muitas vezes inesperadas, que ocorrem em todo o período histórico.

De sua formação familiar à universidade, de seu exílio no Chile durante a ditadura militar à sua volta da França, quando já era então um homem com uma rede de conhecimentos importantes dentro da sociologia europeia, americana e sul-americana – um homem que perdera a visão localista e tímida e se tornara universal, com ideias de permanecer no país ainda que cassado pelo AI-5 de sua cátedra na velha Universidade de São Paulo.

Sorj e Fausto foram felizes nessa entrevista que revela a unicidade de uma história de vida, uma existência que tem tanta importância para as transformações que nosso país assiste.

Em seguida Celso Lafer, em "FHC: O intelectual como político", primorosa análise do pensamento e da ação política de nosso homenageado, retoma a questão do intelectual na política à luz de farta bibliografia sobre o tema em contraponto com depoimentos e entrevistas produzidas e publicadas pelo Autor. Ao lado de comparações históricas, chama a atenção o paralelo feito com San Tiago Dantas, brilhante intelectual, político e ministro do Exterior e da Fazenda no princípio dos anos 1960, que não logrou o sucesso de FHC. Desenvolve a tese de que na política o importante é a crítica "de dentro" e não somente "de fora", grande mérito do homenageado. Comenta que FHC tem o dom de explicar e de compreender que, em política, ter objetivo somente não conta. O mais importante é *construir o caminho*, sem o que a política não se efetiva. É o que se chama de sentido de realidade.

Lafer apresenta farto material analítico que orienta a compreensão das dificuldades que FHC teve com os intelectuais. Ponto polêmico em sua presidência e que é tratado com respeito e elegância. Do mesmo modo explora na análise a "teoria dos curtos-circuitos", qualidade essencial para a possibilidade de mudar situações sociais quando oferece exemplos da história política contemporânea.

A paciência, a repetição e o conhecimento da fecundidade que pode encerrar o inesperado ganham relevo nesse artigo de Lafer, que considera FHC representante de grande sensibilidade em todas as direções: o sociólogo e o presidente, o intelectual e o político moderno.

Segue o artigo "A dependência da política: Fernando Henrique Cardoso e a sociologia no Brasil", de Afrânio-Raul Garcia Jr., no qual a trajetória social, intelectual e profissional de Fernando Henrique Cardoso é reelaborada com vistas a se entender a carreira e as opções do sociólogo derivadas de suas múltiplas condições, social e pessoal, de enorme prestígio tanto na área intelectual como na de especialista em política. Oferece um estudo das origens familiares, dos investimentos escolares e da escolha do ofício de sociólogo, a carreira promissora sendo bloqueada pelo golpe de 1964. Do mesmo modo que Lafer, Garcia sublinha que o exílio permitiu a extensão das atividades e o reconhecimento internacional; do concurso para a USP ao AI-5 e à dupla condição de cientista social e um dos líderes da frente de oposições aos militares. Garcia mostra ainda a importância dos capitais sociais e que as disposições responsáveis pelo prestígio como pesquisador e professor de ciências sociais foram outras que as aplicadas no domínio da política, permitindo sua rápida ascensão a presidente da República. Encerra o artigo com uma análise da reconversão de seus recursos sociais e pessoais na profissão política.

Fecha essa primeira parte o artigo de Bolívar Lamounier, "Como um intelectual se fez presidente". Esse texto traz uma análise política pontual da trajetória de FHC. Toma o período ditatorial como o inimigo comum de várias correntes políticas e situa a campanha pelas Diretas Já como um marco na ascensão política de FHC e sua eleição para senador.

Lamounier atribui o bom desempenho da "frente de oposições" então reunida no MDB como responsável por colocar o poder militar diante de um dilema: fechar radicalmente o regime, instituindo uma ditadura aberta, ou aceitar o restabelecimento da democracia, ainda que gradual, como um caminho inexorável. A oposição, a favor de eleições diretas para prefeito das capitais, pela convocação de uma Assembleia Constituinte e contra a extinção do MDB. Uma lei de anistia negociada com o governo permite o retorno ao país de numerosos políticos e ativistas, pressionando o governo militar.

Já no Senado, Fernando Henrique defendia que a mudança fosse feita através da candidatura de Tancredo Neves no Colégio Eleitoral, formado por deputados e senadores, instituto criado pelo regime militar, na prática, para referendar o nome indicado pelos militares. Tancredo Neves vence Paulo Maluf no Colégio Eleitoral, em janeiro de 1985, e a candidatura Tancredo Neves encerraria formalmente a transição, após 21 anos de regime militar.

Na Segunda Parte, Políticas públicas setoriais do governo FHC, são apresentados os textos de autores que se dispuseram a analisar, do local de suas especialidades, o período em questão.

Abre essa parte o ensaio do antropólogo Roberto DaMatta, "O Real como revolução brasileira: Um ensaio sobre as intimidades da hierarquia com o dragão da inflação". De que fala este original observador da sociedade brasileira? Recorda-nos dos apertos da vida com a inflação, desenvolvendo a interessantíssima ideia de que nós nos habituamos à inflação pois ela era a expressão das desigualdades sociais nacionais, do compadrio, do favor e dos amigos importantes. Além disso, que a diferença entre a esquerda que demonizava o dinheiro e a direita que o endeusava, não se dá mais graças ao fato de o governo Lula ter continuado os programas e reformas efetuados durante a época de FHC. Assim, o Real, porém, começa a coagir o "político" a ser um administrador público. Algo impensável no passado inflacionário.

Tanto chama de revolução a esquerda ter deixado de mencionar a necessidade de uma revolução para se conseguir uma vida mais igualitária, como chama de revolução brasileira o período em que o Real se equilibrou, dando aos brasileiros a possibilidade de uma vida sem tantos altos e baixos. Entretanto, fala ainda de uma *inflação legal* que persiste, qual seja, os favores que permeiam a economia moral que assola o sistema governamental com espaços de manobra que certos grupos teriam para receber ou saldar empréstimos governamentais. O que os amigos, aliados do governo, conseguem é o que dificulta o panorama da plena realização da cidadania na sociedade brasileira.

Segue nesta parte o ensaio "A ilusão da estabilidade: A economia brasileira no governo FHC", escrito por dois economistas, o inglês Edmund Amann e o americano Werner Baer. O ensaio trata de fazer uma descrição das principais características do programa brasileiro de estabilização do Real e seus primeiros avanços na eliminação da inflação. Trata-se de uma quase etnografia econômica que tem muito valor para a compreensão da história da economia governamental brasileira desse período. Passa depois a examinar o uso da taxa de câmbio para manter a inflação sob controle e também analisa os problemas criados pela supervalorização do Real. O ensaio se concentra nos desequilíbrios estruturais que o programa enfrentou e os diversos artifícios usados para lidar com eles, o que acabou por levar a um conjunto de contradições que ocasionou seu colapso. Importante observar que o que os autores chamam de colapso do Real – a desvalorização do Real em mais de 40%, em 1999 – resulta hoje como algo quase esquecido, esmaecido na memória da população pela retomada lenta do valor mesmo que ainda bem abaixo de seus propósitos iniciais. Além disso, o ganho real de imensa parte da população brasileira, dos excluídos, tem movimentado, de um modo ou de outro, a economia que parece ter-se encontrado em situação razoável dentro da crise mundial presente.

Enfim, os processos sociais e econômicos necessitam mesmo de análises de longo e médio termos. De qualquer modo, a inclusão deste ensaio é muito importante para o volume uma vez que guarda proximidade com o período e analisa a necessidade da reforma fiscal.

Segue este ensaio o estudo do economista Luiz Carlos Bresser-Pereira, importante homem público, político, empresário e executivo que foi, entre outros, ministro do então Ministério de Administação Pública e Reforma do Estado (MARE) criado no governo FHC, especificamente para abrigar as ideias de Bresser-Pereira. "Os primeiros passos da reforma gerencial do Estado de 1995" proporciona uma leitura fascinante para o conhecimento dos meandros históricos da modernização do Estado, um misto de depoimento e de descrição de modelo de administração adotado – uma parte essencial da modernização do Estado brasileiro. De acordo com o autor e idealizador da reforma gerencial: "... meu trabalho no MARE, entre 1995 e 1998, foi aquele que me deu mais satisfação, porque a reforma gerencial do Estado então iniciada foi bem-sucedida no plano institucional, ao aprovar uma emenda constitucional e algumas leis básicas, no plano cultural ao ganhar o coração e as mentes da alta administração pública brasileira, e no plano da gestão porque continua a ser realizada a nível federal, porque a nível estadual e municipal seus avanços são ainda maiores, porque vários serviços que utilizam os princípios gerenciais da administração pública revelam substancial aumento de eficiência e de qualidade dos serviços; e finalmente, voltando ao plano cultural, porque a opinião pública que apoiou a reforma enquanto ela era discutida em âmbito nacional entre 1995 e 1998, a mantém na memória como algo importante e positivo para o país que ocorreu então."

Entre as contribuições que este trabalho oferece destacam-se os estudos de distintas reformas administrativas dos Estados modernos e aquela que o Brasil, nesse período, ousou formular e implementar, servindo de modelo para o próprio Banco Central.

Destaca a importância da responsabilização, governança e democracia participativa. Refere-se ainda ao trabalho de Ruth Cardoso, antropóloga, professora da USP com trabalho intelectual dos mais relevantes e primeira-dama que, preocupada em estabelecer um marco jurídico mais claro para as entidades "públicas não-estatais", promoveu a lei das OSCIPs (Organização da Sociedade Civil de Interesse Público).

Entre outras reformas consta a da responsabilização que é, também, uma forma de controle, uma forma de exercício do poder, mas que envolve o próprio controlado na medida em que o torna responsável perante o superior hierárquico e, mais amplamente, perante a sociedade. É o modo de a sociedade exercer influência sobre a administração pública e mais amplamente também sobre o sistema constitucional-legal através da responsabilização social.

Menciona o fracasso de seu intento em tornar as universidades federais uma forma de organização social, e o sucesso da reforma no SUS. Conclui enfatizando que a reforma precisa continuar. Hoje, não é possível pensar o país sem essa reforma e modernização administrativa.

Segue esse estudo o trabalho "O fortalecimento do terceiro setor no governo Fernando Henrique", de Simone de Castro Tavares Coelho, aluna de Ruth Cardoso na Universidade de São Paulo. Esse artigo trata da grande transformação incluída na Reforma Gerencial que significou o crescimento do terceiro setor no período em questão. O entendimento da eficácia redistributiva e agregadora, que nas organizações do terceiro setor atuavam nas áreas mais pobres, oferecendo bens e serviços além de conseguirem mobilizar recursos e pessoas em prol das ações, leva o Estado a respeitar as iniciativas de inspiração solidarista, buscando uma relação de parceria e não mais de tutela, como vinha sendo. Foi esse governo, o governo de FHC, o primeiro a reconhecer a importância dessas iniciativas. Coelho observa que, comandado por Ruth Cardoso, surgiu o Conselho da Comunidade Solidária – que vai acolher 11 ministros de Estado e 21 membros representativos de diversos setores da sociedade civil, e vai buscar mais concretude das parcerias entre governo, mercado e sociedade civil. Apesar de ter gerado muita polêmica, a sociedade brasileira tem colhido bons frutos dessa nova maneira de agir na superação dos profundos problemas sociais.

Nessa nova logística social destaca-se uma série de reformas na legislação, de forma tanto a incentivar e estimular mercado e sociedade civil a investirem mais no social por meio da ampliação de isenções fiscais, como também a instrumentalizar melhor o Estado nessas possíveis parcerias. Tudo isso vai levar à reforma de parte do marco legal que normatiza a existência dessas entidades, através de inúmeras modificações, como enfatiza o artigo.

Outra grande área de modificações decorrente dessas transformações diz respeito à própria assistência social no país. Os assistentes sociais da Universidade do Pará, Carlos Alberto Batista Maciel e Edval Bernardino Campos, em "Uma crônica da assistência social no governo FHC", descrevem como era tratada a caridade no Brasil e os desenvolvimentos que a caridade teve desde o século XIX. Uma política setorial marcada por décadas de meia caridade na qual o usuário das ações de assistência social de governo contava unicamente com a esperança na "boa vontade" dos governantes, precisou, no período posterior à Constituição Federal de 1988, de um conjunto de esforços do Estado brasileiro para (re)organizar a assistência social sob a condição de política pública de responsabilidade do Estado brasileiro.

De fato, as ações institucionais para a consolidação da assistência social enquanto política de Estado tiveram seu início em dezembro de 1993 – Lei Orgânica da assistência social (LOAS), ao final do mandato de Itamar Franco. No entanto, as principais medidas organizacionais para o aparelhamento desta política pública somente foram produzidas a partir de 1995, através de um caminho não linear, mas importante para a instituição da política pública da assistência social existente na atualidade.

Esse texto vai tratar da estruturação e institucionalização da política setorial da assistência social, ancorado pelo seu status de política de Estado, no contexto do governo federal sob a condução de Fernando Henrique Cardoso em seus dois mandatos. Foram mudanças cruciais que permitem considerar que o desenho da política pública da assistência social no governo do presidente Luíz Inácio Lula da Silva apenas foi possível devido ao acúmulo das experiências e das informações produzidas pelo conjunto de ações na área realizadas na gestão dos dois mandatos que o precederam.

Sérgio Costa, no artigo "Da sociologia do racismo às políticas antirracistas: Nexos difíceis", apresenta breve reconstrução histórica do tema do racismo na sociologia brasileira e faz um paralelo entre a obra do jovem sociólogo Cardoso e o presidente, trinta anos depois. Comenta sobre os embates ideológicos das diversas correntes, presentes até o momento, como é a discussão ao redor da lei de cotas. Chega a um inventário de problemas e de políticas que trazem uma transparência maior à questão da política de ação afirmativa e aos problemas decorrentes da dificuldade da questão onde não existe unanimidade sobre a ideia de uma identidade racializada que possa servir de resistência política ao racismo. Há um embate entre o plano cultural – cuja reação é de ruptura, mas também de continuidade e afirmação, de que a nação integra as diferenças – e o plano político que de forma similar denuncia a discriminação mas também procura concretizar o mito da igualdade para todos. Oportuno lembrar aqui que o presidente FHC declarou o ano 2000 como o ano de Gilberto Freyre, reconhecendo assim o valor da obra do sociólogo pernambucano, não obstante todas as críticas que se lhe podem colocar, algumas referidas neste artigo.

Em seguida apresentamos o artigo "A educação nos anos de FHC", de Cláudio de Moura Castro, onde se pode entender a extensão dos ganhos e das dificuldades desse setor tão importante na construção de nosso país. O autor segue, em detalhes, as reformas feitas pelo então ministro da Educação, Paulo Renato de Souza, desde a priorização da escola elementar no governo FHC, a criação do FUNDEF, a grande revolução da Educação no país – deixando para os governos e municípios cuidarem do financiamento, colocando dinheiro também nas mãos dos diretores escolares, através das caixas escolares –, passando pela merenda escolar e pela Bolsa Escola, mais tarde transformada, no governo Lula, na Bolsa Família, com cobertura mais ampla mas sem os mesmos controles restritos à frequência escolar. Trata dos parâmetros curriculares, os PCNs, toda a dificuldade do MEC. Além disso observa a criação de conselhos para filtrar os melhores livros para a educação básica a ser financiada com o dinheiro público. Considera o aumento das matrículas e a relativa manutenção da performance dos estudantes que o projeto teve, confirmando o sucesso, ainda que o nível de aprendizagem seja muito baixo no Brasil, por razões múltiplas, das quais ressaltam a qualidade da formação do professor, o corporativismo do serviço público e o estatuto do magistério, além da pobreza estudantil.

Castro apresenta dados para a análise também sobre o ensino médio, a emergência do ensino técnico sem continuidade universitária, o curso universitário e a falta de recursos ocasionando o aumento do número das escolas particulares nessa área para atender à demanda crescente no período; argumenta longamente sobre as críticas atribuídas à política do ministro e chega à pós-graduação brasileira e seu vigor, com muitos dados comparativos, chegando a oferecer ao leitor competente uma radiografia da educação no período.

Em continuidade a essa parte, segue "FHC e a Amazônia: O último sertão", de Lúcio Flávio Pinto, jornalista e sociólogo que se tem distinguido pela defesa e luta sistemática da região amazônica. O autor vai buscar as raízes da tragédia amazônica, que é o seu desmatamento, dentro da ditadura, e seu remédio, que seria a correção do modelo de desenvolvimento desequilibrado. Situa essa condição, até hoje presente, na mão que apoia o investimento – bastante pesada – e mostra que a mão que deveria corrigir é muito leve em comparação com os investimentos. O período do governo de FHC, de dois mandatos, foi o que teve a maior política em direção à preservação da floresta; entretanto foi o período em que a maior área foi derrubada. Isto dentro da medida provisória que elevou de 50% a 80% a área de proteção legal, causando a pressão geral dos empresários que acusaram o governo de ceder a pressões internacionais para "engessar" a Amazônia, impedindo o pleno desenvolvimento das atividades produtivas, que competiam com os países travestidos de defensores da natureza amazônica.

O artigo situa a modernização do capitalismo no período como responsável pela transformação da região em uma similar do sul, entretanto com os piores índices de desenvolvimento humano. Analisa pontualmente os efeitos devastadores da modernização na Amazônia, simbolizando o que já chamamos em outra situação de uma modernização às avessas. A ausência de políticas integradas é também apontada como contribuição para o caos na região.

Quanto aos índios, parte social e cultural importante do ponto de vista da cidadania e da preservação amazônica, o antropólogo Ricardo Verdum oferece no artigo "O indigenismo brasileiro e os anos FHC" importante análise sobre o que chama de um período de intensa disputa ideológica, política e semântica sobre o "novo espírito" do indigenismo brasileiro pós-1988. O movimento indígena no Brasil, associado à pressão política interna e externa pelos direitos humanos e pela sustentabilidade ambiental nos anos 1980, vai se opor à questão integracionista do velho indigenismo brasileiro, exigindo uma revisão do aparato conceitual, dos objetivos e das estratégias discursivas e estruturas institucionais do Estado no relacionamento com os *povos indígenas*, de forma a adaptá-los aos novos tempos. Analisa o papel dos diferentes atores do período, as cooperações técnicas alemã (GTZ) e britânica (DfID) e do Banco Mundial e do Programa Piloto para Proteção das Florestas Tropicais do Brasil (PPG7). Enfatiza a estagnação do novo estatuto indígena no período Cardoso e o agravante que foi o ministro Jobim ser responsável pela redação e pela aprovação por FHC, em 8 de janeiro de 1996, do Decreto nº 1775, em substituição ao Decreto nº 22/91. São novos os procedimentos a serem adotados pela FUNAI para a demarcação de terras, assim é introduzida a possibilidade de "estados, municípios e demais interessados" poderem contestar. Estava em curso, nesse período, a TI Raposa/Serra do Sol (RR) e a TI Baú (PA). Contudo, findo o primeiro mandato de FHC (1999), verificou-se que ele era, até então, o presidente da República com maior número de decretos em homologação, que juntos somavam a maior extensão já demarcada de terras indígenas.

Mais adiante é apresentado o artigo "Os movimentos sociais no Brasil a partir dos anos 1990", da socióloga Maria da Glória Gohn, que analisa características da organização da sociedade civil no Brasil a partir dos anos 1990 expressas em ações coletivas sob a forma de movimentos sociais, ONGs, fóruns e entidades do terceiro setor. Ainda que a Autora não se detenha em movimentos específicos, faz um esforço intersetores para caracterizar o período ao longo dos anos 1990, especialmente durante os anos do governo do ex-presidente Fernando Henrique Cardoso, no sentido de entender as alterações nas relações entre os agentes sociais coletivos, promotores das ações, e o Estado e suas políticas públicas. Divide o período em três momentos: uma fase pré-gestão, de 1990 a1994; de 1995 a 2000, e de 2000 a 2002. Ghon oferece a cada uma dessas fases um leque de exemplos e de novos processos de transformação social.

Arthur Trindade, com o texto "A segurança pública no governo FHC", contribui para o volume discutindo as mudanças em curso na área de segurança pública durante o governo de Fernando Henrique Cardoso (1995–2002). Argumenta que o crescimento da violência urbana e a mudança de percepção do eleitorado sobre o papel do governo federal na gestão da segurança pública proporcionaram as condições necessárias para uma mudança institucional: a criação da Secretaria Nacional de Segurança Pública (SENASP), a elaboração do Plano Nacional de Segurança Pública (PNSP) e a implementação do Fundo Nacional de Segurança Pública (FNSP). Apesar do fortalecimento de sua capacidade de ação, a atuação do governo federal concentrou-se quase que fundamentalmente no repasse de recursos ao Estado para aquisição de viaturas, armamento, munição, coletes e equipamentos de comunicações, deixando a desejar quanto a educação, formação policial e novas abordagens de segurança, como a comunitária

Alude ao grande problema da violência policial, prática de tortura do regime militar, ainda nas delegacias da polícia civil. Menciona as condições carcerárias sub-humanas e o abuso da força letal policial.

Oliveiros S. Ferreira contribui para o volume com o estudo intitulado "O Ministério da Defesa e a saga do Partido Fardado". Postula que a criação do Ministério da Defesa no período foi a conclusão, com êxito, do afastamento das Forças Armadas dos centros de decisão política. Com o objetivo de analisar os processos que levaram às intervenções militares na vida política brasileira, procede a um retorno, com inusitada riqueza de detalhes históricos. Analisa ainda o *site* oficial do Ministério da Defesa com o fim de entender a visão oficial e também para fundamentar seu raciocínio. Ferreira compreende que não apenas o cargo de Ministro Extraordinário da Defesa não foi extinto, como tampouco a Lei Complementar nº 97 cria o MD, mas refere-se às funções do ministro (chamados agora de Comandantes, que deixam de ter acesso ao presidente da República). Outro aspecto importante é que a lista dos oficiais a serem promovidos deixou de ser conduzida, havendo, entre outras providências, completa submissão das Forças Armadas ao poder civil. É uma leitura obrigatória para se rememorar os espaços militares na ditadura militar como, para os mais jovens, se conhecer um dos períodos mais sombrios da história brasileira contemporânea.

Encerra essa parte o artigo de Paulo Sérgio Pinheiro, "O governo Fernando Henrique Cardoso e os Direitos Humanos". O artigo enfoca as iniciativas das administrações federais depois do final da ditadura militar no Brasil em 1985, apresentando a história da luta pelos direitos humanos e chegando a 1995, no governo de FHC. Analisa ponto a ponto as iniciativas em forma de lei e chega à promulgação do Programa Nacional de Direitos Humanos, PNDHI. Examina as responsabilidades internacionais do país no período e, passo a passo, as decisões referentes aos desaparecidos durante o regime militar, como responsabilidade do Estado e as devidas indenizações. Entre as medidas mais importantes figuram, entre outras, a criminalização da tortura, a competência da justiça civil para julgar os crimes de homicídios dolosos praticados por policiais militares. Vai além das medidas do governo posterior com a regulamentação do princípio constitucional da responsabilidade federal em matéria de graves violações de direitos humanos, a gratuidade da certidão de nascimento e o programa de proteção a testemunhas. Observa a extensão do Programa Nacional de Direitos Humanos, o PNDH II, oferecendo ao leitor toda a variação de medidas democráticas, desde a formulação à consulta à sociedade civil.

Chegamos à Terceira Parte deste volume, onde encontramos as Comparações e contextualizações internacionais.

Inicia essa parte o artigo do politólogo americano Ted Goertzel, conhecido pelos seus trabalhos sobre a vida política contemporânea no Brasil. No seu artigo, "Lembrem-se de tudo que escrevi: o impacto de Fernando Henrique Cardoso sobre as ciências sociais", ele fornece dados importantes sobre o impacto das obras de Fernando Henrique Cardoso na disciplina acadêmica de Estudos Latino-americanos praticamente no mundo inteiro. O seu livro com maior e mais persistente ressonância internacional, escrito com o sociólogo chileno Enzo Faletto, publicado originalmente em castelhano em 1969, *Desarrollo y dependencia en America Latina: ensayo de interpretación sociológica*, deve o seu sucesso, em parte, segundo Goertzel, ao fato de que até então os estudiosos da América Latina concentravam-se num só país, e com a abordagem analítica desse livro encontraram uma perspectiva global para a região, discutível mas muito estimulante (e uma alternativa bem-vinda à Teoria da Modernização, cujo descrédito era bem patente no fim da década de 1960). Outros cientistas sociais, brasileiros, latino-americanos e de outras nacionalidades trabalharam versões do que se veio a chamar a Teoria da Dependência, mas o êxito desse livro, certamente entre os acadêmicos estrangeiros, nos Estados Unidos e no resto do mundo, foi maior do que o de, por exemplo, Gunder Frank (havia também uma diferença política crucial, pois para Gunder Frank a condição de dependência tornava o desenvolvimento impossível, enquanto que FHC, já em 1969, considerava possível, em certas circunstâncias, combinar o desenvolvimento e a dependência, uma versão da qual, durante a ditadura militar brasileira, ele chamou de "desenvolvimento dependente-associado"). Goertzel discute a problemática epistemológica das ciências sociais em relação a esse livro clássico e a abordagem de FHC neste tipo de estudos "dependentistas", mostrando que se afasta do critério popperiano de confrontação com dados empíricos, e se aproxima da abordagem lakatosiana de programas de pesquisa científica, avançando por sucessivas aproximações, tendo em conta processos históricos de longo prazo, a abordagem "histórico-estrutural". Assim, o diálogo com outras perspectivas teóricas, outros esquemas de interpretação, se tornava possível e frutífero.

Segue o artigo do cientista político inglês Laurence Whitehead, que apresenta "Fernando Henrique Cardoso: A *Astutia Fortunata* do presidente-sociólogo do Brasil", um estudo elaborado sobre a raridade do aparecimento de um sociólogo-presidente no decorrer da História do Brasil, latino-americana e mesmo no panorama internacional. FHC é visto como único, uma raridade comparativa entre cientistas sociais que tiveram uma carreira acadêmica brilhante, com publicações originais e criativas, recohecidas internacionalmente, e não apenas com uma tese de doutoramento e pouco mais.

De fato, tem havido bem poucos sociólogos a desfrutar dessas duas carreiras brilhantes, no topo dos dois mundos, na academia e na política nacional, em qualquer parte do globo (em geral, começando na academia, e depois entrando na política). No entanto, um certo número de economistas (economistas acadêmicos, com carreiras na academia, pois há economistas que fazem praticamente toda a sua carreira fora da academia, fora das universidades, e hoje cada vez mais, por exemplo, em bancos, consultorias, ou departamentos de pesquisa em organizações internacionais etc) conseguiu a façanha em países europeus e mesmo em latino-americanos, como exemplifica Whitehead em seu artigo.

O caso FHC é notável também porque o seu êxito na política foi conquistado por si mesmo no jogo normal da competição política, eleitoral e parlamentar (com derrotas pelo caminho), e não foi uma dádiva de outros com poder político decisório máximo, ou de cúpulas políticas de partidos ou ainda de outras forças que se podem impor na vida política nacional (como no caso mexicano dos economistas que se tornaram presidentes, Salinas e Zedilla, que deveram o poder à máquina do PRI). É verdade que o acaso de o presidente Itamar Franco ter escolhido Cardoso para ministro das Finanças, cargo ao que parece que não tinha sido cobiçado pelo próprio FHC, que não era economista, deve ter sido decisivo para a sua carreira política subsequentemente.

O artigo oferece uma análise circunstanciada da flexibilidade política de FHC de que ele, ao ser derrotado no plebiscito relativo ao parlamentarismo, não apenas aceitou o resultado como o adotou com entusiasmo suficiente para assegurar sua eleição como o próximo presidente da República, e depois usou esse cargo para modificar a Constituição de modo a reforçar o Poder Executivo federal. Foi o homem certo na hora certa, e naquelas condições de extrema turbulência a sorte ditou que ele herdaria raras oportunidades negadas a seus contemporâneos mais próximos. Ele também demonstrou perspicácia ao perseguir tais oportunidades.

Essa posição se aproxima dos artigos de Afrânio-Raul Garcia Jr. e de Lafer, mencionados anteriormente. Aborda a mesma temática das razões para o êxito de FHC entre outros membros das elites brasileiras. Por um lado, Garcia, em uma perspectiva mais sociológica (em função de conceitos como capital social e capital cultural); por outro, Lafer, numa perspectiva das ciências políticas, como aliás é a de Whitehead nesse artigo, bem fundado na história de vida de FHC no contexto de sua formação e da ditadura, como intelectual, em seu caminho político até a presidência e como presidente. Trata-se de uma visão estrangeira bastante rica de sugestões tanto para os brasileiros como para os estrangeiros.

Do Japão, os politólogos japoneses Kotaro Horisaka e Akiko Koyasu enviaram a contribuição para o volume, intitulada "Compreendendo o Brasil a partir de FHC: Uma perspectiva do Japão e implicações para as economias asiáticas em crescimento". Os autores são da opinião de que as perspectivas do período de transição sob a era FHC, principalmente a perspectiva de desenvolvimento como um conceito abrangente de fatores políticos, econômicos e sociais aos quais FHC muitas vezes aludia, são as mais significativas, comparativamente, para a Ásia atual e os BRICs (Brasil, Rússia, Índia e China). Horisaka e Akiko Koyasu mencionam a coalizão entre FHC e Lula da Silva relativa ao modelo de desenvolvimento adotado, o que garantiu em primeiro lugar a manutenção do projeto iniciado com sucesso. Fala de três referências estratégicas da era FHC como influência na Ásia, quais sejam, a democracia como ponto de partida; a referência de uma nação integrada à inclusão social, e uma abordagem pragmática no sentido do tempo necessário para essas transformações. O leitor tem a oportunidade de se enfronhar nessas comparações possíveis com os países da Ásia.

Andrew Hurrell, jovem inglês, *Fellow* do Balliol College da Universidade de Oxford, em seu artigo "Cardoso e o mundo" brinda o volume com uma elaborada reflexão acadêmica sobre como o pensamento de Cardoso se encaixa nas Relações Internacionais enquanto campo acadêmico e, de algum modo, em certos padrões dominantes no Brasil. Partindo da obra acadêmica de FHC, pontua os diferentes focos utilizados em seu percurso intelectual chegando na década de 1990 e ao tema da globalização. Argumenta com base nos depoimentos do ex-presidente de que sua compreensão não deixou de reafirmar as "credenciais" da democracia liberal moderna com um aparelho estatal eficaz além de uma economia coerente. A partir da análise de três considerações possíveis, Hurrell busca similaridades entre o conceito primordial de dependência e a relação com a atualidade, afastando-se da análise das forças sociais e de classe, aproximando-se de um foco maior que é do Estado-nação. Apresenta no curso da rica argumentação um conjunto de observações indagativas sobre as posições de Cardoso à luz de seu entendimento do que são, hoje, as Relações Internacionais.

Encerra essa Terceira Parte o artigo do politólogo francês Javier Santiso, "A emergência do possibilismo no Brasil do tucano Cardoso ao Lula *light*". Segundo o autor, o colapso tanto do populismo macroeconômico como do monetarismo, o fracasso dos "choques" ortodoxos e não ortodoxos, das utopias políticas e da economia política do impossível incentivaram a adoção de um novo estilo cognitivo de fazer política. Verificou-se em vários países da América Latina uma nova corrente, ansiosa não só de consolidar a democracia em termos estritamente políticos (como por exemplo através de reformas com respeito aos mandatos eleitorais, e as tentativas de mitigar ou substituir o presidencialismo) mas também de assegurar novas bases econômicas sólidas para as democracias restauradas.

Este projeto necessitou da adoção de políticas de liberalização econômica, mas, segundo o autor, num espírito de experimentação e de remediação das falhas dos sistemas econômicos e financeiros, e não de implementação de dogmas neoliberais, ou seguindo cegamente o "Consenso de Washington" (FMI, Banco Mundial), que hoje já perdeu a hegemonia de que gozou por tantos anos nas instituições financeiras internacionais, tendo em conta a necessidade imperativa de melhorar a distribuição da renda e de mitigar a pobreza. O artigo frisa as continuidades de política econômica entre o governo FHC e o governo Lula, mesmo com diferenças de tom e pormenor, ou mesmo substantivas, em parte devidas à conjuntura econômica internacional, pouco favorável ao Brasil no segundo mandato de FHC, uma vez que o impacto da crise financeira mundial, do México à Rússia, um fator puramente exógeno, prejudicou seriamente os ganhos distributivos do Plano Real que seriam recuperados só lentamente e parcialmente (como vimos no artigo de Amann e Baer da Segunda Parte). Os governos dos dois presidentes, pela relativa continuidade das suas políticas nas áreas econômicas, conseguiram reformas que estavam atrasadas havia anos ou décadas, ou seja, reformas fiscais globais ou do federalismo fiscal, de previdência, do sistema financeiro, entre outras, algumas das quais foram analisadas para o período FHC em capítulos anteriores da Segunda Parte deste volume, como o capítulo de Bresser-Pereira sobre as reformas administrativas, o capítulo de Simone Tavares Coelho sobre o terceiro setor, e o de Carlos Alberto Batista Maciel e Edval Bernardino dos Campos sobre a assistência social, para citar alguns.

Como bem escreveu o autor do artigo sobre a emergência do possibilismo, a consolidação da democracia no Brasil e nos outros países da América Latina que têm seguido trajetórias análogas em anos recentes – como o Chile, o Uruguai, a Costa Rica, a Colômbia e o México, de modernização democrática e de liberalização econômica – dependerá certamente, embora não exclusivamente, tanto da continuação do crescimento econômico, como de avanços na melhor distribuição da renda (os estudos comparativos na ciência política quantitativa e qualitativa assim o demonstram). Podíamos acrescentar que as políticas econômicas, numa perspectiva possibilista, terão que se reformular à luz das experiências mais ou menos bem-sucedidas, da estrutura de oportunidades históricas do tempo, como também da maior receptividade com respeito às alterações possíveis e necessárias do quadro conceitual do Consenso de Washington dos últimos quarenta anos. Seja como for, a mudança tecnoeconômica do "capitalismo cognitivo" e os processos de globalização continuarão a ter um papel importante nos condicionalismos de todas as economias nacionais, de todos os Estados, como FHC tem sustentado (ver por exemplo o artigo de Hurrell na Terceira Parte deste livro e a entrevista com FHC, o primeiro capítulo deste livro), mesmo se esses processos, como o da financialização das economias que torna a globalização financeira a mais problemática das modalidades de globalização, tenham que sujeitar-se ao maior controle internacional e nacional já visto. A Grande Recessão ou a Grande Crise Financeira mundial dos últimos três anos, que esteve à beira de provocar o colapso dos sistemas bancários de vários países, ainda não completamente superada na Europa ou nos Estados Unidos, afetou o Brasil bem menos que a muitos outros, ao contrário da crise financeira mundial de 1999. No entanto uma das suas lições para todos os países, tanto para os mais abalados quanto para os que sofreram menos, parece-nos ser a necessidade de evitar o compromisso cego com dogmas econômicos, receitas processuais, ou modelos institucionais, para além do seu prazo razoável de validade: nas próximas décadas entraremos talvez noutra constelação mundial histórico-estrutural. O mais importante, seguramente, é continuar a dar prioridade aos valores, aos ideais da democracia política liberal e de uma sociedade mais justa. São valores e ideais pelos quais Fernando Henrique tem lutado já há muitos anos de uma maneira exemplar e com o maior sentido de responsabilidade, como político, como estadista e como cidadão.

Organizar o presente livro só foi possível devido à participação dos autores que acolheram, com entusiasmo, nosso projeto, respondendo a todas as nossas solicitações de prazo. Do mesmo modo é justo dizer que alguns colegas tanto no Brasil como no estrangeiro gostariam de ter podido terminar a tempo seus artigos, mas não o conseguiram por razões de trabalho ou pessoais. Essas coisas sempre são assim na assoberbada vida acadêmica, como se sabe. Contudo, numa futura segunda edição, esperamos contar com algumas dessas contribuições, além de outros estudos, para enriquecer ainda mais este volume.

Para finalizar é bom registrar que muito nos alegrou a finalização desse volume no qual um Brasil melhor transparece. Ao mesmo tempo a alegria é acrescida com a homenagem acadêmica que esse conjunto de artigos encerra ao colega, professor e ex-presidente do Brasil.

Dezembro de 2009

Primeira Parte

O perfil de FHC como sociólogo e político

O sociólogo e o político

Entrevista com Fernando Henrique Cardoso

Bernardo Sorj
Sérgio Fausto

Introdução à entrevista com FHC

A passagem do mundo das ideias ao mundo da prática e, em particular, ao da política, é extremamente complexa. O cientista social geralmente procura transformar as virtudes em necessidade histórica, enquanto o político tende a transformar a necessidade histórica em virtude. O mundo das ideias é autocentrado e, de certa forma, onipotente, pois o autor controla sua narrativa organizando os conceitos e fatos para que se adéquem à sua teoria. Diferente do mundo da prática, que exige pragmatismo, reconhecimento dos limites impostos pelos outros e adaptação às circunstâncias e à realidade de múltiplos fatores que se encontram fora do controle do ator. O preço da onipotência do intelectual é que o impacto de suas ideias é geralmente difuso e difícil de avaliar, pois, no melhor dos casos, são apropriadas por leitores, que farão os mais diversos usos do texto original. O preço do mundo da política, pelo menos para aqueles imbuídos de ideais, é o abandono, em maior ou menor medida, de valores e ideias preconcebidas e sua adaptação às exigências e às possibilidades do contexto. Na visão dramatizada de Weber, o político deve ser consciente de que sua vocação o levará a comprometer-se com "potências diabólicas", sacrificando suas crenças pela procura da eficácia.

Ainda assim, em particular – mas não somente –, na esquerda latino-americana, a ilusão de uma passagem linear, virtuosa, do mundo das ideias para o mundo da prática foi, e em certa medida continua sendo, dominante, apesar de desmentida constantemente pelos fatos. Uma cultura construída em torno do sentimento de que nossos países exigem uma transformação radical, associada a estruturas sociais elitistas, onde os intelectuais se arvoram em representantes do povo e das necessidades da nação, alimentou a vontade de ascender a posições de poder. Esta tendência, a bem da verdade, não esteve presente na história da região somente entre pensadores revolucionários, pois foi compartilhada pelo conjunto da intelectualidade – inclusive conservadora e liberal. Em ambos os casos o fundamento foi a crença de que o conhecimento da verdade – frente à "ignorância", à "alienação" ou à "dominação" das massas – autorizava o intelectual a usar o poder político para impor o que ele achava bom para a sociedade.

A vontade de ter um papel central na transformação da sociedade não é monopólio da esquerda intelectual latino-americana. A idealização do intelectual como demiurgo da realidade se encontra igualmente presente entre os cientistas sociais dos países avançados, onde, limitados à esfera do mundo universitário, projetam para outras sociedades seus desejos e idealizações. Zygmunt Bauman narrou que nos anos de chumbo na Polônia da década de 1960 recebeu um sociólogo americano que expressou sua admiração e inveja pela importância que os intelectuais tinham no país. A resposta de Bauman foi que trocava a perseguição política pela vida num campus nos Estados Unidos, onde poderia se dedicar tranquilamente a suas pesquisas. Em suma, os sonhos de alguns são os pesadelos de outros. Ademais, como bem sabia Bauman, o papel que os intelectuais tinham à época na Polônia não era produto do impacto de suas obras na população, mas do lugar em que eram projetados por um regime autoritário.

Nas últimas décadas, porém, este quadro de uma intelectualidade iluminada sofreu enormes mudanças na América Latina em geral, e no Brasil em particular. Para tanto, sem dúvida contribuiu o fim do comunismo e a crise do marxismo como religião secular, mas, sobretudo, a democratização das sociedades e das novas orientações culturais (com o surgimento de uma sociedade de massas, a expansão dos meios de comunicação e informação, a disseminação dos valores de igualdade e cidadania, a complexificação dos sistemas sociais, incluindo a expansão e profissionalização das ciências sociais e a fragmentação dos sistemas de representação). Tudo isso transformou o intelectual iluminado numa figura cada vez mais anacrônica,[1] ainda que continue presente em alguns departamentos de sociologia.[2]

---

1 Sobre estes processos consultar Sorj, Bernardo e Martuccelli, D. *The Latin American challenge: Social cohesion and democracy*. Buenos Aires/São Paulo, Siglo XXI/Instituto Fernando Henrique Cardoso, 2008. Disponível em: http://www.plataformademocratica.org.

2 Um arguto analista da formação da intelectualidade brasileira, Daniel Pécaut, num livro escrito nos fim da ditadura militar, se perguntava se os intelectuais brasileiros se adaptariam ao jogo democrático ou se continuariam procurando se incrustar no Estado. Cf. Pécaut, Daniel. *Os intelectuais e a política no Brasil*. São Paulo, Ática, 1990.

Se o período da luta contra a ditadura e os novos movimentos sociais valorizaram o papel do cientista social (o sociólogo e o politólogo) como principal intérprete e comentarista das transformações em curso na América Latina dos anos 1970 e início dos 1980, a luta contra a inflação passou a dominar subsequentemente a agenda política e valorizou outro tipo de saber, o do economista. Aqui surge o primeiro aparente paradoxo de Fernando Henrique Cardoso, primeiro sociólogo presidente do Brasil. Sua imagem entre a intelectualidade era a de um dos sociólogos mais brilhantes de sua geração, com uma obra reconhecida internacionalmente (foi eleito para a presidência da Associação Internacional de Sociologia quando exercia seu primeiro mandato de senador, ao qual chegou aos 51 anos), marcada pela forte influência do pensamento de Marx. Mas sua eleição como presidente do Brasil pouco teve a ver com sua obra sociológica, conhecida por uma minoria da população. Fernando Henrique Cardoso foi eleito presidente graças ao Plano Real, que estabilizou a moeda e acabou com a inflação, que prejudicava, em particular, os setores populares.[3] Ou seja, o sociólogo se tornou presidente graças a sua capacidade, como ministro da Fazenda, de organizar e apoiar politicamente a ação de um grupo de economistas que elaborou o plano anti-inflacionário.

Ainda assim, não deixa de ser legítima a pergunta de o quanto e como as ideias e, em particular, a formação e as crenças políticas do sociólogo afetaram sua ação como presidente. Pergunta legítima se não for colocada num confronto simplista e moralista entre um antes (caracterizado pela pureza das ideias) e um depois (dominado pela acomodação com os poderes estabelecidos). Esta contraposição pode ter utilidade política ou moral, mas pouco esclarece sobre o desenrolar dos processos históricos e a compreensão de como a prática política afeta os atores sociais. A não ser que: 1) suponhamos que experiência política não seja uma fonte legítima de aprendizado e, portanto, as mutações do discurso do político sejam pura racionalização oportunista; 2) que apresentemos a obra e vida *ex ante* do sociólogo como um conjunto coerente, e não como influenciadas pelas circunstâncias externas e, portanto, em constante mutação, formando um quadro complexo e, por vezes contraditório, de ideias e valores, característico de qualquer vida e obra; 3) que o governo de FHC possa ser reduzido à única dimensão à qual se contrapõe seu ideário do período sociológico, empobrecendo, assim, as múltiplas dimensões e valores atuando no período;

---

3 Sobre o papel da inflação na sociedade ver Sorj, Bernardo. *A nova sociedade brasileira*. Rio de Janeiro, Jorge Zahar, 2001, 2ª ed.

4) transformemos a fase política num mundo de mistificação, em vez de entender que ela também ilumina características, por vezes latentes ou pouco valorizadas anteriormente, da obra do sociólogo.

Não significa que estejamos propondo uma leitura radicalmente desconstrucionista, na qual a obra continha todas as virtualidades e leituras possíveis, e que permitiria explicar *ex post* os caminhos tomados, mas reconhecer na obra e na trajetória pessoal componentes variados que se atualizam em dadas circunstâncias históricas. Em suma, trata-se de fugir a uma essencialização na qual o sociólogo se opõe ao político, e remontar uma trajetória biográfica singular, na qual sem dúvida as circunstâncias externas são fundamentais, mas não exclui o papel do ator, que deve reconstruir sua prática e seu discurso num palco totalmente diferente, mantendo continuidades e afinidades com seu passado.

A entrevista a seguir pode ser objeto de uma tripla leitura, todas elas legítimas, embora acreditemos que reduzi-la a uma só dimensão empobreça a análise: como testemunha do político sobre a experiência que lhe tocou viver; como reconstrução dessa experiência, na qual o intelectual justifica o político; e como análise sociológica da experiência do político. Sem dúvida os três níveis se entrelaçam constantemente. Mas se estes aspectos constituem o objeto direto da entrevista, de sua leitura sobressai a singularidade da figura de Fernando Henrique Cardoso e o pano de fundo da sociabilidade e da cultura brasileira. A singularidade da figura, porque FHC urdiu uma forma particular de fazer sociologia primeiro e política depois. O pano de fundo da cultura brasileira porque o leitor, em particular o estrangeiro, não poderá deixar de notar que a forma de "estar no mundo" de FHC está impregnada de uma sociabilidade brasileira avessa ao conflito e à confrontação, que mantém os canais de comunicação sempre abertos, mesmo com os opositores (intelectuais ou políticos).

Sociologia e biografia são dois tipos de narrativas que se complementam, mas não se confundem. A sensibilidade sociológica ajuda a enquadrar o contexto familiar, social e histórico de uma trajetória individual, mas não explica o seu caráter inédito, as escolhas e soluções criativas que o biografado foi dando no decorrer de sua vida. A mesma origem social pode dar lugar a opções opostas, e o que é verdadeiro para os grandes números não se aplica para casos individuais. No famoso relato da conversa entre Nikita Kruschev e Zhou Enlai, o premier soviético teria dito: "o que nos diferencia é que eu tenho uma origem camponesa pobre e você provém da aristocracia", ao que o líder chinês teria respondido: "e o que temos em comum é que ambos traímos nossas classes de origem". A lógica da reprodução social não é um dado óbvio em casos individuais. Uma biografia reduzida a dados sociológicos é sempre uma sociologia canhestra e uma biografia empobrecida.

Para os autores deste artigo, a relevância da presidência de FHC, independentemente do julgamento específico sobre tal ou qual política, foi a de ter contribuído decisivamente para a consolidação das instituições e da cultura democrática do Brasil. Isto implicou uma forma de governar em que se respeitou a separação de poderes, na qual o político não se apresentava como salvador da pátria, inclusive, acanhando (a nosso entender, desnecessariamente) a construção de um novo discurso político capaz de dar sentido simbólico e um horizonte maior às ações do governo.

Esta entrevista com Fernando Henrique Cardoso[4] se concentra nas relações entre o político e o sociólogo, entre fazer sociologia e fazer política. Centrado na figura de FHC, ela também se refere ao papel de outras figuras do governo, vindas das ciências sociais. Na medida do possível, a narrativa se esforçou para não cair em anacronismos, ou seja, para não reconstruir o passado em função do devir posterior, embora, na medida em que se aproxima dos tempos atuais, naturalmente o entrevistado não pode deixar de entrelaçar acontecimentos e julgamentos.

Entrevista com Fernando Henrique Cardoso

A USP, formação acadêmica e vida política

Nos anos 1950, a temática da sociologia da USP, liderada por Florestan Fernandes, era muito pouco ligada aos problemas políticos do país. Ela cuidava de problemas sociológicos, do povo, do cotidiano. Florestan tinha alguns trabalhos publicados sobre folclore, e vários trabalhos sobre os índios tupinambás, com muito pouco a ver com uma temática de amplo debate nacional. O ideal de vários professores era transformar a USP em alguma coisa mais parecida com Heidelberg, onde realmente imperasse a reflexão filosófica e, no caso do Florestan, nem tanto a filosófica, mas muito mais o raciocínio científico. A formação que eles transmitiam se opunha, mesmo antes do surgimento do ISEB,[5]

4 Realizada em duas fases, entre janeiro e fevereiro de 2008.

5 O ISEB, Instituto Superior de Estudos Brasileiros, foi criado no Rio de Janeiro em 1955, e fechado pelo golpe militar em 1964.

à visão que prevalecia anteriormente, a do ensaísmo nas ciências sociais. Por ensaísmo eu me refiro a Gilberto Freyre, até certo ponto ao próprio Sérgio Buarque, embora um pouco menos, mas mesmo Oliveira Viana era considerado dentro dessa categoria. Ensaístas são pessoas que veem coisas importantes, mas não se preocupam tanto com seu fundamento empírico (expressão tipicamente florestânica). Embora Gilberto Freyre tenha obtido uma formação acadêmica razoável, pois fora discípulo do Franz Boas na Universidade de Columbia. Mas havia, muito, a preocupação de que uma coisa é a ciência, outra coisa são as visões políticas, ideológicas, valorativas.

Florestan, especialmente, nos ensinava o rigor científico. Nos inícios de meus estudos, lá pelos anos 1949, 1950, 1951, prevalecia ainda uma visão bastante apoiada nas análises durkheimianas, por causa do Fernando de Azevedo. Nós todos estudávamos *As regras do método sociológico*, líamos Descartes nos cursos de filosofia, um pouquinho de Kant (que eu não entendia...), e bastante Durkheim. Depois veio Weber, não havia Marx. Marx veio muito mais tarde. Embora Florestan tivesse feito a tradução de um de seus trabalhos, não nos dava na época cursos de dialética ou de marxismo. Estava interessado na construção do método funcionalista, pois ele tinha acabado de escrever *A organização social dos Tupinambá*, que é um belo livro, e estava escrevendo *A função social da guerra nos Tupinambá*, com introduções metodológicas, pois a ideia era a de fazer uma análise funcionalista. Então nós tínhamos que ler tanto Parsons como Merton.

Florestan escreveu mais tarde, nos anos 1950, *Os fundamentos empíricos da explicação sociológica*, onde já começava a construir os três altares, um para Durkheim, outro para Weber e outro para Marx. São três altares: se você estudar os processos que são reiterativos, você aplica Durkheim; se você quiser captar o sentido e interpretar a ação social, utiliza Weber; se você quer analisar as grandes transformações histórico-estruturais, usa Marx.

Havia variantes, porque o Roger Bastide, que teve muita influência sobre mim, tinha outra visão. Bastide era um sociólogo interessante porque ele não era durkheimiano, tivera formação religiosa protestante, e nos fazia ler de modo eclético Bergson, Mannheim e psicanálise, mas sempre com uma perspectiva mais aberta, sem se limitar a Durkheim. O Florestan dava, enfim, os fundamentos de nossa formação, insistia muito no rigor do método e na análise empírica.

Havia também a presença de Antonio Candido. Eu assisti ao curso de Weber com o Antonio Candido e ele já era um pouco diferente dos outros professores – tinha, digamos assim, um pé um pouco mais no ensaísmo. Quando eu fui assistente de história econômica da professora Alice Canabrava, na faculdade de Economia, antes mesmo de terminar o curso de ciências sociais, dei aulas de história econômica da Europa porque eu tinha lido o *A história econômica e geral* do Weber, e conhecia o Sombart. A certa altura, eu e a Alice não entramos em entendimento: ela era muito rigorosa e fazia pesquisa histórica rigorosa, usando uma quantidade de dados infernal. Eu não entendia bem para onde é que ela queria ir, então ela disse: "você é como Antonio Candido, vocês nunca vão ser cientistas". Eu achei um elogio...

Mas a visão dominante era dada pelo Florestan. É expressivo que nós andássemos de bata branca na faculdade, e também quando fazíamos pesquisa, porque éramos "cientistas". Nos anos 1950, mais ainda na segunda metade da década, estava havendo uma transformação brutal em São Paulo: greves, protestos, Getulio, Juscelino, essa coisa toda, e nós estávamos um tanto isolados deste mundo que estava em ebulição. Estávamos começando a estudar a estrutura das classes e por aí entrou também um pouco de Marx, mas Marx entrou na USP com a minha geração, não com a geração do Florestan.

O estudo de Marx, que iniciamos com Giannotti, o Octavio Ianni e Fernando Novaes e tantos outros, não veio da universidade, veio dos seminários que nós fizemos sobre Marx,[6] em nossas casas. Florestan se opunha muito a eles, porque tinha medo de uma regressão ao ensaísmo. Um dia ele disse: "Vocês vão acabar como aquele velho" – o velho era Lukács. Ele tinha bastante medo de que nós ficássemos com uma visão baseada em categorias e não na análise de processos. Ele tinha razão, corria-se o risco de ficar com uma visão retórica, abstrata, das coisas.

Nós não estávamos no dia a dia da política brasileira, nem quando fizemos os seminários sobre Marx. No meu caso particular, eu vivia um drama, porque meu pai era deputado. Isso no início dos anos 1950, no tempo do Getulio, quando eu tinha um primo que era ministro da Guerra, outro que era governador do Rio de Janeiro e, mais tarde, um tio tornou-se presidente do Banco do Brasil, no tempo do Juscelino. Isto eu vivia toda vez que ia ao Rio; em São Paulo ninguém sabia que eu tinha tais ligações, mas eu acompanhava o que estava acontecendo.

A política chegava até mim, mas não chegava propriamente na universidade. Então, pessoalmente, eu não tinha uma reação tão negativa ao ISEB

---

6 Uma análise detalhada do seminário de Marx pode ser encontrada em Sorj, Bernardo. *A construção intelectual do Brasil contemporâneo*. Rio de Janeiro, Jorge Zahar, 2001.

quanto os outros, mas não passaria nunca esta minha avaliação para os trabalhos, porque o que se discutia na política não seria "ciência". Na hora de fazer uma pesquisa – eu estava fazendo um trabalho sobre os negros no Rio Grande do Sul – aí, misturo métodos, não fico na cartilha, mas sempre pretendendo fazer uma análise "objetiva".

Posteriormente, quando estudei os empresários e o desenvolvimento econômico, eu me aproximei mais da política. No finalzinho da década de 1950, nós criamos o Centro de Estudos de Sociologia Industrial e do Trabalho (CESIT), eu fui o diretor deste centro e também quem fez o centro, porque arranjei dinheiro com Fernando Gasparian,[7] que presidia a Confederação Nacional das Indústrias (CNI). Naquela época, era quase impensável obter apoio de empresários para pesquisa social, mas o Gasparian deu o dinheiro. Compramos uma Kombi para fazer pesquisas, tínhamos algum instrumental e dispúnhamos de pesquisadores. Só que eu coloquei o CESIT na cadeira do Florestan, pois embora eu tivesse sido o agente ativo, o catedrático era o Florestan, que substituíra o Bastide, que tinha ido para a Europa. Começamos a propor um programa de pesquisas, desenhado pelo Florestan, já interagindo com o mundo. Fui estudar os empresários, o Octavio Ianni foi estudar a máquina estatal, a Maria Sylvia de Carvalho Franco foi estudar os homens livres na ordem escravocrata, e escreveu uma bela tese. O Leôncio Martins Rodrigues e o José de Souza Martins, assim como o Gabriel Cohn e o Gabriel Bolaffi, trabalharam como assistentes, e o Juarez Brandão Lopes não era parte do grupo, mas estava próximo.

Em meados dos anos 1950, um sociólogo francês, Georges Friedmann, que era o grande *patron* da sociologia do trabalho francesa, visitou nosso Departamento de Sociologia. Como eu tinha automóvel e falava francês, andei com ele por São Paulo, e fiquei bastante próximo dele. Ele veio para o Departamento para começar a discutir essa questão da sociologia do trabalho. A certa altura ele disse: "Vocês precisam de uma pessoa mais jovem aqui, eu vou mandar um assistente meu"; era o Alain Touraine. Então veio o Touraine e passou uns três meses aqui, dando cursos. Touraine leu ensaios que fizemos para serem publicados na revista de Sartre, que tinha estado conosco no Brasil (se você for ver minha tese sobre escravidão, tem influência sartriana na utilização da dialética). Bem, então o Touraine chegou, leu nossos trabalhos e fez comentários: "Vocês estão descrevendo o Brasil como se estivessem na Europa,

---

7 Fernando Gasparian, empresário e político paulista.

com classes sociais bem estabelecidas, mas não é bem assim. O Estado aqui tem mais força do que as classes, a ideia de nação é central." Touraine sempre teve essa preocupação com a nação e o Estado. E ao mesmo tempo em que ele elogiou o que nós tínhamos feito, botou lá uns pontinhos de dúvida em nosso nascente marxismo com sabor de Sena. O Touraine me influenciou muito, e ele foi quem disse no Departamento de Sociologia que eu deveria ser o diretor do tal centro, o que provocou certo mal-estar porque o Georges Friedmann, seu chefe, veio muito ligado ao Fernando Azevedo e eu era ligado ao Florestan. Naquele tempo a briga era muito grande entre as duas cadeiras de sociologia...

Relação com o Partido Comunista

Minha proximidade com o Partido Comunista foi anterior a isso, bem no início dos anos 1950, embora não possa dizer exatamente de quando a quando. Eu era muito amigo, a essa altura, do Fernando Pedreira, que era casado com a Renina Katz, artista plástica, ambos comunistas na época. Nós tínhamos muita proximidade, eu não me lembro nem exatamente como é que começou essa amizade, mas era grande. O Fernando Pedreira tinha estado na [então] Tchecoslováquia, ele já era um pouco cético, mas era quase um ideólogo da visão comunista para as artes. Em 1951 houve a primeira Bienal de São Paulo, então o Pedreira escreveu na revista *Fundamentos* um artigo contra o abstracionismo. Era a revista ligada ao Partido Comunista e, por meio dessa gente, eu tinha ligação com o partido.

Quando o Stalin morreu, em 1953, já houve uma reprimenda à revista, porque as referências não foram suficientemente calorosas, e quando houve o congresso de Kruschev[8] nós todos estávamos do lado dele. Na época, todos saímos ou nos afastamos do partido. Só voltamos a ter alguma atuação um pouco depois, quando houve a invasão da Hungria, e eu assinei um manifesto contra a invasão. Então meu período de aproximação foi de 1949 a 55 e, no final, nós já estávamos muito desiludidos. Nunca vou esquecer quando fui uma vez à casa do Paulo Emílio Salles Gomes com o Agenor Parente, o Pedreira, o Eduardo Sucupira, que era um jornalista, e nós ali indignados com o que estava acontecendo na União Soviética, e o Paulo Emílio disse: "Mas só agora?". Cada geração tem o seu momento de desilusão.

---

[8] FHC se refere ao XX Congresso do Partido Comunista da URSS, em 1956, em que o secretário-geral do partido, Nikita Kruschev, denunciou os crimes de Stalin.

Por intermédio desse pessoal, eu me aproximei também de um grupo que fundaria a *Revista Brasiliense* logo depois. A revista era dirigida pelo Caio Prado Júnior, mas quem a levava no dia a dia era o Elias Chaves Neto, primo do Caio, um tipo admirável, ligado à mais alta burguesia paulista do café, que sempre teve um setor intelectual de esquerda. E esses dois pertenciam a ela. O Elias, embora esquecido hoje, era um homem muito importante na vida cultural da época. Então, passei a escrever artigos para a *Revista Brasiliense*, que não era a revista do Partido Comunista, mas era próxima. Mas eu estou me referindo, digamos, a meados dos anos 1950.

A politização do debate sociológico

O seminário do Marx foi posterior a isso; então, na época em que eu tive contato com a gente do Partido Comunista não havia nenhuma influência intelectual, até porque o partido não tinha essa preocupação, era uma militância burra, não era uma militância intelectualizada, e o que nós escrevíamos na *Brasiliense* era bastante livre. Naquela época, portanto, não éramos estritamente militantes, nem marxistas. Fomos ler Marx depois, e a leitura do Marx não tinha nenhuma conexão com o movimento político, era uma leitura muito ao espírito da antiga USP, acadêmica, que teve influência sobre os nossos livros, a começar pela minha tese de doutorado sobre o *Capitalismo e escravidão no Brasil meridional.*

Quando eu escrevi minha tese de livre docência sobre o empresariado industrial, que acredito ter sido entre 1961 e 1962, nós já estávamos em plena ebulição janguista.[9] A visão do Partido Comunista era: você tem o imperialismo e tem a luta anti-imperialista. Quem eram os aliados dos trabalhadores do Brasil? Todos menos os imperialistas, as empresas estrangeiras e o latifúndio. O resto era burguesia progressista, eram os intelectuais, era o povo e tal. Quando eu fui fazer a pesquisa encontrei só dois empresários com uma ideologia de "burguesia nacional": o Fernando Gasparian e o Ermírio de Morais, José, o antigo senador. Eram os únicos, os outros todos estavam em plena conspiração contra o Jango (eu não sabia). Então você pode ver que minha análise era heterodoxa, mas já era parte direta do debate político.

---

[9] Refere-se a João Goulart ("Jango"), presidente do Brasil de 1961 até o golpe militar de março de 1964.

Na época eu tinha muita influência no Conselho Universitário. Fui eleito representante dos antigos alunos do Conselho Universitário em uma eleição de massa, 5 mil votos, eu e o Delfim. Delfim era meu suplente (representando a direita moderna), contra o candidato da faculdade de Direito, que mobilizou os advogados e os delegados de polícia, e foi uma coisa marcante naquela época. Fora disso, nossa visão era a de um mundo acadêmico, enquanto o pessoal do ISEB no Rio estava diretamente ligado ao Ministério da Educação, que o financiava. Isso para nós era pecado, era pecado estar ligado ao aparelho estatal. Mas o Florestan gostava do Guerreiro Ramos,[10] que era do ISEB. O primeiro trabalho que escrevi em sociologia foi uma pesquisa que eu fiz fora da USP, foi com o Guerreiro Ramos, e foi para o SENAI[11] sobre o aprendizado nos seus cursos. Eu fiz pesquisa de campo aqui em São Paulo, na periferia, com jovens que estavam no SENAI e com alguns trabalhadores.

O núcleo central do ISEB tinha um discurso mais propriamente ideológico, mas o Helio Jaguaribe tem artigos admiráveis dessa época. O próprio Candido Mendes tem boas análises para aquele período. Na USP, o fato de nós termos a nossa linguagem acadêmica nos levava a uma descrição menos valorativa dos processos, menos apaixonada, menos, digamos, explicitamente normativa.

Política e nacionalismo nos tempos da USP

O meu nacionalismo teve a influência de meu pai. Participei da luta pelo "petróleo é nosso". Mas isso não entrava nos escritos, nos estudos. Houve um momento em que a turma típica da USP entrou um pouco mais em um tema mais geral: a defesa da escola pública. O Florestan foi o chefe. Ele, o Fernando Azevedo, o Antonio Candido. Eu ia para os sindicatos fazer discussão, o Florestan também. Aí nós tínhamos certa visão republicana, a defesa do Estado laico e republicano, e de que a escola precisava ser pública e democrática. Tal opção, digamos assim, era sancionada nesse setor da universidade.

Nós éramos percebidos, no conjunto da universidade, como de esquerda, embora estivéssemos em uma onda mais intelectual. Quase todos lá do departamento ou tinham sido ou eram do partido socialista, ou tinham tido alguma militância (o Florestan disse que tinha tido uma militância trotskista – acho que, menos que militância, teve uma simpatia). Mas não transparecia nos cur-

---

[10] Sociólogo.

[11] Serviço Nacional de Aprendizagem Industrial.

sos. Os cursos, para mim, logo que eu entrei na faculdade, eram decepcionantes. Eu entrei lá porque eu queria mudar o mundo, com o socialismo, e não sabia muito bem o que era isso, mas o sentimento era esse. O curso era sobre índio tupinambá, o tempo todo havia preocupação com a metodologia. O que nos dava um pouco mais de ligação com o que se queria e com o que nós fazíamos era o Karl Mannheim, porque fazia referências ao planejamento, essas coisas. Mas, no curso, o Durkheim era bastante chato; chato, decepcionante (embora ele tivesse escrito um livro sobre o socialismo). Em Filosofia o professor, embora fosse comunista, ou próximo, o Cunha Andrade, um sujeito bastante eloquente, só nos ensinava os pré-socráticos. O primeiro trabalho que eu escrevi na universidade foi sobre Parmênides. Então, o curso era assim, cortado do mundo, havia certa esquizofrenia, que foi se diluindo. Evidentemente, depois, com 1964, se diluiu inteiramente.

O governo do Getulio era muito malvisto em São Paulo pela elite paulista, mas não pelo povo, porque ele foi eleito senador por aqui, ganhou a eleição aqui. Eu não podia ser contra Getulio, afetivamente. Não podia porque era muito difícil, era ser contra toda a história de minha família. No dia em que morreu Getulio, eu, evidentemente, fui para a praça, eu e a Ruth fomos para a Praça da Sé. Emocionalmente nós estávamos com o Getulio, mas, a universidade não estava com Getulio. Eu também estava com o Juscelino. Todo mundo tinha horror, porque o Juscelino era a aproximação com o capital estrangeiro. O Juscelino, o que ele fez? Ele deu o primeiro passo para a internacionalização. Meu pai era deputado, a favor do Juscelino, mas havia uma espécie de corte entre o mundo da política e o mundo da USP. Embora eu estivesse sentimentalmente e até politicamente do outro lado, na academia, nas aulas, eu não falava de política.

O curso que eu dava nos anos 1950 está publicado, em *O homem e a sociedade*. O livro contém os textos básicos do meu curso, e era um curso de sociologia normal, inclusive com os funcionalistas, Parsons e Merton, era um *pot-pourri* da sociologia da época. Nós tínhamos uma ideia muito acadêmica, que eu acho correta, de que o professor não tem o direito de influenciar politicamente os alunos, tem que lhes dar certo instrumental, e nós dávamos este instrumental.

É claro que o grande estudo do Florestan nessa época, que já é posterior à minha entrada na faculdade, já no final da minha estada por lá, foi sobre os negros, e eu trabalhei na pesquisa. Com este trabalho, nós começamos a fazer pesquisa de campo com as camadas mais pobres do Brasil, que eram os negros, indo para cortiços, coisas desse tipo. Nessas pesquisas de campo, ia o Bastide mascando um charuto, falando aquele português de francês dele, mas ele era muito simpático, captava bem o ambiente, as relações entre negros e brancos. E o Florestan de alguma maneira, no trabalho sobre os negros, recupera a dimensão valorativa. Discute o movimento negro, e toma partido. Com os tupinambás não podia tomar partido.

De alguma forma, eu era nacionalista de coração, de tradição, associado a uma ciência social profundamente universalista. Estava um pouco do lado do ISEB. Gilberto Freyre já havia mostrado que este país é outro, que a sociabilidade é outra. Esse tema volta, depois, nos textos do CEBRAP, quando escrevíamos que aqui as classes não são as mesmas, que "as aves que aqui gorjeiam não gorjeiam como lá." No *Capitalismo e escravidão no Brasil meridional*, eu digo que não dá para analisar a escravidão no Brasil nos termos marxistas, quer dizer, escravo não é operário, o operário pode ter consciência de classe e propor que a sociedade se modifique à sua semelhança. O negro escravo não tem consciência de classe, porque não é classe e não pode propor que a sua situação se generalize, porque ele não vai propor a escravidão, ele vai querer o oposto, ele vai querer assemelhar-se ao outro, não transformar o outro nele, enquanto que o trabalhador quer transformar o burguês nele, trabalhador. Isso é diferente, conceitualmente falando. Igualmente, você não pode falar de capital variável quando você compra um escravo. Enfim, faço opções e elucubrações conceituais para mostrar que não dá para usar no Brasil as categorias que se aplicam ao desenvolvimento do capitalismo na Europa. Por outro lado, a escravidão brasileira é uma escravidão que se insere no capitalismo mercantil. Em nosso caso, a escravidão supunha um trabalho forçado, mas para produzir mercadorias a serem vendidas no mercado internacional.

Retomo essa dialética, de alguma maneira, no trabalho sobre o empresário industrial, quando eu digo: a burguesia brasileira não vai ter o papel que teve a burguesia francesa, é outra coisa, ela não se percebe como classe dominante. No livro *Dependência e desenvolvimento na América Latina* eu generalizo essa relação entre o universal e o nacional, particular. As coisas não são nem como queria o ISEB, ou seja, tudo é particular, mas tampouco nem tudo é homogêneo por ser universal. Meu argumento é que há um jogo entre determinações que são gerais e situações particulares em que elas se inscrevem, e que essa articulação cria trajetórias, histórias de modernização diferenciadas. O jogo entre o geral e o particular é que tem que ser feito para analisar qual é a teia de relações que une os países da periferia e os países do centro. No fundo é isso, eu estava tentando resolver de uma maneira "científica" a divisão entre ciência e vida.

Descobrindo a América Latina: na França e no Chile

Na França a experiência foi acadêmica. A França de 1960, 1961, quando estive lá pela primeira vez, era uma França ainda em recuperação da guerra, mas era uma França que tinha vigor intelectual. Eu tive a sorte de ser aluno de Raymond Aron e depois de Alain Touraine. Havia muita discussão, mas eram coisas altamente abstratas. Mesmo quando se referiam à revolução, era a dos outros muito mais do que da França, a questão era apoiar o que estava acontecendo fora. Quando fui para o Chile, em 1964, eu entrei em contato com intelectuais de toda a América Latina, do México, da Bolívia, da Argentina, do Uruguai, do Peru, muitos deles tinham sido exilados. Digamos que eu caí na realidade latino-americana, pela primeira vez, porque até então a minha realidade tinha sido a realidade do Brasil em contraposição com o mundo, e o mundo era a França, ou os Estados Unidos. Eu já havia feito alguma pesquisa na Argentina, no México, no Chile, mas a minha visão da América Latina era restrita, o meu conhecimento era do Brasil. No Chile, eu conheci as diferenças e as similitudes da América Latina e isso teve um efeito muito grande, relativizou muito a minha visão do Brasil, da excepcionalidade do Brasil.

Eu já me sabia latino-americano, mas não conhecia realmente o mundo latino-americano. Eu me descobri latino-americano em Paris, porque tinha mais afinidade com os argentinos e com os uruguaios, especialmente, do que com os franceses, embora eu não falasse espanhol e falasse francês. O que mostra como era o mundo brasileiro, um mundo de pingue-pongue com a França ou com os Estados Unidos, e eventualmente com a Inglaterra, na questão da antropologia, mas não era o mundo latino-americano. Nós líamos espanhol por causa da editora Fondo de Cultura Económica, que traduzia para o espanhol e publicava os clássicos das ciências sociais e da economia, mas não tínhamos a vivência latino-americana. Embora eu a tivesse um pouco mais, por causa do Centro da América Latina no Rio de Janeiro, com o Manuel Diegues Jr..[12] por causa do Stavenhagen,[13] que veio para cá, por causa do Gino Germani,[14] de quem fiquei amigo e que me convidou a dar um curso em Buenos Aires, por causa do Torcuato Di Tella,[15] enfim, através destes contatos.

[12] Antropólogo e sociólogo brasileiro.

[13] Rodolfo Stavenhagen, sociólogo mexicano.

[14] Sociólogo ítalo-argentino.

[15] Sociólogo argentino.

Quando eu fiz pesquisa em 1961, com o Leôncio Rodrigues, na Argentina, eu entrei em contato com essa gente. Mas foi só no Chile que a minha visão da América Latina se ampliou.

O Chile em que eu morei era o Chile do Eduardo Frei, o pai, que vivia um momento de, digamos assim, certa velocidade transformadora. A reflexão era alimentada mais por Cuba e depois pelo Guevara, uma experiência que tinha pouco a ver com o Cone Sul. Mais tarde, eu estive no Chile diversas vezes, mas sem residir, no tempo do Allende. No tempo do Frei, ainda havia espaço para uma reflexão não digo desligada da política, mas sem estar mergulhada nela. O mergulho veio depois, com Allende.

Havia uma vida intelectual muito intensa na CEPAL em meados dos anos 1960. Os temas centrais eram o desenvolvimento, o papel do Estado, o crescimento com mudança estrutural, se e como seria possível. As figuras predominantes eram as de Raúl Prebisch e José Medina Echevarría. Não era uma temática político-partidária, mas sim uma temática contemporânea. Quando escrevi sobre desenvolvimento e dependência, eu estava polemizando para dentro e para fora da CEPAL. Para fora, com as teorias comunistas do imperialismo, que eram incorretas para compreender o tipo de associação que se estava estabelecendo entre o centro e a periferia do capitalismo, que pouco tinha a ver com os processos ocorridos no século XIX.

Mais ou menos no mesmo momento, são publicados o livro do Debray sobre a guerrilha e o castrismo, e os textos do Che Guevara. Eles não influenciaram os debates na CEPAL, nem a mim. Os livros tiveram um peso avassalador e influenciaram a leitura que se fez do meu livro com Faletto. Uma leitura errada, que não entendeu o sentido que dávamos à noção de desenvolvimento associado (entre o centro e a periferia) e punha a ênfase na ideia de dependência, como uma relação de dependência impeditiva do desenvolvimento. O argumento do Che tinha explícita finalidade política. A leitura da sociedade latino-americana servia para justificar a estratégia "foquista" rumo à revolução socialista.

No livro *Dependência e desenvolvimento* eu não fiz teoria. Aliás, eu nunca me interessei em produzir "teoria pura". Na França, em 1968, a Marta Harnecker,[16] muito ligada na época ao Althusser – hoje ela é ligada ao Chávez – queria muito que eu me aproximasse do Althusser. Eu disse: "Marta, eu não quero ter esse tipo de vida, eu não quero me limitar a fazer teoria pura porque ela esvazia os conte-

[16] Socióloga chilena.

údos". Quando começaram a dizer que havia uma teoria da dependência, eu protestei. Não existe a teoria da dependência, existe a teoria do capital. A dependência é uma noção, porque teoria implica que o objeto seja um modo de produção específico, que tenha regras próprias, e a dependência não é isso.

Democracia e mudança social

O tema da democracia me foi colocado na carne com o golpe de 1964 e o exílio, que veio em seguida. O exílio foi um fato muito violento, para mim um fato quase incompreensível. Eu estava na universidade, era, digamos, socialista, no sentido genérico, mas não específico. Não militava em uma organização partidária, embora tivesse ligações com o pessoal que era ligado ao governo, basicamente o Darcy Ribeiro, que era amigo meu. Eu não me sentia, porém, nem animicamente, nem intelectualmente, próximo do João Goulart. O populismo nunca foi um fenômeno muito bem quisto na USP, e o Jango era para nós o populismo. Nós líamos a sociedade pela lente da teoria de classes: o Jango nós não sabíamos bem o que era.

Ser arrancado do seu país é uma coisa muito forte, muito, muito forte, é uma violência. Uma violência emocional muito grande. Eu acho que toda pessoa que viveu no exílio tem essa sensação, por melhor que seja a situação do exílio, não adianta, você foi posto para fora.

Não existe doce exílio. Para mim, havia uma questão especialmente delicada porque eu havia sido posto para fora pelos militares. E meu pai era militar, embora tenha sido sempre uma pessoa de cabeça muito aberta; era advogado também, militava como advogado. O Exército para nós, desde criança, era como se fosse a família, era como estar em casa, nunca um poder agressor. Na minha cabeça, quando criança, adolescente, era o esteio da pátria. Então, quando vem a ditadura, quando eu fui posto para fora, pelos militares, foi emocionalmente complicado para mim.

Outro momento importante para minha reflexão sobre a democracia e a mudança social foi a França em 1968. Eu havia saído do Chile para a França e acompanhei muito de perto os eventos em Paris. Entre fevereiro e junho de 1968, era um país inteiro em ebulição, fervendo. Debates de todo o tipo, e era para mim difícil entender uma "revolução cultural". E era disso que se tratava, não era uma revolução social. Eu até escrevi na época: eles aqui estão falando dos "famintos da terra", mas são todos gordos. Era uma mobilização da pequena burguesia francesa estudantil e intelectualizada, que falava uma nova linguagem política e cultural, ou ao menos tentava falar.

Nunca me esqueço de que fui a uma reunião de jovens professores de Nanterre, a convite do Lucien Goldmann, para assistir ao Marcuse, que estava na França. Ele estava participando de um seminário que a UNESCO patrocinou sobre Marx, porque era, acho, aniversário de 150 anos de seu nascimento. Houve uma grande reunião e eu fui lá. Havia uma total falta de entendimento recíproco. Marcuse estava acostumado com os temas da esquerda americana, pois ele dava aulas nos Estados Unidos: os guetos, a segregação racial etc. Além disso, Marcuse era um filósofo clássico, que se apoiava em Kant, Hegel etc. Os jovens ali não queriam ler nada disso e não expressavam o termo "oprimido" no sentido clássico de socialmente oprimidos. Foi um diálogo de desencontros. Depois dessa reunião, andei pelas barricadas, com o Hobsbawn, com o Touraine, com Pizzorno. Discutíamos incessantemente um fenômeno que as categorias clássicas da sociologia tinham dificuldade de explicar.

Anos mais tarde, inspirado por aquela experiência, eu escrevi, num discurso de transmissão da presidência da Associação Internacional de Sociologia, em Nova Déli, que nas sociedades complexas as mudanças podem se dar por curto-circuito: uma perturbação que pode ocorrer em qualquer nível da estrutura, de repente pega fogo, se alastra, não necessariamente porque por trás delas estejam forças socialmente organizadas ou porque respondam à tensões economicamente estruturais. Hoje os sociólogos americanos redescobriram o tema e falam de mudanças a partir de um "*tipping point*".

Mas eu vi não apenas a irrupção e a escalada crescente dos conflitos de 1968 na França. Eu vi também como De Gaulle reagiu, como virou o jogo a partir de meados do ano, como a maioria silenciosa foi às ruas (a maior manifestação que vi, na verdade, foi da direita francesa), como se restabeleceu a ordem como se nada houvesse ocorrido. Aparentemente. Porque a ordem na França nunca mais foi a mesma, embora politicamente a "revolução de maio" tenha sido derrotada. Todas essas experiências marcaram muito o meu pensamento: não dá para ser mecanicista nas análises das estruturas sociais, da mudança política, como se estas traduzissem linearmente o que se passa naquelas, como se as ideologias e os atores não tivessem certa autonomia.

Depois da França, eu voltei para o Brasil. Voltei muito imbuído do que eu tinha aprendido na CEPAL, e eu me sentia um sociólogo bastante preparado, muito mais do que quando tinha deixado o Brasil, com uma visão mais ampla do mundo. Eu tinha muito mais contatos, havia viajado, e achava que o Brasil tinha que avançar mais na sua modernização.

Chegando ao Brasil fiz concurso e ganhei a cátedra de ciência política. Logo depois, porém, fui cassado. A minha cátedra durou seis meses. Outra violência. Decidi ficar no Brasil e recusei convites para ser professor na França e nos Estados Unidos. Tomei, junto com outros professores da USP, a decisão de fundar o CEBRAP. Procurei o pessoal da Fundação Ford, porque eu me havia familiarizado com esse mundo das fundações enquanto estive na CEPAL. Foi uma decisão difícil procurar a Fundação Ford, que era representada no Brasil por uma pessoa de coragem, que se tornou um amigo, o Peter Bell. O Florestan era contra, o Octavio Ianni era contra, pois, afinal, era dinheiro americano, do "imperialismo".

O golpe, o exílio, a cassação, a dificuldade de obter recursos para o CEBRAP, tudo isso me ensinou a importância vital da democracia, inclusive para a própria sobrevivência, para poder desenvolver a atividade profissional no meu país. Democracia tem importância vital, não é só uma teoria.

Capitalismo e democracia

Eu nunca vou esquecer que numa reunião da UNESCO no Rio, vi uma moça de Cuba, Gida Bettancourt Roa. Eu e Ruth estávamos lá e a convidamos para vir para São Paulo e ela veio conosco. Nós morávamos no Morumbi, numa casa bastante burguesa, e ela ficou fascinada. A Ruth a levou a um shopping e me disse depois: "não a vou levar mais, porque isso vai confundi-la". Ela não entendia nada porque, ao mesmo tempo, íamos à faculdade de Filosofia, onde dávamos aula, e lá tocavam um disco da *Internacional* o tempo todo, o tempo todo. Ela não entendia nada, e tinha razão em não entender, porque vivíamos uma confusão total naquela época.

O tema do socialismo e da democracia nunca foi enfrentado de frente no período da ditadura, inclusive porque fazer certas críticas ao comportamento das esquerdas no período dos golpes militares, fazer críticas à luta armada, poderia ser interpretado como adesão ao regime. Eu me lembro certa vez em um seminário no México, nos anos 1970, em que eu sustentei a tese de que havia desenvolvimento econômico no Brasil sob a ditadura. Quase fui linchado pelo Octavio Ianni, como se aquela afirmação equivalesse à adesão aos valores da ditadura. O que eu dizia é que estava havendo uma transformação estrutural da sociedade, que havia não apenas crescimento econômico, mas a formação de uma nova classe média, de uma nova classe operária (que, depois, seriam atores importantes da redemocratização, acrescentaria hoje). Mas a visão dominante na época era a de que não poderia haver desenvolvimento sob a ditadura. Até o Celso Furtado e o Helio Jaguaribe falavam isso.

O tema da democracia surge novamente porque o espírito científico supõe liberdade, a dúvida, a desmistificação.[17] Nos anos 1970, vários de nós começamos a valorizar a questão da democracia, a enxergá-la não como um expediente, uma tática, uma etapa, mas como um valor e como um objetivo central. Junto com a democracia como valor, descobrimos a sociedade civil como ator, como forma e espaço de atuação política, organização e pressão, sem passar necessariamente pelos partidos, pela forma partidária.

Para alguns, a sociedade civil excluía os partidos. Havia movimentos contra a ditadura que não queriam entrar em partidos. Na época, o MDB era o único partido legal da oposição. Eu fui um dos primeiros a dizer: temos que nos juntar ao MDB, pois sem a mediação dos partidos não é possível mudar a estrutura estatal.

Pouco a pouco, a minha convicção democrática passou a conflitar com o que havia em mim de tradição nacional-estatista. Eu não cheguei à crítica do nacional-estatismo pela via do liberalismo econômico. Cheguei antes pela via da convicção democrática, pela percepção de que o nacional-estatismo é concentrador de poder, poder econômico e poder político, e pode sufocar a democracia. Isso não é um tema só do passado. É um tema do presente no Brasil e na América Latina, para ficar nessa região do mundo. O pensamento nacional-estatista não é contra o capitalismo: ele é contra as formas mais liberais do capitalismo. No Brasil, todo capitalismo que possa ser estatizante tem mais aceitação do que as formas liberais de capitalismo. O capitalismo do tipo que existiu em Veneza, pela fusão do Estado com o capital privado, era distinto do capitalismo que existiu em Gênova, onde Estado e capital privado estavam mais separados. Aqui nós somos mais venezianos do que genoveses.

Nos anos 1970, por causa da emergência da sociedade civil, que depois desaguaria, já com os partidos e com a mídia, na campanha das Diretas Já, aparece uma reivindicação democrática com base popular, não liberal elitista. E é

---

[17] Um dos autores desta entrevista lembra uma conversa com Fernando Henrique na década de 1970 onde ele indicava que não achava certo criticar abertamente os grupos comunistas associados à luta armada enquanto se vivia uma ditadura, mas que não tinha dúvida que, se estes grupos chegassem ao poder, ele estaria entre os primeiros da lista de fuzilados.

importante que não se perca isso de vista, porque ao mesmo tempo em que a democracia se torna um valor, esse valor vem impregnado, como historicamente aconteceu em todas as sociedades, e não poderia ser diferente no Brasil, das reivindicações concretas do povo por maior participação na vida política e na vida econômica e social.

Pouco a pouco – e nesse processo as influências do Bobbio, do Hirschman e do próprio Touraine foram importantes – a reflexão teórica sobre a democracia começou a ganhar relevo, embora a discussão econômica, sobre o crescimento, a inflação, o desenvolvimento, continuasse a ser dominante.

O pensamento de esquerda brasileiro é muito mais estatal, desenvolvimentista, do que democrático. Não entra a questão da democracia. Ele continua assim. Você vê hoje, de novo, a tendência estatizante, ela é contra a concorrência. Veja agora o que vão fazer com as telefônicas, o que vão fazer com a petroquímica, diminuir a concorrência e criar grandes unidades produtivas estatais, nem vão perceber que isso vai aumentar a concentração de renda, porque essas unidades produtivas estatais aumentam a concentração de renda. Mas isso não é a preocupação dominante, a preocupação é afirmar que o Estado vai fazer o desenvolvimento. Não passa pela ideia de oferecer oportunidade para todos, de democracia, de regulação que permita controle social do ato público. Subliminarmente, o Estado é senhor absoluto.

A experiência sociológica na presidência

O tempo todo procurei estar no olho do furacão e me afastar do furacão para entender os acontecimentos. O meu vício de intelectual, a minha formação me ajudaram, por aproximação e distanciamento, a compreender os processos sociais e políticos mais amplos por trás dos acontecimentos do dia a dia.

No entanto, acho que o que mais me ajudou foi minha experiência de pesquisa de campo. Nas minhas pesquisas com negros, sobre a classe operária, sobre o empresariado, enfim, setores e pessoas muito diferentes, eu aprendi a ouvir, a escutar o outro. Esse treinamento me valeu muito como presidente da República. Como político e como presidente da República. Porque em vez de você julgar o outro, você deixa que o outro fale, para procurar entender quais as suas motivações, quais os seus objetivos. A gente sabe que na vida social, em geral, e na vida política, em especial, uma parte importante dos personagens é a escória, os canalhas. Mas mesmo a escória você tem que entender. Não adianta você cortar, não adianta deixar de ouvir, de falar, porque o sujeito é mau-caráter. Você tem que ouvir e procurar entender que tipo de mau-caráter ele é, o que ele quer, até onde ele vai, o que ele representa.

Por escutar, eu tinha fama de concordar com todo mundo que vinha ter comigo no Palácio. O sujeito saia de lá feliz da vida. E eu, entendendo melhor quais as suas motivações, os interesses que representava, o seu estilo de atuação política. Não quer dizer, em nada, que eu houvesse concordado com ele. Eu apenas deixava que falassem sem ficar objetando, julgando. Como numa pesquisa de campo, você não vai para concordar, você vai para registrar o que vai ouvir. E fazer perguntas para que o outro fale mais. Isso me ajudou a entender teias de relações. Para tanto, é preciso uma atitude não preconceituosa. Um político, muito menos um presidente, não deve dizer: eu só falo com os "bons". Até porque os "bons" de vez em quando fazem uma safadeza e os "maus" de vez em quando fazem coisas boas. Há certa dialética, não é tudo maniqueísta.

Cientistas sociais no governo

O impulso fundamental no governo foi dado pelo plano de estabilização econômica. O Plano Real deu poder aos economistas. Era claro para mim, porém, que a lógica dos economistas não poderia dominar todo o governo. Por isso, nomeei ministros fortes para as áreas sociais. Paulo Renato para a Educação e primeiro o Jatene e depois o Serra para a Saúde. O choque com a área econômica era grande. Eu arbitrava. A prioridade à Educação e à Saúde foi grande. Por exemplo, para financiar a universalização do ensino fundamental, eu abri exceção à destinação exclusiva dos recursos das privatizações para o abatimento da dívida pública. Recursos obtidos nos leilões de concessão das bandas de telefonia celular foram utilizados para financiar o programa "Toda Criança na Escola". Apoiei a batalha do ministro Jatene pela criação de uma fonte adicional de financiamento da Saúde, com a criação do "imposto do cheque", na verdade um tributo sobre movimentação financeira. E depois o Serra, na aprovação de uma emenda constitucional que garantiu mais recursos para a Saúde. Em todos esses casos enfrentando resistências da área econômica.

O Vilmar Faria, que era sociólogo e havia trabalhado comigo no Chile e no CEBRAP, foi fundamental na definição das diretrizes para as políticas sociais. Ele tinha uma visão sobre como deveriam se estruturar os serviços sociais básicos, tinha muito prestígio com os principais técnicos desses setores, muitos deles vindos da universidade, tinha diálogo com os ministros da área e privava da minha total confiança. Ele inspirou e dirigiu a Câmara Setorial das

Políticas Sociais, uma instância de articulação das políticas de governo para as diversas áreas sociais. Depois, tornou-se chefe da Assessoria Especial da Presidência da República.

Vilmar foi decisivo não apenas na concepção, mas também em algumas decisões estratégicas. Por exemplo, quando o ministro Jatene, que ocupou a pasta da Saúde nos dois primeiros anos do meu governo, teve de sair, eu pedi ao Vilmar que me ajudasse a encontrar um nome que conhecesse o setor, mas não representasse nenhuma das corporações da área da Saúde, em especial os hospitais. Ele aliava conhecimento técnico, capacidade de diálogo e humildade para ouvir os outros. Dessa prospecção do Vilmar, surgiu o nome do Carlos César de Albuquerque, que teve um papel importante na institucionalização do Sistema Único de Saúde. O Vilmar ajudou também a convencer o Serra, de quem era muito amigo, a aceitar o Ministério da Saúde, depois do Albuquerque. Na verdade, o Serra só não foi ministro da Saúde do meu governo desde o primeiro dia porque ele avaliou que não seria o caso. Mas o convite foi feito.

O Vilmar tinha essa noção de que precisávamos organizar o Estado para criar sistemas de oferta pública de serviços básicos. Ele teve papel importante também na reestruturação completa que fizemos da área da assistência social, que operava histórica e tradicionalmente nos moldes do clientelismo. Um clientelismo que começou nos anos 1930, com a criação da Legião Brasileira de Assistência, cuja primeira presidente foi a esposa do Getulio, Alzira Vargas. Com o tempo, sob o guarda-chuva do Ministério do Bem-Estar Social, o assistencialismo ganhou escala e potencial político-eleitoral. No governo do Collor, explodiu o escândalo do Ministério do Bem-Estar Social, com vasta distribuição de verbas sem nenhum critério tecnicamente sólido. Toda essa estrutura e práticas foram profundamente alteradas. Hoje a área de assistência está muito mais institucionalizada, com programas de transferência de renda que, por ressalvas que se lhe possam fazer, representam um avanço monumental em relação ao que existia "nos tempos da LBA".

A presença da Ruth,[18] antropóloga, teve também um efeito significativo nas políticas do governo. Em especial, na criação do programa Comunidade Solidária, que abriu um espaço para a formação de parcerias entre governo e setor privado na área social, sob a forma de projetos-pilotos que avaliaríamos e, se bem-sucedidos, ganhariam escala incorporando-se posteriormente ao universo das políticas públicas. Então foi criada a Secretaria da Comunidade

---

[18] Ruth Corrêa Leite Cardoso, esposa de Fernando Henrique Cardoso.

Solidária, que era a interface com o governo, e o Conselho da Comunidade Solidária, onde havia representação da sociedade. Uma representação abrangente, que ia de dom Luciano Mendes de Almeida a Pedro Moreira Salles,[19] de Viviane Senna[20] a Betinho que, mais tarde, por razões políticas, pediu demissão, mas não rompeu com o governo, como soe acontecer no Brasil.

A ideia, como disse, era fazer programas inovadores fora da máquina pública e depois tentar incorporá-los à administração pública. O Vilmar, junto com a Ruth, insistia em instituições com fluidez e participação da sociedade civil, para criar inovação na área social e, depois, "contaminar", no bom sentido, o setor público com tais inovações.

A Ruth presidia o Conselho, mas não interferia na Secretaria da Comunidade Solidária. O Conselho cuidava da articulação da sociedade civil e a Secretaria da articulação para dentro do governo. Isso foi muito mal compreendido. A oposição dizia: é a velha LBA sob novas vestes. Nunca entenderam, pois não lhes convinha, que o trabalho da Ruth não tinha nada a ver com o governo. Era com o setor privado.

Neoliberal?

Uma vez eu escrevi que "nós não somos neoliberais, nós somos neossocialistas, neossociais". Eu já disse, mas vou reiterar: eu só soube do Consenso de Washington depois de estar na presidência. Eu nunca tinha lido o livro do Williamson.[21] O neoliberalismo é completamente alheio ao meu horizonte intelectual e político. Nunca houve da minha parte um endosso às políticas chamadas neoliberais, embora, lendo depois o que o Williamson propunha, vi que eram coisas em geral de bom senso: equilíbrio fiscal, quebra de monopólios, maior competição, maior abertura etc.

No início, eu próprio tinha resistência à ideia das privatizações. Eu me recordo de que na campanha eleitoral e o tempo todo nos meus primeiros anos na presidência me perguntavam da privatização da Vale. E eu estava convencido de que era lobby. Não passava pela minha cabeça a privatização

---

19 CEO do Unibanco.

20 Presidente do Instituto Ayrton Senna.

21 Williamson, John. "What Washington means by policy reform". In: Williamson, John. *Latin American adjustment: How much has happened?* Washington D.C., Peterson Institute for International Economics, 1990, capítulo 2.

da Vale. Quem em algum momento conversou comigo sobre isso foi o Serra, que era favorável à privatização da empresa. O Clóvis Carvalho também era e falou comigo. Não foram os únicos, mas, entre os mais próximos, foram eles somente, de que eu me lembre.

Eu custei muito a aceitar a ideia da privatização da Vale. Era favorável à privatização das companhias siderúrgicas e daqueles setores nos quais o Estado tinha se metido por falência de empresas do setor privado ou por inexistência, no passado, de condições para o investimento privado, como tinha sido o caso da siderurgia. Mas eu achava que algumas empresas tinham certo valor estratégico, entre elas a Vale do Rio Doce. A Companhia Siderúrgica Nacional, símbolo da presença estatal no setor, foi privatizada pelo Itamar Franco, não por mim.

Dando um passo atrás, para tentar entender como a minha visão sobre as empresas estatais foi pouco a pouco mudando, recordo-me de quando eu era líder do governo Sarney no Senado: as nomeações para as companhias telefônicas eram um escândalo. Eu nunca vou esquecer uma discussão forte que tive com o deputado Roberto Cardoso Alves, no salão de baixo do Palácio do Planalto, por causa da nomeação de diretores de uma companhia de telefonia em São Bernardo do Campo. Lembro-me também de certa vez em que eu fui falar com o Antônio Carlos Magalhães,[22] que então era ministro das Comunicações, para discutir nomeações de diretores de empresas estatais. Estávamos eu, o Pimenta[23] e o Ulisses.[24] Pimenta e eu éramos os que mais objetávamos. Eu queria ver o currículo dos candidatos. Mais tarde, o Antônio Carlos deu um depoimento à *Veja* dizendo que eu era o único que me interessava pela capacitação do candidato. Porque os partidos não pensavam nisso.

A verdade é que, quando terminou a ditadura militar, no governo Sarney, veio o assalto ao aparelho público. E foi feito pelo PMDB. Sob o pretexto de tirar os malufistas, os udenistas, os que tinham servido ao governo militar. Eu não vou dizer que no governo militar não tivesse havido muita penetração por forças não profissionais nas empresas públicas. Houve. Descrevendo a forma de representação de interesses no regime autoritário, eu falei na criação de anéis burocráticos, que enfeixavam alianças entre grupos privados e setores específicos da burocracia. Mas o que eu vi nos primeiros anos do retorno à democracia foi diferente: a nova forma de representação dos interesses implicava a devasta-

---

22 Governador da Bahia, ministro e senador.

23 João Pimenta da Veiga, governador de Minas Gerais e deputado federal.

24 Ulisses Guimarães, deputado e líder do PMDB.

ção do Estado. Eu disse isso uma vez ao Sarney e ele não gostou, mas é verdade: fazia-se sorteio nas bancadas, entre os deputados, para decidir que deputado tinha direito a que cargo. A indicação nas diretorias das empresas públicas era política. E no caso das companhias telefônicas era uma coisa espantosa.

As empresas públicas eram um butim, aquilo ali não tinha nada a ver com o povo. Tinha a ver com interesses particularistas de partidos e de pessoas. Eram estatais no sentido abstrato porque concretamente elas eram objeto do jogo de interesses privados, de grupos, embora sob a forma estatal. Mas o controle não era realmente do Estado. No regime militar, o jogo se dava no círculo restrito das burocracias e dos grandes grupos empresariais, mas havia certa racionalidade, questionável, mas havia. No retorno à democracia, o vírus do clientelismo e da corrupção tornou-se mais vigoroso e se espalhou.

Além de ver de perto a apropriação política das empresas estatais, eu ouvia os economistas. O Estado não tinha recursos para investir, a maioria das empresas estatais era deficitária e o governo tinha uma dívida crescente. Precisávamos de capital privado para o investimento e de recursos para abater a dívida. Nós fizemos a privatização, no meu governo, com esse duplo objetivo: para abater dívida e para abrir espaço para o investimento privado. Além de problemas de financiamento, as empresas estatais estavam regidas por regulamentos muito burocráticos. Elas não podiam competir com o setor privado porque eram amarradas. Então eu acabei concordando com a privatização da Vale e o resultado está aí. Ela tinha valor de mercado de oito bilhões e quatrocentos milhões de reais quando foi vendida. Hoje seu valor é de cento e quarenta bilhões de dólares. Por quê? Porque ela foi capitalizada, ganhou mercados e eficiência e hoje ela paga mais ao Tesouro, em tributos, do que jamais pagou em dividendos quando era estatal.

Eu sempre disse que não era nem privatista nem estatista por princípio. Depende da circunstância histórica. Nunca fui favorável à privatização da Petrobras. Quando se armou uma celeuma no Senado sobre o tema eu disse: "mando uma carta ao Senado dizendo que eu não vou privatizar". Porque esse continuava sendo meu pensamento, não privatizar a Petrobras. Mas sim forçá-la a competir, quebrar o monopólio. Nós desfizemos a confusão que havia entre o Estado e a Petrobras. Quem tem o monopólio sobre o solo é o Estado, não a Petrobras. O Estado continua com o monopólio do subsolo. Agora, pode conceder a exploração a quem quiser, dentro de condições. Quando nós abrimos o mercado, demos imensa vantagem à Petrobras: o que ela tinha descoberto ficou sob controle dela, não foi posto em leilão. O que ela sabia que tinha probabilidade de ter boas jazidas também ficou. Criamos uma agência independente para regular o setor, a ANP, independente do governo e independente da Petrobras. Diga-se de passagem que hoje a agência não vale mais quase nada, perdeu substância, poder: a Petrobras manda em tudo de novo. Está voltando a ser uma empresa quase monopolista. Eu próprio tive muita dificuldade de controlar a Petrobras.

Eu não fui favorável à privatização do Banco do Brasil tampouco. Havia dentro do governo quem quisesse, e o PFL [atual DEM] sempre quis. O PSDB nunca foi muito privatista, não é até hoje, tem dúvidas. O PFL sempre quis. O Luís Eduardo[25] sempre falava disso, o Bornhausen[26] também, mas eu nunca concordei com a privatização do Banco do Brasil. No começo, a razão fundamental para mim era o financiamento da política agrícola. Essa razão desapareceu porque nós mudamos o sistema de financiamento e hoje ele pode fazer-se com instrumentos de mercado. Mas eu achava que seria bom que o governo tivesse um instrumento financeiro poderoso, desde que o banco se transformasse numa empresa competitiva. Coisa que fizemos na Petrobras e fizemos também no Banco do Brasil, estabelecendo regras de governança e ampliando a participação dos acionistas privados. No setor de energia, nós privatizamos a distribuição. Não a geração, por resistências políticas. E o sistema energético ficou sempre inconcluso, como continua até hoje. Ainda agora não se sabe qual é o modelo. A maior geradora do país, Furnas, não foi privatizada porque era controlada por um consórcio de todos os partidos mineiros, e continua sendo. Nunca conseguimos realmente controlar Furnas porque ela é um instrumento poderoso na política de Minas Gerais. Eu tentei privatizar, mas não consegui. O PFL, que se dizia privatista, não se mostrava interessado. Os partidos eram contra.

Onde a privatização foi mais bem-sucedida? Na telefonia. Quem privatizou? O PSDB? Gente do PSDB que não queria utilizar o Estado para fins do partido. Sergio Motta tinha muita liderança e compromisso partidário. Mas como ministro de Estado era diferente. Ele não nomeava pessoas do PSDB, nomeava gente que ele achava competente e que tinha noção do que fosse um Estado moderno, democrático. Ele entendeu também que não se faz mudança contra a burocracia. É preciso ganhar a burocracia para a mudança. O Sergio soube fazer isso.

---

25 Luis Eduardo Magalhães, deputado do PFL.

26 Governador de Santa Catarina, ministro e senador pelo PFL.

No caso da privatização das empresas telefônicas, tínhamos a convicção sobre a necessidade de um salto tecnológico, que passava pela modernização do setor e pela ampliação do acesso. No início do governo, o próprio Sergio Motta era contra a privatização. Achava que era possível atingir aqueles objetivos sem privatizar. O Sergio se convenceu no meio do caminho. Vimos que ou privatizávamos ou ficávamos para trás num mundo em que a Internet se generalizava. Mas privatização feita para gerar mais competição, e não monopólios privados. A forma moderna de lidar com esse desafio são as agências reguladoras, com independência e capacitação técnica. Nisso está havendo retrocesso no governo atual.

Nossa maior preocupação era mais com a qualidade técnica das operadoras privadas de telefonia e menos com a origem do capital, se nacional ou estrangeiro. Eu sempre achei, em todos os setores, que o melhor era ter diversidade e um ambiente de competição. Tanta era a preocupação com a qualidade técnica que o BNDES comprou uma participação no capital acionário de um dos consórcios vencedores dos leilões de privatização da telefonia, quando avaliamos que faltava experiência ao grupo de controle, que era composto por capital nacional.

Para mim, as formas específicas de viabilizar o desenvolvimento nunca foram uma questão de dogma. A questão é o que é possível fazer, o que é melhor para o país em certo momento. No tempo do Getulio, ou era o Estado ou não acontecia. A Petrobras ou era estatal ou não haveria empresa petroleira desse porte no país. No meu governo, o desafio era outro: não era construir do zero o que não havia, era modernizar uma estrutura e adequá-la às novas condições de inovação e competição que se haviam tornado globais. Eu achava que deveria continuar a haver a coexistência e a articulação entre capital privado nacional, capital privado transnacional e capital estatal, mas que a articulação tinha de mudar, o capital privado tinha de tomar a dianteira, assumir os riscos, puxar o processo.

Por outro lado, sempre defendi uma política ativa do governo. Dizem que não havia política industrial. Havia. O setor siderúrgico foi todo remontado, depois da privatização, com uma atuação forte do BNDES. A mesma coisa para o setor petroquímico. A choradeira das indústrias nacionais que perderam espaço foi enorme, é verdade. Mas não houve sucateamento, desindustrialização. Houve reciclagem, reestruturação, modernização. A mesma coisa na agricultura: criamos formas novas de financiamento, incentivamos a modernização dos equipamentos e da frota, apoiamos a pesquisa tecnológica.

No Estado procuramos seguir a norma legal, o que é contra a tradição brasileira. Quando você inova está indo contra a tradição. É por isso que é difícil. A tradição tem um peso imenso. E é muito fácil acusar do que queiram, porque você está saindo da tradição. E nós tínhamos a noção clara de que era preciso mudar a tradição. Por exemplo, vamos mudar a Era Vargas. Eu votei no Getulio, a minha família inteira. Não se tratava de ser contra o Getulio, o momento era outro. Não se tratava de ser contra o Estado, mas de refazer o Estado. O Juscelino deu um passo grande e correto para modernizar, mas foi um passo não institucional. Ele criou comissões específicas para fazer mudanças, ele não mexeu na estrutura do Estado. O Getulio mexeu mais no Estado o Juscelino não mexeu, ele acelerou. Depois o Castello e o Roberto Campos mudaram. O Geisel eu não sei se chegou a mudar um pouco na direção getulista, de voltar a ter mais empresas estatais. E depois nós, que mexemos realmente na estrutura do Estado. Porque o Collor desmontou, mas não criou. Não botou nada no lugar, não é? É verdade que desmontou tanto que facilitou a remontagem.

É curioso porque as políticas de meu governo tiveram muito pouco de liberal. Estávamos preocupados em fortalecer os serviços públicos, ampliar o acesso a eles, reorganizar os gastos. O gasto social aumentou e aumentou muito. Infelizmente o grosso da comunidade acadêmica não entendeu isso. Para a maioria da comunidade acadêmica – em especial a das ciências humanas, por causa da forte penetração ideológica nas universidades – nós éramos neoliberais. Quando na verdade nós estávamos reorganizando o Estado, inovando, inclusive na área social.

Então qual foi o problema? O problema é que o foco era a inflação. E o problema é que os nossos ministros principais, eles tinham uma linguagem anti-inflação. E não tinham uma linguagem de desenvolvimento. Nós perdemos a linguagem. A percepção de que éramos monetaristas é porque os monetaristas ortodoxos falavam com força enquanto que os ministros da área econômica, que não eram monetaristas, não tinham força ideológica.

Um novo discurso político

Nós perdemos a batalha ideológica. O PSDB nunca deu suficiente atenção a tal batalha. Eu dizia para o partido: "não basta ganhar no Congresso, é preciso ganhar na sociedade". O apoio do PSDB às reformas era um apoio quase envergonhado porque, no fundo, as convicções mais profundas do partido não eram tão diferentes do discurso da oposição. Eu tinha a preocupação de criar um novo discurso. Criamos alguns núcleos para tentar fazer isso. Havia um grupo que me assessorava, chefiado pelo Luciano Martins, sociólogo conhecido, que tinha escritório no Rio. Tinha o Francisco Weffort, um intelectual conhecido e de esquerda, que foi meu ministro da Cultura. Eu frequentemente convidava intelectuais pra vir conversar. Agora, você conhece a nossa intelectualidade. Ela gosta de atacar, não gosta de defender, com algumas exceções. Em geral, quem apoia, apoia calado. E quem é contra, fala. E não fica bem para um intelectual apoiar o governo. Não se formou uma convicção, como hoje pode haver, de que o caminho estava certo.

As pessoas custaram muito a ver que o mundo havia mudado, que o paradigma tinha que ser outro. E ficavam julgando tudo pelo paradigma antigo. Não se avaliava corretamente o quanto a inflação era um mal para o país e o quanto ela estava enraizada na nossa economia, na nossa sociedade e quanto esforço era necessário para erradicá-la. Privatização era um tema indigesto, quase um palavrão, como se fosse vender por preço vil o patrimônio público. Ainda havia uma ideia tosca, muito forte, de que o estatal era bom, porque do povo, e o privado era ruim. Regulação, competição, inovação etc., eram palavras fora do léxico e do horizonte intelectual de muita gente. Além do mais, não se pode esquecer que eu era membro da Academia. Isso tornava as disputas mais acirradas, mais idiossincráticas; tornava as cobranças maiores: qualquer coisa não tão boa já era considerada um desastre. As pessoas achavam que havia um caminho alternativo. Hoje o PT mantém o mesmo caminho de meu governo, embora não reconheça.

O Roberto Schwarz escreveu certa vez que eu tinha feito uma aposta em meu governo baseada na crença de que o mundo tinha mudado, e que o capitalismo ia dar certo. Ele punha em dúvida. Não era uma aposta, o mundo havia mudado mesmo e se abriam novas oportunidades para os países "emergentes", dentro do capitalismo. A questão era como aproveitá-las. O Brasil já estava meio atrasado, nós é que não nos dávamos conta disso. Desde os tempos da Constituinte, quando fiz um discurso no Senado sobre "As opções nacionais", eu mostrava as mudanças necessárias para nosso *aggiornamento*. O Weffort escreveu uma vez, quando ele ainda estava no PT, e fez a saudação a mim na cerimônia em que ganhei o título de professor emérito da USP, que eu era "um sociólogo do *in fieri*". E é verdade: eu só estou interessado no novo, no que está acontecendo. Eu não tenho paciência para o que eu já sei. Eu quero saber o que vem por aí. Acho que isso é uma vantagem do ponto de vista intelectual. Para retomar a expressão do Roberto Schwarz, você pode fazer uma aposta melhor. Mas não tem seguidores. Esse é o risco. Os acadêmicos no Brasil, em geral, não querem apostar, ficam dentro de um quadro tradicional de pensamento, embora a retórica possa parecer radical. E a Academia influencia a mídia, que influencia os políticos. A Academia influencia a mídia, sobretudo a mídia nova, porque ela veio da Academia.

Precisamos de outra simbologia, que consiga estabelecer comunicação através dos novos meios de comunicação e com uma sociedade que já não é puramente "de classes", é de massa, que assiste ao surgimento de novos atores, comportamentos, identidades. Eu tenho dito isso ao PSDB. Quer dizer, o PSDB tem que assumir a modernização, a modernidade, de que nós sempre tivemos horror, porque nós sempre fomos contra a modernização. Quando digo nós, digo nós da esquerda e da tradição revolucionária. A modernização era uma ideia do funcionalismo na sociologia, e nós éramos contra. Porque nós queríamos a revolução. Hoje nós temos que dizer "somos por uma modernização progressista". E precisamos dizer, comunicar o que é isso. O telefone móvel é modernização. Mais ainda falta modernização dos direitos da cidadania.

O mundo político não tem sido capaz de elaborar esse discurso, de dar hegemonia a esse discurso. Agora, fragmentos desse discurso existem em vários lugares. Mas os grandes instrumentos da ideologia, a Igreja, a Universidade, a Mídia, ainda não se afinam com esse discurso. A mídia não pode assumir esse discurso porque a mídia vive do negativo, do conflito. Ela não pode legitimar esse tipo de discurso porque ele é do futuro, é do progresso. O Brasil está fazendo progresso. Isso não é aceitável para essas instituições difusoras de ideologia. A ideia de que estamos indo cada vez para o pior não é verdadeira. Visivelmente não. Mas é popular nos meios ideológicos, é legitimadora. O Lula não mudou o caminho, estamos indo para frente. Mas os processos mais profundos e o conceito de modernização ainda não foram legitimados politicamente. Quando fala em "herança maldita", o Lula atrapalha a legitimação política da modernização brasileira. Nesse sentido, acho que será muito importante a eleição em 2010, desde que o candidato do nosso lado legitime esse discurso.

Olhando para o futuro

Eu não mudei de modo geral minha concepção sobre qual é o método para analisar a sociedade e o que constitui teoria nas ciências sociais. As ciências sociais não obedecem à mesma lógica das ciências da natureza. Elas não estão completamente escritas, como o universo, em linguagem matemática. Para elas não é só a regularidade que conta, mas a criação do novo. Elas estão embebidas historicamente.

O tema do particularismo e do universal mudou profundamente por causa da globalização. A globalização criou uma abertura enorme porque legitimou temas locais e o universal passou a ser questionado da perspectiva local. A globalização ocorre por intermédio de uma articulação em rede, que salta as fronteiras nacionais. Ao mesmo tempo, ela cria uma graduação entre os países mais e os menos globalizados. O que seria, *mutatis mutandis*, uma graduação entre centro e periferia. A globalização pesca pedaços, no que era antes a periferia, e os junta em uma rede articulada aos centros, no plural. E deixa pedaços do centro separados dessa rede. Para não falar dos imensos pedaços da periferia separados dessa rede. Então, acho que dá para pensar esse processo, teoricamente.

No Brasil, a complexidade é muito grande exatamente por isso, porque a globalização é fragmentada e vai fragmentar mais o Brasil. Falava-se em "dois Brasis". Agora é muito mais complexo. Essa fragmentação e rearticulação dos fragmentos fazem-se especialmente na estrutura produtiva e financeira, mas não precisa fazer integralmente o mesmo no político, no cultural. Tome-se o exemplo do Japão. O Japão integrou-se com êxito na ordem global. Mas não há nada mais japonês do que o Japão globalizado. E eles se internacionalizaram, se globalizaram desde a revolução Meiji.

Pensar em globalização, nos termos de uma teoria geral modernizadora é um equívoco (como nas teorias da modernização do passado), porque seria desconhecer toda essa diferenciação histórica, estrutural e cultural. O mesmo vale para o Brasil: é conveniente evitar o reducionismo economicista. A globalização penetrou muito, mas isso não quer dizer que ela tenha homogeneizado avassaladoramente a Humanidade.

Nós já entramos na globalização, todo o mundo entrou, uns mais, outros menos. O problema é se você entra ativa ou passivamente. O Brasil começa a entrar ativamente, não totalmente, porque ainda tem muito lixo a ser mexido. Mas as empresas entraram, os indivíduos entraram. O quadro geral é dado pela entrada nas redes globais. Isso é uma força de transformação e de progresso, não de atraso.

Lembro-me que numa conferência que eu dei na faculdade de Filosofia numa época de muita agitação (era 1968), disse que no Brasil ou nos afirmávamos como ocidentais ou não seríamos nada. A frase provocou espanto em muitos colegas. É que a cultura indígena aqui foi incorporada e a dos negros também, nós não temos cultura africana. Os negros têm cultura ocidental. Aqui, como nos EUA, os negros têm cultura ocidental. E depois, diga-se o que se quiser, o negro americano tem pouco a ver com a cultura africana. Eles foram ocidentalizados. E nós também. Nós somos morenos, culturalmente pertencemos ao "extremo Ocidente", mas somos ocidentais. Eu falo isso há quantos anos! As pessoas não tinham essa visão, tinham a visão estática de um mundo autóctone e autárquico, que seria o autenticamente nacional. E nossa relação com o resto do mundo não é nem autóctone e nem autárquica, é dialética. Não é que sejamos a reprodução passiva do que acontece lá fora. Não, nós refazemos aqui o que trazemos de fora, e dessa forma recriamos o "externo", podendo influenciar, por nossa vez, o "lá de fora". Tem um ir e vir nesse processo. Essa dialética está no *Dependência e desenvolvimento*. Está no *Capitalismo e escravidão*.

No governo – e para mim isso já era claro quando fui chanceler – eu insistia em que o Brasil tinha que se organizar, em particular, na América do Sul, não na América Latina, na América do Sul, mas não para nos isolarmos nesse espaço e sim para, a partir dele, intensificar nossas relações para fora. Se eu pudesse resumir o que penso a esse respeito, eu diria: o Brasil é latino-americano, especificamente sul-americano, especificamente Cone Sul, e tem ligação com os EUA e a Europa, mas também com a Ásia e com uma parte da África. Não devemos nos definir em termos de terceiro-mundismo, mas com uma postura de *global player*. Agora, virar *global player* implica uma construção, não se faz de repente. Nós estamos virando *global player*. E isso não tem nada a ver com ser membro do Conselho de Segurança. Conselho de Segurança pode ser mais um problema do que uma solução. Tem a ver com nossa autorrepresentação (e, portanto, cultural também) e com a capacidade que viermos a ter para definir nossos interesses econômicos, políticos e culturais no mundo globalizado pelo comércio e pela produção, inclusive de ideias.

Embora eu tivesse tido uma forte influência marxista e da dialética, nunca me identifiquei com a filosofia da história marxista. Eu sempre achei que a parte mais débil do marxismo era a política. A incompreensão do jogo de poder e uma visão idealista de que é um sujeito social privilegiado, o proletariado, que vai substituir tudo e resolver as questões. Eu nunca tive essa visão teológica da sociedade, de um destino final, eu nunca acreditei muito nisso de existir uma marcha inexorável para um destino qualquer. Sempre fui mais cético com relação a isso. Menos religioso, menos determinista, por consequência mais probabilista, com uma visão menos encadeada da história. Eu acho que ela sempre surpreende. Eu gosto de usar uma frase: "quando você está esperando que aconteça o inevitável, acontece o inesperado". Não há o inevitável nem o predestinado na História.

FHC: O intelectual como político

Celso Lafer

Os desafios do intelectual na política: o senso da realidade e o juízo político

I

Fernando Henrique em livro recente, *Cartas a um jovem político*, publicado em 2006, no qual destila didaticamente a sua experiência e reflete sobre os temas de interesse "para quem queira entrar no vasto mundo da política", registra: "Eu me sinto mais professor e intelectual do que político, no sentido que se atribui normalmente à palavra "político".[1] É certo que ele não é, como diz pertinentemente, um político no sentido mais usual do termo como foram, por exemplo, Campos Sales, Rodrigues Alves, Getulio Vargas e Juscelino Kubitschek, eminentes e qualificados antecessores seus na presidência da República. No entanto, não é menos verdade que se trata de homem público cuja trajetória, no conjunto, é das mais bem-sucedidas – e das mais bem-sucedidas no exercício de atividades medularmente políticas, como são as do prócer partidário, senador, ministro das Relações Exteriores e da Fazenda, presidente da República por dois mandatos, democraticamente eleito pela maioria de um grande eleitorado em primeiro turno. Nesse sentido é um caso singularíssimo na História brasileira, e pouco frequente no cenário internacional: o de um grande intelectual, de forte e reconhecida presença no mundo universitário do país e do exterior, que não foi apenas influente no espaço público da vida nacional, mas exerceu efeti-

[1] Cardoso, Fernando Henrique. *Cartas a um jovem político*. Rio de Janeiro, Elsevier, 2006, p. 73.

vamente o poder na cúpula do sistema político de um país da escala e complexidade do Brasil, de 1995 a 2002. Por isso o seu percurso convida a uma reflexão sobre o tema dos intelectuais e o poder.

O tema dos intelectuais e do poder não é importante apenas porque os intelectuais apreciam a discussão em torno desse assunto e as controvérsias que suscita. É importante porque a atividade intelectual de produção, discussão e transmissão de ideias é muito necessária para a ação política nas sociedades contemporâneas. Com efeito, essas se caracterizam por sua complexidade; constante mudança; democratização impulsionada pelo grande número; globalização que internaliza o mundo na vida dos países e pela presença da mídia no cotidiano das nações. As sociedades contemporâneas requerem, assim, tanto princípios, valores e diretrizes que apontem rumos nas incertezas das transformações, como saber técnico apto a prover conhecimentos – meios necessários para traduzir os rumos apontados e os valores escolhidos em políticas públicas viáveis.

O primeiro tipo de conhecimento, como diz FHC com um camoniano saber de experiências , requer *visão global*, ou seja, a capacidade "de entender o conjunto das coisas" e a competência estratégica para perceber o que está aberto "para as possibilidades do futuro". É isto que permite ao bom político aprender "a navegar e saber caminhar entre escolhas, sempre atento à meteorologia" e sem "perder o rumo".[2] O segundo tipo opera o relacionamento entre meios disponíveis e fins desejáveis. Daí, para um político, a importância, por exemplo, da economia – "porque a economia predomina nos acontecimentos e nas sensações da sociedade", como aponta FHC[3] –, dos preceitos da administração e da capacidade de dominar e saber lidar com a lógica dos meios de comunicação (televisão, rádio, imprensa escrita), pois, em especial no Executivo, num país como o Brasil contemporâneo, a vida democrática passa pela política de massa, e política de massa "significa a mídia".[4]

As atividades intelectuais podem se traduzir ou não em influência na vida social, econômica e política de uma sociedade, e os intelectuais, na medida em que estão interessados na vida política, nela podem desempenhar distintos papéis, ligados à avaliação que fazem da sua própria responsabilidade e, sobretudo, da aceitação mais ampla, pela sociedade, do exercício desses papéis. Esquematicamente e valendo-me com liberdade das indicações de Bobbio em

---

2 Ibidem, pp. 7, 45, 47, 70, 169.

3 Ibidem, p. 78.

4 Ibidem, p. 60.

livro instigante e abrangente sobre o tema[5] – e sem entrar na discussão sobre "verdadeiros" e "falsos intelectuais" ou na elaboração do tipo ideal de intelectual – creio que, descritivamente, cabe registrar que os intelectuais podem fazer a crítica do poder, podem legitimar o poder, podem assessorar o poder e podem – o que é mais raro – exercer o poder.

A *crítica do poder* tornou-se usual com o processo histórico da modernidade, que levou à desconcentração e à descentralização do poder ideológico. É a expressão política com fundamento no "uso público da razão", para falar com Kant do exercício da liberdade de opinião voltada contra os abusos do poder. A postura da crítica em face do poder adquiriu força a partir da tradição filosófica oriunda do "Iluminismo" do século XVIII. Tem muito a ver com o inconformismo, por vezes radical, perante os males da sociedade. Na vertente animada pela moralidade da discussão pública, representa a ideia-força de independência, mas não indiferença dos intelectuais em relação à política, lastreada na autonomia relativa da cultura em relação à política.

Inversamente, os intelectuais podem *legitimar o poder*, ao sustentá-lo perante a opinião pública, explicitando as razões e destacando as realizações do governo. Neste caso, os intelectuais, seja em função de interesses mais circunscritos, seja à luz de convicções mais abrangentes, exercem funções de porta-vozes do poder perante a sociedade. São os "intelectuais orgânicos" de um governo, para valer-me da formulação de Gramsci destituída de seus pressupostos marxistas.

Também está ao alcance dos intelectuais *assessorar o poder*, ou seja, agir mais diretamente sobre ele, exercendo influência e por vezes assumindo responsabilidades públicas em múltiplas tarefas necessárias para a gestão governamental nas sociedades contemporâneas. Neste caso, a base e a fonte da influência normalmente é o domínio dos conhecimentos-meios – o mandarinato do saber técnico – em campos como, por exemplo, a economia e o direito, ou, hoje em dia, da capacidade dos "marqueteiros" de lidar com os meios de comunicação. Finalmente, os *intelectuais* podem *assumir e exercer, a título próprio, as responsabilidades do poder.*

No seu percurso de homem público, FHC desempenhou todos estes papéis. Foi crítico do poder, foi legitimador do poder, foi conselheiro do poder e exerceu o poder. Se os três primeiros papéis são razoavelmente usuais na vida

---

5 Bobbio, Norberto. *Os intelectuais e o poder: dúvidas e opções dos homens de cultura na sociedade contemporânea.* Trad. Marco Aurélio Nogueira. São Paulo, Editora da Unesp, 1997, pp. 67–189.

dos intelectuais com interesse pela política, o último é pouco frequente. É pouco frequente porque normalmente há, por parte deles, uma razoável dose de imperícia no trato da realidade política. Rui Barbosa é uma ilustração de imperícia política que, com preeminência pública e envergadura intelectual, exerceu na vida política brasileira uma magistratura de influência, mas não logrou alcançar a presidência da República que almejava e que disputou em duas ocasiões. Esta imperícia não caracterizou a trajetória de FHC. Daí o caráter paradigmático de sua atuação, pois foram os seus recursos de intelectual que contribuíram para a sua perícia, como vou procurar, a seguir, explorar.

II

O potencial de imperícia dos intelectuais no trato da realidade política mereceu uma sugestiva apreciação de Afonso Arinos – ele mesmo um intelectual na política – quando nas suas memórias evocou a trajetória de San Tiago Dantas por ocasião do seu falecimento em 1964. San Tiago Dantas teve, na vida política brasileira, como deputado, ministro do Exterior e da Fazenda, e importante liderança política, um luminoso e irradiante poder de raciocinar, instrumentado e lastreado numa cultura sólida e abrangente. Entretanto, não conseguiu levar a bom termo nem o controle da inflação, nem as lúcidas reformas da sociedade brasileira que propôs. Não logrou, igualmente, o respaldo do Congresso para ser, na vigência do parlamentarismo, primeiro-ministro, e não conseguiu, posteriormente, evitar com suas iniciativas a queda do governo Goulart, que trouxe a implantação de um regime autoritário-militar em nosso país. Penso que o próprio San Tiago Dantas diria sobre este assunto, para valer-me de uma frase de seu ensaio sobre Cairu, anterior à fase decisiva da atuação política, evocado por Marcílio Marques Moreira no prefácio à segunda edição de *Figuras do Direito*: "Está fora do alcance da vontade humana o que permite ao homem transfundir na história a força operativa do seu pensamento".[6]

Entende Afonso Arinos que, no caso, mais que tudo a falha "de uma inteligência política superlúcida, como a de San Tiago é que, abandonado ao seu próprio movimento e distanciado da sensibilidade, tende invencivelmente a sobrepor, ao que é, aquilo que deve ser". Se, continua Afonso Arinos, no campo do Direito, no qual sublinho, San Tiago destacou-se como grande advogado e jurista, o ponto de partida é a prevalência da lógica do dever-ser das normas,

---

6 Dantas, San Tiago. *Figuras do Direito*. 2ª ed. Rio de Janeiro, Forense, 2002, pp. 10–11.

em "política não se pode atingir ao dever-ser senão pelo que é". Ora, San Tiago Dantas foi incapaz de empreender com pleno sucesso a incursão pela via da política – pedregosa, muitas vezes pantanosa, frequentemente irracional. Nas palavras de Afonso Arinos, tomava "pelo real o que não era propriamente fantasia, mas aparência criada pelo raciocínio. Criava uma realidade lógica que pretendia tomar como vital".[7]

Numa reflexão mais geral sobre este tema, observou Isaiah Berlin que a suspeita que cerca os intelectuais na política provém da aspiração que frequentemente os motiva confiar no resultado benéfico de aplicar diretamente à realidade viva conclusões obtidas numa esfera teórica. Com efeito, a crença numa chave teórica que enseja o conhecimento da realidade frequentemente leva, diz Isaiah Berlin, à perda do senso da realidade, pois a teoria busca o geral, e a percepção política requer captar as características próprias e as diferenças específicas que singularizam a conjuntura de uma dada situação. A política requer uma sabedoria prática que identifica na realidade as especificidades do que pode e do que não pode resultar. É, assim, uma perícia, uma competência que pode beneficiar-se do conhecimento mas requer, antes de mais nada, compreensão, que a experiência favorece. Em síntese, um raio-X teórico não assegura por si só o diagnóstico para a ação concreta, assim como o conhecimento da botânica não faz um bom jardineiro.[8] É nesse sentido que Camões adverte, recomendando ao soberano português:

Tomai conselho só de experimentados,
Que viram largos anos, largos meses,
Que, posto que em cientes muito cabe,
Mais em particular o experto sabe.

[*Os Lusíadas*, X, 152]

Já ao tempo em que fazia a crítica do poder constituído, FHC tinha clareza sobre os desafios do juízo político apontados por Isaiah Berlin, autor que ele evoca nas suas *Cartas a um jovem político*[9] e também em *A arte da política: A história que vivi*, igualmente publicado em 2006, e que é um extenso relato da

---

7 Arinos de Melo Franco, Afonso. *A escalada: memórias*. Rio de Janeiro, Livraria José Olympio, 1965, pp. 262–63.

8 Berlin, Isaiah. *The sense of reality*. Londres, Chatto and Windus, 1996, pp. 5, 19, 23–24, 32, 35, 45, 52.

9 Cardoso, op. cit., p. 109.

sua vida política e do seu governo permeado por inúmeras digressões teóricas.[10] Registro, a título de depoimento, que as reflexões de Isaiah Berlin sobre as peculiaridades do juízo político foram, em muitas ocasiões, objeto do nosso diálogo durante o seu período presidencial. Em 1978, discutindo o papel do intelectual na política, FHC observou: "O risco do intelectual é sempre o risco dele pensar que é demiurgo, que ele substitui o real". "Pensa que sabe o que deve ser feito – e não ouve nada". Por isso "o intelectual não pode pensar que ele comanda, que vai dar a palavra de ordem"; "o que ele pode fazer é articular o debate, fazer aflorar o que está na sociedade". Registrava, na sua postura crítica: "O intelectual tem que ousar enfrentar certas questões. Sem provocação: não há intelectual que não faça um pouco de subversão – no sentido de que altera a ordem das coisas". Apontava que cabia ao intelectual, numa pedagogia de dimensão popular, "ensinar e aprender", e comentando os trabalhos do CEBRAP sobre as condições de vida em São Paulo, afirmava: "quem faz pesquisa, como eu, vê o quanto não sabe".[11]

Esta postura de FHC como intelectual no exercício militante do papel de crítico do poder vigente no Brasil na época do regime autoritário-militar é congruente com o que tinha sido a sua identidade de acadêmico pesquisador, de sólida formação sociológica. Desde a sua tese de doutorado, publicada em 1962, *Capitalismo e escravidão no Brasil meridional: O negro na sociedade escravocrata do Rio Grande do Sul*, passando pelo mais conhecido *Empresário industrial e desenvolvimento econômico no Brasil*, de 1964, e com maior abrangência no livro de grande ressonância, escrito em parceria com Enzo Faletto, publicado em português em 1970, *Dependência e desenvolvimento na América Latina*, a tônica de FHC foi pesquisar e refletir sobre a interação entre o geral das determinações e o específico, dentro dos quais se inserem situações particulares com suas articulações próprias. Daí a clareza da advertência do prefácio a *Dependência e desenvolvimento na América Latina*: "falar da América Latina sem especificar dentro dela as diferenças de estrutura e de história constitui um equívoco teórico de consequências práticas perigosas".[12]

---

10 Idem. *A arte da política: A história que vivi*. Rio de Janeiro, Civilização Brasileira, 2006, pp. 46–49.

11 Idem. *Democracia para mudar (30 horas de entrevista)*. Rio de Janeiro, Paz e Terra, 1978, pp. 25–26, 28.

12 Cardoso e Faletto, Enzo. *Dependência e desenvolvimento na América Latina: Ensaio de interpretação sociológica*. Rio de Janeiro, Zahar, 1970, p. 7.

Em síntese, FHC empenhou-se, também no plano acadêmico, em não incidir no risco da pesquisa divorciada do senso da realidade. Tal empenho preparou-o para lidar politicamente com a dialética da interação entre *logos* e *pragma*. Para isso, no meu entender, muito ajudou o pluralismo das leituras que norteou a sua formação sociológica na faculdade de Filosofia, Ciências e Letras da USP. Estas leituras incluíam Durkheim, Max Weber, Marx, os funcionalistas como Talcott Parsons e Merton e passavam por Dilthey – que, realço eu, foi quem destacou o papel da compreensão como algo distinto da explicação nas ciências humanas, Simmel, o sociólogo da sutileza analítica, e Mannheim, que elaborou uma sociologia do conhecimento e tratou da latitude mediadora que ela oferece para o posicionamento dos intelectuais. Estas leituras, por sua vez, foram sendo absorvidas pela diversidade do magistério e dos interesses intelectuais e de pesquisa de seus grandes professores, a começar por Florestan Fernandes, mas também Roger Bastide e Antonio Candido.[13]

O pluralismo desse lastro acadêmico instigou FHC na sua prática política a ir aprendendo com a experiência, na acepção etimológica do termo, de *experiri*, testar, ensaiar, pôr à prova. Da experiência ele se valeu intelectualmente na sua reflexão política, pois, na linha do que apontou Hannah Arendt, deu-se conta de que numa época de universais fugidios, rupturas e descontinuidades, a relação entre o próprio pensamento e os incidentes da experiência viva é o único ingrediente que nos pode servir de baliza norteadora.[14] Foi essa baliza que contribuiu para a sua perícia política, em associação com os atributos de sua personalidade. Entre eles, o que os gregos qualificavam de *anquinoia* – a agilidade e a rapidez da inteligência – e o *dom de gentes*, o *people skills* no trato com as pessoas, facetas configuradoras de uma liderança que foi se afirmando desde o tempo da universidade.

A passagem da perícia no trato concreto da vida política para o conhecimento da política foi um dos temas de Hannah Arendt. Com efeito, empreendeu, na sua reflexão, uma crítica à tradição da filosofia política a partir de Platão, em que se observa uma espécie de dualismo ontológico que hierarquiza, separando, de um lado, o mundo do Ser e da Verdade e, de outro, o mundo do

---

[13] Cf. Bastos, Elide Rugai e outros. *Conversas com sociólogos brasileiros*. São Paulo, Editora 34, 2006, pp. 68–70; Cardoso. "Ciência e política". In: *A utopia viável: trajetória intelectual de Fernando Henrique Cardoso*. Brasília, Presidência da República, 1995, pp. 20–21.

[14] Arendt, Hannah. *Entre o passado e o futuro*. Trad. Mauro W. Barbosa de Almeida. São Paulo, Perspectiva, 1972, p. 41.

Fenômeno e da Aparência. Para essa tradição, nas suas múltiplas vertentes, todos os fenômenos são vistos como epifenômenos. Por isso só podem ser apreendidos como a expressão de algum universal. Daí o risco da análise que, ao se distanciar do concreto, perde o que Isaiah Berlin qualificou como senso da realidade. É por este motivo que Hannah Arendt tinha especial apreço por autores como Maquiavel, Montesquieu, Tocqueville e os *founding fathers* da Revolução Americana, como Jefferson, Madison, Adams que, em contraste com a tradição dos autores de filosofia política, escreveram sobre a política não "de fora", mas "de dentro", articulando suas experiências básicas.[15]

Registro, neste sentido de apreço intelectual pelos que escreveram "de dentro" sobre a política, que em FHC, Maquiavel, Montesquieu e Tocqueville são referências importantes na discussão de temas como *virtu* e *fortuna*, ética na política e a qualidade da percepção, em meio à experiência política, da movimentação dos atores que impulsionam o desenrolar dos fatos em *A arte da política: A história que vivi.*[16]

Um dos grandes méritos de FHC, que adquiriu densidade própria por obra da experiência na presidência da República, é, na linha do recomendado por Hannah Arendt, o de ter refletido com muita qualidade sobre a política "de dentro" e não "de fora". É justamente sobre esta reflexão "de dentro", mais do que numa avaliação detida do seu governo, que me concentrarei neste texto. Para isso, tomarei como base o livro *O presidente segundo o sociólogo*, livro muito singular na bibliografia brasileira, pois articula uma análise da política elaborada no calor do exercício do poder.

O presidente segundo o sociólogo: Uma análise da política por um intelectual no calor do exercício do poder

III

O presidente segundo o sociólogo é fruto de uma abrangente entrevista concedida ao destacado e qualificado jornalista e escritor Roberto Pompeu de Toledo. Publicado em 1998, portanto antes da bem-sucedida eleição para o

---

[15] Cf. Parekh, Bhikhu. *Hannah Arendt and the search for a new political Philosophy.* New Jersey, Humanities Press, 1981, pp. 1–19.

[16] Cardoso, *A arte da política*, op. cit., pp. 25, 43–49.

segundo mandato presidencial de FHC. Resultou de entrevistas realizadas entre 27 de outubro e 20 de novembro de 1997, somando vinte horas de gravação. O texto, preparado pelo entrevistador, foi previamente submetido a FHC com duas condições: (i) a da aceitabilidade de reparos de erros factuais ou de infidelidade ao seu pensamento, e (ii) a de que questões de outra natureza, eventualmente levantadas pelo entrevistado, seriam objeto de negociação com o entrevistador que se reservava o direito de não acatá-las. Registra Roberto Pompeu de Toledo que as intervenções foram mínimas e em consonância com as "regras do jogo", anteriormente estipuladas.[17]

Como expõe no prefácio, Pompeu de Toledo entende que a aposta de FHC neste livro foi a aposta política no ato de explicar.[18] O ato de explicar e o desejo de ser compreendido são inerentes à condição de professor, e foi esta preocupação que FHC, no exercício da presidência, transpôs para o espaço público. Esta preocupação é congruente com sua formação e prévia experiência acadêmica, assim como com sua postura em prol de uma pedagogia de dimensão popular, advogada quando fazia a crítica do poder.[19] Não foi desta maneira que, na presidência, operou politicamente Getulio Vargas, que no seu *Diário* pontuou: "gosto mais de ser interpretado do que de me explicar".[20]

A aposta política de FHC na transparência democrática da explicação contrapõe-se, assim, ao cultivo de um certo mistério enigmático que caracterizou Getulio Vargas. Fernando Henrique também não atuou na política "com a distância e o silêncio"[21] de Mitterrand ou De Gaulle, nem seguiu a recomendação do *never complain and never explain* de outro homem público de sucesso, Benjamin Disraeli,[22] que se construiu politicamente como uma esfinge. Com efeito, FHC não só explica, mas segundo Roberto Pompeu de Toledo "não raro se queixa de que não é compreendido".[23] Assim, se o livro, como afirma o entrevistador, é a

---

[17] Cardoso e Pompeu de Toledo, Roberto. *O presidente segundo o sociólogo*. São Paulo, Cia. das Letras, 1998, pp. 7–8, 10.

[18] Ibidem, p. 11.

[19] Cardoso, *Democracia para mudar*, op. cit., p. 25.

[20] Vargas, Getulio. *Diário*. São Paulo/Rio de Janeiro: Siciliano/Fundação Getulio Vargas, 1995, vol. 2 (1937–1942), p. 209.

[21] Cardoso e Pompeu de Toledo, op. cit., p. 112.

[22] Disraeli, Benjamin. *The sayings of Disraeli* (ed. Robert Blake). Londres, Duckworth, 1992, p. 34.

[23] Cardoso e Pompeu de Toledo, op. cit., p. 11.

expressão da dimensão visceralmente política do entrevistado,[24] é o intelectual FHC que, ao se explicar, explicita as características do seu ser político.

Nas 357 páginas do livro, instigado pelas relevantes questões suscitadas pelo entrevistador, FHC, ao explicar e, desse modo, revelar o político, enfrenta o desafio de ser analista observador – o sociólogo – de uma realidade na qual, como presidente, era ator político protagônico. Na avaliação do que resulta deste desafio, o leitor beneficia-se da qualidade do texto de Pompeu de Toledo, que escoimou a informalidade da linguagem oral para transformá-la num discurso escrito. Foi fiel na sua transposição ao estilo, aos métodos explanatórios, ao vocabulário e ao ritmo do entrevistado.[25] Em síntese, no livro ressoa com clareza inequívoca a identidade da voz de FHC, como posso testemunhar tendo sido seu interlocutor e amigo no correr dos anos, desde o tempo em que, ainda estudante universitário, acompanhei a pesquisa do *Empresário industrial e desenvolvimento econômico no Brasil.*

No seu explicar presidencial, o professor FHC enfrenta o desafio intelectual representado pela dialética da complementaridade entre teoria e prática, pensamento e ação, razão e vontade, que constituem as grandes dicotomias configuradoras do tema das relações entre os intelectuais, e o poder. É na reflexão sobre o como, no exercício do poder por um intelectual, opera esta dialética de complementaridade que reside o cerne da discussão de FHC sobre a política vista "de dentro" e não "de fora". Na lida com estas dicotomias observo que não é epistemologicamente fácil ser, ao mesmo tempo, sujeito e objeto de análise. Trata-se de um desafio que pressupõe um *dédoublement fonctionnel*, para valer-me, por analogia, de um conceito dos internacionalistas sobre a atuação dos Estados tanto como criadores quanto aplicadores das normas do direito internacional. No caso, este desdobramento funcional significa o esforço de articular um distanciamento crítico-reflexivo, vinculado ao mesmo tempo aos acontecimentos da conjuntura do dia a dia ou, em outras palavras, o empenho em ser, ao modo de Raymond Aron, de quem FHC foi aluno na França, um qualificado expectador engajado de maneira a mais objetiva possível na análise dos limites e possibilidades da ação,[26] só que, diferentemente de Aron, a ação é a própria e não a de terceiros.

---

24 Ibidem, pp. 11–12.

25 Ibidem, p. 9.

26 Aron, Raymond. *Le spectateur engagé (entretiens avec Jean-Louis Missika e Dominique Wölton)*. Paris, Gallimard, 1981, pp. 189, 298–319.

A postura de Fernando Henrique como observador-intelectual da ação de seu próprio governo não é ocasional. A publicação de *O presidente segundo o sociólogo* não deve ser entendida como apenas um esforço para transmitir uma mensagem política na antevéspera da disputa eleitoral do segundo mandato presidencial. Esta postura correspondeu à sua maneira de ser no exercício do poder. Disso posso dar o meu testemunho como embaixador e ministro de Estado no seu período presidencial, pois foi esta a minha experiência, em despachos e diálogos no trato objetivo dos assuntos governamentais.

Sobre esta maneira de ser de FHC, no poder e fora dele, lembro o que dizia, no Sermão da Sexagésima, o padre Antonio Vieira: "O pregador há de pregar o seu e não o alheio" e, explicando por que Davi não aceitou as armas que lhe ofereceu Saul para combater o gigante Golias, afirma: "Com as armas alheias ninguém pode vencer, ainda que seja Davi. As armas de Saul só servem a Saul, e as de Davi a Davi [...]. Pregador que peleja com as armas alheias não hajais medo que derrube gigante".[27] Foi por isso que FHC, na arena política, pelejou com as suas armas – as de professor e intelectual – e não, por exemplo, com as de Getulio, que incluíam o cultivo de um certo mistério.

Observo que o cultivo de certo mistério por parte de Getulio propiciava uma latitude compatível com a sua maneira de ser e com uma leitura do mundo e da ação política, que articula numa passagem do seu *Diário*. Nela registra uma conversa com o filho Lutero e, recordando suas preocupações e anseios de juventude de encontrar na ciência ou na filosofia uma fórmula explicativa da vida e do mundo, dava a sua própria interpretação da teoria de Darwin: "vencer não é esmagar ou abater pela força todos os obstáculos que encontramos – vencer é adaptar-se... adaptar-se não é o conformismo, o servilismo ou a humilhação: adaptar-se quer dizer tomar a coloração do ambiente para melhor lutar".[28] No adaptar-se getuliano, ser interpretado dava latitude mais funcional para a ação do que o explicar-se.

IV

FHC no exercício da presidência dialogava a seu modo e não à maneira de Getulio com os colegas intelectuais que não exerciam funções públicas.

---

[27] Vieira, Antonio. *Sermões* (org. Eugenio Gomes). 11ª ed. Rio de Janeiro, Agir, 1992, pp. 140–41.

[28] Vargas, op. cit., vol. 1 (1930–1936), pp. 486–87.

Dessas conversas deflui uma das diferenças entre a análise "de dentro" e a "de fora". Isto transparece num comentário sobre suas dificuldades com os intelectuais, colegas de academia, na discussão a respeito do porquê de não se levar adiante e executar tais ou quais objetivos. Dizia ele que a cobrança frequentemente resultava do fato de não conhecerem ou conviverem com as engrenagens do poder. Assim, pondera: "Política é o caminho, não é o objetivo. É preciso ter objetivo, mas o político não é só quem tem objetivo, é quem constroi o caminho".[29]

A relação entre o objetivo e o caminho passa pelo juízo político, pelo senso de realidade que permite avaliar, numa dada conjuntura, o que pode ou não pode resultar, para relembrar a análise de Isaiah Berlin,[30] evocada por FHC nas *Cartas a um jovem político* e na *A arte da política.*[31] A propósito do juízo político, Hannah Arendt sublinha que o pensar, o querer e o julgar são três faculdades distintas que, no seu pluralismo, regem a mente. Na discussão sobre o juízo, como faculdade distinta do pensar e do querer, lembra que, para Marx, o que une a teoria e a prática é a crítica – e seguramente muitos intelectuais brasileiros, no exercício do papel de críticos do poder, partem na sua análise do governo FHC dessa perspectiva, quando avaliam a relação objetivo-caminho. Ao contrapor-se a Marx, observa Hannah Arendt que, para Kant, o que liga a teoria à prática é o juízo. Desta colocação kantiana, parte para afirmar que o juízo político não é um juízo determinante, do tipo que se caracteriza pela subsunção de um caso particular a uma dada regra. É um juízo do tipo reflexivo, examinado por Kant na *Crítica do juízo*, que opera na situação na qual só o particular está dado, cabendo ao juízo buscar a sua regra. O juízo político opera, assim, a mediação entre o particular e os universais fugidios.[32] É para isso que FHC aponta ao falar do *caminho* na especificidade das situações, sem perder o horizonte do seu significado geral, ou seja, o *objetivo*.

Acredito que um dos aspectos da imperícia dos intelectuais no trato da política, apontada no início deste texto, é imaginar que o juízo político seja

---

29 Cardoso e Pompeu de Toledo, op. cit., p. 306.

30 Berlin, op. cit., pp. 40–53.

31 Cardoso, *Cartas a um jovem político*, p. 109; *A arte da política*, pp. 48–49.

32 Arendt, Hannah. *A vida do espírito: o pensar, o querer, o julgar.* Trad. Antonio Abranches, Cesar Augusto de Almeida e Helena Martins. Rio de Janeiro, Relume Dumará/Editora da UFRJ, 1992, pp. 361–82; ibidem. *Lições sobre a filosofia política de Kant.* Trad. André Duarte. 2ª ed. Rio de Janeiro, Relume Dumará, 1994, pp. 39, 73–84.

determinante e que seja possível subsumir a realidade à chave das categorias universais, operacionalizando juízos determinantes na realidade pelo querer. Neste desequilíbrio entre pensar, querer e julgar não incidiu FHC na sua análise e vivência da política, "de dentro" e não "de fora", e esta é uma das razões por que, na sua prática, foi um intelectual bem-sucedido como político.

Em *O presidente segundo o sociólogo*, FHC está em sintonia com Hannah Arendt quanto ao juízo político ser reflexivo. Assim, sobre a inadequação de juízos determinantes, diz: "A dinâmica da história não se dá pela imposição dos universais sobre os locais, nem com a explosão dos universais que se contrapõem aos locais. Existem formas de interrelação".[33] Perceber estas formas pressupõe um juízo reflexivo que, segundo Hannah Arendt, requer o senso de comunidade, que permite alargar a mente e ir além do cunho intransitivo do *sensus privatus*,[34] no qual muitas vezes incidem os intelectuais na política. É à importância desse senso de realidade, realçado por Isaiah Berlin, que FHC recorre quando reflete sobre o caminho e o objetivo, ao afirmar que o juízo político requer "uma sensibilidade, como dizem os franceses, *à tous les azimuts*".[35]

V

Em *Cartas a um jovem político*, reiterando o que permeia *O presidente segundo o sociólogo*, FHC afirma que se considera de esquerda, ressalvando que não é de uma velha esquerda, socialista ou comunista, mas de uma esquerda moderna e democrática, que guarda do passado a bandeira de igualdade voltada para tornar as pessoas, as classes e os povos menos desiguais sem abrir mão do valor fundamental da liberdade. Esta esquerda aposta não só no Estado, mas também na ação pública da sociedade civil – comunidades, ONGs etc. –, "para corrigir as desigualdades que o predomínio absoluto do mercado acaba produzindo e reproduzindo".[36]

É por esse motivo que FHC, no Capítulo 4 de *O presidente segundo o sociólogo*, ao tratar do objetivo e do caminho no exercício do poder e na sua perspectiva de esquerda, reflete sobre a mudança. Repensa as leituras marxistas e

---

[33] Cardoso e Pompeu de Toledo, op. cit., p. 98.

[34] Arendt, *Lições sobre a filosofia...*, op. cit., p. 73.

[35] Cardoso e Pompeu de Toledo, op. cit., p. 58.

[36] Cardoso, *Cartas a um jovem político*, op. cit., pp. 89–91.

funcionalistas da mudança para, sem deixar de levar em conta as contribuições que trazem, explorar o que chama a "teoria dos curtos-circuitos", articulada pela primeira vez no discurso, em Nova Déli, de transmissão da presidência da Associação Internacional de Sociologia, que ocupou entre 1982 e 1986. Exemplifica, neste capítulo, a mudança provocada pela comoção que percorre todos os segmentos da sociedade, com a sensibilidade do que observou na França de maio de 1968; na Polônia, nos anos de 1980, quando começava o movimento operário liderado por Lech Walesa, e na União Soviética, quando da fermentação que antecipou a ascensão de Gorbatchev e as reformulações que encetou. Quanto à vida política brasileira, ancora a teoria do curto-circuito na análise do movimento das Diretas Já, que considera a faísca que promoveu a desagregação final do regime militar.

Na dinâmica da mudança por obra do curto-circuito existe espaço para a criatividade das "artes da política", na medida em que os atores políticos se dão conta do seu potencial de oportunidades. Dessas oportunidades, comenta FHC, valeu-se Mario Soares na Revolução dos Cravos em Portugal e Helmut Kohl, ao promover rapidamente a reunificação da Alemanha no bojo do curto-circuito da queda do muro de Berlim.[37] Foi um juízo político desse tipo que fez Franco Montoro, então governador de São Paulo, insistir na realização, em 25 de janeiro de 1984, do Comício da Sé, que deu início ao ímpeto da já mencionada campanha das Diretas Já.[38]

Sobre as artes da política, FHC muito aprendeu na estreita convivência com Franco Montoro e Ulysses Guimarães – homens públicos mencionados com frequência em *O presidente segundo o sociólogo* com os quais trabalhou a partir do momento em que deu início à sua efetiva militância política. Em Franco Montoro, soube apreciar a abertura que este empreendeu como governador de São Paulo em direção à sociedade civil, com o intuito de fomentar a igualdade e a mudança, e em geral as coisas nas quais acreditava, sempre movido pelo senso dos valores. Em contraste com o mundo acadêmico, que preza a inovação, Montoro lhe mostrou a importância da repetição da mensagem – a identidade do discurso – como expressão de lealdade em relação aos eleitores.[39] Já Ulysses Guimarães, que qualificou como ator de primeira ordem e o contraponto do regime autoritário, mostrou-lhe em sua prática as peculiaridades do tempo

[37] Cardoso e Pompeu de Toledo, op. cit., pp. 104–117, 112–13.

[38] Ibidem, pp. 58–60.

[39] Ibidem, pp. 21, 58, 331, 344.

na política, que não é o tempo mais abstrato dos intelectuais. FHC faz uma referência ao que Ulysses dizia sobre a importância do tempo da conversa política e menciona uma das suas frases na qual, criticando a impaciência e evocando Joaquim Nabuco, afirmava: "o tempo não perdoa o que se faz sem ele".[40]

Neste contexto, analisando a política "de dentro", FHC aponta que não cabe ser no mundo da política nem o profeta que afirma a sua verdade, nem o político que fica só na conversa. Para promover a mudança é necessário combinar um sentido de direção – o objetivo – com a capacidade de pavimentar o caminho: "A responsabilidade do político é fazer as coisas andarem..., saber como se faz para as coisas andarem. E então é preciso ter paciência".[41]

Paciência não quer dizer imobilidade, assim como o adaptar-se getuliano não significava conformismo. Dizia Ulysses Guimarães: "Todo político tem seu Rubicão. Atravessa-o, e se consagra, ou estaca na margem com medo e se liquida".[42] FHC atravessou o Rubicão, pela primeira vez, quando se candidatou em 1978 ao Senado, dando-se conta de que o processo de redemocratização brasileira abria espaço para ele ser um ator político diferente do usual. Atravessou para valer o Rubicão quando aceitou ser ministro da Fazenda do governo Itamar Franco numa situação difícil, quando: "Ninguém acreditava que fosse possível acabar com a inflação num governo de transição e com o Congresso em pandarecos por causa do escândalo da Comissão de Orçamento".[43] Unindo a teoria à prática, com base num juízo reflexivo, percebeu que a sociedade brasileira estava cansada da inflação, das desigualdades e incertezas que promove e que seria possível catalisar o curto-circuito para pôr fim à cultura e à política inflacionária.[44]

Como explica no Capítulo 5, teve clareza quanto ao objetivo, pavimentou o caminho político e instrumentou a ação reunindo uma equipe qualificada, que vinha pensando os conhecimentos-meios para lidar com o problema à luz das falhas e dos insucessos dos planos prévios de estabilização – entre eles, Edmar Bacha, Gustavo Franco, Winston Fritsch, André Lara Rezende, Pedro Malan e Pérsio Arida.[45] Seguiu, nesse sentido, o que subsequentemente reco-

---

[40] Ibidem, pp. 188, 345; cf. Guimarães, Ulysses. *Rompendo o cerco*. Rio de Janeiro, Paz e Terra, 1978, p. 24.

[41] Cardoso e Pompeu de Toledo, op. cit., pp. 346–47.

[42] Guimarães, op. cit., p. 17.

[43] Cardoso e Pompeu de Toledo, op. cit., p. 67.

[44] Ibidem, pp. 58–64.

[45] Ibidem, pp. 66–67, 69.

mendou em *Cartas a um jovem político*, ou seja, que na política moderna o político bem-sucedido é o que consegue, com autoconfiança, juntar pessoas de talento.[46] Como ministro da Fazenda não impôs surpresas e, como político-professor, dirigiu-se diretamente à sociedade para "explicar tudo exaustivamente", todos os dias, pelo rádio e pela televisão.[47] O êxito do Plano Real acabou sendo a base da sua eleição para a presidência da República.

Em síntese, *virtu* e *fortuna*, de que falava Maquiavel, conjugaram-se para propiciar o novo, confirmando uma frase de Proudhon citada por Hannah Arendt: "A fecundidade do inesperado excede de longe a prudência do estadista", aduzindo: "E ainda mais claramente os cálculos dos peritos".[48] Daí a sabedoria da frase de Guimarães Rosa, o grande escritor que FHC evoca ao falar do caminho, tendo em mente as Veredas no Grande Sertão da política:[49] "o poder, aos tombos dos dados, emana do inesperado".[50] É esta frase que explica o título de suas memórias publicadas em 2006, *The accidental president of Brazil: a memoir.*[51] É por isso que FHC afirma: "Em política sempre há o inesperado – aliás esta é a situação normal, não a exceção. Uma das marcas básicas do homem público competente é lidar bem com o não previsto".[52]

Nas inúmeras entrevistas que fiz com Juscelino Kubitschek para elaborar minha tese de doutorado sobre o Programa de Metas, ao referir-se ao antecedente das metas que estabeleceu e levou adiante como governador de Minas Gerais, antes de chegar à presidência, dizia que o vitorioso não muda de método. FHC foi politicamente bem-sucedido na condução do Plano Real, que o levou à presidência, porque o explicou exaustivamente à sociedade brasileira. Isto, em sua experiência, confirmou sua convicção de professor nas virtudes da explicação e ajuda na elucidação da aposta política no ato de explicar, que permeia *O presidente segundo o sociólogo* e o seu percurso no espaço público.

Se a paciência e a capacidade de não exasperar-se são necessárias para a ação política, tais características só constituem um ingrediente de mudança, diz FHC, se o ator político tiver uma visão – o "discurso geral" e o "sentido da

---

46 Cardoso, *Cartas a um jovem político*, op. cit., pp. 48–49.

47 Cardoso e Pompeu de Toledo, op. cit., p. 72.

48 Arendt, Hannah. *Crises da República*. Trad. José Volkmann. São Paulo. Perspectiva, 1973, p. 97.

49 Cardoso e Pompeu de Toledo, op. cit., p. 346.

50 Guimarães Rosa, João. *Tutaméia: Terceiras estórias*. 5ª ed. Rio de Janeiro, José Olympio, 1979, p. 52.

51 Cardoso e Winter, Brian. *The accidental president of Brazil: A memoir*. Nova York, Public Affairs, 2006.

52 Cardoso, *Cartas a um jovem político*, op. cit., p. 182.

História".[53] *O presidente segundo o sociólogo* explicita e articula tal visão, muito consciente de que isto exige um "quadro mental" que permita contextualizar a informação fragmentada oriunda do mundo complexo em que vivemos.[54] É no âmbito deste "quadro mental", de uma sensibilidade em todas as direções, que interagem o pensar do intelectual – o sociólogo – e o julgar da conjuntura do presidente.

VI

FHC é um *scholar* que pensou e pesquisou a realidade brasileira, estudou os problemas mundiais e associa a sua experiência política na reflexão articulada em *O presidente segundo o sociólogo*. Sabe que a sociedade brasileira, em função da sua história, é uma mistura própria de hierarquia e mobilidade.[55] Afirma, no decorrer do livro, a exigência de abrir espaço para oportunidades voltadas para atender aos imperativos da inclusão social. Realça as virtudes da democracia e, numa leitura de político-militante, registra que "os políticos têm um comportamento, para com os pobres, diferente da classe dominante", pois deles não têm medo e deles necessitam para ter votos.[56] Vê, no conservadorismo brasileiro, menos uma "direita política" e mais um "atraso de cabeça e de costumes" que pode ser qualificado como prática social conservadora, com mais horror à igualdade do que à inclusão. Afasta-se nitidamente do neoliberalismo, uma vez que essa perspectiva não tem compromisso fundamental com a mudança social. Registra a diferença entre a demanda da igualdade e da inclusão, que podem ir numa mesma direção, mas não representam o mesmo tipo de demanda. Registra, por fim, a prioridade da inclusão, avaliando, como sociólogo na condição de presidente, que o acordo político na questão da inclusão é mais fácil.[57]

Numa discussão histórica sobre seus antecessores na presidência, FHC chama a atenção para dois eixos da agenda brasileira, o da democracia e o do desenvolvimento, e afirma, com base nos seus valores: "o desenvolvimento tem

53 Cardoso e Pompeu de Toledo, op. cit., pp. 346–47.

54 Ibidem, p. 166.

55 Ibidem, pp. 25–26.

56 Ibidem, p. 27.

57 Ibidem, pp. 37, 212–13.

que vir com democracia e com incorporação".[58] Daí a importância que atribuiu, no seu governo, às políticas públicas de educação e saúde que, sem o tradicional assistencialismo, criaram uma rede de proteção social, para fazer mais para quem precisa mais, do que são exemplos a Bolsa Escola, a Bolsa Alimentação e o programa de erradicação do trabalho infantil.

Também neste campo, como no da economia, reuniu pessoas de talento, com sensibilidade e domínio dos conhecimentos-meios para promover a mudança. Ajudou-o nesta tarefa Vilmar Faria, seu dedicado colaborador e assessor no Palácio do Planalto. E é de justiça realçar o papel inspirador de Ruth Cardoso, que, com seu conhecimento dos movimentos sociais no Brasil, contribuiu para a concepção de uma rede social de proteção voltada para o *empowerment* da cidadania. Nesse contexto, no qual atuaram vários de seus correligionários do PSDB – entre eles Paulo Renato de Souza no Ministério da Educação e José Serra no da Saúde –, cabe lembrar a avaliação social-democrata que fez de seu partido. FHC entende que ao PSDB cabia combinar o mercado e um Estado eficiente e, por isso, desinflado; estar no centro olhando para a esquerda e valer-se da porosidade e plasticidade da sociedade brasileira para promover a mudança.[59]

O Brasil está no mundo e para pensar o que isto significava para o país em termos de mudança o intelectual FHC tinha, no exercício da presidência, um diversificado e relevante repertório. Nisto cabe incluir o ter estudado e lecionado no exterior; a experiência do exílio; a do trabalho na CEPAL – que ampliou a sua percepção das realidades da América Latina e ensejou a convivência e o diálogo com Raúl Prebisch, Anibal Pinto e José Medina Echevarría, além de inseri-lo numa rede de contatos com intelectuais e profissionais de diversos países e distintas formações, entre eles Alain Touraine e Albert O. Hirschman.[60] Esta base se adensou no trato, como senador, de temas da política internacional do Brasil como, por exemplo, a dívida externa e a sua negociação, e se aprofundou no exercício, no âmbito do Poder Executivo, das funções e das responsabilidades de chanceler e ministro da Fazenda.

O "quadro mental" com o qual FHC lidou, graças à informação haurida nessas múltiplas experiências, para pensar o impacto da globalização que no seu governo interiorizava, com novas características, o mundo no Brasil está ligado

---

[58] Ibidem, p. 338.

[59] Ibidem, pp. 211–13.

[60] Cardoso, "Ciência e política". In: *A utopia viável*, op. cit., p. 21.

aos seus estudos e pesquisas como sociólogo sobre dependência e desenvolvimento. Neles apontou a internacionalização dos mercados e discutiu a industrialização na periferia, que rearranjou o sistema produtivo com alterações nas relações sociais de produção e que, transformando a dinâmica entre o "interno" e o "externo", criou novas formas de vinculação do país com o exterior.[61]

É por esta razão que FHC contesta a veracidade da frase largamente veiculada pela mídia: "Esqueçam o que eu escrevi". Ele a contesta com inteira propriedade não só porque não esqueceu o que escreveu, mas também porque não é uma verdade factual. Como relata, estive presente no almoço em que alegou-se que ela teria sido proferida. É uma alteração corrompida da resposta a uma pergunta que lhe fiz, a que ele respondeu nos seguintes termos: "Celso, você que escreve tanto, sabe que, muitas vezes, quando se está numa função pública e vai se ver o que escreveu, conclui-se que não é bem assim".[62] Com isso, o que ele estava dizendo, e posso dar o meu testemunho como seu interlocutor naquele momento e em tantos outros, é que a reflexão não é fixa e imutável, mas passa por ajustes – não por denegações – em função da evolução das circunstâncias e do tempo.

É preciso "exercitar o seu raciocínio para o que está adiante", diz FHC.[63] Foi o que sempre fez no passado, antes da presidência. São exemplos os ensaios sobre as teorias do desenvolvimento, recolhidas em *As ideias e seu lugar*,[64] que repassam os temas da teoria da dependência, anteriormente formulada, e os problemas da simplificação do seu uso. É o que continua fazendo, na pós-presidência, como se comprova pela leitura do denso artigo de 2007 "Caminhos novos? Reflexões sobre alguns desafios da globalização".[65]

Não é por outra razão que, com argúcia e precisão, Francisco Weffort, no discurso de saudação por ocasião da outorga a Fernando Henrique do título de professor emérito da faculdade de Filosofia, Letras e Ciências Humanas da USP, proferido em 15 de maio de 1992, ao traçar o perfil da personalidade intelectual de FHC e discutir a trajetória da sua obra, qualificou-o como o sociólogo das relações *in fieri*, das formações *in the making*, das "relações cambiantes", *delle cose a fare*, que entende que "o dever do intelectual é tanto o do engajamento

[61] Cardoso e Pompeu de Toledo, op. cit., pp. 82–83.

[62] Ibidem, p. 172.

[63] Cardoso. *Cartas a um jovem político*, op. cit., p. 45.

[64] Cardoso. *As ideias e seu lugar: Ensaios sobre as teorias do desenvolvimento*. Petrópolis, Vozes, 1980.

[65] Cardoso. "Caminhos novos? Reflexões sobre alguns desafios da globalização". *Política Externa*, vol. 16, nº 2, 2007, pp. 9–24.

quanto o da lucidez da análise".[66] É isso, que radica na sua obra e na sua personalidade intelectual, que o predispôs, em *O presidente segundo o sociólogo*, por meio do desdobramento funcional acima mencionado, a ser um empenhado analista-observador da sua própria ação.

A frase – "esqueçam o que eu escrevi" – apesar de inventada, "pegou", circulou e continua perseguindo FHC até hoje, mesmo depois de ele ter deixado a presidência,[67] pois se tornou uma arma de combate político à eticidade da sua atuação. Ela é um excelente exemplo de como dois temas, traição e deserção, cercam, como aponta Bobbio, a recorrente controvérsia sobre a ética dos intelectuais na vida pública, distorcendo a relação entre a política e a cultura, quando o patrulhamento ideológico transforma a cultura em instrumento de denuncismo da ação político-partidária. Trair, segundo Bobbio, significa passar para o lado inimigo e servir à parte errada; desertar significa abandonar os amigos e não servir à parte justa.[68]

No combate ideológico, movido contra FHC pelos seus opositores de esquerda, a frase serviu para apontar que ele teria traído seus ideais para servir os poderosos ou, mais brandamente, desertado da batalha em prol das causas justas. O uso que se fez desta frase inventada e não de outra deriva da peculiaridade de FHC ser um intelectual na política. Não serviria, como frase inventada, para o combate político que a seu tempo foi movido contra Campos Sales, Getulio Vargas ou Juscelino Kubitschek. Ela é, no entanto, no plano geral, a expressão daquilo que ocorre com os que se dispõem a atuar na esfera pública, onde é frequente a desqualificação. A desqualificação, cabe lembrar, é o procedimento mediante o qual, na confrontação política, busca-se deliberadamente minar a integridade e a legitimidade do adversário. Visa-se, com isto, provocar para machucar. Isto requer, de quem enfrenta esse tipo de situação, a virtude forte da coragem, o sentimento de suas próprias forças para levar adiante, com firmeza de espírito, as suas escolhas, enfrentando os perigos e suportando os labores, como dizia Cícero.[69] Na explicação da acrimônia, que muitas vezes permeou no Brasil a crítica de intelectuais a FHC, na qual também detecto ressen-

---

[66] Weffort, Francisco. "O intelectual das identidades complexas". In: *A utopia viável*, op. cit., pp. 10, 13, 15, 17.

[67] Cardoso, *Cartas a um jovem político*, op. cit., p. 189.

[68] Bobbio, op. cit., p. 77; ibidem, *Política e cultura*. 2ª ed. Torino, Einaudi, 1977, pp. 15–48.

[69] Cf. Comte-Sponville, André. *Pequeno tratado das grandes virtudes*. Trad. Eduardo Brandão. São Paulo, Martins Fontes, 1995, pp. 51–67.

timento, cabe lembrar a sabedoria do velho provérbio português: "Não há montanha sem nevoeiro, nem mérito sem calúnia".

Ao pensar a inserção internacional do Brasil e as possibilidades de mudança, o intelectual FHC discute, no Capítulo 6, com extraordinária argúcia, a diluição entre o "interno" e o "externo" que, com a globalização, se aprofundou e assumiu novas formas, distintas daquelas que operavam quando escreveu *Dependência e desenvolvimento na América Latina*. Registra o papel da comunicação instantânea que altera o impacto do tempo no dia a dia dos países; aponta como o processo de interligação dos mercados se viu aguçado na década de 1990 pela aceleração dos fluxos financeiros, no âmbito do qual "o virtual passou a comandar o real";[70] pondera a erosão da possibilidade de desenvolvimento em relativo isolamento, ao modo do que caracterizou o processo de substituição de importações; sublinha também o impacto da globalização para a governabilidade dos países, dadas as limitações do Estado nacional – mesmo para países de dimensão continental como o Brasil; avalia, assim, como um significativo número de temas da agenda brasileira passa pelo seu encaminhamento no plano global. Ressaltando, em consequência, o potencial da vulnerabilidade nacional propiciada pelas interdependências geradas pela globalização.[71]

Este "quadro mental" foi o ponto de partida para o juízo reflexivo de FHC sobre os rumos a serem dados à política externa no seu governo. Concluiu que construir a autonomia pela distância, como se buscou fazer no período da Guerra Fria, não era o meio de ampliar o controle da sociedade brasileira sobre o seu destino, mesmo sendo a tendência natural de um país continental mais voltado para olhar a si próprio.[72] Traçou como caminho perseguir a autonomia pela participação, ou seja, internacionalizar para não ser internacionalizado, como indicou Giorgio Napolitano, dirigente comunista italiano e atualmente presidente da Itália, em fórmula que FHC cita e da qual se valeu no debate político interno sobre a globalização, afirmando: "O problema não é saber quem é globalizado ou não. É se vamos ser vítimas cegas da globalização ou se teremos uma política para a globalização."[73] Daí o juízo sobre a sua responsabilidade como presidente, no sentido de "tentar assegurar para o Brasil um lugar na mesa

70 Cardoso e Pompeu de Toledo, op. cit., p. 84.

71 Ibidem, pp. 85–88.

72 Ibidem, p. 91.

73 Ibidem, p. 229.

de negociações", num sistema internacional em transformação, no qual "os países mais fortes não têm mais a facilidade de outrora para impor sua ordem".[74]

Para FHC, é claro que no sistema político brasileiro o presidente tem um papel central no processo decisório[75] em função do seu poder de iniciativa que não é de natureza burocrática. A diplomacia presidencial que executou, dada a relação que analisou entre o "interno" e o "externo" é expressão disso. Representa uma articulação entre a sua ação política interna e a sua política externa. Foi um investimento no *soft power* do alcance internacional da credibilidade de suas políticas públicas – entre elas a estabilidade da moeda, a responsabilidade fiscal, as redes de proteção social, a importância atribuída aos direitos humanos e ao meio ambiente – voltado para obter, nos diversos tabuleiros diplomáticos, o lugar devido ao Brasil nas mesas de negociações. Teve como um de seus componentes, dada a importância da palavra na ação diplomática, a *vis atractiva* da sua capacidade de explicar e persuadir para promover mudanças. É, portanto, também neste campo, uma aposta política do intelectual na razão,[76] no ato de explicar, temperado com o paciente senso da realidade e lastreado nas realizações concretas do seu governo na gestão de um país de escala continental como o Brasil, com peso no âmbito internacional.

Em matéria de política externa, também cabe lembrar que da vida acadêmica de FHC e de seus contatos com intelectuais como Gino Germani e Torcuato Di Tella adveio uma relação fácil com os argentinos e a convicção de que o Brasil deveria manter uma relação próxima com a Argentina, numa época em que essa ideia não era generalizada.[77] Da sua experiência na CEPAL e do seu conhecimento da América Latina surgiu a concepção de que este conceito é muito amplo e que "do ponto de vista da organização do nosso espaço econômico, temos que pensar em América do Sul",[78] que é o contexto da nossa vizinhança. Daí, e com base no que viveu como chanceler, o impulso que deu ao Sul como América do Sul e o juízo sobre o papel do Brasil como fator de organização do espaço sul-americano,[79] num mundo que, na década de 1990, simultaneamente se globali-

[74] Ibidem, p. 89.

[75] Ibidem, p. 237.

[76] Ibidem, p. 90.

[77] Ibidem, p. 119.

[78] Ibidem, p. 130.

[79] Ibidem, p. 91.

zava e se regionalizava. Por isso, lastreado no entendimento argentino-brasileiro, respaldou vigorosamente o Mercosul, nele identificando potencial de ser o pilotis de sustentação de todo o edifício sócio-político-econômico da América Meridional.[80]

VII

O sociólogo FHC, que no seu período de crítico do poder afirmava que cabia ao intelectual, articulando o debate, "fazer aflorar aquilo que está na sociedade",[81] seguiu essa orientação no exercício da presidência. Assim, ampliou coerentemente a agenda governamental, para nela incluir e encaminhar temas subjacentes à sociedade brasileira, como raça e classes, negros, índios, MST e reforma agrária. Também, em consonância com as aspirações trazidas pela redemocratização e a memória política do arbítrio do regime autoritário, impulsionou uma inovadora e abrangente política de direitos humanos. Nesta matéria contou com a colaboração de José Gregori e com a experiência e a rede de contatos que trouxe para o governo, proveniente da luta em prol dos direitos humanos nos períodos difíceis do regime militar.

O sociólogo como presidente teve, igualmente, a sensibilidade para discutir as "políticas da vida" – violência, trânsito nos centros urbanos, meio ambiente – e para identificar a dimensão mais ampla de segurança pública que transita por drogas, lavagem de dinheiro e contrabando.[82]

Na dupla condição de politólogo analista e de político experiente, FHC explicita em *O presidente segundo o sociólogo* o quebra-cabeças do equilíbrio federativo no Brasil e o que isto representa como obstáculo às reformas tributária, política e do Judiciário.[83] Tem clareza sobre a relevância das reformas do Estado nas suas funções econômicas e sociais, que são meios para a mudança e, por isso mesmo, objetivos do seu governo. Ao mesmo tempo, está atento às resistências expressivas a estas reformas.[84]

---

80 Ibidem, p. 127.

81 Idem. *Democracia para mudar*, op. cit., p. 26.

82 Cf. Cardoso e Pompeu de Toledo, op. cit., caps. 9, 10, 19, 23.

83 Ibidem, caps. 17, 18.

84 Ibidem, caps. 14, 20, 21, 22.

Está ciente de que governava democraticamente sob o reinado da mídia e que o ator político e os fatos que produz exigem uma sintonia com ela.[85] FHC mostra como a mídia na democracia brasileira é parte do jogo do poder, disputando parcelas do poder com o Executivo, com o Congresso e com o setor econômico-produtivo, buscando e exercendo influência nos mercados, na sociedade e na cultura.[86] Sabe o papel dos boatos – este "ente invisível e impalpável, que fala como um homem, está em toda parte e em nenhuma, que ninguém vê donde surge, nem onde se esconde", como dizia Machado de Assis.[87] Percebe como a imprensa antecipa fatos porque está antenada e reconhece a inutilidade política dos desmentidos.[88] No desafio do trato com a mídia, e de acordo com a sua maneira de ser, o intelectual FHC, como presidente, aposta na sua capacidade de explicar e de jogar com a possibilidade da compreensão por meio da ampliação do entendimento.[89]

VIII

No juízo político sobre as relações entre o *caminho* e os *objetivos*, FHC empreende, em *O presidente segundo o sociólogo*, uma análise "de dentro" sobre os desafios da governabilidade democrática. Tais desafios passam pelo estresse da desproporção entre as demandas que surgem cada vez em maior número da sociedade civil e a dificuldade que o sistema político tem para satisfazê-las em função da crise fiscal do Estado contemporâneo que não tem o poder e os recursos suficientes para tempestivamente solucionar, na procura do "bem comum", todos os problemas coletivos.[90] Desse estresse – que é um dado explicativo das privatizações – provêm empecilhos e resistências a uma apropriada reordenação do Estado. Esses problemas estão relatados no Capítulo 7 de *A arte da política*, no qual aponta como, durante o segundo mandato, logrou uma

---

[85] Ibidem, p. 166.

[86] Ibidem, p. 171.

[87] Machado de Assis, Joaquim Maria. "Comentário da Semana", 14 de janeiro de 1862. In: *Obra Completa*. 2ª ed. Rio de Janeiro, Nova Aguilar, 2008, vol. 4, p. 150.

[88] Cardoso e Pompeu de Toledo, op. cit., pp. 171, 179.

[89] Ibidem, p. 170.

[90] Cf. Bobbio, Norberto. "A crise da democracia e a lição dos clássicos". *Arquivos do Ministério da Justiça*, ano 40, nº 170, 1987, pp. 35–37.

importante vitória com a aprovação da lei de responsabilidade fiscal, que foi um avanço no controle do direcionamento dos gastos públicos e na organização orçamentária do país, que a estabilização da moeda, por meio do Plano Real, impôs como uma exigência de racionalidade.[91]

Os desafios da governabilidade passam igualmente pelas vulnerabilidades provenientes da globalização, em especial a instabilidade dos fluxos financeiros e das pressões especulativas,[92] as quais FHC teve que enfrentar concretamente durante seu governo. Nem por isso, em meio à crise asiática "que derrubou ações, quebrou bancos e espalhou incertezas", deixou de conceder, como analista observador de seu governo, as entrevistas que deram origem a *O presidente segundo o sociólogo*, como relata no prefácio Roberto Pompeu de Toledo.[93] A isso tudo se somam os próprios desafios internos da governabilidade democrática num país complexo, de escala continental e de diferenças regionais como o Brasil, que tem uma estrutura federativa.

O intelectual e o político conjugam-se na avaliação de que, no Brasil, os partidos não são *a* alavanca, mas, sim, *uma* das alavancas do processo político. FHC mostra que a sociedade civil brasileira se tornou mais forte, ressaltando por isso o seu papel na demanda e na sustentação de reformas.[94] Não foi por acaso, mas uma expressão da sua justa avaliação, que o assim chamado terceiro setor cresceu muito em nosso país a partir do seu governo. É por esta razão que no Brasil de hoje, segundo FHC, as oportunidades de participação política não se circunscrevem aos partidos e às eleições, mas encontram caminhos "em entidades locais, organizações não governamentais (ONGs), sindicatos, igrejas, movimentos sociais".[95]

O intelectual FHC avalia, analisando a História do Brasil, que os partidos não são fortes, mas que o Congresso, como instituição, tem força própria – uma força que deriva do seu funcionamento, que se estende com poucas interrupções na vida política brasileira, desde a Independência. Daí a relevância do Congresso para a governabilidade, como assinala o político FHC, com base na sua destacada experiência parlamentar. Por isso discute a especificidade da lógi-

---

91 Cardoso, *A arte da política*, op. cit., pp. 489–92.

92 Cardoso e Pompeu de Toledo, op. cit., pp. 85–86.

93 Ibidem, pp. 7–8.

94 Ibidem, pp. 242–43.

95 Idem, *Cartas a um jovem político*, op. cit., p. 14.

ca do processo decisório no Congresso[96] e realça: "quem foi deputado ou senador, sabe o quanto se aprende no Congresso", aprendizado no qual, convivendo com os seus pares, adquirem-se "requisitos necessários para influenciar, para liderar, para decidir".[97]

Na sua leitura da vida política brasileira, FHC recolhe a lição do papel crucial das alianças políticas, pois a alternativa às alianças é, ou queda – como Jânio e Collor – ou o golpe, pela intervenção dos militares.[98] Daí a importância que atribui às alianças, que foram fundamentais na sua eleição e que, no exercício da presidência, se revelaram indispensáveis tanto para a microgovernabilidade dos apoios como para a macrogovernabilidade dos objetivos. Vale a pena lembrar que o intelectual FHC foi sempre um leitor atento de Joaquim Nabuco. Prefaciou a edição chilena de 1999 de *Balmaceda*, estudo pioneiro de governabilidade na América Latina. No prefácio lembra que a crise da presidência Balmaceda no Chile teve, como desenlace, a ditadura, e aponta que os ciclos de instabilidade democrática na região estão ligados à fragmentação do sistema partidário, à estrutura oligárquica do poder, ao militarismo e ao populismo.[99]

Na sua reflexão sobre os caminhos e os objetivos de um governo, FHC evoca as ideias de Albert O. Hirschman sobre as possibilidades de ação – saída, voz ou lealdade – e conclui: "ou você cai fora do jogo, ou tenta mudar o jogo, ou se submete".[100] Hirschman, amigo e referência intelectual de FHC, é um arguto estudioso da interação entre economia e política e faz a defesa da "paixão pelo possível" na promoção da mudança.[101] É a paixão pelo possível que FHC evocou, discorrendo sobre a nova agenda sociológica da América Latina no discurso pronunciado em 6 de julho de 1995, ao receber o título de doutor *honoris causa* da Universidade Central da Venezuela.[102] É a paixão do possível que o anima a mudar o jogo político a fim de promover o caminho para a mudança.

---

96 Cardoso e Pompeu de Toledo, op., cit., pp. 237–38.

97 Cardoso. *Cartas a um jovem político*, op. cit., p. 58.

98 Cardoso e Pompeu de Toledo, op. cit., p. 40.

99 Cardoso. "Prefácio a Joaquim Nabuco". In: Nabuco, Joaquim. *Balmaceda*. Santiago do Chile, Editora Universitária, 1999, pp. 9–11.

100 Cardoso e Pompeu de Toledo, op. cit., p. 104.

101 Hirschman, Albert O. *A Bias for hope: Essays on development and Latin America*. New Haven, Yale University Press, 1971, pp. 26–37.

102 Cardoso, "A nova agenda sociológica da América Latina". In: *A Utopia Viável*, op. cit., p. 36.

No trato concreto da "paixão pelo possível", adquiriram grande dimensão, no exercício da presidência, as qualidades de liderança de FHC. "A liderança genuinamente democrática – diz ele – está indissoluvelmente ligada à capacidade de simbolizar e transmitir mensagens e, portanto, o que no fundo é a mesma coisa, à virtude de enxergar e propor à sociedade um caminho que seja aceito pelos liderados, ainda que de forma momentânea".[103] Esta capacidade de iniciativa para encontrar, com apoio majoritário, um curso comum de ação, tem dois componentes básicos, como indicou, no plano mais geral, Bertrand de Jouvenel, ao examinar o princípio do movimento e o princípio da ordem no trato da busca do bem comum. O componente *dux* inova, transforma e, por isso, frequentemente desestabiliza; o componente *rex* pacifica e harmoniza e, por vezes, imobiliza.[104] Todo líder bem-sucedido associa de maneira própria esses dois componentes, ora se alternando, ora prevalecendo um deles.

Churchill, como *dux* combativo, foi fundamental para a Grã-Bretanha enfrentar a Segunda Guerra Mundial. Roosevelt mesclava *dux* e *rex* – convicção e circunstância, no dizer de FHC – e, desta maneira, para lidar com a recessão dos anos de 1930, implantou, no plano interno, o *New Deal* e conduziu os Estados Unidos durante a Segunda Guerra Mundial. Churchill e Roosevelt são exemplos de lideranças corajosas mencionadas em *Cartas a um jovem político*.[105] De Gaulle foi um *dux* no reposicionamento da França na Europa e no mundo, bem-sucedido neste seu componente de liderança por conta, como lembra FHC, da identidade que logrou alcançar entre a sua pessoa e o sentimento francês de sua história.[106]

A qualidade da liderança e o senso da realidade são dados importantes na discussão da governabilidade. FHC observa, avaliando Trotski e Lênin:

> Nunca fui trotskista na vida, nunca tive entusiasmo por suas ideias. Mas Trotski era pessoa de generosidade. Era um espírito empolgante. Era um visionário, como Lênin, e não quero dizer que não fosse capaz de fazer qualquer maldade. Isso é outra coisa. Mas era um visionário com domínio da

---

[103] Idem, *A arte da política*, op. cit., p. 73.

[104] Cf. Jouvenel, Bertrand de. *Sovereignty: an inquiry into the Political Good.* Trad. J. F. Huntington. Chicago, Chicago University Press, 1957, cap. 3; Pierce, Roy. *Contemporary French political thought.* Londres, Oxford University Press, 1966, cap. 7.

[105] Cardoso, *Cartas a um jovem político*, op. cit., pp. 29–34.

[106] Cardoso e Pompeu de Toledo, op. cit., pp. 112–14.

> palavra. Ele tem uma coisa que de vez em quando cito, porque acho muito bonito: "O verdadeiro orador, quando fala, por ele fala a voz de Deus". Isto mostra esse lado a que estou me referindo, ele tem essa empolgação. Não senti isso no Lênin, e sim algo mais metálico, mais frio, mais pai ou avô de Stalin, mesmo.[107]

O metálico e o frio no trato da política revolucionária garantiram a Lênin e Stalin o poder. Não é fora de propósito sugerir – como fez Hannah Arendt no curso de pós-graduação sobre as experiências políticas do século XX, no qual fui seu aluno em Cornell em 1965 – que a menor sensibilidade sobre o que pode ou não resultar acabaram por transformar Trotski – um exemplo de grande intelectual na política – no profeta desarmado, assassinado no exílio, no México, por um militante stalinista.

Em suma, liderança é um ingrediente crítico na obtenção e na manutenção do poder. Não se manda impunemente como adverte Antonio Candido na abertura do seu texto sobre o *Ricardo II* de Shakespeare, em que analisa como esta grande peça trata da representação figurada de uma desestruturação do mando. Mandar, observa Antonio Candido, é uma atividade que envolve atos, relações e sentimentos muito complicados. A estrutura do mando pressupõe três elementos: um *princípio* que o justifica, uma *função* que o encarna, e uma *pessoa* que o exerce. Para se exercer, todo mando precisa ser reconhecido como legítimo – daí a importância do princípio e da função –, mas acaba dependendo muito da pessoa que o exerce.[108] É a pessoa que, pela qualidade de sua liderança, afirma ou compromete o exercício do mando: "um fraco rei faz fraca a forte gente", lembra Camões n'*Os Lusíadas* (III, 138). Por isso o direito e a literatura medieval elaboraram, na proto-história do tema da governabilidade, o conceito do *rex inutilis*, do qual um exemplo foi a justificativa da deposição, no século XIII, do Rei Sancho II de Portugal.[109]

Sobre as vicissitudes do mando, as qualidades e os componentes de liderança referidos por Jouvenel, cabe fazer uma rápida, ainda que simplificada

---

[107] Ibidem, pp. 109–10.

[108] Candido, Antonio. "A culpa dos reis: mando e transgressão no 'Ricardo II'". In: Novaes, Adauto (org.). *Ética*. São Paulo, Cia. das Letras, 1992, pp. 87–89.

[109] Cf. Peters, Edward. *The Shadow king: Rex inutilis in medieval law and literature*. New Haven, Yale University Press, 1970, cap. 4; Oliveira Marques, A. H. de. *Breve história de Portugal*. 2ª ed. Lisboa, Presença, 1996, pp. 43–44.

exemplificação com base na história brasileira, que é útil como pano de fundo da reflexão de FHC sobre a governabilidade.

D. Pedro I foi mais *dux* e assim promoveu a Independência. No entanto, a falta da dimensão *rex* é um dado da sua abdicação. D. Pedro II foi mais *rex* e, desse modo, no seu longo reinado, consolidou a unidade nacional – o que não impediu, com a proclamação da República, a sua deposição e a amargura do exílio. Na República, Getulio Vargas, no seu extenso percurso, com combinatória específica de *dux* e *rex*, encaminhou as mudanças que configuraram o Brasil do século XX, mas essas qualidades não evitaram o desenlace da sua carreira com o suicídio no exercício da presidência. Juscelino Kubitschek, com qualidades *rex* e *dux*, valeu-se do existente para trazer o novo e promover o desenvolvimento acelerado com estabilidade democrática e tolerância política. Essas qualidades, porém, não inibiram, subsequentemente, o regime militar a promover a cassação dos seus direitos políticos e a forçar seu exílio. Washington Luís, por ser muito *dux* e pouco *rex* favoreceu a Revolução de 1930, sua deposição e exílio e o fim da Primeira República. Jânio Quadros teve sucesso eleitoral como *dux*, mas, por carência da capacidade *rex*, teve dificuldades de governança. Daí a renúncia que frustrou a sua mensagem de inovação. O componente *dux* contribuiu para a eleição de Fernando Collor, impulsionou, na sua presidência, a mudança, mas a carência do componente *rex* foi um dos fatores que favoreceu o processo de *impeachment*.

FHC, na sua prática presidencial, com convicção democrática, combinou de maneira própria a pacificação e a mudança para assegurar a governabilidade e evitar os riscos maiores do "não se manda impunemente" que a exemplificação acima feita do ocorrido com governantes brasileiros e seus modos de liderança evidencia.

Em *O presidente segundo o sociólogo* afirma:

> [...] você não pode deixar de ser afirmativo nas coisas centrais. Se não tiver um discurso geral, não faz nada, não muda. Mas se você tiver só o discurso geral, vira profeta ou pregador, e não muda também [...]. Não se pode perder o sentido da história. Quando isso acontece, cai-se na política pequena, na politicagem. Não gosto de politicagem. Eu converso, e gosto de conversa, mas não entro na politicagem, no jogo miúdo. Quero entender o jogo miúdo, mas não para fazer o jogo miúdo, e sim o outro jogo. Agora, se eu contar com todos os que só fazem o jogo miúdo, não ando, porque é a maioria. [110]

[110] Cardoso e Pompeu de Toledo, op. cit., pp. 346–47.

Até com o carcereiro convém conversar, para não deixar o adversário longe, diz FHC, lembrando a lição de seu pai que, por razões políticas, foi preso em várias ocasiões.[111]

A tarefa do intelectual, como lembra Bobbio, é a de agitar ideias, levantar problemas, elaborar programas ou teorias gerais. A tarefa do político é a de tomar decisões.[112] Governar é escolher, como dizia lapidarmente Mendès-France. Tomar decisões bem-sucedidas, na dicotomia caminho/objetivo, passa por buscar atingir o que deve ser pelo que é, relembrando Afonso Arinos na passagem mencionada no início deste texto. Por isso o dever-ser do componente *dux* requer um juízo reflexivo sobre o quanto é necessário do componente *rex* das alianças. FHC, como um intelectual na política, na sua análise de governabilidade, avalia, com senso de realidade, que só a qualidade do pensar e o voluntarismo do querer não permitem cortar revolucionariamente os nós que emperram o desenvolvimento e comprometem as legítimas aspirações de justiça do país. É preciso desatá-los democraticamente. Para desatá-los é necessário o juízo reflexivo, que é um juízo conjetural, sobre o como promover a mudança por intermédio da arte da convivência humana que constitui a política num sistema democrático.

É esta a aposta, baseada no pressuposto de que "a reforma permanente é um ideal razoável. A revolução permanente, não."[113] que permeia a análise "de dentro" da política defendida por FHC no exercício do poder e nas páginas de *O presidente segundo o sociólogo*. Ele a explica, como *intelectual*, examinando a enorme complexidade que o circundou no exercício da presidência, conferindo à complexidade, como *político*, uma configuração inteligível e articulada, voltada para legitimar sua ação e liderança presidencial.

Na aposta reformista, na qual juntou o pensar, o querer e o julgar, cabe lembrar a avaliação que faz, em *A arte da política*, do *18 Brumário* de Marx e das *Lembranças de 1848* de Tocqueville. Ambos foram escritos no calor da hora, sem a perspectiva do tempo e, no meu modo de ver, são paradigmas analíticos subjacentes à tessitura intelectual de *O presidente segundo o sociólogo*.

Marx, no *18 Brumário*, aponta FHC, "constrói um modelo cujas propriedades e diferentes formas de reação estuda como em um laboratório; e depois aplica estas observações para interpretar o que ocorre empiricamente". Desse

---

[111] Ibidem, p. 342.

[112] Bobbio, Norberto. *Os intelectuais e o poder*, op. cit., pp. 82–83.

[113] Cf. Bobbio, Norberto. "Reformismo, Socialismo, Igualdade". *Novos Estudos* – CEBRAP, nº 19, 1987, p. 17.

modo, como observador crítico, *explica* o grande movimento das estruturas da sociedade. FHC reconhece a importância deste explicar, mas ressalva que tem "mais pendor para ver como as estruturas se formam pela ação das pessoas". Por isso considera que o bom contraponto analítico de *18 Brumário* é *Lembranças de 1848* de Tocqueville. Sem endossar a visão geral deste, admira como, sem prejuízo de sua condição de ator governamental, ele teve a "capacidade de entender o desenrolar dos fatos de 1848", analisando, no esmiuçar da narrativa do dia a dia, a *compreensão* das "ações, pensamentos e omissões dos distintos atores" – dos que se moviam na cúpula aos *sans-culotte* casualmente encontrados nas barricadas de Paris.[114]

Explicar e compreender interrelacionam-se. Remetem, no plano do conhecimento, a processos distintos, porém complementares, relevantes para o entendimento da História. O explicar está voltado para a investigação das grandes forças que moldam os eventos. O compreender, realçado por Dilthey, liga-se a experiências vividas que, recriadas e objetivadas pela mente humana, oferecem conexões de sentido. Estas ensejam percepções válidas na medida em que estão apropriadamente inseridas no contexto do movimento histórico.

Ao analisar a política do século XX, Hannah Arendt realça a importância epistemológica da compreensão como um processo complexo, em constante variação, diferente porém vinculado à informação correta e ao conhecimento científico, mas indispensável para se chegar, pelo entendimento, a um acordo com a realidade. Ela também, escrevendo sobre Dilthey, aponta que logrou, à maneira do que diz Goethe (*Fausto II*, versos 11292-293), evocado por Hofmannsthal, olhar o distante e observar o perto.[115]

Explicar e compreender para julgar o potencial da ação política são constitutivos do enredo substantivo de *O presidente segundo o sociólogo*. Nele se imbricam, numa dialética de complementaridade, tanto o olhar devidamente distanciado, voltado para explicar as forças que moldam os eventos quanto observar o perto da especificidade de como, no exercício da presidência, lidou com essas forças.

---

114 Cardoso, *A arte da política*, op. cit., p. 25.

115 Cf. Dilthey, Wilhelm. *Pattern and meaning in history: Thoughts on history and society*. Nova York, Harper Torchbooks, 1961; Arendt, Hannah. *Compreender: Formação, exílio, totalitarismo: ensaios*. Trad. Denise Bottmann. São Paulo/Belo Horizonte, Cia. das Letras/Editora da UFMG, 2008, pp. 330–46, 167–68.

Isaiah Berlin entende que o intelectual é a pessoa que quer que as ideias sejam tão interessantes quanto possível e acredita no interesse que para ele têm as ideias que discute.[116] À luz do que expus neste texto, penso que não cabe dúvida que as razões e os argumentos de FHC são os de um intelectual na acepção de Isaiah Berlin. A sua mescla própria de explicar e de compreender revela, de maneira inequívoca, seu gosto e empenho na discussão das ideias, ao pensar em profundidade a política no calor do exercício do poder.

---

[116] Berlin, Isaiah e Jahanbegloo, Ramin. *Conversations with Isaiah Berlin*. Nova York, Scribner's, 1991, p. 24.

A dependência da política

Fernando Henrique Cardoso e a sociologia no Brasil*

Afrânio-Raul Garcia Jr.

Em duas conferências proferidas em Munique em 1918, reunidas posteriormente em um só livro, Max Weber opôs a vocação de cientista à de político, sobretudo no tocante às modalidades de acesso à profissão e aos requisitos em disposições mentais: "Em todo caso, as disposições que fazem de um homem um pensador eminente e um professor de universidade não são certamente as mesmas que as que poderiam fazer dele um chefe no domínio prático da vida, especialmente no domínio político".[1] A diversificação do campo do poder, nas nações modernas, permite a autonomização de um polo intelectual que não é mais subordinado aos imperativos das autoridades políticas e religiosas ou do poder econômico. A passagem do universo das atividades intelectuais, particularmente no terreno da pesquisa científica, para o domínio das atividades políticas não se faz sem dificuldades e descontinuidades.

A eleição de Fernando Henrique Cardoso à presidência da República do Brasil parece contradizer a afirmação weberiana. Tanto mais que a condição de *sociólogo* foi apresentada durante toda a campanha eleitoral como uma prova de sua capacidade de afrontar o desafio da mundialização dos mercados, simultaneamente ao necessário combate à miséria crescente de parte considerável da população do país. A qualidade de *sociólogo* foi relembrada cada vez que ele quis colocar em relevo sua condição de intelectual, buscando se diferenciar de

* Publicado originalmente na revista *Tempo Social*, vol. 16, nº 1, São Paulo, junho de 2004.

1 Weber, Max. *Le savant et le politique*. Paris, Plon, 1959, p. 97.

outros profissionais e especialistas da política que teriam por única preocupação a preservação de seus mandatos eletivos.

Tudo se passa como se, para ser reconhecido como homem de Estado, fosse necessário mobilizar a crença na ficção de ser um perito em todos os debates sobre o futuro da nação e no fato de ter peso na cena internacional. Um de seus livros, publicados no exercício do mandato, ao se intitular *O presidente segundo o sociólogo,* não estaria traindo claramente a pretensão de cumular os benefícios da legitimidade intelectual e da legitimidade política de ser agraciado pelas urnas?

De fato este caso, de forma alguma, parece constituir uma exceção ao preceito weberiano, diminuindo o valor da distinção entre a vocação de intelectual e a de político,[2] muito menos algo que apenas possa ser explicado por "coisas que só acontecem no Brasil". O estudo da trajetória social de FHC, particularmente do deslocamento de seus investimentos e de seus recursos sociais adquiridos como *sociólogo,* no início de sua carreira profissional, em direção ao campo político, abrindo acesso ao mandato presidencial, pode contribuir para a compreensão dos diferentes tipos de capitais sociais e disposições necessárias ao exercício de cada um dos dois ofícios, e para especificar as condições da autonomização das ciências sociais frente ao universo político.

É a natureza mesma da relação entre o campo político e as condições de existência das ciências sociais no Brasil que variou em larga medida ao longo destes últimos quarenta anos: paradoxalmente, durante a ditadura militar, novos centros de pesquisa e programas de pós-graduação foram criados, permitindo a multiplicação de monografias e de estudos empíricos de alta qualidade e inovadores, em diálogo constante com a literatura internacional mais avançada, enquanto que o retorno às normas democráticas se fez acompanhar de uma perda do fôlego de várias frentes de trabalho abertas nessa época, sobretudo se considerarmos os estudos sobre grupos de origem popular na cidade e no campo. Se houve um desenvolvimento das ciências sociais sob condições políticas extremamente adversas, é que muitos parecem ter se consagrado na

---

2 Michael Pollak demonstrou que o próprio Max Weber teceu comentários de sentido diametralmente oposto a propósito do papel do cientista social frente aos debates sobre os rumos do Estado, comparando os textos aludidos de 1918 com seu discurso de posse na cátedra de economia política da universidade de Friburgo trinta e poucos anos antes. A objetivação da trajetória social e intelectual de Max Weber permitiu a Pollak compreender a lógica desta antinomia aparente. (Cf . Pollak, Michael. "Max Weber, elementos para uma biografia sociointelectual". *Mana. Estudos de Antropologia social,* volume 2, números 1 e 2, 1996, pp. 85–114).

pesquisa empírica apenas por falta de possibilidade de seguirem carreiras políticas ou na alta administração. O fato é que após a liberalização do espaço público, uma parte considerável dos esforços então consagrados na pesquisa e no ensino pós-graduado se deslocou rumo à competição pelos postos de direção do Estado, quer sob a forma de postos eletivos, quer sob a forma de cargos de confiança na alta administração.[3]

Um dos focos dos debates públicos extremamente significativo do caráter precário da autonomia das ciências sociais no Brasil reside nos usos legítimos da palavra *sociologia*. O sentido dominante desde o fim do século XIX, utilizado por autores que também tinham pretensões a carreiras políticas, em sua maioria bacharéis em direito de alta origem social, atribui a esta disciplina um dos primeiros lugares da hierarquia dos saberes de Estado e a reserva para os escritores que visavam discutir os destinos da nação. Completamente diferente é o sentido inovador do ofício de sociólogo pregado pelo mestre de FHC e seu orientador de doutorado na USP, explícito no título de um de seus livros principais: *Fundamentos empíricos da explicação sociológica.*[4]

Grande herdeiro político

Contra a ideia corrente, muito difundida pela imprensa, de uma passagem recente e custosa do mundo intelectual à política, como parece ter sido o caso do escritor peruano Mario Vargas Llosa, candidato derrotado em eleições presidenciais, foi o próprio FHC que exprimiu em entrevista a jornalista da

---

[3] Esse trabalho foi apresentado, em uma versão resumida, em colóquio promovido pelo Centro de Sociologia Europeia (CSE), em homenagem a Pierre Bourdieu (em 24/1/2003). Em verdade as hipóteses expressas nesse parágrafo visaram sua discussão no seminário anual de Bourdieu na EHESS (1997) Em sessão intitulada "Tradições nacionais das ciências sociais", em que intervieram Johan Heilbron sobre a Holanda, Viktor Karady sobre os países da Europa Oriental, Mohammed Sabourd sobre a Finlândia e Annik Prieur sobre a Noruega, fui convidado a refletir sobre o caso brasileiro. Mas, não dispondo à época de dados de pesquisa sobre esse assunto, abordei rapidamente o paradoxo da forte profissionalização dos cientistas sociais no Brasil ter ocorrido na fase mais negra da ditadura militar. Os comentários de Pierre Bourdieu me estimularam a aprofundar a reflexão, buscando objetivar, através de análises empíricas, as relações entre sociologia e poder político. Foi assim que comecei a trabalhar sobre a trajetória social e intelectual de Fernando Henrique Cardoso. Juntamente com o estudo da trajetória de Celso Furtado (Garcia Jr, 1997 a e b), esse exame permitiu esboçar o escopo da pesquisa atual sobre a "circulação internacional de universitários".

[4] Cf. Fernandes, Florestan. *Fundamentos empíricos da explicação sociológica.* São Paulo, Companhia Editora Nacional, 1967.

revista *Veja*, sua familiaridade com esta última atividade, que se inscreve em experiências de infância:

> Roberto Toledo – No livro em que conta sua experiência de candidato à presidência do Peru [*Peixe na água*], Vargas Llosa mostra como, progressivamente foi criando aversão à atividade política. Entre outras coisas, ele diz abominar o que chama de "artes evasivas" dos políticos – as conversas não afirmativas, protelatórias. Aparentemente, diante de Vargas Llosa e Fernando Henrique Cardoso, dois intelectuais seduzidos pela política, está-se diante de casos similares. Mas, ao que parece, a rotina da atividade política, que tanto desagradava Vargas Llosa, em Fernando Henrique causa o efeito oposto: fascina. O livro de Vargas Llosa seria excelente leitura, então, para saber como não é Fernando Henrique Cardoso. Está certo?
>
> FHC – Está certo E isso tem várias origens. Primeiro, fui criado numa família afeita à política. Então, desde menino, bem menino mesmo, com oito ou nove anos – meu pai era uma pessoa muito aberta, muito democrata –, eu participava das conversas, ou assistia às conversas. Já na casa de minha avó era assim: depois do almoço ou do jantar – mais do jantar – começava a discussão política. Havia muita briga entre eles. Meu pai era militar e meu avô também. Tinham participado de muitos episódios da história do Brasil. Outro dia li um artigo do Sarney mencionando um jovem tenente – ou alferes como diziam na época – que tinha proposto fuzilar o imperador. Eu disse: "é o meu avô." Há um quadro clássico de três oficiais levando ao imperador a ordem de banimento. Um é meu avô. [*O presidente segundo o sociólogo*, pp. 339–340]

Sua genealogia, confeccionada nas várias obras de caráter hagiográfico aqui citadas, atesta os indicadores de alta origem social e a participação direta de seus ascendentes nos eventos mais relevantes da história do Brasil contemporâneo. Seu bisavô foi chefe do Partido Conservador de Goiás durante o Segundo Império, eleito deputado por várias legislaturas, tornando-se ainda senador e mesmo presidente de província, embora por pouco tempo. Seu avô, ainda jovem oficial do Exército, participou ativamente da queda da Monarquia e da proclamação da República, como revela o trecho citado, o que lhe valeu ser ajudante de ordens de Floriano Peixoto, o "marechal de ferro",[5] e findou sua carreira como

---

5 Seu avô e seu pai chegaram a morar no Palácio Itamaraty, residência oficial de Floriano Peixoto.

marechal. Não sem antes ter participado do levante de 1922 e, juntamente com o ex-presidente Hermes da Fonseca, ter sido preso por este motivo.

Seu pai também seguiu a carreira militar, tendo participado das revoltas tenentistas de 1922 e 1924, que culminaram na Revolução de 1930 que conduziu Getulio Vargas ao poder central. Se um dos futuros ministros da Guerra do Estado-Novo varguista, Eurico Gaspar Dutra, presidente da República depois da derrubada de Vargas em 1945, foi ajudante de ordens do avô, seu pai foi oficial de gabinete do ministro Góes Monteiro em 1934, e seu tio Augusto Inácio do Espirito Santo Cardoso foi ministro da Guerra de Vargas durante o governo provisório de 1931 a 1933. Seu círculo familiar mais direto esteve no palco dos acontecimentos da Revolução de 1930, chegando a ter tido participações em campos antagônicos durante o levante de São Paulo em 1932. Além disso, estiveram próximos também dos oficiais que mudaram o perfil e a composição do Exército brasileiro a partir dos anos de 1930. Após deixar o Exército em 1945 como general, seu pai exerceu a advocacia – havia se formado em direito nos anos 1930 – e seu engajamento político em causas nacionalistas o permitiu ser eleito deputado federal por São Paulo em 1954.

Sem sombra de dúvidas, a infância e a adolescência de FHC foram povoadas de relatos de familiares dos responsáveis pelos grandes eventos da história republicana brasileira. O que a imensa maioria de sua geração soube através de manuais de História, ou pela imprensa, foi para ele narrativas de testemunhas e participantes diretos dos acontecimentos. Sua afirmação de que para ele "esses personagens [...] não eram de ficção. Eram pessoas" [*O presidente segundo o sociólogo*, p. 342] não parece ser força de expressão. Tanto os relatos de seu pai, quanto o culto das tradições familiares por sua avó paterna, incutiram em FHC o sentimento de uma forte hereditariedade da competência política,[6] chegando a postular que: "meu pai era político. Essa dimensão está no meu sangue" [apud Leoni, Brigitte Hersant. *Fernando Henrique Cardoso, o Brasil do possível*. Rio de Janeiro, Nova Fronteira, 1997, p. 44].

---

[6] O estudo da hereditariedade na política brasileira vem sendo feito, de forma inovadora e sólida empiricamente, por Letícia Canedo. Entre suas publicações recentes ver: Canedo, Letícia Bicalho."Héritage en politique, ou comment acquérir les dispositions et les compétences nécessaires aux fonctions de représentation politique (1946–64)". *Cahiers du Brésil Contemporain*, nº 47/48, 2002, pp. 71–119. O comentário crítico de Jean Pierre Faguer, no mesmo número, enfatiza a riqueza dessa linha de investigação histórica e sociológica.

A formação como sociólogo e o início da carreira

Nascido em 1931 no Rio de Janeiro, primogênito da fratria, fez o curso primário entre o Rio e São Paulo, variando de acordo com o lugar do cargo ocupado por seu pai, e dispôs de professora particular de francês, traço comum às famílias abastadas e cosmopolitas do Brasil da primeira República [característica comum com a infância de Gilberto Freyre]. Fez os estudos secundários em São Paulo, em um colégio do bairro de Higienópolis, onde reside até hoje, frequentado por descendentes de famílias abastadas. Em 1949, presta dois vestibulares para a USP: não é aprovado em latim na tradicional faculdade de Direito das "arcadas", mas entra para a faculdade de Filosofia, Ciências e Letras fundada com a colaboração da missão francesa. Como bem analisa Irene Cardoso,[7] a criação dessa nova faculdade, permitindo a fundação da USP em 1934, faz parte de um conjunto de estratégias da elite política de São Paulo. Elite essa que, sentindo perder grande parte do poder federal com a ascensão de Vargas e da coligação com Minas Gerais e estados nordestinos – de força inferior no plano nacional – e sentindo-se alijada dos núcleos principais de decisão após a derrota de 1932, buscou recuperar, através dos investimentos em ciência e cultura, a nítida hegemonia nacional durante a "República Velha", subtraída pela força das armas. O apelo ao que havia de mais novo no mundo internacional foi grandemente reforçado pela intenção de se demarcar como estado onde predominaria um espírito liberal e cosmopolita, o que transparece na língua utilizada durante os cursos, tanto o francês como o inglês, pois só os alemães parecem ter se sentido compelidos a ministrar ensinamentos em português.

Seu principal professor foi Florestan Fernandes, órfão de pai e descendente de imigrantes portugueses de origem bem modesta, que só conseguiu completar seus estudos secundários graças a exames supletivos. Florestan também teve que se esforçar muito para frequentar os professores franceses da faculdade de Filosofia, assim como os pesquisadores americanos ligados à Escola de Chicago, como Donald Pierson, e os antropólogos alemães, como seu orientador Herbet Baldus, recrutados pela rival Escola de Sociologia e Política. Florestan Fernandes, por muitas vezes, exprimiu a dificuldade para um estu-

---

7 Veja-se a minuciosa demonstração feita em *A universidade da comunhão paulista*. São Paulo, Cortez, 1982 (a ressaltar ainda o prefácio de Alfredo Bosi). A configuração das missões estrangeiras na fundação da USP e seus efeitos foram estudados em Miceli, Sérgio. *História social das ciências sociais*. São Paulo, Vértice, 1989.

dante vindo das classes populares em penetrar no seleto mundo da nova elite intelectual, onde uma das barreiras à entrada era a familiaridade com línguas estrangeiras.[8] A precocidade em línguas estrangeiras, como ressaltam os estudos de sociolinguística, é um dos privilégios sociais dos que "tiveram berço", mas que aparece como um dom ou talento suplementar a atestar a superioridade ou "excelência" nata dos indivíduos de alta origem. O investimento apaixonado nas tarefas intelectuais e o espírito meritocrático, bem como a busca da integração de tradições tão diferenciadas quanto às ensinadas pelos jovens e brilhantes professores estrangeiros, cuja diversidade de modo algum se reduz às suas origens nacionais [fato patente em suas obras ulteriores], solidificaram-se entre as características da trajetória intelectual de Florestan Fernandes. Isto demonstra tanto o sobreinvestimento de fato exigido dos que alargam o perfil sociológico dos estudantes potenciais, quanto a possibilidade que a universidade pública abria para a entrada de filhos de classes populares. Embora ressaltasse o alto custo psicológico de seus investimentos para poder acompanhar os professores estrangeiros e a literatura que introduziam, é notável que Florestan Fernandes tenha sempre se caracterizado por uma ligação constante com o universo internacional das ciências sociais, o que revelam tanto seus livros baseados em pesquisa de campo com Roger Bastide, quanto suas tentativas reiteradas de integrar os aportes teóricos de Emile Durkheim, Max Weber e Karl Marx.

Fernando Henrique Cardoso e seu colega Octavio Ianni iniciaram suas carreiras de pesquisadores sob a direção de Florestan Fernandes, examinando as relações raciais nas cidades do sul do país, fortemente marcadas pela imigração europeia do fim do século XIX.[9] Ambos fizeram também suas teses sobre o lega-

---

[8] Uma análise da formação intelectual de Florestan Fernandes pode ser vista em Mazza, Debora. *A produção sociológica de Florestan Fernandes e a problemática educacional*. Taubaté, Cabral, 2003. A proximidade distante de seus colegas brasileiros de origem social superior é analisada, com grande sensibilidade, por Pontes, Heloisa. *Destinos mistos*. São Paulo, Companhia das Letras, 1998.

[9] Florestan Fernandes começou suas pesquisas sobre a condição social dos negros, descendentes dos escravos, em São Paulo, graças ao convite insistente de Roger Bastide e ao financiamento da UNESCO. Marcos Chor Mayo demonstrou como essa agência internacional, criada após o fim da Segunda Grande Guerra, buscava um laboratório de "tolerância racial" que servisse de contraponto para pensar a não inevitabilidade de massacres justificados por racismo, como o perpetrado contra judeus na Europa. Tal a razão da escolha do Brasil, que conhecera a revalorização da mestiçagem nos anos 1930. Os estudos sob a direção de Florestan Fernandes mostram que a industrialização, e a modernização que a acompanha, exacerbavam, e não diminuíam, os preconceitos raciais. Cf Mayo, Marcos Chor. *A história do projeto UNESCO: Estudos raciais e ciência no Brasil*. Rio de Janeiro, IUPERJ, 1997 (tese de doutorado).

do das relações entre senhores brancos e escravos negros [*Capitalismo e escravidão no Brasil meridional*, de FHC, e *As metamorfoses dos escravos*, de Ianni].

Cabe assinalar que desde 1933, com a publicação de *Casa grande e senzala*, por Gilberto Freyre, esse tema passou a figurar entre as questões centrais do campo intelectual brasileiro. O interesse pela pesquisa no sul do país, em cidades que conheciam forte crescimento industrial desde os anos 1930, era tanto maior pelo fato de ser a região receptora de grande contingente de "brancos" de origem europeia que não se identificavam com a fração da elite descendente dos senhores de escravos e/ou da oligarquia agrária. O conjunto de trabalhos feitos sob a égide de Florestan Fernandes, que faziam largo uso dos novos métodos de pesquisa em ciências sociais, aplicados tanto nos EUA quanto na Europa, assegurou o prestígio da "escola de sociologia de São Paulo" e destronou Gilberto Freyre da posição de líder inconteste das ciências sociais brasileiras até então. Data desta época a tentativa de reduzir o aporte de Gilberto Freyre ao conhecimento apenas das situações nordestinas, como se *Casa grande e senzala* não fosse um discurso sobre o Brasil inteiro, mas unicamente sobre a grande plantação canavieira da zona da mata nordestina. Prova da eficácia desta estratégia de concorrência intelectual é que muitos círculos nem se lembram mais que o livro de Gilberto Freyre restrito ao âmbito regional é *Nordeste*, publicado em 1936. A supremacia da "nova sociologia" praticada em São Paulo foi ainda facilitada por se referir ao polo moderno de uma nação em desenvolvimento, enquanto o Nordeste enfrentava um nítido declínio do universo das grandes plantações canavieiras.

Jovem estudante promissor, FHC tornou-se assistente na faculdade de Economia da USP, antes mesmo de concluir a licenciatura, com apenas 21 anos, cargo perdido por disputas com a titular da cátedra. Mas logo após, um concurso de circunstâncias abriria as portas de cargo permanente na USP. Havia se tornado assistente de Roger Bastide assim que concluiu a licenciatura em 1953; Bastide resolveu retornar a Paris para ingressar na atual EHESS [Escola de Estudos Avançados em Ciências Sociais], deixando Florestan Fernandes como seu sucessor, e passando FHC à condição de primeiro assistente. Assim que foi nomeado na USP, FHC foi eleito para o Conselho Universitário; tal cargo em início de carreira parece ser um bom índice do capital social que conseguia mobilizar.

Ao lado do pai, participou ativamente da campanha pelo monopólio estatal do petróleo e pela criação da Petrobras. Seu pai foi eleito graças a uma aliança entre os trabalhistas e os comunistas de São Paulo. Pai e filho participaram das inúmeras mobilizações e campanhas nacionalistas dos anos 1950 e início dos anos 1960, momento marcado por intensos debates sobre as modalidades de construção política, econômica e cultural da nação e sobre os meios de enfrentar os males do "subdesenvolvimento". Militante político desde o colégio São Paulo [local do secundário], suas atividades políticas o fizeram aceitar ser o editor da revista do Partido Comunista destinada aos intelectuais – *Problemas* – e entrar para o conselho editorial da revista marxista *Fundamentos*, criada por Caio Prado Júnior e editada pela Brasiliense.[10]

Sem dúvida, seus investimentos profissionais no início da carreira estiveram concentrados nas atividades universitárias, mas eles não o afastavam necessariamente da carreira política. Depois de sua tese de doutorado sobre a escravidão,[11] Cardoso realizou uma pesquisa com uso de questionários sobre as atitudes e visões dos industriais brasileiros acerca do futuro da economia, tratando também do papel atribuído ao Estado na regulação do sistema econômico.[12] Essa pesquisa, que mobilizava as contribuições da sociologia empírica europeia e norte-americana, tinha por objeto uma das questões centrais nas polêmicas entre os vários grupos de esquerda: a "burguesia nacional" seria capaz de criar um projeto de desenvolvimento original e seria capaz de promover a emancipação do país?

O marxismo constituiu, em certa medida, um sinal distintivo do jovem sociólogo de São Paulo. Ainda nos anos 1950, quando José Arthur Gianotti retornou da França, onde realizou seu doutorado, um grupo de jovens professores e estudantes decidiu se reunir para ler *O Capital*, de Marx, capítulo por capítulo. Este grupo, do qual faziam parte Octavio Ianni, Ruth Cardoso, Roberto Schwarz, Michael Lowy e vários outros, teve um papel decisivo na discussão dos projetos de pesquisa da nova geração. Florestan Fernandes, que nunca foi convidado a participar, viu esta iniciativa como um meio dos jovens pretendentes se apresentarem como pioneiros ou, ao menos, nova vanguarda intelectual. A supremacia do marxismo, como teoria de referência, permitia simultaneamente desqualificar a bibliografia transmitida pelos membros da missão francesa e os esforços teóricos de Florestan Fernandes, acusado de eclético.

---

[10] Segundo a biógrafa Brigitte Leoni, FHC jamais teria pertencido ao PC, mas suas atividades editoriais em tempos de Guerra Fria e de clandestinidade do PCB deixam dúvidas sobre o assunto. Cf. op. cit., p. 77.

[11] Cardoso, Fernando Henrique. *Capitalismo e escravidão no Brasil meridional*. Rio de Janeiro, Paz e Terra, 1962.

[12] Cardoso, Fernando Henrique. *Empresário industrial e desenvolvimento econômico no Brasil*. São Paulo, Difusão Europeia do Livro, 1964.

Por outro lado, foi a criação do Centro de Sociologia Industrial e do Trabalho [CESIT], graças à iniciativa de Alain Touraine, professor convidado da USP em 1961, que permitiu as investigações concretas sobre as visões do mundo dos industriais e dos operários de São Paulo.[13] Este centro foi dirigido por Fernando Henrique Cardoso de 1962 a 1964, período em que um convite de Alain Touraine para ir a Paris, durante o inverno de 1962–1963, o permitiu redigir a tese de livre-docência, defendida na USP em 1963. A relação entre Alain Touraine e Cardoso ajuda a compreender as razões das curtas estadas no mundo internacional até o golpe de 64, que o levou a se exilar. Cardoso trabalhou em São Paulo sob a direção de jovens pesquisadores franceses que marcaram o panorama das ciências sociais internacionais nos anos de 1950 e 1960. Primeiro, como assistente de Roger Bastide, depois como braço direito de Alain Touraine. Ele foi ainda um dos personagens principais do comitê de recepção de Jean-Paul Sartre e de Simone de Beauvoir, em visita à America Latina [setembro 1960] após o apoio prestado à revolução cubana. Ele se tornou o tradutor escolhido por Sartre no Brasil. Cardoso não teve necessidade de longas estadas no estrangeiro para se familiarizar com as correntes de pensamento vigentes no campo internacional das ciências sociais.[14] Essa carreira promissora foi bloqueada pelo golpe militar de 64. Sendo procurado pelo regime, Cardoso decidiu se exilar acompanhado de toda sua família.

---

[13] Para o período 1953–1964, pude beneficiar-me do projeto ainda não concluído de Lopes, José Sérgio Leite sobre a *História social da sociologia do trabalho e dos trabalhadores no Brasil.* Rio de Janeiro, PPGAS/MN, 1990 (mimeo.) e das inúmeras entrevistas efetuadas na França e no Brasil. José Sérgio Leite Lopes fez uso apenas de uma parte de seu vasto material no balanço recente da recepção da obra de Pierre Bourdieu no Brasil. Lopes, José Sérgio Leite. *Pierre Bourdieu et le renouveau des enquêtes ethnologiques et sociologiques au Brésil.* AWAL, 27–28, 2003, pp.169–78.

[14] A comparação com o itinerário profissional do economista Celso Furtado, dez anos mais velho que Fernando Henrique Cardoso, é bastante ilustrativa: de uma origem social e geográfica bem mais modesta que Cardoso, foi graças à viagem à Europa, como oficial das tropas brasileiras durante a Segunda Guerra Mundial, seguida por estudos doutorais na França, abrindo o caminho de um cargo na CEPAL em Santiago, que Celso Furtado se dotou dos capitais necessários pela sua entrada no campo político, marcada pela criação da SUDENE e criação do Ministério do Planejamento. Perseguido, como Cardoso, em 1964, vão se encontrar em Santiago do Chile. Cf. Garcia Jr, Afrânio-Raul. "Celso Furtado, la guerre froide et le développement du Nordeste". *Actes de la recherche en sciences sociales*, n° 121–122, março 1998, pp. 52–61; "La construction politique d'un avenir regional. Celso Furtado et la création de la SUDENE". *Cahiers sur le Brésil contemporain*, n° 33–34, 1998, pp. 123–132.

Consagração internacional do sociólogo e retorno sob o regime militar

O exílio permitiu a Fernando Henrique Cardoso se concentrar em seus trabalhos de pesquisa, estender seu campo de conhecimento a toda a América Latina e ser convidado para estadas em instituições de grande prestígio internacional como o Instituto de Estudos Avançados de Princeton ou o Collège de France. Ainda antes de chegar ao Chile, ele recebeu o convite do sociólogo espanhol José Medina Echevarría, diretor do ILPES, centro de pesquisas criado pela ONU em Santiago, para ocupar a cátedra de sociologia do desenvolvimento. O exílio o levou a participar diretamente dos debates sobre as transformações do campo do poder na América Latina e sobre seus efeitos econômicos e sociais. A teoria da dependência, que lhe assegurou uma notoriedade internacional, foi concebida durante esse período em colaboração com o sociólogo chileno Enzo Falleto.[15] Tanto no Brasil como no exterior, as investigações através de questionários conduzidas por Cardoso visaram estudar essencialmente as representações de industriais e homens de negócios da América Latina, e sobretudo sua relação com a evolução do Estado. O exílio no Chile, além de permitir o conhecimento da elite latino-americana – Isabel Allende trabalhou sobre sua direção –, possibilitou que ele voltasse a Paris como professor convidado da Universidade de Nanterre, graças ainda a um novo convite obtido por Alain Touraine. Aproveitou desta estada para redigir uma análise das investigações realizadas junto ao ILPES e preparou uma tese destinada ao concurso da cátedra de "ciências políticas" da USP, abreviando seu exílio.

O retorno à USP, graças ao sucesso do concurso, foi de curta duração: a instauração do AI-5 em 13 de dezembro de 1968 foi acompanhada da demissão de professores e pesquisadores progressistas, do afastamento de estudantes e da instituição duradoura da tortura como técnica de neutralização dos adversários do regime militar. A criação de um novo centro de pesquisas [CEBRAP], graças ao financiamento da Fundação Ford, permitiu aos pesquisadores e professores de ciências sociais, expulsos das instituições universitárias, prosseguirem em atividades de pesquisa sem deixar o país. Como demonstram Yves Dezalay e

---

15 Cardoso, Fernando Henrique e Falleto, Enzo. *Dependência e desenvolvimento na América Latina*. Rio de Janeiro, Zahar, 1979. Uma excelente apresentação das questões analisadas pela "teoria da dependência" e seu contexto de elaboração está em: Love, Joseph L. *Crafting the Third World*. Stanford, Stanford University Press, 1996.

Bryan Garth, em seu livro *Mondialisation des guerres de palais* [Paris, Seuil, 2002], uma das frações dominadas da elite dominante dos Estados Unidos apoiou materialmente certos adversários dos militares, particularmente no caso de cientistas, com receio que a adesão ao campo da luta armada fosse ainda de maior amplitude. O apoio da Fundação Ford contribuiu para diferenciar os ofícios ligados à pesquisa e ao ensino de ciências sociais, através da criação, em escala inédita até então, de institutos como o CEBRAP, o CEDEC e o IDESP. No Rio de Janeiro, o apoio da Fundação Ford tornou possível a criação da pós-graduação em ciências políticas no IUPERJ e em antropologia social no Museu Nacional. A diversificação das disciplinas, definindo novas modalidades de investigação empírica e a integração de pesquisadores a redes internacionais, constituíram práticas de reconversão para jovens estudantes e intelectuais que sem elas ficariam condenados ao silêncio. O CEBRAP, sob a direção de Cardoso, impôs-se então como polo dominante na condução dos debates científicos em escala nacional.

Além da posição de diretor do CEBRAP, nos anos 1970 Cardoso tornou-se um elo central da convergência das mais diversas, ou mesmo antagônicas. Os antigos liberais, reagrupados no único partido de oposição tolerado pelos militares no poder – o MDB, presidido por Ulysses Guimarães –, solicitaram a Cardoso e ao CEBRAP a redação de um novo programa a ser defendido pelo conjunto das oposições. Se Ulysses Guimarães era um antigo amigo de seu pai, foi durante o período mais negro do regime militar que os dois se aproximaram politicamente, pois as distinções de geração perderam sentido diante da repressão generalizada. Ressalte-se que a Igreja Católica, que constituíra, em 1964, um dos sustentáculos das forças que legitimaram o golpe, tomou distância dos generais no poder em virtude da prática sistemática da tortura e progressivamente fez "uma opção preferencial pelos pobres". O cardeal de São Paulo, Dom Paulo Evaristo Arns, também solicitou do CEBRAP a elaboração de um diagnóstico sobre a degradação das condições de vida das camadas mais pobres de São Paulo, face oculta da aceleração do crescimento econômico.[16] Finalmente, o engajamento de Cardoso em atividades de reativação das associações científicas e profissionais dos mais variados tipos [SBPC, OAB, ABI, SBS, ABA, etc.], consideradas como "mobilização da sociedade civil", transformou-o em um dos líderes de uma intelectualidade interessada em se desfazer da tutela militar, preservando o

---

16 Esta foi a origem do livro *São Paulo, crescimento e pobreza*, publicado em 1976 pelas edições Loyola, com prefácio do Cardeal de São Paulo, explicitando a relação da investigação sociológica sobre os desprovidos de recursos, materiais e culturais, com as novas comunidades eclesiais de base.

pluralismo interno. Acumulou então o prestígio de sociólogo inovador e de um dos líderes da frente de oposições políticas à ditadura militar. No final dos anos 1970, com a liberalização do espaço público ocorrida com a proclamação da Lei de anistia de 1979, a sua reconversão à política tornar-se-ia visível.

A carreira política nos anos de 1970

O investimento de Cardoso na política torna-se mais nítido nos anos 1970. Com a redação do programa do MDB, passou a figurar entre os maiores interlocutores de Ulysses Guimarães, atuando como conselheiro privilegiado nos momentos de confronto com o regime. A greve dos metalúrgicos de São Bernardo em 1978, que projetou Lula e abriu o espaço para o retorno dos movimentos sociais ao primeiro plano do espaço público, demonstrou que havia desde então muitas outras forças políticas além dos antigos políticos liberais formados antes de 1964. Por medo de nova derrota nas urnas, os oficiais militares de alta patente manobraram para mudar as regras do jogo, implantando sublegendas nos partidos, para acomodar divergências entre os aliados dos militares e somar os votos de todos. A sublegenda permitiu também uma diversificação da oferta das oposições e foi assim que FHC se candidatou a senador em 1978, numa sublegenda que somaria seus votos aos do democrata-cristão Franco Montoro, mas que permitia ainda uma diversificação da oferta política de programas. Esta eleição apresentou ainda a vantagem de poder conduzir uma campanha eleitoral sem se preocupar com as chances de vitória. Graças a ela, Cardoso se tornou senador quando Montoro se lançou a governador nas eleições de 1982. Desde então todos os indicadores atestam a máxima concentração de seus esforços na atividade política: a produção de análises sociológicas, sob a forma de monografias ou ensaios com pretensão teórica, ou de ciência política, se interrompe em 1978. A partir desta data seus escritos ganham um novo tom, o de um político preocupado em defender suas tomadas de posição, em justificar suas alianças e em buscar ampliar suas chances eleitorais em um espaço que se diversifica.

Diferentemente de muitos intelectuais que tentaram entrar na atividade política, ou voltar a ela, suas estratégias eleitorais mostram a racionalização da acumulação de capital político, partindo da consolidação de posições locais até atingir os cargos mais relevantes no âmbito nacional. Em 1985, se apresenta como candidato a prefeito de São Paulo; é de se observar que a derrota não teve sobre FHC o mesmo efeito dissuasivo verificável em muitos intelectuais que não mais se apresentaram à concorrência eleitoral. A análise da carreira política de FHC certamente ultrapassa o escopo deste artigo, mas cabe assinalar que, desde o retorno das franquias democráticas, ele tornou-se um político de relevo no plano estadual e um ministro potencial de todos os presidentes que o precederam. Figurou ainda como um dos parlamentares mais influentes da Assembleia Constituinte de 1988.

Após ser ministro das Relações Exteriores sob o governo de Itamar Franco, passou a ministro da Fazenda com a responsabilidade de implantar um plano de estabilização monetária – o Plano Real –, cuja implementação escalonada no tempo assegurou sua primeira eleição presidencial, embora a vitória no primeiro turno supusesse ainda a aliança com o PFL, composto em grande parte pelas oligarquias nordestinas que redouraram seu brasão político durante o regime militar.

Próximo dos pretendentes à renovação em grande escala do espaço público até 1979, tomou distância já nesta época dos líderes sindicais, como Lula, e de seus colegas universitários que não dispunham de outro capital político que o obtido através da militância. Note-se que após contribuir para a consolidação da ideia de um partido de trabalhadores, o que pôde ser acompanhado em suas intervenções nos jornais de oposição à ditadura, como *Opinião* e *Movimento*, não acompanhou seus antigos colegas da USP na criação do PT [nomes emblemáticos das ciências sociais paulistas como Antonio Candido, Sérgio Buarque de Holanda, Maria Isaura Pereira de Queiroz, Florestan Fernandes, Octavio Ianni, entre outros] e preferiu continuar seu itinerário em companhia daqueles que constituíram seus capitais políticos antes de 1964 ou à época do regime militar. Durante a campanha das Diretas, suas posições são sistematicamente próximas dos moderados e distantes da grande maioria de universitários e artistas. Objetivamente, deslocou-se ao longo dos anos 1980 em direção ao centro e à direita do espaço político, muito antes das eleições de 1994, quando se confrontou, pela primeira vez, com Lula e uma frente das oposições de esquerda.

O presidente secundado pelo sociólogo: qual sociologia?

Esta rápida consideração do trabalho sociológico e da carreira política recente de Fernando Henrique Cardoso, que exigiria, sem dúvida alguma, desenvolvimentos mais extensos, permite ao menos constatar que as disposições e os capitais mobilizados para abrir o caminho da presidência da República não são de forma alguma os mesmos que aqueles exigidos para construir os trabalhos sociológicos que asseguraram seu prestígio científico. O exame de suas publicações constitui o indicador mais nítido da política como carreira de substituição nos últimos 25 anos; se todas as obras de antes de 1978 mostram uma preocupação constante com a constituição do material empírico, permitindo demonstrar as teses sociológicas sustentadas pelo autor, as publicações do período posterior se limitam a utilizar todos os argumentos possíveis capazes de justificar suas tomadas de posição e ações no campo político. Não se trata aqui de sublinhar o caráter ideológico desses escritos, mas de entender que eles estão a serviço de outros objetivos que os de captar a convicção de seus pares, cientistas sociais. Seguramente não é graças aos seus esforços intelectuais que ele abriu o caminho de seus sucessos eleitorais, como assinala a entrevista citada no começo do artigo. A maior parte do tempo do mandato presidencial foi consagrada a assegurar a confiança dos eventuais aliados políticos, a reforçar suas chances eleitorais e a permitir que fossem votados pelo parlamento os projetos viabilizados pela coalizão de interesses que permitiu sua eleição, como todo especialista da política.

Seguramente, Fernando Henrique Cardoso não foi o único de sua geração de cientistas sociais a tentar fazer carreira política com o fim do regime militar, mas o que o diferencia de seus antigos colegas que tentaram tal reconversão é que ele participou diretamente, desde 1974, de todo tipo de mobilização política e de campanhas eleitorais, aumentando sua experiência concreta na arte de conquistar redutos eleitorais e esboçar uma estratégia progressiva de acumulação de capital propriamente político, abrindo o caminho da ambição presidencial. Em livro confeccionado junto com Mario Soares, em que se vangloriam de ter passado, da resistência democrática às ditaduras portuguesa e brasileira, a posições aproximadas às de Tony Blair, Lionel Jospin, Romano Prodi, Guterres e Bill Clinton [*O mundo em português*, p. 53], FHC explicita que toda a competência adquirida como intelectual e como professor universitário foi colocada a serviço de sua carreira como político, que o "fascina" e lhe proporciona "realização pessoal":

> FHC – Como é que eu me vejo? Basicamente como um intelectual e um professor, embora esteja na presidência com o poder que disponho. O que me fascina? [...] Você, como presidente, com o poder que tem, aumenta muito a possibilidade de convencer. Isso me fascina. Por isso dizem que sou

vaidoso, intelectual. Não é isso. Pode ser um pouco também, claro, mas é mais do que isso – é uma posição pedagógica num sistema sociocultural essencialmente democrático.

Mario Soares – Portanto o poder para si é também uma forma de realização pessoal?

FHC – Ah, não tenha dúvida[17]

A supremacia dos políticos profissionais força qualquer cientista, ao participar da concorrência eleitoral, a usar de suas capacidades de acordo com as exigências da competição política. Para compreender a rápida ascensão de FHC à mais alta magistratura, é de pouca valia conhecer os modelos de análise que elaborou e as teorias que adotou em sociologia até 1978, mas é indispensável conhecer as redes sociais que tornaram possíveis suas publicações, pois foi a mobilização dessas redes, com outros fins do que a produção de conhecimento, que tornaram possível uma carreira tão rápida. O maior obstáculo à aceitação desta proposição provém da visão idealista e idealizada da política, segundo a qual todo mandatário seria um adepto de uma "causa", e sua eleição dependeria fundamentalmente da aceitação generalizada de seus "projetos políticos" e "programas de ação". Esta visão idealista contempla o amor próprio dos intelectuais, pois seriam os mais bem-dotados para conceber "políticas públicas" e encontrar a melhor retórica para "vendê-las" [usando o jargão do marketing] ao público.

Essa visão idealizada ignora tudo o que torna o ofício de político um universo de especialistas dessas atividades, que a elas se dedicam de forma integral e profissionalizada. As duas conferências de Max Weber citadas no início, em momento de guerra e de enorme desencantamento com o mundo da política na Alemanha, demonstram a relevância de se estudar as modalidades de concorrência entre os especialistas do conhecimento por um lado e a concorrência entre especialistas do mandato eleitoral por outro. Os três livros "biográficos" publicados por/sobre FHC durante o mandato presidencial parecem constituir a melhor prova da pertinência e da durabilidade dos argumentos de Max Weber.

---

17 Cardoso, Fernando Henrique e Soares, Mário. *O mundo em português*. São Paulo, Paz e Terra, 1998, pp. 80–81.

Como FHC estava na interseção do campo das ciências sociais, que se ampliava e se diversificava desde o início dos anos 1970 [com a nova amplitude conquistada pela antropologia social e pela ciência política], e do campo político, ele buscou colocar todo o prestígio adquirido enquanto sociólogo a serviço de suas novas atividades de político eleito pelo voto. Se ele herdou relações de confiança e prestígio de homens políticos da geração de seu pai, como Ulysses Guimarães e Franco Montoro, foi graças à frente de oposições criada para pôr fim ao regime militar, e à posição de mediador entre a comunidade de cientistas e políticos. Seu afastamento da comunidade científica de origem se manifestou ainda através dos objetos e das maneiras de tratar as questões consideradas "sociológicas", o que o aproximou dos usos da sociologia praticada pelos juristas consagrados como "pensadores sociais" durante o período de 1920 a 1960, quando pretendiam ter o monopólio da discussão sobre os destinos da nação.[18]

Se a sociologia dispunha, então, de absoluta primazia sobre todas as ciências humanas e sociais, inclusive a História, é que a retórica ensaísta predominava, excluindo das práticas disciplinares toda reflexão fundada sobre a observação sistemática realizada pelos próprios pesquisadores. Ironia do destino, é esta definição empírica da disciplina que constituiu uma das maiores contribuições da "escola sociológica de São Paulo", que fez dos *fundamentos empíricos da explicação sociológica* um lema e padrão de trabalho, inscrevendo as ciências sociais produzidas no Brasil entre as tendências dominantes da cena internacional. O que resta de sociologia quando um presidente, no exercício do mandato e no calor das movimentações de toda ordem, retoma a sua experiência imediata, e a visão que a justifica, como padrão analítico em ciências sociais?

Contra a heteronomia das ciências sociais, a história social das relações entre o campo político e o espaço dedicado a tais ciências no Brasil parece fornecer poderosos antídotos, em particular contra o "fascínio" do poder político e de suas artimanhas. O olhar sociológico ou etnográfico, dotado das lentes forjadas pelos "pais-fundadores", parece impedir de aceitar candidamente o "mundo encantado" dos profissionais da política.

---

[18] Luiz de Castro Faria sistematizou recentemente seu trabalho e suas reflexões sobre a obra de Oliveira Vianna e a história social de sua recepção. Vale destacarmos a análise do intelectual como "Guia Lopes" da nação (metáfora extraída da *Retirada da Laguna* de Taunay). Cf. Faria, Luiz de Castro. *Oliveira Vianna: de Saquarema à alameda São Boaventura-Niteroi. O autor, os livros, a obra.* Rio de Janeiro, Relume Dumará, pp. 99–101.

Como um intelectual se fez presidente

Bolívar Lamounier

São raras, ao longo da História, as pessoas que, colocadas diante de grandes desafios, os percebem de maneira adequada, têm as qualidades necessárias para enfrentá-los e as aplicam com todo vigor. Esses assumem o papel que a História lhes reservou, engrandecendo-se pessoal e politicamente ao mesmo tempo que prestam um serviço a seu país. Com Fernando Henrique, foi assim. Farei neste texto algumas especulações sobre sua trajetória a fim de tentar entender a singular eficácia com que utilizou seus recursos pessoais e intelectuais.

Um bico de pena biográfico

No caso de Fernando Henrique, como antecipei, a questão é o que, nos planos pessoal, social, ideológico e político, facilitou sua ascensão ao poder e conferiu tanta qualidade ao uso que fez dele como parlamentar, ministro e chefe de Estado?

Notemos, de saída, que a posse de algum recurso de poder, qualquer que seja a sua natureza, é condição *sine qua non* para intervir de forma relevante no espaço público; isto a tal ponto que podemos até definir elite política como o conjunto daqueles que possuem recursos potencialmente utilizáveis com vistas a ascender na vida pública. A elite é formada por indivíduos que, por um lado, detêm recursos políticos (um nome conhecido, votos, dinheiro, conhecimentos) substanciais, em diferentes combinações, e, por outro lado, em média, demonstram preparo intelectual e psicológico para exercer o poder.

Listar os recursos potencialmente políticos de Fernando Henrique é chover no molhado, por isso tratarei de ser breve. Todos os que acompanharam suas carreiras, acadêmicas e política, sempre admiraram a superlativa combinação de qualidades inatas e talentos adquiridos de que ele se fez portador. Sua ascendência familiar (avô, pai e tio militares) certamente facilitou uma precoce absorção de conceitos e ideias relacionadas a questões de Estado e governo. Desse esboço familiar de vocação política ele passou à atividade política estudantil nos níveis secundarista e universitário. Homem de densa formação educacional, Fernando Henrique doutorou-se em sociologia pela Universidade de São Paulo nos anos 1950, destacando-se como professor e mais tarde, também no cenário internacional, como intelectual de primeira grandeza. Dono de uma simpatia e bom-humor cativantes – a ponto de Antônio Carlos Magalhães se referir a seu "sorriso de aeromoça" –, dotado de um senso natural de equilíbrio e comedimento, o futuro presidente sempre foi também um homem determinado, aplicado ao estudo e excelente coordenador e motivador de equipes de trabalho.

Poucos anos após se tornar professor na principal universidade do país, o golpe de 1964 o leva ao autoexílio no Chile, situação que progressivamente o transforma em articulador intelectual e político das demandas de redemocratização. Membro júnior da geração que a liderou, ele não tardaria a aparecer nos palanques, nos comícios e na mídia ao lado de homens como Tancredo Neves, Ulysses Guimarães, Teotônio Vilela, Franco Montoro, e ao lado de outra liderança emergente, Luiz Inácio Lula da Silva.

Temo incorrer numa redundância, mas há ainda um ponto a considerar – algo como uma fator multiplicativo dos traços precedentemente mencionados. Refiro-me ao que o saudoso Otto Lara Resende certa vez reclamou de outros políticos: *farol alto*. Sabe-se que o poeta Drummond se via, ou brincava de se ver, como um poeta apenas "municipal". Poeta municipal Fernando Henrique parece ter sido, mas como intelectual e político, sempre foi federal, como convém a uma elite política digna do nome. Farol alto: eis uma ponte decisiva para sua meteórica ascensão no cenário público. É um traço que se deixa apreender facilmente na simples menção dos grandes temas de que se ocupou, em diferentes fases da carreira. Começou, como vários de seus colegas de USP, tentando desvendar a conexão entre a escravidão e a formação do capitalismo na região Sul; pesquisou o papel e a ideologia do empresariado nacional, contribuindo precocemente para a detonação do mito da "burguesia nacional"; no Chile, em colaboração com Enzo Faletto, mergulhou na questão dos diferentes padrões de dependência e de desenvolvimento que se davam a perceber na América Latina; de volta ao Brasil, como veremos em seguida, volta-se progressivamente para as engrenagens econômicas, políticas e ideológicas do regime militar.

Aposentado compulsoriamente da universidade pelo Ato Institucional nº 5, juntamente com mais de uma centena de intelectuais de todo o Brasil, em abril de 1969, idealiza, ainda naquele ano, o Centro Brasileiro de Análise e Planejamento (CEBRAP), um centro privado, de caráter acadêmico. A criação desse centro lhe permite permanecer no país, exercendo o seu ofício de pesquisador e ao mesmo tempo mantendo-se em contato com a realidade política do país.

Entrada na política institucional

Os militares no poder

A quebra de 1964 deveu-se a muitos fatores, entre os quais a exaltação ideológica estimulada pela atmosfera da Guerra Fria, o populismo, e a inexistência de um centro capaz de evitar a erosão deliberada da política e das instituições por diversos pretensos líderes e movimentos políticos. Era tempo de Guerra Fria, nacionalismo, desenvolvimentismo, conflito Leste *x* Oeste etc, tudo isso regado pela exuberância irracional do populismo. O coquetel populismo-ideologismo foi sem dúvida um dos determinantes mais fortes.

O período militar, *ça va sans dire*, foi devastador para a carreira política institucional. Provocou na política brasileira uma quebra geracional cujas sequelas até hoje não foram compensadas, embora, na transição, a carreira política eletiva tenha tido forte atratividade com base em valores: a revalorização da democracia.

A análise de uma carreira política deve sempre levar em conta que o resultado final é *path-dependent*, ou seja, determinado em boa parte por fatores e circunstâncias específicas que se manifestam durante o próprio trajeto. No caso brasileiro, não há dúvida de que a existência de um "inimigo comum" facilitou de certa forma a redemocratização, induzindo atitudes mais flexíveis e acordos entre os líderes e correntes políticas relevantes. O ambiente internacional – manifestamente desfavorável no período do golpe – passou a mover-se em direção favorável a partir de meados dos anos 1970, à medida que o mundo se despolarizava. A Guerra Fria começava a dar mostras de exaustão, a via insurrecional revelava-se inviável e o governo Carter acabava de propor uma política de direitos humanos de âmbito global. Isso sem esquecer a importância de fatores institucionais internos, por sua vez ligados à ideologia liberal do país e à autoconcepção corporativa das Forças Armadas: a exigência de legitimação eleitoral indireta para os presidentes militares, que governavam com prazos definidos, e a manutenção parcial das eleições para as casas legislativas e a maior parte da prefeituras municipais.[1]

A participação política de Fernando Henrique no plano nacional começa a ganhar corpo, como antecipei, nos anos 1970, quando se torna um dos articuladores do processo de redemocratização do país. A partir desse primeiro degrau ele emergiria da vida acadêmica para um papel parlamentar e governamental de primeiro plano. Acolhido por uma elite de centro, Fernando Henrique a ela se integrou a ponto de se tornar seu mais reluzente ícone. Quanto mais estreito ia se tornando seu contato com as lideranças políticas da época, mais ele passa a se dedicar a questões teóricas e práticas ligadas ao restabelecimento da democracia. Com o prestígio que já possuía e mais o que granjeara como fundador do CEBRAP, Fernando Henrique transforma-se em importante interlocutor de políticos como Ulysses Guimarães, Tancredo Neves, Franco Montoro, Teotônio Vilela e outros, que lideravam a luta pela redemocratização do país.

As eleições de 1974 foram um divisor de águas tanto para Fernando Henrique como para o país. De um lado, indicaram que a abertura "lenta, gradual e segura" planejada pelo então presidente, general Ernesto Geisel, começava a se acelerar, dando assim ensejo a relações mais estreitas entre Fernando Henrique e numerosos parlamentares do Movimento Democrático Brasileiro (MDB). De outro, conferiram importância a temas até então secundários na agenda intelectual do país – entre eles o papel das eleições e a estrutura de partidos. Nesse período, Fernando Henrique ganhou forte projeção internacional como sociólogo e como porta-voz da redemocratização não só brasileira, mas latino-americana. Passou a ser demandado regularmente para palestras, seminários e participações em projetos de pesquisa.

Já em 1973 ele publica nos Estados Unidos uma importante contribuição à nascente literatura sobre regimes autoritários e transições.[2] Em 1978, Fernando Henrique é convidado a concorrer ao Senado, numa candidatura que

---

1 Ver Lamounier, 2005, capítulos 4 e 5.

2 Cardoso, 1973.

mobilizaria amplos setores estudantis, intelectuais e artísticos. Recebe o apoio de pessoas destacadas, muitas das quais iriam depois migrar para outras siglas, à esquerda e à direita, tais como Lula, o então casal Suplicy e João Melão. É o preferido do movimento feminista e de atrizes como Regina Duarte, Débora Duarte, Eva Wilma, Bruna Lombardi. Nos registros fotográficos da época podem ser vistos a seu lado o sociólogo Florestan Fernandes, o historiador Sérgio Buarque de Holanda, o crítico literário Antonio Candido, o físico Mário Schemberg. A inauguração de seu comitê eleitoral – tendo à porta o slogan "O Brasil de novo para o povo" – transforma-se em significativo acontecimento político.

Vigorava, na época, o sistema de sublegendas, pelo qual os dois partidos existentes (Arena e MDB) podiam lançar até três candidatos para a mesma vaga no Senado. A vaga ia para o partido que obtivesse mais votos, na soma das sublegendas, e era ocupada pelo candidato individualmente mais votado. Em 1978, o resultado era previsível: Franco Montoro se elegeria senador e Fernando Henrique ficaria como seu suplente. Ingressava, assim, mais efetivamente, na política partidária e tornar-se-ia senador titular em 1982, quando Montoro renunciasse para candidatar-se ao governo do Estado de São Paulo, como de fato aconteceu. Em 1986, Fernando Henrique se reelegeria para um mandato de oito anos. Antes, porém, em 1985, disputou a cadeira de prefeito de São Paulo – aquela mesma que Jânio Quadros, por provocação, viria a desinfetar ao assumir o cargo.

O período de 1974 a 1982 é decisivo para se entender a importância da via eleitoral, comparativamente a outros países, como veículo da redemocratização do país. O bom desempenho da "frente de oposições" então reunida no MDB foi colocando o poder militar diante de um dilema: fechar radicalmente o regime, instituir uma ditadura aberta, ou aceitar o restabelecimento da democracia, ainda que gradual, como um caminho inexorável. Em 1979, como manobra protelatória e com o intuito de dividir o MDB, os estrategistas do governo efetivaram uma reforma partidária, permitindo o funcionamento de outras siglas, além da Arena e do MDB. A oposição responde manifestando-se a favor de eleições diretas para prefeito das capitais, pela convocação de uma Assembleia Constituinte e contra a extinção do MDB. Nesse mesmo ano, uma Lei de anistia negociada com o governo permite o retorno ao país de numerosos políticos e ativistas, engrossando as fileiras da oposição.

Nas eleições para governador, em 1982, a vitória de Franco Montoro, em São Paulo, de Tancredo Neves, em Minas Gerais, e de Leonel Brizola, no Rio de Janeiro, criou condições para a campanha das Diretas Já, pavimentando assim a etapa final da transição do regime militar ao civil. O foco do movimento pelas Diretas era a aprovação de uma emenda constitucional que tornaria direta a eleição do próximo presidente da República, ou seja, do sucessor do general João Figueiredo. A onda começa a ganhar corpo no final de 1983. No dia 25 de janeiro de 1984, um mar de gente tomou a Praça da Sé, num comício que assumiria proporções históricas. A Rede Globo, que até então relutava em informar sobre o movimento, passou a cobri-lo com destaque. "Aí deu o curto-circuito, a questão da (eleição) direta pegou", recorda o presidente,[3] em suas reflexões sobre a transição dos regimes autoritários para a democracia.

Embora a emenda Dante de Oliveira viesse a ser derrotada em abril de 1984, a votação foi um marco simbólico no movimento pela redemocratização do país. A opinião é de Fernando Henrique: "O regime ainda foi forte o suficiente para barrar a emenda da eleição direta no Congresso, mas não para evitar, depois, a democracia plena".

Já a essa altura presidente do PMDB (que passou, como todos os partidos, a ter um P em seu nome), Fernando Henrique discursaria então no Senado sobre um Brasil dividido entre "os que querem mudar e os que querem conservar". Defendia que a mudança fosse feita através da candidatura de Tancredo Neves no Colégio Eleitoral, "único instrumento que nos resta". O Colégio Eleitoral, formado por deputados e senadores, foi o instituto criado pelo regime militar para eleger os presidentes (na prática, referendar o nome indicado pelos militares), na ausência de eleições diretas. A questão, naquele momento, era convencer a opinião pública oposicionista a aceitar a utilização desse instrumento chave como meio para mudar o próprio regime que o havia criado. Mas foi esse, efetivamente, o caminho seguido. Ao prevalecer sobre Paulo Maluf no Colégio Eleitoral, em janeiro de 1985 , a candidatura Tancredo Neves encerraria formalmente a transição, após 21 anos de regime militar.

Ao longo de sua carreira, Fernando Henrique também conheceu reveses e até passou por situações constrangedoras. Um revés importante foi a derrota para Jânio Quadros na eleição para a prefeitura de São Paulo, em 1985. Foi quando, num debate de televisão, se precipitou numa resposta ao jornalista Boris Casoy, admitindo-se ateu, sem nuances e sem chance de colocar a questão num contexto adequado. Pior ainda, foi quando posou para fotógrafos na cadeira de prefeito, sentindo-se vitorioso antes da hora. Amplificados pela

---

3 As citações entre aspas são todas da entrevista transformada em livro por Roberto Pompeu de Toledo (1998).

mídia, esses episódios não apenas influenciaram em alguma medida a votação como marcaram por certo tempo a figura de Fernando Henrique como intelectual vaidoso e inábil, pouco apto para a política prática.

No início de 1986, justamente quando aumentou o diapasão de suas críticas ao que via como inércia do governo, o então presidente José Sarney lança um senhor petardo contra a inflação, o chamado Plano Cruzado, que lhe rende popularidade talvez sem precedente no Brasil. O Plano Cruzado – um congelamento generalizado de preços e salários –, entraria em colapso no final daquele ano, mas antes facilitaria enormemente a vida do PMDB nas eleições de outubro; o próprio Fernando Henrique se reelegeria para o Senado, com enorme votação, perdendo apenas para o companheiro Mário Covas. A partir de janeiro de 1987, Fernando Henrique torna-se um destacado articulador do Congresso Constituinte, ajudando a compor politicamente o texto que viria a ser promulgado em outubro de 1988.

Quando o grupo "quercista" (ligado ao então governador, Orestes Quércia) passa a comandar o PMDB e o partido se torna alvo de insistentes críticas por corrupção, Fernando Henrique e seus principais aliados no Congresso decidem afastar-se e fundar, em 1987, o Partido da Social-Democracia Brasileira (PSDB). Implantado nos dois anos seguintes, o PSDB foi o veículo da frustrada tentativa de levar Mário Covas à presidência, em 1989, ano da controvertida vitória de Fernando Collor de Mello sobre Lula.

Angustiada pela escalada da inflação, a sociedade brasileira inicialmente apoiou Fernando Collor, não obstante o radicalismo de suas medidas na área financeira. Mas a popularidade do voluntarioso presidente despenca com a mesma velocidade com que subira; o debate brasileiro, ao começar seu segundo ano de mandato, em 1991, era cada vez mais sobre como assegurar a "governabilidade". A premonição de uma crise de graves proporções colocaria Fernando Henrique e Mário Covas em polos opostos dentro do PSDB. Fernando Henrique achava que o partido deveria colaborar com Collor, para assegurar a estabilidade e procurar uma saída; Mário Covas se opunha a essa colaboração. Prevalece o ponto de vista de Covas, que logo se mostraria coberto de razão. Em março de 1992, Collor tenta reorganizar seu governo, convocando o senador Jorge Bornhausen para o governo com prerrogativas semelhantes às de um primeiro-ministro; mas já em maio as revelações de corrupção feitas pelo irmão, Pedro Collor, levariam à instalação de uma Comissão Parlamentar de Inquérito (CPI) e às investigações que desaguariam no *impeachment*. O "alívio" trazido pelo *impeachment*, a posição executiva agora ocupada por Fernando

Henrique e a morte de Ulysses Guimarães se somariam para esvaziar o plebiscito sobre o parlamentarismo, programado para abril de 1993. A clássica bandeira programática do PSDB perdia, assim, a posição central que antes tivera no debate público brasileiro.

Um primeiro-ministro no Ministério da Fazenda

A ascensão de Itamar Franco à presidência, substituindo Collor, finalmente levaria Fernando Henrique ao Ministério – primeiro ao Ministério das Relações Exteriores e depois, em abril de 1993, ao da Fazenda. À primeira vista, a aceitação desse encargo parecia uma decisão audaciosa do sociólogo, já que, no Brasil, o Ministério da Fazenda é geralmente ocupado por economistas ou empresários. Mas o prestígio de Fernando Henrique é tal que a nomeação, por si só, já exerce um efeito positivo sobre o mercado, criando expectativas favoráveis quanto ao controle da inflação, que então se media por robustos dois dígitos mensais.

Como primeiro-ministro *de fato* que foi nesse período, Fernando Henrique começa a preparar o plano de estabilização que viria a ser conhecido como Plano Real. Novamente, sua formação intelectual e suas qualidades pessoais de líder fazem a diferença. O desafio era combater uma inflação crônica, que chegara a 80% no final do governo Sarney. Na esteira de vários planos de estabilização frustrados e do constante recrudescimento da curva inflacionária, a sociedade está descrente, mas cresce, ao mesmo tempo, a consciência de que não existem remédios mágicos, e de que são os mais pobres, de fato, os mais prejudicados pela alta incessante dos preços.

Fernando Henrique soube perceber que as dificuldades do momento o ajudariam em sua tarefa. "Um pouco como o Montoro teve a percepção de que era o momento da campanha das diretas, eu, *mutatis mutandis*, tive a percepção de que dava para acabar com a inflação", recorda.[4] Recruta então um grupo de talentosos economistas e prepara a progressiva implantação do Plano Real, deixando de lado a tentação de abater a inflação "com um só tiro", isto é, por meio do congelamento de preços e salários ou alguma mágica equivalente.

---

4 Pompeu de Toledo, 1998, p. 64.

No início de 1994, já a essa altura visto como candidato "natural" do segmento situado entre a centro-esquerda moderada (social-democracia) e a centro-direita, Fernando Henrique se dispõe a sair do Ministério da Fazenda para candidatar-se à presidência. Sua candidatura é sustentada por uma coalizão até então impensável, do PSDB com o Partido da Frente Liberal (PFL). Algumas incompreensões iniciais precisaram ser superadas, mas no fim deu tudo certo.

Em 1º de julho de 1994 o Plano Real chega à fase decisiva, com a substituição de uma moeda escritural, a URV, por uma moeda palpável, o Real. Ancorada em medidas fiscais e cambiais progressivamente estabelecidas, a URV preparara o terreno para a entrada em cena da nova moeda. Com o Real em circulação, a taxa mensal de inflação cai abruptamente de algo como 50% ao mês para cerca de 2%. O efeito social e eleitoral é dramático. Três semanas depois, Fernando Henrique já superava Lula, que até então liderava folgadamente as pesquisas de intenção de voto, e caminha para a vitória já no primeiro turno.

Quatro anos depois, ele se reelege presidente, novamente no primeiro turno (mais de 50% dos votos válidos). Com o esgotamento da política cambial baseada em "bandas" de variação, o Brasil foi forçado a desvalorizar o Real em janeiro de 1999, na esteira das crises asiática e russa e apenas três meses após a reeleição de Fernando Henrique. A queda de sua popularidade, que provavelmente ocorreria de maneira gradual, devido ao desgaste natural do segundo mandato, acelera-se de maneira abrupta. Durante a maior parte do segundo mandato, seus índices de aprovação popular situam-se em patamares sofríveis. Em julho de 1999, 52% avaliam seu desempenho como ruim ou péssimo, contra apenas 16% que o veem como ótimo ou bom, segundo o Ibope. A situação melhora durante o ano 2000, mas volta a piorar em 2002, sobretudo em função da crise de energia, o chamado "apagão". Em 2002, com cerca de 25% de aprovação ("ótimo" + "bom"), Fernando Henrique não tem como exercer influência eleitoral significativa e vê o candidato da coalizão governista, José Serra, ser irremediavelmente batido por Lula na disputa sucessória presidencial.

Em primeiro de janeiro de 2003, Fernando Henrique passa a faixa presidencial para Lula, seu companheiro nas lutas dos anos 1970 e 1980. Como é arquissabido, Lula e o PT fizeram oposição sistemática durante todo o transcurso dos dois mandatos de Fernando Henrique. Por si só, o fato evidenciou o fortalecimento das instituições democráticas. Dificilmente teríamos tido uma eleição e uma transição tão tranquilas e ordeiras sem a estabilização da economia, a partir de 1993 – basta imaginar como teria sido se o Lula de 1993 tivesse sido eleito contra Fernando Henrique em 1994 e tentado governar com a rédea curta que o PT de então fazia questão de manter – e sem o estilo pessoal que Fernando Henrique imprimiu na presidência, voltado para o diálogo e um convívio respeitoso com todo o espectro político-ideológico. "Hoje, ele declarou numa entrevista à revista *Veja*, a liberdade e a democracia são como o oxigênio – você pensa que não tem importância porque tem em abundância", observa ele em uma de suas últimas entrevistas como presidente.[5] De fato, o que se viu durante a campanha eleitoral, e o que Fernando Henrique fez questão de institucionalizar ao criar mecanismos historicamente novos para a transição de seu governo ao de Lula, foi um clima de notável civilidade. Mais que justo, pois, reconhecer que a "era FHC" foi a herança maldita mais bendita com que Lula poderia ter sonhado.

O intelectual na política – observações finais:

Um fator importante na transição brasileira, como sugeri, foi a existência de uma elite política de primeira grandeza, distribuída entre várias correntes de pensamento e partidos, e com muitos integrantes até sem prévia afiliação ou atividade partidária. Entendamo-nos quanto aos conceitos. Por elite, não entendo uma aristocracia ou plutocracia – muito menos um grupo sempre propenso a conspirar. Em tese, qualquer sociedade pode ter momentos com uma elite política e sem ela, e variações importantes costumam ocorrer entre diferentes sociedades. A elite ou "centro" político é o portador por excelência dos projetos substantivos de país e da sociedade que norteiam a ordem democrática, isto porque, e na medida em que, articula a "filosofia pública", os padrões éticos, os elementos contratuais e não contratuais das relações políticas, a liturgia da esfera pública e a impessoalidade do Estado.

Lembro que vários deles já eram políticos importantes antes do golpe de 1964. Tancredo Neves foi ministro de Getulio (estava no Palácio do Catete na noite do suicídio); Ulysses foi uma das grandes raposas do Partido Social Democrático (PSD); Franco Montoro foi ministro do Trabalho de Jango; Brizola liderou a resistência ao golpe de 1961 (e depois ajudou a desestabilizar o governo de João Goulart); no Congresso, Mário Covas foi um dos grandes

---

5 *Veja*, 20/11/2002, entrevista a Roberto Pompeu de Toledo.

nomes da oposição e Petrônio Portela, do governo. Roberto Campos foi camisa 10 no serviço exterior e na alta tecnocracia desde os anos 1950 e ministro do Planejamento do governo Castelo Branco, já no período militar; e para quem não se lembra, como deputado federal, ele saiu do Rio de Janeiro em cadeira de rodas para votar a favor do *impeachment* de Fernando Collor em 1992.

O pós-transição tem sido no geral adverso à formação de um novo centro liberal-democrático. De fato, atualmente não há nada que se assemelhe à elite que pressionou pela abertura e conduziu o processo até a redemocratização total do país. Há um completo vazio no centro político-liberal, e nada sugere que um novo grupo de elite política esteja se formando. Contrariamente ao que previam as teorias desenvolvimentistas dos anos 1950, estamos assistindo na América Latina a um *revival* do populismo; à permanência e a um renovado vigor do clientelismo e da corrupção, e ao advento do que eu tenho chamado de romantismo carbonário, um esquerdismo "movimentista" e inconsequente. Aliada a processos de mudança estrutural, a dilatação dos espaços políticos *reconfigurou* o espectro político e ideológico.

No Brasil, há o agravante de numerosos membros da mencionada elite terem desaparecido. Estamos numa entressafra de gerações, que se deve também a diversos fatores políticos e institucionais. Quais são as causas dessa situação? Primeiro, talvez, a própria normalização da vida democrática. Segundo, a reputação cada vez pior do Legislativo, nos três níveis. Terceiro, os partidos políticos, que atualmente mal cumprem a função cartorial de dar curso legal às candidaturas. Quarto, e mais importante: lideranças de verdade se formam quando um país tem pela frente um problema grave, mas delimitado e solúvel. Tancredo comandou a abertura política. Fernando Henrique derrubou a inflação. De Gaulle pacificou a França. Mandela sepultou o *apartheid*. Eis aí o grande problema da entressafra política brasileira: de um lado, temos problemas de sobra, difíceis, clamando por lideranças, mas não são problemas bem delimitados e solúveis num prazo razoável; de outro, os mecanismos normais para a formação de lideranças, sobretudo os partidos políticos e o Legislativo, vão de mal a pior. Ou seja, a entressafra promete ser longa.

Graças em parte às circunstâncias específicas de sua carreira, em parte a ter aplicado com singular eficácia os seus dons naturais e intelectuais, Fernando Henrique Cardoso criou condições para o país viver um longo período com a inflação sob controle e para dar início a um importante ciclo de reformas. Valeu-se, para isso, de sua visão abrangente das matérias de governo, de sua conhecida capacidade de reunir colaboradores de nível elevado e de seu trânsito entre diferentes grupos político-ideológicos. Conseguiu, assim, formar um governo de alta qualidade técnica e uma base de sustentação sem dúvida heterogênea e problemática, mas com amplitude suficiente para aprovar no Congresso uma agenda de emendas constitucionais e leis seguramente sem precedente na história brasileira.

O intelectual Fernando Henrique prestou uma grande contribuição à política, mas a recíproca é verdadeira. Ele não faz segredo do quanto aprendeu com a política prática. Seria necessário outro livro para desenvolver este sentido inverso da conexão intelectual-político, mas não descabe supor que o aspecto mais importante tenha sido a sedimentação de sua convicção quanto ao valor da democracia representativa. Fernando Henrique foi muitas vezes acusado de "elitismo" e de ser excessivamente conciliador. Mas política é caminho, ele ensina: "É preciso ter objetivo, mas o político não é só quem tem objetivo, é quem constrói o caminho. Acho que a tolerância é o nome da paz, no futuro. O Brasil leva uma vantagem nisso. Aquilo que em outras épocas e outras situações foi nossa fraqueza – o espírito de conciliação, de tolerância – pode vir a ser a nossa força. O maior inimigo desse ideal de um mundo de decisões compartilhadas é o fundamentalismo, qualquer que ele seja".[6] Há anos Fernando Henrique Cardoso vem trabalhando por um mundo com menos concentração de poder, sem as costumeiras demagogias. "Imagino que no futuro, nesse mundo de poder mais compartilhado e de responsabilidades compartilhadas, haverá mais respeito e tolerância e, portanto, respeito à diversidade".[7] Para o advento desse mundo, ele com certeza deu sua contribuição.

Referências

Cardoso, Fernando Henrique *Capitalismo e escravidão no Brasil meridional*. São Paulo, Difel, 1962.

Cardoso, Fernando Henrique *Empresário industrial e desenvolvimento econômico no Brasil*. São Paulo, Difusão Europeia do Livro, 1964.

Cardoso, Fernando Henrique e Faletto, Enzo *Dependencia y desarrollo en América Latina*. Cidade do México, Siglo Veinteuno Editores, 1970.

---

[6] Pompeu de Toledo, op. cit., p. 93.

[7] Pompeu de Toledo, op. cit., p. 100.

Cardoso, Fernando Henrique "Authoritarian-dependent development: Theoretical and practical considerations". In: Stepan, Alfred. (org.). *Authoritarian Brazil: Origins, processes and outputs*. New Haven, Yale University Press, 1973.

Cardoso, Fernando Henrique "Partidos políticos e deputados em São Paulo: O voto e a representação política". In: Lamounier, Bolívar e Cardoso, Fernando Henrique e. *Os partidos e as eleições no Brasil*. São Paulo, Paz e Terra, 1975.

Cardoso, Fernando Henrique *A arte da política: A história que vivi*. Rio de Janeiro, Civilização Brasileira, 2006.

Lamounier, Bolívar e Cardoso, Fernando Henrique. *Os partidos e as eleições no Brasil*. São Paulo, Paz e Terra, 1975.

Lamounier, Bolívar "Opening through elections: Will the Brazilian case become a paradigm?". In: *Government and opposition*, vol. 19, nº 2, 1984.

Lamounier, Bolívar. *Da independência a Lula: dois séculos de política brasileira*. São Paulo, Augurium, 2005.

Martins, L.R. *Partidos, ideologia e composição social*. São Paulo, Edusp, 2002.

Pompeu de Toledo, Roberto. *O presidente segundo o sociólogo. Entrevista de Fernando Henrique Cardoso a Roberto Pompeu de Toledo*. São Paulo, Companhia das Letras, 1998.

Stepan, A. (org.). *Authoritarian Brazil: Origins, processes and outputs*. New Haven, Yale University Press, 1973.

SEGUNDA PARTE

Políticas públicas setoriais do governo FHC

O Real como revolução brasileira: Um ensaio sobre as intimidades da hierarquia com o dragão da inflação

Roberto DaMatta

> *Deus concedeu uma pergunta aos presidentes Mikhail Gorbatchev, Ronald Reagan e José Sarney. Gorbatchev perguntou se a Rússia sobreviveria sem o partido comunista. Deus respondeu: Gorbatchev, um dia tudo ficará em paz no teu país, mas não será na tua administração! Em seguida, Reagan perguntou quando os Estados Unidos se veriam livres dos conflitos raciais. E Deus respondeu: Ronald, um dia tudo vai se resolver, mas não será na tua administração! Finalmente, José Sarney perguntou quando a inflação iria terminar no Brasil. Deus respondeu: Sarney, um dia vocês vão vencer a inflaçao, mas não será na* Minha *administração!*[1]

I

Devo começar do começo, mas quando se trata de destacar o Plano Real como revolução, sei que corro riscos. Serei certamente classificado como um admirador sectário do governo de Fernando Henrique Cardoso como se a filiação política ou a afinidade ideológica fosse um impedimento para a reflexão, que somente teria legitimidade quando se trata de fazer o elogio e a elegia rasgada de algum ponto de vista. E, no entanto, considero – contra a corrente – que

[1] A anedota me foi contada por Richard Morse, de saudosa memória. Vivíamos uma inflação considerada impossível de resolver e vista pela maioria dos formadores de opinião como o maior problema nacional.

pensar o Real como uma revolução implica em necessariamente avaliar de modo positivo o governo Lula, posto que foi precisamente esse governo que veio legitimar, pelo lado do que seria um avesso político e, sobretudo, ideológico ou doutrinário, a importância e, muito mais que isso, usufruir dos resultados práticos e da eficácia desse plano.

Em outras palavras, a compreensão, por quaisquer motivos, de que a moeda – no caso o "Real" – pode (ou deve) ser excluída de posicionamentos políticos de "direita" ou de "esquerda", como estávamos habituados a fazer no Brasil dos velhos e esquecidos posicionamentos entre "monetaristas" (representados por Roberto Campos) e "estruturalistas" (simbolizados por Celso Furtado), indica exatamente esse índice de "revolução". Revela, para sermos mais precisos e incisivos no nosso ponto de vista, que, por cima das ideologias e preferências partidárias, há coisas que pertencem a todos e que se transformaram em conquista coletiva, apesar do seu ponto de partida.

Imaginar um Brasil sem o Real seria hoje tão impensável quanto imaginar um governo despreocupado em resgatar nossa dívida social, sem uma política indigenista honesta ou desinteressado com o problema do negro e da mulher. Educação, segurança, igualdade perante a Lei, consciência da dificuldade de lidar com a necessária diferenciação entre o pessoal e o impessoal, entre a igualdade e a hierarquia, como tenho enfatizado na minha obra, são problemas cuja consciência foi formada nos mais diversos setores do sistema, mas hoje fazem parte de um projeto coletivo porque foram, por assim dizer, testados e aprovados não somente por todos os segmentos sociais, mas acima de tudo por uma experiência histórica indubitavelmente bem-sucedida. Mais: porque sem a consciência de que eles transcendiam preferências ideológicas e não se dissolviam no mero ar de nossos vieses político-partidários, continuamos – como remarquei muito antes do extraordinário sucesso da luta contra a inflação, num ensaio escrito em 1993[2] – no velho e intolerável mudancismo que prometia transformar sem que nenhum grupo ou segmento social perdesse, de modo que tudo ficava na mesma.

Neste sentido, a continuidade das políticas econômicas englobadas pelo Real no contexto de um governo petista, cujo programa se fundava na demonização do capital, do mercado e do capitalismo com sua busca imoral de lucros

---

[2] Veja-se o meu ensaio, "Em torno da matriz cultural da inflação: Notas sobre inflação, sociedade e cidadania", publicado como Capítulo 5 do livro, *Conta de mentiroso: Sete ensaios de antropologia brasileira*. Rio de Janeiro, Rocco, 1993.

e sua intolerável ênfase na igualdade; na inovação e na rejeição a qualquer dirigismo centralista, é o maior sintoma de que o Plano Real se coaduna com a configuração daquilo que se classifica como revolucionário no sentido clássico de ser uma transformação simultânea e irreversível de pessoas, hábitos, condutas e papéis sociais.

Lembro que a rebelião, como afirmava com invejável clareza, o antropólogo Max Gluckman,[3] centra-se na percepção de que o mal do sistema está nos atores; ao passo que a revolução situa seus diagnósticos numa orientação muito mais complexa e múltipla daquilo que é percebido (e representado) como problema social, neles incluindo não só os atores, mas as instituições e os papéis sociais. Sem medo do exagero, pode-se dizer que a revolta condena os atores, mas salva o sistema, daí o seu proverbial realismo e bom-senso; ao passo que a revolução tem um olhar muito mais vasto e, por isso mesmo, utópico, colocando em causa não só os atores, mas o conjunto dos papéis que desempenham, a peça, os diretores, os produtores, e até mesmo o público e o teatro. O que, já sabemos pela experiência revolucionária nascida como categoria histórica e sociológica no Ocidente moderno, tem uma triste história que só recentemente tem sido desmistificada ou desinvestida intelectualmente. Seu maior problema, como indicou quem, a meu juízo, melhor refletiu sobre esse assunto, o historiador francês François Furet, seria o conjunto de contradições entre "o mito revolucionário e as sociedades revolucionárias (ou pós-revolucionárias)". Neste sentido, trata-se de perceber como as grandes transformações surgem em silêncio e em dimensões inesperadas e até mesmo imprevistas, e não dentro da retórica e litania política que tem permeado os sistemas políticos e cosmológicos do Ocidente, marcados pela ideia de uma origem radicalmente violenta e, por isso mesmo, transformadora.[4]

Do mesmo modo que o telefone, o automóvel, a conta bancária, a geladeira, a máquina de costura e o computador, o Real tem nós ensinado a pensar menos em termos de uma litania da "revolução" (fundada numa obscura e

---

3 Ver Gluckman, Max. "Rituais de rebelião no sudoeste da África", *Cadernos de Antropologia* 4, Brasília, 1974; originalmente publicado em 1954.

4 Veja-se o elegante ensaio de Furet, *Pensando a Revolução Francesa* (São Paulo, Paz e Terra, 1989). A propósito de uma mudança radical, ocorrida nos Estados Unidos sem nenhum alarde, mas que transformou profundamente a aparência pessoal no sentido de um nivelamento básico e democrático, a invenção da máquina de costura, veja-se o luminoso texto do historiador americano Daniel Boorstin, intitulado "Uma democracia na vestimenta", Capítulo 9 do volume III da trilogia *The Americans: The democratic experience*. Nova York, Vintage Books, 1974.

intangível necessidade de "mudar as estruturas") e mais em função do lado prático das transformações que chegam com a coerção de mudar as práticas sociais, criando convergências inusitadas, absolutamente revolucionárias no caso brasileiro. Como a de pensar em poupar e gastar com mais critério, bem como de ficar mais intolerante e alerta com os gastos e o roubo dos dinheiros públicos. É preciso uma moeda estável e valiosa para produzir o sentimento de revolta quando se descobre que o saque daquilo que é, de fato, "o meu, o seu, o nosso dinheiro!" – essa expressão inusitada no Brasil – serviu para enriquecer e aristocratizar administradores públicos eleitos pelo voto popular.

Com isso em mente, dir-se-ia que o Real se introduz na cena social brasileira como um agente de mudanças cabais, raras e talvez impensáveis na nossa história republicana. Um dos dados mais claros do traço revolucionário seria precisamente o valor social indiscutível do plano pela oposição que, quando assumiu o governo, o transformou de uma impostura eleitoreira destinada ao fracasso, pois seria apenas um plano que vendia, desestatizava, desnacionalizava e empobrecia o Brasil – uma "herança maldita" – num projeto que hoje orgulha tanto o governo (que precisa ter uma visão necessariamente ampla) quanto o partido do (e no) governo (que sempre teve uma visão muito mais, digamos, parcializada da sociedade e do mundo). É justo esse elemento de transcendência; essa passagem de um plano de um "Brasil errado" para um projeto que faz o Brasil crescer e dar certo, que permite afirmar, sem exaltação, que o Real tornou-se um raro elemento de integração das elites e, com tal integração, de junção entre dois governos, criando uma ponte não prevista entre posicionamentos políticos e ideológicos vistos até então como irreconciliáveis.

Mas para aquilatarmos todo o peso do Real como instaurador de condutas nas quais o voluntarismo político populista confrontou-se e viu-se obrigado a ceder a demandas e a "racionalidade" pontuais do mercado, temos que ultrapassar as amnésias da pós-modernidade (que nos sufocam de dados, e nos fazem esquecer rapidamente o passado), para lembrar como era a relação entre sociedade brasileira e dinheiro, antes desse Plano Real, promulgado em julho de 1994.

II

Nosso convívio com o chamado "dragão inflacionário" foi habitual e intenso. De fato, durante grande parte de nossa história, o dinheiro, mais do que a "moeda" em suas mais variadas formas, pouco contava, pois certamente era menos preciosa do que um grau de parentesco, um título eclesiástico ou de nobreza ou um emprego público. De fato, numa sociedade que tinha como truísmo o ditado segundo o qual "dinheiro não traz felicidade", ser um magistrado ou um funcionário público qualificado; ter uma posição de prestígio ou uma ligação de família, compadrio ou amizade dentro da máquina estatal – foi (e ainda é!) mais importante do que dedicar-se ao comércio e à indústria que simplesmente não existiam como projetos; e que somente em décadas recentes foram relativamente liberadas do controle do Estado. Até hoje, conforme sabemos, mas o nosso lado aristocrático não deixa explicitar, não é de bom-tom falar de dinheiro. Um viés aristocrático pouquíssimo discutido e que passou despercebido a quantos interpretaram nossa sociedade tem tido uma presença marcante desde a chamada "descoberta" (e não "fundação" ou "conquista") do Brasil;[5] um traço que foi reforçado, em 1808, com a vinda da Família Real, e que permanece firmemente enraizado à direita e à esquerda do nosso quadro de valores.

Se considerarmos que as sociedades aristocráticas e arcaicas têm como característica uma segmentação em "ordens", "estados" ou "castas", cada qual reproduzindo em escala própria todo o sistema e, como dizia Célestin Bouglé, um pioneiro do estudo das castas, repelindo-se entre si, pois tais segmentos têm como centro a endogamia e a exclusão mútua, então tais sistemas seriam "inflacionários" de um ponto de vista cultural. A segmentação (que sobrevive no "corporativismo", revelando o prestígio profissional da "ordem", como é o caso da OAB, dos juízes, dos deputados e senadores, dos médicos, dos jornalistas, publicitários, militares, clérigos em geral, etc.) é obviamente avessa à universalidade. De fato, o particularismo dos antigos regimes sociais resiste e nega o universalismo que se concretiza legalmente no pressuposto da igualdade. Ele também resiste à disciplina e ao limite de suas singularidades (ou privilégios), pois nas sociedades arcaicas cada ordem ou "estado" teria seus bairros, vestimentas, gestos, comidas, rituais, profissões, leis, deuses e, claro está, moeda.[6]

---

[5] Os Estados Unidos foram fundados; a América Espanhola, conquistada, e o Brasil, descoberto. A descoberta insinua algo pronto, naturalmente dado; a conquista salienta o conflito e a imposição; ao passo que a fundação acentua o lado histórico e político da vida coletiva. Estudei essas metáforas fundadoras no ensaio "Histórias, rituais e mitos alternativos: Em torno da construção da modernidade no Brasil", apresentado em Trujullo, Espanha, em 1995.

[6] O historiador português Vitorino Magalhães Godinho descreve e analisa, com detalhes, os códigos sociais e legais da hierarquia lusa no Capítulo 3 de seu livro clássico *Estrutura da antiga sociedade portuguesa*. Lisboa, Arcádia, 1971. Ali se revela como a igualdade é um problema na estruturação e no funcionamento da sociedade portuguesa.

Não posso, por falta de tempo e de competência acadêmica, aventurar-me numa demonstração que escaparia dos limites dessa homenagem que, com muita amizade e admiração, presto à figura ímpar de Fernando Henrique Cardoso, mas relembro que o regime do privilégio opera institucionalizando símbolos, marcas, faixas, medalhas – "índices" e múltiplos meios de sinalização personalizada destinados a distinguir a posição social. Escravos não tinham representação jurídica no Brasil arcaico: eram universais no sentido negativo do termo. Sua existência legal (e social) se fazia através de seus senhores ou proprietários. Era deles, portanto, uma "moeda" legal (e cultural) diferenciada da que circulava entre seus senhores aristocratas que, por seu turno, não operavam no mesmo regime legal dos clérigos e dos burgueses ou comerciantes. Um mesmo crime era diferencialmente capitulado e julgado se fosse cometido por um membro da aristocracia, do clero, da burguesia do povo e, no caso do Brasil, por um escravo. Esse regime da "lei privada" ou "privativa" introduz no comportamento social elementos particulares dentro de um repertório de comportamentos gerais. Engendrando múltiplas éticas ou perspectivas, como tenho afirmado no meu trabalho, ele faz com que um documento assinado por um ministro tenha mais valor do que um assinado por um comerciante ou agregado livre e pobre. De um ponto de vista sociológico, portanto, o privilégio tem um elo profundo com a desigualdade, com o particularismo (como diriam Weber e Parsons) e com o "você sabe com quem está falando?", como um modo de lidar com comportamentos e situações sociais.

Os parágrafos que abrem espaços para o privilégio, particularizando normas que valeriam para todos, são – como sugeri alhures[7] – *inflações legais* porque elas não configuram o estado ideal de uma economia moral: o elo unívoco entre condutas e leis; entre dinheiro e o conjunto de bens e serviços. A elasticidade maior ou menor da lei, quando aplicada a um amigo do presidente ou a um adversário político, corresponde no campo econômico ao espaço de manobra que certos grupos teriam para receber ou saldar empréstimos de dinheiros públicos.

Num ensaio clássico, Albert Hirschman levanta uma hipótese semelhante ao discutir a matriz social e política da inflação. Para ele, a inflação consentida como política pública, que foi uma das marcas do modelo econômico

---

[7] Veja-se o meu ensaio sobre o "Você sabe com quem está falando?", publicado em 1979, no livro *Carnavais, malandros e heróis*, e também o ensaio "Em torno da matriz cultural da inflação: Notas sobre inflação, sociedade e cidadania", op.cit., 1993.

desenvolvimentista brasileiro (e latino-americano), seria de fato um "cabo de guerra" resultante das demandas por maior participação de lucros e maior capacidade de tomar dinheiro do Estado por parte dos grupos mais dinâmicos e com maior poder de barganha política. A receita que combinaria poupança forçada para promover a expansão de investimentos, graças à proteção de certos setores em detrimento de outros, como ocorreu no Brasil da SUDAM e da SUDENE, numa economia que substituía importação com o objetivo de subsidiar certas indústrias e promover a redistribuição de renda, dando aumentos salariais para as categorias de trabalhadores com maior poder de pressão, barganha e apadrinhamento do governo, seria um mecanismo inflacionário e, mais que isso, faria parte da experiência do continente sul-americano.[8]

Pena que, neste ensaio, Hirschman não ligue essa experiência inflacionária na qual o Estado fica como um meio termo, moderando e apaziguando os grupos que disputam seus recursos monetários e legais num constante cabo de guerra, com a história social do Brasil e da América Latina. Pois se assim fizesse, ficaria muito claro – conforme sugeri no meu ensaio de 1993 e aqui reitero – que esses mecanismos são, de fato, o modo de operar em sociedades cujo centro de poder continuou sendo o Estado centralizado e legalista, avesso ao mérito, ao mercado e à inovação que administra burocraticamente, mas sem nenhuma preocupação com eficiência ou noção de objetivos gerenciais. O Estado centralizado foi a capa e o veículo do universalismo modernizador, fundado na igualdade perante a Lei e na cidadania como papel desvinculado da casa e da família, que ficou por trás do movimento republicano e que permeou todos os movimentos políticos brasileiros. Nesses movimentos, cogitou-se todo tipo de transformação, menos a do Estado que permaneceu operando as diferenças e as demandas (os cabos de guerra inflacionários de vários tipos) entre os diversos segmentos que têm atuado na sociedade e fazem parte constitutiva de sua estrutura.

Portanto, até o Plano Real, quando se fez um movimento explícito para situar o mercado como elemento englobador do dinamismo social, tirando o Estado do centro gerenciador do sistema, vivíamos numa sociedade sem moeda nacional e virtualmente inflacionária. Nela, cada grupo e até mesmo cada pessoa tinha sua lei, seu poder de barganha e seus privilégios sociais. Existiam múltiplas moedas que se revelavam na proteção de certos grupos e no salário de certas categorias funcionais. Se o sonho no Brasil Império era um título, no

---

[8] Cf. Hirschman, Albert. "The social and political matrix of inflation", publicado no livro *Essays in Trespassing*. Cambridge University Press, 1981.

Brasil República era um bom emprego no sistema federal, preferencialmente no Ministério da Fazenda ou no das Relações Exteriores. A sociedade movia-se por meio de múltiplos centros, escalas de valores e "moedas sociais". O "Você sabe com quem está falando?", conforme revelei num ensaio antigo, publicado em 1979, permitia integrar a velha segmentação hierárquico-relacional das "pessoas de bem" – que viviam no mundo como personagens de Machado de Assis – com uma ordem legal e ideologicamente igualitária (dos "indivíduos sem eira ou beira"), pagando dividendos tanto sobre as posições sociais que diferenciavam irremediavelmente as "pessoas" quanto sobre os ideais republicanos e democráticos que diziam serem todos iguais perante a Lei como "indivíduos" e cidadãos.

É meu argumento que nossa tolerância com a inflação fazia parte de um estilo de vida marcadamente hierarquizado, no qual sabia-se que os niveladores não vinham do trabalho ou do mercado, mas da própria vida. Diferentemente, pois, dos americanos que estão conscientes de que neste mundo existem apenas a certeza dos impostos e da morte; nós, brasileiros, apenas sabíamos da generalidade inevitável da morte. No resto, como é bem sabido, "dava-se um jeito!"... E até mesmo a vida no além era remediada quando o morto fazia doações para a Igreja e recebia sua quota de indulgências. Havia, pois, inflação também no além, onde era impossível tornar equivalente mil ave-marias à doação de uma imagem, uma veste de santo padroeiro ou a construção de uma igreja.

Há, pois, no centro do que pode ser chamado de ideologia latino-americana uma ligação ambígua entre inflação, estrutura social, "desenvolvimento" e cidadania. Pois quanto mais industrialização e urbanização, quanto mais abertura democrática, mais pressão junto ao Estado de grupos com poder de barganha e com capacidade de repassar custos. Isso resulta, como mostra Hirschman, em uma "distribuição intersetorial de renda" potencialmente inflacionária, o que seria apenas o modo de proceder costumeiro de grupos de barganha com assento no Estado, independentemente de seu poder criativo, competência e capacidade de gerar renda.

III

Nossa memória é tão curta que esquecemos inteiramente a brutalidade do quadro inflacionário que passou de 73% para 364%, em 1987; e fechou o ano de 1989 a praticamente 2 mil por cento! Nem o plano Cruzado nem o Bresser, nem o congelamento imposto por Collor foram suficientes. Muito pelo contrário, esses planos revelaram um dado fundamental: o elo profundo entre um estilo de governar inteiramente livre de responsabilidade (donde a percepção clara e real de uma corrupção administrativa generalizada) e a crise hiperinflacionária.

Ou seja: a sociedade acabou descobrindo que a impossibilidade de conter a inflação estava *também* relacionada a um estilo de gerenciamento público inflacionário. Inflacionário no sentido aqui elaborado de que ele expressava uma sociedade com múltiplos índices e moedas sociais. Se quem estava no poder em nome de todos defendia (e protegia) mais os seus aliados, o mesmo ocorria no campo financeiro no qual havia uma moeda universal (que valia para todos), e muitas outras moedas paralelas, hierarquizadas entre si, que valiam mais para certos grupos e em certas situações do que em outras. A propósito disso, observo que, em 1992, existiam pelo menos nove moedas que, com o dólar, atuavam na cena monetária nacional, desmentindo qualquer tipo de universalidade. Naquela época, lembro-me de que qualquer trabalho sério era negociado em dólar, jamais em cruzados ou cruzados novos.

A irresponsabilidade pública encontrava na inflação uma aliada poderosa. De fato, como seria possível estabelecer qualquer relação entre gastos e projetos, entre gerenciamentos honestos e corruptos, se o próprio dinheiro era incomensurável na sua liquidez?

Nessas circunstâncias, a moeda nacional que, ao lado da bandeira, do território, das artes e do hino, é símbolo de orgulho para todos os países modernos, havia se transformado num pesadelo para os brasileiros. De fato, a perda do seu poder de troca trazia de volta a velha – e esquecida – equação entre dinheiro e excremento. Uma associação concreta, sobretudo para os pobres, que, sem conta bancária que lhes permitisse usar outras moedas, viam-se obrigados a "gastar" e a "jogar fora" imediatamente o dinheiro (que, como o país, não valia nada), fazendo exatamente como se faz com as fezes. A inflação impedia não só o entesouramento que demonstrava lucro e sucesso, mas obrigava a gastar sem qualquer plano. Aquilo que, em condições normais, seria a prova de escolha e de cidadania, tornou-se uma coerção e um sofrimento, impedindo a realização do projeto mais essencial do capitalismo que é, como mostrou Max Weber, acumular dinheiro e usufruir lucro.

A propósito disso, lembro-me de um artigo de Otto Lara Resende que ironicamente mencionava que o Brasil não tinha nevasca e furacão, mas – em compensação – tinha inflação. Foi justo nesse contexto que surgiu o Plano Real.

Sua eficácia foi imediata porque ele teve um componente comportamental, ultrapassando os partidos para atingir a conduta dos agentes públicos na sua atuação junto à sociedade como um todo. Daí a necessidade, como mostra Fernando Henrique Cardoso no seu livro, *A arte da política*, de obter um acordo partidário amplo. Uma negociação que fosse, de fato, senão de direito, equivalente a um pacto de modernização social por meio de uma liberalização da economia junto ao Estado.

IV

Daí decorreram alguns efeitos. Termino esse ensaio enumerando-os.

O primeiro foi que o Real, trazendo a estabilidade, obrigou a crença no sistema institucional. Pela primeira vez na história republicana e sem que houvesse uma mudança do regime, ocorreu mais ênfase nos mecanismos do Estado por oposição aos dos "governos" (que são, de fato, as caras mais personalizadas do Estado).

O segundo vem com a compreensão de que a moeda proporciona uma experiência necessária e universal. Todos os cidadãos lidam com a moeda; ou mais precisamente com o dinheiro, embora poucos mexam com o capital. O estabelecimento de uma moeda única, que tem o mesmo valor para todos, equivale a uma "desindexação social", o que numa sociedade de feitio hierárquico é revolucionário. A estabilidade monetária iguala por meio de um código de comunicação social comum – o dinheiro; idêntico ao do idioma nacional – todas as condições sociais. Um prejuízo de um milhão ou de um Real evoca uma experiência compartilhada muito mais concreta e sensível do que quando falávamos em cruzado novo num contexto no qual os preços mudavam em 24 horas!

Ademais, a moeda não pode mais ser relativizada ou englobada por pessoas e partidos. Com o Real, ficou impossível justificar certos gastos fora do esquema simples e universal do não gastar mais do que se ganha. A Lei de Responsabilidade Fiscal é talvez o mais revolucionário instrumento de estabilidade numa sociedade cujo Estado sempre se manteve como refém da irresponsabilidade dos ocupantes. Com uma moeda estável se pode imediatamente medir a eficiência (ou o desperdício ou a roubalheira) dos governos. A corrupção, além de personagem execrável, toma uma forma concreta. Agora eu sei que havia numa cueca o que jamais terei em toda uma vida como trabalhador!

Com isso, chegamos a um terceiro efeito. Refiro-me ao fato de que a moeda tem permitido separar pessoas e papéis governamentais. Tem ajudado a compreender que o Estado tem limites e que ele é que deve estar a reboque da sociedade e não o contrário. O jogo político deixou de ser uma briga de galo. Se no passado pré-Real o opositor era o inimigo a ser esmagado a qualquer preço e artimanha, hoje há uma consciência que o campo político se parece cada vez mais com um campo de futebol. Graças a essa convergência de políticas financeiras que resultaram num insuspeitado sucesso econômico, começamos a ver o opositor como adversário a ser não só respeitado mas, acima de tudo, preservado, porque não há democracia sem um outro lado.

O fato, reitero, de ao longo do tempo a economia do Real perder o estatuto de "herança maldita" e passar a pertencer também ao governo Lula, promoveu, pela primeira vez na história deste país, um efeito de convergência de extremos, criando um poderoso denominador comum que é uma dimensão crítica da vida social com mais igualdade, mas sem a perda da liberdade. Um sistema no qual todos – governantes e governados – obedecem e respeitam a Lei e não a um partido, ditador ou líder messiânico.

Quero crer que hoje ouvimos pela primeira vez no campo político nacional os sussurros de um denso reconhecimento. Afinal, reconhecem os de um lado, eles não estavam tão errados; ao fim e ao cabo, dizem os do outro, eles – apesar de tudo e precisamente por serem adversários – merecem crédito!

Por ser um fato social total, a moeda tem uma função e um lado claramente econômico, mas também possui dimensões históricas, religiosas, culturais, jurídicas, políticas e psicológicas. O sucesso do Real traz para o campo mais primitivo da disputa partidária – um lado voltado para o ganhar ou perder – algo a ser preservado, realçando o que pertence a todos.

Assim, de modo diverso do que acontecia nos Brasis antigos, quando um governo destruía impiedosamente o trabalho do outro, hoje não há quem queira liquidar a moeda. E, com ela, as referências de previsão, de bem-estar social e de medida de sucesso que a sua estabilidade exprime.

Nesse contexto, cabe perguntar: será que, para além das balizas financeiras, o Real trouxe os limites para a oposição política? A revisão das divergências tidas como irreconciliáveis que ainda entravam a vida nacional no momento em que desfrutamos de um enorme sucesso econômico não mostram que é possível rumar do mesmo lado? Se acabamos com a inflação por meio de negociação política, por que não podemos liquidar a criminalidade, a corrupção e a ignorância?

Antigamente a elite era medida apenas por sua sagacidade clientelística e partidária. O povo, sem moeda estável, não tinha como aferir a sua competência administrativa. O Real, porém, começa a coagir o "político" a ser um administrador público. A transformar-se num gerente responsável por esses reais que podem sobrar para serem aplicados em projetos básicos, ou serem populisticamente dissipados. A igualdade perante a moeda dá alento à ampliação da igualdade perante a Lei; e vai assim – queira Deus! – sepultando as várias moedas que circulavam na sociedade, as quais permitiam que certos grupos e pessoas tivessem mais valor que outras.

A ilusão da estabilidade: A economia brasileira no governo FHC[1]

Edmund Amann
Werner Baer

Apresentação

O capítulo que se segue foi originalmente publicado em 2000.[2] Ele descreve o fim das tentativas do governo FHC para manter a estabilidade nos preços por meio do uso de uma política de âncora cambial. A análise concentra-se nas dificuldades inerentes ao uso de uma taxa de câmbio supervalorizada para conter a pressão da alta dos preços, dificuldades que também acabaram levando ao colapso da *currency peg* (prática de atrelar a moeda ao dólar) na Argentina, em 2002. Felizmente, no caso da economia brasileira, o governo do presidente FHC demonstrou grande capacidade de adaptação e reagiu rapidamente à crise, substituindo a âncora cambial por um mecanismo que abordava a inflação de maneira extremamente eficaz. O controle da inflação, é claro, continua até hoje, e este capítulo analisa o difícil período durante o governo de FHC no qual ele se originou. As lições aprendidas acabariam sendo colocadas em prática pelo presidente FHC no restante de seu segundo mandato, com bons resultados, e até mesmo foram adotadas pelo governo do presidente Lula, até o presente momento.

---

[1] Gostaríamos de agradecer a Hadi Esfahani e Marcos Holanda por suas diversas e úteis sugestões.

[2] "The illusion of stability: The Brazilian economy under Cardoso", *World Development*, vol. 28, nº 10, 2000, pp.1.805–19.

Introdução

Um problema endêmico do governo brasileiro, com exceção dos primeiros anos do regime militar, é sua incapacidade de tomar decisões explícitas sobre qual grupo social/econômico teria de suportar o fardo de financiar programas do governo e/ou a estabilização fiscal. A saída tradicional era o financiamento inflacionário.[3] Esse método, no entanto, tornou-se impraticável assim que agentes econômicos do setor formal tiveram uma bem-sucedida indexação à inflação, e o resultado final foi uma hiperinflação insustentável. Outra maneira era através de empréstimos oriundos tanto de fontes no exterior como domésticas. Isso foi possível com a introdução do Plano Real. Seu sucesso inicial deu ao governo credibilidade suficiente para experimentar essa rota. Tal credibilidade, contudo, baseava-se na suposição dos investidores de que o ajuste fiscal seria alcançado em um período relativamente curto de tempo. Quando isso não se realizou, essa segunda opção para sair do dilema da distribuição tornou-se impraticável, e então o Plano Real chegou ao fim. É sobre essa segunda opção de que fala este ensaio.

Começamos descrevendo o Plano Real, como ele foi introduzido e administrado. E então nos concentramos nos desequilíbrios estruturais que o programa enfrentou e nos diversos artifícios usados para lidar com eles, o que acabou por levar a um conjunto de contradições que gerou seu colapso. Também examinamos o impacto desses eventos sobre a esfera real da economia.

O Plano Real

Desde que começou o processo de redemocratização, em 1985, com o governo civil chegando à presidência, houve tentativas malsucedidas de controlar o processo inflacionário, o qual já estava em ascensão desde a década de 1970.[4] Todos fracassaram porque não continham um elemento de forte ajuste fiscal. No fim, os déficits do governo foram financiados pelo Banco Central e isso levou a uma inflação contínua, que chegou a um nível de quatro dígitos em 1994.

Depois de passar por vários ministros da Fazenda, o presidente Itamar Franco nomeou o senador Fernando Henrique Cardoso como ministro da

---

3 Ver Baer, 1991.

4 Para mais detalhes, ver Baer, 1995.

Fazenda em maio de 1993. Com a ajuda de economistas talentosos, Cardoso deu início a um tipo original de programa de estabilização. Em junho, ele apresentou um plano de grande parcimônia, chamado de "plano de ação imediata". O ponto central era um corte de US$ 6 bilhões em gastos do governo (o que totalizava 9% dos gastos federais e 2,5% dos gastos em todos os níveis de governo). O plano também buscava medidas mais rígidas de tributação e a resolução do relacionamento financeiro com os governos estaduais. Esses últimos deviam ao governo federal US$ 36 bilhões em 1993 e tinham cerca de US$ 2 bilhões em atrasos acumulados. Cardoso afirmou que a garantia de empréstimo federal seria negada a esses estados até que essas dívidas em atraso fossem regularizadas, e que os governos estaduais precisariam alocar 9% de sua renda para limpar as dívidas com o governo federal. Também se deu início, no meio de 1993, a uma campanha para combater a sonegação de impostos, que teve um crescimento direto durante a década anterior. Afirmava-se que o governo perdia entre US$ 40 bilhões e US$ 60 bilhões por ano devido à sonegação.

Em dezembro, Cardoso propôs um novo programa de estabilização, o qual deveria eliminar alguns dos pontos fracos dos planos anteriores. Em particular, dar um fim repentino à inflação por meio de congelamento nos preços, cujos efeitos foram muito breves. Diferentemente dos planos anteriores, o novo programa foi apresentado em primeiro lugar como uma "proposta" que seria discutida no Congresso e implementada gradualmente. O programa tinha dois objetivos básicos: primeiro, um ajuste fiscal; segundo, um novo sistema de indexação que gradualmente levaria à nova moeda.[5]

As principais medidas de ajuste fiscal consistiam em (a) um aumento de 5% para todos os impostos; (b) um Fundo de Emergência Social recém-criado, que recebia 15% de todos os impostos recolhidos e ajudaria a fazer um ajuste fiscal temporariamente; (c) cortes nos gastos de todos os investimentos, de pessoal e de companhias estatais do governo, em cerca de US$ 7 bilhões. Como o Fundo era uma medida temporária, o governo anunciou planos de longo prazo para emendas constitucionais que transfeririam aos governos estaduais e municipais responsabilidades nos campos da saúde, educação, serviços sociais, habitação, saneamento básico e irrigação. As emendas também diminuiriam a transferência automática de impostos federais para os estaduais e locais, como especifica a Constituição de 1988.

[5] Para mais detalhes sobre a formulação do Plano, ver: Bacha, 1995 e Franco, 1995.

O novo sistema de indexação foi introduzido ao fim de fevereiro de 1994. Consistia em um indexador chamado Unidade Real de Valor (URV), que estava atrelado ao dólar americano numa base de 1 para 1.[6] De acordo com a inflação vigente, a cotação da URV em Cruzeiros Reais subia diariamente, acompanhando a taxa de câmbio. Os preços oficiais, contratos e taxas eram denominados em URVs, e o governo encorajava seu uso, de maneira voluntária, por agentes econômicos da via privada. Gradualmente, um número cada vez maior de preços passou a ser mencionado em URVs, embora a transação ocorresse com Cruzeiros Reais.[7]

No meio de 1994, o governo decidiu introduzir uma nova moeda cuja unidade era igual à URV. Isso foi feito no dia primeiro de julho, com a introdução do Real igual a 1 URV, ou a 1 dólar americano, igual a 2.750 Cruzeiros Reais antigos. À época da conversão de preços da velha moeda para o Real, houve uma onda de aumento de preços em diversas lojas e supermercados, já que muitos negociantes aproveitaram-se da confusão inicial do público quanto aos preços relativos na nova moeda. Além disso, muitos executivos também já esperavam a introdução de um congelamento de preços, medida costumeira nas tentativas de estabilização anteriores. O governo, no entanto, absteu-se de fazer congelamentos e usou sua rede de relações públicas para sugerir ao público que minimizasse a compra de itens de primeira necessidade. Como o público agora possuía uma moeda que acreditava reter seu poder de compra, os consumidores estavam em posição de "barganhar", ou seja, esperar e não pagar o preço recém-aumentado dos produtos. E, de fato, em pouco tempo alguns preços começaram a cair e era possível ver os primeiros resultados da queda nas taxas de inflação semanais. Juntamente com a introdução da nova moeda, o governo adotou uma política monetária restritiva. Ela consistia em um limite de curto prazo para os empréstimos de financiamento de importações, uma exigência de 100% de reserva sobre novos depósitos e um limite na expansão da base monetária de R$ 9,5 bilhões até o fim de março de 1995.[8] Para o trimestre de julho a setembro de 1994, a expansão foi limitada a R$ 5,7 bilhões. Em agosto de 1994,

---

[6] Para saber mais detalhes sobre a criação da URV, ver *Conjuntura econômica*, abril de 1994, pp. 5–7.

[7] A ideia de começar um programa de estabilização com a introdução de uma moeda com correção monetária foi proposta pela primeira vez por dois economistas brasileiros em 1985. Ver: Arida e Resende, 1985. Arida e Resende fizeram parte do grupo de consultores que ajudaram a formular o Plano Real.

[8] Para mais detalhes, ver *Conjuntura econômica*, agosto de 1994, pp. 172–173.

contudo, o governo foi forçado a rever esse número, admitindo um aumento de R$ 9 bilhões até setembro. Isso teve certo impacto nas expectativas quanto à inflação, embora grande parte do gasto excessivo da expansão planejada pudesse ser atribuída a um aumento na demanda de dinheiro.

As autoridades monetárias também mantiveram altas as taxas de juros para controlar um aumento excessivo no consumo e desencorajar a estocagem especulativa de bens. Como medida complementar para desencorajar uma grande entrada de capital, que poderia ser atraído pelas altas taxas de juros, as autoridades fixaram o preço de venda do Real como igual ao do dólar americano, ao mesmo tempo em que permitiram que o preço de compra do Real se valorizasse de acordo com as forças do mercado. Com as substanciais entradas de capital e saldo comercial favorável contínuo, o Real de fato valorizou, chegando a R$ 0,85 em relação ao dólar americano, em novembro de 1994.

O impacto inicial do Real

Os resultados iniciais do plano foram positivos. A inflação baixou de uma taxa mensal de 50,7% em junho de 1994 para 0,96% em setembro; em outubro e novembro ela foi de 3,54% e 3,01%, respectivamente, e em dezembro estava em 2,37%. Em 1995, sua taxa mensal mais alta foi de 5,15% em junho, e a mais baixa foi de 1,50%, em outubro. O aumento de preço cumulativo em 1994 foi de 1.340%, enquanto que em 1995 caiu para 46,18%.

A taxa de crescimento da economia, que já era substancial nos dois primeiros trimestres antes da introdução do Real, com uma média de 4,3% ao ano na primeira metade de 1994, subiu para uma média anual de 5,1% na primeira metade de 1994, 7,3% em março de 1995, 7,8% em junho de 1995 e 6,5% em setembro de 1995. O setor dominante foi a indústria, cujo crescimento de produto anual, em março de 1995, foi de 9,2%, e 9,7% em junho, e a utilização da capacidade industrial foi de 80% em julho de 1994 e chegou a 83% em outubro e 86% em abril de 1995. A taxa de investimento, que tinha sido pequena por mais de uma década, finalmente se recuperou. Durante todo o ano de 1994, ela chegou a 16,3% do PIB, caindo para 16% em março mas depois subindo para 16,7% em junho de 1995 e 16,8% em setembro.[9] A partir do segundo trimestre

[9] *Boletim Conjuntural*, outubro de 1996.

de 1994 até o segundo trimestre de 1995, o consumo cresceu em 16,3%. O aumento nas vendas refletia principalmente o poder de compra dos grupos de menor renda, cujas rendas reais subiram, já que suas perdas mensais com a quase hiperinflação haviam desaparecido. Além disso, como os salários nominais também estavam aumentando na segunda metade de 1994, os salários reais estavam 18,9% mais altos nos primeiros dois meses de 1995, em comparação com o ano anterior.

O Plano Real também teve impacto positivo na folha de balanço das empresas. Por exemplo: uma pesquisa com 72 empresas, feita pela revista *Exame*, descobriu que elas tiveram um lucro de US$ 5,5 bilhões em 1994, em comparação a somente US$ 867 milhões no ano anterior; a taxa de retorno sobre ativos subiu de 3,1% em 1993 para 9,8% em 1994.[10]

A taxa de câmbio torna-se o instrumento chave da estratégia

Tendo completado um ajuste fiscal inicial bastante limitado, juntamente com uma desindexação da economia, os estrategistas ficaram bastante confiantes quanto ao uso de uma alta taxa de câmbio para manter a estabilidade dos preços. A alta taxa de câmbio como meio de controlar a inflação dependia explicitamente de uma natureza cada vez mais aberta da economia brasileira. Essa abertura havia sido iniciada nos primeiros meses do governo Collor. Durante o período de 1990 a 1994, aproximadamente, a média das tarifas sobre produtos importados caiu de 32,2% para 14,2%.[11] À medida que os preços das importações em termos da moeda local caíam, o aumento de preços pelos produtores nacionais, por necessidade, ficou cada vez mais moderado.

Embora esse mecanismo se mostrasse eficiente a curto prazo, a longo prazo, caso as restrições sobre a inflação se tornassem permanentes e sustentáveis, era necessário haver um ajuste fiscal mais básico. Mas já que tal ajuste exigiria certas mudanças constitucionais básicas e politicamente controversas,[12] ele não pôde ser feito a curto prazo. Assim, reforçou-se a ênfase da segurança

---

[10] *Exame*, 5/7/1995, p. 27.

[11] Fritsch e Franco, 1991, p. 20.

[12] Por exemplo, transferências reduzidas para estados e municípios e ajustes no sistema de previdência social.

de uma taxa de câmbio. Como demonstra a Tabela 1, manter taxas de câmbio muito altas tornou-se uma necessidade tanto para atrair um grande volume de capital estrangeiro para dar apoio às finanças da estabilidade da taxa de câmbio quanto para corresponder ao déficit do setor público em geral.

Embora a alta taxa de câmbio servisse para controlar forças inflacionárias, também tinha o efeito de gerar uma deterioração notável na balança comercial. A balança comercial ficou favorável por mais de dez anos. No entanto, de janeiro de 1995 em diante, passou a apresentar um déficit (ver Tabela 2) que iria durar até o abandono total da taxa de câmbio fixa quatro anos depois (ver Tabela 3). Essa deterioração surgiu da combinação de um grande fluxo de importações e desaceleração da exportação. Numa tentativa de conter a preocupante e rápida expansão do déficit comercial, o governo "temporariamente" subiu algumas de suas tarifas, principalmente aquelas aplicadas ao setor automotivo. As taxas de câmbio supervalorizadas não serviram para acelerar o crescimento das exportações, que estavam ficando para trás em comparação com o crescimento do comércio mundial. Como resultado, a participação do Brasil nas exportações mundiais caiu de cerca de 1,5% no começo da década de 1980 para 0,8% no fim da década de 1990.[13]

A crise mexicana de 1994–1995 ameaçou o Plano Real, mas as autoridades brasileiras reagiram em março de 1995, conseguindo desvalorizar o Real de maneira eficaz nos três meses seguintes: ele caiu de uma média de R$ 0,84 em fevereiro para R$ 0,89 em março e R$ 0,91 em junho. Ao mesmo tempo, as taxas de juros aumentaram mais uma vez. Entre fevereiro e abril, a taxa de juros de referência TR foi de um valor mensal de 1,8% para 3,5%. Com a rápida resolução da crise mexicana, a pressão especulativa sobre o Real caiu e a política da alta taxa de câmbio permaneceu até o fim de 1998.

O dilema fiscal não solucionado

Durante o período entre 1995 e 1998, a estabilidade nos preços continuou (ver Tabelas 4 e 5) apesar da ausência constante de um ajuste fiscal mais sólido, mas a situação fiscal do governo deteriorou. Como podemos ver na Tabela 6, o balanço do orçamento operacional (que inclui o impacto da liquidação de juros reais sobre o débito) foi de um excedente de 0,5% do PIB em

---

[13] Delfim Netto, 1998, p. 731.

1994 para um déficit de -8,4% do PIB em janeiro–novembro de 1998. A balança primária também deteriorou, indo de um excedente de 4,3% do PIB, em 1994, para um déficit de 0,1% do PIB em janeiro–novembro de 1998. Por trás dessa deterioração da balança primária estava a falta de um exame do aumento nos gastos em todos os níveis do governo, apesar das rendas que aumentavam rapidamente.[14] Mais especificamente, os obstáculos políticos cada vez maiores que o governo do presidente Cardoso enfrentava significavam que ele não conseguia implementar as reduções extremamente necessárias aos gastos com funcionários, e o resultado é que o número de funcionários públicos permaneceu alto e seus salários reais continuaram a subir.

Consequentemente, a folha de pagamento do setor público aumentou consideravelmente. No começo de 1993, os gastos totais com funcionários do setor público estavam em R$ 30 bilhões numa base cumulativa.[15] No fim de 1994, na mesma base, esses gastos aumentaram para R$ 40 bilhões e, no meio de 1998, chegaram quase a R$ 50 bilhões. O fracasso em implementar de forma rápida uma reforma no sistema de previdência dos funcionários públicos significava que os custos com a previdência subiram de forma particularmente rápida, como parte dos custos totais com os funcionários do setor público. Os gastos com a previdência no fim da década de 1990 representavam cerca de 43% dos gastos totais com funcionários do setor público, sendo que estavam em cerca de 35% no fim de 1992.[16] Um fator que influenciou essa elevação foi o aumento no salário mínimo em 1995, que aumentou em 43% em termos nominais, enquanto que a inflação era de apenas 15%; isso se aplicou aos benefícios pagos pelo sistema previdenciário do governo.[17] No nível estadual, particularmente, uma proporção cada vez maior de gastos passou a ser atribuída a gastos com contratação. No começo de 1999, tais gastos representavam até 93,5% da renda total no estado de Alagoas. Em estados maiores como São Paulo, Minas Gerais e Rio de Janeiro, a proporção de tributos que correspondia a custos com funcionários chegava a 63,6%, 76,7% e 78,7%, respectivamente.[18]

---

[14] Isso foi salientado por Paulo Rabello de Castro, que fala que o governo brasileiro é "viciado em gasto excessivo", *The Wall Street Journal*, 6/11/1998, p. A15.

[15] Parente, 1999, p. 20.

[16] Parente, 1999, p. 20.

[17] Castelar Pinheiro; Gambiagi e Gostkorzewicz, 1999, p. 18. Esses autores também salientam o aumento substancial nos gastos de diversas entidades federais, que aparecem sob o item "outros gastos correntes e capitais atuais".

[18] *Veja*, 20/1/1999, p. 46.

Dada essa situação, o excedente primário do setor público, no geral, continuou a diminuir (ver Tabelas 6 e 7ab), fazendo com que fosse sempre mais difícil verificar a expansão do déficit operacional. Outros fatores contribuíram para o enfraquecimento do balanço primário: o déficit permanente no sistema de previdência social (que subiu de 4,9% do PIB em 1994 para 6% em 1998) e a necessidade do governo federal de transferir constantemente grandes recursos para os estados (que subiram de 2,55% do PIB em 1994 para 3,02% do PIB em 1998).[19] Essas transferências não tinham base totalmente constitucional mas também resultavam da necessidade de vir ao socorro de bancos estaduais falidos. Em particular, o governo, de modo a evitar uma crise de confiança no sistema financeiro, viu-se obrigado a instituir um programa de auxílio financeiro, chamado PROER, para o sistema bancário estadual.

O fracasso do governo em implementar reformas fiscais que precisavam ser colocadas rapidamente em prática, e que teriam reduzido os déficits operacionais, deveu-se, em parte, a divergências profundas no Congresso. A disciplina nos partidos que apoiavam o governo era fraca, enquanto que membros do Congresso davam forte preferência ao exercício de interesses locais, e não nacionais. Em parte por causa disso, durante o primeiro mandato do presidente Cardoso, o Congresso, em geral, mostrou-se muito relutante em aceitar uma reforma fiscal tão profunda, principalmente uma que teria restringido a autonomia fiscal dos estados e municípios e teria afetado de maneira desfavorável as condições de emprego no setor público.[20]

Esse fracasso na área da reforma fiscal também foi muito influenciado pela busca incansável do presidente Cardoso de uma emenda constitucional de reeleição que o permitisse concorrer com sucesso a um segundo mandato em outubro de 1998. Determinado a assegurar essa emenda, o presidente Cardoso fez concessões ao Congresso, o qual, por sua vez, pôde exercer uma influência cada vez maior sobre o andamento e o escopo da reforma fiscal. Os resultados dessa mutável balança de poder político surgiram na forma de derrotas cada vez mais severas no Congresso, para o governo. Por exemplo, no mesmo mês (junho de 1997) em que a emenda da reeleição foi finalmente aprovada, o governo sofreu uma séria derrota no Congresso, não conseguindo aprovar uma Lei muito importante que teria estabelecido um teto salarial para os funcionários públicos estaduais e municipais.[21]

---

[19] Alem e Gambiagi, 1999, pp. 96–97.

[20] Monteiro, 1997, p. 254.

[21] *Brazil Financial Wire*, 11/6/1997.

Dado o vagaroso andamento da reforma fiscal em seu primeiro mandato, o presidente Cardoso viu-se cada vez mais forçado a confiar em medidas provisórias para exercer alguma influência sobre o déficit cada vez maior no setor público.[22] Mas tais medidas mostraram-se incapazes de criar um ajuste fiscal suficiente e serviram apenas para salientar a necessidade de uma reforma estrutural mais fundamental e de longo prazo. Foi somente com o advento da crise econômica e de um pacote de ajustes concomitante por parte do Fundo Monetário Internacional (FMI), em novembro de 1998, que o Congresso finalmente deu um substancial passo à frente, aprovando reformas fiscais mais básicas. Sem essa forte pressão externa, parece improvável que o presidente Cardoso pudesse gerar a energia política necessária para alcançar o ajuste fiscal que era tão necessário.

O déficit operacional em expansão, resultante dos atrasos no programa de reforma fiscal, não foi financiado de maneira inflacionária ao se confiar nos empréstimos do Banco Central. Mas, considerando-se a credibilidade advinda do sucesso inicial do Plano Real, o governo pôde financiá-lo ao fazer empréstimos nos mercados financeiros nacional e internacional. Assim, a dívida pública, como parte do PIB, subiu de 31% para 41% durante o período de 1993–1998.

Foi possível o financiamento dos déficits do setor público em expansão com a manutenção de taxas de juros muito altas, cujo valor real aumentava à medida que a inflação caía. Dada essa situação, e com cada vez mais obstáculos às reformas fiscais, mesmo sem forças externas, o déficit operacional teria um aumento impiedoso. A crise asiática de 1997 e a crise russa de 1998 levaram a um drástico aumento nos *spreads* da taxa de juros enquanto o governo tentava desesperadamente financiar seu déficit e manter fixa a taxa de câmbio no mesmo nível. Isso, por sua vez, levou a uma pressão cada vez maior sobre o déficit operacional, cujo valor aumentou de 3,9% do PIB, em 1996, para 8,4% no período de janeiro a novembro de 1998.

Assim, o governo encontrava-se num ciclo vicioso: para manter a taxa de câmbio e para financiar seu déficit, era preciso fazer empréstimos com taxa de juros maiores, o que por sua vez piorava a situação fiscal e, por conseguinte, solapava ainda mais a confiança dos investidores. A Tabela 8 mostra que os juros sobre títulos do governo subiram de 7,1% dos gastos do governo, em 1994, para 13,6, no período de janeiro a novembro de 1998. Além disso, os juros sobre empréstimos subiram de 4,6% dos gastos do governo, em 1994, para

---

22 Monteiro, 1997, p. 254.

5,5%, no período de janeiro a novembro de 1998. Assim, a soma total de gastos do governo com juros de empréstimos, juros sobre títulos e amortizações subiu de 14,7% dos gastos do governo para 24,4% no mesmo período. Sem aumentos correspondentes no excedente primário, o déficit operacional não tinha outra alternativa senão subir. Quando isso aconteceu, a dívida do setor público necessariamente aumentou, com o agravante externo do aumento dessa dívida em um ritmo bastante rápido no período entre o começo de 1996 e o fim de 1998 (ver Tabela 9).

Dada essa deterioração e a aderência constante à política de uma taxa de câmbio fixa (ou seja, a insistência de ajustes muito pequenos na taxa de câmbio nominal), o governo deu início a uma forte campanha para que o Congresso aprovasse as emendas constitucionais necessárias para o ajuste fiscal.

Isso, é claro, seguiu-se a um período no qual o progresso da reforma na área fiscal e da previdência social tinha-se mostrado muito mais lento do que o governo previra (ver Tabela 10). Felizmente, o progresso em outra área importante da reforma estrutural – a liberalização do mercado – mostrou-se mais rápido (ver Tabela 10). Mas apesar de uma pressão externa cada vez maior, mais para o fim de 1998, o governo teve sucesso somente parcial em sua tentativa de aprovar medidas cruciais para a reforma fiscal, já que o Congresso, hesitante, rejeitava emendas cruciais como a instituição de um imposto para os funcionários aposentados do governo.

O governo também confiou, em grande parte, que o processo de privatização iria resolver os problemas fiscais. Esse processo já tinha iniciado no governo Collor, mas ficou mais restrito aos setores petroquímico e siderúrgico. No governo Cardoso, houve uma grande ampliação, já que o processo incluía também os serviços de utilidade pública. Durante o período entre 1995 e 1998, a receita anual da privatização aumentou de menos de US$ 2 bilhões por ano para mais de US$ 35 bilhões,[23] à medida que o processo de privatização se expandia para incluir também os serviços de utilidade pública (como telecomunicações e produção e geração de energia) e também minerais.

Fluxo de capital

O déficit cada vez maior da conta corrente (ver Tabelas 2 e 11) foi financiado por uma grande entrada de capital estrangeiro. É preciso salientar que

[23] Fonte: BNDES, 1999.

havia uma grande dependência no investimento líquido do portfólio, que foi de uma média anual de US$ 0,62 bilhões no período 1990–1992 para US$ 4,5 bilhões no período 1995–1997. Com a crise russa/asiática de 1998, no entanto, ele se tornou negativo, caindo para US$ 4,5 bilhões negativos à medida que os investidores sacavam fundos em grandes quantidades, imaginando que a taxa de câmbio não poderia continuar muito tempo supervalorizada. O investimento líquido direto começou a gerar uma contribuição significativa a partir de 1995. Durante o período entre 1990 e 1992, ele chegou a US$ 0,3 bilhões por ano, e durante o período 1996–1998 subiu para US$ 16,3 bilhões. Isso estava relacionado a ambos os investimentos multinacionais nas fábricas (possivelmente para servir não apenas ao grande mercado doméstico como também para um Mercosul maior no futuro). É preciso salientar que nesse período o Brasil dependia de empréstimos de bancos internacionais em uma escala muito menor do que na década de 1980. Por exemplo, em 1994, 68% da entrada de capital eram empréstimos de bancos internacionais. Esse número caiu para 16% em 1998. O investimento estrangeiro direto, em contraste, teve um papel mais significativo no financiamento do déficit da conta corrente no período, indo de 19% da entrada líquida de capital, em 1995, para 27% em 1998.

À medida que a entrada de capital aumentava, também aumentava o peso da dívida externa associada a ela. Durante o período entre 1996 e 1998, a dívida externa total foi de US$ 179,9 bilhões para US$ 235 bilhões. O interessante é que, durante esse período, a dívida externa do setor privado subiu em ritmo mais acelerado do que a do setor público, aumentando de US$ 86 bilhões em 1996 para US$ 140 bilhões em 1998. Os principais componentes da dívida externa do setor público, contudo, só subiram moderadamente, indo de um total de US$ 98,9 bilhões em 1996 para US$ 99,2 bilhões em 1998. A dívida interna do setor público, em contraste, subiu mais rapidamente, indo de R$ 237 bilhões em 1996 para mais de R$ 320 bilhões em 1998. É preciso lembrar que uma grande parte da dívida doméstica era, na verdade, dos grupos de investimento estrangeiros, que buscavam tirar vantagem da combinação da alta taxa de juros do país e uma taxa de câmbio alta e estável.

O desempenho da economia do Real

Como mencionamos anteriormente, o Plano Real começou com um excelente desempenho de crescimento. As taxas de crescimento de 5,9% em

1994 e de 4,2% em 1995 estavam relacionadas ao grande avanço no consumo e também ao impacto imediato dos preços estáveis. O declínio subsequente na taxa de crescimento (ver Tabelas 12 e 13) estava associado com o efeito de amortecimento das altas taxas de juros e o lento desempenho no campo das exportações. À medida que a crise piorava, em 1998, o crescimento caiu para 0,2%, o que gerou taxas de crescimento mensais negativas, as quais marcaram a segunda metade do ano. Em uma análise de setor, podemos ver, pelas Tabelas 12 e 13, que a fabricação era o elo mais fraco, novamente refletindo o impacto das taxas de juros. Por um lado mais positivo, pode-se perceber que a formação do capital melhorou durante o período entre 1994 e 1998 (ver Tabela 14). Isso reflete o aumento das atividades de investimento direto por parte das multinacionais e também as atividades de investimento dos grupos nacionais e estrangeiros, que estavam assumindo as empresas privatizadas.

Com a abertura da economia brasileira forçando diversos setores a lidar com uma maior competição estrangeira, houve uma grande iniciativa, por parte das empresas nacionais e estrangeiras, para avançar sua tecnologia. O resultado líquido foi um aumento substancial na taxa de crescimento anual da produtividade do trabalho (ver Tabela 15). Esse foi, talvez, um fator que convenceu alguns estrategistas do país a evitarem uma desvalorização acelerada. Diminuir os custos de produção domésticos por meio de maior produtividade seria um contraponto a uma maior competição estrangeira. Essa fé numa produtividade maior não era necessariamente otimista quando levamos em conta estudos como o que foi feito pela firma de consultoria internacional McKinsey. Um grande estudo feito pela McKinsey Global Institute, lançado em março de 1998, revelou que "com exceção da siderurgia, a produtividade de todos os setores no Brasil é menos da metade da produtividade nos EUA, sendo que tanto o setor de fabricação quanto de distribuição de alimentos é menos de 20% desses setores nos EUA. Até mesmo os setores modernos de empresas aéreas, telefonia, bancos de varejo e de automóveis estão abaixo de 50%".[24]

No começo do Plano Real, parecia que seu sucesso em controlar a inflação também estava resolvendo o problema estrutural no Brasil da excessiva concentração de renda. Como os grupos mais prejudicados pela hiperinflação foram os assalariados nas classes de menor renda (com uma inflação mensal perto de 50% ao mês, no meio de 1994, seu poder real de compra rapidamente caiu), eles também foram os que mais se beneficiaram com a repentina estabi-

---

[24] McKinsey, 1998, p. 2.

lidade em suas rendas reais. Esse aumento na renda real das classes de renda mais baixa resultou num aumento substancial na compra de bens duráveis e explica o grande aumento na produção industrial nos primeiros meses do Plano Real. O aumento repentino no consumo por parte desses grupos continuou durante um considerável período. Ao mesmo tempo, além de maiores salários reais, grandes grupos de assalariados também passaram a comprar a crédito. Com maiores dívidas, ficaram expostos ao impacto negativo de maiores taxas de juros, que o governo usou para defender sua posição internacional. E, de fato, em 1998, as inadimplências nas dívidas dos consumidores bateram um recorde.

A crise bancária

O desaparecimento da inflação e as altas taxas de juros tiveram um impacto considerável no sistema bancário. À medida que o Plano Real progredia, o nível cada vez maior de taxas de juros significava que muitas firmas e indivíduos passavam por grandes dificuldades para pagar suas dívidas. A consequência foi um aumento substancial em créditos vencidos. Esses foram de 7% dos créditos totais privados, em dezembro de 1993, a quase 21% em dezembro de 1995. Além disso, o sistema bancário sofreu um grande impacto com "uma discrepância [...] entre o custo dos débitos bancários – em geral depósitos de curtíssimo prazo – e o lucro que faziam com seus ativos, que muitas vezes tinham vencimento maior do que seus débitos".[25]

O aumento nos créditos vencidos foi um fator que muito contribuiu para a desestabilização dos bancos públicos. Já que o papel tradicional dos bancos estatais no Brasil era preencher a defasagem de crédito do tesouro estatal, esses bancos não desenvolveram as habilidades necessárias para realizar transações seguras e administrar crédito e risco, e não se viram motivados a fazê-lo por motivos políticos. Em vez disso, ensaiaram rolar a dívida não vencida e acumular ativos vencidos. Tinham aumentado o crédito sem tomar muitos cuidados, em uma boa fase, e foram muito prejudicados quando a explosão do consumo chegou ao fim. O portfólio desses bancos deteriorou de maneira significativa e o setor privado tinha cada vez mais dificuldade de realizar pagamentos de empréstimos feitos com os bancos estaduais.[26]

---

[25] Da Fonseca, 1998, p. 637.

[26] Baer e Nazmi, 2000, p. 12.

Para lidar com os bancos privados, o governo criou um Fundo de Garantia de Crédito (FGC), para o qual todas as instituições financeiras eram obrigadas a contribuir com 0,024% do saldo em todas as contas cobertas pelo FGC. Entre a introdução do Plano Real e o fim de 1997, o Banco Central interferiu em 43 instituições financeiras: ou as liquidou ou as colocou sob um Regime Administrativo Especial Temporário (RAET). Além disso, para fortalecer o sistema bancário por meio da injeção de novo capital, o governo abriu o sistema à participação estrangeira direta.

A ferramenta da incorporação e da aquisição foi levada adiante pelo PROER,[27] criado em novembro de 1995. Ele oferecia um sistema de incentivos de juros e facilidades de crédito para encorajar a rápida consolidação do setor bancário. O banco que incorporava tinha uma linha de crédito suficientemente abaixo da taxa de juros do mercado para adquirir o novo banco. Ele também tinha permissão para absorver as perdas financeiras do banco adquirido em sua folha de balanço por meio de amortização de juros.

Essas comodidades foram usadas pelo Unibanco (o sexto maior banco brasileiro) para adquirir o Banco Nacional (o sétimo maior banco); pelo banco Excel para adquirir o Banco Econômico; e cinco outros grandes bancos privados.[28]

No caso dos bancos estaduais, o governo introduziu o PROES,[29] cujo objetivo era reduzir o papel do setor público no sistema financeiro. Ele podia adquirir instituições financeiras estatais utilizando títulos públicos como moeda de transação; podia ajudar a transformar os bancos estatais em instituições não financeiras ou órgãos de desenvolvimento; podia financiar a reestruturação dos bancos estaduais com o único propósito da privatização posterior; ou então podia financiar até 50% do custo de reestruturação de um banco estadual que é recapitalizado pelo governo estadual. Na prática, o governo federal persuadiu os estados a permitir a "federalização" de seus bancos enfraquecidos oferecendo-se para reprogramar as dívidas estaduais com o governo.

Durante o período 1995–1998, as intervenções do governo tanto nos bancos públicos quanto privados resultaram em uma clara tendência de enxugamento. O número de bancos privados que dependiam somente do capital doméstico diminuiu de 144 para 108, e o número de bancos públicos também caiu, de 30 para 24. Houve uma queda pronunciada no número de funcionários

[27] Programa de Estímulo à Reestruturação e ao Fortalecimento do Sistema Financeiro Nacional.

[28] Baer e Nazmi, 2000, p. 17.

[29] Programa de Incentivo à Redução da Presença do Estado na atividade bancária.

nos bancos (de 1995 até março de 1996, o número de pessoas com cargos bancários caiu de 704.000 para 636.000, e a parcela de bancos estaduais nos depósitos totais caiu de 19,3% em 1996 para 6,5% no meio de 1998).[30]

Embora a eficiência do sistema bancário tenha aumentado e a participação do setor público diminuído, não podemos nos esquecer das metas de patrimônio anteriores, que foram uma missão importante dos bancos públicos no passado. Essa missão fez com que tivessem uma base menor de renda e uma base de clientes que dava mais trabalho. A responsabilidade social também levou à criação de mais filiais, já que as áreas mais pobres e com menor densidade populacional só podiam ter acesso aos bancos públicos. Embora os bancos públicos tenham sido abusados por motivos políticos e seu desaparecimento tenha ajudado a eliminar as distorções financeiras herdadas da época da inflação, ainda persiste a questão de saber qual instituição irá lidar com as tarefas que lhe foram legadas originalmente, a saber: fornecer crédito a áreas, grupos populacionais e setores econômicos que não são atraentes para os bancos privados.

A crise de 1998–1999

A explosão da crise asiática em 1997, seguida do advento da crise russa em agosto de 1998, levou as contradições do Plano Real ao ponto máximo. Isso se manifestou na drástica queda das reservas brasileiras, de US$ 75 bilhões em agosto de 1998 para menos de US$ 35 bilhões em janeiro de 1999. Pela primeira vez na década de 1990, os fluxos de investimento líquido de portfólio ficaram negativos, já que os investidores sacavam uma quantidade significativa de capital (ver Tabela 7ab). Houve tentativas desesperadas por parte do governo de estancar o fluxo aumentando drasticamente as taxas de juros, que chegaram a níveis de mais ou menos 50% em termos anuais em setembro de 1998. Depois da eleição, em outubro de 1998, o governo tentou desesperadamente fazer com que o Congresso aprovasse emendas à Constituição que iriam aumentar a tributação das contribuições dos aposentados e lançar um imposto especial permanente sobre transações financeiras, num grau mais alto. A comunidade internacional também ficou preocupada com a possibilidade de haver um colapso brasileiro parecido com o da Rússia e da Ásia. Em novembro de 1998, o FMI, o Banco Mundial e o governo dos EUA lançaram um pacote disponibi-

[30] Baer e Nazmi, 2000, p. 17.

lizando US$ 41,5 bilhões para fortalecer o Real.[31] No começo, o governo teve sucesso em suas tentativas de seguir o novo programa. Antes do fim de dezembro de 1998, o Congresso já havia aprovado cerca de 60% dos ajustes fiscais exigidos pelos termos do programa. Durante esse mês, no entanto, o governo sofreu uma séria derrota nas mãos do Congresso, já que suas propostas de reforma do sistema de aposentadoria foram rejeitadas. Além desse obstáculo, a saída de capital passou a ficar novamente mais rápida, acompanhada da total erosão das reservas internacionais.

Para piorar a situação da crise que se aproximava, houve uma rebelião por parte de governadores recém-eleitos dos partidos de oposição, liderada por Itamar Franco, de Minas Gerais, o ex-presidente. Tal rebelião consistia numa moratória sobre os pagamentos de serviços sobre a dívida dos estados, sendo que a dívida mais importante era de Minas Gerais, Rio Grande do Sul e Rio de Janeiro. Isso prejudicou muito a credibilidade do compromisso brasileiro aos ajustes fiscais e fez com que fosse difícil estancar a saída de capital.

Antes do fim de janeiro de 1999, quando ficou óbvio que as altas taxas de juros não podiam estancar a saída de capital e estavam produzindo uma grande recessão econômica, o governo cedeu, permitindo que a taxa de câmbio flutuasse livremente. Nos dois meses seguintes, ela teve uma desvalorização de 40%. Assim, a ilusão do Plano Real chegou ao fim. A maxidesvalorização do Real apresentou um desafio para a sobrevivência do Mercosul. De repente, a Argentina foi inundada com produtos brasileiros, enquanto que suas exportações para o Brasil tiveram uma queda radical (o Brasil correspondia a quase um terço das exportações da Argentina). A Argentina tentou contrabalançar o impacto da desvalorização brasileira instituindo impostos especiais sobre as importações. Assim, a desvalorização colocou em destaque a necessidade de os membros do Mercosul coordenarem suas taxas de câmbio e políticas macroeconômicas, se desejassem que a união alfandegária sobrevivesse.

O impacto da desvalorização de janeiro sobre a taxa inflacionária do país foi relativamente suave. Pode-se notar na Tabela 5 que depois de um impulso inicial nos dois primeiros meses após a desvalorização, a taxa caiu novamente durante grande parte de 1999. Isso se deveu a uma capacidade produtiva em excesso e a altas taxas de desemprego, que acabaram pressionando diversos

---

[31] O pacote de R$ 28 bilhões incluía as seguintes obrigações para o governo brasileiro: (a) aumentar tributos sobre transações financeiras de 0,3% para 0,37%; (b) aumentar as contribuições da previdência nos salários de funcionários públicos ativos; (c) fazer com que funcionários públicos aposentados pagassem tributos sobre a aposentadoria; (d) aumentar a idade mínima para aposentadoria.

setores, ao repassar aumento de custo relacionado aos altos preços de importação. Além disso, as autoridades do Banco Central mantinham as taxas de juros extremamente altas de modo a desencorajar uma especulação negativa do Real (a taxa *overnight* mensal foi de 3,33% em março e a taxa CD de 30 dias subiu para 3,17%), só baixando-as gradualmente na segunda metade de 1999. Ao fim de 1999, a inflação havia alcançado a taxa de 8,9% ao ano.

Durante o ano de 1999, o governo adotou diversas medidas para gerar o tipo de excedente orçamentário primário que o FMI exigia em troca do crédito concedido ao Brasil na crise de 1998. O governo assinou um acordo para alcançar um excedente orçamentário primário de 3,1% do PIB. Para isso, o Congresso aprovou taxas tributárias maiores para as camadas de maior renda. As tentativas mencionadas de aumentar a tributação sobre os funcionários públicos ativos e impor tributos sobre os funcionários públicos inativos foram declaradas como inconstitucionais pelo Tribunal Federal, que interpretou tais taxas como confisco de salários que passavam por cima de "direitos adquiridos".[32] Para compensar, outras medidas severas foram adotadas para cortar gastos e aumentar outros impostos, o que resultou num excedente primário de 3,8% do PIB, que estava bem acima do objetivo do FMI.[33] Contudo, junto com as anteriores taxas de juros altas, tais medidas contribuíram para uma taxa de crescimento continuamente baixa durante grande parte do ano de 1999, embora a previsão de um declínio de 4% no PIB não tivesse ocorrido.

Conclusão

Como mencionamos no início deste ensaio, um problema recorrente que o Brasil enfrentou na segunda metade do último século foi tentar chegar a um

32 O Congresso depois aprovou uma nova fórmula para os benefícios dos aposentados de previdência privada, estimulando-os a trabalhar por mais tempo (além da idade média de 52 anos e depois de 33 anos de serviço). A estabilidade no emprego também sofreu e foram aprovadas algumas medidas de arrocho para cortar gastos.

33 Durante o ano de 1999, o governo também esteve sob a ameaça da possível eliminação do imposto sobre as transações comerciais, o CPMF. Esse imposto foi introduzido pela primeira vez em 1996 e programado para durar até 1999. Em março, o governo fez com que o Congresso aumentasse o prazo do imposto por mais três anos. A eliminação da CPMF diminuiria de maneira acentuada a renda do governo. De acordo com os casos legais, o governo utilizou uma terminologia errada no projeto de Lei para ampliar o período do imposto: ele deveria ter dito que iria "renovar" e não "prorrogar" o CPMF. (*Latin American Economy & Business*, outubro de 1999, p. 2).

consenso sobre quais grupos socioeconômicos devem carregar o fardo de financiar o setor público. Esse impasse foi, por muitas gerações, resolvido com políticas inflacionárias. Os diversos esquemas heterodoxos, do Plano Cruzado em 1986 a diversos planos posteriores, para lidar com a hiperinflação do país fracassaram devido à ausência de ajuste fiscal, o que permitiu que a pressão inflacionária voltasse com toda força. A maneira original como o Plano Real foi introduzido e como gerou credibilidade nacional e internacional fez com que a economia pudesse funcionar de maneira estável durante um longo período. Isso se deve ao fato de que essa credibilidade facilitou o financiamento bancário não central do déficit do governo. Os ajustes fiscais puderam ser adiados durante um bom tempo. Mas à medida que a dívida do governo aumentava e o ajuste fiscal era constantemente adiado, a credibilidade do governo diminuía gradualmente, e a crise internacional de 1997–1998 simplesmente acelerou o último estágio do Plano Real.

Assim, parece-nos que, no fim do milênio, o Brasil será forçado a encontrar um mecanismo explícito para melhor distribuir o fardo dos gastos públicos. É bem provável que seja um processo político muito longo e altamente controverso, mas essencial se o Brasil deseja adotar o caminho do crescimento sustentável e sem inflação. Outro desafio que o fim do Plano Real apresenta é saber se o Brasil (e outros países da América Latina) está disposto a abdicar de parte de sua soberania sobre as decisões econômicas pelo bem da integração econômica regional.[34]

Tabela 1: Média mensal de juros e taxas de câmbio

	Taxa de juros (renda bruta)*	Taxa Overnight	CDB – taxa de juros pré-fixa de 30 dias	Taxa de câmbio (R$ por US$)
1985		10.36		
1986		3.86		
1987		13.52	13.54	
1988		21.73	19.89	
1989		31.68	30.62	

(continua)

[34] Bevilacqua, 1997.

(continuação Tabela 1)

	Taxa de juros (renda bruta)*	Taxa Overnight	CDB – taxa de juros pré-fixa de 30 dias	Taxa de câmbio (R$ por US$)
1990		25.40	28.19	
1991		16.99	17.95	
1992	23.49	26.32	22.20	
1993	31.15	33.41	32.90	0.03
1994	23.37	25.22	25.34	0.64
1995	2.32	3.61	3.19	0.92
1996**	0.87	1.80	1.52	1.12
1997**	1.31	2.97	2.62	1.20
1998**	0.74	2.40	2.01	1.26
1999***	0.3	1.38	1.37	1.95

*Taxa Referencial de juros.

**Taxas em dezembro.

*** Taxas em outubro.

Fonte: *Conjuntura Econômica, Boletim do Banco Central do Brasil*, várias edições.

Tabela 2: Balanço de pagamentos, 1985–1998 (em bilhões de dólares)

	Exportações	Importações	Balança comercial	Balança de serviços	Remessa de lucros	Juros	Saldo atual da conta
1985	25.6	13.1	12.5	-12.9	-1.1	-9.7	-0.2
1986	22.3	14.0	8.3	-13.7	-1.4	-9.3	-5.3
1987	26.2	15.0	11.2	-12.7	-0.9	-8.8	-1.4
1988	33.8	14.6	19.2	-15.1	-1.5	-9.8	4.2
1989	34.3	18.3	16.0	-15.3	-2.4	-9.6	1.0
1990	31.4	20.7	10.7	-15.4	-1.4	-9.7	-3.8
1991	31.6	21.0	10.6	-13.5	-0.7	-8.6	-1.4
1992	35.8	20.5	15.3	-11.3	-0.6	-7.2	6.1

(continua)

(continuação Tabela 2)

	Exportações	Importações	Balança comercial	Balança de serviços	Remessa de lucros	Juros	Saldo atual da conta
1993	38.6	25.3	13.3	-15.6	-1.8	-8.3	-0.6
1994	43.5	33.1	10.4	-14.7	-2.5	-6.3	-1.7
1995	46.5	49.9	-3.4	-18.6	-2.6	-8.2	-18.0
1996	47.7	53.3	-5.6	-21.7	-2.4	-9.8	-24.3
1997	53.0	61.4	-8.4	-27.3	-5.6	-10.4	-33.4
1998	51.1	57.8	-6.7	-29.5	-7.9	-12.1	-34.4
1999*	48.0	49.2	-1.2	-25.6	-3.7	-15.8	-25.2

*Estimativa.

Fonte: *Conjuntura Econômica*, fevereiro de 1999; Credit Suisse First Boston Garantia.

Tabela 3: Taxa de câmbio mensal (R$ por US$), 1994–1999

	1994	1995	1996	1997	1998	1999
Janeiro	0.14	0.85	0.97	1.04	1.12	1.98
Fevereiro	0.20	0.84	0.98	1.05	1.13	2.06
Março	0.28	0.89	0.99	1.06	1.13	1.72
Abril	0.40	0.91	0.99	1.06	1.14	1.66
Maio	0.58	0.90	0.99	1.07	1.15	1.72
Junho	0.83	0.91	1.00	1.07	1.15	1.77
Julho	0.93	0.93	1.01	1.08	1.16	1.79
Agosto	0.90	0.94	1.01	1.09	1.17	1.91
Setembro	0.87	0.95	1.02	1.09	1.18	1.92
Outubro	0.84	0.96	1.02	1.10	1.19	1.95
Novembro	0.84	0.96	1.03	1.11	1.19	1.92
Dezembro	0.85	0.97	1.04	1.11	1.21	1.85

Fonte: Banco Central.

Tabela 4: Taxas anuais de inflação 1990–1999

1990	2739
1991	415
1992	991
1993	2104
1994	2407
1995	68
1996	9.3
1997	7.5
1998	1.7
1999*	8.9

*Estimativa.

Fonte: *Conjuntura Econômica.*

Table 5: Taxas mensais de inflação 1994–1999

	1994	1995	1996	1997	1998	1999
Janeiro	42.2	1.4	1.8	1.6	0.9	1.1
Fevereiro	42.4	1.2	0.8	0.4	0.0	4.4
Março	44.8	1.8	0.2	1.2	0.2	2.0
Abril	42.5	2.3	0.7	0.6	-0.1	0.0
Maio	41.0	0.4	1.7	0.3	0.2	-0.3
Junho	46.6	2.6	1.2	0.7	0.3	1.0
Julho	24.7	2.2	1.1	0.1	-0.4	1.6
Agosto	3.3	1.3	0.0	0.0	-0.2	1.4
Setembro	1.5	-1.1	0.1	0.6	0.0	1.5
Outubro	2.5	0.2	0.2	0.3	0.0	1.9
Novembro	2.5	1.3	0.3	0.8	-0.2	2.3
Dezembro	0.6	0.3	0.9	0.7	1.1	1.2

Fonte: *Conjuntura Econômica.*

Tabela 6: Saldo de contas do setor público (% do PIB), 1985–1999*

	a) Orçamento primário		b) Orçamento público operacional		Dívida
	Total	Federal	Total	Federal	
1990	2.4	1.6	1.6	2.8	
1991	3.0	0.8	1.5	0.3	
1992	2.3	1.3	-2.2	-0.8	
1993	2.6	1.4	0.3	+0.0	31.0
1994	4.3	3.0	0.5	1.6	
1995	0.3	0.6	-4.8	-1.6	
1996	-0.7	0.4	-3.9	-1.7	31.4
1997	0.9	0.3	-4.3	-1.8	34.5
1998	-0.0	0.5	-8.4*	-5.3*	42.6
1999**	3.77	4.15	11.4	8.0*	51.0

*Estimativa.

** Janeiro a setembro.

Fonte: Banco Central; Credit Suisse First Boston Garantia.

Tabela 7a: Despesas específicas: governo federal

	1994	1995	1996	1997	1998
Tansferência para estados e municípios	2.55	2.83	2.74	2.78	3.02
Funcionários públicos ativos	2.82	2.95	2.66	2.36	2.40
Funcionários públicos inativos	1.99	2.32	2.33	2.20	2.46
Benefícios de aposentadorias	4.85	5.04	5.30	5.43	5.96
Pagamentos com juros nominais	13.41	2.90	2.93	2.31	6.03

Fonte: Alem e Gambiagi, 1999, p. 97.

Tabela 7b: Despesas específicas: governos estaduais e municipais

	1994	1995	1996	1997	1998
Excedente*	0.77	-0.18	-0.54	-0.73	-0.21
Juros nominais	12.84	3.39	2.16	2.30	1.83
Déficit nominal	12.07	3.57	2.70	3.03	2.04

* (-) = déficit

Fonte: Alem e Gambiagi, 1999, p. 97.

Tabela 8: Gastos específicos do governo (% dos gastos totais do governo federal)

	Transferências para governos estaduais e municipais	Juros sobre empréstimos	Juros sobre títulos do governo	Amortização
1994	18.0	4.6	7.1	3.0
1995	19.0	5.2	7.8	5.7
1996	18.3	4.9	10.2	5.0
1997	19.3	6.4	8.4	8.2
1998*	19.0	5.5	13.6	5.3

* Janeiro a novembro.

Fonte: Banco Central.

Tabela 9: Evolução da dívida do setor público (% do PIB), 1990–1999

	1990	1991	1992	1993	1994	1995	1996	1997	1998	1999*
Dívida interna total	16.5	15.9	18.9	18.5	20.3	24.5	30.2	30.2	36.6	38.6
Banco central e governo federal	1.6	-2.5	0.8	1.8	6.2	9.6	14.8	16.8	21.6	22.3
Estados e municípios	6.4	7.0	8.4	8.3	9.2	10.1	11.5	12.5	13.7	14.9

(continua)

(continuação Tabela 9)

	1990	1991	1992	1993	1994	1995	1996	1997	1998	1999*
Empresas públicas	8.5	11.4	9.7	8.4	4.9	4.8	4.0	0.9	1.3	1.4
Dívida externa total	20.1	27.6	19.2	14.4	8.2	5.4	4.0	4.4	6.3	11.0
Banco Central e governo federal	12.4	17.0	11.6	7.8	6.0	3.4	1.6	2.0	4.3	8.3
Estados e municípios	1.0	1.3	1.1	1.0	0.3	0.3	0.4	0.5	0.7	1.0
Empresas públicas	6.7	9.3	6.5	5.6	1.9	1.7	2.0	1.9	1.3	1.7
Dívida total	36.6	43.5	38.1	32.9	28.5	29.9	34.4	34.6	40.9	49.6

* Setembro.

Fonte: Cysne, 2000, p. 81; *Boletim do Banco Central do Brasil*.

Tabela 10: Cronologia de reformas e eventos econômicos relevantes, 1994–1999

Julho de 1994: O Real é introduzido com sucesso como a nova moeda brasileira.

Janeiro de 1995: O presidente Fernando Henrique Cardoso assume a presidência.

Janeiro de 1995: A Tarifa Externa Comum do Mercosul é aprovada, liberalizando ainda mais o comércio.

Fevereiro de 1995: A Lei 8.987 é aprovada, regulando concessões a empresas privadas para gerenciar serviços públicos. Essa legislação prepara o ambiente para uma nova onda de privatizações.

Novembro de 1995: A Emenda Consitutional nº 9 é aprovada, abrindo a exploração e exportação de petróleo para o capital privado nacional e internacional.

1995: Apresentação da Emenda Constitucional nº 175 ao Congresso, visando a simplificação do sistema de tributação. Isso dá início a uma nova leva de

(continua)

(continuação Tabela 10)

negociações com o Congresso a respeito de reformas tributárias, principalmente de tributos indiretos.

Fevereiro de 1996: A Lei Complementar 85 é aprovada, estabelecendo o COFINS, imposto que visa melhorar o estado financeiro do sistema de previdência social.

Abril de 1997: A Lei 9.630 é aprovada, estabelecendo novas taxas de contribuição para pensão social dos funcionários públicos ativos e inativos.

Março de 1998: É aprovada uma emenda constitucional que delimita as condições de emprego dos funcionários públicos. Para que ela vigore, é necessária a aprovação de leis que a possibilitem. Em janeiro de 2000, ela ainda está sendo debatida no Congresso.

Outubro de 1998: O presidente Fernando Henrique Cardoso é eleito para seu segundo mandato.

Outubro de 1998: Leis parcialmente aprovadas estabelecem condições mais rígidas para as contribuições para a previdência social. Para os funcionários privados que contribuem para a previdência do INSS, são estabelecidos períodos mínimos de contribuição e idade para aposentadoria.

Novembro de 1998: Depois de um período de contínua pressão sobre o real e erosão das reservas, o FMI lança um pacote de auxílio financeiro. Um plano fiscal de estabilização de emergência é aprovado pelo Congresso, com ênfase em aumento de impostos e cortes nos gastos.

Janeiro de 1999: O parelhamento do Real com o dólar americano é finalmente abandonado e a moeda brasileira subsequentemente tem uma grande desvalorização.

Janeiro de 1999: É aprovada a legislação que obriga os funcionários públicos aposentados a fazer contribuições à previdência. Essa medida foi aprovada inconstitucionalmente pelo Tribunal Superior em setembro de 1999, forçando o governo a introduzir uma nova emenda constitucional (que em janeiro de 2000 não tinha sido aprovada) e a aumentos emergenciais nos tributos.

Novembro de 1999: É aprovada a legislação que introduz regras atuariais no cálculo dos benefícios do INSS para os funcionários do setor privado. A intenção

(continua)

(continuação Tabela 10)

dessa legislação é introduzir um correspondência maior entre os benefícios e as contribuições da previdência.
Janeiro de 2000: Leis cruciais referentes à reforma tributária, acordos fiscais no nível estadual e municipal (por exemplo, Lei da Responsabilidade Fiscal) e condições de emprego do setor público ainda precisam ser aprovadas pelo Congresso. É pouco provável que essa legislação seja aprovada rapidamente.

Fonte: Elaboração própria.

Tabela 11: Fluxos de capital, dívidas e reservas, 1985–98 (em bilhões de dólares)

	Investimento líquido direto	Investimento líquido de portfólio	Amortização	Dívida externa bruta	Reservas líquidas
1985	0.13	-0.01	-8.49	84.25	11.61
1986	-0.41	-0.02	-11.55	95.00	6.76
1987	0.05	+0.06	-13.50	100.06	7.46
1988	-0.03	+0.19	-15.23	93.41	9.14
1989	-0.34	-0.06	-34.00	89.61	9.68
1990	0.28	0.10	-8.66	86.57	9.97
1991	0.50	0.06	-7.83	83.59	9.41
1992	0.12	1.70	-8.57	87.08	23.75
1993	0.37	6.65	-9.98	82.06	32.21
1994	1.74	7.28	-5.04	80.86	38.81
1995	3.61	2.29	-11.02	77.47	51.84
1996	9.12	6.04	-14.42	83.98	60.11
1997	17.1	5.30	-28.70	193	52.17
1998	26.1	-1.8	-33.6	234	44.56
1999	28.3		-57.6	230	36.40

Fonte: *Conjuntura Econômica*, fevereiro de 1999; Banco Central do Brasil, *Boletim*, edições mensais.

Tabela 12: A evolução do PIB no Brasil, 1985–1999

	PIB com preços de 1998 (bilhões de reais)	Taxa de crescimento do real (%)	PIB *per capita* com preços de 1998 (R$)	PIB em dólares (preços correntes)
1985	662	7.8	5.017	211
1986	712	7.5	5.285	258
1987	737	3.5	5.368	282
1988	736	-0.1	5.266	306
1989	760	3.2	5.338	416
1990	727	-4.4	5.042	469
1991	734	1.0	5.014	406
1992	730	-0.5	4.910	387
1993	766	4.9	5.075	430
1994	811	5.9	5.295	543
1995	845	4.2	5.441	705
1996	868	2.8	5.514	775
1997	900	3.6	5.640	802
1998	901	0.1	5.571	775
1999	905	0.5	5.599	519

Fonte: Banco Central do Brasil, *Relatório* 1998; estimativas dos autores baseadas no *Boletim* Conjuntural, outubro de 1999, *Brazil Country Report*, EIU 4th Quarter 1999.

Tabela 13: Brasil: taxa de crescimento do PIB por setor

	1993	1994	1995	1996	1997	1998	1999
PIB	4.2 (4.92)	5.8 (5.85)	4.2 (4.22)	2.8 (2.76)	3.7	0.1	0.5
Agricultura	-1.0 (-0.07)	8.1 (5.45)	4.1 (4.08)	4.1 (4.06)	2.7	0.2	6.6
Indústria	6.9 (7.01)	6.9 (6.73)	1.9 (1.91)	3.7 (3.73)	5.5	-0.9	-1.7
Mineração	0.6	4.7	3.7	6.7	6.8	9.2	9.7

(continua)

(continuação Tabela 13)

	1993	1994	1995	1996	1997	1998	1999
Manufatura	8.1	7.7	2.0	2.8	4.2	-3.3	-1.8
Construção	4.8	6.1	-0.4	5.2	8.5	1.9	-3.5
Serviços	3.5 (3.21)	4.1 (4.73)	4.5 (4.48)	1.9 (1.87)	1.2	0.7	1.2
Finanças	-2.2	-2.8	-7.4	-7.7	-2.7	0.1	0.5
Comércio	3.5	4.1	8.5	2.4	3.9	-3.4	-0.9

Fonte: Banco Central do Brasil, *Relatório de 1998* e *Boletim* mensal. Números entre parêntesis são estimativas revisadas calculadas pelo IBGE e apresentadas em *Conjuntura Econômica*, dezembro de 1998.

Tabela 14: Brasil: relação entre formação de capital / PIB (%)

	Preços atuais	Preços de 1980
1985	18.0	16.4
1986	20.0	18.8
1987	23.2	17.9
1988	24.3	17.0
1989	26.9	16.7
1990	20.7	15.5
1991	18.1	14.6
1992	18.4	13.6
1993	19.3	14.0
1994	20.7	15.0
1995	20.5	15.4
1996	19.1	18.7
1997	19.6	18.1
1998	19.8	

Fonte: Banco Central do Brasil, 1997, *Boletim Conjuntural*, janeiro de 1999.

Tabela 15: Produtividade do trabalho no setor de produção (% anual), períodos selecionados

1971/1973	5.6
1974/1980	1.0
1981/1985	0.3
1986/1989	0.2
1991/1997	8.7
1996/1998	3.3

Fonte: Bonelli e Fonseca, 1998.

Referências

Alem, A. C. e Gambiagi, F. "O ajuste do governo central além das reformas". In: Gambiagi, F. e Moreira, Mauricio Mesquita. *A economia brasileira nos anos 90*. Rio de Janeiro, Banco Nacional de Desenvolvimento Econômico e Social, 1999.

Arida, P. e Resende, A. L. "Inertial inflation and monetary reform". In: J., Williamson. *Inflation and indexation: Argentina, Brazil and Israel*. Washington, D.C., Institute for International Economics, 1985.

Bacha, E. L. "Plano Real: Uma avaliação preliminar". *Revista do BNDES*, 3/6/1995, pp. 3–26.

Baer, W. "Social aspects of Latin American inflation". *Quarterly Review of Economics and Finance*, 31(3), 1991, pp. 45–57.

Baer, W. *The Brazilian economy: Growth and development*. Westport, CT, Praeger, 1995.

Baer, W. e Nazmi, N. "Privatization and restructuring of banks in Brazil". *Quarterly Review of Economics and Finance*, 2000.

Bevilacqua, A. S. "Macroeconomic coordination and commercial integration in Mercosul". *Texto para Discussão*, nº 378. Rio de Janeiro, Departamento de Economia, PUC/Rio, outubro 1997.

BNDES. *Privatizações no Brasil 1991/1999*. Rio de Janeiro, BNDES, 1999.

Bonnelli, Regis e Fonseca, Renato. "Ganhos de produtividade e de eficiência: Novos resultados para a economia brasileira". *Texto para Discussão*, nº 557. Rio de Janeiro, Instituto de Pesquisa Econômica Aplicada.

Brazil Financial Wire. 11/6/1997.

Castelar Pinheiro, A.; Gambiagi, F. e Gostkorzewicz, J. "O desempenho macroeconômico do Brasil nos anos 90". In: F., Gambiagi, e Moreira, M. M. *A economia brasileira nos anos 90*. Rio de Janeiro, Banco Nacional de Desenvolvimento Econômico e Social, 1999.

Conjuntura Econômica. Abril de 1994.

Cysne, R. P. "Aspectos macro e microeconômicos das reformas". In: Baumann, R. *Brasil: Uma década em transição*. Rio de Janeiro, Editora Campus, 2000.

Da Fonseca, M. A. R. "Brazil's Real Plan". *Journal of Latin American Studies*, 30(3), 1998, pp. 619–40.

Delfim Netto, A. "Brasil, a bola da vez?" *Economia Aplicada*, 2(4), 1998, pp. 727–38.

EIU. *Brazil Country Report 4th quarter 1999*. London, Economist Intelligence Unit, 1999.

Franco, G. *O Plano Real e outros ensaios*. Rio de Janeiro, Editora Francisco Alves, 1995.

Fritsch, W. e Franco, G. *Foreign direct investment in Brazil: Its impact on industrial restructuring*. Paris, OECD, 1991.

McKinsey & Company, Inc. McKinsey Brazil Office. *Productivity – the key to an accelerated development path for Brazil*. São Paulo, Washington, março de 1998.

Monteiro, J. *Economia e política: Instituições de estabilização econômica no Brasil*. Rio de Janeiro, Fundação Getulio Vargas, 1997.

Parente, P. *Brazil's macroeconomic outlook*. Brasília, Presidência da República, 1999.

Os primeiros passos da reforma gerencial do Estado de 1995

Luiz Carlos Bresser-Pereira

O Estado brasileiro passou por duas grandes reformas administrativas – a burocrática, iniciada em 1937, e a gerencial, que começa em 1995. A primeira ocorreu no primeiro governo Vargas e teve como objetivo transformar a administração pública brasileira, que até então era patrimonial, em um serviço profissional baseado no Estado de direito e na competência técnica; mais amplamente visava tornar o aparelho do Estado *efetivo*, capaz de garantir seu próprio sistema constitucional-legal. Iniciada em um governo autoritário, a reforma burocrática de 1937 era uma reforma própria do Estado liberal – portanto, uma reforma pré-democrática. Seu modelo eram as reformas burocráticas ou as do serviço público realizadas nos países desenvolvidos na segunda metade do século XIX, quando o Estado liberal ainda restringia o poder de votar dos pobres. O Brasil demorou a fazer sua primeira grande reforma da administração pública ou aparelho de Estado; um intervalo de cerca de 80 anos existiu entre as reformas burocráticas ocorridas na França, na Grã-Bretanha e na Alemanha, e a reforma brasileira. Já em relação à segunda reforma que teve início no último quartel do século XX, no quadro do Estado democrático social europeu com o objetivo de tornar o aparelho do Estado mais *eficiente*, esse intervalo baixou para menos de dez anos, considerando-se que o marco inicial da reforma gerencial na Grã-Bretanha – o primeiro país a tê-la iniciado – foi o programa de agências executivas Next Steps de 1987. Ao começar sua reforma da gestão pública tão cedo, em 1995, o Brasil antecipou-se aos três países desenvolvidos que haviam realizado reformas burocráticas mais profundas, mais "weberianas": a França, a Alemanha e o Japão, e, provavelmente por essa razão, encontraram mais dificuldade em dar um cunho gerencial à sua administração pública. Um pouco antes, começaram também suas reformas a Nova Zelândia e a Austrália, e na mesma época da reforma brasileira, os países escandinavos e a Holanda.

A reforma gerencial de 1995, como as demais reformas dessa natureza, respondeu ao grande aumento do tamanho do Estado que implicou sua transformação em um Estado social; ao tornar a administração pública ou a organização do Estado mais eficiente, legitimou os grandes serviços sociais de Educação, Saúde, Previdência e Assistência Social que a partir de dois marcos – a Revolução de 1930 e a transição democrática de 1985 – resultaram na transformação do regime político de oligárquico-liberal brasileiro em um regime democrático e social. A reforma burocrática de 1937, realizada com o atraso referido, tinha como referência o pequeno Estado liberal do século XIX. Naquele momento, entretanto, sob a liderança de Getulio Vargas, o Brasil transformava seu velho Estado oligárquico-liberal em um Estado desenvolvimentista ao assumir novas responsabilidades econômicas e sociais. Havia, portanto, uma inadequação entre a reforma burocrática de 1937 e as necessidades do Estado que resulta em uma série de reformas posteriores entre as quais a mais importante seria a do Decreto-Lei 200, de 1967. Essa inadequação aumentou muito quando, a partir da transição democrática de 1984, as despesas sociais cresceram extraordinariamente e o Estado brasileiro assume a forma de um Estado social. A partir dessa transformação, uma reforma gerencial se impunha, e seu início se tornava uma questão de tempo.

Ao dar início à reforma gerencial de 1995 o Brasil estava participando da segunda grande reforma administrativa do Estado moderno. A primeira implicara na transformação do Estado patrimonial no burocrático; a segunda, a transformação deste no Estado gerencial. Por sua vez, estas reformas tiveram, como vemos no Quadro 1, correspondência com as formas políticas do Estado. Ao Estado absoluto, que visava garantir a sociedade contra o inimigo externo e manter a ordem interna, correspondia, no plano administrativo, o Estado patrimonial, que confundia a propriedade pública com a privada – o que não era surpreendente já que estávamos em plena fase de acumulação original de capital. No século XIX, porém, consolidada a revolução capitalista, a burguesia promove a transição para o Estado liberal, um Estado que acrescentara a seus objetivos políticos a liberdade pessoal e a promoção do desenvolvimento econômico nos quadros de uma economia de mercado; a partir daí, o primado da Lei ou o Estado de direito e a garantia da propriedade e dos contratos tornavam-se necessários e mandatórios. A primeira reforma administrativa do

Estado moderno – a reforma burocrática – ao tornar a administração pública impessoal e profissional, reconheceu essa necessidade. Entretanto, a partir aproximadamente do fim do século XIX, os países desenvolvidos tornam-se um a um democráticos na medida em que passam a garantir o sufrágio universal. Chegávamos ao estágio do Estado democrático. Cerca de 50 anos mais tarde, após a Segunda Guerra Mundial, a nova força eleitoral dos trabalhadores e dos pobres levou, nos países mais avançados, à transição do Estado democrático para o Estado democrático social.[1]

Quadro 1: Formas históricas de Estado

Formas políticas de Estado	Formas administrativas de Estado
Estado absoluto	Estado patrimonial
Estado liberal	Estado burocrático
Estado democrático-liberal	Estado burocrático
Estado democrático social	Estado gerencial

Estas mudanças ocorriam na forma política do Estado – no plano constitucional-legal ou do regime político – e exigiam correspondência no plano da administração pública. A forma administrativa burocrática do Estado – o Estado burocrático – era adequada para o pequeno Estado liberal e para a primeira forma de Estado democrático – uma forma em que a democracia era de elites. Tratava-se de uma administração pública sem condições de prestar com a necessária eficiência os grandes serviços sociais e científicos de relevância pública, como a Educação, a Saúde e a Assistência Social, de modo que, mais cedo ou mais tarde, teria que se transformar no Estado gerencial.[2] Os tempos da administração pública gerencial, entretanto, só chegariam na década de 1980,

[1] Ou simplesmente Estado social, ou *Welfare State*, ou Estado providência; são expressões sinônimas.

[2] Os serviços de relevância pública previstos na Constituição brasileira podem ser realizados tanto pelo Estado quanto pelo setor privado. Não devem ser confundidos com os serviços públicos que só podem ser realizados pelo setor privado mediante concessão ou permissão, sempre através de licitação.

não por acaso na Grã-Bretanha – um país que havia alcançado a hegemonia no período liberal, mas entrara em grave e prolongada decadência relativa desde o início do século XX e, principalmente, desde a Segunda Guerra Mundial.

Entre os países em desenvolvimento, o Brasil foi o primeiro a iniciar uma reforma gerencial. Fui diretamente responsável pela iniciativa, mas esta coube também ao presidente Fernando Henrique Cardoso, que, diante do meu interesse em dirigir a Secretaria da Administração Federal, a transformou em Ministério da Administração Pública e Reforma do Estado. Treze anos depois, a reforma continua a se realizar em todo o país em nível federal, estadual e municipal. Os princípios mais gerais da reforma e as formas de colocá-los em prática não estão mais restritos a um pequeno grupo de iniciadores, mas são patrimônio intelectual comum da alta burocracia pública brasileira e dos seus consultores administrativos. Hoje, quando no Brasil se pensa em reforma administrativa, quando se busca tornar o aparelho do Estado mais eficiente, mais capaz de prestar ou financiar serviços sociais, culturais e científicos com baixo custo e boa qualidade, pensa-se em reforma gerencial ou de gestão pública.

Nestes quinze anos, a reforma gerencial de 1995 fez importantes avanços, mas naturalmente não transformou do dia para a noite a organização do Estado brasileiro; uma reforma desse tipo leva de 30 a 40 anos para poder ser julgada relativamente completa. Já não é mais apenas uma reforma de uma pessoa ou de um governo, mas uma reforma adotada e conduzida pela alta administração pública brasileira – uma reforma que começou no governo Fernando Henrique, está sendo continuada e atualizada pelo governo Lula e os atuais governadores, e certamente terá prosseguimento independentemente de quem sejam seus sucessores. Além de as práticas gerenciais continuarem a se expandir no governo federal, estão sendo criadas organizações sociais – uma inovação institucional importante da reforma gerencial de 1995 à qual, na época na oposição, o PT se opôs.[3] Diante do quase consenso positivo em relação à reforma, é comum que me façam perguntas como: por que decidiu iniciar a reforma? Foi iniciativa sua, do governo, ou teria sido iniciativa do Banco Mundial, que era o principal responsável pelas reformas neoliberais dos anos 1990? Nela, o que foi mais

---

[3] O governo Lula tem criado OS (Organização Social) de forma oblíqua, servindo-se do modelo genérico de serviço social autônomo para constituir organizações tais como a AGEVAP, APEX e ABDI. O risco é que o modelo de vinculação a resultados destas instituições não é tão robusto quanto o das OS. Talvez por essa razão, tenha enviado ao Congresso projeto de Lei criando as fundações estatais que são muito próximas conceitualmente das organizações sociais; mais fácil seria emendar a lei já existente.

importante – a Emenda Constitucional 19 (aprovada em 1998) ou o Plano Diretor da Reforma do Aparelho do Estado (1995)? Afinal, era ou não uma reforma neoliberal? Quais foram os principais obstáculos que você encontrou? Você seguiu alguma estratégia política fundamental para levá-la a bom termo? Foi ela bem-sucedida? Ou, se não foi, por que as pessoas continuam sempre a falar nela, não obstante já tenham passado mais de nove anos desde que você saiu do Ministério da Administração Pública e Reforma do Estado (MARE) e este foi extinto? Neste trabalho vou responder a algumas dessas perguntas.

Bem-sucedida nos três planos

Começo pelas duas últimas questões. Tive várias experiências na vida pública. Aquela que enfrentei no MARE não foi a mais desafiante; foi, porém, a mais bem-sucedida. A experiência mais desafiante coube a meus sete meses e meio no Ministério da Fazenda, que assumi imediatamente após a grande crise do Plano Cruzado, em 1987. Naquele momento o Brasil enfrentava a crise econômica e financeira aguda mais grave de sua história desde a crise de 1930. Já meu trabalho no MARE, entre 1995 e 1998, foi aquele que me deu mais satisfação, porque a reforma gerencial do Estado então iniciada foi bem-sucedida no *plano institucional*, ao aprovar uma emenda constitucional e algumas leis básicas; no *plano cultural*, ao ganhar o coração e as mentes da alta administração pública brasileira, e no *plano da gestão*, porque continua a ser realizada no nível federal. Nas esferas estadual e municipal seus avanços são ainda maiores, porque vários serviços que utilizam os princípios gerenciais da administração pública revelam substancial aumento de eficiência e qualidade dos serviços. Voltando ao plano cultural, foi bem-sucedida porque a opinião pública, que apoiou a reforma enquanto ela era discutida em âmbito nacional entre 1995 e 1998, a mantém na memória como algo importante e positivo que ocorreu na época, para o país.

A reforma gerencial de 1995 pode ser vista sob dois ângulos: o estrutural e o da gestão. Sob o ângulo da gestão, um número crescente de organizações públicas vem elaborando *planos estratégicos* no quadro de uma *administração por resultados*, e a todo momento vemos a implantação de sistemas de gestão baseados na motivação positiva dos servidores públicos que alcançam metas ou apresentam melhores desempenhos. No plano estrutural, a partir da identificação pela reforma do *núcleo estratégico* do Estado, ocorreu a valorização das carreiras públicas de alto nível que participam desse núcleo. Segundo, estão sendo criadas *organizações sociais* (ou OSCIPs que funcionam como organizações sociais) para a realização dos serviços sociais, culturais e científicos do Estado, ou seja, estão sendo criadas organizações públicas não estatais que executam esses serviços com mais autonomia e eficiência. Pesquisa realizada pelo Instituto Publix em 2006 verificou que ao menos 21 estados e 31 municípios possuem modelos de organização social. Os governos que mais se destacam são Minas Gerais com 75 OSCIPs implantadas (lá o que o governo define como OSCIP são entidades com as características do modelo das organizações sociais); Bahia, com 30 organizações qualificadas, e São Paulo, com 20 OS qualificadas nas áreas de cultura e saúde. Levantamentos preliminares para reedição desta pesquisa em 2008 apontam que o número de casos dobrou.

Como, entretanto, é possível falarmos em reforma bem-sucedida quando há uma crença muito difundida entre as elites de que o Estado brasileiro seria altamente ineficiente? Esta pergunta, porém, não faz sentido: a administração pública brasileira não é tão ineficiente assim, e as críticas que ela sofre são inevitáveis e necessárias nas democracias. Todas as sociedades e principalmente as mais avançadas, como, por exemplo, a sueca ou a suíça, são sociedades críticas de seu próprio Estado, por mais capaz e eficiente que seja ele. É essa crítica que torna possível melhorar continuamente a qualidade e a eficiência de sua ação. Por isso a sociedade brasileira é também crítica de seu Estado, de suas muitas falhas e deficiências. É um equívoco, porém, afirmar que o Estado brasileiro seja particularmente incapaz ou ineficiente. A qualidade institucional e administrativa de cada Estado é aproximadamente proporcional ao seu nível de desenvolvimento econômico e social. Quanto mais uma sociedade for homogênea e coesa, formada por cidadãos iguais que se respeitam mutuamente, mais democrático e dotado de maior legitimidade será seu Estado. Considerado o problema nestes termos, o Estado brasileiro é um Estado cuja ordem jurídica é dotada de legitimidade, enquanto que sua administração pública é razoavelmente capaz e eficiente. Defino o Estado como o *sistema constitucional-legal e a organização que o garante*. Enquanto *sistema constitucional-legal* ou ordem jurídica, sua legitimidade depende da intensidade com que suas instituições forem compreendidas, aceitas e obedecidas pela nação. Já enquanto *administração pública* formada de servidores eleitos (políticos) e não eleitos (burocracia pública, inclusive a militar),[4] sua

[4] São servidores públicos em sentido lato todos aqueles que são empregados do Estado e dele recebem a respectiva remuneração. Por isso, os políticos nos parlamentos e em outros cargos públicos são

capacidade e eficiência dependem da qualidade de seus servidores eleitos e não eleitos e da boa qualidade de sua estrutura organizacional e de sua gestão.[5]

O sistema constitucional-legal brasileiro do século XIX foi famoso por seu caráter artificial, copiado do exterior, e sua administração pública patrimonial, caracterizada pelo patrimonialismo ou clientelismo. Oliveira Vianna e os grandes intelectuais do ISEB fizeram a crítica clássica do caráter transplantado da ordem jurídica brasileira. Entretanto, desde 1930 os avanços sociais e institucionais foram grandes. Duas constituições democráticas – a de 1946 e a de 1988 – estabeleceram as bases para a atualização e legitimação da ordem jurídica. Por outro lado, no plano da administração pública, a reforma burocrática, embora jamais "completada" (seria impossível que isto ocorresse dado o caráter ainda dual ou subdesenvolvido de nossa sociedade), foi, nos anos 1930, uma reforma avançada em relação aos países de grau semelhante de desenvolvimento (ainda que adotasse como referência o pequeno Estado liberal do século XIX). Nos anos 1960, porém, já estava claro que esse tipo de administração era inadequado, e a organização do Estado já passou por uma reforma significativa, a do Decreto-Lei 200, que em parte antecipou a reforma gerencial de 1995. Quando esta foi desencadeada, a grande administração pública brasileira estava preparada para recebê-la. Já dispunha, entre outras coisas, das grandes carreiras de Estado cujos participantes, ao lado dos políticos eleitos, constituem e dão consistência ao núcleo estratégico do Estado.

Além de ajudar a iniciar e definir a reforma gerencial, uma das tarefas às quais mais me empenhei foi a de valorizar as carreiras de Estado e garantir a elas suprimento regular de pessoal de alto nível. Para isso, eu terminei com a prática absurda da realização de grandes concursos públicos sem qualquer rotina, imprevisíveis para os que desejavam prestá-los, seguida pela convocação dos candidatos aprovados através dos anos, na medida em que se abriam vagas. Em vez disso, logrei transformar em rotina anual os concursos públicos para as carreiras de Estado. Os concursos deixaram de ser de habilitação, de maneira que em cada concurso passaram a ser considerados aprovados apenas um

servidores, como também são servidores todos os empregados do Estado. Não há por que limitar a expressão aos servidores estatutários, admitidos no serviço público mediante concurso, como determina a Constituição.

5 Embora "administração pública" tenha também um sentido de processo de administrar, administração pública, aparelho do Estado e organização do Estado são expressões sinônimas. Na língua espanhola e na francesa essa ideia fica mais clara pelo fato de se usarem respectivamente as expressões "función pública" e "fonction publique".

número limitado de melhores candidatos – o que permitiu que os jovens brasileiros interessados em servir o governo federal pudessem, a partir de então, planejar sua vida pessoal desde a universidade. Hoje, depois de muitos concursos geralmente anuais em todas as carreiras de Estado, o governo federal conta com um bom número de burocratas públicos de alta qualidade. Diante dessa minha iniciativa, assim como diante da importância que dei ao núcleo estratégico do Estado, e do fato de eu não ter tentado mudar o dispositivo constitucional que exige o concurso público para o ingresso nos quadros de pessoal do Estado, algumas pessoas me perguntaram se estas medidas faziam parte da reforma burocrática. Minha resposta foi sempre muito simples: a administração gerencial só pode ser realizada com bons administradores, para a qual eles são até mais importantes que para a administração burocrática, já que se atribui aos mesmos mais autonomia e mais responsabilidades e se espera deles boas decisões.

Esta importância dada pela reforma gerencial de 1995 ao núcleo estratégico do Estado e às carreiras de Estado são indicações de que a reforma não visava eliminar os conceitos clássicos da administração burocrática, mas corrigi-los e ampliá-los. Isto se revelou no *caput* do art. 37 no qual não se eliminaram os princípios da legalidade, impessoalidade, moralidade e publicidade, mas se acrescentou o da eficiência e se buscou, na sua interpretação, entender a publicidade também como transparência. O mesmo raciocínio se aplica à administração por resultados, que é central na reforma gerencial. Na reforma de 1995 deu-se grande ênfase à administração por resultados, mas não se pretendeu que ela substituísse a administração por processo – apenas que se diminuísse a ênfase em processos legais detalhados. Não há incompatibilidade entre as duas formas de controle. A conduta do gestor público deve ser legal e de resultados ao mesmo tempo. Durante o debate da emenda constitucional e das leis que a complementaram, procuramos deixar isso claro. Estimulado por Paulo Modesto, meu notável e jovem assessor jurídico, cuja indicação devo a meu velho amigo e grande jurista Celso Antônio Bandeira de Melo, formei uma comissão de juristas, em parceria com o Ministério da Justiça, para disciplinar o processo administrativo na União.[6] O trabalho da comissão produziu um texto aprovado pelo Congresso Nacional sem qualquer alteração, o que não é

---

[6] A comissão tinha como membros ilustres professores: Adilson Abreu Dallari; Almiro do Couto e Silva; Caio Tácito (presidente); Cármen Lúcia Antunes Rocha; Diogo de Figueiredo Moreira Neto; Inocêncio Mártires Coelho; J. J. Calmon de Passos; Maria Sylvia Zanella di Pietro; Odete Medaura e Paulo Modesto (secretário-geral).

fato comum (Lei 9.784, de 29 de janeiro de 1999). Esse diploma foi depois amplamente copiado e desenvolvido nos estados, demonstrando que uma gestão eficiente não pode deixar de contar com procedimentos regulares e previsíveis, que dificultem casuísmos e a corrupção no aparelho estatal. Ao mesmo tempo, a emenda 19, além de adicionar o princípio da eficiência, restringiu os cargos de confiança a atividades de "direção, chefia e assessoramento" (art. 37, V), previu lei para disciplinar "formas de participação do usuário na administração pública direta e indireta" (art. 37, §3º), exigiu transparência e publicidade da remuneração dos agentes públicos (art. 39, §6º) e permitiu a assinatura de contratos de gestão – fato a que a Lei deveria reconhecer efeitos de ampliar a "autonomia gerencial, orçamentária e financeira de órgãos e entidades da administração direta e indireta" (art. 37, §8). A administração gerencial, assim, sem deixar de ser administração legal, deve responder pelo atendimento de resultados concretos; a auditoria não deve se limitar aos processos mas estender-se aos resultados contratados ou visados.

Tudo isto me levar a crer e afirmar que o Brasil conta hoje, no início do século XXI, com um bom Estado. Mas um Estado que sempre precisa de reforma – de reformas normativas para a vida social da nação, de melhores leis civis, comerciais, ambientais, e de reformas em sua organização. Na segunda metade dos anos 1990, eu tive a oportunidade de contribuir para esse resultado através do impulso que dei à reforma gerencial de 1995 – uma reforma cujos primeiros passos eu descrevo neste trabalho.

A iniciativa da reforma

Sempre entendi que o serviço público é uma tarefa republicana que envolve virtude e espírito público. Não faz sentido entrar para a vida pública para atender principalmente a seus interesses pessoais. Por outro lado, embora saiba que uma parte importante desses serviços já esteja bem estabelecida, precisando apenas ser realizada com empenho e honestidade, muitas outras exigem de seus responsáveis disposição para inovar – para criar novas instituições que respondam às novas realidades econômicas e sociais que estão ocorrendo na sociedade e no próprio Estado. Nas sociedades modernas, caracterizadas por mudança tecnológica constante, a inovação institucional não é fácil. Primeiro, porque, dada a complexidade dos problemas enfrentados, a reforma pode ser incompetente, incapaz de resolver o problema específico que pretende regular.

Segundo, porque reformas, além de implicarem em mudanças de convicções e de tradições bem estabelecidas, ferem interesses. No caso da reforma gerencial de 1995, vários amigos e conhecidos alertaram-me que era arriscado iniciar uma reforma administrativa tão ampla porque ainda que ela beneficiasse a maioria dos servidores, seria sempre prejudicial para um número suficiente deles para que estes se organizassem contra ela. Pressupondo servidores apenas voltados para seu interesse pessoal, que agem sempre de acordo com a lógica do *free rider* – daqueles que pegam "carona" nas mudanças em vez de delas participarem –, diziam-me eles que essa minoria organizada teria capacidade de impor um veto à reforma. Entretanto, não tenho uma visão tão negativa da humanidade – não acredito que todos os servidores eleitos e não eleitos apenas façam compensações (*trade offs*) entre a vontade de manterem o cargo e serem promovidos e a corrupção, como supõe a teoria da escolha racional; acredito que há um bom número deles que, antes, fazem compensações entre a mesma vontade de promoção e a busca do interesse público. Além disso, jamais vi sentido em alguém aceitar um cargo público sem estar disposto a aceitar as responsabilidades e riscos que lhe são inerentes. Portanto, como eu já havia feito antes, quando fora ministro da Fazenda, não hesitei em levar adiante a reforma. Quando ministro da Fazenda, também me alertaram, especialmente em relação à minha proposta de renegociação da dívida externa brasileira, dizendo que a mesma provavelmente me custaria o cargo; mas não arredei pé.

Estava convencido, quando cheguei ao governo federal, de que a administração pública brasileira necessitava de uma ampla reforma, e eu estava disposto a assumir a responsabilidade pela iniciativa. Na primeira reunião que tive com o presidente, alguns dias antes do início do novo governo, disse a ele que eu planejava realizar essa reforma, da qual deveria constar uma emenda constitucional definindo de maneira mais flexível a estabilidade dos servidores, por entender que a absoluta estabilidade existente no Brasil seria incompatível com uma administração moderna. Fernando Henrique observou que essa reforma não estava na agenda, que não fizera parte dos compromissos de sua campanha. Não me impediu, entretanto, de dar os primeiros passos em direção a ela, deixando apenas claro que a decisão de apresentar uma emenda constitucional deveria aguardar o tempo necessário para saber se haveria suficiente apoio político.

Embora não estivesse ainda claro para mim como seria a reforma, eu conhecia a matéria o suficiente para estar convencido da sua necessidade e oportunidade. Indiquei ao presidente, antes do convite, meu interesse pela administração pública federal exatamente porque via que o aparelho do Estado brasileiro necessitava urgentemente de reforma para poder ficar à altura das novas responsabilidades que assumira nas áreas da saúde e da educação a partir de transição democrática de 1985. O Estado brasileiro, ao ampliar sua atuação na área social, estava se tornando suficientemente grande para exigir uma reforma gerencial que aproveitasse – naturalmente os adaptando – os grandes avanços ocorridos durante o século XX na gestão das empresas privadas. Eu sempre me interessara, no plano sociológico, pelos administradores profissionais enquanto classe social formada por uma tecnoburocracia pública e outra privada, e, no plano da ciência política, pelo próprio Estado enquanto sistema constitucional-legal ou regime político e enquanto administração pública ou aparelho do Estado. Além disso, por ter sido professor de economia em uma grande escola de administração, eu tinha experiência de ensino na área da administração de empresas e experiência de orientação de alunos na área da administração pública. Enquanto economista, eu sabia quão fundamental é o papel do Estado na promoção do desenvolvimento econômico, e, mais amplamente, na realização dos demais grandes objetivos políticos da sociedade – os objetivos de segurança, liberdade, justiça social e proteção do ambiente natural. Enquanto cientista social, eu sabia também que ao Estado, na medida em que é o instrumento de ação coletiva por excelência de cada sociedade nacional na realização desses objetivos, não bastava uma boa ordem jurídica ou institucional adaptada à realidade e às aspirações dessa sociedade; era preciso, adicionalmente, que o aparelho do Estado fosse suficientemente amplo para realizar os serviços sociais e científicos demandados pelos cidadãos, e suficientemente capaz administrativamente para realizar com eficiência ou economia de meios esses serviços.

Ao assumir o MARE fiz um curto discurso e, em seguida, em meio à confusão da posse, dei uma rápida entrevista aos jornalistas resumindo minha disposição a iniciar a reforma que incluiria a ideia de tornar mais flexível a instituição da estabilidade. O resultado foi uma tempestade de críticas. Estas eram fruto da surpresa e da desinformação, confirmando a observação de Fernando Henrique de que o tema não estava na agenda. Além de não constar na agenda de sua campanha, não fazia parte da agenda nacional. Um pouco antes, em 1988, uma nova e democrática Constituição havia sido aprovada, e nela, em vez de se pensar na reforma gerencial, buscou-se reafirmar e "completar" a reforma burocrática de 1937. Esta decisão foi um erro, foi um retrocesso burocrático em relação aos avanços que haviam sido realizados durante o regime militar, a partir de Decreto-Lei 200, de 1967 – um decreto pensado por Roberto Campos e Hélio Beltrão, que antecipara sob vários aspectos a reforma gerencial de 1995. Foi um retrocesso que se explicava pela crença equivocada da época de que tudo o que os militares fizeram era ruim.

Em 1995, a sociedade brasileira ainda não se dispusera a pensar em uma reforma da gestão pública. As primeiras reformas gerenciais, na Grã-Bretanha, Nova Zelândia e Austrália, haviam começado muito pouco tempo antes, na segunda metade dos anos 1980; nos Estados Unidos, começara mais tarde, apenas em 1993, e mais timidamente, com o programa "Reinventando o Estado" (cujo nome oficial era *National Performance Review*) no primeiro ano do governo Clinton. Era razoável, portanto, que a sociedade brasileira estivesse desinformada. E que reagisse negativamente a uma proposta nova e ameaçadora, já que num primeiro momento o novo é sempre ameaçador, e tudo que muda instituições altera as normas da vida social. Um exemplo da desinformação que produziram as primeiras notícias sobre a reforma que eu estava planejando foi a reação de uma competente cientista política e jornalista do Rio de Janeiro, Lucia Hippolito. Na segunda semana do meu ministério, leio um artigo seu em *O Globo* no qual ela, nos primeiros dois parágrafos, atacava com grande energia o que imaginava que eu estava propondo; nos demais parágrafos, porém, descrevia a reforma que ela julgava necessária, a qual, em grande parte, coincidia com o que eu estava pensando e propondo. Eu, claramente, ainda não me fizera compreender. A oposição inicial à reforma foi tão grande naqueles dias iniciais que, em meu primeiro despacho regular com o presidente, resolvi mostrar-lhe meu discurso de posse. Ele o leu rapidamente e observou: "este discurso não justifica tantas críticas". Era verdade, e, por isso – e porque estava tranquilo quanto à necessidade e o equilíbrio dos conceitos da reforma – não me atemorizei. Acreditava que as ideias que eu começava a elaborar eram suficientemente boas para que a sociedade afinal as aceitasse. Bastaria para isso que eu promovesse um debate esclarecedor sobre o tema. A reforma gerencial não estava na agenda nacional, mas meu cargo de ministro me abria a oportunidade para tentar incluí-la, e, assim, o problema poderia ser enfrentado e eventualmente resolvido. O Brasil já conta com uma imprensa livre e competente, capaz de reproduzir e ampliar o debate de ideias, e era também com isso que eu contava. Não me enganei; seis meses mais tarde, o quadro havia mudado completamente. Um dos sinais dessa mudança foi o fato de a mesma Lucia Hippolito, agora entusiasmada com a reforma, me convidar para uma grande entrevista que ocupou duas páginas de *O Globo*.

Nos últimos dias de janeiro de 1995, o presidente organizou na Escola de Administração Fazendária uma série de debates entre os ministros, os deputados e senadores que faziam parte da coligação governamental sobre as reformas da Constituição de 1988 que haviam sido prometidas durante a campanha eleitoral. Fernando Henrique, ainda inseguro naquele momento em relação à existência de condições políticas para uma emenda constitucional na área da administração pública, considerou seriamente minha disposição a fazer a reforma administrativa, e incluiu-me entre os ministros que deveriam falar aos congressistas. A conferência que fiz esboçou as ideias às quais eu daria uma visão mais sistemática dois meses mais tarde, depois de minha visita à Grã-Bretanha.[7] O fato de eu ter participado desses debates foi fundamental para a reforma, porque foi neles que ficou claro para mim quais seriam meus maiores aliados. Eram os governadores e prefeitos das grandes cidades que tinham grandes serviços a prestar, e precisavam de maior flexibilidade para administrar os recursos públicos e para contratar e demitir servidores. Eles não estavam presentes às reuniões, mas faziam-se representar informalmente por alguns deputados. Não hesitei, em seguida, em procurá-los para explicar a reforma e pedir seu apoio. Apoio que recebi de praticamente todos, mas principalmente do governador de São Paulo, Mário Covas, e do governador do Rio Grande do Sul, Antônio Britto. Este apoio foi fundamental e chegou ao conhecimento de Fernando Henrique, que, três meses depois de iniciado o governo, autorizou que eu elaborasse e apresentasse a emenda constitucional da reforma administrativa.

Algumas pessoas – geralmente aquelas que até hoje se opõem à reforma gerencial de 1995 – supõem que ela não resultou de uma iniciativa nacional, mas que tenha sido uma das reformas neoliberais que, nos termos do Consenso de Washington, os países em desenvolvimento deveriam realizar com a orientação e a pressão do Banco Mundial. De fato, a partir do Plano Baker,[8] os Estados Unidos, preocupados com seus bancos, decidiram que para enfrentar a grande crise da dívida externa dos anos 1980 não bastavam os ajustamentos monitorados pelo FMI; eram necessárias, adicionalmente, reformas neoliberais que reduzissem o Estado e aumentassem a coordenação da economia pelo mercado. Ocorre, entretanto, que a reforma gerencial não fazia parte do receituário do Consenso de Washington que procurou impor reformas neoliberais aos países

---

7 Este artigo foi apenas publicado no Brasil como Texto para Discussão ENAP nº 1: "A reforma do aparelho do Estado e a Constituição de 1988", disponível em www.bresserpereira.org.br (Bresser-Pereira 1995a). Foi também publicado em espanhol, na *Revista del Clad* (nº 4, 1995, pp. 7–24).

8 O Plano Baker, assim denominado por ter sido proposto pelo secretário do Tesouro James Baker, em 1985, é o marco inicial do Consenso de Washington.

em desenvolvimento. Na verdade, a reforma gerencial não tinha nada de neoliberal. Não enfraquecia, mas fortalecia o Estado tornando-o mais capaz e eficiente. Em vez de promover o consumo individual das famílias, procurava dar eficiência ao consumo coletivo, social, prestado de forma gratuita ou quase, com o financiamento do Estado. Ora, fortalecer o Estado e legitimar seu caráter social não era definitivamente o objetivo do pensamento neoliberal dominante no Norte. Desde os anos 1970, os países ricos viam os países de renda média como uma séria concorrência.[9] Ainda que algumas das reformas propostas e pressionadas por Washington fossem necessárias, não foi surpresa que a maioria delas afinal se demonstrasse prejudicial aos países que as aceitaram docilmente. Isto é especialmente verdade em relação à liberalização financeira que enfraqueceu os países em desenvolvimento ao tirar dos seus respectivos Estados a capacidade de neutralizar a tendência à sobreapreciação da taxa de câmbio que existe nesses países. Em consequência, as taxas de câmbio se apreciaram em termos reais efetivos, a demanda interna por investimentos voltados para a exportação diminuiu, e, assim, eles perderam capacidade de competir internacionalmente (Bresser-Pereira, 2007a, caps. 4 e 5).

Como a reforma gerencial não se incluía no receituário da ortodoxia convencional na medida em que buscava fortalecer o Estado, que havia sido transformado na fonte de todos os males, a reforma não contou com o apoio do Banco Mundial. Nos primeiros dois ou três meses de meu ministério recebi a visita de uma delegação do Banco. Ouviram minhas ideias, deixaram claro que não estavam bem informados quanto à recente reforma gerencial britânica, afirmaram que não tinham programa nessa área, e foram embora. Não tive mais contato algum com o Banco Mundial até três anos mais tarde, quando fui convidado para participar do grande seminário anual que o Banco realiza para seu próprio pessoal nas dependências da Universidade de Maryland, no quadro do PREM (Poverty Reduction and Economic Management Network). O Banco afinal definira sua posição em relação à reforma gerencial nos países em desenvolvimento, e essa posição era *contrária*. O argumento baseava-se no princípio do *sequenciamento*: primeiro os países deveriam terminar a reforma burocrática para depois se engajar na reforma gerencial. Eu conhecia bem o argumento, e respondi aos técnicos do Banco que estava disposto a concordar com eles se estivessem também dispostos a declarar que, primeiro, os países em desenvol-

[9] O surgimento dos NICs (*Newly Industrializing Countries*) nos anos 1970 marcou o início dessa competição, naquela época ainda não muito clara, mas hoje evidente para todos.

vimento deveriam terminar sua revolução industrial mecânica para depois participarem da revolução digital...

O Banco Interamericano de Desenvolvimento foi muito mais receptivo à reforma, embora, em 1995, nada também soubesse a respeito. Em julho de 1995, Enrique Iglesias, presidente do Banco e velho conhecido meu, visitou Brasília. Durante o coquetel, ele perguntou o que eu estava fazendo. Resumi em poucas palavras, ele se interessou, propôs que realizássemos ali mesmo, durante o coquetel, uma pequena reunião em uma sala anexa, e nessa reunião afirmou-me que estava pronto a apoiar-me, inclusive para realizar um grande seminário latino-americano sobre a reforma. O seminário realizou-se em Brasília, nas dependências do Palácio do Itamaraty, em maio do ano seguinte, e os principais trabalhos então apresentados estão publicados no livro *Reforma do Estado e Administração Pública Gerencial* (1998). Um ano depois, Iglesias me convidou para pronunciar uma grande conferência no BID, para a qual ele convidou figuras importantes relacionadas ao tema da administração pública em Washington. Depois da conferência, o chefe da divisão para assuntos de reforma do Estado do BID, Edmundo Jarquim, disse-me, encantado: "agora temos um modelo de reforma do Estado que o Banco Mundial não tem". No final do terceiro ano de meu ministério, o BID aprovou um financiamento significativo para a reforma, que meu secretário Carlos Pimenta conduziu com competência, usando os recursos principalmente para desenvolver o setor eletrônico do governo, para financiar reestruturações organizacionais e modernização na gestão de recursos humanos, e para difundir as experiências da reforma no nível dos estados e grandes municípios.

A segunda reforma administrativa

A reforma gerencial surgiu na Grã-Bretanha para dar conta do grande crescimento do aparelho do Estado que se produzira a partir da transição do Estado democrático, da primeira metade do século XX, para o Estado democrático social da segunda metade desse mesmo século. Um fato não estava ainda claro para mim em 1995, mas ficaria cada vez mais evidente nos anos seguintes: estávamos iniciando no Brasil a *segunda* reforma administrativa do Estado moderno. Dado o método histórico que sempre uso, sugeri essa ideia no Plano diretor da reforma do aparelho do Estado (MARE, 1995) – o documento fundador da reforma – e no meu primeiro *paper* já contendo o modelo da reforma

(Breser-Pereira, 2006), ao falar em duas transições administrativas: a primeira da administração pública patrimonial para a burocrática, e a segunda da administração burocrática para a administração pública gerencial. Nos anos seguintes, essa ideia ficaria cada vez mais clara.

Os primeiros trabalhos identificando a reforma que começava e suas principais características datam do final dos anos 1980. No começo dos anos 1990, formou-se na Grã-Bretanha uma espécie de "escola" de intelectuais em administração pública, consultores e servidores públicos que passou a se denominar New Public Management ou simplesmente NPM. Como estávamos no auge da hegemonia neoliberal, em consequência do colapso da União Soviética, estabelecera-se uma nova "verdade" para o mundo. Já vimos que a reforma gerencial não se incluía nessa verdade de Washington, do governo Ronald Reagan, do Tesouro americano e de suas entidades executivas, o FMI e o Banco Mundial. Não estava sequer na agenda da primeira-ministra inglesa, Margareth Tatcher, que estava só interessada em diminuir o tamanho do Estado. Mas era parte do acordo que os altos servidores públicos e os altos consultores britânicos fizeram com a primeira-ministra, durante o governo Thatcher, que deu início à reforma. A burocracia pública inglesa estava então relativamente desmoralizada pelos fracassos e pelo baixo crescimento do seu país desde a Segunda Guerra Mundial. Nesse quadro, conforme o relato que fez William Plowden em uma das conferências que ele realizou no MARE, em julho de 1995, seus líderes perceberam que poderiam fazer um *acordo* com o governo conservador. Concordaram em reduzir despesas, mas desde que fosse aceito um novo conceito de organização e gestão do Estado. Segundo esse novo sistema, a administração pública passaria por uma mudança estrutural e uma de gestão, ambas relacionadas, mas distintas. No plano estrutural, criavam-se *agências executivas* para realizar atividades exclusivas de Estado, e se transferia para o que no Brasil viemos a chamar de *organizações sociais*, serviços sociais e científicos que precisassem ser financiados, e cujos resultados pudessem ser pactuados em contratos de gestão.

Estas características da reforma gerencial preocuparam todos aqueles que, identificados de uma forma ou outra com a burocracia pública, consideravam o sistema weberiano criado pela reforma burocrática o sistema ideal de administração pública. Além, portanto, de simples resistência à mudança, havia uma questão ideológica. Pareceu-lhes que o movimento do NPM e a reforma gerencial seriam neoliberais, estariam buscando quebrar a espinha do grupo dos altos servidores públicos, e reduzir o Estado britânico ao velho *Etat*

Gendarme – ao Estado liberal. Alguns dos defensores das novas ideias realmente eram neoliberais, mas a reforma não era. A mudança de visão de um respeitado especialista em administração pública, Christopher Pollitt, permite-nos ver esse fato. Em 1993 ele publicou um livro fazendo forte crítica à reforma que via como neoliberal; no ano seguinte, ele repetiu as críticas em um trabalho apresentado em Madri, no Congresso do CLAD.[10] Passados, entretanto, meros seis anos, depois de fazer um amplo levantamento da reforma gerencial nos países da OCDE, publicou com Geert Bouchaert o livro *Public Management Reform* (2000), no qual reconheceu a ampla difusão dessa reforma nesses países, especialmente nos mais avançados do Norte da Europa, muitos dos quais não tinham governos neoliberais. O caráter crítico dos trabalhos anteriores havia desaparecido. De uma forma indireta, ao reconhecerem a abrangência e profundidade da reforma, os dois autores confirmavam a tese de que a reforma gerencial é a segunda grande reforma administrativa do Estado moderno; é a reforma que legitima administrativamente o Estado social.

A lição da Grã-Bretanha

Não aprendi a reforma gerencial com o Banco Mundial e Washington, mas a aprendi com Londres e o governo britânico. Quando assumi o MARE, a única coisa que conhecia a respeito da reforma gerencial era o livro de Osborne e Gaebler, *Reinventing Government* que havia sido um *best-seller* nos Estados Unidos em 1992. Esse livro inspirou meus primeiros pensamentos quando assumi o MARE, em função dos relatos de uma série de experiências administrativas inovadoras naquele país, principalmente nos níveis estadual e municipal, e pelo fato de que o governo Clinton havia se baseado nelas para iniciar um programa de reforma dirigido pelo vice-presidente Al Gore. Ainda no primeiro mês de meu ministério, por puro acaso, David Osborne visitou Brasília, e eu o convidei para almoçar. Disse então a Osborne que planejava uma viagem a Washington para aprender sobre a reforma, mas ele respondeu que melhor seria se eu fosse à Grã-Bretanha ou à Nova Zelândia, onde a reforma gerencial e a discussão teórica sobre ela estavam mais avançadas. Aceitei a sugestão, e apoiado pelo British Council, que tem experiência em organizar esse tipo de

[10] Pollitt (1993; 1994); CLAD (Centro Latinoamericano de Administración para el Desarrollo).

viagem, fiz um roteiro que incluía três dias completos em Londres e dois dias em Santiago de Compostela, onde se realizava uma conferência sobre administração pública. Ângela Santana acompanhou-me na viagem. Visitamos algumas agências e ministérios que estavam mais envolvidos na reforma, inclusive um hospital. A visita que me deixou impressão mais profunda foi a que fiz à ministra da Saúde inglesa, que implantara na Grã-Bretanha o sistema *purchase-provider* – um sistema de administração que separava a *oferta* (representada pelos hospitais) da *demanda* (100 "autoridades de saúde" cobrindo todo o território do país). Os hospitais, de caráter público mas não estatal (sem servidores estatutários) não estavam subordinados às autoridades regionais de saúde mas a uma organização central, eram administrados com ampla autonomia, podendo admitir, demitir, definir salários e criar incentivos, mas deviam competir entre si em termos da qualidade dos serviços que ofereciam às autoridades de saúde. Estas, por sua vez, através de médicos pertencentes ao corpo de funcionários e, cada vez mais, através de médicos de família autônomos devidamente treinados e registrados para operar o sistema, atendiam aos pacientes que livremente os escolheram, e eram responsáveis por um sistema de triagem, encaminhando-os para os hospitais contratados pela respectiva autoridade para que tivessem acesso a cuidados médicos especializados ou cirurgias. O sistema, que depois soube ter sido também adotado na Catalunha e nos países escandinavos, pareceu-me excelente, e decidi que faria uma adaptação dele ao Brasil e o proporia ao Ministério da Saúde. Nesta viagem, estive também com o coordenador do programa *Next Steps* – o programa de autonomização e responsabilização das agências executivas que realizavam atividades específicas de Estado, ou seja, que usam o poder de Estado, principalmente em atividades de execução e fiscalização de políticas públicas. Os dirigentes das agências eram contratados externamente, de forma competitiva, recebiam salários variados, em certos casos altos, dependendo das condições do mercado de trabalho. Essas agências não tinham autoridade para formular políticas, mas tinham uma autonomia administrativa (principalmente orçamentária, de compras e de contratação de pessoal) que os departamentos clássicos do aparelho do Estado não tinham. Informei-me, também, sobre as agências reguladoras – existentes em número muito menor que as executivas. Ao contrário do que aconteceu no Brasil, na Grã-Bretanha as agências reguladoras constituem um pequeno subtipo de agência – aquelas às quais, por operarem em setores monopolistas ou oligopolistas, se atribui, além da autonomia administrativa, o poder de definir preços (não políticas) como se atuassem em um mercado competitivo.

No Brasil, não se conseguiu implantar verdadeiras agências executivas – isto é, agências com liberdade administrativa subordinadas diretamente a seus respectivos ministérios, devido à resistência da área econômica que, não contando com um orçamento impositivo mas apenas autorizativo, mostrou-se temerosa de que as agências ficassem fora não apenas do controle orçamentário, mas do financeiro na medida em que se vissem livres de limitações. Como, entretanto, as "agências reguladoras" obtiveram algumas dessas liberdades, mas com uma demanda real por elas, um número grande de novas agências que não podem ser consideradas reguladoras porque não têm mercado monopolista para regular receberam essa denominação ou o estatuto jurídico. Por outro lado, enquanto falta a estas agências a necessária autonomia administrativa, sobra autonomia decisória: hoje elas dispõem do poder de definir políticas que usurpam o poder do Congresso e do Executivo. A independência das agências no plano político ou decisório deve se limitar à definição dos preços como se mercado houvesse, e, em seguida, à fiscalização. Neste campo, a independência das agências e a continuidade de sua regulação e fiscalização são uma garantia legítima para as empresas. Não há razão, entretanto, para que elas também tenham poder para definir políticas. Ao contrário do que pensam os neoliberais, a autonomia das agências não se deve ao eventual populismo do governo, mas à necessidade de que haja estabilidade da política de preços administrados. Para o populismo o remédio não são agências, mas controle político por parte da sociedade. O grande problema que sempre enfrentaram as agências reguladoras é o da captura pelas empresas reguladas. Nas áreas sensíveis, os governos democráticos são capazes de resistir melhor a essa captura de agências reguladoras sempre muito próximas das empresas que regulam. Quanto ao populismo, os governos democráticos são também capazes de resistir a essa prática; nas mesmas áreas sensíveis o mecanismo clássico é o do insulamento burocrático, mas hoje a melhor garantia é o aumento da transparência nas decisões do governo.

Nos intervalos entre as visitas, fui às grandes livrarias de Londres procurar livros sobre administração pública. Não havia muitos, e estavam geralmente situados no meio dos livros de ciência política, mas encontrei um número suficiente para compreender que entre os servidores, consultores e intelectuais da administração pública se formara uma rede de debates em torno da reforma gerencial e da NPM (*New Public Managent*) – a teoria em formação sobre ela. Entre os livros que comprei, além do de Pollitt já referido, e o de Michael Barzelay, *Breaking bureaucracy* (1992), aquele que foi mais esclarecedor para mim foi o de Peter Fairbrother, *Politics and the State as employer* (1994) – um intelectual contratado pelos sindicatos de trabalhadores ingleses para estudar a reforma em curso. A própria reforma não tinha ainda um nome claro; falava-se mais de uma *managerial reform* do que de uma *public management reform*. A partir do início da década de 2000, porém, na Grã-Bretanha, a expressão *public management reform* tornar-se-ia dominante. Eu próprio, que inicialmente usei a expressão "reforma gerencial", passei depois, por algum tempo, a substituí-la por "reforma da gestão pública". Na verdade, essas expressões são sinônimas. Ou melhor, quase sinônimas, já que gestão pública é sempre um processo, enquanto que administração pública gerencial é tanto sinônima desse processo quanto sinônima de um tipo de organização: o aparelho ou organização própria do Estado gerencial. Muitos preferem "gestão" a "gerencial" porque haveria nessa segunda expressão um espírito privatista, uma confusão entre a administração pública e a administração de empresas, que não ocorreria com o termo "gestão". Essa confusão não faz, porém, sentido: a administração pública gerencial inspirou-se, sem dúvida, na administração de empresas, principalmente nas suas estratégias administrativas, mas isto não significa que tenha também adotado o lucro e outros conceitos do setor privado; o critério da administração pública é sempre o do *interesse público*. Quando falamos em *indicadores de desempenho* e *metas*, estamos sempre nos referindo a indicadores e metas que julgamos coerentes com o interesse público ou com o bem comum. Quando nos referimos à *competição administrada* como uma das formas de responsabilização das agências e de seus servidores, estamos falando em competição por excelência, por melhor qualidade dos serviços a um custo menor, e não em lucros ou vendas. Os objetivos das políticas públicas, entretanto, podem ser alcançados de forma efetiva mas não eficiente; é o que acontecia com a administração pública burocrática, para a qual o critério da efetividade – da capacidade do Estado de garantir a Lei – domina o da eficiência. Já para a administração pública gerencial esse segundo critério é essencial: não basta que a administração pública garanta a execução da Lei, ou, mais amplamente, das políticas públicas; é necessário efetivá-las com eficiência, ou seja, com uma satisfatória relação entre a quantidade e a qualidade dos serviços, de um lado, e seus custos de outro. Entre as muitas visitas que fiz em Londres naquele abril de 1995, a mais importante foi a realizada ao departamento de ajuda externa do governo britânico. Estávamos solicitando um projeto de assessoria, e fomos, naquele dia, apresentá-lo à diretora da consultoria que o governo inglês estava pretendendo contratar para realizar este trabalho no Brasil. Kate Jenkins era uma inglesa bem apessoada vivendo seus 50 anos. Alta servidora pública, ocupara diversas funções importantes, a última tendo sido a de coordenadora do programa *Next Steps*. Em seguida se aposentara, e então se dispunha a assessorar o Brasil, apoiada por seu colega e outro notável intelectual e servidor público aposentado, William Plowden. Estabeleci imediatamente uma boa relação com ela e com a excelente equipe de consultores ingleses que a acompanhou nos três anos seguintes. Nenhum deles era um teórico. Eram todos homens e mulheres práticas, que haviam tido experiência recente na reforma gerencial britânica. Foram utilíssimos.

Também entre os intelectuais que discutiam a *New Public Management* na Grã-Bretanha não havia formulações teóricas sistemáticas e gerais. O modelo brasileiro de reforma que desenvolvi em seguida não foi uma cópia do britânico, porque não havia na época nenhuma conceituação geral e sistemática como aquela que orientou a reforma gerencial de 1995. Ao visitar as organizações do Estado britânico eu não parava de pensar em como aquelas experiências poderiam ser aproveitadas no Brasil. Saindo de Londres, viajei para a conferência internacional sobre administração pública que ocorria então em Santiago de Compostela, na qual eu deveria falar no final do segundo dia de minha estada. Pela manhã, sentei-me com Ângela Santana para planejar o que diria. E foi então que desenhei pela primeira vez a *matriz teórica* da reforma – uma matriz que, de uma maneira simples e geral, dava conta de toda a reforma; distinguia, no aparelho do Estado, as atividades exclusivas de Estado (localizadas no núcleo estratégico e nas agências executivas ou reguladoras) das atividades não exclusivas, que não envolviam poder de Estado, como é o caso principalmente dos serviços sociais e científicos prestados ou financiados pelo Estado; em seguida, relacionava essas atividades, em termos de *gestão*, com as formas burocrática e gerencial, e, em termos de *estrutura*, definia se implicavam no uso de secretarias e departamentos, ou de agências, ou então de organizações sociais. Essa matriz foi reproduzida em toda parte, porque combinava um nível elevado de abstração com a resposta prática às tarefas que deveriam ser gradualmente executadas para que a reforma gerencial fosse transformada em realidade. Como esse quadro já foi muito divulgado, incluo aqui, como Quadro 2, outra versão dele que utilizei em um trabalho recente no qual fiz uma síntese da teoria (Bresser-Pereira, 2007b). Tem a vantagem de deixar mais claras as formas de propriedade e as respectivas organizações.[11]

---

[11] A matriz original, além de fazer parte do *Plano Diretor* (MARE, 1995), está em Bresser-Pereira (1996; 1998; 2004).

Quadro 2: Atividades, formas de propriedade e respectivas organizações

	Propriedade estatal	Propriedade pública não estatal	Propriedade corporativa	Propriedade privada
Núcleo estratégico do Estado	Políticos e alta burocracia			
Atividades exclusivas de Estado: formulação de políticas	Secretarias	–	–	–
Atividades exclusivas de Estado: executivas, de fiscalização	Agências		–	–
Atividades de advocacia política ou controle social	–	Organizações de responsabilização social	–	
Oferta de serviços sociais, culturais e científicos	–	Organizações sociais e outras sem fins lucrativos	–	
Defesa de interesses corporativos	–	–	Sindicatos e associações	–
Produção de bens e serviços para o mercado	–	–	–	Empresas

A equipe e o *Plano Diretor*

Ao assumir o MARE, minha primeira tarefa foi, naturalmente, formar a equipe. As primeiras pessoas que contratei foram Claudia Costim, secretária executiva, Ângela Santana, secretária da reforma do Estado, e Regina Pacheco, presidente da ENAP. As duas primeiras haviam sido minhas alunas, a primeira no mestrado de economia, a segunda no de administração pública da FGV de São Paulo, e a terceira era minha jovem colega na mesma escola. Ao grupo logo se juntou Evelyn Levy – também minha ex-orientanda em administração pública. A essas quatro magníficas servidoras e a José Walter Vasquez, meu chefe de gabinete, somaram-se muitos outros assessores que citarei na medida em que aparecerem na história que estou contando. Destaco principalmente Carlos Pimenta, em cuja gestão na Secretaria de Logística e Tecnologia da Informação foram estabelecidas as bases conceituais e tecnológicas para todo o avanço dos últimos anos nas compras públicas federais, principalmente sob a forma de pregão. Coube a ele também secretariar o Conselho da Reforma do Estado ao qual me referirei no parágrafo seguinte. Esta foi uma bela equipe – uma equipe entusiasmada com o projeto de reforma da qual fizeram parte vários gestores públicos, entre os quais Pedro César de Lima Farias, Ciro Cristo Fernandes e Frederico Durão Brito. A carreira dos gestores havia sido criada em 1989, ainda no quadro da tentativa de reviver a reforma burocrática de 1937 através da Constituição de 1988, mas para tais carreiras foi realizado apenas um concurso, e depois foram esquecidas. Embora sabendo que seus membros poderiam reagir negativamente às novas ideias, transformei imediatamente essa carreira no centro das minhas atenções em relação aos recursos humanos necessários para a reforma. A primeira coisa que fiz, ainda no processo de recrutamento de pessoal para formar a equipe, foi realizar uma reunião com cerca de 30 gestores para expor-lhes as ideias de reformas e convidá-los a delas participar. Eles ficaram surpresos com minha iniciativa, porque o sentimento geral entre eles era o de que suas carreiras foram abandonadas já que só havia sido feito um concurso, em 1989. Em seguida, retomei os concursos públicos e os tornei anuais, começando por tal carreira, ou, mais amplamente, pelas carreiras do *ciclo de gestão*, que inclui também os gestores do Ministério da Fazenda e do Ministério do Planejamento. E, a partir da confirmação através de uma pesquisa de que os salários da alta administração pública brasileira, naquela época, eram substancialmente inferiores aos de administradores privados realizando tarefas semelhantes, passei a promover o aumento dos salários das carreiras de Estado.[12] Nesse trabalho, contei com a colaboração de Nelson Marconi e de um extraordinariamente operoso secretário de Recursos Humanos, Luiz Carlos Capella,

[12] Este quadro está hoje completamente mudado. Os aumentos salariais para os administradores foram grandes, e, em certos casos, abusivos (Graeff, 2008).

que, entre outras coisas, ajudou-me a eliminar uma incrível quantidade de privilégios que constavam, até aquela época, da Lei do Regime Único. Uma administração pública não precisa de muitos servidores, mas aqueles de que precisa devem ser de alto nível, porque as tarefas que realizam são estratégicas não apenas para o próprio Estado, mas para toda a nação.

Também de alto nível foi o Conselho da Reforma do Estado que criei, e no qual discutimos os grandes problemas que relacionavam o Estado e sua administração pública com a sociedade brasileira. Este conselho reunia-se a cada três meses, rotativamente em Brasília, São Paulo e Rio de Janeiro, e era formado por empresários, intelectuais e servidores públicos. Participaram dele Antonio Ermírio de Moares, João Geraldo Piquet Carneiro, Joaquim Falcão, Celina Vargas, Antonio dos Santos Maciel, Sergio Abranches, Mailson da Nóbrega, Hélio Mattar, Luiz Carlos Mandelli, Gerald Dinu Reiss, Jorge Wilheim e Lourdes Sola. Além dos problemas diretamente relacionados à reforma, como foi o caso das agências reguladoras, o conselho, sob a coordenação dos dois últimos membros citados, organizou em São Paulo, no Memorial da América Latina, um grande seminário internacional que trouxe ao Brasil os grandes nomes mundiais, cujas contribuições estão no livro *Sociedade e Estado em transformação* (1999).

Iniciei a reforma gerencial no Brasil, e ajudei a dar um empurrão nela ao nível da América Latina. Isto foi possível porque, entre 1995 e 1998, fui presidente do Centro Latino-americano de Administração para o Desenvolvimento (CLAD) – pequeno órgão multilateral dedicado à administração pública, com sede em Caracas. Quando assumi sua presidência, o órgão estava em profunda crise, mas tinha como objetivo "reformar o Estado na América Latina". Mudei o objetivo da instituição para que ela tivesse o objetivo mais modesto de debater e difundir as ideias da reforma gerencial; defini como tarefa principal do CLAD realizar um grande congresso anual que praticamente se autofinanciaria; e promovi o primeiro no Rio de Janeiro. Foi um enorme sucesso. Desde então, todos os anos o CLAD realiza seu congresso em algum dos países membros, com grande afluência de especialistas. Em 1998, no Congresso de Madri (Espanha e Portugal também fazem parte do CLAD), o conselho de ministros que dirige o CLAD aprovou a declaração de Madri, *Uma nova gestão pública para a América Latina*, que definiu as bases da reforma gerencial para a região (CLAD, 1998). No CLAD, contei com a magnífica colaboração de Nuria Cunill Grau, e de toda uma equipe que soube naquele momento compreender a importância da mudança que estava ocorrendo. Nuria, ao promover a tradução de meus textos para o espanhol, ajudou a tornar meu trabalho conhecido na

América Latina. Para a realização do meu trabalho, além da equipe do MARE, contei com alguns apoios externos. Na área jurídica, Antônio Augusto Anastasia, que era então secretário executivo do Ministério do Trabalho foi de grande ajuda. Administrativista competente, ele me assessorou principalmente na formulação da Lei das organizações sociais. Depois, como secretário do Planejamento e vice-governardor de Minas Gerais, ele lideraria naquele estado uma grande reforma gerencial para a qual contou com a colaboração de um grande número de membros da equipe MARE. Entre os intelectuais brasileiros e estrangeiros, contei também com apoios significativos.[13]

A reforma gerencial de 1995 constituiu-se, inicialmente, de um documento, o *Plano Diretor da Reforma do Aparelho do Estado*, e de um projeto de emenda constitucional que, depois de três anos de discussão no Congresso, transformou-se na Emenda 19, de abril de 1998. Sobre esta emenda, já escrevi um trabalho, *Reflexões sobre a reforma gerencial brasileira de 1995* (Bresser-Pereira, 1999), que, embora não apresente os detalhes do processo de formulação e aprovação, contém uma análise de como busquei, além de informar a opinião pública (cuja atitude era positiva), formar uma coalizão política favorável a ela que envolvesse, de um lado, a alta burocracia pública brasileira (sem ela, nenhuma reforma poderia ser feita) e, de outro, os governadores e prefeitos das grandes cidades. Agora, quero apenas salientar a contribuição de dois colaboradores: a de Paulo Modesto, que garantiu alta qualidade jurídica ao texto original da emenda e trabalhou intensamente para que no Congresso o resultado fosse afinal satisfatório do ponto de vista jurídico, e a de Laura Rodrigues, minha assessora parlamentar, que trabalhou sem descanso e com efetividade.[14] Também foi importante, tanto para a concepção quanto para a aprovação da emenda no Congresso, a colaboração dos secretários de administração dos estados cujo fórum anual eu apoiei de forma decidida não apenas porque via nos secretários de administração aliados políticos na luta pela emenda constitucional, mas também porque sabia da importância da troca de experiências administrativas entre eles.[15] O maior obstáculo que ela enfrentou foi, curiosa-

[13] Entre os brasileiros, destaco aqui Yoshiaki Nakano, Marcus Mello, Peter Spink, Fernando Abrucio, Edson Nunes, Maria Rita Loureiro, Livia Barbosa e Eli Diniz; entre os estrangeiros, Adam Przeworski, Ben Ross Schneider, Philippe Faucher, Oscar Oszlak, Juan Prats y Catalá e José Alberto Bonifacio.

[14] A emenda 19 foi relatada no Congresso pelo deputado Moreira Franco.

[15] Naquela época não havia ainda sido criado o CONSAD (Conselho Nacional de Secretários de Estado de Administração), que o foi em 2000. A participação na reforma os unira e fortalecera, e talvez esse tenha sido um fato que levou à criação do conselho.

mente, interno. Fortalecido pelo fato de o presidente haver designado para ser seu interlocutor Eduardo Jorge Caldas Pereira, seu secretário geral, em vez de me ter atribuído o cargo, o relator designado para a reforma – o ex-governador do Rio de Janeiro, deputado Moreira Franco – tentou alterar a emenda e dar a ela seu toque pessoal; nessa tentativa, apenas complicou o texto e dificultou sua aprovação. Consegui, entretanto, levar a bom termo o trabalho. De um lado isso foi possível porque a emenda original era um documento sólido e coerente do ponto de vista jurídico e administrativo, e, de outro, porque, depois de dois anos de amplos debates e conversações, consegui o apoio da opinião pública, da alta burocracia pública, e – o que era o mais importante no momento – dos congressistas. E também porque Fernando Henrique manteve até o final seu apoio, percebendo que seu governo ficaria, entre outras coisas, marcado pela reforma gerencial.

O grande documento da reforma gerencial de 1995 foi o *Plano Diretor*. Decidi elaborá-lo na minha volta de Santiago de Compostela, usando como base a matriz que lá desenvolvi, e que a partir de então constituía a base das muitas conferências que eu realizava. Para escrever o documento, chamei dois competentes assessores, Caio Marini e Sheila Ribeiro, e forneci a eles o esquema do documento, que deveria começar por um diagnóstico, e, em seguida, resumir a proposta de reforma. Pedi também a colaboração de Regina Pacheco e de Marianne Nassuno, esta minha ex-aluna de mestrado em economia, para me ajudarem a pensar e pesquisar dados. A fim de levantar os dados para o diagnóstico, chamei meu ex-orientando de mestrado e doutorado, Nelson Marconi, que além de colaborar para o *Plano Diretor*, a partir de então se encarregou de formular uma nova política de recursos humanos e de estruturar e passar a publicar regularmente informações sobre a administração pública federal em um boletim estatístico regular – uma tarefa essencial dada a inexistência de uma publicação que organizasse, arquivasse e publicasse informações e dados sobre a administração federal.

A primeira versão do *Plano Diretor* ficou pronta em julho. Discuti o plano com todos os meus assessores, ao mesmo tempo em que continuava a debater a reforma em todos os fóruns em que tivesse oportunidade de participar. O número de conferências e de entrevistas aos jornais de que participei na época, em todo o Brasil, foi enorme. Informado por mim que o plano estava pronto, o presidente sugeriu que na sala oval de reuniões do Ministério do Palácio do Planalto houvesse uma reunião de todos os secretários executivos dos ministérios, para que eu apresentasse e discutisse o *Plano Diretor*. O objetivo era discutir as ideias com os principais responsáveis pela eventual implantação da reforma nos ministérios, e verificar se eles a aprovariam. Tratava-se de mais um teste crucial a que era submetida a reforma – um teste que se provou bem-sucedido porque todos os secretários executivos manifestaram sua concordância com as novas ideias. Em seguida, já em setembro, apresentei formalmente o *Plano Diretor* à Câmara da Reforma do Estado, constituída dos ministros mais diretamente interessados nas questões relativas à gestão pública. O plano foi aprovado com elogios. Entre estes, aquele que mais me marcou foi o de Martus Tavares, que representava o ministro do Planejamento e Orçamento naquela reunião, e que mais tarde viria a ocupar o cargo de ministro da pasta. Disse ele na ocasião: "pela primeira vez, vejo um programa coerente e completo de reforma do Estado".

Aprovado o plano pela Câmara da Reforma, providenciei sua publicação pela Imprensa Oficial. Ao mesmo tempo, sabendo que no Brasil, dada sua tradição jurídica formalista, os planos ou "livros brancos" precisam de uma chancela oficial, solicitei ao chefe da Casa Civil que levasse ao presidente para assinatura um decreto, portaria, ou qualquer outro instrumento afirmando que o *Plano Diretor* passava a ser uma política oficial do governo. Entretanto, por mais que insistisse, não logrei o que pedia, e não me foi dada nenhuma explicação razoável. A verdadeira explicação, entretanto, estava no fato de que os dois ministros do Planalto tinham problemas com a reforma gerencial. Eduardo Jorge, nas reuniões iniciais em que a emenda foi discutida com os ministros, expressou seu desacordo em relação a ela. Clóvis Carvalho, que tinha uma experiência na administração de empresas, e é um competente gestor e uma pessoa da melhor qualidade, apoiava a reforma, mas não a entendia. Confundia a reforma, que era necessariamente institucional, e exigia ampla modificação legislativa, com uma mudança de estratégia administrativa decidida informalmente pelo governo, como acontece nas empresas cujas reformas são apenas decididas por seus diretores. Para realizar a reforma gerencial, ele supunha que poucas mudanças institucionais eram necessárias. O mais importante seria introduzir nas diversas unidades do Estado o espírito e a prática gerencial como ela se manifesta, por exemplo, nos programas de qualidade total. Esta visão limitada manifestou-se durante os quatro anos em que estive à frente do MARE, e foi um obstáculo à reforma, já que o ministro chefe da Casa Civil tinha o controle da assinatura do presidente. Diferentemente do que acontece nos grandes ministérios, que têm ampla autonomia e orçamento para tomar decisões internas, o MARE era um ministério muito pequeno – na verdade uma

Secretaria da Presidência de nível ministerial – que, no entanto, requeria que suas políticas, uma vez que afetavam toda a administração pública, fossem aceitas por todos os demais ministérios. Por isso, a assinatura do presidente era essencial, e as dificuldades que tive em obtê-la foram enormes, por mais que eu procurasse um diálogo amigável e franco com Clóvis. Da Casa Civil vinham geralmente vetos; raramente ajuda. Não compreendia com a clareza necessária algo que estava expresso no próprio *Plano Diretor*: que a reforma tinha, além da dimensão gestão, a dimensão cultural e a institucional.

No caso do *Plano Diretor*, não obtive essa assinatura formal, de maneira que nos anos seguintes, embora o plano houvesse sido aprovado pela Câmara da Reforma do Estado, eu não podia usá-lo como fonte de autoridade. Este fato, entretanto, não impediu que a reforma avançasse no nível federal, e – o mais importante – que o plano se tornasse um marco de referência não apenas federal, mas nacional graças à ampla repercussão que teve também nos níveis estadual e municipal. Além do diagnóstico, o plano continha uma proposta de reforma inovadora e realista, que buscava fortalecer a organização do Estado, torná-la mais capaz e eficiente, e indicava os meios para isto, os quais não eram apenas estratégias de gestão, mas também mudanças estruturais nas diversas unidades ou organizações do Estado – mudanças na forma de propriedade como era o caso da criação das organizações sociais. Este fato foi reconhecido pela sociedade brasileira, e era isto o que mais importava.

Naqueles quatro anos, eu e os principais membros da minha equipe nos envolvemos em um grande debate nacional. O MARE era um ministério pequeno, com poder muito limitado, mas nós o transformamos em uma fonte de ideias e em um espaço de debates. Para isso, além das muitas palestras, escrevi bastante: artigos de jornal; vários *papers* entre os quais um sobre os *direitos republicanos* – um trabalho, portanto, de teoria política que, segundo observou meu amigo e grande administrativista Celso Antônio Bandeira de Melo, constitui a base teórica mais geral da reforma que estava propondo; escrevi um livro, *Reforma do Estado para a cidadania* (1998); também organizei, respectivamente, com Peter Spink (1998), Nuria Cunill Grau (1998), e Jorge Whilheim e Lourdes Sola (1999), três livros; e o MARE e a ENAP passaram a publicar textos para discussão. Eu brincava com minha equipe e, principalmente, com Letícia Schwarz e Vera Petrucci, que estavam mais diretamente envolvidas no trabalho de difusão das ideias e organizaram um dos primeiros livros sobre a reforma (1999), dizendo, "nosso ministério pode ser pequeno e não ter poder, más nós transformamos o MARE e a ENAP em uma pequena universidade". Não era bem verdade, mas indicava o quanto, naquele momento, o poder do Estado se confundia com o poder das ideias.

Responsabilização, governança e democracia participativa

Do ponto de vista estrutural, a característica fundamental da reforma gerencial é a de associar formas de propriedade distintas a tipos de atividades também distintas; mais especificamente é a de transferir as atividades não exclusivas de Estado para o setor público não estatal. A transformação dos serviços exclusivos de Estado em agências executivas ou em agências reguladoras depende de operarem em mercados monopolistas e terem como papel principal a definição de preços como se mercado houvesse (agências reguladoras), ou simplesmente estarem diretamente encarregadas da execução das leis e das políticas públicas (agências). As agências realizam principalmente trabalhos de certificação e de fiscalização com autonomia administrativa, com as agências executivas diferenciando-se das reguladoras pelo fato de que as últimas definem os preços como se mercado houvesse, para isso devendo ter certa autonomia decisória. Já as organizações sociais são entidades sem fins lucrativo, públicas não estatais, financiadas pelo Estado, e por ele controladas através de contrato de gestão com definição de indicadores de desempenho. Esta é uma definição geral; não faz sentido uma definição legal, porque além da Lei federal, um grande número de estados e municípios definiram legalmente as organizações sociais. No quadro da reforma gerencial, Ruth Cardoso, preocupada em estabelecer um marco jurídico mais claro para as entidades "públicas não-estatais"" promoveu a Lei das OSCIPs (Organização da Sociedade Civil de Interesse Público).

Na medida em que cada organização de interesse público logra ser reconhecida como OSCIP, passa a gozar de vantagens fiscais. A condição de OSCIP é mais ampla do que a de organização social, porque uma entidade sem fins lucrativos que já é uma OSCIP pode também ser considerada uma organização social; nesse caso deverá ter um contrato de gestão com o Estado. A condição de "organização social" é atribuída pelo Estado mais seletivamente porque, em princípio, apenas grandes organizações de interesse público não estatais justificam que se estabeleça um contrato de gestão; nos demais casos, basta um convênio quando o Estado lhes transferir recursos.

Há adversários da reforma que ainda insistem a afirmar que as organizações sociais são uma forma de "privatização" do Estado – o que não faz o menor sentido. Na verdade, garantem maior autonomia e flexibilidade a atividades que não são exclusivas do Estado, como é o caso dos serviços sociais, culturais e científicos. Possibilitam uma operação muito mais eficiente, ao mesmo tempo em que o Estado mantém o controle sobre a qualidade e o direcionamento desses serviços através do contrato de gestão e auditoria por resultados. No caso da reforma gerencial de 1995, graças ao trabalho de Ângela Santana e de Humberto Falcão Martins, e ao espírito de inovação dos cientistas, logramos transformar em organização social alguns centros de pesquisa científica, que, com isso, ganharam autonomia e eficiência. Muitos estados e município adotaram o modelo das organizações sociais, no caso de Minas Gerais, com o nome de OSCIPs. O maior êxito em termos de ganho em eficiência com organizações sociais é o caso das 15 grandes organizações sociais hospitalares do Estado de São Paulo, criadas no governo Mário Covas – não por acaso um dos maiores estadistas que o Brasil teve no século XX. Estudos realizados mostram que apresentam alta qualidade médico-hospitalar e custos substancialmente menores que os dos hospitais estatais. Um recente e amplo estudo de Costa, Ribeiro e Mendes mostra que os hospitais OS apresentam evidências de maior eficiência e qualidade do que os hospitais estatais; menor taxa de mortalidade, menor tempo de permanência em leitos e em cirurgia, maior taxa de ocupação e rotação de leitos. As organizações sociais também provaram-se melhores em eficiência técnica (maior quantidade de altas por ano/leitos), menor gasto/leito e também menor gasto/alta. Uma classificação pelo Índice de Eficiência Organizacional demonstra que 9 dentre os 10 hospitais mais eficientes são OS. O estudo também demonstra que a variação percentual de 1 ponto nos recursos alocados nas OS gera um incremento de 0,47 na quantidade de altas, enquanto e a variação percentual de 1 ponto nos recursos alocados nos hospitais tradicionais gera um aumento de 0,22. A comparação entre hospitais OS e tradicionais revela que as OS possuem um orçamento 8,1% maior, saídas 42,8% maiores, ocupação 22,6% maior e custo médio 24,3% menor.[16]

Talvez o aspecto mais interessante dessa transferência da execução dos serviços sociais, culturais e científicos para as organizações públicas ou de interesse público não estatais é o fato de que essa forma de realizá-los permite que

[16] Estudo realizado pelo Banco Mundial (Rinne, 2007) que chegou a conclusões recentes. Embora não seja simples a comparação de custos por paciente, estima-se que para a mesma qualidade dos serviços, as organizações sociais hospitalares apresentam um custo pelo menos 25% menor do que os verificados nos hospitais estatais (onde o quadro de pessoal é formado por servidores estatutários).

o Estado se limite a contratar servidores estatutários de alto nível que, além de participarem junto com os políticos da formulação das políticas públicas, encarregar-se-ão de contratar os serviços e verificar sua execução. Dessa forma, o Estado, ainda que possa e deva ser grande do ponto de vista da despesa se pretende ser um Estado social, pode ser pequeno em termos de quadro de pessoal, e contar com funcionários altamente bem treinados e bem pagos que supervisionem os serviços não exclusivos de Estado. Uma mudança dessa natureza não acontece do dia para a noite. Nem tem um único caminho para chegar a bom termo. Trata-se, porém, de uma mudança que está ocorrendo em todo o mundo, porque aumenta a eficiência e a efetividade do Estado.[17]

Já sob o ângulo da gestão, a grande mudança trazida pela reforma gerencial foi em relação às formas de *responsabilização* (*accountability*) ou de controle. O primeiro trabalho em que discuti o tema de maneira sistemática foi *A reforma do Estado nos anos 1990: Lógica e mecanismos de controle* (1997), no qual apresentei um amplo "leque de formas de controle" e identifiquei quais eram próprios de uma administração pública gerencial. A partir dali, passei a distinguir a forma burocrática da forma gerencial pelos mecanismos de controle ou de responsabilização que usam. Como resume o Quadro 3, enquanto a alta burocracia pública está baseada no controle por supervisão direta, em regulamentos precisos, e na auditoria de procedimentos, a gerencial baseia-se na responsabilização por resultados, na competição administrada por excelência, na responsabilização social e na auditoria de resultados. Não se trata de mudanças radicais, porque as antigas formas ainda se mantêm, apenas perdem importância relativa. Mas a mudança da ideia de controle para responsabilização mostra que a abordagem é muito diferente. A responsabilização é também uma forma de controle, uma forma de exercício do poder, mas é uma forma que envolve o próprio controlado na medida em que o torna responsável perante o superior hierárquico e, mais amplamente, perante a sociedade. Esta, em particular, exerce influência sobre a administração pública e mais amplamente também sobre o sistema constitucional-legal através da responsabilização social. Nos meus primeiros trabalhos, eu falava de *controle social*, que corresponde à ideia de responsabilização social, mas esta é uma expressão mais adequada quando nos referimos à administração pública gerencial em sociedades democráticas.

---

[17] No Brasil, no governo Lula, houve, nesta matéria, um retrocesso: o governo passou a realizar concursos públicos para um grande número de carreiras que claramente não envolvem poder de Estado.

Desde o *Plano Diretor*, dei ênfase ao papel da responsabilização social na administração pública gerencial. Esta ênfase não estava clara na minha primeira conceituação da reforma. Por isso, em uma exposição que fiz à Comissão do Trabalho da Câmara dos Deputados, por volta de maio de 1995, não mencionei o controle social. Minha velha amiga, Maria Conceição Tavares, da forma indignada que lhe é peculiar, cobrou-me o fato. Não precisou de um minuto para me convencer, porque a falta de menção ao controle ou à responsabilização social fora um problema de esquecimento. Sempre atribuí um papel importante às organizações da sociedade civil no controle e na assessoria aos políticos. A democracia participativa que muita gente pensa ser mera utopia é algo possível se a pensarmos não como uma alternativa à democracia representativa, mas como uma forma de democracia na qual os cidadãos, organizados em entidades públicas não estatais de advocacia política ou de responsabilização social, têm um papel muito maior na definição de políticas públicas e na sua fiscalização do que na simples democracia representativa. A democracia continua representativa, no sentido em que cabe aos políticos eleitos representar os eleitores, mas os políticos e a alta administração pública que formulam políticas públicas passam a ser responsabilizados não apenas a cada quatro anos, nas eleições; graças às organizações públicas não estatais de responsabilização social, são ou podem ser responsabilizados no dia a dia.

Quadro 3: Formas de responsabilização

Administração burocrática	Gestão ou administração gerencial
Supervisão direta	Responsabilização por resultados
Regulamentos precisos	Competição administrada por excelência
Auditoria de procedimentos	Responsabilização social
–	Auditoria de resultados

Desde a década de 1990, a partir das Nações Unidas e do Banco Mundial, em vez de se falar em administração pública, passou-se muitas vezes a se falar em "governança". Esta expressão, entretanto, no nível nacional, não é substituta de administração pública, mas de "governo". Além de significar o grupo de pessoas que dirigem o Estado, significa o processo de governar.[18] *Governo*, em uma sociedade democrática, é o processo através do qual uma elite de políticos vitoriosos em eleições e de altos burocratas públicos dirige o Estado-nação; já *governança* significa que desse processo participa um grupo maior de pessoas e entidades. Significa que nesse governo existe em maior grau responsabilização social. Governança democrática e *democracia participativa* são, portanto, expressões semelhantes. Uma sociedade onde prevalece a governança democrática é uma sociedade em que o Estado enquanto sistema constitucional-legal está deixando de ser uma mera democracia representativa para ser uma democracia participativa. Neste quadro, a administração pública gerencial, ao substituir o controle pela responsabilização, e ao dar à responsabilização social um papel político maior, é uma forma mais compatível com a democracia do que a administração pública burocrática. Esta foi pensada no quadro pré-democrático, do Estado liberal, que se limitava a garantir as liberdades ao Estado de direito ou aos *direitos civis*. O Estado democrático garantiu, adicionalmente, os *direitos políticos* – o sufrágio universal – e o Estado democrático social, os *direitos sociais*, e, mais amplamente, os *direitos republicanos* – o direito de cada cidadão de que o patrimônio público seja utilizado para fins públicos (Bresser-Pereira, 1997b). Ora, a garantia dos direitos sociais e, mais amplamente, dos direitos republicanos, entre os quais avulta o direito ao ambiente natural protegido, não é própria da administração pública burocrática e do Estado liberal, mas da gerencial, de um Estado social e de uma democracia cada vez mais participativa.

Fracasso na universidade, êxito no SUS

Na primeira reunião da Câmara da Reforma do Estado, com a presença de Fernando Henrique, defini como objetivos de minha gestão no MARE promover a reforma gerencial do aparelho do Estado e contribuir para o necessário ajuste das contas públicas. Em relação ao primeiro objetivo, dividi os ministérios em três grupos: os econômicos, os de infraestrutura, e os sociais, e afirmei que daria prioridade aos últimos. Os primeiros tinham dinheiro e bons administradores economistas, argumentei; os segundos, não tanto dinheiro naquela época, mas bons administradores engenheiros; os da área social e científica,

[18] Faço essa restrição porque, em inglês, *government* não é um processo, mas sinônimo de Estado.

porém, não tinham nem dinheiro nem bons administradores, e não contavam com carreiras de administradores públicos. Por isso, daria prioridade a eles. Disse isto aos membros da Câmara e a Vilmar Faria, o extraordinário assessor especial do presidente que viria a ser um dos segredos do bom êxito do governo Fernando Henrique na área social. E me pus a campo. Verificaria em breve que o problema era saber se aqueles que eu queria auxiliar desejavam ajuda.

Em relação ao segundo problema, tive menos êxito. Acreditava que o Estado poderia prestar serviços sociais, científicos e culturais em maior quantidade e com melhor qualidade desde que esses serviços fossem administrados com mais eficiência. Embora a área social fosse uma prioridade muito clara no governo Fernando Henrique, o Ministério da Fazenda não estava interessado em um projeto que aliasse a reforma gerencial às ações do governo na área social. Por outro lado, usando minha antiga experiência como ministro da Fazenda, em 1987, procurei dar à reunião mensal da Subcâmara da Reforma do Estado um papel ativo no ajuste fiscal, principalmente no que dizia respeito à extinção ou à redução de órgãos que haviam perdido sentido dentro do aparelho do Estado. Essa subcâmara incluía os secretários executivos dos ministérios presentes na Câmara, além do MARE, Casa Civil, Fazenda e Planejamento. Seja porque a Fazenda não estava muito interessada em ajuste (só se preocupava com a consolidação do Plano Real, custasse o que custasse), ou porque a Casa Civil não estava satisfeita com o papel desempenhado pelo MARE nesta subcâmara, as reuniões desta foram interrompidas. O MARE, entretanto, logrou um tento quando, com a participação ativa de Pedro César de Farias, coordenamos um grupo de trabalho composto também pela Casa Civil e ministérios do Planejamento e Fazenda para propor uma reestruturação do governo, seguindo diretrizes do Plano Diretor. Como resultado, órgãos com a SUNAB, INAN, CEME e FAE foram extintos, e propuseram a criação da Agência de Vigilância Sanitária. Ainda no quadro da reforma, e com origem não no MARE mas no Ministério do Planejamento, foi aprovada uma lei – a Lei de Responsabilidade Fiscal – que teria um papel importante nos esforços de ajuste fiscal não apenas no nível federal mas também estadual e municipal. Esta lei vinha completar a reforma financeira do Estado brasileiro que começara 13 anos antes, com o fim da Conta Movimento do Banco do Brasil – uma reforma da qual participei como ministro da Fazenda em 1987, encaminhando para assinatura presidencial os últimos documentos necessários para sua realização. A participação do MARE na área fiscal foi a de desenvolver os sistemas de compras públicas por pregão, e contribuir para a melhoria dos sistemas de controle do gasto público realizado através do SIAFI, do SIDOR, do SIAPE e do SIASG – os dois últimos sistemas diretamente administrados pelo MARE.[19] Tais sistemas de registro do gasto público também denominados de sistemas estruturantes, ou sistemas transversais de gestão, ampliaram a transparência do gasto público; não lograram, entretanto, dotar o país de um sistema de controle orçamentário efetivo na medida em que o orçamento brasileiro continua a ser autorizativo (autoriza as despesas), não impositivo como deveria ser.

Fracasso na educação, sucesso na saúde

Nos meus quatro anos à frente do MARE, houve sucessos e fracassos. O pior dos fracassos foi na educação superior; o maior sucesso, na saúde. Conto primeiro o fracasso. Quando assumi o MARE, já tinha clara para mim a ideia da organização social, e estava convencido de que as primeiras organizações federais que deveriam se transformar em organizações sociais eram as grandes universidades públicas federais. O fato de estas universidades serem estatais era e continua a ser a principal causa de sua alta ineficiência. Eram tão ineficientes quanto as universidades estatais francesas e alemãs – batidas em toda linha pelas universidades americanas –, onde professores de alta qualidade dedicados à sua tarefa de ensino e pesquisa vivem lado a lado e recebem os mesmos salários que professores incompetentes e ociosos. Conhecia bem as universidades americanas; ainda que os americanos as classificassem como "privadas" e "públicas", na verdade nenhuma é estatal; na prática, são todas um tipo especial de organização social, já que não têm servidores públicos em seus quadros, contam com ampla autonomia administrativa e financeira, e são altamente competitivas entre si. Sabia que a Grã-Bretanha havia feito uma grande reforma nessa direção. Nos primeiros dias do ministério, ajudado por minha amiga e competente analista da administração pública brasileira Gilda Portugal Gouvêa, assessora especial do ministro Paulo Renato de Souza, levei minha proposta ao Ministério da Educação. Depois de algumas reuniões das quais participaram quase toda a equipe dirigente do Ministério da Educação, o ministro decidiu adotar a proposta. Entretanto, três meses depois, enquanto ainda estávamos nos preparando para formular a reforma, a ideia tornou-se pública, e surgiram as

---

[19] SIAFI (Sistema Integrado de Administração Financeira); SIDOR (Sistema Integrado de Dados Orçamentários); SIASG (Sistema Integrado de Administração de Serviços Gerais).

inevitáveis críticas de "privatização" das universidades. A crítica mais violenta foi feita pelo reitor da Universidade Federal de São Carlos. Estas críticas sensibilizaram o secretário do ensino superior, Décio De Zagottis, e também Eunice Durham, assessora especial do ministro, que não haviam se convencido plenamente da necessidade da reforma quando a discutimos e aconselharam Paulo Renato a abandonar o projeto – o que ele fez. Doze pró-reitores da Universidade de Brasília, que Darcy Ribeiro havia criado em 1960 de acordo com um modelo jurídico-administrativo semelhante ao das organizações sociais, fizeram-me uma visita para pedir que insistisse com o ministro no projeto da universidade. Clóvis Carvalho ainda tentou convencê-lo, em conjunto comigo, de que era um erro, mas também não teve êxito. Sete anos depois, quando Paulo Renato estava terminando seu trabalho na direção do Ministério da Educação, depois de uma longa greve dos professores universitários, me disse: "Bresser, você tinha razão, a única solução para a universidade federal é a organização social".

O maior sucesso da reforma aconteceu em relação ao Sistema Unificado de Saúde (SUS). O êxito aí ocorreu nos planos institucional, cultural e da gestão. A decisão de criar o SUS foi da Constituição de 1988, na qual se estabeleceu o direito universal aos cuidados de saúde. Entretanto, não estavam disponíveis nem os recursos orçamentários nem a organização administrativa necessários para transformar o dispositivo constitucional em realidade. Organizado segundo a Norma Operacional Básica 93, o SUS vivia em plena crise. No final do governo Fernando Henrique, o quadro havia mudado completamente. Em 2005, o ex-deputado Eduardo Jorge Martins Alves Sobrinho, grande médico sanitarista brasileiro, disse em uma reunião internacional sobre o aquecimento global à qual eu estava presente: "Vocês deviam fazer o que nós fizemos na saúde, porque na saúde nós temos o SUS que é um sistema extremamente barato, pois custa 85 centavos de dólar *per capita* por ano, quase dez vezes menos que em outros países mais ricos, e fornece um serviço bastante razoável para os pobres no Brasil. Como conseguimos este resultado? Com duas coisas, mobilização e descentralização". De fato, embora os serviços do SUS estejam longe de serem os ideais, são bons em face dos recursos de que dispõem; pesquisas recentes mostram os níveis de satisfação com o SUS no Brasil por classe social; o grau de satisfação dos pobres, que dele se servem, é bem superior ao dos 25% mais ricos, que não utilizam o sistema e sim convênios particulares.

Como ocorreu a mobilização e a descentralização a que se referiu Eduardo Jorge? Houve mobilização da sociedade, especialmente dos médicos sanitaristas que se associaram a mães de família e formaram uma grande comunidade de advocacia pública. Esta mobilização política foi um fator decisivo para que hoje o Brasil se transformasse em um dos únicos países em desenvolvimento do mundo, se não no único, que possui um sistema universal efetivo de cuidados de saúde. Os Estados Unidos até hoje não têm um sistema como este, lá existindo quase 50 milhões de cidadãos sem assistência de saúde. Aqui, todos contam com essa assistência, que não é ótima mas razoável. A mobilização foi fundamental para a implantação do SUS e continua sendo para a sua gestão, que, no quadro dos princípios da democracia participativa, ocorre através dos conselhos municipais de saúde, que são atuantes em todo o Brasil.

O segundo fator importante para o sucesso do SUS foi a NOB 96, a "descentralização" a que se referiu Eduardo Jorge ou, mais precisamente, a aplicação dos princípios da administração pública gerencial no SUS. Eu trouxe as novas ideias da minha visita à Inglaterra. E, além da experiência britânica, inspirei-me também na da Catalunha. Seguro de que eu tinha um bom sistema a propor, ao mesmo tempo inovador e adaptado à realidade brasileira, escrevi um documento, que depois se transformou no capítulo "Reforma Gerencial da Saúde" de meu livro *Reforma do Estado para a cidadania* (1998), e manifestei ao ministro da Saúde, Adib Jatene, o desejo de fazer uma palestra sobre o assunto em seu ministério. Não logrei, entretanto, convencer os presentes que, naqueles primeiros meses, ainda me viam como um neoliberal, e só fizeram críticas à minha proposta. Aproximadamente um mês depois, no auditório Petrônio Portela do Senado, onde acontecia uma grande reunião do sistema de seguridade brasileiro, fiz uma outra palestra e a reação foi semelhante. Ao mesmo tempo, em três ocasiões, procurei explicar a Jatene minha proposta de reforma gerencial com a descentralização do SUS para os municípios. Mas como a NOB 93, então em vigor, visava também a descentralização – e também porque naquele momento o grande cirurgião estava justamente lutando para obter uma fonte de financiamento orçamentária estável para o SUS – e nas três ocasiões ele me respondeu que aquilo que eu propunha era o que ele estava fazendo.

A situação estava ficando desesperadora para mim. A reforma na saúde corria o mesmo risco do que ocorrera com a educação superior. Mas tive, então, uma ideia salvadora. Em agosto de 1995, telefonei para José Carlos Seixas, que era o secretário-executivo do Ministério da Saúde, e meu velho amigo e companheiro de trabalho no governo Montoro – um homem público inteligente e corajoso e um grande sanitarista. Disse ao Seixas um pouco sério, um pouco brincando: "Seixas, o seu ministro está me desclassificando", e continuei: "Toda vez que eu digo a ele que eu tenho um novo modelo de descentralização para o SUS, ele diz que é isso exatamente o que está fazendo. Gostaria que você viesse aqui ao MARE, e me reservasse uma tarde completa para que eu possa explicar no que consiste a reforma que eu estou propondo. Se você aceitar, ótimo; se rejeitar, desisto." Na semana seguinte, depois de duas horas e meia de explicação, argumentação e respostas a dúvidas, Seixas disse que concordava. Pensei em começar a escrever a nova NOB junto com ele, mas percebi que isso não era razoável, dada a complexidade do problema e a necessidade de participação dos sanitaristas e da sociedade. Chamei então meu assessor, Luís Arnaldo Pereira da Cunha Jr. Apresentei-o ao Seixas, e disse que a partir dali ele deveria assessorar diretamente o Seixas, que conduziria todo o trabalho; como eu era "neoliberal", não participaria dos debates que seriam necessários; o comando da reforma seria do Seixas e do seu ministro, que ele se encarregaria de convencer. A estratégia teve êxito. O Seixas discutiu o sistema no Brasil inteiro com todas as comissões bipartites e tripartites da saúde, as quais são muito importantes no modelo de gestão compartilhada do sistema nacional de saúde. Dois dias antes de deixar o cargo ao final de 1996, Adib Jatene assinou a NOB 96, começando, assim, a reforma gerencial do sistema de saúde pública brasileiro.

Antes da implantação desta norma, as Autorizações de Internação Hospitalar (AIHs) eram repassadas aos hospitais que, por sua vez, atendiam a população local. Oferta e demanda eram assim confundidas. Os municípios que possuíam hospitais recebiam muitas AIHs, enquanto que os municípios que não as possuíssem ficavam muito mal servidos. Não havia uma distribuição racional das verbas orçamentárias, e o sistema de consultas médicas e triagem se confundia com o de prestação do serviço hospitalar. A partir da NOB 96, o novo sistema começou a ser implantado gradualmente, de forma que, nos municípios que se revelavam capazes de se autoadministrar, as AIHs, em vez de serem entregues aos hospitais, passaram a ser distribuídas às prefeituras aproximadamente na proporção de sua população. Recebem, assim, AIHs aqueles que necessitam utilizar o serviço e não aqueles que os ofertam. Esta separação entre procura e oferta é fundamental no sistema gerencial. A procura ou o atendimento inicial e a triagem são realizadas geograficamente por centros de saúde das prefeituras de acordo com o local de residência da pessoa, enquanto a oferta é feita competitivamente por hospitais que não precisam estar no mesmo município. O prefeito, seu secretário de Saúde, e o respectivo Conselho Municipal de Saúde administram todo o sistema. Sua autoridade direta é sobre o sistema de demanda; indiretamente, exercem poder sobre os hospitais autorizados a prestar serviços ao SUS, que podem ser estatais, organizações sociais, beneficentes, ou privados.

O poder indireto sobre os hospitais está no fato de que os municípios podem escolher os hospitais não apenas de acordo com sua localização, mas também de acordo com a qualidade de seus serviços. O sistema, na prática, não funciona exatamente assim; é muito grande e muito complexo para poder ser explicado de maneira tão simples. Mas as ideias centrais que orientam a administração do sistema universal de saúde brasileiro são essas. Elas foram adotadas pela comunidade da saúde, de forma que como eu pude averiguar na reunião de que participei do Conselho Nacional de Saúde, no último ano de meu ministério, essa comunidade está plenamente identificada com a NOB 96, que julga corretamente ser uma criação dela. Foi a adoção dos princípios que estão nela definidos a causa fundamental do relativamente bom desempenho de um serviço tão fundamental. O SUS é hoje uma das grandes realizações da sociedade e do Estado brasileiros. A sociedade civil brasileira, portanto, se mobilizou para que houvesse no Brasil um sistema universal de saúde, e o Estado brasileiro não só buscou junto à sociedade os recursos orçamentários mínimos necessários, mas também, através de altos sanitaristas e gestores que dirigem o SUS, está realizando uma reforma segundo os princípios gerenciais.

Conclusão

Termino este artigo sobre os primeiros passos da reforma gerencial de 1995 ou reforma da gestão pública de 1995 com uma referência à decisão do presidente Fernando Henrique de extinguir o MARE. Um acadêmico chegou a escrever um trabalho no qual apresentava esse fato como a "prova" de que a reforma fracassara. Esta inferência até poderia ser correta se a extinção do MARE e a passagem de suas funções para o Ministério do Planejamento e Orçamento, que a partir de janeiro de 1999 passou a ser também "da Gestão", tivesse ocorrido porque o presidente chegara à conclusão que a reforma gerencial foi malsucedida. Na verdade, a inferência não faz qualquer sentido, seja porque a sugestão de extinção foi minha, ou porque no capítulo 9, "Estado e crescimento econômico" do livro que Fernando Henrique escreveu sobre sua presidência, *A arte da política: A história que vivi* (2006), em um capítulo dedicado principalmente à reforma gerencial de 1995, ele mostra satisfação e orgulho em havê-la realizado em seu governo.

Por que, então, no início de 1998, faltando um ano para terminar seu primeiro mandato, eu propus ao presidente que no início do governo seguinte, para o qual ele provavelmente seria reeleito, o MARE fosse integrado ao Ministério do Planejamento? Essencialmente, porque com base na experiência dos Estados Unidos e do Chile eu fiquei então convencido de que a reforma gerencial poderia avançar mais se estivesse em um ministério com o poder derivado da elaboração do orçamento federal. Quando visitei Washington, o vice-ministro (subsecretário) da administração assinalou que o "segredo" de sua ação derivava do fato de que sua sala estava literalmente ao lado da sala do vice-ministro do orçamento. No Chile, a implantação de planos estratégicos com contratação de metas pelas organizações do Estado estava sendo feita pela Secretaria do Orçamento (Dirección del Pressupuesto) vinculada ao Ministério da Fazenda. O MARE não tinha esse poder. Dependia exclusivamente de sua capacidade de convencimento. E nessa matéria fora bastante bem-sucedido. Mas administração não se faz apenas através de persuasão. Esta é importante, mas precisa ser combinada com decisão, e, para isso, era aconselhável transferir as funções do MARE para o Ministério do Planejamento, que tem o poder do orçamento.

O MARE não tinha condições de implementar reformas que dependessem de decisões orçamentárias, não tinha poder, por exemplo, para tornar obrigatória contratualização e autonomia gerencial. Hoje, entretanto, tendo a acreditar que teria sido melhor termos mantido o MARE, desde que o respectivo ministro contasse com a autoridade do presidente. Afinal, uma reforma administrativa só logra êxito se, além de responder às necessidades reais da administração pública, contar com o empenho pessoal do chefe do governo. Os estados da federação não têm dúvida a respeito, já que em vinte deles existem secretarias da Gestão ou da administração separadas das secretarias do Planejamento. O ministro do planejamento fica de tal forma concentrado no orçamento que acaba deixando as reformas estruturais e a melhoria da gestão pública em segundo plano. Para agir nesta área, não é preciso muito poder; o que é necessário para o ministro é ter uma orientação correta, ser respeitado pelos seus pares e pela alta administração pública, e contar com o respeito e o apoio do presidente. Eu contei com tudo isso, e por isso pude dar os primeiros passos em uma reforma que ainda precisa caminhar muito para poder ser julgada completa.

Referências

Barzelay, Michael. *Breaking through bureaucracy*. Berkeley University of California Press, 1992.

Bresser-Pereira, Luiz Carlos. "A reforma do aparelho do Estado e a Constituição de 1988". Texto para Discussão ENAP nº 1, 1995. Disponível em www.bresserpereira.org.br Também em *Revista del CLAD – Reforma y Democracia* 4, 1995, pp. 7–24.

Bresser-Pereira, Luiz Carlos. "Da administração pública burocrática à gerencial". *Revista do Serviço Público*, 47(1) janeiro 1996, pp. 7-40. Republicado em: Bresser-Pereira e Spink (orgs.). *Reforma do Estado e administração pública gerencial*. Rio de Janeiro, Fundação Getulio Vargas, 1998, pp. 237–270.

Bresser-Pereira, Luiz Carlos. "A reforma do Estado nos anos 90: Lógica e mecanismos de controle". *Lua Nova – Revista de Cultura Política*, n° 45, 1998, pp. 49-95. Originalmente publicado em *Cadernos MARE da Reforma do Estado*, nº 1, 1997.

Bresser-Pereira, Luiz Carlos. *Reforma do Estado para a cidadania*. São Paulo, Editora 34, 1998.

Bresser-Pereira, Luiz Carlos. "Reflexões sobre a reforma gerencial brasileira de 1995". *Revista do Serviço Público* 50(4), 1999, pp. 5-28.

Bresser-Pereira, Luiz Carlos. *Construindo o Estado republicano*. Rio de Janeiro, Fundação Getulio Vargas, 2008. Tradução de *Democracy and Public Management Reform*. Oxford, Oxford University Press, 2004.

Bresser-Pereira, Luiz Carlos. *Macroeconomia da estagnação*. São Paulo, Editora 34, 2007a.

Bresser-Pereira, Luiz Carlos."The structural public governance model". *International public management review*, 2007b, pp. 16–30.

Bresser-Pereira, Luiz Carlos e Cunill Grau, Nuria (orgs.). *O público não estatal na reforma do Estado*. Rio de Janeiro, Fundação Getulio Vargas, 1999.

Bresser-Pereira, Luiz Carlos e Spink, Peter (orgs.). *Reforma do Estado e administração pública gerencial*. Rio de Janeiro, Fundação Getulio Vargas, 1998.

Bresser-Pereira, Luiz Carlos; Wilheim, Jorge e Sola, Lourdes (orgs.). *Sociedade e Estado em transformação*. São Paulo, UNESP, 1999.

Cardoso, Fernando Henrique. *A arte da política: A história que vivi*. Rio de Janeiro, Civilização Brasileira, 2006.

CLAD. *Uma nova gestão pública para a América Latina*. Caracas, CLAD – Centro Latinoamericano de Administración para el Desarrollo, 1998. Documento em espanhol, português e inglês preparado pelo Conselho Científico e aprovado pelo Conselho Diretor do CLAD, 14 de outubro, 1998. Disponível em www.bresserpereira.org.br

Costa, Nilson do Rosário e Ribeiro, José Mendes. "Estudo dos modelos das organizações em hospitais públicos." In: *Fundação para o desenvolvimento científico e tecnológico em saúde – Fiotec e Banco Mundial*, 2005.

Fairbrother, Peter. *Politics and the State as employer*. Londres, Mansell, 1994.

Graeff, Eduardo. "Luta de classes no Brasil". *Folha de S. Paulo*, 3/7/2008.

MARE – Ministério da Administração Federal e Reforma do Estado. *Plano Diretor da Reforma do Aparelho do Estado*. Brasília, Imprensa Nacional, novembro de 1995. Plano aprovado pela Câmara da Reforma do Estado da Presidência da República em setembro de 1995.

Osborne, David e Gaebler, Ted. *Reinventing government*. Reading, Mass., Addison-Wesley, 1992.

Pollitt, Christopher. *Managerialism and the public service*. Segunda edição. Oxford, Blackwell, 1993.

Pollitt, Christopher. "From there to here, from now till then: Buying and borrowing public management reforms". Keynote address to Clad Ninth International Conference. Madri, 3 de novembro de 2004.

Pollitt, Christopher e Geert Bouchaert. *Public Management Reform*. Oxford, Oxford University Press, 2000.

Rinne, Jeffrey. "Mejorando el desempeño del sector salud en Brasil: Comparación entre distintos modelos de hospitales". *Revista del Clad – Reforma y Democracia* 37, 2007, pp. 101–40.

O fortalecimento do terceiro setor no governo Fernando Henrique Cardoso

Simone de Castro Tavares Coelho

Os oito anos de governo Fernando Henrique configuraram e fortaleceram um novo tipo de articulação social, inspirado em modelos amplamente difundidos na Europa e na América do Norte. De fato, a crise do *welfare state*, quando se evidencia a incapacidade do Estado de responder sozinho às necessidades sociais, impõe um modelo de cooperação onde mercado e sociedade civil são convocados a contribuírem para o enfrentamento dessas questões.

De um modo geral, a abertura de espaços de diálogo no Brasil provoca uma proliferação de interlocutores. Foi assim durante o processo de democratização na década de 1980, quando a constituição de fóruns e conselhos estimularam o surgimento de movimentos sociais.

A partir da década de 1990 emerge uma nova visão de desenvolvimento, partindo da compreensão de que o crescimento econômico não é suficiente para a dinamização da sociedade e a diminuição da exclusão social. A premissa que impera é a de que é preciso desenvolver os capitais social e humano de uma nação. Esse desenvolvimento não depende exclusivamente da capacidade da sociedade de gerar riquezas e, para combater a pobreza, é necessário desenvolver as competências e habilidades pessoais e sociais para que os indivíduos possam – por si próprios ou coletivamente – satisfazer necessidades e melhorar a qualidade de vida.

A partir da década de 1990, observamos que a sociedade brasileira vai ampliando e transferindo crescentes responsabilidades para o terceiro setor, seja pela ausência do Estado – em seu sentido mais negativo, injusto e socialmente irresponsável –, seja pela assunção espontânea e crescente de iniciativas por parte da sociedade civil.

Mais criativamente comprometido com o êxito do terceiro setor, o governo Fernando Henrique entendeu que este apresentava uma eficiência redistributiva e eficácia agregadora, passando o Estado a respeitar mais amplamente a autonomia das iniciativas societárias de inspiração solidarista, dispondo-se a substituir, gradualmente, a tutela pela parceria.

Em consonância com um entendimento presente em vários países do mundo, a partir de meados da década de 1990, algumas esferas governamentais reconhecem a crescente importância do terceiro setor como fenômeno histórico, cujo impacto, além de economicamente estratégico, transcende a economia, ultrapassa o mercado e faz sentir seus efeitos em todas as esferas-chave para a construção e a consolidação de uma ordem social verdadeiramente democrática.

Nessa perspectiva, o governo Fernando Henrique buscou substituir ações e programas exclusivamente assistencialistas, por ações que privilegiassem a autonomia de iniciativas societárias e de parcerias. De fato, foi o primeiro governo a reconhecer a importância dessas iniciativas descentralizadas, comandadas por atores distintos e que, apesar de atuarem segundo lógicas próprias, visavam bens e serviços públicos ou coletivos.

Se por um lado havia o reconhecimento da importância da atuação dessas organizações no enfrentamento das questões sociais, por outro lado, chamava a atenção também as práticas pouco institucionalizadas e apenas raramente políticas.

A diversidade do que era considerado, juridicamente, como organização sem fins lucrativos – clubes, hospitais, instituições de ensino, organizações comunitárias, organizações religiosas, etc – gerava um problema ainda mais grave ao governo: *como criar incentivos à atuação dessas organizações, beneficiando apenas aquelas que atuavam em prol da sociedade como um todo?*

Augusto de Franco[1] aponta para a importância de se distinguir entre organizações que visam *fins públicos* (que atendam à sociedade como um todo) daquelas que visam apenas *fins coletivos* (que atendem apenas a associados). Essa distinção foi importante para facilitar uma abordagem mais apropriada do ponto de vista legislativo estabelecendo-se, nos primeiros anos de governo, uma ampla discussão sobre a construção de um marco regulatório que sustentasse um novo padrão de relação entre Estado e sociedade, alicerçado na parceria

---

1 Franco, Augusto de. "A questão do fim público das organizações do terceiro setor". *Relatório sobre o desenvolvimento humano no Brasil.* São Paulo: PNUD/IPEA, 1997.

entre múltiplos atores, na articulação inter e intragovernamental, na descentralização, na convergência e na integração das ações.

O surgimento do Conselho da Comunidade Solidária, em 1995, promove uma movimentação inédita na área governamental. Comandado pela professora Ruth Cardoso que, como analista das questões sociais, já vinha tendo como foco de suas pesquisas a atuação das organizações do terceiro setor, onde apontava ser o momento de ações mais concretas e estruturadas de parceria entre os três setores – governo, mercado e sociedade civil. Todas essas temáticas eram (ou talvez ainda sejam) polêmicas, não havendo consenso, nem mesmo entre as diferentes áreas governamentais, sobre os possíveis rumos dessa relação.

A necessidade de envolver os diferentes setores governamentais na discussão sobre como regular e estreitar a parceria com as organizações da sociedade civil resultou em que a própria estruturação do Comunidade Solidária promovesse forçosamente essa interação, tendo assento em seu conselho 11 ministros de Estado e 21 membros da sociedade civil representativos de diferentes setores.

As discussões promovidas pelo conselho foram bastante importantes pelas seguintes razões:

- Trazer para a pauta política o entendimento da necessidade de estabelecimento de parcerias com o mercado e a sociedade civil;
- Fazer com que a área governamental percebesse a dimensão das ações sociais que se dão fora do âmbito governamental;
- Discutir e estimular uma série de reformas na legislação de forma a incentivar e estimular, através da ampliação de isenções fiscais, mercado e sociedade civil a tanto investirem mais no social, quanto a instrumentalizarem melhor o Estado nessas possíveis parcerias.

Neste último aspecto, muito se avançou a partir da constatação dos caminhos longos, confusos e burocráticos que uma organização deveria percorrer para ser considerada de utilidade pública e obter isenções ou subvenções. Por outro lado, ficou evidente também que mesmo aquelas que obtinham essas benesses *não eram fiscalizadas efetivamente*. Tais discussões geraram uma reforma de parte do marco legal que normatiza a existência dessas entidades, tendo sido realizadas mais vinte alterações na legislação ou em normatizações de órgão reguladores (CNAS, Receita Federal, Ministério da Justiça, etc). Ainda na primeira gestão do governo Fernando Henrique foi produzido um documento apontando oito temas como prioritários:[2]

1. Registros e cadastros administrativos – classificação mais adequada dessas organizações de forma a garantir o reconhecimento de suas especificidades e simplificação dos procedimentos legais;
2. Contratos e convênios – readequação dos mecanismos de regulação;
3. Mecanismos de autorregulação – investir na credibilidade das organizações, com a criação de instrumentos que assegurem mais o controle social das ações de interesse público;
4. Mecanismos institucionais de responsabilização dos gestores das entidades pela gestão dos recursos;
5. A busca de um novo modelo de financiamento – incentivo a doações;
6. Regulamentação do voluntariado – necessidade de uma legislação específica;
7. Contrato de trabalho por prazo determinado – facilitar as normas trabalhistas;
8. Informações – criação de um sistema unificado de informações sobre o terceiro setor acessíveis ao público.

Esse documento foi importante e orientou a elaboração de Leis específicas como a que dispõe sobre as organizações sem fins lucrativos de interesse público (OSIP) e as Leis que dispõem sobre o trabalho voluntário e de contratos temporários, entre outras.

Na segunda gestão do governo Fernando Henrique foi criado em 2004 o grupo de trabalho interministerial do Marco Legal, coordenado pela Secretaria Geral da Presidência. Reuniu membros dos Ministérios da Casa Civil, Desenvolvimento Social, Educação, Fazenda, Justiça, Previdência Social e Trabalho. Tinha como objetivo discutir o aprimoramento dos aspectos legais relativos ao terceiro setor. Foram convocadas algumas instituições representativas do terceiro setor, como o GIFE e a Associação Brasileira de ONGs (ABONG), para apresentarem suas propostas de aprimoramento da legislação vigente.

Além de capitanear essas alterações no Marco Legal, o Conselho do Comunidade Solidária assumiu um perfil próprio e inédito enquanto instru-

---

2 Documento produzido pelo Conselho da Comunidade Solidária, *Marco Legal do terceiro setor: Sexta rodada de interlocução política do Conselho do Comunidade Solidária*, 1997, p. 21.

mento de diálogo político e de promoção de parcerias entre Estado e sociedade. Segundo documentos, era função do Conselho:[3]

- *Propor e opinar sobre ações prioritárias na área social;*
- *Identificar novos temas e propor estratégias de ação em parceria com o governo e a sociedade civil;*
- *Incentivar e fortalecer as ações da sociedade civil organizada e a participação dos cidadãos, propondo uma relação moderna e adequada entre o Estado e a sociedade;*
- *Propor formas de interação com o terceiro setor para aumentar a eficiência e a escala de atuação das organizações da sociedade civil, como universidades, ONGs, fundações, igrejas, conselhos paritários, empresas públicas e privadas, entidades de classe e associações, em torno de temas sociais;*
- *Promover campanhas de conscientização da opinião pública para o combate à pobreza e à exclusão social.*

Acima de tudo, cabia ao Conselho da Comunidade Solidária estimular a mobilização da sociedade pela implementação de experiências inovadoras, e acordar e selecionar as prioridades na área social.

Para coordenar e articular as ações do governo federal foi criada a Secretaria Executiva da Comunidade Solidária. Esta era vinculada à Casa Civil da presidência da República e, atuando junto aos ministérios, procurava identificar as áreas de concentração da pobreza, selecionar ações mais eficientes para combatê-la e orientar a aplicação de recursos. Acima de tudo, a secretaria deveria promover a articulação entre estados e municípios visando a formulação e execução de ações integradas nas áreas selecionadas.

Vale ressaltar que o Comunidade Solidária enfrentou muitas resistências, ao tentar implantar um *novo referencial de atuação social*, nas diferentes esferas governamentais (ministérios, secretarias, etc), já habituados com uma lógica própria de atuação, muitas vezes subdivididos em feudos políticos e pouco habituados a atuar de forma integrada. Pode-se dizer que o Comunidade Solidária teve uma influência limitada nas políticas sociais implementadas no governo Fernando Henrique, não conseguindo estabelecer a racionalidade pretendida. Talvez se o Comunidade Solidária tivesse conseguido ser mais efetivo

[3] Ver no site www.comunitas.org.br.

nesse aspecto específico, a política social do governo Fernando Henrique poderia ter alcançado resultados mais significativos.

Entretanto, o interessante na atuação do Comunidade Solidária é que, ciente das resistências federais, seu foco eram os municípios, por entender ser no plano local que as possibilidades de formação de parcerias são mais amplas e que as ações públicas podem ser melhor controladas pela comunidade.

O Comunidade Solidária deu início a alguns programas: Alfabetização Solidária, Universidade Solidária, Capacitação Solidária e, posteriormente, o Artesanato Solidário. Todos eles eram exemplares do esforço do Comunidade Solidária, tendo como característica básica comum de implantação e funcionamento o fato de serem baseados no estabelecimento de uma ampla parceria, congregando diferentes setores governamentais (nos níveis federal, estadual e municipal), empresários e organizações da sociedade civil.

As diferentes temáticas de cada programa permitiram uma abordagem nacional e, rapidamente, a abrangência de suas respectivas atuações atingiram diversos estados e municípios alcançando um número de atendimentos bastante expressivo.

Um pouco antes do segundo mandato do governo Fernando Henrique ser finalizado, cada programa se transformou numa organização independente, formalizada juridicamente, de modo a perdurar enquanto ação social e não ser interrompida na próxima gestão. O próprio Comunidade Solidária se transformou também em uma organização, denominada Comunitas, com uma atuação diferenciada dos programas específicos.

Toda a movimentação – estimulada e promovida – pelo Conselho da Comunidade Solidária contribuiu para que houvesse um crescimento expressivo, não apenas no número de organizações da sociedade civil, mas também na quantidade de empresas privadas brasileiras que desenvolvem alguma ação social.

De fato, segundo o censo realizado pelo IBGE, em 1996 havia 107.332 organizações sem fins lucrativos no Brasil, sendo que, em 2005, elas passaram a ser 275.895, representando um acréscimo de 157%.

Do ponto de vista da evolução da ação social das empresas, pesquisa do IPEA[4] apontou um crescimento significativo, entre 2000 e 2004, na proporção de empresas privadas brasileiras que realizaram ações sociais em benefício das comunidades. Neste período, a participação empresarial na área social aumen-

---

4 IPEA. *Pesquisa Ação Social das Empresas*, conduzida por Anna Maria Peliano, no período de 2000 a 2004.

tou 10 pontos percentuais, passando de 59% para 69% (cerca de 600 mil empresas), sendo que aplicaram cerca de R$ 4,7 bilhões, o que correspondia a 0,27% do PIB brasileiro em 2004.

Um dado interessante da pesquisa é a constatação de que o montante deste investimento social privado, porém, é pouco influenciado pela política de benefícios tributários, uma vez que apenas 2% das empresas que atuaram no social fizeram uso de incentivos fiscais para tanto. Dentre os motivos da não utilização desses benefícios, cerca de 40% dos empresários alegaram que o valor do incentivo era muito pequeno e que, portanto, não compensava seu uso. Para 16% as isenções permitidas não se aplicavam às atividades desenvolvidas e outros 15% nem mesmo sabiam da existência de tais benefícios.

Duas coisas são importantes de serem observadas nesse crescimento da atuação social de empresas:

- em primeiro lugar cabe observar que esse crescimento se deu de forma desigual, tendo a pesquisa apontado que a região Sul foi a que apresentou um maior incremento na proporção de empresas atuantes e a região Centro-Oeste a que menos cresceu;
- em segundo lugar, esse crescimento deve ser entendido como, basicamente, fruto do processo de conscientização das empresas para a necessidade de desenvolver suas próprias ações. Não está implícito que essas ações sejam em parceria com órgãos governamentais. Aliás, a parceria mais frequente é com organizações da sociedade civil.

A pesquisa do IPEA indica também que a maioria das empresas aponta que a principal dificuldade para o desenvolvimento de ações sociais comunitárias é a ausência de recursos específicos – um indicador de que os percentuais para investimento social ainda são pequenos e variáveis.

Outro dado interessante da pesquisa é que apenas uma parcela pequena (11%) reclama da ausência de incentivos governamentais – revelando como esses incentivos são vistos como pouco relevantes, e para a maioria das empresas as isenções fiscais não são o que motivam sua ação.

Por outro lado, o empresariado brasileiro, embora siga as tendências mundiais de implementação do investimento social privado, entendem ser obrigação do Estado cuidar das questões sociais e que a necessidade de atuar para as comunidades é maior hoje do que há alguns anos (65%). Há, portanto, uma compreensão, no mundo empresarial, de que a atuação privada não deve substituir o poder público, tendo um caráter muito maior de complementaridade da ação estatal. Mal ou bem, embora aparentemente tenhamos três esferas atuando na área social paralelamente – empresas, governo e associações da sociedade civil –, começa a predominar o entendimento da necessidade de se desenvolver um modelo cooperativo para uma maximização de resultados.

De todo modo, ao estimular o crescimento do terceiro setor e a parceria público-privada, o governo Fernando Henrique deu um importante passo no sentido de sua estruturação. Com o fim dessa gestão e o início do governo Lula, o Conselho da Comunidade Solidária foi encerrado, transformando-se numa ONG, sem vínculos estreitos com o governo e deixando de articular as diferentes esferas governamentais e setores da sociedade civil.

Para o setor, foi uma grande perda o fechamento desse espaço de interlocução, já que nada semelhante foi instituído na gestão seguinte, e naquele momento era fundamental continuar pensando em estratégias de normartização. Afinal, o crescimento expressivo dessas organizações e, consequentemente, o crescimento de convênios com órgãos governamentais, também trouxe problemas para o estabelecimento de mecanismos de controle e regulação mais efetivos. Notícias de desvios de verbas públicas e fraudes passam a aparecer vinculadas a essas organizações. As agências governamentais recrudescem de forma pouco racional, colocando inúmeros obstáculos para a concretização de convênios.

Infelizmente, caminhamos alguns passos para trás no estabelecimento de uma relação mais harmônica entre Estado e sociedade civil. O restabelecimento de um espaço de discussão e articulação deveria ser incluído na agenda política. Afinal, as ações estão acontecendo, e o dinamismo social se manifesta na reação aos estímulos internos e externos e na sua absorção. A globalização permite inclusive uma interação com instituições internacionais, atraindo recursos que se pulverizam numa miríade de ações. Se a experiência mundial demonstra que a relação cooperativa entre governo e terceiro setor tem sido proveitosa para ambos os lados, valeria à pena retomar algumas das propostas de regulação do Comunidade Solidária, principalmente aquelas que procuravam uma racionalidade técnica e um controle de resultados de forma metodologicamente mais consistentes. Um desafio, sem dúvida, para a gestão pública!

Uma crônica da assistência social no governo FHC

Carlos Alberto Batista Maciel
Edval Bernardino Campos

Introdução

A política setorial de assistência social somente foi reconhecida como política pública de responsabilidade do Estado brasileiro a partir da Constituição Federal de 1988. Desde então, a assistência social é integrante do conjunto de políticas sociais do Sistema Brasileiro de Proteção Social, componente do Sistema de Seguridade Social Brasileiro, que congrega as políticas setoriais da Previdência Social, da Saúde e da Assistência Social.

Não obstante, enquanto política de governo, o nascedouro da assistência social remonta à primeira metade do século XX. Desde esse início até a CF de 1988, a assistência social constituiu-se em uma área marcada, de forma acentuada, pelo provisório e pela irregularidade, uma vez que os programas, projetos e serviços assistenciais não tinham o *status* de direito social. Portanto, eram realizados sem qualquer garantia de regularidade, de continuidade e de segurança aos destinatários de suas ações.

Isto fez com que a trajetória da assistência social sedimentasse um campo social em que a caridade, o assistencialismo e o clientelismo se constituíssem nas principais características da gestão dos serviços assistenciais destinados aos seguimentos mais pauperizados. Essa política setorial, marcada por décadas de meia caridade (D'Incao, 1994) em que o usuário das ações de assistência social- de governo contava unicamente com a esperança na "boa vontade" dos governantes, precisou, no período posterior à Constituição Federal de 1988, de um conjunto de esforços do Estado brasileiro para (re)organizar a assistência social- sob a condição de política pública de responsabilidade do Estado brasileiro.

De fato, as ações institucionais para a consolidação da assistência social enquanto política de Estado tiveram seu início com a regulamentação dos artigos 203 e 204 da CF por meio da promulgação da Lei Federal nº 8.742 de 07 de dezembro de 1993 – Lei Orgânica da Assistência Social (LOAS), ao final do mandato de Itamar Franco.

No entanto, as principais medidas organizacionais para o aparelhamento desta política pública somente foram produzidas a partir de 1995, com uma variedade de experiências institucionais que produziram um caminho não linear, mas importante para a instituição da política pública da assistência socialexistente na atualidade.

Neste texto, o que nos interessa é a estruturação e institucionalização da política setorial da assistência social, ancorada pelo *status* de política de Estado, no contexto do governo federal sob a condução de Fernando Henrique Cardoso em seus dois mandatos. Foram mudanças cruciais, nos permitindo considerar que o desenho da Política Pública da assistência social no governo do presidente Luíz Inácio Lula da Silva apenas foi possível devido ao acúmulo das experiências e das informações produzidas pelo conjunto de ações na área realizadas na gestão dos dois mandatos que o precederam.

Por isso, uma maior acuidade acerca da constituição organizacional da assistência social a partir de 1995 pode colaborar para o enriquecimento do conhecimento sobre o processo sócio-histórico da política de assistência social. E desta forma, apreender o movimento entre os limites e as possibilidades da política pública da assistência social no Sistema Brasileiro de Proteção Social.

Para tanto, dividimos essa abordagem em três seções. Na primeira delas, apresentamos, de forma breve, a trajetória que a assistência percorreu desde sua condição de área não regulamentada até o início de seu marco regulatório no período 1988–1994. Na segunda seção expomos considerações sobre o processo de institucionalização da política de assistência no período do governo de FHC, distinguindo os principais momentos de organização e estruturação da política de assistência social, em particular, a gestão dos principais programas, projetos e serviços assistenciais de âmbito federal, apontando reflexões acerca dos limites e das potencialidades produzidas no decorrer da constituição desta política setorial no período de 1995–2002. Na terceira seção, arrazoamos breves considerações sobre a política de assistência social com o objetivo de refletir sobre as possibilidades históricas existentes no período em análise.

Um caminho percorrido

Até a assistência social ser reconhecida como política pública de Estado, integrante da Seguridade Social Brasileira com a Constituição Federal de 1988, ela teve uma trajetória complementar e marginal ao processo de organização das políticas públicas do Sistema Brasileiro de Proteção Social (SBPS).

Foi no esteio do processo histórico do reconhecimento e ampliação da cidadania que o SBPS foi estruturado e amadurecido desde a primeira metade do século XX. Esse reconhecimento, a partir da década de 1930, esteve associado ao desenvolvimento da produção econômica nacional e à ampliação do assalariamento como observam Cardoso e Jaccoud (2005). Isto fez com que o Estado organizasse intervenções públicas voltadas aos segmentos populacionais participantes do processo de mercadorização da força de trabalho, como indica Esping-Andersen (2001).

O reconhecimento da cidadania da população assalariada (em correlação ao processo de regulamentação do trabalho assalariado) exigiu, de forma correspondente, a organização de um conjunto de instituições e ações estatais destinadas à regulação da reprodução social desses cidadãos.

Assim ocorreu com as primeiras ações públicas na área da previdência social e da saúde. No caso da previdência social, esta política setorial se organizou desde a década de 1930 a partir do modelo bismarkiano[1] em que o direito ao acesso estava vinculado à experiência comprovada de assalariamento dos cidadãos requerentes. Quanto à política de saúde, sua institucionalização na primeira metade do século XX organizou duas modalidades de intervenção: a de ação preventiva e a de acesso ao tratamento médico-hospitalar, somente por parte dos trabalhadores do setor formal da economia, cobertos pelo sistema previdenciário.

Nesse mesmo percurso em que a regulamentação dessas políticas foi desenhada e redesenhada na sociedade brasileira, as ações da área da assistência social se desenvolveram sem um marco regulador que a institucionalizasse como política de Estado. Desta forma, a assistência social assumiu uma disposição subsidiária e complementar enquanto ação estatal que a marcou significativamente.

---

1 Wanderley Guilherme dos Santos (1987), no estudo da experiência republicana brasileira, destaca a evolução dos direitos de cidadania no início do século XX em relação às demandas produzidas no sindicalismo, legalmente organizado a partir de 1907.

Esse processo esteve associado a uma contradição presente na dinâmica da produção e da reprodução da sociedade brasileira, em que "o processo de reconhecimento da pobreza como um problema dotado de relevância social e legitimado no debate político" (Cardoso e Jaccoud, 2005, p. 184) se tornou um fenômeno que exigiu ações públicas distintas daquelas destinadas ao trabalhador assalariado.

Dessa forma, a reprodução social da população não assalariada, gradativamente, passou a ser objeto da ação estatal direta e indireta produzida por meio de uma rede de instituições religiosas e filantrópicas de ajuda e assistência aos pobres, especialmente a partir da década de 1930.

Naquele período, as fronteiras que deram a feição da assistência social o fizeram de acordo com a ausência de normatização constitucional no setor, permitindo que tivesse uma trajetória marcada pelo *status* negativo de política pública. Apesar do não reconhecimento da condição de política pública, a assistência social se desenvolveu com um conjunto de ações estatais e não estatais naquele período, conforme veremos a seguir.

A assistência social não regulamentada

Os segmentos sociais que não se encontravam empregados e recebiam os benefícios do INSS constituíam-se no público-alvo das ações de natureza filantrópica, que agrupava qualquer tipo de ação em relação aos pobres.

O Estado brasileiro aproximou-se paulatinamente da área da assistência social organizando instituições responsáveis pela gestão e normatização das ações assistenciais, especialmente as de caráter filantrópico. Não obstante, o setor privado manteve-se como o maior responsável pelos serviços e atendimentos prestados à população excluída do assalariamento. O setor público participava de forma subsidiária no financiamento, via subsídios ou isenções e transferências de recursos para que as organizações privadas desenvolvessem serviços de assistência social aos pobres. Tal relação interessava amplamente o setor privado, que, sem a intervenção do Estado dentro das instituições assistenciais que dirigiam, recebiam ajuda através de facilidades estatais que se tornaram muito importantes para as instituições e para o próprio Estado – que também não se detinha gerencialmente nessa parcela da população que crescia no decorrer do século XX por razões que não cabem aqui serem elucidadas.

De fato, a relação "público e privado" desenhada na organização da assistência social se desenvolveu institucionalizando uma combinação de organizações e intervenções em que o setor público pouco se fazia presente com ações diretas de intervenção estatal. O setor privado provia a ajuda sem a regulação e responsabilidade do Estado, ficando totalmente livre nessa benemerência que se fundava na vontade pessoal do grupo.

É digno de nota o fato de que a própria criação da Legião Brasileira da Assistência (LBA) e do Conselho Nacional de Serviço Social (CNSS) no final da primeira metade do século XX significou a afirmação da presença subsidiária do Estado na assistência social, uma vez que estas instituições colaboraram para a ratificação de interesses privados no desenvolvimento das ações assistenciais. No fundo, a presença do Estado se realizou principalmente por meio do financiamento público às entidades prestadoras de serviços assistenciais, o que reafirmou os objetivos e interesses das instituições responsáveis pelas ações de natureza caritativa e filantrópica, sujeitando a população ao assistencialismo e ao clientelismo operados sob o manto da doação, da caridade, e da benemerência.[2]

Aos pobres e miseráveis que não tinham acesso ao assalariamento se destinou uma assistência travestida de ajuda e de tutela que produzia, por meio de sua sociabilidade, um cidadão em negativo. Nos dizeres de Telles (1992, p. 22) à população pobre era "[...] reservado o espaço da assistência social tuteladora, cujo objetivo não é elevar condições de vida, mas minorar a desgraça e ajudar na miséria. Esse é o lugar dos não direitos e da não cidadania. É o lugar no qual a pobreza vira 'carência', a justiça se transforma em caridade e os direitos em ajuda a que o indivíduo tem acesso não por sua condição de cidadania, mas pela prova de que dela está excluído."

Assim, a presença do Estado de forma subsidiária e complementar na assistência social, durante dezenas de anos, influiu decisivamente para que o desenho normativo e institucional da relação público *x* privado instituísse a tutela como prática social recorrente nos serviços socioassistenciais.

Nessa área setorial, o indivíduo atendido era visto por meio da tipificação de suas carências sociais, em que o seu reconhecimento e acesso ocorriam por meio de tipologias em que o "carente" precisava incorporar um *status* correspondente para ser reconhecido como alguém que poderia acessar a "ajuda a ser dada".

Essa tipificação realizada por meio da sociabilidade produzida pelos e nos serviços socioassistenciais desenvolvidos por organizações públicas e privadas reforçava o processo ideológico de ênfase às carências fragmentadas, ao

2 Entre outros autores, cf. Mestriner, 2001; Yasbeck, 1993.

ponto de criar uma identidade social nos indivíduos a partir dessas mesmas carências, impondo uma carreira moral (Paugam, 2003) ao processo de instituição de usuário dos serviços.

Isso posto, é relevante observar que a história tradicional da assistência social tendeu a conferir certa identidade institucional à área. Uma identidade pautada pela prevalência do setor privado, da tutela e do atendimento por grupos de segmentos sociais que se mantinha enquanto práticas sociais reproduzidas tanto pelas instituições não governamentais quanto pelas governamentais.

Início do marco regulatório – 1988–1994

O reconhecimento jurídico da assistência social como política pública de responsabilidade do Estado brasileiro ocorreu com a Constituição Federal de 1988,[3] no capítulo da Seguridade Social.

Não obstante, a assistência social precisou passar por um período de cinco anos para que sua regulamentação fosse efetivada. Isto ocorreu com a Lei Orgânica da Assistência Social – Lei 8.742 (LOAS) – em 13 de dezembro de 1993, que se tornou um marco por definir orientações mais detalhadas para esse campo social de atenção do Estado brasileiro.

Para a LOAS, a política de assistência social deve ser realizada de forma articulada às demais políticas setoriais (Art. 2º), o que permite inferir que esta compreensão partiu do entendimento da incapacidade da assistência social em produzir, de forma isolada, a garantia dos direitos de cidadania, assim como combater os efeitos perversos do processo de desigualdade social.

Em relação aos princípios e as diretrizes estabelecidos pela LOAS, os primeiros estabelecem a supremacia do atendimento às necessidades sociais sobre as exigências de rentabilidade econômica, a universalização dos direitos sociais, o respeito e a dignidade do cidadão, a igualdade de direitos no acesso ao atendimento (urbano e rural) e a divulgação ampla da política. Já as diretrizes estabelecem a descentralização político-administrativa e a constituição de Comando Único em cada esfera de governo; a participação da população e a primazia da responsabilidade do Estado na condução da política de assistência social.

---

3 "A seguridade social compreende um conjunto integrado de ações de iniciativa dos poderes públicos e da sociedade, destinadas a assegurar os direitos relativos à saúde, à previdência e à assistência social" (CF, 1988 Seguridade Social Art. 194).

A LOAS introduziu o modelo descentralizado de organização da política pública de assistência social que definiu responsabilidades específicas para cada unidade da federação, destacando prioritariamente a competência do atendimento básico para os municípios, e o encargo do assessoramento e do repasse financeiro para os estados e a união.

Esse modelo de descentralização político-administrativa foi associado ainda à participação da população, o que impôs a necessidade do controle social como um mecanismo de fiscalização do Estado por parte da sociedade. Por isso mesmo, a LOAS estabeleceu a criação dos Conselhos de Assistência Social de caráter paritário e permanente com a presença do governo e da sociedade civil organizada para a efetivação do controle social na área.

A Lei federal definiu ainda que os municípios, estados e o Distrito Federal somente receberão recursos da esfera federal se estes tiverem criado, e em pleno funcionamento, a tríade Conselho, Fundo e Plano de Assistência Social. Essa exigência legal tornou-se importante para o processo de implantação do Sistema Descentralizado e Participativo da Assistência Social (SDPAS) nas diferentes esferas de governo, pois obrigou a implantação desses em cada unidade da federação.

Destacam-se também na LOAS as disposições sobre as responsabilidades e competências da gestão da política de assistência social da União, dos estados, do Distrito Federal e dos municípios. Estes últimos assumem a responsabilidade do atendimento e da prestação de serviços assistenciais com base na realidade local, devendo os estados assumirem prestações diretas de atendimento básico somente nos casos de incapacidade do município em assumir tais funções. Para os estados e a União, a responsabilidade foi definida em torno da coordenação da política na esfera estadual e nacional, assim como a transferência de recursos e o assessoramento às unidades da federação sob sua jurisdição. Ainda na LOAS foram definidos os benefícios, serviços, programas e projetos de assistência social. Quanto aos benefícios estes foram divididos em Benefício de Prestação Continuada – BPC[4] e Benefícios Eventuais.

Apesar da LOAS ter sido promulgada no final de 1993, sua execução pelo governo federal, no plano institucional, somente iniciou-se em 1995. Durante

---

4 O BCP significou um importante serviço da assistência social destinado aos idosos e pessoas com deficiência em situação de extrema pobreza. Constitui-se no benefício de um salário mínimo mensal destinado aos idosos e às pessoas portadoras de deficiência, incapacitados para a vida independente e para o trabalho, com renda *per capita* familiar inferior a ¼ do salário mínimo. Até o final de 2008 foram atendidos mais de 2,9 milhões de usuários em todo o Brasil.

o ano de 1994 o governo federal, por meio do Ministério do Bem-Estar Social, começou um processo de reordenamento institucional, assim como a regulamentação de dispositivos da Lei 8.742 que precisavam de normatização complementar[5] para que a política de assistência social fosse implementada com a próxima gestão governamental, como veremos em seguida.

A institucionalização da política de assistência social no governo FHC

As duas gestões do governo de Fernando Henrique Cardoso ocorreram nos períodos de 1995 a 1998 e 1999 a 2002. No primeiro período, a consolidação do Plano Real se constituiu como o principal eixo da gestão, que se estendeu até o momento da crise deste. No segundo período, a gestão estatal empreendeu esforços para a administração da tensão produzida pela crise do Plano Real. No plano das políticas sociais "[...] o governo FHC caracterizou-se, sobretudo, pela tentativa de conciliação a qualquer custo dos objetivos macroeconômicos da estabilização com as metas de reformas sociais voltadas para a melhoria da eficiência das políticas sociais" (IPEA, 2006, p. 31).

O processo de consolidação do projeto macroeconômico do governo FHC exigiu esforços estatais para promover fortes reajustes orçamentários, especialmente por meio de medidas que garantissem a desvinculação de receitas,[6] e assim permitissem um orçamento federal mais flexível aos interesses das metas do Plano Real.

Deve ser ressaltado que algumas políticas sociais não foram afetadas substancialmente pelas medidas de desvinculação de receitas, uma vez que estas tinham seguranças jurídicas estabelecidas pela CF de 1988 e por leis federais específicas que impediam a efetivação de cortes orçamentários. Dentre elas, a política de Educação (CF, 1988), a política de Saúde (EC 29), e a política de assistência social (LOAS, 1993). Esses dispositivos, em certa medida, impediram que houvesse uma queda nos recursos destinados à execução dessas políticas.

5 O Decreto presidencial nº 1.330 de 08/12/1994, por exemplo, dispunha sobre a concessão do benefício de prestação continuada prevista para junho de 1995. No entanto, seu início foi protelado para janeiro de 1996, conforme estabelecido pelo Decreto nº 1.744 de 08/12/1995.

6 As medidas de desvinculação de receitas que vigoraram durante o governo FHC foram: o Fundo Social de Emergência – FSE (1994–1995); o Fundo de Estabilização Fiscal – FEF (1996–1999); e a Desvinculação de Receitas da União – DRU (2000–2002).

São medidas que protegeram as políticas sociais citadas, tanto em relação à vinculação de recursos provenientes de impostos e de contribuições sociais como também com o estabelecimento do salário mínimo como piso para a implementação dos benefícios sociais, o que se constituiu em "[...] uma barreira protetora contra a tesoura dos cortes de gastos, para gerar o superávit fiscal acertado com o FMI" (IPEA, 2006, p. 32).

Apesar dessas salvaguardas jurídicas que protegeram certos programas e benefícios, como o BPC e outros, os demais programas, serviços e benefícios como as ações de assistência ao menor, assistência à velhice e assistência comunitária[7] do governo federal não puderam ampliar sua cobertura de ação. Sofreram com a redução, ou com o estacionamento do investimento no setor.

No caso da política de assistência social é possível identificar tanto a presença da ampliação dos recursos públicos nos serviços assistenciais protegidos juridicamente, quanto o estacionamento dos investimentos para as ações de caráter continuado, como as destinadas a crianças e adolescentes, idosos e pessoas com deficiência.

A análise dos gastos do Fundo Nacional da assistência social no primeiro governo de FHC permite identificar que ocorreu tanto a ampliação dos recursos orçamentários, particularmente destinados ao Benefício de Prestação Continuada (BPC) devido à proteção jurídica apontada acima, quanto o estacionamento ou a diminuição no investimento dos recursos voltados às outras ações assistenciais acima elencadas, em virtude destas não terem qualquer salvaguarda constitucional que garantisse recursos regulares à sua operacionalização.

Cabe, no entanto, antes de refletirmos sobre o quadro geral da política de assistência social, apresentar os contornos desta política no período em questão.

Início da configuração da política de assistência social do governo FHC (1995–1998)

Um dos primeiros atos de governo, por meio de medida provisória, foi a criação do Programa Comunidade Solidária, que era vinculado à Casa Civil da presidência da República. Em conjunto foram extintos o Conselho Nacional de Segurança Alimentar e Nutricional (CONSEA), o antigo Ministério de Bem-

[7] Denominações dos subprogramas financiados com recursos do Fundo Nacional de Assistência Social no período de 1996 a 1999.

Estar Social (MBES), a Legião Brasileira de Assitência (LBA) e o Centro Brasileiro para a Infância e Adolescência (CBIA). Ainda naquele ato presidencial foi criado o Ministério da Previdência e Assistência Social (MPAS), que teria em sua estrutura uma Secretaria de Assistência Social (SAS), e um Conselho Nacional de Assistência Social (CNAS), a esta vinculadas (IPEA, 2006).

O Programa Comunidade Solidária objetivava desenvolver ações de combate à pobreza, articulando, para tanto, as diferentes esferas de governo e a sociedade para a realização de um esforço focalizado nos municípios com graves índices de pobreza e miséria.[8]

Como ação estratégica do governo FHC, o Programa Comunidade Solidária teve impactos significativos sobre a política de assistência social, uma vez que colaborou para protelar a institucionalização do setor com a criação da Secretaria de Assistência Social do Ministério da Previdência e Assistência Social (MPAS), apenas seis meses após o início do governo. Essa demora produziu impactos negativos sobre a rede de serviços devido à "impossibilidade de renovação de convênios ou de andamento de programas e ações" da área (IPEA, 2006 p. 85).

De fato, as alterações institucionais produzidas no início do governo FHC não foram capazes de consolidar uma Política Nacional de Assistência Social (PNAS) guiada pelos princípios e diretrizes definidos na LOAS. Na realidade, o reordenamento institucional na política de assistência social, promovido no início de 1995, desconsiderou a diretriz da organização do Comando Único no governo federal, seja porque as ações do Programa Comunidade Solidária ficaram vinculadas diretamente à Casa Civil da presidência da República, sem o devido controle social da área, seja porque a criação posterior da Secretaria de Assistência Social (SAS) impedia que esta secretaria assumisse concretamente a coordenação das ações assistenciais destinadas ao enfrentamento da pobreza da forma como preconizada pela LOAS.

O outro efeito produzido no esteio do reordenamento organizacional da assistência social foi o fato de o BPC da LOAS ter tido seu início postergado, em um ano. A Lei Federal que criou e regulamentou o BPC estabeleceu o começo

---

[8] O Programa Comunidade Solidária, apesar de sua vinculação direta com a Casa Civil da presidência da República e de não estar submetido ao Ministério da Previdência e Assistência Social, tinha um forte conteúdo assistencial devido à natureza de seus objetivos e finalidades. Por isso, era tratado como componente das estratégias de enfrentamento da pobreza, que é um dos objetivos da política de assistência social (ver: Draibe, 2003; IPEA, 2006; Campos, 1995; Sposatí, 1995a).

de sua implementação em 12 meses após a promulgação,[9] ou seja, para dezembro de 1994.

Entretanto, apesar da presença dos conselhos de controle social, dos fundos e das conferências de assistência social, o Estado manteve uma participação subsidiária na área da assistência, uma vez que o governo federal continuou com o modelo convenial entre o setor público e o privado como forma de gestão da assistência social. A participação subsidiária foi cultuada e sedimentada nas práticas governamentais anteriores à CF de 1988.

A rigor, é possível inferir que a reprodução, por parte do Estado, dessa forma de participação complementar na área da assistência social tendeu para a manutenção dos efeitos funcionais presentes nas complexas relações políticas entre o setor público e o setor privado na área da assistência social. Desta forma, em vez de afirmarem a primazia da responsabilidade do Estado na execução das ações assistenciais, as práticas assistenciais produzidas sob o modelo convenial entre o Estado e a iniciativa privada, para a gestão das ações destinadas aos pobres, transferiam funcionalmente para o setor privado a responsabilidade estatal.

Por isso mesmo, a preservação do modelo convenial continuou produzindo óbices à afirmação da noção de público e cidadania nos serviços socioassistenciais, uma vez que sujeitava o usuário à exigências produzidas nos contornos de cada projeto operacionalizado por diferentes instituições privadas.

Paralelismo e estacionamento da política de assistência social (1998–1999)

A política de assistência social no segundo mandato de FHC iniciou-se com novas alterações institucionais. A SAS foi extinta e em seu lugar foi criada a Secretaria de Estado de Assistência Social (SEAS), que deu continuidade aos programas e projetos destinados a diferentes faixas etárias que já eram desenvolvidos pela extinta LBA sob o formato de convênios entre o Estado e a iniciativa privada prestadora de serviços socioassistenciais. Eram ações de assistência social "[...] para os grupos de 0 a 6 anos, 7 a 14, 15 a 17 e a idosos, além das ações dirigidas a pessoas com deficiência" (IPEA, 2006 p. 86).

---

9 O Decreto 1.744/1995 regulamentou a operacionalização do BPC previsto na LOAS. No entanto, a responsabilidade desta operacionalização ficou sob o encargo do INSS em confronto como previsto pela Lei Federal.

Somente após cinco anos da promulgação da LOAS o Conselho Nacional de Assistência Social (CNAS), por meio da Resolução nº 207 de 16/12/1998, aprovou a Política Nacional de Assistência Social (PNAS), inaugurando, assim, um novo capítulo na história das políticas sociais brasileiras: pela primeira vez, a política da assistência social foi incorporada à agenda governamental na condição de política pública de âmbito nacional por meio de um instrumento que ratificou as responsabilidades do Estado brasileiro ao definir metas, programas e serviços à área da assistência social.

É relevante, para efeito dessa reflexão, destacar que a aprovação da PNAS ocorreu um ano após a realização da II Conferência Nacional de assistência social (II CNAS) realizada em dezembro de 1997, na cidade de Brasília. A Conferência de Assistência Social deve ser convocada a cada dois anos pelo Conselho Nacional de Assistência Social para "avaliar a situação da assistência social e propor diretrizes para o aperfeiçoamento do sistema" (LOAS, 1993). Ela materializa uma das diretrizes da política pública de assistência social que determina a "participação da população, por meio de organizações representativas, na formulação de políticas e no controle das ações em todos os níveis" (LOAS, 1993).

Contudo, é importante observar que a resolução que aprovou a política não destacou como pré-condição à sua aprovação, mesmo que formalmente, as deliberações da II CNAS. Esta situação tende a indicar uma ausência de sintonia entre as deliberações da Conferência Nacional de Assistência e a PNAS. Fato este relevante devido à natureza das próprias Conferências Nacionais, que têm como objetivo principal a avaliação da política e deliberação de diretrizes e metas para a área.

A PNAS apresenta um marco situacional que destacou as desigualdades regionais e sociais como componentes estruturais da sociedade brasileira. Segundo o documento da PNAS (2001) a realidade brasileira apresentava um cenário social com graves desigualdades, dado ao tipo de desenvolvimento econômico concentrador e de impossível superação – daí a necessidade do plano nacional.

Com base em tal diagnóstico, a PNAS (2001) elegeu como núcleo-alvo de suas ações as "famílias vulnerabilizadas pela pobreza e exclusão. A motivação do governo com esta política, contudo, não pareceu associada à superação dos problemas estruturais relacionados às desigualdades regionais e sociais. Como é possível observar, pelos objetivos traçados pela PNAS, os compromissos governamentais pela via assistencial eram bastante modestos ante a magnitude dos problemas realçados pelo próprio governo.

A PNAS daquela época definia como objetivo a atenção às situações mais extremadas de pobreza. Por isso, "Focaliza-se o grupo familiar e a comunidade como lugares naturais de proteção e inclusão social, vínculos relacionais para a implementação de projetos coletivos de melhoria da qualidade de vida" (PNAS, 2001, p. 53). O governo operou a assistência social numa perspectiva de focalização na miséria, o que reduziu o campo de proteção social sob a responsabilidade do Estado.

Enquanto que para a LOAS de 1993 o acesso ao Benefício de Prestação Continuada tinha como critério básico a renda *per capita* de ¼ do salário mínimo para a pessoa com deficiência e para o idoso, na PNAS de 1988 para as famílias pobres acessarem os *benefícios* assistenciais previstos em sua proposta programática o governo era impreciso, uma vez que não definiu claramente os critérios que deveriam ser adotados para a inclusão desses usuários. Segundo definição da PNAS, "uma família é pobre quando sua renda *per capita* for tão pequena que não seja suficiente para adquirir os bens e serviços necessários para a sobrevivência adequada de seus membros" (2001, p. 25).

Obviamente, sem uma definição objetiva quanto aos "bens e serviços necessários" e uma caracterização clara do significado de "para a sobrevivência adequada", persistiu a ausência de critérios públicos na política da assistência social. Pode-se afirmar que essa imprecisão repetiu "[...] uma característica indubitavelmente perversa da história da assistência social é a sua secular vinculação com a *pobreza absoluta*." (Pereira, 2004, p. 55)

De fato, a assistência social como política pública continuou convivendo com práticas passadas que a assombram em seu presente. Isto porque as práticas tradicionais de tutela e de favor na assistência social tendem a permanecer vivas enquanto esta não conseguir se firmar como política pública para além do seu aspecto legal. Por isso mesmo não é incomum nos serviços de assistência social a presença de usuários que retornam ao atendimento para entregarem "presentes" aos técnicos que os atenderam. Essa manifestação de "gratidão", a despeito de sua dimensão "emocional", oculta uma relação que inverte o direito em favor e preserva um usuário dependente, distante da noção de cidadania.

Mesmo com todas essas imprecisões e críticas, a PNAS de 1998 definiu os principais programas e ações para a área: o atendimento a crianças e adolescentes; o apoio à pessoa idosa; o apoio às pessoas portadoras de deficiência;

a instituição de programas de renda mínima[10] e os projetos de enfrentamento da pobreza.

Mesmo nessa fase de ações assistenciais realizadas pelo governo FHC, e não mais sem a presença do Estado, a velha cultura do passado levou à ausência da coordenação do Comando Único do MPAS (como prevista pela LOAS). Como resultado se teve uma presença paralela dos dois modelos: a existência formal da Política Nacional de Assistência Social, e a preservação de velhas práticas na área.

Enquanto algumas ações de assistência deveriam ser monitoradas e fiscalizadas pelo Conselho Nacional de Assistência Social, outras, especialmente as vinculadas ao Programa Comunidade Solidária, permaneciam diretamente submetidas à Casa Civil da presidência da República.

Embora cada uma dessas ações tivesse como público destinatário os segmentos pauperizados, o paralelismo de ações impedia uma convergência programática das atividades de governo na condução e coordenação da PNAS. Desta forma, repetiu-se a prática histórica em que certas atividades e recursos institucionais deveriam ser orientados diretamente pelas mãos da casa civil, enquanto outras deveriam integrar programaticamente a política da área.

Esse processo, além de produzir um estacionamento no setor, uma vez que não conseguiu romper com o modelo convenial que imprimia uma direção na relação entre o setor público e o privado, em que o primeiro financiava o segundo na execução de ações de assistência social, constituiu-se também em uma chancela na replicação dessa forma de condução de tal política nas esferas subnacionais.

Sendo assim, em vez de o governo federal imprimir, por meio da condução da política da assistência social em sua área de abrangência, um modelo de gestão programática que fortalecesse o sistema descentralizado e participativo com controle social e o Comando Único no setor, e assim influir positivamente para a reverberação desse sistema nos estados e nos municípios, a preservação do paralelismo de ações na esfera federal autorizou as unidades subnacionais a manterem suas respectivas políticas assistenciais paralelas e superpostas.

---

10 O Programa de Erradicação do Trabalho Infantil (PETI) tinha como meta definir estratégias para combater o problema. Nessa modalidade de atenção social, o recurso era repassado da União para os municípios, os quais adicionavam uma parcela complementar e repassavam para famílias com renda *per capita* inferior a ½ salário mínimo, com filhos menores de 14 anos frequentando a escola (PNAS, 1988).

Esboço de uma nova etapa (2000–2002)

O Programa Comunidade Solidária, que sofreu alterações em 1999 com a reorganização de suas atividades, divididas entre os órgãos das diferentes políticas setoriais sob o formato do Programa Comunidade Ativa, no ano de 2000, passou a ser denominado Projeto Alvorada. Este, por sua vez, passou a ficar subordinado à SEAS, e atendendo, em parte, ao reclame de Comando Único na política de Assistência Social (IPEA, 2006).

A mudança de vinculação do Programa Comunidade Solidária da Casa Civil da presidência à SEAS teve efeitos significativos na constituição do Comando Único e, por desdobramento, para o Sistema Descentralizado e Participativo da Assistência Social (SDPAS). Isto porque, institucionalmente, houve condições mais propícias para a efetiva coordenação integrada dos recursos e das ações de assistência social em âmbito federal.

No plano da política de assistência social, a subordinação do Projeto Alvorada à SEAS significou o reconhecimento e a legitimação da Política Nacional de Assistência Social por parte do governo federal como aquela que deveria organizar programaticamente todas as atividades de assistência social-no território nacional, e assim evitar paralelismo e superposição de ações, e o consequente desperdício de recursos no setor. Por conseguinte, houve um maior fortalecimento das diretrizes de descentralização político-administrativa e de controle social estipuladas pela LOAS.

Além da manutenção dos principais programas financiados com recursos federais, como os serviços de atenção continuada a crianças e adolescentes, os serviços destinados às pessoas com deficiência e aos idosos, o governo federal criou, naquele período, ao todo quatro importantes programas de transferência de renda que se somaram ao PETI.

Esses programas, apesar de sua raiz assistencial, estiveram subordinados a outras políticas setoriais, que em parte conflitavam com a perspectiva do Comando Único no setor. No caso, o Bolsa Escola era vinculado ao Ministério da Educação e Cultura, o Bolsa Alimentação ao Ministério da Saúde, o Auxílio-Gás ao de Minas e Energia, e o Bolsa Renda ao da Agricultura. O fato de estarem sendo ressaltados nessa reflexão se justifica pela relevância que tiveram devido ao acúmulo institucional das experiências governamentais com programas de transferência de renda. Esse acúmulo foi significativo para a gestão federal da assistência social no governo posterior ao período da gestão de FHC.

O programa Bolsa Escola foi criado em abril de 2001 e destinou-se a famílias de baixa renda com filhos na faixa etária de 7 a 14 anos. Este programa estabeleceu como condição para o acesso das famílias a permanência na escola comprovada por meio da frequência escolar das crianças atendidas.

O segundo programa de transferência de renda, criado em setembro de 2001 pelo governo federal, foi o Bolsa Alimentação. Este programa objetivou combater a mortalidade infantil, assim como a desnutrição de crianças de seis meses a seis anos, às gestantes e nutrizes. Tinha como condicionalidade a participação das famílias atendidas nos serviços de saúde básica.

O programa Auxílio-Gás, criado em janeiro de 2002, destinava às famílias de baixa renda uma compensação financeira decorrente do aumento do valor do gás de cozinha que até aquela época era subsidiado pelo governo federal.

Nesse período, também foram implementados outros programas. O Bolsa Renda, que visava a distribuição emergencial de renda para atender a famílias residentes em áreas de calamidade pública, foi criado em 2001 para substituir o programa de distribuição emergencial de alimentos.

Os programas Bolsa Escola, Bolsa Alimentação e o Auxílio-Gás eram voltados a famílias de renda mensal inferior a ½ salário mínimo *per capita*. Os programas Bolsa Escola e Bolsa Alimentação se destinavam exclusivamente a famílias com crianças em sua composição, com benefícios de R$ 15,00 por criança com o teto máximo de R$ 45,00 por família.

Apesar do reduzido valor financeiro desses programas de transferência de renda, sua cobertura era significativa. Em dezembro de 2002 o Bolsa Escola atendeu 5.106.509 beneficiários, o Bolsa Alimentação 966.553 e o Auxílio-Gás 8.556.785, segundo dados do Ministério de Desenvolvimento Social e Combate à Fome.

O acúmulo das experiências dos programas de transferência de renda pela esfera federal comportou uma maior sistematização das ações assistenciais dessa natureza, assim como a possibilidade da identificação dos usuários atendidos. Esse acúmulo permitiu ainda um acompanhamento mais amiúde da institucionalização das condicionalidades.

Nesse particular, deve ser destacada a relevância da criação e a constituição em 2001 do Cadastro Único dos Programas Sociais do Governo Federal que, pela primeira vez, pode identificar todo o cenário das famílias em situação de pobreza, possibilitando o gerenciamento moderno dos programas federais de transferência de renda.

O Cadastro Único permitiu a produção de informações importantes sobre a população atendida, especialmente sobre a sua condição socioeconômica. Tais informações, em tese, puderam produzir dados importantes para o planejamento das políticas sociais, em particular para a própria política de assistência social.

A assistência social em construção

É possível observar que o elenco de ações que conformaram a agenda da assistência social brasileira no período em análise não conseguiu incorporar determinados objetivos inscritos na própria LOAS. Dessa forma, a sua condição de "direito do cidadão e dever do Estado" (art 1º) ficou comprometida, sobretudo nos compromissos concernentes "à promoção da integração ao mercado de trabalho" e à integração das pessoas portadoras de deficiência à vida comunitária (LOAS, art 2º, incisos III e IV).

Nos desafios relativos à integração de pessoas ao mercado de trabalho, as ações desenvolvidas estiveram, basicamente, circunscritas à população jovem, em especial, adolescentes em condições de vulnerabilidade social. Esta prioridade, mesmo atendendo a apelos éticos e políticos notáveis, resultava em um reforço de estratificação das demandas comumente produzida na tradição histórica da assistência social. Isto ocorria mesmo no interior dos grupos familiares tipificados como pobres, produzindo, assim, uma atenção ao indivíduo e, ao mesmo tempo, um abandono à família, a qual era atribuído um conjunto de compromissos como contrapartida ao investimento público.

A família, que deveria atuar como ambiência sociabilizadora e, por isso mesmo, sendo ela também protegida socialmente, era convocada a exercer um trabalho de apelo moralizador. Para que a família pudesse desempenhar as atribuições de uma socialização *integradora* e inclusiva, necessitava, também, de condições materiais, afetivas e emocionais para projetar um futuro socialmente diverso do presente desumanizante em que viviam os seus integrantes.

Não existia, no âmbito da política de assistência social, uma estratégia factível para articular junto ao Ministério do Trabalho, por exemplo, iniciativas de geração de emprego e renda para as populações no limiar e abaixo da linha da pobreza. Observa-se, neste particular, um indisfarçável desdém com os fatores causadores das situações de pobreza. Como se não bastasse a falta de vínculos da assistência social com a política econômica, também não havia, por exemplo, uma ação estratégica entre a política de assistência e a política de trabalho, comprometida em qualificar e inserir milhões de pessoas pobres nos processos produtivos e em atividades rentáveis.[11]

No desafio relativo à integração dos portadores de deficiência à vida comunitária, as iniciativas ainda não eram observáveis. Pelos critérios de acesso ao Benefício de Prestação Continuada (BPC), o portador de deficiência que se habilitasse profissionalmente e conseguisse ingressar no mercado de trabalho, mesmo com rendimento igual a um salário mínimo mensal, deveria ser excluído do programa, por deixar de atender o requisito de renda *per capita* inferior a ¼ do salário mínimo, ou por ser considerado capaz para a vida independente e para o trabalho, conforme preconizava o Decreto presidencial 1.744/1995.

Essa situação tendeu a criar uma realidade de desestímulo ao ingresso no mercado de trabalho por parte desse segmento especial, isto porque, ante as dificuldades de acesso ao mercado de trabalho e considerando-se os baixos salários praticados em nosso país, principalmente para trabalhadores com qualificação profissional precária, tendia ser mais seguro manter o beneficiário na condição de dependente e incapaz. Habilitá-lo em profissões com pouca qualificação técnica e com precária remuneração poderia representar um risco acentuado quando comparado com a certeza do benefício. Este sentimento é constatado por Fávaro[12] (2004, p. 182), quando destacou que, na concessão do benefício assistencial a crianças ou adolescentes com deficiência, seus pais os impedem de fazer tratamento e de estudarem, pois temem perder o benefício caso os filhos sejam considerados "capazes" para alguma coisa, já que o benefício poderá ser cortado antes que efetivamente consigam algum emprego. O mesmo ocorre com os adultos com deficiência e os idosos sem aposentadoria que recebem um salário mínimo do Estado como benefício BCP.[13] Todos vivem na ansiedade e na incerteza sobre a continuidade da ajuda mensal.

Outro fator que estabeleceu limites à maior eficácia da PNAS foi a dispersão e a pulverização de recursos em outras políticas sociais. Os recursos

---

[11] Como foi destacado na primeira parte deste texto, a LOAS estabelece, em seu artigo segundo, que a política de assistência social deveria ser desenvolvida de forma articulada e integrada às demais políticas setoriais.

[12] Fávaro (2004) analisa o processo de habilitação dos usuários ao BPC identificando certas dificuldades enfrentadas por estes no equilíbrio entre a sobrevivência da família e a preservação do seu *status* de usuário no acesso ao benefício.

[13] Maciel (2008) estuda a racionalidade e a sociabilidade existentes no processo de operacionalização do BPC, enfatizando as armadilhas produzidas por este processo.

executados pelo Fundo Nacional de Assistência Social (FNAS) em 2002, por exemplo, corresponderam a 58,7% do orçamento previsto. Conforme observação de Boschetti,[14] mais de 40% dos recursos da assistência social foram gastos em ações de outras políticas sociais como a saúde e a educação.

A existência no plano federal do Programa Comunidade Solidária que até o ano de 2000 foi subordinado à Casa Civil da presidência da República, mesmo após a aprovação da PNAS de 1998, concorreu para a dispersão de recursos financeiros, institucionais e humanos na referida área, impedindo, na prática, o cumprimento da determinação legal que estabelece o Comando Único da Assistência Social em cada esfera de governo.[15] Apesar do fortalecimento institucional representado pela SEAS do MPAS, o campo da assistência social não deixou de ser marcado pelo paralelismo de ações e pela dispersão de responsabilidades entre diversas instâncias da máquina pública.

Outro aspecto que contribuiu para a manutenção do paralelismo de medidas, além da dispersão de ações com o Programa Comunidade Solidária, foi o fato de a institucionalização das ações da política de assistência não ter se imposto por meio da consolidação de uma rede efetivamente pública na área. A maior parte das ações dos serviços de atenção continuada permaneceu sendo desenvolvida pelo setor privado por meio das organizações de cunho filantrópico e caritativo.

Embora a LOAS tenha estabelecido que a política de assistência deva ter a sua realização com a primazia do papel do Estado, este continuou adotando uma feição complementar à rede assistencial existente do setor privado. Esta realidade tendeu a fortalecer as práticas sociais operadas tradicionalmente pelo setor privado na área, em que as ações assistenciais assumiram a feição da tutela em detrimento do *status* de direito social.

Concorreu para essa situação a constituição incompleta do Comando Único na esfera federal. A realização de ações de raiz assistencial por diversos ministérios e por programas que não ficaram vinculados à Secretaria de Assistência Social (depois a SEAS), obliterou a necessidade de integração coordenada destas mesmas ações.

---

14 Boschetti (2003) se debruçou sobre os gastos orçamentários da assistência social nos dez primeiros anos de implantação da LOAS, realizando uma avaliação cuidadosa sobre estes gastos, especialmente sobre o exercício do controle social no orçamento desta área.

15 O artigo 5º da Lei 8.742 de 07/12/1993 estabelece em seu inciso I que a organização da assistência social será descentralizada em estados, Distrito Federal e municípios e terá Comando Único em cada esfera do governo.

Além disso, o controle social conforme prevê a LOAS ficou comprometido, pois as ações de assistência social que ficaram sob a responsabilidade da Casa Civil da presidência da República desrespeitaram um dos principais fundamentos do SDPAS, que é a garantia da participação da sociedade civil organizada na formulação e no controle da política de assistência social, não obrigando ao controle e nem mesmo a avaliações dessas políticas.

Essa situação, ao ser operacionalizada pelo governo federal, tendeu ao reforço de um modelo de gestão da assistência social presente nas práticas passadas desta área. Em última instância, inclinou-se à reprodução desse paradigma nas esferas subnacionais, em que estados e municípios, pautados pela referência da gestão federal, reproduziram em suas áreas de atuação a operacionalização de ações assistenciais vinculadas a diferentes órgãos, ou seja, sem a efetiva implantação do Comando Único na área. É ilustrativo dessa situação o fato de existirem (ainda em 2009) unidades da federação em que o ordenador de despesa da área da assistência social não é o próprio secretário do órgão responsável pelo Comando Único.

Por outro lado, deve ser evidenciado que, a partir da segunda metade da gestão 1999–2002, a ação do governo federal de vincular as ações do Projeto Alvorada à SEAS, a princípio, pode ter sido realizada com o objetivo de corrigir a distorção institucional que afetou a diretriz da instituição do Comando Único.

Ao mesmo tempo é importante destacar que, mesmo com os limites históricos, houve um adensamento institucional na área da assistência social. A realização das Conferências Nacionais de Assistência Social nos anos de 1995, 1997 e 2001 contribuíram inquestionavelmente para que a política de assistência social ganhasse, gradativamente, maior reconhecimento com o aumento da participação social no setor. O que antes era tarefa de beneméritos, em que a assistência social não tinha representação cidadã, passou a ser política de Estado. Os efeitos disso são profundos no país. Não só porque a população como um todo se conscientizou dos problemas da miséria, mas pelo Estado ter se comprometido com a questão da cidadania e ressaltado a importância de uma nova visão do profissional da área.

Outro aspecto importante na política de assistência social no período foi o aumento da regulamentação na área. A regulamentação do BPC e da PNAS de 1998, assim como a instituição de novos serviços de atenção continuada, e a exigência da inscrição das organizações prestadoras de serviços assistenciais nos Conselhos Municipais de Assistência Social são exemplos ilustrativos da construção, gradativa, de uma nova forma de gestão da assistência social.

Essa nova forma de gestão colaborou, dentro dos limites históricos do período, para uma efetiva institucionalidade do público na assistência social. Isto porque a maior participação da sociedade civil organizada no processo de planejamento e no controle social, além de aumentar a visibilidade da assistência social, tendeu para a ressignificação do *status* tradicional desta política: o que considerava a área como um lugar em que prevalecia a ajuda como forma de enfrentamento da pobreza.

Outro dado relevante no período foi produzido pelo aumento de programas de transferência de renda. Mesmo sendo desenvolvidos por outros ministérios, esses programas tinham forte inclinação assistencial. Por isso mesmo, funcionaram com verdadeiros "experimentos de transferência de renda" para a política de assistência social. De fato, o adensamento das experiências dos programas de transferência de renda permitiu ao mesmo tempo acumular informações importantes sobre as condições socioeconômicas da população beneficiária e examinar mais detalhadamente a aplicação das condicionalidades para o acesso aos mesmos.

A regulamentação da assistência social produzida no período associada ao adensamento institucional nesta esfera, a reprodução de práticas fortalecedoras da primazia do setor privado e a feição incompleta do Comando Único construíram um processo contraditório na organização da política de assistência social.

Por isso mesmo, a reflexão sobre tal processo contraditório não deve desconsiderar os limites e as possibilidades produzidas naquele período sócio-histórico. Um dado importante a ser destacado é o fato de que o adensamento institucional das experiências na política de assistência social, especialmente aquelas associadas aos programas de transferência de renda e seus desdobramentos programáticos, como o exercício de aplicabilidade das condicionalidades e o funcionamento de um Cadastro Único, foram essenciais para o planejamento da proposta de convergência dos diversos programas de transferência de renda em um único programa dessa natureza.

Essa proposta de convergência originou o principal programa de transferência de renda do presidente Luiz Inácio Lula da Silva, o Bolsa Família. A grosso modo, podemos afirmar que os erros e acertos dos programas de transferência de renda do período FHC foram importantes para a instituição do desenho do Bolsa Família operado no governo de Lula desde o seu primeiro mandato.

Para se ter ideia da relevância desse programa no governo Lula, ao final do ano de 2008, segundo dados do Ministério do Desenvolvimento Social e

Combate à Fome (MDS), o programa atendeu aproximadamente 11,1 milhões de famílias brasileiras distribuídas por todos os municípios do país. Esse número absoluto tem efeitos não menos significativos no viver dessas famílias, devido também às condições exigidas no programa, como: manutenção das crianças e adolescentes em idade escolar frequentando a escola e o cumprimento dos cuidados básicos em saúde, como a vacinação para as crianças entre 0 e 6 anos, e a agenda pré e pós-natal para as gestantes e mães em amamentação.

Enfim, o período histórico de FHC produziu um processo contraditório na política pública de assistência social. Se por um lado não consolidou todas as possibilidades previstas na LOAS, por outro produziu experiências importantes para a afirmação de tal política. A rigor, pode-se afiançar que o possível histórico da assistência social na era FHC foi essencial para a conformação da política da assistência social na atualidade, esta com suas próprias contradições e desafios.

Referências

Boschetti, Ivanete (coord.). *Avaliação dos dez anos de implementação da Lei Orgânica de Assistência Social: Um olhar dos conselhos estaduais, municipais e do distrito federal*. Brasília, MAS/CNAS, 2003. Relatório de pesquisa.

Boschetti, Ivanete. *Assistência Social no Brasil: Um direito entre originalidade e conservadorismo*. 2ª ed. Brasília, 2003.

Brasil. Constituição da República Federativa do Brasil, promulgada em 05 de Outubro de 1988.

Brasil. Ministério da Previdência e Assistência Social. "A política de Assistência Social: Uma trajetória de avanços e desafios". Brasília, CNAS, 2001.

Brasil. MPAS, "Relatório de Gestão da Secretaria de Estado de Assistência Social de 2001". Brasília, Secretaria de Estado de Assistência Social – SEAS/MPAS, 2002.

Brasil. Ministério do Desenvolvimento Social e Combate à Fome. "Relatório de Revisão do BPC – 2002". Brasília, 2002.

Brasil. Lei 8.742 de 13 de dezembro de 1993.

Brasil. Decreto 1.330 de 08 de dezembro de 1994.

Brasil. Decreto 1.744 de 08 de dezembro de 1995.

Brasil. Lei 9.720 de 30 de novembro de 1998.

Campos, Edval Bernardino. "A Lei Orgânica da Assistência Social frente ao Programa Comunidade Solidária". *Cadernos de Textos de Serviço Social da UNAMA*. Belém, 1995.

Cardoso Jr, José Celso e Jaccoud, Luciana. "Políticas sociais no Brasil: Organização, abrangência e tensões da ação estatal". In: Jaccoud, Luciana (org.). *Questão social e políticas sociais no Brasil contemporâneo*. Brasília, IPEA, 2005.

D'Incao, Maria Angela. "Limites culturais na responsabilidade de conservação da biodiversidade". In: D'Incao, M. A. e Maciel, I. *A Amazônia e a crise da modernização*. Belém, Museu Emílio Goeldi, 1994.

Draibe, Sônia. "A política social no período FHC e o sistema de proteção social". *Tempo Social*. São Paulo, USP, 2003, pp. 63–01.

Esping-Andersen, Costa Costa. *Fundamentos sociales de las economias postindustri*. Ariel Publications, 2001.

Fávaro, Eugênia Augusta Gonzaga. "Avanços que ainda se fazem necessários em relação ao Benefício de Prestação Continuada". In: Sposati, Aldaíza (org.). *Proteção social de cidadania: Inclusão de idosos e pessoas com deficiência no Brasil, França e Portugal*. São Paulo, Cortez, 2004.

IPEA. "Políticas sociais, acompanhamento e análise nº. 13". Brasília, IPEA, 2006.

Maciel, Carlos Alberto Batista. *Benefício de Prestação Continuada: As armadilhas*. São Paulo, Letras a Margem, 2008.

Mestriner, Maria Luiza. *O Estado entre a filantropia e a assistência social*. São Paulo, Cortez, 2001.

Paugam, Serge. *A desqualificação social: Ensaio sobre a nova pobreza*. São Paulo, EDUC/Cortez, 2003.

Pereira, Potyara Amazoneida. "Como conjugar especificidade e intersetorialidade na concepção e implementação da política de Assistência Social". *Serviço Social e Sociedade*, v. 25, nº 77, mar. 2004, pp. 54–62.

Santos, Wanderley Guilherme. *Cidadania e justiça: A política social na ordem brasileira*. Rio de Janeiro, Ed. Campus, 1987.

Sposati, Aldaíza. *Cidadania e comunidade solidária. Serviço social e sociedade*, nº 48. São Paulo, Cortez, 1995a.

Sposati, Aldaíza. *Assistência na trajetória das políticas sociais brasileiras: Uma questão em debate*, 6ª ed. São Paulo, Cortez, 1995b.

Silva e Silva, Maria Ozanira da et al. "Comunidade Solidária: Contradições e debilidades". *Serviço Social e Sociedade*, v. 20, n. 60, p. 106–124. São Paulo, jul. 1999.

Telles, Vera da Silva. *Direitos Sociais*. Belo Horizonte, UFMG, 1999.

Telles, Vera da Silva. "A cidadania inexistente: Incivilidade e pobreza. Um estudo sobre a família na grande São Paulo". Tese de doutorado apresentada ao Departamento de Sociologia da USP, 1992.

Yasbeck, Maria Carmelita. *Classes subalternas e assistência social*. São Paulo, Cortez, 1993.

Da sociologia do racismo às políticas antirracistas: Nexos difíceis

Sérgio Costa

Uma entrevista concedida ainda durante seu primeiro mandato como presidente da República e gravada, ao que parece por casualidade, no dia dedicado a Zumbi dos Palmares, o herói negro só recentemente integrado ao panteão nacional, aproxima duas dimensões cronologicamente distintas e funcionalmente diversas da biografia de Fernando Henrique Cardoso, a saber: as reflexões do sociólogo Cardoso em torno do racismo brasileiro e as preocupações do político FHC com a superação do problema. Na entrevista, a questão central que articula a sociologia do racismo brasileiro pelo menos desde os anos 1940 é resumida por Cardoso em duas frases curtas: "Na verdade há classe, mas há raça também. Você tem que olhar pelos dois lados" (Cardoso e Toledo, 1998, p. 334). A abordagem da dimensão político-ideológica inerente ao tema prenuncia, de algum modo, alguns dos dilemas do antirracismo brasileiro que persistem até hoje. Fundamentalmente, as preocupações manifestadas por FHC na entrevista estão relacionadas à necessidade imperativa de superação do racismo "para realmente se ter orgulho da democracia brasileira" (p. 335). Destaca, ainda, os limites do Estado para vencer o racismo profundamente ancorado no seio societário bem como méritos e ambivalências das políticas de cota: "Não quero entrar na discussão do sistema de cotas, pela resistência que vai provocar, mas não sou contrário. Havendo duas pessoas em condições iguais para se nomear para determinado cargo, sendo uma negra, eu nomearia a negra" (p. 329).

Nesse artigo, tratarei das discussões em torno do racismo e do antirracismo no Brasil, usando esses dois âmbitos do debate – a dimensão sociológica e a dimensão política – para organizar a exposição dos argumentos. É ocioso dizer que essas duas dimensões apresentam-se necessária e profundamente conectadas: mais ainda que com relação a outros temas, são evidentes as interpenetrações e interdependências entre a pesquisa sociológica sobre o racismo e a política antirracista. Não obstante, buscando reconstruir, ainda que de forma muito breve, a história da sociologia do racismo no Brasil, começo por essa dimensão. A segunda parte do artigo trata de avanços e dilemas da política antirracista, a partir de desenvolvimentos mais recentes. A história anterior da resistência à opressão racial no Brasil que remonta, como se sabe, aos quilombos, incluindo momentos importantes da vida republicana como a imprensa negra das primeiras décadas do século XX ou o Teatro Experimental do Negro não será levada em conta.

Farei alusão à contribuição de Fernando Henrique Cardoso tanto ao estudo sociológico do racismo como às ações de seu governo voltadas para o combate do mesmo. O foco central da análise em ambos os casos não está dirigido, contudo, para os trabalhos do sociólogo nem para as políticas desenvolvidas enquanto foi presidente. Estes serão mencionados no contexto e na medida de sua importância no âmbito do panorama geral sobre ambos os campos traçados a seguir.[1]

Raça ou classe? A sociologia das relações entre negros e brancos no Brasil

A ciência moderna nasce no Brasil aos finais do século XIX, bebendo a forte influência do racismo científico que chega da Europa e, mais tarde, dos Estados Unidos. Nesse contexto, não surpreende que a coexistência entre os diferentes grupos étnicos ou de cor seja tema que marca o nascimento das primeiras reflexões científicas no Brasil – na verdade se confunde com elas. Trata-se, nesse período, fundamentalmente, da dificuldade de conciliar os postulados da "superioridade racial"[2] e intelectual do tipo humano de pele clara e identifi-

---

1 As sessões seguintes recorrem a argumentos mais longamente desenvolvidos em trabalhos anteriores: Costa, 2006; Costa, 2007.

2 As referências ao substantivo raça e aos adjetivos dele derivados, além de expressões correlatas como ariano, mestiço, degeneração ou regeneração racial, reproduzem aqui o vocabulário dos debates da época. Já, há alguns anos, a pesquisa genética mostrou que, do ponto de vista biológico, não há elementos que possibilitem agrupar traços fenotípicos como a cor da pele, o tipo de cabelo, o formato do nariz, etc. em grupos raciais distintos geneticamente. No uso que se faz dessas expressões, ainda hoje, se trata

cado com a origem europeia e a realidade da população brasileira, caracterizada por ampla variedade de tipos físicos e colorações de pele.[3] (Schwarcz, 1993; Hofbauer, 2006).

Nesse âmbito, se organizam, desde muito cedo, duas formas distintas de interpretar e aplicar, ao caso brasileiro, os novos achados da ciência racista internacional. A primeira dessas vertentes tem como seu principal expoente o médico legista Raimundo Nina Rodrigues (1862–1906) que, através de suas investigações na região do Recôncavo Baiano, buscava fundamentar sua resistência à constituição de "famílias interraciais". Ainda que defendesse que alguns "mestiços" pudessem escapar ao desígnio da "degeneração", Nina Rodrigues condenava veementemente a "mistura de raças", defendendo que uma elite branca, mantida afastada da miscigenação, assumisse posição de comando da nação (Nina Rodrigues, 1938, orig. 1894; Corrêa, 1998).

A segunda vertente, fundada inicialmente sobre os trabalhos do jurista e crítico literário Sylvio Romero (1851–1914), defendia que a mescla de tipos físicos variados levaria ao branqueamento paulatino da população, vislumbrando aí as possibilidades da "regeneração racial" dos brasileiros. Sua defesa da "mistura racial regeneradora" fundava-se na crença de que qualquer perspectiva de futuro para a nação brasileira precisava enfrentar o problema no que entendia ser sua raiz última, qual seja, a fonte biológica – era preciso, numa palavra, branquear a população. Para tanto, seria necessário encontrar formas de impedir que os descendentes de europeus e os alemães, em particular, se encerrassem em grupos étnicos fechados. Deveriam, ao contrário, se espalhar por todo o país, distribuindo seu "capital eugênico" pelas diferentes regiões (Romero, 1906; Romero, 1953, orig. 1888).

---

de classificações culturais arbitrárias que, como se sabe, podem, em virtude do preconceito existente, apresentar consequências importantes para a distribuição das oportunidades sociais, bem como para as relações cotidianas (ver Costa, 2006).

[3] Por ocasião da proclamação da República em 1889, o Brasil contava com cerca de 14.333.000 habitantes, distribuídos, conforme o censo de 1890, da seguinte maneira: indígenas, 440.000; brancos, 6.302.000; pretos, 2.098.000; pardos, 5.934.000. No período entre 1851 e 1960, o Brasil recebeu aproximadamente: 1.732.000 imigrantes provindos de Portugal, 1.619.000 da Itália, 694.000 originários da Espanha, 250.000 da Alemanha, 229.000 do Japão (cf. Pena et al., 2000). Entre 1551 e 1860 aportaram no Brasil cerca de 4.029.800 africanos escravizados, mais de 40% dos pouco mais de 10 milhões de africanos trazidos para o conjunto das Américas no âmbito do tráfico negreiro (ver Alencastro, 2000, p. 69). Conforme o último censo realizado em 2000, os habitantes brasileiros eram compostos de: indígenas, 734.000; brancos, 91.298.000; pretos, 10.554.000; pardos, 63.318.000; amarelos (isto é, asiáticos), 762.000 (cf. www.ibge.gov.br, acessado em 25/04/2007).

A influência do racismo científico só perderia seu ímpeto com a consolidação, nos anos 1930, do discurso nacionalista que recusava as hierarquias racistas e celebrava as virtudes do Brasil como "cadinho de raças e culturas". Do ponto de vista intelectual, o livro Casa Grande e Senzala do sociólogo e antropólogo Gilberto Freyre (1900–1987) é a expressão-síntese dessa nova maneira de representar a nação (Freyre, 2003, orig. 1933). Para tanto, Freyre, como se sabe, reconstrói a formação da nação brasileira desde a colônia, mostrando como se verifica, nesse processo, a constituição de uma "brasileiridade" como amálgama bem-sucedido dos três grupos fundadores da nação: indígenas, portugueses e africanos. Essa reinterpretação do Brasil e das relações interétnicas promovida por Gilberto Freyre tem o papel político fundamental de deslegitimar o racismo biologicista e valorizar a diversidade cultural brasileira. Do ponto de vista teórico-metodológico, a obra, como mostra Cardoso (2003, p. 5), a despeito do enorme trabalho de pesquisa e do valor heurístico único que contém, apresenta "descrições, às vezes romanceadas e mesmo distorcidas".

Assim, a pesquisa sobre as relações entre os diferentes grupos de cor no Brasil, de cunho propriamente empírico-sociológico, entendendo-se como tal o uso de métodos de investigação específicos e o esforço epistemológico de estudar as sociedades a partir dos fatores e condicionantes sociais e não mais biológicos e/ou culturais, se inicia com o trabalho de Donald Pierson.[4] Suas investigações, realizadas inicialmente durante sua permanência na cidade de Salvador entre 1935 e 1937 e reportadas em seu trabalho de doutorado, publicado em 1942 (Pierson, 1942), marcam a introdução da metodologia de estudos locais oriunda da Escola de Chicago na análise das relações entre brancos e negros no Brasil.[5] O trabalho é prefaciado pelo próprio Robert Park que, desde

---

4 Se os estudos sociológicos empíricos sobre as relações interétnicas no Brasil implicam uma ruptura radical com as explicações biologicistas, sua relação com aquela sociologia interpretativa e ensaística como a desenvolvida por Gilberto Freyre era ambígua: se distanciavam, institucionalmente, desta, reconhecendo, contudo, seu valor explicativo. Isso é mostrado por Fernando Henrique Cardoso (2008) que, referindo-se a Florestan Fernandes e Roger Bastide, constata que estes estavam "à busca da disciplina e do rigor metodológico para distinguir o esforço de pesquisa que se fazia do ensaísmo predominante nas ciências sociais da época" (p. 16). Não obstante, ao mesmo tempo, "não desconheceram a importância da obra de Gilberto Freyre e suas análises sobre o amestiçamento cultural e racial dos brasileiros" (p. 12).

5 É verdade que antes de Pierson, Oliveira Vianna (1883–1951), num certo sentido um dos fundadores da sociologia brasileira, também se dedicou ao estudo das relações entre os distintos grupos de cor. Ele foi, contudo, um continuador explícito da obra de Sylvio Romero, assumindo e aprofundando as premissas biológico-racistas seguidas por este. Além de buscar quantificar a tendência ao branquemento postulada por Romero, Oliveira Vianna (1923) insiste na existência de um nexo entre estrutura

sua chegada em Chicago em 1912, havia se destacado como uma liderança intelectual capaz de consolidar naquela universidade dois campos correlatos de pesquisa: os estudos urbanos e os estudos de relações étnicas e raciais. No livro de 1921, em coautoria com Burgess, *Introduction to the science of Sociology*, Park propõe quatro formas de interação social, apresentadas em escala evolutiva: competição, conflito, acomodação e assimilação. A competição caracteriza o estágio de impessoalidade e ausência de reconhecimento do entorno social. Apenas na fase do conflito, os grupos passam a identificar seus próprios interesses, no contexto de oposição a outros grupos. Na fase da acomodação, a hostilidade latente pode permanecer, mas os conflitos manifestos desaparecem, se "acomodam" nas estruturas mais ou menos estáveis que surgem depois que se definem os ganhadores e perdedores da fase do conflito. A assimilação representa a situação em que ocorre a plena absorção do grupo cultural originariamente distinto num contexto em que todos se sentem reconhecidos como iguais (para uma síntese crítica ver Knöbl, 2001, pp. 87ss).[6]

A pesquisa de Pierson na Bahia é informada não apenas pela matriz teórica da Escola de Chicago, mas também pela reflexão política própria de tal escola sobre as possibilidades de solução para o dilema racial americano da época. Com efeito, antes de vir ao Brasil, Pierson é levado a estagiar em Nashville, sul dos Estados Unidos, região caracterizada por Bacelar (1997, p. 133) como "socialmente similar à Bahia, atrasada e pré industrial, e inteiramente contrastiva do ponto de vista racial, ou seja, a área mais racista do país, 'paraíso' dos linchamentos de negros".

Ao chegar a Salvador, Pierson estuda as relações entre brancos e negros, tendo em mente a "competição" e o "conflito" observados em seu país de origem e não surpreende que ele conclua que, do ponto de vista étnico-racial, o

---

social e pertença racial, mostrando como as oportunidades sociais e os recursos materiais na sociedade brasileira são distribuídos com base no "capital eugênico". Conforme essa leitura, a sociedade brasileira seria uma sociedade justa, na medida em que, com poucas exceções, reconheceria e premiaria aqueles que eram, para ele, biologicamente mais capazes, quais sejam, os brancos (Paiva, 1978). Portanto, a chave de explicação das relações sociais para Oliveira Vianna não se encontrava na sociedade em si, mas na biologia.

[6] Conforme mostra Cardoso (2006b, p. 73), o exemplo da Escola de Chicago exerce uma influência fundamental para a consolidação da sociologia das relações entre os diferentes grupos étnicos e de cor no Brasil e, indiretamente, para sua formação como sociólogo: "O papel do Florestan [Fernandes] foi muito importante, pois nós todos aprendemos a pesquisar naquele trabalho sobre os negros. A ideia do Florestan era transformar São Paulo em um laboratório para a análise sociológica, como o Robert Park, o Louis Wirth e outros haviam feito em Chicago."

Brasil lograra "acomodar" as divergências existentes e que se encontrava a caminho da plena assimilação de todos os grupos num só povo. Nesse contexto, as desigualdades existentes eram tratadas sob a chave da categoria classe social, o preconceito racial verificado não passava de dado residual e deformação individual, desprovidos de relevância sociológica.

Independentemente do preconceito residual, a pergunta que orienta a investigação de Pierson decorre da diferença entre castas e classes e implica mostrar que, no Brasil, as desigualdades sociais não se reproduziam por um sistema fixo de castas de cor, mas que o país havia logrado estabelecer uma sociedade multirracial de classes, na qual a mobilidade social, a despeito das adscrições raciais, era evidente e o contato entre os diferentes grupos, até mesmo através do matrimônio, frequente e usual.

Anos mais tarde, Wagley (1952, p. 148) reitera as conclusões de Pierson sobre o desaparecimento das castas raciais, mas observa que:

> With rare exceptions, the people of the upper class of Brazil are Caucasian in physical appearance [...] the criterion of race becomes most crucial in determining social position.[7]

Marvin Harris (1956) qualifica melhor tais conclusões. O autor estuda a comunidade de Minas Velhas, na Bahia, e mostra em detalhe a forma como se manifesta e reproduz a discriminação racial, constatando que tanto os livros escolares utilizados na localidade, quanto o conjunto da população pesquisada, atribuíam habilidades e capacidades inatas às diferentes pessoas, seguindo uma escala ascendente, conforme fossem mais claras. Insiste, contudo, em dois aspectos que parecem fundamentais.

O primeiro é a constatação da existência de um "gradiente" de cor, no lugar de dois grupos polares de brancos e negros definidos pelos laços de ascendência. Segundo o autor, tal gradiente é fundamental porque define uma hierarquia de traços fenotípicos, de tal sorte que não só brancos, mas também negros se apoiam em tal escala para afirmar sua superioridade diante daqueles que lhes pareciam mais escuros que si próprios. O segundo aspecto nodal destacado por Harris é a ausência de uma superposição simples e imediata entre raça e classe. Ou seja, para o autor, a despeito do significado dos traços físicos

---

7 "Com raras exceções, os integrantes da classe mais alta do Brasil são caucasianos em termos de aparência física [...] os critérios de raça tornam-se mais cruciais na determinação da posição social."

para a definição das posições sociais, estes concorrem com outros fatores. Ainda que nunca deixem de influenciar as relações sociais, estes traços físicos são, para Harris, mais ou menos considerados, conforme a situação de um indivíduo determinado relativamente aos demais fatores relevantes no âmbito das classificações estabelecidas:

> There is no status-role for the Negro as a Negro, nor for the white as white, except in the ideal culture. Race is but one of several criteria which will determine how the mass of other individuals will actually behave toward him. In other words, wealth, occupation, and education, the other three major ranking principles, have to a certain extend the power of defining race. It is due to this fact that there are no socially important groups in Minas Velhas which are determined by purely physical characteristics.[8] (Harris, 1956, p. 126)[9]

Paralelamente, a discussão em torno da importância dos fatores ligados à classe social e aqueles vinculados às adscrições raciais para definir as hierarquias sociais no Brasil seria ampliada e aprofundada, à medida que a pesquisa sociológica fundada em estudos de campo se estende da Bahia para outras

---

8 "Em termos de status, não há um papel específico para o negro enqanto negro nem para o branco enquanto branco, exceto em se tratando de uma cultura idealizada. Contudo, raça é um dos vários critérios que determinam como o conjunto de indivíduos se comportarão com relação a determinada pessoa. Ou seja, riqueza, ocupação e educação, os três outros principais princípios de hierarquização social, têm em certa medida o poder de definir a raça. Por essa razão, não há nenhum grupo importante em Minas Velhas cuja posição social é determinada exclusivamente por características físicas."

9 Em trabalho posterior, Harris (1964) busca aprofundar as comparações entre o Brasil e os Estados Unidos e distancia-se, como já mostrou acertadamente Guimarães (1996), ainda mais claramente de Pierson e dos mitos da excepcionalidade da escravidão brasileira – nos termos de Harris "the myth of the friendly master" ["o mito do senhor amigável"] – e da vocação dos portugueses para a "miscibilidade", segundo propagara Gilberto Freyre. A visão de Harris é fundamentada em suas pesquisas de campo em Moçambique, através das quais mostra que as relações entre portugueses e os povos colonizados em nada diferia do que se dava nas regiões colonizadas por outras nações europeias, isto é, não havia nenhuma excepcionalidade na colonização portuguesa. Admite que os portugueses, quando em Portugal, tentavam ser "neutros" com relação às diferenças de cor. Quando passavam, contudo, ao papel de colonizador em terras africanas, eles "find that legally, economically and socially, white men can take advantage of black men" ["descobriram que aquele homem branco em termos legais, econômicos e sociais pode tirar vantagem do homem negro"] (Harris, 1964, p. 68). A tese de Freyre da propensão inata para a miscigenação dos portugueses é contestada por Harris com números: o autor mostra que a quantidade relativa de "mestiços" nas colônias portuguesas não era maior que aqueles provenientes "of the monochromatic libidos of the Dutch invaders of South Africa" ["das libidos monocromáticas dos invasores holandeses da África do Sul"] (p. 68).

regiões do Brasil, em parte, graças ao conjunto de estudos financiados pela UNESCO no começo dos anos 1950 (Maio, 2000a; Maio, 2000b).[10]

Um dos resultados mais importantes dessa safra de estudos foi publicado por Bastide e Fernandes (1955), cujas hipóteses de trabalho (Bastide e Fernandes, 1979, orig. 1951) já indicavam o desenho de um programa de investigação ambicioso e extremamente sofisticado, voltado para decifrar a relação tensa e complexa entre raça e classe em São Paulo.[11] De forma sumária, os autores partem da premissa de que o preconceito de cor existe em todas as classes, mas varia conforme a situação de contato. Isto é, nas situações em que a imaginada superioridade inata dos brancos parece ameaçada pela horizontalidade social, o comportamento racista desses tende a ser mais explícito. Além disso, os dois autores postulam que o processo de industrialização, ao abrir novas possibilidades de ascensão para o negro, não eliminariam o preconceito, mas provocariam mudanças importantes nas relações entre brancos e negros, na medida em que o preconceito perdesse "lentamente sua força inibidora ou coatora sobre o comportamento dos negros", podendo também assumir "uma expressão provavelmente mais ostensiva nos círculos sociais ou nos grupos étnicos dos brancos em que se perpetuar, como símbolo social de *status* (real ou compensatório) e como meio de defesa econômica" (Bastide e Fernandes, 1979, orig. 1951, p. 151).

Os trabalhos subsequentes de Cardoso e Ianni (Cardoso e Ianni, 1960; Cardoso, 1962; Ianni, 1962) seguiriam a picada aberta por Bastide e Fernandes, a partir de estudos realizados em Porto Alegre, Pelotas, Florianópolis e Curitiba. Conforme balanços dos próprios autores (Cardoso, 1963–1964; Ianni, 1966, principalmente pp. 62ss), esses estudos permitem rever as conclusões de Pierson e Wagley quanto ao caráter residual do racismo no Brasil, reconstruindo, ainda, os nexos entre padrões de escravidão e formas assumidas pelo preconceito racial em cada região. As conclusões referentes à relação entre classe e raça a que chegam esses trabalhos comprovam as primeiras intuições de Bastide e Fernandes. Mostram, fundamentalmente, que o preconceito de raça não pode ser subsumido nas classificações de classe além de se modificar, sem desaparecer, na medida em que as estruturas econômicas e sociais vão se modernizando. Dialogando com os estudos reveladores produzidos até a época, no Brasil, sobre

10 Cabe destacar, nesse mesmo contexto, a iniciativa da *Revista Anhembi* que, através de seu editor Paulo Duarte, antes mesmo da ações da UNESCO, já vinha incentivando a produção e a publicação de estudos sobre discriminação racial em São Paulo (Cardoso, 2008, pp. 9ss).

11 Entre outros trabalhos relevantes dessa fase, ver: Azevedo, 1953; Costa Pinto, 1953 e Nogueira, 1957.

o tema, Cardoso resume da seguinte maneira os resultados de suas investigações, juntamente com Octavio Ianni, no sul do Brasil:

> A formação de classes sociais representa o processo de atribuição de um *status*. Contudo, o preconceito racial, ao invés de ser absorvido no caráter inflexível da classe, nesse caso, apenas acrescenta uma dimensão a mais às resistências que o negro encontra. Ele não é somente [considerado] socialmente "inferior", ele o é por força de sua cor da pele. Assim, a cor da pele denuncia a origem social inferior do negro, mesmo naqueles casos em que os negros conseguiram superar as barreiras de classe. A pigmentação da pele atua como um ímã que atrai para si o conjunto dos atributos negativos, servindo como sinal que anuncia uma situação ameaçadora para os brancos: "os negros que não reconhecem o seu lugar". Os brancos, sentindo que sua posição como classe racialmente superior está ameaçada abandonam a velha tolerância racial e começam a negar àqueles negros que alcançaram socialmente o direito à coexistência em condição de igualdade nos clubes, nas posições de comando, na profissão, na vida em família etc. (Cardoso, 1963–1964, p. 16, com minha tradução do alemão, SC)

A produção da sociologia brasileira sobre as relações entre negros e brancos, depois do enorme impulso observado ao longo dos anos 1950 e começo dos anos 1960, entra em declínio e só recuperaria seu vigor a partir do final dos anos 1970, quando se inaugura, no âmbito dos chamados estudos raciais, uma nova safra de investigações. Contudo, a ênfase dos trabalhos desde então já não se encontra mais nos estudos de caso, mas na pesquisa estatística de indicadores de desigualdades sociais entre os diferentes grupos de cor bem como no esforço de desenhar políticas públicas voltadas para o combate ao racismo. A partir dos trabalhos pioneiros desenvolvidos por Carlos Hasenbalg e Nélson V. Silva (Hasenbalg, 1979; Hasenbalg e Silva, 1988, entre outros), uma enorme gama de estudos mostra, com indicadores sempre atualizados e ampliados, que as desigualdades sociais entre os cinco grupos de cor identificados pelas estatísticas oficiais brasileiras – pretos, brancos, pardos, amarelos e indígenas – podem ser agrupadas em duas únicas categorias: brancos e não brancos.[12] Isto significa que, a despeito das tantas variações cromáticas com as

---

[12] A rigor, amarelos e indígenas, por serem grupos demográficos minoritários, ficam fora das simulações estatísticas feitas pelos estudos sobre desigualdades raciais.

quais as pessoas se autorrepresentam, o acesso às oportunidades sociais obedece a uma hierarquia bipolar. Esses trabalhos indicam ainda que o desfavorecimento dos grupos não brancos não pode ser entendido como mera reprodução de desigualdades históricas herdadas do passado escravocrata. A comparação entre diferentes gerações de brancos e não brancos permite demonstrar que os não brancos têm sistematicamente menores chances de ascensão social que brancos, mesmo quando os pais dos brancos e não brancos têm níveis socioculturais similares.

Da aferição analítica das desigualdades raciais, os estudos raciais extraem consequências políticas importantes. Mostram que, se a classificação racial branco/não branco é determinante das oportunidades sociais, então ela deveria ser conformadora também das identidades sociais. Se tal não se verifica, isto se deve à cortina ideológica representada pelo mito da democracia racial que permite, no plano político, que a ordem racial desigual seja reproduzida (ver entre outros, Hanchard, 1994; French, 2000 e Nobles, 1995). Conforme essa visão, o combate ao racismo está associado a uma política identitária apoiada em ações de atores civis e também do Estado, entre elas as ações afirmativas, das quais a seguir trataremos mais detidamente.

As políticas antirracistas e seus dilemas

Assim como as investigações qualitativas do ciclo de trabalhos desenvolvidos nos anos 1950 e começo dos anos 1960 mostraram de maneira inequívoca a existência e a forma como operam os preconceitos e os mecanismos de discriminação racial no Brasil, as pesquisas mais recentes vêm documentando, de forma igualmente contundente a partir de técnicas quantitativas, que negros e brancos não dispõem das mesmas chances e oportunidades sociais no país. Trata-se, portanto, de uma sociedade iníqua, num sentido que vai além da constatação de que há desigualdades sociais: o que se percebe é que o reconhecimento dos méritos e as recompensas individuais não são distribuídos com base num critério universal, como o da justa bonificação do esforço pessoal, mas com base em marcas corporais, vale dizer, em características infensas à ação transformadora do indivíduo. A sociedade se apresenta política e juridicamente como liberal, no sentido de que se orienta pelo princípio individualista da cidadania, mas funciona, em certa medida, como uma sociedade estamental, ou de castas, que limita sistematicamente as chances de ascensão social dos grupos demográficos, conforme se distanciem do conjunto de características físicas que são associadas, imaginariamente, à origem europeia.

As diferenças dos indicadores sociais para negros (incluídas aqui as categorias do censo pretos e pardos) e brancos se manifestam em todos os campos da vida social e apresentam em muitos casos níveis de disparidade semelhantes àqueles observados nas desigualdades de gênero. Isto é, se tomado o conjunto de negros e o conjunto de brancos brasileiros, por um lado, e o conjunto de homens e mulheres, por outro, observa-se que, para alguns indicadores sociais, a desigualdade entre esses grupos é comparável.

Os dados sobre rendimento são particularmente expressivos das desigualdades relacionadas com o gênero e a cor da pele no Brasil. Assim, em 2004, conforme estudo do IPEA e do PNUD (Pinheiro, Fontoura, Prata, Soares, 2006), as mulheres brancas recebiam, em média, 61% do que ganhavam, em média, os homens brancos. Os homens negros, por sua vez, recebiam, em média, metade do salário médio dos homens brancos, enquanto as mulheres negras recebiam em média 64,5% do que ganhavam em média os homens negros e somente 32% do rendimento médio de homens brancos. Ainda, segundo o estudo referido, as diferenças salariais não podem ser explicadas pelos níveis de escolaridade, já que, em média, as mulheres são mais escolarizadas que os homens e mesmo as desigualdades de salário entre brancos e negros, estes últimos, em média menos escolarizados, são apenas em parte decorrentes das diferenças de escolaridade:

> [...] as diferenças de escolaridade entre brancos e negros explicam apenas uma parte da desigualdade salarial. Parte significativa dessa diferença só é explicada pela discriminação propriamente dita, o que vem sendo comprovado por uma série de estudos desenvolvidos nessa área. Alguns deles chegam a apontar que 53% das diferenças de renda entre negros e homens brancos podem ser explicadas pela pura discriminação. (Pinheiro, Fontoura, Prata, Soares, 2006, p. 41)

A presença do racismo também não é mais contestada por nenhum setor representativo no espaço público brasileiro e a própria sociedade brasileira se autopercebe como racista. Pesquisas de opinião representativas para o conjunto do país constatam que mais de 90% da população reconhecem que "os brancos têm preconceito de cor em relação aos negros" no Brasil. (Turra e Venturi, 1995, p. 96)

Não obstante, as formas para combater o racismo brasileiro são, hoje, no país, objeto de uma intensa e rica polêmica, não só nos meios acadêmicos, mas também na política contemporânea e mesmo dentro dos próprios movimentos sociais.

O movimento negro que já vinha se rearticulando pelo menos desde o final dos anos 1970 encontra nos debates em torno da elaboração da Constituição de 1988 um terreno extremamente fértil para difundir e juridificar suas demandas, entre outros, dada a coincidência, simbólica e politicamente importante, entre a data de proclamação da nova Constituição e o centenário da abolição da escravidão. Também em 1988, o então presidente da República, José Sarney, cria a Fundação Palmares, o primeiro órgão no âmbito federal especializado no atendimento de demandas específicas da população afrodescendente.

Em 20 de novembro de 1995, data em que se comemoravam os trezentos anos da morte de Zumbi, os movimentos negros promovem a "marcha Zumbi dos Palmares contra o racismo, pela cidadania e pela vida", vista como ponto culminante de uma ampla mobilização dos ativistas antirracistas observada nos meses anteriores e que tinha como um de seus alvos a crítica à inação do Estado no campo do combate ao racismo. O governo federal responde imediatamente à mobilização através da criação do Grupo de Trabalho Interministerial População Negra, ao qual coube, sob a coordenação de Hélio Santos, importante liderança antirracista, apresentar ao então presidente Fernando Henrique Cardoso um conjunto ambicioso de propostas destinadas a promover a "cultura negra" e a igualdade de oportunidades para negros e brancos.[13]

As propostas foram implementadas, conforme a avaliação do próprio coordenador do GTI, de forma seletiva. Ou seja, as chamadas medidas repressivas que visavam à proteção contra a discriminação direta (como o insulto racial) e as educativas, voltadas para combater o preconceito racial, tiveram aplicação imediata. Entre tais iniciativas, incluem-se, por exemplo, a produção de filmes que destacassem o protagonismo dos negros na História brasileira ou

[13] O destaque dado à população negra no primeiro Programa Nacional de Direitos Humanos (Ministério da Justiça 1996, pp. 29ss) e a referência, ainda que um pouco menos enfática, aos afrodescendentes no segundo Programa (Ministério da Justiça, 2002) são também indicativos das preocupações do governo FHC com o racismo e seu combate. Conforme destaca o próprio ex-presidente, no Plano "já não se fala de 'democracia racial' e sim em 'raças distintas'. Esse foi o primeiro passo para a adoção de políticas públicas, tais como a menção ao quesito 'cor' nos documentos oficiais e programas afirmativos de inclusão de negros em cursos profissionalizantes". (Cardoso, 2006a, p. 551).

medidas que propiciassem acolher denúncias e punir com mais agilidade os culpados por discriminação racial direta. Contudo, medidas contra a discriminação indireta, como o preterimento de negros para ocupar cargos de direção ou as desvantagens cumulativas no acesso ao sistema educacional, não foram acolhidas de imediato. Trata-se aqui, sobretudo, das políticas de ação afirmativa, destinadas a compensar desfavorecimentos históricos, através de vantagens comparativas nas disputas por postos competitivos (Heringer, 2001).

Com efeito, este tipo de medida só encontraria uma expansão mais significativa depois das discussões em torno da conferência das Nações Unidas contra o racismo, ocorrida em Durban, África do Sul, de 30 de agosto a 7 de setembro de 2001. As mobilizações em torno da conferência encontraram no Brasil um solo fértil para seu desenvolvimento, já que em 2000 o país comemorava os 500 anos da chegada dos portugueses na costa brasileira. A comemoração do "descobrimento" foi o ensejo para que diferentes movimentos sociais pusessem em questão as bases da constituição simbólica da nação: mulheres, negros e indígenas vão às ruas protestar contra sua opressão histórica. O movimento negro ocupa um lugar destacado em tais manifestações na medida em que, ao lembrar o passado escravista e o presente racista, confrontava o país com uma compreensão da História brasileira avessa a qualquer ufanismo nacionalista.

No intuito de preparar e coordenar a participação da delegação brasileira em Durban, o governo convoca uma comissão mista formada por representantes dos movimentos sociais e do governo, a qual promove um número considerável de reuniões, simpósios e atividades diversas voltadas para discutir o racismo no Brasil. Juntando-se a isso o conjunto igualmente amplo de atividades promovidas por organizações não governamentais, acadêmicos e grupos diversos, pode-se compreender o impacto dos preparativos sobre a opinião pública brasileira. Naquela ocasião, jornais e mesmo as televisões comerciais divulgaram um volume inédito de informações sobre o racismo no Brasil e no mundo, contribuindo ainda para tornar amplamente conhecidos dados sobre as desigualdades de oportunidades para brancos e negros que, até então, só haviam circulado entre especialistas e lideranças do movimento negro.[14]

Também no âmbito dos preparativos para a conferência vêm à tona mudanças importantes observadas no interior do movimento negro. Trata-se

[14] No âmbito da conferência, apenas os cinco maiores jornais brasileiros publicaram numa única semana, entre 25 e 31 de agosto 2001, 170 diferentes notícias, incluindo comentários, cartas, etc. sobre a conferência de Durban (vide Telles, 2003, p. 93).

aqui, por um lado, de uma vigorosa diferenciação interna, processo marcado pelo surgimento e/ou visibilidade de múltiplas ONGs e iniciativas que buscam articular novos interesses e diferenças no interior do movimento. A demonstração mais evidente de tal processo encontra-se no vertiginoso crescimento do número de ONGs de mulheres negras, as quais buscam tematizar publicamente a discriminação dupla, como mulher e como negra, e chamar a atenção para um catálogo de reivindicações próprio da mulher negra (Caldwell, 2007).

Paralelamente à heterogeneização interna, verifica-se uma transnacionalização do movimento negro, operada em parte graças ao surgimento de uma ativa rede binacional, envolvendo fundações, pesquisadores e ativistas norte-americanos e brasileiros. No âmbito de tal rede, são promovidos cursos de formação de lideranças e produzidos estudos e pesquisas que vêm permitindo uma ampla divulgação no Brasil dos programas de combate ao racismo adotados historicamente pelos Estados Unidos. Some-se a isso o surgimento de novas redes transnacionais como La Alianza – Aliança Estratética de Afrolatinoamericana y Caribenha, fundada em 1998, com sede em Montevidéu.

A ampla tematização das desigualdades de oportunidades para negros e brancos no Brasil que tem lugar nos anos 2000 e 2001 pavimenta, enfim, o caminho para a implementação das políticas de ação afirmativa que até a conferência de Durban haviam sido vistas com muita reserva pela sociedade. Em 4 de setembro de 2001, ou seja, simultaneamente à conferência, o Ministério do Desenvolvimento Agrário institui, como primeira repartição federal, um programa de ação afirmativa, segundo o qual 20% e, mais tarde 30%, de todos os cargos de chefia naquela agência deveriam ser ocupados por negros.[15] Cotas de 20% são estabelecidas também para novas contratações e até mesmo para empresas prestadoras de serviço ao Ministério, as quais devem ter pelo menos 20% de seu pessoal negro.

Em dezembro de 2001, o Ministério da Justiça cria um programa semelhante, acrescentando uma cota de 20% para mulheres e 5% para portadores de deficiência física. Em maio de 2002, o então presidente Cardoso inaugura o Programa de Ações Afirmativas, visando o incremento da participação de

---

[15] A denominação dos beneficiários das cotas oscila nos documentos oficiais. O Ministério do Desenvolvimento Agrário fala de negros e negras, enquanto, por exemplo, o Ministério da Justiça parece preferir a expressão afrodescendente (textos das diferentes resoluções encontram-se em Jaccoud e Beghin, 2002, Anexo I).

negros, mulheres e deficientes nos cargos de chefia em toda a administração federal (Jaccoud e Beghin, 2002, Anexo I). Desde então, o uso da ação afirmativa passa para a prática corrente no âmbito federal, contribuindo ainda para o surgimento de iniciativas similares nas esferas estadual e municipal.

No âmbito universitário, programas de ação afirmativa foram implementados pela primeira vez pela Universidade Estadual do Rio de Janeiro (UERJ) no vestibular para o ano de 2002. Conforme a meta estabelecida pela UERJ, nada menos que 40% das vagas disponíveis só poderiam ser ocupadas por negros, outros 50% deveriam ser reservados a alunos egressos de escolas de segundo grau públicas. O programa despertou críticas severas, além de uma avalanche de ações na justiça. Não obstante, produziu resultados expressivos: ainda no primeiro ano de operação, o programa levou a que 63% de todos os novos alunos da universidade fossem negros e/ou egressos de escolas públicas (*Folha de S. Paulo*, 5/3/2003). Depois disso, surgiram vários programas de mesma natureza em diversas universidades estaduais e, mais tarde, também em universidades federais.

Além disso, em consonância com as recomendações oriundas da conferência de Durban, é criada em 2003, já no governo Lula, a Secretaria Especial de Políticas de Promoção da Igualdade Racial (SEPPIR), com *status* ministerial, e responsável por ações de considerável impacto público. Cabe destaque ao apoio a dois projetos de lei que se tornaram objeto de acirrada controvérsia política: a Lei de Cotas e o Estatuto da Igualdade Racial. A Lei de Cotas estabelece a obrigatoriedade de que 50% das vagas nas universidades públicas sejam preenchidas por alunos egressos de escolas públicas, levando-se em conta a proporção de indígenas e afrodescendentes na população da região onde se situa a instituição em tela. O Estatuto da Igualdade Racial, além de tratar das cotas, estabelece a obrigatoriedade da identificação e distinção pelo Estado, em todos os registros oficiais, "do quesito raça/cor [...], de acordo com a autoclassificação".[16] Por ocasião da primeira tentativa de votação do projeto, um conjunto de intelectuais de destaque elaborou carta aberta aos presidentes da Câmara e do Senado, pedindo que as duas casas legislativas rejeitassem os projetos já que eles poderiam insuflar o ódio racial. Como reação ao manifesto, um segundo grupo de intelectuais e líderes dos movimentos negros organizou

---

[16] Cf. texto do projeto, disponível http://www.lpp-uerj.net/olped/documentos/ppcor/0103.pdf, acessado em 30/09/2008.

outro manifesto, pedindo a aprovação dos projetos como única forma de estabelecer de maneira efetiva a igualdade de oportunidades no Brasil.[17]

Com efeito, as políticas de ação afirmativa dividiram a opinião pública e os intelectuais brasileiros em dois campos claramente delimitados.[18] Os defensores do que entendem ser o padrão tolerante de convivência entre os diferentes grupos étnicos e de cor predominante no Brasil condenam, enfaticamente, as políticas de ação afirmativa, reivindicando, conforme observa Grin (2001, p. 183), que "se trate a desigualdade racial no país em seus próprios termos, já que a mera cópia de *policies* produzidas em outras culturas e ordenadas por outras moralidades pode não produzir os benefícios que delas se esperam". Preferem, por isso, "apostar naquilo que une e não no que separa". No lugar de políticas públicas que enfatizam a necessidade de fortalecimento da consciência racial, a categoria fundamental que se utiliza é a da cidadania universal como possibilidade e referência à integração justa de todos brasileiros. Tal categoria não implica na desconsideração da realidade marcada pelo acesso desigual aos direitos de cidadania e aos bens públicos. A referência à cidadania universal permanece, contudo, como meta e objetivo (Fry, 2005, ver também artigos reunidos em Fry et al., 2007).[19]

O apelo à universalidade do princípio da cidadania, ainda que normativamente correto, parece cego à História. Afinal, desde a abolição da escravidão

---

[17] Textos dos manifestos disponíveis em http://www.lpp-uerj.net/olped/mob_manifestos.asp.

Mais recentemente, quando o Supremo Tribunal Federal deveria examinar duas ações de inconstitucionalidade contra o chamado PROUNI (Programa Universidade Para Todos, lançado pelo Ministério da Educação e Cultura em 2005, objetivando ampliar o acesso da população pobre, de negros, indígenas e portadores de deficiência à universidade) e o programa de cotas nas universidades estaduais do Rio Janeiro, parte do grupo de intelectuais que havia se manifestado meses antes contra a Lei de Cotas e o Estatuto da Igualdade Racial publica a carta manifesto "Cento e treze cidadãos antirracistas contra as leis raciais", no qual afirmam: "Queremos um Brasil onde seus cidadãos possam celebrar suas múltiplas origens, que se plasmam na criação de uma cultura nacional aberta e tolerante, no lugar de sermos obrigados a escolher e valorizar uma única ancestralidade em detrimento das outras" (disponível em: http://revistaepoca.globo.com/Revista/Epoca/0,,EDR83466-6014,00.html, acessado em 30/09/2008).

[18] Para um panorama do debate ver Steil, 2006.

[19] Até recentemente, a crítica aos movimentos antirracistas no Brasil era sempre baseada na ideia de que, no Brasil, classificações raciais não existem já que se trata de uma "nação genuinamente mestiça". Hoje, com os avanços das políticas afirmativas, começa a se construir no Brasil um discurso político muito próximo ao modelo americano da *whiteness*, conforme mostra o exemplo abaixo:

"É ela [a classe média] hoje o verdadeiro 'negro' do Brasil: paga impostos abusivos; não utiliza um miserável serviço do Estado, sendo obrigada a arcar com custos de saúde, educação e segurança [...] e, por que não lembrar?, ninguém a protege: Estado, ONG, igrejas, nada..." (Azevedo, 2007, p. 106).

nunca houve mecanismos constitucionais legais de desfavorecimento dos negros. Contudo, negros têm menos chances de ascensão social que brancos. Ou seja, não há razões para que os negros brasileiros acreditem no tratamento igualitário prometido pela lei: as práticas sociais se encarregam, sistematicamente, de reintroduzir a desigualdade de oportunidades.

De forma geral, os que defendem políticas de ação afirmativa, como cotas, entendem que elas cumprem um objetivo estratégico duplo. Num primeiro plano, prestam-se à compensação e à correção das desigualdades de acesso aos bens públicos. Ao mesmo tempo, elas devem favorecer o processo de construção da identidade racial dos afrodescendentes, fortalecendo a mobilização social e a construção das vítimas do racismo como sujeito político. O que se defende é que, se afrodescendentes são discriminados por seus traços físicos, deve-se estimular que se articulem, politicamente, como negros, de sorte a fazer das características que são, hoje, objeto do preconceito, razão de orgulho e fonte de compensação social (Silvério, 2003). Assim, as políticas de ação afirmativa se prestariam, por isso, a "tirar a máscara" ideológica que ainda recobre a realidade brasileira da opressão racial (Guimarães, 2000; Reichmann 1999).

Aqueles que defendem as políticas de ação afirmativa acreditando que estas fortalecerão a identidade racial negra, contudo, incorrem num paradoxo curioso, na medida em que, em nome do princípio liberal da igualdade de oportunidades, acabam preconizando a intervenção do Estado nas escolhas identitárias e culturais dos cidadãos. Ou seja, as políticas de ação afirmativa, na medida em que se prestam a corrigir as desigualdades de oportunidades geradas pela existência do preconceito, não constituem uma ameaça à neutralidade do Estado. O difícil de aceitar é sua justificação através do argumento de que tais medidas são necessárias para construir a consciência racial e as identidades racializadas. Nesse caso, não se verifica a neutralidade dos objetivos da ação do Estado, uma vez que haveria aqui a adesão do Estado a uma concepção de bem particular e a imposição autoritária de uma forma cultural de vida específica (a sociedade racializada) que não é consensual na sociedade brasileira.

Com efeito, a rearticulação identitária da população negra no Brasil, como mostram estudos diversos (Almeida, 2000; Sansone, 2003 e Gomes, 2006), da população negra no Brasil não é operada através dos termos de uma representação racial polarizada branco/negro. Isto é, o "ser negro" ou o tornar-se negro não é, no Brasil, reflexo imediato de uma realidade socioestrutural que desfavorece as pessoas de pele escura. "Negro" define aqui uma nova etnicidade, enquanto identificação culturalmente construída, negociada, conquistada e que se move permanentemente. Conforme mostra Santos (1997, p. 9): "Nesse raciocínio, negro deixa de ser uma 'raça', ou mesmo uma condição fenotípica e passa a ser um topo lógico, instituído simultaneamente pela cor, pela cultura popular, pela consciência da negritude como valor e pela estética social negra."

Decorrem desta visão consequências importantes para o projeto de usar as políticas de ação afirmativa para promover a identidade racial. Tais reflexões implicam levar em conta que, mesmo entre aquela parcela "consciente" da opressão racial, a ideia de uma identidade racializada que funcione como eixo da resistência política ao racismo, não tem a receptividade imaginada. No plano cultural, a relação é de ruptura, mas também de continuidade e afirmação da nação que integra as diferenças. No plano político, trata-se, de forma correlata, da denúncia da discriminação, mas também da tentativa de concretizar e dar realidade ao mito de uma ordem que proporciona o tratamento igualitário a todos.

Conclusões

O então jovem sociólogo Cardoso teve participação destacada no processo de ampliação da linha de análise sociológica do racismo iniciada por Roger Bastide e Florestan Fernandes ao longo dos anos 1950 com continuidade nos primeiros anos da década posterior. Os trabalhos de Cardoso, juntamente com os de Ianni, consolidam um marco de análise rigoroso e sofisticado, associando, através de estudos comparativos, raça, classe e o padrão de desenvolvimento capitalista observados nas distintas regiões investigadas. Também do ponto de vista metodológico, os trabalhos de Cardoso, como os de Ianni, sobre as relações entre os diferentes grupos de cor publicados nos primeiros anos da década de 1960, servem de campo de aplicação e legitimação dos procedimentos concebidos por Bastide e Fernandes e que enfatizavam precisamente estudos de casos, nos quais as situações de contato entre os diferentes grupos de cor pudessem ser estudadas em profundidade.

As questões vinculadas ao racismo, logo depois do ciclo de trabalhos concluído com publicações do começo dos anos 1960, desapareceram da agenda de investigações do sociólogo Cardoso. Há publicações esporádicas (Cardoso, 1994, 2003, 2008) que não se apoiam, contudo, em investigações específicas e nem indicam um acompanhamento sistemático da bibliografia pertinente. Talvez essa descontinuidade explique o fato de os trabalhos sobre racismo desenvolvidos por Cardoso nem de longe alcançarem a importância acadêmica e a ressonância da obra do autor dos anos seguintes envolvendo questões ligadas ao tema do desenvolvimento e do subdesenvolvimento.

As preocupações e ações do político FHC voltadas para combater o racismo seguem, mais de trinta anos depois, um movimento num certo sentido inverso àquele verificado pelas reflexões do sociólogo Cardoso sobre o tema. Isto é, as ações parecem não obedecer a uma reflexão rigorosa e sistemática sobre o tema, mas produzem efeitos políticos expressivos. Com efeito, trata-se de respostas, naturalmente não individuais, mas de instituições do Estado, a pressões e tensões do momento. Tal pode ser identificado, como se mostrou, nas reações às críticas ao governo levantadas por ocasião da marcha Zumbi dos Palmares em 1995 e também às discussões levadas a cabo em Durban em 2001.

As diferentes dimensões envolvidas nas políticas de combate ao racismo em curso desde o governo FHC não parecem, até o momento, ter sido objeto da reflexão especializada do sociólogo Cardoso. Suas manifestações sobre o assunto não ambicionam a precisão nem o rigor de seus estudos sobre o tema nos anos 1960. Se não chegam a ser contraditórias, essas manifestações não são plenamente fundadas nos argumentos já difundidos e conhecidos nos debates e embates contemporâneos da sociologia brasileira em torno do tema. Assim, ao mesmo tempo que, acertadamente, por exemplo, Cardoso parece identificar as dificuldades existentes para que o Estado se envolva numa política de formação de identidades culturais, como destacado acima, refere-se em outros momentos a um "*ethos* luso-brasileiro" marcado pela tolerância (Cardoso e Soares, 1998, p. 319), lembrando teses luso-tropicalistas, cujo conteúdo ideológico e nacionalista já foi, há algum tempo, adequadamente desconstruído pela sociologia brasileira.

Essas aparentes incongruências (sociológicas) são obviamente inerentes ao discurso político. Mudando-se a audiência, mudando-se a correlação de forças, o tom necessariamente se altera e se adapta. Visto a partir dessa lógica, o político FHC prestou contribuição expressiva às lutas antirracistas no Brasil. Impulsionadas pelas pressões dos movimentos sociais, as ações de seu governo, continuadas e aprofundadas pela administração Lula, levaram a luta contra as estruturas racistas para o centro da agenda política brasileira. Serviram para deixar evidente que combater o racismo é tarefa imperativa do Estado democrático e questão moral que interessa a todos, tanto às vítimas da discriminação, quanto a seus beneficiários materiais.

Referências

Almeida, Miguel V. *Um mar da cor da terra. Raça, cultura e política da identidade*. Oieieras, Celta, 2000.

Azevedo, Reinaldo. "O movimento dos sem Bolsa". *Veja*, 8/8/2007, pp. 106–107.

Azevedo, Thales de. *Les élites de couleur dans une ville brésilienne*. Paris, Chantenay, 1953.

Bastide, Roger; Fernandes, Florestan. "O preconceito racial em São Paulo: Projeto de estudo". In: Hirano, Sedi (org.). *Pesquisa social. Projeto e planejamento*. São Paulo, T. A. Queiroz, 1979, pp. 135–166.

Bastide, Roger e Fernandes, Florestan. *Relações raciais entre negros e brancos em São Paulo: Ensaio sociológico sobre as origens, as manifestações e os efeitos do preconceito de cor no município de São Paulo*. São Paulo, Anhembi, 1955.

Bacelar, Jefferson. "Donald Pierson e os brancos e pretos na Bahia". *Horizontes Antropológicos*, 3(7), 1997, pp. 129–142.

Caldwell, Kia L. *Negras in Brazil: Re-envisioning black women, citizenship, and the politics of identity*. New Brunswick, Rutgers University Press, 2007.

Cardoso, Fernando Henrique. "Uma pesquisa impactante". In: Bastide, Roger e Fernandes, Florestan. *Brancos e negros em São Paulo*. São Paulo. Global, 4a. ed., 2008, pp. 9–19.

Cardoso, Fernando Henrique. "Quase mito". *Folha de S. Paulo*, Caderno Mais, 28/9/2003, pp. 4–7.

Cardoso, Fernando Henrique. *A arte da política: A história que vivi*. Rio de Janeiro, Civilização Brasileira, 3a. ed, 2006a.

Cardoso, Fernando Henrique. "Fernando Henrique Cardoso." In: Bastos, Elide R.; Abrucio, Fernando; Loureiro, Maria R., e Rego, José M. (orgs.). *Conversas com sociólogos brasileiros*. São Paulo, Ed. 34, 2006a, pp. 66–94.

Cardoso, Fernando Henrique. "Color prejudice in Brazil". In: Dominguez, Jorge I. (org.). *Race and ethnicity in Latin America*. Nova York, Garland, 1994, pp. 28–36.

Cardoso, Fernando Henrique. "Das Hautfarbevorurteil in Brasilien". *Staden-Jahrbuch*, nº 11–12, 1963–1964, pp. 9–17.

Cardoso, Fernando Henrique. *Capitalismo e escravidão no Brasil meridional: O negro na sociedade escravocrata do Rio Grande do Sul*. São Paulo, Difusão Europeia do Livro, 1962.

Cardoso, Fernando Henrique; Ianni, Octavio. *Cor e mobilidade social em Florianópolis: aspectos das relações entre negros e brancos numa comunidade do Brasil meridional.* São Paulo, Cia. Editora Nacional, 1960.

Cardoso, Fernando Henrique e Soares, Mario. *O mundo em português: Um diálogo.* São Paulo, Paz e Terra, 1998.

Cardoso, Fernando Henrique e Toledo, Roberto Pompeu. *O presidente segundo o sociólogo.* São Paulo, Cia. das Letras, 1998.

Corrêa, Mariza. *As ilusões de liberdade: A escola Nina Rodrigues e a antropologia no Brasil.* Bragança Paulista, IFAN, 1998, orig. 1982.

Costa, Sérgio. "Unidos e iguais? Antirracismo e solidariedade no Brasil contemporâneo". *Pensamiento Iberoamericano,* 1, 2007, pp. 251–350.

Costa, Sérgio. *Dois Atlânticos. Teoria social, antirracismo, cosmopolitismo.* Belo Horizonte, Editora UFMG, 2006.

Costa, Sérgio. "A sociologia americana e a invenção das relações raciais no Brasil". *Interseções,* 6(1), 2004, pp. 75–94.

Costa Pinto, Luiz Aguiar. *O negro no Rio de Janeiro: Relações de raças numa sociedade em mudança.* São Paulo, Cia. Ed. Nacional, 1953.

Fry, Peter H. *A persistência da raça: Ensaios antropológicos sobre o Brasil e a África Austral.* Rio de Janeiro, Civilização Brasileira, 2005.

Fry, Peter; Maggie, Yvonne; Maio, Marcos C.; Monteiro, Simone e Santos, Ricardo V. *Divisões perigosas – Políticas raciais no Brasil contemporâneo.* Rio de Janeiro, Civilização Brasileira, 2007.

French, John. "The missteps of anti-imperialist reason: Bourdieu, Wacquant and Hanchard's 'Orpheus and Power'". *Theory, Culture and Society,* vol. 17, nº 1, 2000, pp. 107–128.

Freyre, Gilberto. *Casa Grande e Senzala.* Rio de Janeiro, Record, 36ª ed., 1999, orig. 1933.

Gomes, Nilma L. *Sem perder a raiz: Corpo e cabelo como símbolos da identidade negra.* Belo Horizonte, Autêntica, 2006.

Grin, Mônica. "Esse ainda obscuro objeto de desejo. Políticas de ação afirmativa e ajustes normativos: O seminário de Brasília". *Novos Estudos,* nº 59, 2001, pp. 172–192.

Guimarães, Antonio S. "Prefácio". In: Guimarães, Antonio S. e Huntley, Lynn (orgs.): *Tirando a máscara. Ensaios sobre o racismo no Brasil.* São Paulo, Paz e Terra, 2000, pp. 11–30.

Guimarães, Antônio S. *Racismo e antirracismo no Brasil.* Rio de Janeiro, São Paulo, Editora 34, 1999.

Guimarães, Antonio S. "Cor, classe e *status* nos estudos de Pierson, Azevedo e Harris na Bahia: 1940–1960". In: Maio, Marcos C. e Santos, Ricardo V. (orgs.): *Raça, ciência e sociedade*. Rio de Janeiro, Ed. Fiocruz/Centro Cultural Banco do Brasil, 1996.

Hanchard, Michael. *Orpheus and the power*. Princeton, Princeton University Press, 1994.

Harris, Marvis. *Town and country in Brazil*. Nova York, Columbia University Press, 1956.

Harris, Marvis. *Patterns of race in the Americas*. Nova York, Walker and Company, 1996.

Hasenbalg, Carlos e Silva, Nelson V. *Estrutura social, mobilidade e raça*. Rio de Janeiro, IUPERJ/Vértice, 1988.

Hasenbalg, Carlos. *Discriminação e desigualdades raciais no Brasil*. Rio de Janeiro, Graal, 1979.

Heringer, Rosana. "Mapeamento de ações e discursos de combate às desigualdades raciais no Brasil". *Estudos Afro-Asiáticos*, 2001, 23(2), pp. 291–334.

Hofbauer, Andréas. *Uma história de "branqueamento" ou o "negro" em questão*. São Paulo, UNESP, 2006.

Ianni, Octavio. *Raças e classes sociais no Brasil*. Rio de Janeiro, Civilização Brasileira, 1966.

Ianni, Octavio. *As metamorfoses do escravo*. São Paulo, Difel, 1962.

Jaccoud, Luciana e Beghin, Nathalie. *Desigualdades raciais no Brasil. Um balanço da intervenção governamental*. Brasília, IPEA, 2002.

Knöbl, Wolfgang. *Spielräume der Modernisierung. Das Ende der Eindeutigkeit*. Weilerwist, Velbrück, 2001.

Maio, Marcos C. "O projeto UNESCO: Ciências Sociais e 'credo racial brasileiro'." *Revista da USP*, nº 46, 2000a.

Maio, Marcos C. "The UNESCO project: Social sciences and race studies in Brazil in the 1950s". In: *Brazil 2001: a revisionary history of Brazilian literature and culture*. Dartmouth: University of Massachusetts Dartmouth, 2000b.

Ministério da Justiça. "Programa Nacional de Direitos Humanos". Brasília, Ministério da Justiça, 2002. Disponível em: http://www.mj.gov.br/sedh/pndh/pndhII/Texto%20Integral%20PNDH%20II.pdf, acessado em 02/10/2008.

Ministério da Justiça. Programa Nacional de Direitos Humanos. Brasília, Ministério da Justiça, 1996.

Nina Rodrigues, Raimundo. *Os africanos no Brasil*. São Paulo, Cia. Editora Nacional, 2ª ed., 1935.

Nogueira, Oracy. *Cor da pele e classe social*. San Juan. Seminar on Plantation Systems of the New World, 1957.

Nobles, Melissa. "Responding with good sense". Dissertação de doutorado, Universidade de Yale, 1995.

Oliveira Vianna, Francisco J. *Evolução do povo brasileiro*. São Paulo, Monteiro, 1923.

Pena, Sérgio D. J.; Carvalho-Silva, Denise R.; Alves-Silva, Juliana; Prado, Vânia F. e Santos, Fabrício R. "Retrato Molecular do Brasil". *Ciência Hoje*, 2000, vol. 27, nº 159, pp. 16–25.

Paiva, Vanilda. "Oliveira Vianna: nacionalismo ou racismo?". *Encontros com a Civilização Brasileira* 3, 1998, pp. 127–156.

Pinheiro, Luana; Fontoura, Natália; Prata, Ana Carolina e Soares, Vera. "Retrato das desigualdades", 2ª ed. Brasília, UNIFEM/IPEA, 2006.

Pierson, Donald. *Negroes in Brazil*. Chicago, University of Chicago Press, 1942.

Reichmann, Rebeca. "Introduction". In: Reichmann, R. (org.). *Race in contemporary Brazil. From indifference to inequality*. Pensylvania University, 1999, pp. 1–35.

Romero, Sylvio. *A América Latina* (Análise do livro de igual título do Dr. M. Bomfim). Porto, Livraria Chardron de Lello & Irmão Editores, 1906.

Romero, Sylvio. *História da literatura brasileira*. Rio de Janeiro, José Olympio, 1953, orig. 1888.

Sansone, Livio. *Blackness without ethnicity. Constructing race in Brazil*. Londres, Palgrave Macmillan, 2003.

Schwarcz, Lilia M. *O espetáculo das raças*. São Paulo, Cia. das Letras, 1993.

Schwartzman, Simon; Bomeny, Helena M. B. e Costa, Vanda M. R. *Tempos de Capanema*. São Paulo/Rio de Janeiro, EDUSP/ Paz e Terra, 1984.

Senkman, Leonardo. "La lógica populista de la identidad y alteridad en Vargas y Perón: Algunas implicaciones para los immigrantes". *Cuadernos Americanos*, nº 66, 1997, pp. 130–152.

Silvério, Valter R. "Ação afirmativa e combate ao racismo institucional no Brasil". *Cadernos de Pesquisa*, nº 117, 2002, p. 219–246.

Silvério, Valter Roberto. "Os caminhos do antirracismo na construção da democracia brasileira". *Teoria & pesquisa*, nº 42–43, 2003, pp. 27–40.

Santos, Joel R. "Culturas negras, civilização brasileira". In: Santos, Joel Rufino (org.). *Negro Brasileiro Negro. Revista do Patrimônio Histórico e Artístico Nacional*, nº 25, 1997.

Steil, Carlos Alberto. *Cotas raciais na universidade: Um debate*. Porto Alegre, Ed. UFRGS, 2006.

Telles, Edward. *Racismo à brasileira: uma nova perspectiva sociológica.* Rio de Janeiro, Relume Dumará, 2003.

Turra, Cleusa e Venturi, Gustavo. *Racismo cordial*. São Paulo, Ática, 1995.

Wagley, Charles (org.). *Race and class in rural Brazil*. Paris, Unesco, 1952.

Entrevista para a Revista Istoé, julho de 1977. *Em sentido horário*: Paulo Sérgio Pinheiro, Mino Carta, Bolívar Lamounie e Fernando Henrique Cardoso. Fotografia de João Bittar/Acervo pessoal de Paulo Sérgio Pinheiro.

Visita do presidente da Argentina Raúl Alfonsín ao Brasil, em 1984. *Da esquerda para a direita*: Ulysses Guimarães, Raúl Alfonsín, Fernando Henrique Cardoso e Celso Furtado. Fotografia de Dario Zalis/Acervo Presidente Fernando Henrique Cardoso.

Comício em prol da campanha Tancredo Já, 1984. *Em primeiro plano*: Tancredo Neves, Franco Montoro, Fernando Henrique Cardoso e Ulysses Guimarães. Autoria desconhecida/Acervo Presidente Fernando Henrique Cardoso.

Campanha para a Prefeitura de São Paulo, 1985. *Da esquerda para a direita*: Mario Covas, Fernando Henrique Cardoso, Ulysses Guimarães, Franco Montoro, Osmar Santos. Autoria desconhecida/Acervo Presidente Fernando Henrique Cardoso.

Florestan Fernandes e Fernando Henrique Cardoso. Jornada Florestan Fernandes, 22 a 24 de maio de 1986, Universidade Estadual Paulista, Campus de Marília. Autoria desconhecida/Fotografia oferecida por Wladimir Saccheta.

Fernando Henrique Cardoso, Maria Angela D'Incao, Eunice Durhan e Antonio Candido. Jornada Florestan Fernandes, 22 a 24 de maio de 1986, Universidade Estadual Paulista, Campus de Marília. Autoria desconhecida/Acervo pessoal de Maria Angela D´Incao.

Franco Montoro, FHC e Ulysses Guimarães, eleições senatoriais de 1986. Autoria desconhecida/Acervo Presidente Fernando Henrique Cardoso.

FHC assina a posse de ministro da Economia, maio de 1993. *Em segundo plano*: Itamar Franco, Eliseu Rezende e Adib Jatene. Autoria desconhecida/Acervo Presidente Fernando Henrique Cardoso.

FHC em sessão plenária na ONU, 1995. Autoria de G. Kinch/Acervo Presidente Fernando Henrique Cardoso.

Viagem ao Japão, março de 1996. Fotografia de Getúlio Gurgel (fotógrafo oficial da Presidência da República no governo FHC)/ Acervo Presidente Fernando Henrique Cardoso.

Ruth Cardoso e FHC no jardim do Palácio da Alvorada, 1999. Autoria desconhecida/Acervo Presidente Fernando Henrique Cardoso.

FHC discursando no Memorial JK, 20/03/2001. Autoria desconhecida/Acervo Presidente Fernando Henrique Cardoso.

FHC passa a faixa presidencial a Luiz Inácio Lula da Silva, janeiro de 2003. Reuters/Latinstock.

A educação nos anos de FHC

Cláudio de Moura Castro

O presente ensaio é uma crônica da educação brasileira nos anos em que Fernando Henrique Cardoso (FHC) foi presidente da República. Para que o leitor possa melhor avaliar os comentários apresentados, é preciso lembrar que o autor estava muito próximo do MEC (Ministério da Educação e Cultura) nesse período. Apesar de trabalhar no BID (Banco Interamericano de Desenvolvimento) e morar em Washington, foi assessor do ministro durante todo o período, vindo com certa periodicidade ao Brasil. Não se trata, portanto, de um observador neutro, apesar do esforço de trazer aqui um julgamento imparcial.

Como pano de fundo para entender a década de 1990, devemos vê-la como decisiva para a educação brasileira. Nesse sentido, podemos pensar nela como sendo a década da educação básica, após cinco séculos de desprezo por esse nível inicial. É o período em que, pela primeira vez, as atenções da sociedade se voltam para ele. Não por coincidência, produz-se o grande salto quantitativo da matrícula, em todos os níveis – embora não ao mesmo tempo.

Mas cumpre esclarecer dois pontos. Essa grande sacudida na educação brasileira não resulta da ação deste ou daquele administrador público, ministro ou secretário. O grande impulso parece originar-se na economia. A abertura econômica e as transformações tecnológicas fizeram com que as empresas elevassem os patamares de escolaridade exigidos de sua força de trabalho. Observando ofertas de emprego e salários, tal escalada não passou despercebida pela sociedade. Alunos e seus pais entenderam que era preciso bem mais escolaridade para conseguir os empregos pretendidos. Daí o afluxo maior de alunos e a decisão de permanecer mais tempo na escola – aprendendo ou não. Em segundo lugar, o processo começa a tomar corpo no início da década, ainda no governo anterior. O que faz a gestão FHC é capitalizar esse impulso e orquestrar os avanços do ensino naquilo que o MEC pode fazer em um sistema em que as escolas são estaduais e municipais.

O ponto de partida

Um ponto decisivo na inauguração do novo governo foi a indicação de uma figura de primeira grandeza para ministro da Educação. Não foi alguém pescado no desconhecido, nem uma composição política impondo um ator de segundo escalão. Paulo Renato de Souza (PRS) havia sido diretor do BID, gozando lá de muito prestígio. Era também do *inner circle* de FHC. Comandou a sua campanha política e estava na linha direta para um ministério da área econômica – na nossa tradição e na de muitos outros países, são os ministérios percebidos como importantes no governo. Mas pela lógica ou ilógica da política, acabou na Educação.

Paulo Renato de Souza tinha a experiência de reitor da UNICAMP e de secretário de Educação de São Paulo. Mas estava distante da área havia muito tempo. Foi surpreendido pela indicação e teve que se reciclar rapidamente. Tive a oportunidade de ter várias conversas com ele nesse período inicial e pude perceber que algumas ideias tomavam corpo, antes até da sua posse.

A primeira delas era a decisão de focalizar suas atenções no ensino básico, considerado o elo mais frágil da nossa educação. A universidade seria uma prioridade secundária. A preocupação nesse nível seria evitar crises, pois aí estava o exemplo do ministro Portella. De fato, Eduardo Portella também decidiu que a educação básica seria sua prioridade. Seus documentos de planejamento apenas residualmente mencionavam o ensino superior. Mas foi vítima de duas circunstâncias. Em primeiro lugar, o Brasil não estava pronto para dar ao ensino básico a prioridade que merecia e tampouco o MEC tinha uma equipe que permitisse cumprir suas metas nesse nível.

Em segundo lugar, foi crucificado pelo ensino superior. Sua renúncia se deveu justamente a uma sublevação das universidades federais. Ingenuamente e mal assessorado, deixou alastrar uma crise provocada pela circulação de documentos internos de política para o ensino superior. Na verdade, não passavam de sugestões de pessoas de fora do processo decisório e de gente de fora do MEC. Foram divulgados com a intenção de provocar um debate, pois nem sequer eram compatíveis entre si. Esse suposto "pacotão" do MEC provocou grande turbulência e precipitou sua queda.

PRS encontrou um Brasil diferente e que estava pronto para dar mais ressonância ao ensino inicial – que havia se tornado crítico no mercado de trabalho. E sabia também dos riscos de ser defenestrado pelo superior, capaz de mobilizar decibéis políticos mais estridentes. Portanto, sua estratégia era promover o ensino fundamental e proteger-se de acidentes no superior.

A segunda grande linha de sua gestão foi redefinir os papéis do governo federal na educação. Note-se que o MEC não tem escolas fundamentais ou médias (à exceção da rede de escolas técnicas). Apesar disso, o MEC que encontrou operava um "varejo" constituído pelas dezenas de programas de apoio a esses níveis. Alguns muito pequenos e, portanto, sem impacto significativo. Outros eram instrumentos de favores políticos, criando um sem número de balcões de troca com os políticos locais. PRS reduz o número de programas e redefine os papéis do MEC nesses níveis.

A ideia era dar ao MEC um papel de formulador de políticas e prepará-lo para exercer as funções de controle de qualidade. Para tal, embarcaria em um esforço de melhorar estatísticas e avaliar alunos. Apenas supletivamente seria um financiador de atividades e de programas locais. E na medida em que tais financiamentos fossem mantidos, era preciso dar um cunho mais técnico e semiautomatizado aos mecanismos de distribuição de recursos. Em grande medida, conseguiu êxito nessas metas.

Na mesma linha, conseguiu melhorar o topo das equipes dirigentes do MEC. Fez indicações de figurantes bem qualificados intelectualmente e respeitados nos meios educacionais. É bem verdade, não acertou sempre, e muitas substituições tiveram que ser feitas ao longo do caminho.

Mas tal como os ministros que o precederam e sucederam, não logrou aperfeiçoamentos decisivos do segundo escalão para baixo – exceto em alguns poucos setores, como o INEP (Instituto Nacional de Estudos e Pesquisas Educacionais). Afora a CAPES (Coordenação de Aperfeiçoamento de Pessoal de Nível Superior), o MEC sempre teve uma burocracia de pouca expressão, pelo menos comparado com os ministérios econômicos.

A exumação do INEP

Apesar de haver sido criado por Anísio Teixeira e destinado a exercer papéis ambiciosos, o INEP sempre teve uma trajetória que mais parece uma montanha russa. Subiu e desceu várias vezes. Foi considerado sério candidato à guilhotina administrativa em mais de uma ocasião. Ao tomar posse PRS, o Instituto estava em baixa.

Para que pudesse cumprir o papel de painel de controle da educação, PRS precisava de um INEP competente. A direção foi dada a Maria Helena Guimarães Castro, professora da UNICAMP e ex-secretária de Educação de Campinas. Rapidamente, os quadros da instituição foram reforçados, sobretudo, com o auxílio de recursos de agências das Nações Unidas. O INEP se tornou o carro-chefe do MEC e a principal vitrine de sua gestão.

Uma primeira providência administrativa foi transferir para o INEP a produção de estatísticas educativas, antes localizada em um setor dentro do MEC. As mudanças nessa área foram radicais. Uma física teórica da USP recebeu a missão de redefinir a lógica dos números e de sua interpretação.

Como P. Fletcher e Costa Ribeiro haviam demonstrado cabalmente, o MEC confundia comparações de estoques de alunos com estatísticas de fluxo. Trata-se de um engano catastrófico. Isso porque os ministros afirmavam haver uma deserção próxima de 50% entre a primeira e a segunda série do fundamental. Mas já o primeiro *paper* de Fletcher, com o presente autor, havia demonstrado que tal deserção era apenas de 0,7%![1] O modelo subsequente com Costa Ribeiro dá elegância e generalidade às estimativas. Contudo, a máquina estatística do MEC rejeitou as novas interpretações, apesar de pressões externas por parte de Costa Ribeiro e do senador João Calmon.

Em um período bastante curto, o MEC passa a ter estatísticas confiáveis para entender o perfil do ensino brasileiro e identificar os problemas existentes. Aos poucos, forja laços de cooperação com a OECD, hoje a grande matriz produtora de estatísticas educacionais. Com o reforço de suas equipes, o INEP passa a ser capaz de analisar e interpretar as estatísticas que vão sendo produzidas.

Na gestão anterior, o SAEB (Sistema Nacional de Avaliação de Educação Básica) era uma experiência improvisada de avaliar o rendimento acadêmico dos alunos. Com os recursos técnicos e financeiros adquiridos, a partir de 1994, torna-se um mecanismo confiável de avaliação do ensino brasileiro. Com a adoção das técnicas da Teoria da Resposta ao Item, passa a ser possível compa-

---

1 Na época, o português de Fletcher era insuficiente. Portanto, na posição de secretário Executivo do CNRH/IPEA, redigimos juntos o trabalho. Fletcher, P. R. e Castro, C. M. *A escola que os brasileiros frequentaram em 1985*. Brasília, IPEA, 1986.

rar níveis de educação e comparar provas aplicadas em momentos diferentes. O Brasil passou a ter termômetro confiável para medir o que os alunos aprendiam. Acima de tudo, mostraram que não aprendiam o esperado.

Em seguida, o INEP começa a contemplar a perspectiva de ter uma prova ao final do ensino médio. Percebi nas discussões em que participei uma considerável ambiguidade quanto ao que veio a ser o ENEM (Exame Nacional do Ensino Médio). Alguns viam nele uma versão brasileira do SAT americano, voltado para escolher quem entraria no ensino superior. Poderia ser também um indicador de domínio de habilidades básicas ao fim do médio. Portanto, um indicador para as empresas conhecerem a competência de futuros empregados e assim selecioná-los melhor. Também poderia ser uma prova de saída do médio, ao estilo do *Baccalauréat* (sistema francês) ou do Abitur alemão. Não havia clareza quanto aos usos. Mas mesmo assim, foi preparado o ENEM, descolado dos currículos do médio e voltado para captar níveis de competências mais "genéricas" dos estudantes.

Finalmente, foi lançado como uma alternativa ao vestibular. A ideia seria usá-lo para substituir os vestibulares das universidades públicas. E quem sabe, também das privadas. Na prática, a autonomia universitária não permitia que o MEC impusesse o ENEM a quem quer que fosse. Ao cabo de algumas negociações, as universidades públicas paulistas começaram a usá-lo como complemento aos seus vestibulares – o que não adiantava grande coisa. As particulares também adotaram. Mas como recrutam alunos bem mais velhos, não poderiam exigir de todos o ENEM. Apesar dos percalços, em 2002, 80% dos concluintes do ensino médio fizeram a prova (1.470.000 alunos). Não obstante, o papel do ENEM permaneceu no limbo, pois quem o adotou, em geral, não eliminou o seu vestibular tradicional. O grande salto na sua legitimidade foi virar o instrumento de seleção para o ProUni (Programa Universidade para Todos), justificando a sua criação, para a maioria dos observadores. Virou também um teste de grande visibilidade – para avaliar a qualidade das escolas médias – apesar da limitação de não ser uma amostra representativa.

Finalmente, PRS criou o Provão (Exame Nacional de Cursos), uma ambiciosa tentativa de avaliar o ensino superior por meio de um teste aplicado aos alunos. Nenhum país no mundo ousou criar prova semelhante. Ao ser anunciado, provocou reações violentas das universidades, das associações docentes e discentes – e até dentro da SESU (Secretaria da Educação Superior). Nas vésperas de sua criação oficial, o clima era altamente ameaçador. Contudo, uma pesquisa de opinião dentre os leitores da *Folha de S. Paulo* revelou uma surpreendente aprovação para a iniciativa. Esse resultado, publicado na primeira página da *Folha*, pode ter sido o fator decisivo para que PRS vencesse o seu temor.

A partir das primeiras provas já despertou grande interesse da imprensa. O Provão ganhou uma notoriedade instantânea. Os alunos rapidamente aprenderam a usar as notas do Provão para escolher os cursos. Há evidência tangível de que notas fracas provocavam minirrevoluções dentro das instituições por elas vitimadas, pondo em marcha providências para melhorar o ensino. Por boas razões, pois anos depois foi possível verificar empiricamente que cursos mal avaliados perdiam candidatos no vestibular e, vice-versa, notas boas traziam mais alunos. Os boicotes iniciais foram progressivamente perdendo força.

Na filosofia de um MEC que acompanha, mede e avalia, o INEP passou a ser sua grande estrela. Boa parte das realizações no ensino básico e no superior tem como pano de fundo a sua maior capacidade de medir e de avaliar. Uma pesquisa de Fernando Rossetti sobre o noticiário educativo nos jornais mostrou que o INEP havia se convertido no maior provedor de notícias sobre educação.

A aprovação da Lei de Diretrizes e Bases (LDB)

Nos dois anos iniciais da gestão PRS, foi negociada e aprovada a nova LDB. A formulação original dessa Lei havia sido preparada por Darcy Ribeiro. Mas ao longo de vários anos, foi recebendo emendas por cima de emendas, de tal forma que a versão então corrente era uma frondosa árvore de Natal, cheia de penduricalhos – que só faziam distorcer seu rumo original. Havia perdido a nitidez e a clareza de propósitos.

Em uma manobra brilhante, capitaneada por Eunice Durham, o MEC trocou a nova proposta pela versão original de Darcy e rapidamente levou à aprovação. Por ser seu autor uma figura legendária na esquerda, a substituição não chamou a atenção. De resto, trata-se de uma proposta muito interessante e que vai na contramão da nossa tradição de legislar sobre tudo. A LDB permite, estimula, simplifica. Não é uma Lei "do contra", do "não pode", como gostam de fazer nossos legisladores.

Ao longo do tempo, a nova LDB vem permitindo alguns avanços no ensino brasileiro. Contudo, não escapamos da inevitável burocratização dos processos de regulamentar os seus princípios.

O avanço espetacular do ensino fundamental

Como sugerido ao início, na década de 1990, a grande mudança de inflexão do ensino brasileiro foi a maior ênfase no ensino básico, começando no ensino fundamental. Teria que ser nesse nível, pois havia anos que o médio estava estagnado, por falta de "matéria-prima", isto é, alunos para abastecê-lo. Definir uma série de novas orientações para o fundamental foi a primeira preocupação da nova equipe.

A recauchutagem dos fundos

Uma primeira linha de preocupações foi sair do "varejinho" dos auxílios e programas. A pletora de fundos pequenos para apoio a isso ou aquilo não conduzia senão a trocas políticas com os mandarinatos estaduais e municipais. Em vez da multidão de fundos, o MEC passou a concentrar seus recursos em um número bem menor.

O FUNDEF (Fundo de Manutenção e Desenvolvimento do Ensino Fundamental e de Valorização do Magistério) foi talvez o mais revolucionário dos programas para o ensino fundamental. Trata-se de um projeto do MEC para a redistribuição de recursos da educação dentro de cada estado. Sendo assim, pode ser pensado como a criação de 27 fundos que remanejam recursos educativos entre cada estado e seus municípios. O grande impacto vem, portanto, de um mecanismo de redistribuição de recursos. Aquelas unidades que gastam com educação o mandato constitucional, mas mesmo assim não atingem um determinado patamar de gastos por aluno, fazem jus a uma complementação, para atingir esse patamar. Aqueles municípios que gastam menos do que o prescrito na Lei devem transferir para o fundo a diferença que será usada para completar os gastos da primeira categoria de municípios.

No caso dos estados que não conseguem atingir os níveis de gastos prescritos, foi prevista uma transferência do MEC, para cobrir o valor faltante. Mas os grandes remanejamentos seriam dentro de cada estado.

O FUNDEF teve um enorme impacto na remuneração dos professores do Nordeste, levando a elevações de salário (12,9%) e à contratação de milhares de professores. Como resultado da injeção de recursos, o quadro das matrículas nesta região se elevou 9,6% entre 1997 e 1998 (1.252.707 alunos foram matriculados).

O aspecto mais curioso do FUNDEF consiste nos trâmites para a sua aprovação no Congresso Nacional. A lógica do fundo somente pode ser entendida por aqueles que decifrarem as suas fórmulas matemáticas. Por conta delas, alguns estados e municípios que gastam pouco são os perdedores, pois terão parte de seus recursos incorporados ao fundo. Mas como os seus representantes não se deram ao trabalho fazer as contas para entender o que o fundo se propunha a fazer, não bloquearam a sua tramitação. Além disso, como o projeto foi apresentado em período de grande movimentação política, os parlamentares estavam mais preocupados com outros assuntos.

Observadores argutos da educação brasileira, no entanto, tendem a colocar a criação do FUNDEF como uma das grandes realizações da gestão FHC. De fato, nenhuma outra medida teve tanto impacto no desenvolvimento do ensino do Nordeste, o mais vulnerável do país.

A merenda escolar é um dos programas federais mais antigos e tradicionais. Teve altos e baixos, mas avaliações anteriores feitas pelo presente autor (década de 1980) mostraram ser um programa relativamente competente e eficaz.[2] Considerando a complexidade das operações de distribuir merenda escolar diariamente para dezenas de milhões de alunos, funcionava melhor do que muitos outros programas mais simples. Ainda assim, foram introduzidas mudanças logísticas bastante radicais na merenda. Foi extinta a Fundação de Apoio ao Estudante (FAE) em 1996. Daí para frente, a merenda foi totalmente descentralizada para os municípios. Definiu-se um valor *per capita* e os municípios passaram a receber o que lhes correspondia. O MEC parou de ser um grande comprador de arroz e feijão, tarefa para a qual jamais revelou grandes pendores.

Um dos programas mais eficazes e plenamente implementados foi colocar dinheiro diretamente nas mãos dos diretores e das associações de pais. Algumas secretarias estaduais haviam tentado tal iniciativa em tempos passados. Mas foi em Minas Gerais que tal programa se universalizou, a partir da gestão de Walfrido Mares Guia. Diante do sucesso, PRS repetiu o programa em todo o país. O orçamento disponível foi dividido pelo número de alunos e repartido pelas escolas, proporcionalmente às suas matrículas. Como as escolas não são unidades orçamentárias, foi necessário repassar os recursos para as caixas escolares. Esse foi sem dúvida um programa de muito êxito e poucos

---

2 Fletcher, P. R. e Castro, C. M. *A escola que os brasileiros frequentaram em 1985*. Brasília, IPEA, 1986.

problemas, pois tem uma fórmula simples para alocar os recursos, e o sistema financeiro faz o resto. Uma vez na escola, os recursos tendem a ser bem usados, pois o diretor tem que discutir a sua alocação com a comissão de pais.

O Fundescola (Fundo de Fortalecimento da Escola) é apenas uma nova versão de um empréstimo do Banco Mundial que fenecia por longo tempo. Tratava-se de um financiamento para o sistema educativo do Nordeste. Com novo nome e uma administração mais competente, conseguiu cumprir as suas metas.

Os Parâmetros Curriculares Nacionais

Como princípio geral, o MEC se manteve longe das discussões sobre métodos de ensino e sala de aula. Isso foi considerado como assunto das secretarias estaduais e municipais. Possivelmente, foi uma decisão sábia, pois o assunto é um vespeiro ideológico.

As realizações da gestão PRS no conteúdo do ensino se concentraram na preparação e aprovação dos Parâmetros Curriculares Nacionais (PCNs). Esse certamente terá sido o aspecto mais controvertido das políticas para o ensino básico. Alguns consideram um passo à frente, pois não havia nada antes para balizar os conteúdos do ensino. Consideram também que é uma visão moderna, enfatizando ideias centrais fortes, bem como a interdisciplinaridade dos conteúdos.

Porém, há que considerar seus lados negativos. Os PCNs são vagos, ambiciosos e calcados em linguagem obscura e tecnicista. Como resposta a tais críticas, o MEC produziu os *PCNs em Ação*, mais concisos e vertidos para uma linguagem mais accessível. Mas a própria existência dessa versão subsequente não deixa de ser uma aceitação de que a original era inexpugnável.

O MEC se defende, afirmando que não tem mandato legal para preparar currículos mais específicos que os que as escolas realmente precisam. Somente os estados podem fazê-lo. Seja como for, os PCNs refletem um construtivismo muito radical e são considerados por alguns – dentre os quais o presente autor se inclui – como o lado mais negativo das políticas para o ensino básico.

Um dos pontos enfatizados pelos PCNs é a necessária interdisciplinaridade do ensino. Na teoria, é uma meta inexpugnável. Mas na prática, cria problemas no cotidiano das salas de aula. Se ensinar uma disciplina de cada vez já se mostrava um desafio além da capacidade da maioria das escolas, tentar mesclar disciplinas é ainda mais difícil.

Em um plano ligeiramente diferente, o MEC criou conselhos para avaliar a qualidade dos livros didáticos que seriam financiados com fundos públicos. Ao que parece, tais conselhos tiveram consequências positivas na confecção dos textos didáticos. Pelo menos, filtram-se os piores e sinaliza-se para os demais autores o que se espera de um livro. A ideia de cada professor escolher o livro de que mais gostar é, talvez, um mal menor. Mas a questão dos livros didáticos ainda está por ser mais bem equacionada. Não faz sentido uma escola ter vários livros diferentes da mesma disciplina, cada um adotado por um professor.

Resultados

Como já foi sugerido, os resultados mais expressivos do período foram (i) o aumento na matrícula inicial, praticamente universalizando o acesso e a permanência entre as idades de 7 a 14 anos; (ii) o aumento nas conclusões do ensino fundamental a uma taxa que permaneceu elevada por muitos anos; (iii) uma queda moderada no índice de repetência, reduzindo o atraso do alunos; (iv) estabilidade dos níveis de qualidade, apesar da incorporação de um enorme contingente de alunos, de origem social cada vez mais modesta.

Tabela 1: Taxa de Escolarização Líquida de 1980–2000 para o Brasil

Nível de ensino	1980	1991	1994	1998	1999	2000
Ensino fundamental	80.1	83.8	87.5	95.3	95.4	94.3
Ensino médio	14.3	17.6	20.8	30.8	32.6	33.3

Fonte: MEC/INEP

Esse conjunto de resultados pode ter sido o avanço mais expressivo durante a gestão PRS. Todos os indicadores de matrícula melhoraram. Alguns espetacularmente, como a universalização da matrícula entre 7 e 14 anos. De fato, 97-98% de matrícula deixa poucos fora da escola. Igualmente expressivo foi o aumento contínuo no número de conclusões do ensino básico (com a taxa de 4,5% ao ano.)[3]

Comparado com o avanço meteórico das matrículas, a relativa lentidão na queda da reprovação e da repetência sugere a persistência de problemas crônicos dentro da sala de aula. Essa elevada repetência marca o sistema brasileiro, pois em países de desenvolvimento educativo comparável não se observam taxas tão elevadas quanto no Brasil. De fato, esse é um problema que persiste até hoje e, diante dos avanços na matrícula, passa a ser a chaga mais penosa no nosso ensino.

Finalmente, os dados do SAEB mostram certa flutuação dos níveis de aprendizado, ao longo do período, com uma ligeira tendência à queda. Mas comparando as flutuações de ano a ano e as variações entre estados, vemos que estas têm mais ou menos a mesma ordem de magnitude da queda observada. Ou seja, podemos considerar que a qualidade se manteve praticamente constante durante o período.

Esse é um resultado que pode ser tomado como auspicioso, pois não é incomum se observarem quedas de qualidade quando se eleva a matrícula. E sem dúvida, a elevação foi muito substancial. Passamos de 33.131.270 matrículas no ensino fundamental no ano de 1996 para 35.150.362 no ano 2002.

Ao que parece, duas forças em direções opostas se compensaram. De um lado, esse foi um período de grande movimentação, com melhorias nas escolas vindas de muitas direções. De outro, foi incorporada uma clientela cujo ambiente familiar está muito distante daquele que favorece as realizações escolares.

Somando tudo isso, podemos concluir que o período foi de expressivas realizações no ensino fundamental. De fato, não parece ter existido outro momento em que esse nível avançou tanto. Completou-se o ciclo de levar praticamente todos para a escola e desbloqueou-se bastante o entupimento no meio do ciclo fundamental, permitindo um aumento espetacular das graduações nesse nível. Como consequência, as do ensino médio praticamente triplicaram no período. Não conseguimos identificar outro período da História do Brasil em que os avanços tenham sido tão pronunciados.

Em parte, esse avanço se deveu à resolução de muitos problemas logísticos que atormentavam a nossa educação, desde sempre. Houve significativas melhoras na operação das redes de ensino, na logística de sua administração, na qualificação formal dos professores, na qualidade e disponibilidade dos prédios

---

3 Considerando o período 1998–2002, para o qual o INEP disponibiliza dados.

e equipamento, na merenda, no livro escolar, nos recursos financeiros diretamente à disposição da escola e em muitos outros aspectos. Em vários casos, o MEC teve um papel preponderante nesse avanço. Tão importante quanto esses aspectos materiais foi a liderança do MEC e do ministro, dando uma real prioridade aos anos iniciais de escolaridade.

Contudo, os avanços foram quantitativos e não qualitativos. É questionável se seria possível aumentar a quantidade e melhorar a qualidade ao mesmo tempo. Esse subjetivo contra factual permanecerá sem resposta. O que não se pode ignorar é que os escores do SAEB, embora permaneçam praticamente estáveis, são vergonhosamente baixos. Ou seja, os ganhos foram na quantidade e não na qualidade.

Muitos já se perguntaram por que a qualidade é tão fraca e muitos irão fazê-lo no futuro. Portanto, não cabe aqui uma discussão profunda dessas causas. Cabe apenas mencionar alguns fatores mais salientes, quase todos ocorrendo dentro das redes estaduais e municipais.

- Baixa governabilidade dos sistemas públicos. Mais da metade dos diretores são escolhidos com critérios políticos e não pela competência ou promessa de competência. As relações entre secretarias e escolas é distante, tensa e disfuncional. Por mais boa vontade e iniciativa que tenham as secretarias estaduais e as das grandes cidades, há uma burocracia intermediária ingovernável.
- As regras do serviço público e o estatuto do magistério, na prática, dão impunidade quase total aos maus mestres e não oferecem quaisquer prêmios pelo desempenho correto.
- O sistema de formação de professores recruta mal, entre os candidatos ao ensino superior. Os futuros professores tendem a estar dentre os alunos mais fracos nos vestibulares.
- Os professores aprendem teorias, doutrinas e ideologia. Mas não aprendem direito o que irão ensinar e nem as técnicas de manejar uma sala de aula.
- Os currículos são sobrecarregados, impossíveis de serem dominados pelos alunos médios.

A gestão PRS herdou um sistema mal pensado, mal construído e mal administrado, seja nos aspectos mais mecânicos, seja na sua filosofia de funcionamento. Por serem municipais e estaduais as redes, não estava ao alcance do

MEC empreender as modernizações necessárias. Passou o tempo, entraram outros dirigentes no MEC e os mesmos problemas persistem.

Ainda assim, houve algum progresso no período. Mas é delicado postular a cota de responsabilidade que teve o MEC nesses avanços. O órgão não tem escolas do ciclo básico acadêmico, não financia as redes estaduais e municipais e não tem poder direto sobre sua operação. O MEC apenas dá visibilidade, financia certas atividades críticas e oferece um marco regulatório. Mas em um país carente de um norte claro para a educação, é razoável supor que o papel do MEC não é pequeno nem irrelevante. Recordando, a pesquisa de Fernando Rossetti sobre a educação na grande mídia mostrou uma proporção dominante de notícias vindas do INEP. Ou seja, na medida em que a mídia é a forma mais vigorosa de mobilização social, e o MEC revela-se praticamente como o único grande fornecedor de notícias, sua presença polariza a agenda educativa, mesmo nos jornais locais.

Mas isso não minimiza a ação dos municípios, pois é ali que acontece a maior parte da educação fundamental. São eles que financiam e operam as escolas. É delicado tentar comparar a responsabilidade do MEC com a dos níveis locais, pois os filtros ideológicos e partidários acabam por modular as interpretações adotadas.

É possível que o grande propulsor dos avanços não tenha sido o MEC e nem os governos locais. A pressão pela mudança estaria vindo das transformações profundas no setor produtivo, com a incorporação rápida de novas tecnologias, tanto no processo produtivo quanto nos estilos de organização do trabalho. Os dados disponíveis parecem confirmar a hipótese de uma escalada nas exigências de diplomação para o acesso ao mercado de trabalho. Não é surpresa que os jovens e seus pais tenham percebido tais mudanças e reagido com uma decisão férrea de permanecer mais anos na escola. Talvez isso explique o contraste entre o aumento abrupto nas conclusões e uma queda muito menor da repetência e do atraso idade-série.

As perplexidades do ensino médio

Quando nos referimos ao ensino fundamental, estamos falando de alguma coisa muito parecida em todos os países. Em boa medida, sabemos como deveria ser. Nossas dificuldades são de materializar o modelo mental que temos.

Ao falar do médio, temos as mesmas dificuldades de implementar o modelo ideal. Mas o pior é que nem sequer sabemos qual seria tal modelo.

A agenda: o leito de Procusto

O ensino médio oferece uma grande diversidade de modelos, variando de país a país. O único traço comum é que nenhum parece estar satisfeito com o que tem. No caso do Brasil, possivelmente, vivemos no pior dos mundos. Ao contrário de todos os outros países de que se tem notícia, temos um modelo único de ensino médio.

A metáfora do leito de Procusto nos vem logo à mente. Nesse episódio da mitologia grega, aqueles mais compridos do que a cama do infame assaltante tinham cortado o pedaço das pernas que sobrava. Os mais baixinhos eram espichados, até chegar ao tamanho da cama. Como nosso sistema é o mesmo para todos, não serve para ninguém.

Praticamente todos os países oferecem uma ampla gama de tipos de ensino para as idades que correspondem ao secundário. Dentro do mundo acadêmico, a França oferece vários "sabores" de *Baccalauréat*. Para aqueles com mais pressa de entrar no mercado de trabalho, há também uma larga variedade de cursos técnicos (cada um com um grau de acesso diferente ao superior). A Alemanha, além da aprendizagem que absorve dois terços da faixa etária, oferece mais três níveis de ensino secundário, com graus distintos de dificuldade.

Os Estados Unidos tomaram outro caminho, pois oferecem uma única porta de entrada, a sua *comprehensive high school*. Mas dentro dessa escola, há tantos trajetos quanto alunos, pois cada um escolhe as disciplinas que cursará. Há mais fáceis e mais difíceis, mesmo se tratando de assunto idêntico. Há trajetos profissionalizantes e outros voltados para o acesso às universidades de elite.

Só nós não temos alternativas. Pelo menos na teoria, é o mesmo ensino médio para todos. O mesmo currículo, a mesma distribuição de tempos. Tudo igual. Tudo abstrato e longe do mundo real. Alguém precisa contar quantos nomes de seres vivos e seus pedaços são incluídos em um livro de biologia! Folheando os livros, parece que são muitas centenas. O que se espera dos alunos? Que decorem os nomes das enzimas ou do aparelho reprodutivo de uma flor? Na imaginação encantada de seus formuladores, é o mesmo currículo e o mesmo nível de instrução para todos. Eis a propalada igualdade entre ricos e pobres. Eis o leito de Procusto!

Os alunos não chegam com o mesmo nível de preparação, interesses e aptidões. No entanto, enfrentam um currículo ambicioso ao extremo. No ensino médio de melhor qualidade, o único currículo que interessa é o do vestibular da universidade pública mais próxima. Na rede pública, seja o que Deus quiser. Ninguém sabe muito bem o que acontece quando o currículo legal é totalmente inadequado para os seus alunos.

Nada disso piorou no período FHC. Apenas continuou muito ruim. O CNE (Conselho Nacional de Educação) aprovou os PCNs que talvez sejam ainda mais irrealistas no ensino médio.

O médio não era a prioridade de PRS, por boas razões, pois o engarrafamento estava no fundamental. Mas dada a velocidade com que as graduações se expandiram, o médio cresceu de forma explosiva, tornando mais explícitas as limitações do modelo herdado.

Como mostram os números citados adiante, o crescimento foi muito rápido. Tratando-se de um nível que está predominantemente nas mãos das secretarias estaduais, o aumento brusco da demanda por vagas caiu nas mãos delas, sem que esperassem. Embora não se conheçam estudos minuciosos sobre o assunto, parece que não tinham planos de expansão do médio, nem os recursos orçamentários para tal. Mas isso aconteceu em um momento em que não atender à demanda por vagas já havia se tornado suicídio político. Assim é que o dinheiro apareceu. Está por ser mais bem estudado esse episódio em que um dos mais súbitos crescimentos de matrícula se deu na contramão das políticas estaduais. Ou seja, na ausência de políticas de expansão.

Crescimento explosivo e concepção equivocada

O aumento de conclusões no fundamental cria um estoque crescente de alunos aptos para se matricular no médio. Diante das mudanças no mercado de trabalho, o afluxo às escolas médias aumentou muito rapidamente. Em 1996 havia 5.739.077 alunos matriculados. Em 2002 esse número passou a 8.710.584.

Esses números espetaculares são matizados pela elevada repetência e deserção, fazendo a mímica do que sempre aconteceu no nível fundamental. Note-se que há 37,84% de deserção entre o primeiro e o último ano do médio.[4]

---

4 Percentual corresponde ao decréscimo nas matrículas ocorrido entre o primeiro e o último ano do ensino médio; calculado também sobre a quantidade média de matrículas por ano entre 1999–2002. Dados do INEP.

No entanto, o mais curioso é que a matrícula no primeiro ano do médio é 20% maior do que o número de concluintes do fundamental. De onde vieram esses alunos? Há duas explicações possíveis para esse mistério estatístico. Pode resultar de um grande estoque de graduados do fundamental em anos anteriores. Subitamente voltam à escola e se matriculam no médio. Ou pode resultar dos muitos graduados do EJA (Educação para Jovens e Adultos) no nível fundamental que fizeram o mesmo. Provavelmente, as duas coisas aconteceram simultaneamente.

Há muito mais a se dizer do médio. O SAEB mostra que os ganhos de aprendizado nesse nível são inferiores aos obtidos entre a 4ª e a 8ª séries do fundamental. Isso é lastimável mas perfeitamente em linha com os enguiços conceituais do médio.

Como já foi dito, o médio obriga todos os alunos a seguirem o mesmo currículo abstrato e congestionado. É um programa para gênios, operados por uma escola mais do que medíocre e com professores pouco preparados para enfrentar uma sala de aula.

Durante o período, o MEC preside uma expansão enorme do médio, permitida pelo aumento das graduações no fundamental e induzida pelas transformações da economia. Em boa medida, o MEC teve um desempenho pouco criativo. Mas é difícil dizer se teria sido possível fazer diferente. Não se resolvem problemas antes que apareçam. E os do médio apareceram rápido demais.

No fundo, o médio permaneceu opaco. Apesar de o MEC promover um bom número de encontros internacionais para conhecer a experiência de outros países e para que eles entendessem a nossa, o pensamento brasileiro não evoluiu muito nesse setor. A equipe do MEC não teve clareza ou um sentido de direção compartilhado. A esquerda educativa permaneceu tão repetitiva quanto antes e ainda mais estagnada intelectualmente. De lá não veio nem uma só ideia. Gramsci foi repetido *ad nauseam* e os mantras de Vigotzky substituíram qualquer pensamento mais colado à realidade. A esquerda nem sequer foi capaz de produzir críticas relevantes ao que estava acontecendo (é interessante recordar conversas informais da equipe do MEC, admirando-se e encantando-se com a incapacidade da esquerda para criticar com inteligência o que estava acontecendo).

Tal como no nível fundamental, a preparação dos professores revela-se um dos mais graves e persistentes problemas do nosso ensino. O magistério recruta, em média, um material humano com baixas aptidões acadêmicas. Pior, oferece uma formação despreocupada com o domínio dos conteúdos a serem ensinados e com a boa prática em sala de aula. Dado o carregamento ideológico dos gurus de plantão, a discussão vem sendo penosa e pouco produtiva.

O ensino técnico desfaz um nó histórico

Se é verdade que o ensino médio tinha problemas e que esses não eram novos, no caso do ensino técnico, as disfunções acumuladas eram até maiores. E para quem acompanhou sua história, já eram bastante conhecidas. Grande parte do que repeti mais tarde em meus ensaios já estava em um livro que publiquei em 1980.[5]

Já no início dos anos 1970, as escolas técnicas haviam se tornado instituições de elite. Oferecendo gratuitamente um ensino acadêmico caro e de alta qualidade, tornaram-se uma bela alternativa para jovens de bom *pedigree* social. Dado o grande afluxo a elas, os vestibulinhos tornaram-se um filtro poderoso, selecionando um dentre 20 ou 30 candidatos. Com tal seleção, tornaram-se intelectualmente elitizadas. Mas em um país de péssimas escolas para os pobres, tornaram-se também socialmente elitizadas. Só um ou outro jovem de origem mais modesta conseguia acesso a elas.

Desde então, aconteceu o inevitável. O interesse dos seus alunos pelas ocupações ensinadas era mínimo. Passaram a ser uma via privilegiada para os vestibulares mais competitivos, nas melhores universidades públicas. Em outras palavras, nem os jovens que poderiam se interessar pelas ocupações ensinadas tinham acesso a elas, nem a indústria recebia a mão de obra profissionalmente preparada que necessitava. Nem eficiência e nem equidade.

Dada a posição prévia de PRS no BID, como diretor de operações, fazia todo o sentido aproveitar o momento para negociar um empréstimo para o MEC. A possibilidade de mobilizar fundos de contrapartida do FAT (Fundo de Amparo ao Trabalhador) foi um fator determinante. Se era MEC e se era dinheiro do FAT – carimbado para treinamento – tinha que ser formação profissional.

Mas a equipe do BID – em que eu me incluía – tinha perfeita consciência do enguiço das escolas técnicas. Nancy Birdsall, uma vice-presidente muito

5 Castro, Cláudio de Moura e Frigotto, Gaudêncio. "Educação na América Latina: Um estudo comparativo de custos e eficiência". In: *Education in Latin America: A comparative study of costs and efficiency*. Fundação Getulio Vargas, Rio de Janeiro, 1980.

atuante, tinha uma especial preocupação com a falta de equidade das escolas técnicas brasileiras. De fato, em seu período de Banco Mundial ela havia participado de um estudo sobre ensino médio e técnico no Brasil. Criou-se um impasse, pois ela se recusava a financiar a ampliação do mesmo modelo.

A solução veio de uma proposta minha na década de 1980, quando participei de uma comissão do MEC para estudar as escolas técnicas. Se o currículo técnico fosse administrativamente separado do currículo acadêmico, os alunos de classe média e alta, sem interesse no ensino profissionalizante, apenas se matriculariam no ramo acadêmico. Isso deixaria livres as vagas do ramo técnico para aqueles de perfil socioeconômico mais modesto. Esses são os alunos que querem se profissionalizar através do técnico.

Reforço para essa hipótese veio de uma pesquisa do SENAI/SP (Serviço Nacional de Aprendizagem Industrial) que opera cursos técnicos convencionais e mais outros chamados de "especiais", voltados para alunos que já têm o médio. As tabelas do SENAI mostraram que os alunos do "especial" vinham de classes muito mais modestas. Ou seja, como os cursos apenas profissionalizantes não interessam às elites, criou-se uma espécie de reserva de mercado para alunos mais modestos.

Se o MEC separasse os dois ramos, o profissional deveria vir a receber uma clientela interessada em profissionalização. De fato, o "especial" nada mais é do que uma versão antecipada da proposta.

A separação foi feita, amparada pela LDB. Inicialmente, os diretores das escolas técnicas federais e CEFETs (Centro Federal de Educação Tecnológica) não mostraram reações negativas (eu próprio estava na primeira reunião, explicando o modelo). Mas aparentemente, as "bases" não gostaram da ideia e criou-se um grande mal-estar, chegando a haver protestos em frente à casa de PRS.

A partição das escolas em dois ramos e a possibilidade de fazer o técnico simultaneamente ou após a obtenção de um diploma do ensino médio ficou consagrada em portaria ministerial. Apesar do ruído, as instituições federais tiveram que fazer a separação.

O SENAI ensaiou alguns protestos, mas acabou aceitando o modelo, sem maiores discussões. A Fundação Paula Souza teve uma aceitação mais imediata. Todavia, as mudanças trouxeram perplexidades ao sistema privado. Como resultado, criou-se uma grande confusão e o número de matrículas caiu.

O CEFET do Paraná, reconhecidamente o melhor deles, fez ainda uma tentativa patética de lutar contra o novo sistema. Criou um técnico "não profissionalizante". Um curso desse tipo serve apenas de propedêutico para a entrada no seu próprio curso de engenharia, já em uma série mais avançada. Com isso, ficava preservado o elitismo de seus alunos, pois é um curso que só interessaria a alunos com perfil para cursar engenharia.

A rejeição das instituições federais tem duas explicações possíveis. Uma delas é sua ambição de serem instituições academicamente de elite. No fundo, não querem ser uma escola cuja clientela é socialmente muito modesta e, portanto, de base acadêmica fraca, já que não teve acesso a boas escolas. Sua pontaria colima muito acima do que seria possível fazer com tal matéria-prima. Seu grande orgulho sempre foram os vestibulares hipercompetitivos conquistados por seus alunos.

A outra explicação é a versão oficial da esquerda, plasmada nas teorias gramscianas. Seu ideal é um ensino que integra um currículo acadêmico com uma formação profissional e uma experiência de trabalho. Que isso jamais tenha dado certo no mundo real não é um argumento forte para tais grupos. São esses os mesmos ideólogos que na gestão de Cristovam Buarque no MEC conseguiram que as escolas federais integrassem novamente o ensino acadêmico com o técnico.

Mas ao fim e ao cabo, o modelo da separação deu certo. Os cursos privados voltaram a crescer. A Fundação Paula Souza demonstrou cabalmente que havia um grande mercado para técnicos formados em separado do acadêmico. A classe social mais baixa desses alunos confirma a hipótese original, sugerida pelas estatísticas do curso especial do SENAI.

Em paralelo, havia sido aprovado o empréstimo do BID para o ensino técnico, o PROEP (Programa de Extensão da Educação Profissional). Com estes recursos, foram firmados 331 convênios para reforma ou construção de escolas de educação profissional. Parte foi para a rede federal, parte para escolas estaduais e outra para escolas privadas de natureza filantrópica ou comunitária.

Essa última categoria permanece sendo a mais controvertida. Em alguns casos, faltaram os recursos locais para completar e operar as escolas. Além disso, o governo seguinte interrompeu os desembolsos, criando uma crise ainda maior com elas. Não fica claro se teriam os mesmos problemas se não fosse esse descumprimento do MEC.

Ao contrário da presença morna e ambígua do MEC no ensino médio, sua ação decidida no ensino técnico desfez um nó que se arrastava há décadas. Houve contratempos e nem tudo andou como esperado. Esse é o caso do retrocesso subsequente das instituições federais e a crise financeira nas comunitárias. Mas no todo, foi uma gestão de grande impacto.

A SESU e seus porões

Esta seção discute os impasses e os avanços do período FHC na educação superior. Como tentaremos demonstrar, foram quase tantos impasses quanto avanços. Todavia, esta não era a real prioridade do governo. Ainda assim, a dinâmica do crescimento dos níveis inferiores permitiu uma expansão acelerada do superior, sobretudo na gestão subsequente.

A reforma frustrada

PRS decidiu, antes de tomar posse, fazer do ensino básico a sua prioridade. E assim foi. Eduardo Portella havia tentado fazer o mesmo, mas a *weltanschauung* da sociedade brasileira não estava pronta para tal. Não havia como fazer do ensino fundamental uma prioridade de governo. Era cedo demais. Pela sua desatenção e pouca habilidade política para lidar com as universidades públicas, foi defenestrado.

Em meados dos anos 1990, a sociedade havia mudado, sobretudo, porque a economia havia mudado. PRS veio na hora certa, para capitanear um processo de dar visibilidade ao ensino fundamental. E nisso teve amplo sucesso.

Todavia, deixar de lado o superior não se faz com impunidade. Em alguns momentos, houve ameaças sérias à sua permanência no cargo. É difícil dizer o quanto as turbulências teriam sido inevitáveis ou se houve descuidos de sua parte. Mas o fato é que PRS usou suas energias para orquestrar a grande revolução do ensino fundamental. Teria faltado tempo ou paciência para costurar os delicados acordos e acertos com os reitores de federais?

PRS tinha ampla consciência dos perigos que viriam de uma conflagração com a universidade pública. O exemplo de Eduardo Portella estava vivo em sua mente e eu mesmo recordei mais de uma vez a ele o ocorrido, pois estava presente no MEC naquela época.

O ensino superior tem sua própria agenda. Os contrastes com outros níveis são marcantes. Como dito, no médio não sabemos para onde andar. No superior, há certo consenso acerca de muitas mudanças que se devem fazer. Não há os problemas de implementação que existem no fundamental. Estamos tratando de um nível em que a qualidade do material humano é amplamente superior. O que há é uma rejeição politicamente bem articulada e muito veemente às mudanças que estão na agenda faz décadas. Os interesses corporativistas são muito fortes.

Desde períodos anteriores, os professores haviam substituído os alunos no ativismo político. Com os estudantes, havia protestos vagos contra o imperialismo ou crises localizadas, por exemplo, contra aumento do preço dos restaurantes universitários. O ativismo dos professores é mais corporativo, voltado para a defesa de interesses da classe. Tende a ser reivindicação salarial, oposição às tentativas de avaliação de desempenho, integração de professores com contratos temporários, protestos contra cortes orçamentários e coisas no gênero.

PRS queria fazer no superior federal o que havia feito quando era reitor da UNICAMP, ou seja, repassar um orçamento global às universidades. No sistema vigente, o orçamento das universidades é controlado nos mais ínfimos detalhes pela burocracia de Brasília. Não há liberdade de remanejar verbas. Não há qualquer incentivo para eliminar professores improdutivos ou ausentes, pois os recursos economizados não podem ser usados para outros fins. Sua meta era entregar às universidades federais um recurso global e deixar que elas o alocassem como lhes aprouvesse. Os resultados no sistema paulista foram particularmente favoráveis, em termos da eficiência interna das universidades.

Parecia óbvio fazer o mesmo com o sistema federal. Todavia, essa foi uma batalha perdida. A máquina do MEC e das outras burocracias lidando com os gastos públicos não quiseram abrir mão da sua prerrogativa de controlar tudo. Mas o que é pior, houve uma violenta rejeição à ideia, por parte das próprias universidades. Os reitores são sempre opacos na discussão de propostas desse tipo. Mas a hipótese mais plausível é que não querem a responsabilidade de alocar recursos com muita flexibilidade, pelos custos políticos de fazê-lo. Essa foi uma derrota custosa para PRS, sobretudo, pela perda de tempo insistindo nessa linha.

Tal proposta tem a ver com um tema recorrente no ensino superior público. Não há incentivos à boa performance e nem penalizações para o descuido, incompetência ou inapetência, em qualquer nível. Sendo assim, a eficiência da universidade é muito baixa. Embora o orçamento global fosse apenas parte da solução, era uma alternativa fácil e eficaz – como o exemplo paulista havia demonstrado.

Outro tema importante no período foi a mudança nos trâmites de abertura de cursos superiores. A configuração das forças vivas dentro da SESU não é tão misteriosa assim. Os funcionários mais graduados da secretaria são egressos de universidades federais, quando não cedidos por elas. Confessadamente ou não, têm grande relutância em favorecer o crescimento do ensino privado, diante de uma universidade federal cara e, portanto, incapaz de obter o enorme volume de recursos necessários para se expandir.

Do lado do setor privado, aqueles que já têm seus cursos operando não veem com bons olhos o crescimento da concorrência. No caso, dada a liberdade das universidades de abrir cursos sem consultar o MEC, o ferrolho nas autorizações para as faculdades protege seu mercado, sem tolher suas próprias iniciativas de expansão. Assim sendo, a burocracia de abertura era uma enorme e conveniente barreira à abertura de cursos por parte de faculdades, mas não de universidades. Daí um conluio tácito da burocracia da SESU com as grandes universidades privadas, visando dificultar – discretamente – a autorização de novos cursos. Além disso, sempre vicejou no "baixo clero" do MEC um tráfico de influência que regula inexoravelmente a velocidade de trânsito dos papéis.

Os críticos do sistema acusam o ministro de ter "facilitado" a abertura de novos cursos, mediante o relaxamento das exigências e uma política cega de expansão do privado. É curioso como tal explicação sobrevive, pois está muito longe da realidade. O que aconteceu foi bem diferente.

De um lado, houve um grande esforço para assegurar que os pedidos fluíssem dentro da burocracia da SESU. Ainda assim, não houve a grande revolução administrativa sonhada. A burocracia da secretaria é indomável. Ali se mesclam ideologia estatizante, tráfico de influência, pequena corrupção e manifestações atávicas da horrenda tradição burocrática herdada da península ibérica. Seja como for, com a pressão de cima, a máquina aumentou um pouco a sua velocidade de processamento. No sentido estrito de que se tornou possível transitar pedidos, facilitou-se a vida dos mantenedores de faculdades, permitindo a sua expansão.

Contudo, nesse mesmo período, as exigências reais aumentaram e tornou-se mais difícil contorná-las mediante expedientes fora da legalidade. Foi-se o período das bibliotecas e laboratórios de aluguel. Tornou-se mais difícil simular quadros de professores hipertitulados. Ou seja, facilitou-se o que nunca deveria ter sido dificultado, a burocracia e o trânsito dos papéis. E dificultou-se um pouco nas exigências reais. Como veremos adiante, não há qualquer evidência de degradação na qualidade do ensino oferecido pelas faculdades recém criadas.

A lógica do sistema superior brasileiro estava calcada nas ideias de Humboldt e sua universidade de pesquisa. Mas o que em qualquer país se transformou em meta para um segmento muito limitado de suas instituições, no

Brasil virou o mantra da "indissociabilidade do ensino e da pesquisa" *para todos*. Obviamente, pregar o impossível leva à farsa. A gestão PRS timidamente começou a quebrar tal miragem. Na prática, o avanço mais importante foi aumentar a nitidez na separação entre faculdades isoladas e universidades. A pesquisa seria uma função inerente apenas dessas últimas. Das faculdades não se esperava tanto. Foram também criados os Centros Universitários, para premiar as instituições que oferecem um bom ensino, mas não têm intenção ou condições de conduzir pesquisas de forma substancial. Foi apenas o início de um processo que vem se revelando lento.

Bem sabemos que a ideia da "indissociabilidade" é uma crença irrealista. De fato, poucas fazem pesquisa. Curiosamente, é um mito que persiste. Até hoje, os professores "visitadores" do MEC transmitem aos operadores dos novos cursos a necessidade de fazer pesquisa.

Sem qualquer sombra de dúvida, a grande realização do ministro no ensino superior foi o Provão. Não há ideia mais poderosa para avaliar o ensino do que aplicar uma prova ao fim do curso, para verificar o que os alunos aprenderam. Os desafios políticos de fazê-lo são enormes. De fato, nenhum país ousou fazer o mesmo, nem pobre e nem rico. Os pobres, pela incapacidade de criar tal sistema. Os ricos, pela reação organizada dos grupos de interesse.

Ao contrário do que pensam alguns, essa foi uma ideia própria do ministro. Mas uma ideia que gerou rejeições imediatas no mundo universitário e até mesmo dentro da SESU. Por pouco não naufraga, ainda na fase de planejamento. Ao que parece, a publicação de uma pesquisa de opinião dos leitores da *Folha de S. Paulo* teve papel importante na decisão, pois mostrou a legitimidade pública da iniciativa. O absenteísmo da primeira aplicação foi baixo e caiu ainda mais nos anos subsequentes.

Com o Provão, a educação superior passou a ter um termômetro. Nos primeiros anos, as interpretações estatisticamente grosseiras predominaram, mesmo por parte da imprensa e até do próprio MEC. Mas aos poucos, houve um processo coletivo de aprendizado no uso das ferramentas estatísticas utilizadas.

O Provão mostrou que havia uma grande predominância das universidades públicas no topo da distribuição (os 12% melhores, ganhando nota A). De cada três, duas eram públicas. Nos cursos B a vantagem das públicas era bem menor. Na nota C que cobre uma proporção enorme dos cursos (40%), públicas e privadas se confundem. Surpreendentemente, as públicas estão fortemente representadas dentre as piores. Ou seja, a afirmativa simplista e usual de que as públicas são boas e as privadas ruins não descreve uma realidade que se revela muito mais complexa e cheia de nuances.

O Provão serviu também para desfazer o mito da degradação do ensino privado, por conta da abertura indiscriminada de cursos. Os números mostram que os cursos fazendo o Provão pela primeira vez – portanto, os cursos novos – obtêm resultados acima da média dos mais antigos. Ou seja, se os mais novos são melhores que os velhos, não se pode demonstrar que houve tal degradação e tampouco se permite afirmar que os critérios de autorização de cursos tenham se tornado mais frouxos.

Além da pirotécnica pública do Provão, houve alguns avanços mais discretos. O GED (Gratificação de Estímulo à Docência) recupera a ideia de dar aos professores um adicional de remuneração por mérito. Foi um avanço razoável. Acredita-se que explique o crescimento nos cursos noturnos, por conta dos incentivos financeiros oferecidos aos professores. Contudo, nos últimos anos perdeu seu cunho meritocrático, massacrado pelo corporativismo dos professores.

Alguns progressos também ocorreram na criação de algoritmos baseados em méritos, na definição dos orçamentos das universidades. Foram pequenos avanços na péssima tradição do passado de orçamentar por extrapolação e pelas habilidades políticas e histriônicas dos reitores.

PRS encontrou um CFE (Conselho Federal de Educação) fechado pela gestão anterior, acusado de desmandos e ineficácia. Foi recriado por ele como CNE. Desde antes da sua recriação, discordei da nova orientação. O CFE era para ser um Conselho de "sábios", escolhidos dentre os iluminados. Na prática era bem menos, com alguns grandes nomes, outros nem tanto e algumas escolhas péssimas. O CNE foi desenhado para ter seus membros sugeridos por grupos de interesse. Na minha cabeça, seria uma casa onde se encontrariam os lobistas de diferentes procedências. Portanto, suas decisões refletiriam o peso dos *lobbies* que indicariam seus membros, e não o peso intelectual e o julgamento de pessoas independentes e bem escolhidas. Na teoria, o CFE era melhor do que o CNE. Na prática, nenhum dos dois satisfez.

A gestão PRS foi marcada por confrontações barulhentas com as associações de classe dos professores universitários. Reitores sempre foram mais discretos, mas nem por isso menos ativistas nessas labutas. A esquerda trombeteou o "sucateamento da universidade pública" *ad nauseam*. Mas os números não concedem à oposição um ganho de causa tão óbvio. O problema é que são vários números diferentes, cada um mostrando uma coisa.

Do ponto de vista do orçamento global no período, houve um leve aumento real de recursos. Contudo, foi em grande parte tragado pelo peso crescente dos aposentados (inativos) na folha. Assim sendo, pouco mudou. Onde houve perdas significativas foi nos gastos de custeio. Mas esses representam uma proporção ínfima do orçamento global. O ruído político foi feito em torno de reduções em um pedaço do orçamento que pesa muito pouco no total. Portanto, falar de "sucateamento" quando os orçamentos globais não se reduziram só persuade àqueles que desconhecem tais fatos.

A força dos "porões da SESU" não foi eliminada, embora algum progresso tenha sido obtido. Falhou o grande salto nos processos de orçamentação, que seria dado pela concessão de um orçamento global a cada instituição. Foram obtidos pequenos avanços aqui e acolá. Mas a criação do Provão foi uma extraordinária revolução, com efeitos que extrapolam sua gestão. De fato, embora o Provão tenha sido raivosamente varrido do mapa no governo seguinte, a sociedade havia se habituado a ele. Foi politicamente necessário voltar a algo parecido, nas versões subsequentes do ENADE (Exame Nacional de Desempenho de Estudantes).

Os resultados

Ao grande salto de matrícula que resultou da criação da rede de universidades federais seguiu-se um longo período de estagnação. Foram quase duas décadas praticamente sem expansão do ensino superior.

Críticos ingênuos iam frequentemente aos jornais para denunciar a pequenez do nosso ensino superior. Vinham então as comparações com Estados Unidos, Europa e até o Peru, que matricula no superior uma proporção consideravelmente maior da faixa etária correspondente. Não há como negar a modéstia da nossa matrícula. Mas o erro está em imputar a culpa à inércia do superior.

A verdadeira razão para que se atrofiasse a matrícula superior foi, por todo esse tempo, a incapacidade do médio para produzir os alunos que o superior precisaria para se expandir. A falta de alunos no ensino médio se deve ao entupimento crônico da matrícula no fundamental. De fato, por décadas, mais da metade dos graduados no médio avançaram para o superior. Essa proporção é bem mais elevada do que na Europa.

Nos anos iniciais de FHC, começava a grande expansão do fundamental, tanto na entrada quanto na saída. Em seguida, começa a se expandir rapidamente o médio. Quando esse nível começou a produzir mais graduados, a expansão no superior não se fez esperar.

Como não havia recursos para expandir o público, cresceu o privado, menos obstruído do que antes pelos "porões da SESU". Portanto, ao fim do milênio começa um ciclo de expansão muito rápida. Somente em meados dos anos dois mil essa expansão se reduz. Novamente, a razão é puramente mecânica: o médio para de crescer.

Resumindo, os anos de FHC começam com um superior estagnado, havia anos. Quando o médio passa a crescer, observa-se um crescimento explosivo do superior que se prolonga no governo seguinte.

Permanece uma grande controvérsia: o que aconteceu com a qualidade do superior nesse período? Em que pesem os seus grandes méritos, o Provão não foi construído com comparabilidade intertemporal. Não diz se a qualidade cresceu ou desabou. Assim sendo, não há como oferecer uma resposta cientificamente sólida. No máximo, podemos fazer algumas conjecturas.

Como o SAEB não mostra queda significativa no médio, desde 1994, podemos afirmar que a matéria-prima do superior permanece praticamente a mesma. É anti-intuitivo, mas não há bases metodológicas para se duvidar do SAEB. Por outro lado, o crescimento acelerado de uma pós-graduação de boa qualidade garante aos cursos superiores uma ampla provisão de especialistas, mestres e doutores. De fato, aumenta de forma considerável a titulação dos professores em todos os tipos de cursos de pós-graduação. Em 1995, haviam 110.217 funções docentes com especialização, mestrado ou doutorado no Brasil. Em 2002, esse número passou a 207.996.[6] Não apenas isso, mas o magistério superior usa apenas a metade dos mestres e doutores. Sabemos que as instalações são boas, bem como a rede de computadores (esta última é comparável à das instituições americanas). Ou seja, no todo, nosso ensino superior parece amplamente melhor do que os níveis inferiores.

Por mais intuitivo que seja postular uma queda dramática na qualidade do aprendizado, os argumentos apresentados acima não podem ser ignorados. Ou seja, não há como mostrar fatos que confirmem a queda denunciada por muitos. Pelo contrário, os dados do parágrafo anterior sugerem o contrário, embora tampouco o demonstrem.

---

6 Dados do MEC/INEP/DAES. O mesmo professor pode exercer funções docentes em uma ou mais instituições.

O que existe é uma inadequação qualitativa dos modelos de organização e de sala de aula. Os currículos são ambiciosos demais, querem ensinar mais do que os alunos podem aprender. Voltam-se para a teoria, sem que a prática esteja presente para que tal conhecimento seja realmente dominado. É uma continuação no nível superior dos pecados cometidos no médio. Sonha-se com a miragem de uma universidade de pesquisa e deixa-se de focalizar a sala de aula. Os currículos são excessivamente profissionalizantes, ignorando que mais da metade dos graduados não trabalha nas profissões que correspondem aos diplomas.

Pós-graduação: as joias da coroa, mas com algumas pedras falsas

Já se tornou lugar-comum mostrar a pós-graduação brasileira como o melhor que temos em educação. E por boas razões. De longe, é o segmento de maiores méritos em todo o nosso ensino.

No Brasil, quanto mais alto, melhor. É instrutiva a comparação com os nossos vizinhos argentinos. Lá, quanto mais alto, menor a diferença do Brasil. Nosso básico ainda não chegou ao nível argentino. Nossa graduação provavelmente empata, com vantagens e desvantagens de ambos os lados. Mas na pós, a dianteira do Brasil é enorme. Nossa pesquisa publicada internacionalmente ultrapassou a da Argentina na década de 1970. De 2000 a 2003, o número de artigos brasileiros publicados por doutores em revistas de circulação internacional foi de 105.898.

O período PRS ajudou a consolidar o sistema, mas não trouxe muitas novidades. Portanto, a pós-graduação é o nível que menos merece comentários no presente ensaio. Era boa e continuou boa.

A avaliação, já bem institucionalizada antes, sofreu aperfeiçoamentos. Uma dimensão internacional foi introduzida, permitindo comparar os melhores cursos com outros fora do país. Formas mais aperfeiçoadas de contabilizar as publicações também foram institucionalizadas.

A se lamentar foi a continuação da tendência para tratar as áreas profissionais com os critérios usados nas científicas. De fato, a CAPES é a grande culpada pela "academização" das áreas profissionais. Engenheiros, médicos, arquitetos e administradores acabam sendo julgados pelas suas publicações acadêmicas. É ignorada a sua obra naquilo que é a essência do trabalho criativo das profissões.

Esses profissionais ganham pontos pelos *papers* e por publicações. Não pesam as consultorias dos engenheiros, os edifícios dos arquitetos, os pareceres e exegeses dos advogados, as sinfonias dos compositores, o virtuosismos dos pianistas, os quadros dos pintores consagrados pela crítica, os novos procedimentos cirúrgicos dos médicos, e por aí afora. Tampouco tem peso a excelência em sala de aula.

O que se observa é a desvalorização do trabalho profissional – e a correspondente supervalorização das publicações. A ideia de um mestrado profissional que corrigisse essa distorção está travada há décadas. O que foi aprovado pela CAPES, nos dias que correm, exige doutorados dos professores e linhas de pesquisa. Nada disso milita para a criação de uma instituição e um ambiente que valorize o real aprendizado das melhores práticas profissionais. O mestrado profissional é um travesti de mestrado acadêmico.

Na verdade, na CAPES está apenas um pedaço do problema. A metástase do que Ronald Dore nos anos 1970 chamou de *academic drift* está por toda parte. O CNE, o INEP e a SESU sub-reptícia ou abertamente fazem pressão para que aumente a proporção de mestres e doutores, muito acima do que exige a Lei para faculdades e centros universitários. As instituições, para se qualificar perante os órgãos do MEC, substituem seus professores com experiência profissional por jovens mestres que nada sabem do ofício da profissão. Os visitadores do MEC, professores universitários, sistematicamente cobram pesquisas das faculdades.

Todos esses fatores militam para que persista um crescimento espetacular da pesquisa acadêmica e um desenvolvimento tecnológico muito mais modorrento. Com exceção dos países mais avançados e de um par de países do sudeste da Ásia, a ciência anda sempre muito na frente da tecnologia. No caso do Brasil, um dos culpados por esse atraso da P&D em tecnologia é o excesso de prêmios para a pesquisa acadêmica feita nas áreas tecnológicas e a falta de incentivos para inventar, patentear, inovar, aumentar a produtividade das empresas, etc. Nada disso é realmente premiado.

O mesmo *academic drift* afeta também as áreas artísticas e de serviços. Valoriza-se o *paper*, não a composição musical ou a performance. As enfermeiras e graduados de educação física devem fazer "pesquisa" em vez de mostrar excelência nas respectivas profissões.

Tudo isso vinha antes de PRS e persistiu depois. Não há como acusá-lo de ser um ponto de inflexão nessas tendências. Mas também não há como absolvê-lo por não desempenhar tal papel, considerando a duração de seu período no MEC e seu prestígio nesse período.

Os resultados

A grande distinção da CAPES é a continuidade. Aliás, é essencial para a consolidação da pesquisa, obra necessariamente de longo prazo.

Nesse sentido, os resultados da pós-graduação não mostram as flutuações erráticas dos outros níveis. Observa-se um crescimento constante, ao longo do tempo. O ciclo PRS não foi diferente.

No período, o número de novos mestres e doutores foi consideravelmente ampliado. Passamos de 34.882 e 22.808, respectivamente para funções docentes de mestres e de doutores, para 84.919 e 50.776, entre os anos de 1995 e 2002.

Trilhando a mesma trajetória, a pesquisa brasileira tabulada pelo ISI (Institute for Scientific Information) cresce, tendo hoje o Brasil atingido o 13º lugar no *ranking* dos países com maior volume de pesquisa científica.

Não há como subestimar os avanços da pós-graduação, impelidos pela competência da CAPES. É o melhor que temos na educação. Mas como sugerido anteriormente, nem tudo são rosas. As patentes evoluem pouco. A pesquisa tecnológica nas empresas é comparativamente muito menor do que em países mais maduros. Nessa relativa inércia da tecnologia, a CAPES tem sua dose de culpa, por criar incentivos para a academização excessiva das áreas profissionais.

Um balanço não contábil

Podemos comparar a gestão PRS com as subsequentes? No caso dos dois ministros que o sucederam, a situação é suficientemente nítida. Podemos afirmar que não há comparações possíveis, seja na escolha equivocada das prioridades pelos seus sucessores, seja na falta de eficácia da máquina.

Quanto a períodos anteriores, é difícil voltar muito atrás, pois a sociedade brasileira era bem diferente. Mas comparando com décadas anteriores, a impressão que se tem é de PRS presidindo um MEC com direções muito mais claras e apropriadas, bem como uma equipe melhor e mais eficaz. Foi o único momento da História do Brasil em que o ensino fundamental foi efetivamente a prioridade, como deveria ser.

Ruben Ludwig foi um ministro lúcido e sereno, manobrando um poder político considerável e com uma equipe pelo menos tão boa quanto a de PRS. Contudo, o centro de gravidade do MEC estava no ensino superior. A fracassada experiência de Eduardo Portella demonstrou que a sociedade não estava pronta para conceder aos anos iniciais a merecida prioridade. Sendo assim, fica prejudicada a comparação com o ministro de maior distinção na época.

Em suma, como é inevitável, houve falhas, houve omissões, houve erros estratégicos. E obviamente, há os custos de oportunidade. Ao gastar tempo e energia com uma coisa, as outras ficam por fazer. Mas no balanço geral, pode ter sido um dos períodos mais brilhantes da história da educação brasileira. Mas que o leitor dê o desconto que lhe aprouver, considerando que esse autor teve uma grande proximidade às equipes dirigentes do MEC nesse período.

FHC e a Amazônia: O último sertão

Lúcio Flávio Pinto

Quem é o príncipe da história na Amazônia? Para Gramsci, autor da mais rica releitura de Maquiavel, ajustada à Itália do início do século XX, o príncipe, que comandaria as transformações, seria o partido comunista. O PCI (Partido Comunista Italiano) era a representação política do proletariado, a classe social sem amarras ao mundo dominante – capaz, por isso, de substituí-lo por um mundo sem classes.

E na fronteira amazônica? Quando ainda era apenas intelectual, 30 anos atrás, o sociólogo (e também príncipe simbólico desse ramo do saber no Brasil) Fernando Henrique Cardoso sugeriu que o príncipe era o capital. O dinheiro acumulado no centro dinâmico do país, sobretudo em São Paulo, iria promover a mudança. Permitiria à região – isolada e atrasada nos confins do Brasil – queimar etapas e se modernizar para poder falar de igual para iguais. Transformada num lugar capaz de receber o capitalismo de além-fronteiras, seria fecundada por esse agente por excelência da dinâmica social.

Assim, poderia se libertar das amarras seculares do rústico extrativismo vegetal, que demarcava sua vida até então, da mesma maneira como uma cobra se solta de sua pele velha e inútil para continuar sua trajetória rejuvenescida. Mas não para o triunfo do capitalismo e sim para sua crise e superação, já que suas contradições não teriam solução salvadora. O príncipe da História era também seu demiurgo.

Como um típico intelectual metropolitano, Fernando Henrique Cardoso desenvolveu raciocínios que conduziam nessa direção em *Amazônia: expansão do capitalismo*. O livro foi escrito em parceria com Gabriel Muller, também pesquisador do CEBRAP, e publicado em 1977 (com dados levantados em 1973) pela então afluente Brasiliense.

Tudo – autores, instituição de pesquisa e editora, de um quatrocentão, Caio Graco Júnior – estava estabelecido na época na capital paulistana. Como o alvo dessa empreitada encontrava-se a três mil quilômetros de distância da terra dos bandeirantes, abridores de fronteiras, escravizadores de índios e destruidores de biomas, a situação podia ser comparada (na escala devida, é claro) ao feito de um século antes de Karl Marx, que escreveu sobre as colônias asiáticas do capitalismo britânico sentado – por longuíssimas jornadas – nas confortáveis cadeiras do Museu Britânico, em Londres.

O trem que levava o colonizador inglês à Índia seria o mesmo no qual ele fugiria, quando o nativo, posto na vestimenta (ou camisa de força) da contemporaneidade, tomasse consciência de si (e para si) e colocasse o espoliador para correr, assumindo a direção da sua história.

O marxismo se mostrou um método de análise primoroso, capaz de fazer a anatomia e a taxonomia do ser coletivo com rara pontaria (o ser individual ficaria para o ajuste posterior com Sigmund Freud). Já como teoria da revolução (ou, mais exatamente, da pós-revolução, o tal do *day after*), se desnudou como um fracasso. No primeiro momento, ele é como ciência (ou "quase ciência"). No segundo, mero profetismo, milenarismo (uma "quase religião"). O componente trágico – e irônico – da personalidade de Marx é sua aspiração a profeta, uma herança familiar (ou uma alienação) que identificou e considerou nociva, sem conseguir, entretanto, imobilizá-la e se livrar dela.

Refletindo a partir de São Paulo, terra dos bandeirantes e capitães do mato (que, depois deles, não voltaria a crescer), sobre a exótica e longínqua fronteira amazônica, Fernando Henrique arrematava a incorporação do marxismo ortodoxo, com um agravante: ele não queria fazer a revolução, como Marx, mas explicá-la.

Ainda que cronologicamente isso significasse cancelar a evolução que Marx significou em relação a Hegel, fazendo o pensamento retroagir no tempo (ao menos na perspectiva da esquerda), para o acadêmico FHC esse era o modelo justo, coerente consigo mesmo. Tanto quanto Marx, ele parecia seduzido pelo "sistema" sobre o qual lançou suas armas críticas. Diferentemente de Marx, porém, o que pretendia mesmo era mudar o capitalismo, não destruí-lo. Modernizá-lo podia torná-lo mais justo, mais coerente com o devir histórico no sentido do progresso.

Sob essa ótica estrita, foi muito mais bem-sucedido do que "o pai fundador da dialética da práxis", conforme um dos tratamentos diversionistas que Gramsci lhe deu para escapar aos tentáculos da censura fascista, exercida sobre as cartas e os cadernos que escrevia para fora dos cárceres de Mussolini. Marx não foi além de uma inconstante consultoria a associações de trabalhadores. Fernando Henrique se tornou o primeiro presidente a exercer, por dois mandatos consecutivos, durante oito anos, a presidência de um dos maiores países do mundo, eterno candidato a potência emergente no concerto das nações, como não se cansa de recitar o estribilho ufanista.

Dezoito anos depois de ter teorizado sobre a expansão do capitalismo na fronteira primitiva, ele tinha a rara oportunidade de testar a exatidão do seu diagnóstico e colocar em prática suas profecias. Descia do plano hegeliano das ideias para o nível da realidade, sempre com o cajado de conduzir o rebanho nas mãos, mas com uma diferença vital: no nirvana da teoria o cajado é simbólico; no rés do chão dos fatos, ele é uma ferramenta – ou uma arma.

Já sob a forma de uma sigla, a indicar a institucionalização do seu poder, FHC se cansou de repetir: jamais dissera para esquecerem, na apreciação do que já então fazia, o que outrora dissera. E tinha razão: porque ele realmente cumpriu, como presidente, o que dissera como intelectual. Havia diferença de tom e de retórica, que antes possibilitava sua classificação como pensador de esquerda. Mas a leitura atenta das suas numerosas obras era a prova dos nove: ele foi coerente nos dois momentos. A maior realização dos seus oito anos como presidente foi a modernização do capitalismo brasileiro, estendido a todas as periferias do país, que ele buscou transformar em espelhos do modelo, irradiado a partir do centro do poder, com o toque do comando às suas partes: "Avança, Brasil!".

Por consequência, a Amazônia se tornou mais São Paulo e menos Amazônia. O bastão conduzido pelo príncipe nessa passagem de comando foi o desmatamento, a extirpação da cobertura vegetal da maior floresta tropical do planeta. Se o bandeirante paulista, atendendo inicialmente pelo nome de Raposo Tavares ou Borba Gato, e agora, indiferentemente da nacionalidade, por Ermírio de Moraes ou Nippon Aluminium, é o fazedor de desertos, nada mais natural que na paisagem amazônica as árvores de 40 ou 50 metros de altura fossem substituídas por pastos, campos de soja, fábricas, hidrelétricas, ferrovias ou minas.

A cada ano, durante o governo de Fernando Henrique, o que veio abaixo de floresta na Amazônia equivaleu, na melhor das hipóteses (a média dos anos de desmatamento menos intenso) a todo o território de Chipre, onde vivem 800 mil pessoas. A área já alterada na região, se constituísse um país, se tornaria o maior país da Europa Ocidental, com seus quase 800 mil quilômetros quadrados. Se considerada a Amazônia Legal, um conceito administrativo para efeito de incentivos fiscais, que inclui partes do Centro-Oeste e do Meio-Norte, o desmatamento já alcançou 18% do total.

Tomada como referência apenas a floresta densa, a *hiléia*, a área submetida a desmatamento chegou a 20% dessa região, que resulta da rara combinação de floresta com água. Sua integridade já está sujeita a uma alta taxa de risco, quase mortal. Além do mais, como a legislação em vigor só admite a exploração de 20% dos imóveis rurais estabelecidos em área de floresta amazônica, a região já pode ser considerada ilegal em termos florestais.

É interessante observar que essa tendência a destruir o bem mais nobre da Amazônia, que é a sua floresta, consumando em três décadas uma destruição que jamais povo algum cometeu, não foi alterada nem um pouco pela medida que o governo FHC adotou em agosto de 1996: por meio de uma das inefáveis medidas provisórias, elevou de 50% para 80% a área de proteção legal em cada imóvel rural situado na Amazônia. Foi um "projeto de impacto", como aqueles que o regime militar concebia em seus laboratórios tecnocráticos e só revelava para o distinto público já como fato consumado. Junto com essa MP, que alterou o Código Florestal, de 1965 (da época do reformismo autoritário dos militares, ainda comprometidos com a doutrina da modernização espada à mão), veio uma portaria suspendendo por dois anos as autorizações e concessões para a exploração de mogno e virola, as duas espécies florestais mais valiosas da Amazônia, e determinando a vistoria, no prazo de 60 dias, das autorizações e concessões em vigor, cancelando-se aquelas encontradas em situação irregular.

Os empresários logo reagiram. Acusaram o governo de ceder a pressões internacionais para "engessar" a Amazônia, impedindo o pleno desenvolvimento das atividades produtivas, que competiam com os países travestidos de defensores da natureza amazônica.

Se os atores acreditavam no papel que desempenhavam no palco, o resultado prático é que o cenário foi apenas redecorado: o enredo continuou o mesmo. Depois de declinar entre 1987 e 1991, a curva do desmatamento voltou a subir a partir de 1992, disparando um sinal de alerta sobre a imagem que um governo social-democrata devia cultivar no Primeiro Mundo. Cada vez mais o que conta é a imagem, materializada na tela de computador, ocupada por imagens de satélite e combinação de dados extraídos de sofisticados *softwares*. Esse é o mundo virtual, dos especialistas digitais em Amazônia, armados com suas teorias brilhantes. Outro é o terreno real, onde prosseguiram a ação de centenas de serrarias, milhares de propriedades rurais, de extratores, de grileiros, de especuladores. Essa realidade é refratária aos comandos dos *mouses*. Criou um caos que as tábuas das leis baixadas de Brasília não conseguem dissolver.

Quando fez suas épicas viagens pelo Pantanal mato-grossense, no início do século XX, a Comissão Rondon calculou que 500 mil quilômetros quadrados desse paraíso bastariam, no futuro, para alimentar todos os brasileiros. É provável que o positivismo, a matriz mental desses militares pioneiros, cheios de otimismo, os tenha impedido de atentar devidamente para a fragilidade daquele ecossistema se exposto a um esforço produtivo mais intenso, como aquele que propunham.

A Amazônia, contudo, já oferece (não voluntariamente, é claro, mas em função de um processo de ocupação compulsória, imposta de fora para dentro) uma área despojada de sua cobertura vegetal original 20% maior do que aquela que sustentaria uma produção agropecuária suficiente para matar a fome de uma população continental. Numa das levas de interesse intelectual sobre a região, a proposta de "recuperação de áreas degradadas" se tornou um refrão, da mesma maneira como, antes, na época da "ocupação pela pata do boi", com a qual os colonizadores se armaram para pôr abaixo floresta e em seu lugar formar pastagens para incertos bois, a ladainha era de que o desmatamento não ia fazer mal porque se fazia em áreas de "cerrado, cerradão e mata fina".

Aproveitar áreas já desmatadas para a produção de gêneros pecuários e agrícolas, em vez de continuar a desmatar, parecia o óbvio. Mas só parecia. Os pioneiros, estimulados ou constrangidos a integrar as frentes de penetração para "amansar a terra" (não só destruindo-a, mas também expulsando o habitante nativo), contavam com generosos e permissivos incentivos fiscais do governo para "abrir fazendas", a primeira atitude do bandeirante. Hoje, não há mais desses recursos, mal aplicados ou simplesmente desviados a rodo, como prova a triste história da extinta – e já renascida – Superintendência do Desenvolvimento da Amazônia (SUDAM). Há, em contrapartida, a crescente consciência ecológica, nacional e internacional, profunda ou superficial, mas que se trata de um dado inexistente ou desprezível nos tempos pioneiros.

Quem queria fazer avançar sua atividade econômica tinha que continuar a usar a floresta como um estoque de capital. Para que o pasto ou a lavoura crescessem, a reserva florestal encurtava. Os que tentaram voltar sobre os próprios passos constataram que a tal de "recuperação de áreas degradadas" saía mais caro do que a formação da área desmatada original. Às vezes, muito mais caro.

Então, depois de ligeira hesitação, todos voltaram a pôr a mata abaixo para conquistar novos espaços ou fazer capital. É o que estamos a assistir neste momento: o incremento do desmatamento, tanto em valores absolutos quanto relativos. Mais espécies nativas desapareceram antes de serem satisfatoriamente conhecidas, ou mesmo identificadas.

Não é melhor o destino que se dá ao outro elemento fundador da Amazônia real: sua imensa rede de drenagem fluvial. Um dos grandes rios da região, o Tocantins, o 25º maior do mundo, já sustenta com suas águas aquela que é a quarta maior hidrelétrica do mundo. Se dependesse apenas do governo, o Xingu – rio que está a oeste do Tocantins, na bacia seguinte – estaria cedendo águas para uma usina ainda maior, a de Belo Monte, que desbancaria Tucuruí da sua posição atual no ranking mundial.

Mesmo com a pressão crescente sobre as águas da região, apenas um comitê de bacia (de mais de uma centena em funcionamento em todo país) foi criado até hoje na Amazônia. A visão que predomina sobre eles é compartimentada: os barragistas só pensam em água na forma de energia; os armadores, enquanto meio de transporte; e os agricultores querem usar o rio para irrigação. Não há um planejamento global e integrador dos diferentes usos, muito menos de antecipação de situações e de prevenção dos problemas. Por incrível que possa parecer, em alguns pontos da Amazônia a água já é problema, e em outros seu uso está se aproximando da saturação. Quem circular na região de influência da Belém-Brasília, a primeira estrada que ligou por terra a Amazônia ao restante do país, poderá perceber essa nova e assustadora realidade, sem precisar ir além de 300 quilômetros a partir de Belém.

Assim, se, no futuro, graças a políticas públicas competentes e a uma campanha nacional de conscientização, o cidadão for capaz de associar água e floresta à razão de ser da Amazônia, ele estará repetindo a lição aprendida nos bancos escolares de forma tão imediata e espontânea: que o Egito é um produto do Nilo. Por que não se percebe a mesma dependência na Amazônia? Essa percepção podia resultar em mais do que uma grande conquista do ponto de vista museológico, paisagístico ou espiritual.

Para a Amazônia real, essa utopia, por ser longínqua, não servirá como consolo. Quando descobrir a verdade, talvez só reste ao cidadão apreciá-la no papel, em gravuras, em fotografias ou num filme de sabor arqueológico. A Amazônia viva e verdadeira já será um doloroso retrato na parede.

Foi assim na Inglaterra, na Índia, em São Paulo. Será também assim na Amazônia, porque tem que ser, quase como uma fatalidade. Se os ingleses saíram da Índia pelos trilhos que assentaram no solo nativo, voltaram – eles ou seus sucessores e substitutos – por outras vias, até mais eficientes, porque geralmente eram invisíveis. Os mecanismos financeiros, por exemplo. E os satélites.

Um ano antes de sair o livro de Fernando Henrique, aliás, travou-se um lance seminal nos sertões amazônicos. Foi num local vizinho à fazenda do empresário, ministro e amigo (igualmente paulista) Severo Gomes, no sul do Pará, onde – diz a lenda – o intelectual Fernando Henrique fez a única incursão *in situ* ao seu objeto de estudo (e por uma única noite). Ali ao lado, em vez de estar montando veículos automotores, que era sua única especialidade, a Volkswagen estava criando boi. Para tanto, pondo fogo na floresta. O fogaréu foi fotografado pelo satélite americano *Skylab* e essa imagem documentou o maior incêndio com DNA, definido pela mais sofisticada máquina fabricada pelo homem.

Se houve alguma queimada maior antes na história do *homo sapiens* (e também *agrícola*, mas não *florestal*), não se sabe, por falta de registro. É pouco provável que tenha havido, considerando-se a tecnologia do fogo de hoje. Com prova verificável, o incêndio na fazenda Vale do Rio Cristalino, da Volkswagen, que atingiu de uma só vez 10 mil dos 139 mil hectares da propriedade, no município de Santana do Araguaia, foi o maior de todos os tempos. E se Deus existe, ele pode ter fulminando a Volkswagen como castigo: o projeto nunca deu certo. E a multinacional alemã nunca mais tentou criar boi.

Na véspera do lançamento do livro de Fernando Henrique, por conta do trauma que a imagem do incêndio da Volks provocou mundo afora, o governo desviou para a Amazônia parte considerável do programa de monitoramento de satélites que o país começava a desenvolver em São José dos Campos, no interior de São Paulo. Como resultado do primeiro levantamento global da alteração da cobertura vegetal da região, com base em imagens de satélite, foi constatado que o desmatamento ainda não chegara a 1% da superfície de cinco milhões de hectares da Amazônia Legal. Hoje, essa área desflorestada chega a 18% (ou 800 mil quilômetros quadrados), quase três vezes a extensão do Estado de São Paulo, ponto de origem de muitos desses desmatadores.

Os oito anos (1995–2002) de FHC coincidiram com o maior período de destruição de florestas na Amazônia, só comparável ao quinquênio de José Sarney (1985–1990). Não se pode dizer, no entanto, que os dois governos descurassem a questão ecológica. Com pompa e circunstância, Sarney lançou o programa Nossa Natureza e FHC deixou ao seu sucessor, um paulista adotivo, o ex-metalúrgico (e ex-aliado) Lula da Silva, o programa de Áreas Protegidas da Amazônia, proclamado como "o maior programa de conservação de florestas tropicais do mundo", seu título de batismo. O ARPA, um investimento de 395 milhões de dólares, destinado a beneficiar uma área de 500 mil quilômetros quadrados. E, no entanto, a média do desmatamento nos 8 anos de FHC esteve próxima dos "anos de fogo" de Sarney, ao redor de 25 mil quilômetros quadrados ao ano.

Como explicar a contradição de tanta retórica em defesa da natureza e tanta dilapidação de recursos naturais, como jamais houve numa fronteira colonial? Como explicar que esta é realmente a condição da Amazônia, integrante de uma genealogia que causou tantos danos no passado – e ainda no presente – aos países africanos e asiáticos?

Talvez, inadvertidamente, a explicação esteja contida num elucidativo documento produzido no auge do regime militar, a matriz de tudo que acontece até hoje. O II Plano de Desenvolvimento da Amazônia (II PDA), que vigoraria entre 1975 e 1979 (no consulado do general – e suposto déspota esclarecido – Ernesto Geisel, o terceiro dos generais-presidentes pós-1964) admitia que o modelo de desenvolvimento regional era desequilibrado. Entre seus efeitos estavam a concentração da renda, os conflitos fundiários, a agressão à natureza, a dizimação dos índios. Essas distorções, entretanto, que eram um dado natural do modelo, inevitável, seriam devidamente corrigidas, por um ato de vontade do Estado, através de suas políticas públicas (o jargão ainda não tinha o uso corrente nos nossos dias, mas era isso que então se dizia). Daí o esquema atender pelo título de "modelo de desenvolvimento desequilibrado corrigido".

O problema estava – e continua a estar – no fato de que a mão que apoia o investimento é pesada, por ter que carregar o tal do principesco capital, enquanto a mão da correção é leve, por ser destituída do mesmo "epifenomênico" capital, autorizando-se o neologismo a Guimarães Rosa, autor bem-vindo quando se trata de fazer alegorias com o grande sertão, ao qual o Brasil cada vez mais se reduz (se Deus quiser entrar, que venha armado, alertou o escritor das Minas Gerais, antevendo a guerra civil não declarada e caótica em vigor no país).

É assim que o sonho da fronteira vai se consumando: depois de quatro décadas de avanço das frentes econômicas, a Amazônia ficou exatamente igual ao Brasil mais antigo, ou pior. A última edição do Atlas do Desenvolvimento Humano mostra que a região cresce menos do que as outras regiões brasileiras, que a buscam como área de expansão, e o produto da atividade produtiva é partilhado por um número cada vez menor de pessoas.

Se a concentração econômica é a grande e estigmatizante marca do Brasil do século XXI, em sua maior fronteira de recursos naturais esse sinete se tornou ainda mais forte. Deixando de ser a ilusão do paraíso perdido, como Euclides da Cunha a viu no início do século XX, ela chegou ao limiar do novo século mais próxima do inferno humano e ecológico, ainda passível de atenuação, mas já visível no horizonte da rotina.

Para que pudesse render economicamente para o país, cumprindo uma agenda que já veio fechada, com uma pauta previamente estabelecida, a Amazônia perdeu nessas quatro décadas 18% do seu bem mais nobre e valioso, a floresta. De promessa de futuro, a Amazônia está sendo despejada para o clube dos mais pobres estados da federação, o Brasil nº 3, o enjeitado.

Conforme os dados do Atlas, elaborado em conjunto pelo Programa das Nações Unidas para o Desenvolvimento (PNUD), o Instituto de Pesquisas Econômicas Aplicadas (IPEA) e a Fundação João Pinheiro, todos os estados da Amazônia (tanto a Clássica como a Legal) tiveram desenvolvimento – entre 1991 e 2000 – abaixo da média nacional. O Índice de Desenvolvimento Humano (IDH) do Brasil na última década do século XX (na maior parte dela sob o comando de Fernando Henrique) cresceu de 0,696 para 0,766 (o máximo é 1). Todos os 27 estados também cresceram, mas o ritmo amazônico foi menor do que o desempenho médio. O Nordeste acompanhou-o. Os estados nordestinos mais assolados pelas secas se fundiram com os estados amazônicos mais pobres nesse Brasil de terceira classe.

O Pará, o Amazonas, o Acre e Tocantins estão nessa faixa mais pobre, na companhia de (pela ordem) Pernambuco, Sergipe, Ceará, Bahia, Piauí, Paraíba, Alagoas e Maranhão. No segmento intermediário de desenvolvimento estão, também em escala decrescente, Amapá, Roraima, Mato Grosso e Rondônia. O mapa da evolução espacial do desenvolvimento explica a razão da melhoria do IDH em todo o território amazônico: atividades produtivas em áreas pioneiras exerceram um efeito exponencial que se irradiou pela vizinhança, antes destituída de fontes de renda. No entanto, é cada vez menor o número de pessoas que se beneficiam desse rendimento. Em 1991 apenas Roraima apresentava um índice de Gini (de concentração de renda) acima de 0,65 ou mais (o máximo de concentração é 1). Em 2000 aconteceu exatamente o inverso na Amazônia. Roraima, o único estado (da região e de todo país) que registrou melhoria da concentração, tinha Gini entre 0,61 e 0,62, igual ao de Rondônia, enquanto todos os demais estados passaram para a faixa mais grave, a mesma da qual faziam parte apenas os estados nordestinos.

O Pará, o estado com a maior população, o maior PIB, o segundo maior território e a mais diversificada pauta de recursos (e de produtos) econômicos, é o caso mais grave de concentração de renda (como da maioria dos demais subindicadores do IDH). O estado apresenta, ao mesmo tempo, os maiores índices nos dois extremos da pirâmide: o dos mais ricos e o dos mais pobres. Era o 10º em concentração de riqueza em 1991; 10% dos mais ricos detinham 51,7% da riqueza estadual. Tornou-se o 9º pior em 2000; esses mesmos 10% já abocanhavam 54,7% da renda do estado. Os 20% mais pobres, que só tinham acesso a 2,6% da renda total em 1991, no ano 2000 ficaram com tão somente 1,5% (o estado passou do 8º para o 7º lugar entre os de maior pobreza).

A deterioração, porém, não era apenas de renda. O que os técnicos chamam de vulnerabilidade, com base no IDH (que mede a expectativa de vida, as condições de trabalho e o nível de escolaridade), se alastrou pela região junto com as cunhas migratórias. Excetuado o Amazonas (que tem metade da sua população enquistada em Manaus), em todos os demais estados amazônicos cresceu o trabalho infantil, em níveis que só têm paralelo com os nordestinos. A região é líder na quantidade de crianças fora da escola (sendo a educação, em geral, a razão principal para o crescimento constante do IDH, mais do que renda e expectativa de vida, embora haja fundados motivos para se recear pela qualidade desse ensino). O Pará era responsável pelo quinto índice mais grave em todo país, passando à frente de Alagoas, que havia sido o estado campeão do trabalho infantil em 1991.

O abandono e o isolamento eram causas de desempenhos sofríveis de certos municípios da Amazônia. Jordão, no Acre, tinha o segundo pior índice de desenvolvimento humano (0,475) em 2000, abaixo apenas de Manari, em Pernambuco (0,467), e o maior percentual de analfabetos (60,66%), acima apenas de Itamarati, no Amazonas (59,95%). Centro do Guilherme, no Maranhão, ficou em quinto lugar nesse item, mas ocupava constrangedora primeira posição em matéria de renda *per capita* (cada um de seus moradores recebia, em média, R$ 28,38, para um salário mínimo de R$ 150).

Problema apenas do sertão? Ledo engano. Belém, a metrópole da Amazônia (hoje com 1,5 milhão de habitantes), foi a que mais perdeu posições na relação do IDH metropolitano: ocupava o 13º lugar entre as regiões metropolitanas brasileiras em 1991; despencou para a 25ª posição em 2000. Se o modelo de ocupação da Amazônia é colonial, espoliativo e concentrador (e é realmente), as elites o agravam ainda mais com sua inação ou sua participação predatória, como abutres na carcaça. O Maranhão do ex-presidente e senador José Sarney tinha o menor IDH em 1991 (0,543) e continuou a ter o menor IDH (0,636) em 2000, enquanto a média nacional nesses dois anos foi de 0,696 e 0,766.

A Zona Franca de Manaus, beneficiada pela maior renúncia fiscal do país, não deu retorno proporcional: o Amazonas perdeu três posições entre 1991 e 2000, caindo do 13º IDH para o 16º. Seu índice cresceu, de qualquer maneira, mas a uma taxa inferior ao da média regional. E os péssimos indicadores no interior fazem pensar nos estragos que resultarão de uma crise maior da Zona Franca de Manaus, ou da insuficiência de seu dinamismo como fator de dispersão de efeitos.

Fariam bem as elites em refletir sobre o distorcido espelho que colocaram diante de si – e o povo, em geral, em sair da resignação. Melhorar o perfil da Amazônia ainda está ao alcance de todos, mas se o desafio for assumido logo. Não há muito tempo para começar. A correção da distorção tarda e, quando chega, já encontra Inês morta e o leite derramado. A solidez das numerosas e portentosas áreas de proteção e conservação da natureza, delimitadas com financiamento internacional, se desmancha quando o ar fica carregado de interesses capitalistas. Brincar de ecologismo é terapia entre os gonzos chamando para ganhar dinheiro rapidamente na fronteira, na qual há tantos bandidos e tão poucos mocinhos (claro: só bandidos "amansam" a terra áspera).

O intelectual-político FHC considera esse ar tão criador quanto o operário-político Lula. Sob prismas distintos, eles têm um ponto em comum: a modernidade inoculada na área primitiva pelo príncipe da transformação não chegou para ser transitória; ao contrário, se tornou perene, aparentando ser definitiva. E não resultou numa mudança para melhor entre os nativos. É portador de algum significado, com as características daquilo que os teólogos chamam de "sinal dos tempos", o fato de os três personagens-chave da democratização gravitarem de alguma maneira em torno do planeta São Paulo, em relação ao qual – com maior ou menor intensidade – os demais integrantes da federação brasileira se satelitizaram. Mesmo que, em casos crescentes, São Paulo apenas seja um satélite maior e mais brilhante a ofuscar a visão dos cidadãos sobre os planetas mais ou menos ocultos.

Sarney é um maranhense clientelista, empenhado em fazer a política paroquial a partir do trono de Brasília, mas seus maiores interesses políticos e econômicos se deslocaram para a capital do estado que ainda concentra um terço da riqueza nacional. FHC e Lula são paulistas adotivos e convictos ("orgânicos", na linguagem gramsciniana). Seus pontos de identidade são maiores do que a aparência sugere. As distinções e diferenças são mais de ênfase e de forma.

No modo de ver de um intelectual e de um trabalhador metropolitanos (e cosmopolitas), as especificidades locais da fronteira, como florestas e índios, são coisas supérfluas, ociosas ou mesmo nocivas à modernidade que o capitalismo lhes proporcionou. Por que uma mata fechada não pode ser substituída por um panorâmico campo de soja ou um pasto? Por que um índio não pode ser incorporado à cultura dominante como um cidadão comum, quem sabe, urbanizado, "civilizado"? Eliminadas as diferenças, aí, sim, a unidade nacional será mais do que bordão no hino. Todos, no país continental, terão as mesmas condições, a mesma linguagem, interesses convergentes, um padrão de referência para decidirem o que fazer da própria vida e da vida do país. Um Brasil finalmente com grandeza real no concerto internacional das nações.

A profecia contida nas confabulações do intelectual e nas bravatas do líder sindical e político, enfim, se realizará. O Brasil como Brasil verdadeiro. E a Amazônia, como seu espelho. O bruxo Guimarães Rosa já previa: o sertão estará em todo lugar.

PS: Um exemplar do livro de Fernando Henrique Cardoso me chegou, em Belém, logo em seguida ao seu lançamento em São Paulo. O volume me foi mandado pelo correio pelo amigo jornalista José Casado, um capixaba na então reluzente redação da *Gazeta Mercantil* na capital paulistana. Casado destacava que o livro fizera um uso tão intenso das reportagens do *Estadão* que várias outras informações foram citadas sem referência à fonte. Talvez para não parecer que os distintos acadêmicos, mais do que empreender excursão para coleta de material *in loco*, como fizera o futuro FHC no seu passado de autor de substanciosas monografias sobre o Brasil moderno, obtiveram a maior parte da sua matéria-prima nos arquivos do jornal da tradicional família Mesquita. E recorrendo a um tipo de referência que os seus pares costumam desdenhar: textos escritos por jornalistas. Um trabalho acadêmico com reportagens na bibliografia corre o risco de ser mal avaliado por bancas examinadoras e *inter pares*.

Mas como escrever sobre a Amazônia, que começou a ruir ao ser "integrada" ao Brasil pelas grandes rodovias, sem recorrer às páginas do *Estadão* desse período? Funcionando quase como consciência crítica da plutocracia que lhe deu vida, o jornal documentou como ninguém (seja jornal ou qualquer outra fonte de informações) a "expansão do capitalismo na Amazônia". A razão?

Ter decidido colocar, manter e espicaçar bons profissionais na área onde os fatos ocorriam, fazendo-os ver com os próprios olhos – e imediatamente repassar suas anotações para os olhos coletivos – os acontecimentos relevantes da história contemporânea da Amazônia, ainda em seu estado de cotidiano, de história-em-processo.

O intelectual Fernando Henrique Cardoso tinha instrumentos para aferir a relevância desse material, que o dispensou da "ida a campo", essencial no rito metodológico da sua sociologia. O método funcionou, tanto que seu livro é uma das referências constantes nos trabalhos de outros intelectuais que escreveram sobre a Amazônia a partir de 1977. Mas não foi uma fórmula perfeita, por impossibilidade de resolver a equação incompleta: é uma interpretação sobre estudo de caso que não houve. A fecundidade da teoria foi afetada pela falta de domínio sobre os complexos elementos da realidade por parte do poderoso teórico. O modelo intelectual não podia dar conta de explicar satisfatoriamente a realidade amazônica, um erro conceitual que FHC não cometeria se tivesse aplicado, ao seu estudo sobre a Amazônia, os procedimentos metodológicos que apresentou com profundidade na introdução de seu livro anterior, *O capitalismo no Brasil meridional*.

Em vez de ser o príncipe libertador, o capitalismo está sendo um senhor colonial na Amazônia. Isto, FHC não percebeu, tanto ao escrever o livro quanto ao assumir as rédeas do Estado para executar suas ideias. Mesmo porque estava – e ainda está – do lado do vencedor, que não é o do colonizado.

Uma curiosidade: do levantamento de dados para o livro participou, além dos autores, Tereza Martha Smith Vasconcelos, casada desde nove anos antes com o futuro senador Eduardo Suplicy. Seu nome de casada – que mantém até hoje – não foi registrado no crédito do livro. Em 1973 Marta Suplicy fazia pós-graduação em Stanford, nos Estados Unidos.

O indigenismo brasileiro e os anos FHC

Ricardo Verdum

Introdução

As duas últimas décadas do século XX viram surgir na América Latina importantes movimentos etnopolíticos de povos indígenas atuando em diferentes níveis (local, regional, nacional e transnacional). Nos anos 1980 e 1990, os movimentos indígenas lutaram para obter seu reconhecimento constitucional e, no caso de Colômbia, Equador e Venezuela, participaram com voz e voto nas Assembleias Constituintes, o que lhes garantiu o reconhecimento de uma grande variedade de direitos. Donna Lee Van Cott (2000) denominou de constitucionalismo multicultural esse período de mudanças e reformas constitucionais de perfil neoliberal.[1]

A Constituição Federal de 1988, ao mesmo tempo em que sintonizava o país com as visões *multiculturalistas* que se gestavam e manifestavam em nível internacional no tocante aos povos indígenas, abriu novas oportunidades para tratar a denominada *questão indígena*. Há nela um capítulo específico sobre os direitos desses povos, *o capítulo VIII – Dos Índios*, onde se reconhece (embora não seja dito nesses termos) o caráter *multicultural* da sociedade brasileira. No artigo 231, que integra o referido capítulo, é dito que "são reconhecidos aos índios sua organização social, costumes, línguas, crenças e tradições, e os direitos originários sobre as terras que tradicionalmente ocupam, competindo à União demarcá-las, proteger e fazer respeitar todos os seus bens". Ao estabelecer ainda a competência civil dos índios, suas comunidades e organizações para

[1] Ver Marés, 1996; Peña, 2002; Van Cott, 2004; Montejo, 2004; Díaz-Polanco, 2005; Clavero, 2008.

ingressar em juízo contra o Estado e contra terceiros em defesa de seus direitos e interesses, contando para isso com o apoio do Ministério Público, o texto constitucional reconhece aos indígenas o direito de se autorrepresentar perante a Lei estatal, sem a intermediação seja do órgão indigenista oficial seja de organizações não indígenas.

Ao mesmo tempo em que se reafirmam esses direitos sobre as *terras tradicionais*, isso é, aquelas habitadas pelos povos indígenas "em caráter permanente, as utilizadas para suas atividades produtivas, as imprescindíveis à preservação dos recursos ambientais necessários a seu bem-estar e as necessárias a sua reprodução física e cultural, segundo seus usos, costumes e tradições", a Constituição define que é de competência da União demarcá-las, protegê-las e fazer respeitar todos os seus bens. Foi definido também ser um dever do Estado, e um direito dos indígenas, consultá-los quando da execução de atividades de exploração de recursos naturais com impacto sobre os territórios em que habitam.

A presidência de Fernando Henrique Cardoso (1995–2002) acontece em um período de intensa disputa ideológica, política e semântica sobre o "novo espírito" do *indigenismo brasileiro* pós-1988. A emergência do movimento indígena no Brasil, associada com a pressão política interna e externa em prol dos direitos humanos e da sustentabilidade ambiental nos anos 1980, colocaram em questão a continuidade do paradigma *integracionista* do indigenismo brasileiro – ao menos nos moldes como ele vinha sendo implementado pelo Estado, legitimado internacionalmente pela Convenção 107 sobre populações indígenas e tribais da Organização Internacional do Trabalho (OIT), aprovada em 1957 – exigindo uma revisão do aparato conceitual, dos objetivos e das estratégias discursivas e estruturas institucionais do Estado no relacionamento com os *povos indígenas*, de forma a adaptá-los aos novos tempos.

Antecedentes

O Serviço de Proteção aos Índios (SPI), criado sob a coordenação do marechal Rondon em 1910, entrou nos anos 1960 imerso numa crise política e institucional devido a problemas de má gestão, corrupção etc. Essa situação colocava em risco a imagem do Brasil na cena internacional, num momento de expansão das fronteiras econômicas internas em direção às regiões Centro-Oeste e Norte do Brasil. Um dos objetivos do regime militar instaurado no país em 1964 foi transformar este cenário de crise e risco, estabelecendo novas bases para o aparato político-institucional indigenista oficial, de Estado, de forma a dar continuidade ao processo de assimilação e integração dos povos indígenas à *comunhão nacional*. Em 5 de dezembro de 1967, por meio da Lei nº 5.371, o governo militar extingue o SPI e cria, no seu lugar, a Fundação Nacional do Índio (FUNAI); seis anos depois, em 19 de dezembro de 1973, edita a Lei nº 6001, que dispõe sobre o *Estatuto do Índio*.

O órgão recém criado tinha idealmente o objetivo de estabelecer novos parâmetros para as ações do aparato político-institucional do Estado nacional no trato dos assuntos indígenas. Na prática, significou uma renovação na perspectiva integracionista clássica do indigenismo brasileiro e a possibilidade de instituir novos instrumentos destinados a assimilar os indígenas e a integrar seus territórios na economia nacional. Um dos instrumentos criados foi a "renda anual do patrimônio indígena", onde a dimensão econômico-política da ação indigenista ganhou maior importância, institucionalizando a ideia de que a manutenção do aparato burocrático de *pacificação* e *proteção* dos indígenas deveria ser parcialmente custeada por eles mesmos, por meio da exploração e comercialização dos recursos naturais nos territórios por eles ocupados.

Nos anos 1970 o *saber indigenista* é um campo em disputa entre os que ficaram no novo órgão indigenista oficial e aqueles que seguiram para, ou surgiram de, outros espaços de ação e formação, como instituições de ensino e pesquisa, incluindo a Associação Brasileira de Antropologia (ABA), instituições ligadas à Igreja Católica, como o Conselho Indigenista Missionário (CIMI), organizações não indígenas nacionais e internacionais, agências multilaterais e bilaterais de cooperação técnica e financeira no Brasil, entre outras.

Criado em 1972, o Conselho Indigenista Missionário teve um importante papel também na formação do que veio a ser chamado posteriormente de *movimento indígena*, fornecendo apoio e incentivando as primeiras reuniões e assembleias de lideranças indígenas realizadas a partir de 1974. Outro marco importante na formação do movimento indígena no Brasil foi a criação em abril de 1980 da União das Nações Indígenas (UNIND), que se transformou posteriormente na UNI, por iniciativa de um grupo de jovens indígenas dos povos Terena, Xavante, Bororo, Pataxó, Tuxá e outros.[2]

Até o final dos anos 1980 a FUNAI era o espaço privilegiado da disputa sobre a administração dos *assuntos indígenas*. Era o local em que se julgava

---

2 Ver CEDI, 1981; Oliveira Filho e Souza Lima, 1983; Cardoso de Oliveira, 1988; Matos, 1997.

residir tanto a origem dos problemas vividos pelos indígenas no Brasil quanto – e principalmente – sua solução. A FUNAI era vista então como o espaço de poder a ser tomado, ocupado e transformado. Mesmo organizações indígenas nascidas da crítica ao discurso e à prática do indigenismo brasileiro, como a UNIND, mantinham ainda fortes laços com as categorias de pensamento do indigenismo; sua intenção na época de criação era "congregar esforços dos índios para que lutem por uma política indigenista em benefício do próprio índio" (ver CEDI, 1981, p. 38). Os últimos vinte anos nos revelaram que os processos são mais complexos e que os resultados nessa perspectiva são inseguros.

Com raras exceções, não se questionava o indigenismo, mas um determinado tipo de indigenismo: ineficiente na proteção dos territórios indígenas; identificado com o discurso e a prática institucional marcadamente paternalista e assistencial no trato com a população indígena sob a tutela do Estado; e comprometido com a legitimação das estratégias desenvolvimentistas dos anos 1970 e 1980, que provocaram drásticas transformações ambientais e sociais nos territórios impactados pelas obras de infraestrutura física de transporte e energia (rodovias, pontes, hidrelétricas etc.), colonização e exploração mineral – são exemplos nesse período: a rodovia Transamazônica a BR-174 (Perimetral Norte), a UHE de Tucuruí, o Projeto Grande Carajás e o Projeto Polonoroeste. Nessa fase houve um esforço acentuado da FUNAI para atrair antropólogos oriundos dos cursos de pós-graduação e integrá-los à atuação indigenista, sendo alguns demitidos entre 1980 e 1981 por se colocarem frontalmente contra a administração militar do órgão.[3]

Ao processo constituinte de 1986–1988 segue um período de efervescência organizativa no meio indígena, seja na defesa de uma indianidade genérica, isso é, dos povos indígenas em geral, seja de grupos indígenas específicos, como os Kayapó. Há casos de organizações criadas com a pretensão de representar politicamente os indígenas diante do Estado, assim como aquelas criadas com a finalidade de receber recursos financeiros para desenvolver ações de interesse da comunidade que a sustenta. A crescente presença de indígenas organizados em associações na interlocução com o Estado, com atuação em diferentes níveis (local, regional e nacional), foi acompanhada de acaloradas discussões internas

---

[3] Para um pouco de história do indigenismo enquanto saber administrativo relacionado com a gestão de populações etnicamente diferenciadas em contexto colonial, e das relações entre indigenismo e antropologia no Brasil, ver Souza Lima, 2002.

relativas à representação e legitimidade dessas organizações e do papel das organizações não indígenas – as chamadas *entidades de apoio* – frente ao crescente protagonismo indígena. O reconhecimento formal do direito à organização e à representação própria dos indígenas, expresso na Constituição de 1988, representou o impulso definitivo para o processo de auto-organização desses povos, o surgimento e a multiplicação de organizações indígenas país afora e sua articulação em redes regionais, nacionais e inclusive transfronteiriças. Um ano depois de promulgada a nova Constituição brasileira, foi criada a Coordenação das Organizações Indígenas da Amazônia Brasileira (COIAB), que nasceu com enfoque regional e identidade indígena transcomunitária. Com sede em Manaus (AM), congrega hoje mais de uma centena de organizações locais e sub-regionais.[4]

A hegemonia política, ideológica e administrativa da FUNAI sobre a gestão oficial da população e dos territórios e recursos naturais indígenas estende-se até 1991, quando algumas de suas funções passam a ser compartilhadas ou mesmo repassadas para outros órgãos da administração pública federal. Por intermédio dos Decretos nº 23, 24, 25 e 26, de 4 de fevereiro de 1991, durante a presidência de Fernando Collor de Mello, são repassadas respectivamente para os ministérios da Saúde, do Meio Ambiente, da Agricultura e da Educação ações da "política de assistência ao índio", que estavam até então sob a responsabilidade da FUNAI, que as executava e concedia a terceiros a corresponsabilidade pela implementação.[5]

Nesse mesmo ano é dado início, no âmbito do Poder Executivo discussões visando promover uma revisão do Estatuto do Índio (Lei 6001/73), sendo constituída uma comissão interministerial para esse fim, que passou a ser coordenada pela FUNAI na gestão de Sydney Possuelo. Tendo como referência e motivação jurídica a Constituição Federal recém promulgada e, como estímulo político, a proximidade da Conferência das Nações Unidas sobre Meio Ambiente e Desenvolvimento (a Rio-92), sucederam-se inúmeras reuniões públicas, algumas abertas à participação de organizações não governamentais e especialistas – CIMI, ABA, Núcleo de Direitos Indígenas (NDI) e outras. Em junho de 1991, organizações e lideranças indígenas (entre elas a COIAB, UNI-AC e Comissão Indígena Leste-Nordeste), depois de analisar a proposta de Estatuto elaborada

---

4 Ver Albert, 1997, 1998, 2001; Athias, 2002; Ricardo, 1996.

5 Ver Barroso-Hoffman et al., 2004; Ricardo, 1996, 2000; Souza Lima e Barroso-Hoffman, 2002; Verdum, 2003, 2005a, 2005b, 2008.

pela Comissão Interministerial do Governo, apresentam as suas propostas para o novo estatuto.

Pelo menos três projetos de lei foram encaminhados ao Congresso Nacional, que formou uma comissão especial para dar parecer. Além da proposta elaborada pela comissão interministerial (PL 2160), o NDI (PL 2057) e o CIMI (PL 2619) encaminharam suas respectivas propostas de projeto de lei. A Coordenação das Organizações Indígenas da Amazônia Brasileira (COIAB) e outras organizações e lideranças indígenas também apresentaram em abril de 1992, depois de analisar as três propostas encaminhadas ao Poder Legislativo, um conjunto de propostas para serem analisadas pela comissão especial.

Demorou quase três anos para a comissão especial, em 1994, depois de inúmeras reuniões, versões, emendas, negociações etc., votar o texto definitivo do Estatuto das Sociedades Indígenas, conciliando as diferentes visões e os interesses em jogo.[6]

Os anos FHC (1995–2002)

Opera-se ao longo dos anos 1990 e nos primeiros anos da década seguinte uma transição de um modelo centralizado de gestão – estruturado e fortalecido ao longo da ditadura militar de 1964–1985, no qual um único órgão federal (a FUNAI) é responsável pelo planejamento e execução do conjunto da política oficial de integração dos povos indígenas – para uma situação onde vários órgãos governamentais participam e implementam a política indigenista do Estado brasileiro.

Esse processo de mudanças vem acompanhado da criação de fóruns e conselhos onde são debatidas (de maneiras mais ou menos participativas) as políticas relacionadas aos indígenas, podendo envolver lideranças e representantes de comunidades locais, organizações indígenas e entidades não indígenas. Em muitos casos essas organizações de base ou de assessoria (ONGs) passam a ser proponentes e gestoras de políticas e atividades em nível local e até regional: de melhoria ambiental, de saúde e saneamento, de educação e capacitação em diferentes áreas do conhecimento teórico e aplicado, na produção econômica e na geração de renda, assumindo responsabilidades que até então eram centralizadas e controladas pela FUNAI.

---

6 Ver Santilli, 1996; Araújo e Leitão, 2002.

Outro dado importante do período, parcialmente relacionado com essa relativa abertura do governo federal à participação indígena, foi o fortalecimento da autoestima e a crescente autoafirmação étnica dos movimentos indígenas em diferentes regiões do país. Várias organizações indígenas passaram a desempenhar um papel importante tanto na definição, execução e avaliação das políticas setoriais quanto em fóruns intersetoriais.

É nesse contexto que se constituem as condições para o surgimento de mecanismos mais ágeis e eficientes na demarcação das terras indígenas, como é o caso do Projeto Integrado de Proteção às Populações e Terras Indígenas da Amazônia Legal (PPTAL), gerenciado pela FUNAI, e no fomento ao desenvolvimento local, com base comunitária, a exemplo do componente Projetos Demonstrativos dos Povos Indígenas (PDPI), implementado pelo Ministério do Meio Ambiente. A implementação do PDPI teve início no penúltimo ano do segundo mandato do presidente FHC, após quase quatro anos de preparação, que envolveram a realização de seminários, oficinas nas regiões com lideranças indígenas, as principais organizações indígenas da Amazônia Legal, além de representantes do Ministério do Meio Ambiente, da FUNAI, das cooperações técnicas alemã (GTZ) e britânica (DFID) e do Banco Mundial. Tanto o PPTAL quanto o PDPI compunham o Programa Piloto para Proteção das Florestas Tropicais do Brasil (PPG7).[7]

Essa transformação de modelo de administração estatal das populações e territórios indígenas desencadeada em 1991, feliz em alguns aspectos, não foi capaz, no entanto, de superar a baixa capacidade de articulação e integração que se seguiu, gerada em grande parte por resistências e conflitos com o que em certa ocasião João Pacheco de Oliveira chamou de estruturas e facções "arcaicas" operantes no interior da FUNAI, impregnadas de uma ideologia corporativista, e agindo de modo pouco transparente.

---

[7] A história do PPG7 começa no mês de julho de 1990, durante a Economic Summit of the Group of Seven (G7), em Houston, Texas. O então chanceler alemão Helmut Kohl apresentou aos representantes dos governos dos demais países membros do seleto grupo (do qual fazem parte também o Canadá, Estados Unidos, França, Itália, Japão e Reino Unido) a proposta de apoio à elaboração e implementação de um programa de apoio à proteção das florestas tropicais no Brasil. Após um período de negociações envolvendo representantes do governo brasileiro, G7, Comunidade Europeia e Banco Mundial, foi criado o PPG7, que passou a existir em dezembro de 1991, quando é dado início à elaboração dos "subprogramas" e "projetos" que o constituiriam. A oficialização do PPG7 deu-se por meio de um decreto governamental assinado no primeiro dia da Conferência das Nações Unidas sobre Meio Ambiente e Desenvolvimento (CNUMAD ou Rio-92). Sobre a política ambiental do governo federal nos anos 1990 e primeiros anos da década seguinte, ver Barreto Filho, 2004; sobre a gestação do PDPI ver Verdum, 2002.

Em 1999, o governo federal elaborou seu Plano Plurianual (PPA) para o período 2000–2003 baseado na noção de *programas*, pretendendo fortalecer a capacidade de articulação e coordenação das políticas públicas e das instituições executoras. As ações cujos beneficiários eram os indígenas foram agrupadas em dois grandes programas orientados por objetivos e metas específicas: (i) Etnodesenvolvimento das Sociedades Indígenas e (ii) Território e Cultura Indígenas. Não obstante as boas intenções implícitas na iniciativa, essa não conseguiu superar na prática a fragmentação e os conflitos de interesses e de concepções existentes no campo do indigenismo governamental.

A seguir iremos destacar alguns aspectos e acontecimentos que nos parece servir como indicativos dos desafios, avanços e dificuldades relativos à promoção dos direitos indígenas do período da presidência de Fernando Henrique Cardoso.

O novo estatuto

Por iniciativa do Poder Executivo, a tramitação do projeto de Lei (PL 2.057/91) do novo estatuto foi paralisada na Câmara. Antes mesmo da posse do presidente Fernando Henrique Cardoso, em fins de 1994, o então deputado federal Arthur da Távola, líder do PSDB na Câmara, apresentou um recurso, em nome do novo governo, suspendendo a tramitação do projeto, alegando a necessidade de o governo FHC formar um juízo sobre "tão polêmico projeto". Esse ato acabou criando um estado de desconfiança e de insatisfação com o novo governo, gerando protestos de organizações indígenas e de apoio, antes mesmo de o presidente Fernando Henrique Cardoso tomar posse do cargo em 1º de janeiro de 1995.[8]

As terras indígenas

Outro fato que pesou negativamente contra o novo governo foi a nomeação de Nélson Jobim, em janeiro de 1995, como ministro da Justiça. Além de contribuir para travar a aprovação do novo Estatuto das Sociedades Indígenas

---

8 Em março de 2000 o governo federal apresenta nova proposta de estatuto por intermédio do deputado federal Luciano Pizzatto (PFL-PR), que foi duramente criticado pelo movimento indígena, entidades de apoio e pela bancada de oposição ao governo no Congresso Nacional. Ver Oliveira Pankararu, 2006.

no Congresso Nacional, e praticamente paralisar as demarcações dos territórios tradicionalmente ocupados por esses povos, Jobim foi responsável pela redação e pela aprovação, por FHC, em 8 de janeiro de 1996, do Decreto nº 1775. Em substituição ao Decreto nº 22/91, o novo decreto altera os procedimentos adotados pela FUNAI para a demarcação das terras indígenas e introduz a possibilidade de "estados, municípios e demais interessados" contrariados manifestarem-se em relação à identificação e delimitação das terras indígenas ainda não regularizadas. O conjunto de medidas foi complementado com a Portaria nº 14, assinada em 9 de janeiro pelo ministro da Justiça, estabelecendo as novas regras sobre a elaboração do relatório circunstanciado de identificação e delimitação dessas terras. Coincidentemente, uma das terras indígenas alvo da ação desencadeada pelo ministro da Justiça foi a TI Raposa/Serra do Sol, tendo se manifestado à época favorável a sua redução.

Uma nova onda de protestos de organizações indígenas e indigenistas alimentou o caldo de insegurança e desconfiança em relação aos reais objetivos do governo federal, devido ao ato tão discutível, política e juridicamente. Cerca de 150 demarcações foram simultaneamente submetidas à contestação de terceiros, gerando fortes tensões e ameaças de invasão de várias das terras incluídas no processo de revisão.

A FUNAI recebeu uma avalanche de contestações, que viam no novo decreto a possibilidade de impedir ou protelar o processo demarcatório. Passados 180 dias desde quando foi aberta a possibilidade de contestação, oito processos foram obstados pelo ministro da Justiça, que solicitou da FUNAI novas diligências. Entre eles estavam a TI Raposa/Serra do Sol (RR) e a TI Baú (PA). Como a grande maioria das contestações foi indeferida, as críticas contra o decreto diminuíram gradativamente, dando espaço a visões que encaravam a medida como um avanço em termos processuais de regularização de Terras Indígenas, demandando o desenvolvimento de uma série de instrumentos de orientação à atividade de identificações e delimitação do território indígena e para a elaboração dos relatórios circunstanciados; exigiu também a contratação de profissionais mais qualificados, o que resultou numa melhoria de qualidade dos produtos gerados.

Findo o primeiro mandato de FHC (1999), verificou-se que ele era, até então, o presidente da República com maior número de decretos homologando, que juntos somavam a maior extensão já demarcada de Terras Indígenas.[9]

---

9 Ver Ricardo e Santilli, 1997; Santilli, 2001.

Para o reconhecimento e regularização das terras indígenas na Amazônia Legal, a criação e início de operação, em 1996, do Projeto Integrado de Proteção às Populações e Terras Indígenas da Amazônia Legal (PPTAL) foi de fundamental importância; foi importante também porque o projeto contribuiu para uma ampliação do espaço de intervenção dos indígenas, comunidades e organizações na discussão e implementação desta medida e na política indigenista em geral. Isso ocorreu já que o projeto incluía uma "comissão paritária" composta por representantes governamentais (50%) e indígenas (50%), que em 2001 passou de "consultiva" para "deliberativa", com poder de, por exemplo, definir prioridades e aprovar ou rejeitar atividades a serem financiadas. O PPTAL chega ao final do sexto ano de implementação (2001) com 42 novas Terras Indígenas identificadas e 54 demarcadas, que totalizam uma superfície de 4.819.332 hectares.[10]

Não obstante as dificuldades e tensões havidas ao longo dos oito anos de mandato de FHC, relativas ao reconhecimento dos territórios tradicionalmente ocupados pelos povos indígenas, nesse período, o Ministério da Justiça expediu portarias declarando os limites de 118 Terras Indígenas, que juntas somam 33.900.910 hectares de extensão. Também foram homologadas pelo presidente da República 145 novas Terras Indígenas, num total aproximado de 41.043.606 hectares de extensão.

Atenção à saúde indígena

O imbróglio em torno de qual seria a instância governamental responsável pelos "serviços de promoção e proteção da saúde indígena" – se a FUNAI ou a Fundação Nacional de Saúde (FUNASA) – e em que termos só começou a ser resolvido em 1999, quando o governo federal se viu pressionado pelo agravamento do estado geral da situação de saúde da população indígena, consequência de sete anos de disputa entre os dois órgãos, que resultou na quase que completa desestruturação dos serviços. Em 1994, no governo Itamar Franco, por intermédio do Decreto nº 1.141, foi revogado o Decreto nº 23/1991 e se devolveu para a FUNAI a atribuição de coordenação da saúde indígena; o órgão ficaria então responsável pela atenção curativa da saúde da população indígena, cabendo ao Ministério da Saúde as ações de caráter preventivo. Na prática isso não funcionou, e com o agravamento do quadro de saúde da população, ambos

10 Ver Kasburg e Gramkow, 1999; Gramkow, 2002.

os órgãos passaram a jogar um no outro a culpa pela situação, apontando no outro despreparo ou incapacidade de atender adequadamente à população.[11]

Com o apoio do Ministério da Saúde, que se viu pressionado pelas constantes denúncias veiculadas pela imprensa e na Comissão Intersetorial de Saúde do Índio (CISI), instância assessora do Conselho Nacional de Saúde (CNS) criada em 1992, foram realizadas a partir de 1998 diversas discussões regionais e nacionais que resultaram em um plano que incluía a organização de 34 Distritos Sanitários Especiais Indígenas, conformando um subsistema específico no interior do Sistema Único de Saúde (SUS).

Essa proposta foi regulamentada pelo Decreto nº 3.157, de 27 de agosto de 1999, que estabeleceu as condições de assistência à saúde da população indígena, e pela Medida Provisória nº 1.911-8, que incluía a transferência de recursos humanos e outros bens destinados às atividades de assistência à saúde, da FUNAI para a FUNASA. Por fim, em 31 de agosto de 1999, foi aprovada no Senado Federal a Lei nº 9.836, de iniciativa do deputado federal Sérgio Arouca em 1994, que determina o modelo a ser adotado na atenção à saúde indígena.

O subsistema de saúde indígena foi estruturado em 34 Distritos Sanitários Especiais Indígenas (DSEI), implantados entre 1999 e meados de 2003, atendendo ao disposto na Política Nacional de Atenção à Saúde dos Povos Indígenas, aprovada pela Portaria MS nº 254, de 31 de janeiro de 2002. Um conjunto de normativas é produzido desde então visando a regulamentar o processo que ultrapassa o ano de 2002, quando se encerra o segundo mandato do presidente FHC.

O processo da distritalização dos serviços de atenção à saúde indígena promoveu avanços na extensão de cobertura e no financiamento para as ações. Por outro lado, dada a urgência de implantação do subsistema, derivada do agravamento dos índices de mortalidade na população, principalmente entre crianças, e o aumento de incidência de doenças no conjunto da população, verificou-se um processo em muitos casos descuidado de contratação de terceiros para a prestação dos serviços de saúde. A fragilidade dos mecanismos de controle e transparência no uso dos recursos públicos e o uso político-partidário em alguns casos criaram várias situações que colocavam em risco o próprio modelo de atenção. A estratégia de estabelecer convênios, inclusive com organizações indígenas e indigenistas não governamentais, em muitos casos provo-

[11] Ver Brasil/FUNASA, 2000; Brasil/MS, 2000; Pellegrini, 2001; Moreira, 2002; Garnelo et al., 2003.

cou uma crise interna nessas instituições da sociedade civil, que se viram emaranhadas em processos administrativos e até trabalhistas.

No geral, passados quase dez anos de sua implantação, há um consenso de que implementar um subsistema de saúde específico para os povos indígenas, baseado na ideia de distritos sanitários especiais, foi um avanço em relação ao que se tinha, ou não se tinha, até então.

A educação escolar indígena

Apesar de o Decreto nº 26/91 atribuir ao Ministério da Educação (MEC), em parceria com a FUNAI, a responsabilidade por formular e coordenar a política nacional de educação escolar indígena, ficando a sua execução na esfera municipal e estadual, foi só a partir de 1995 que a Coordenação Geral de Apoio às Escolas Indígenas (CGAEI), vinculada à Secretaria de Educação Fundamental, efetivamente teve condições de implementar tal política.

Para isso, foi necessário ser aprovada, em 20 de dezembro de 1996, a denominada Lei de Diretrizes e Bases da Educação Nacional (Lei nº 9.394), que tomou como referência as Diretrizes para a Política Nacional de Educação Escolar Indígena (1993) formuladas no âmbito do Comitê de Educação Escolar Indígena, que reunia indígenas e não indígenas de vários setores que atuavam na educação escolar e estava vinculado à CGAEI/MEC.[12] Nos artigos 78 e 79 da Lei de Diretrizes é garantido aos povos indígenas o direito à educação escolar bilíngue e intercultural.

No Plano Nacional de Educação (PNE), aprovado pelo Congresso Nacional e transformado na Lei nº 10.172, de 9 de janeiro de 2001 – depois de um longo e amplo processo de negociação envolvendo Poder Executivo, indígenas, ONGs indigenistas, organizações de professores e lideranças indígenas, universidades e outros – foram definidos objetivos e metas a serem alcançados no curto e médio prazos, no sentido de universalizar a oferta de uma educação escolar de qualidade, pelo Estado, ao conjunto dos povos indígenas.

Destacaríamos ainda a publicação, em 1998, do Referencial Curricular Nacional para as Escolas Indígenas (RCNEI) e, sobretudo, o Programa Parâmetros em Ação de Educação Escolar Indígena, lançado em abril de 2002.

---

[12] O Comitê foi posteriormente desativado, sendo estruturado no seu lugar a Comissão Nacional de Professores Indígenas, composta por professores de diferentes regiões do país, indicados por organizações de professores indígenas.

Também contribuíram para esse fim o Parecer nº 14/99 e a Resolução nº 3/99, da Câmara de Educação Básica do Conselho Nacional de Educação, que complementaria o processo de normatização da atividade de educação escolar indígena em terras indígenas.

A CGAEI apoiou no período 65 projetos de escolas indígenas, atingindo em torno de 2.880 professores indígenas. Estes projetos foram majoritariamente propostos por organizações não indígenas (39%), por universidades (32%) e por organizações indígenas. Em termos regionais, 56% dos projetos aprovados foram desenvolvidos na região Norte, ficando os demais assim distribuídos: 17% na região Centro-Oeste, 11% na região Nordeste, 8% na região Sudeste e 8% na Sul. A CGAEI também promoveu, entre 1995 e 2002, uma interessante política editorial: foram publicados 51 títulos, utilizados em diferentes atividades educacionais e de formação, envolvendo técnicos e professores indígenas e não indígenas.

Em 2002 o subsistema de educação escolar indígena alcançou o número de 1.392 escolas indígenas: 54% da rede municipal, 43% da estadual, 2% privadas, e 1% sob a responsabilidade direta da FUNAI, atendendo aproximadamente 100 mil estudantes indígenas, sendo 80,6% no ensino fundamental. Lecionavam nessas escolas cerca de 3.059 professores indígenas e 939 não indígenas.[13]

Considerações finais

Os povos indígenas no Brasil conformam uma população contabilizada pelo censo do IBGE/2000 que alcançou a marca de 734 mil pessoas. Estima-se que esse número seja maior, uma vez que somente a população que vive hoje nas Terras Indígenas (em processo de regularização ou já regularizadas) e é atendida pela Fundação Nacional de Saúde (FUNASA) supera a casa das 500 mil pessoas. São 225 povos étnica e culturalmente diferenciados entre si e em relação ao restante da população brasileira, que mantêm ainda vivas cerca de 180 línguas. Dar voz e poder para essa diversidade se manifestar e desenvolver seus projetos de futuro com autonomia, num contexto de crescente interação social e cultural, e de inserção numa economia cada vez mais monitorizada e globalizada, é um grande desafio.

---

[13] Ver Matos, 2002; Grupioni, 2006.

Se aceitarmos a premissa de que uma cidadania multicultural implica no reconhecimento jurídico dos direitos políticos e sociais dos povos indígenas – e assim, no direito à autonomia de decisões, ao autogoverno de seus territórios e recursos naturais ali existentes, no direito à representação política em instâncias de Poder Legislativo, e no de ter um papel protagônico na formulação e no controle das políticas públicas relacionadas a seus interesses, preocupações e necessidades – verificamos nesse rápido e seletivo passar de olhos pela política indigenista brasileira que, todavia, nos encontramos muito distantes do ideal de democracia e cidadania que tal noção comporta.

Embora tenha havido reconhecidos avanços nos anos FHC, fica a sensação de que convivemos e nos movemos em um regime tutelar e corporativo que com certa periodicidade renova suas estratégias para exercer o velho colonialismo interno na relação com os povos indígenas.

A crise de legitimidade política e administrativa pela qual passam instituições como a FUNAI e a FUNASA, e a alta rotatividade de pessoal nesses e em outros órgãos do indigenismo oficial ao longo dos anos mostram apenas a ponta de uma crise mais profunda que não será resolvida com novas políticas indigenistas.

Requer-se uma transformação integral e profunda do Estado e da sociedade brasileira; uma mudança nas prioridades e no destino dos investimentos e gastos governamentais. Do contrário, os grupos étnicos minoritários, como os povos indígenas no Brasil, continuarão sendo subordinados por políticas econômicas "mais rentáveis" para o Estado e o capital privado, submetidos a agentes públicos e privados interessados na "ocupação produtiva" de seus territórios e corpos, e cada vez mais dependentes da assistência social para mitigar suas necessidades urgentes.

Referências

Albert, Bruce S. "Ethnographic situation and ethnic movements. Notes on post-Malinowskian fielwork". *Critique of anthropology*, 17 (1), 1997, pp. 53–65.

Albert, Bruce S. "Territorialité, ethnopolitique et devéloppement: À propos du mouvement indien en Amazonie brésilienne". *Cahiers des Ameriques Latines*, 23, 1998, pp. 177–210.

Albert, Bruce S. "Associações indígenas e desenvolvimento sustentável na Amazônia Brasileira" In: Ricardo, Carlos A. (ed.). *Povos indígenas no Brasil: 1996–2000*. São Paulo, Instituto Socioambiental, 2001, pp. 197–207.

Athias, Renato. "Temas, problemas e perspectivas em etnodesenvolvimento: Uma leitura a partir dos projetos apoiados pela Oxfam (1972-1992)". In: Souza Lima, Antônio Carlos e Barroso-Hoffmann, Maria (orgs.). *Etnodesenvolvimento e políticas públicas: Bases para uma nova política indigenista*. Rio de Janeiro, Contra Capa Livraria, 2002, pp. 49–86.

Barreto Filho e Trindade, Henyo. "Meio ambiente, 'realpolitik', reforma do Estado e ajuste fiscal". In: Rocha, Denise e Bernardo, Maristela (orgs.). *A era FHC e o governo Lula: Transição?* Brasília, Instituto de Estudos Socioeconômicos, 2004.

Barroso-Hoffmann, Maria et al. "A administração pública e os povos indígenas." In: Rocha, Denise e Bernardo, Maristela. *A era FHC e o governo Lula: Transição?* Brasília, Instituto de Estudos Socioeconômicos, 2004, pp. 295–325.

Brasil/FUNASA. *Política nacional de atenção à saúde dos povos indígenas*. Brasília, Ministério da Saúde, Fundação Nacional de Saúde, 2000.

Brasil/MS. *Programa etnodesenvolvimento das sociedades indígenas: Saúde indígena*. Brasília, Ministério da Saúde, 2000.

Cardoso de Oliveira, Roberto. *A crise do indigenismo*. Campinas, Editora da UNICAMP, 1988.

CEDI. "Surgimento das organizações indígenas". In: *Povos indígenas no Brasil 1980. Aconteceu Especial 6*. São Paulo, Centro Ecumênico de Documentação e Informação, 1981, pp. 38–39.

Clavero, Bartolomé. *Geografía jurídica de América Latina. Pueblo indígenas entre constituciones mestizas*. México, Siglo XXI, 2008.

Díaz-Polanco, Héctor. *Elogio de la diversidad: Globalización, multiculturalismo y etnofagía*. México, Siglo XXI, 2005.

Garnelo Luiza et al. *Os povos indígenas e a construção das políticas de saúde no Brasil*. Brasília, Organização Pan-Americana da Saúde, 2003.

Gramkow, Márcia Maria (org.). *Demarcando terras indígenas II. Experiências e desafios de um projeto de parceria*. Brasília, FUNAI, PPTAL, GTZ, 2002.

Grupioni, Luís Donisete B. "A trajetória no governo federal". In: Ricardo, Carlos Alberto e Fany, Ricardo (orgs.). *Povos indígenas no Brasil: 2001–2005*. São Paulo, Instituto Socioambiental, 2006.

Kasburg, Carola e Gramkow, Márcia Maria (orgs.). *Demarcando terras indígenas. Experiências e desafios de um projeto de parceria.* Brasília, FUNAI, PPTAL, GTZ, 1999.

Marés de Souza Filho, Carlos Frederico. "As constituições americanas e os povos indígenas". In: Ricardo, Carlos Alberto (org.). *Povos indígenas no Brasil: 1991–1995.* São Paulo, Instituto Socioambiental, 1996.

Matos, Kleber Gesteira. "Educação escolar indígena". In: Ministério da Educação. *Políticas de qualidade da Educação: Um balanço institucional.* Brasília, MEC/SEF, 2002, pp. 235–283.

Matos, Maria Helena O. "O processo de criação e consolidação do Movimento Pan-Indígena no Brasil (1970–1980)". Dissertação de Mestrado. Brasília, Programa de Pós-Graduação em Antropologia Social, Universidade de Brasília, 1997.

Mendes, Artur Nobre. "O PPTAL e as demarcações participativas". In: Souza Lima, Antônio Carlos e Barroso-Hoffmann, Maria (orgs.). *Estado e povos indígenas: Bases para uma Nova Política Indigenista II.* Rio de Janeiro, Contra Capa Livraria, 2002, pp. 37–40.

Montejo, Paulino. "Povos indígenas e política partidária na América Latina". In: Costa, Luciana e Verdum, Ricardo. *Índios e parlamentos.* Brasília, Instituto de Estudos Socioeconômicos, 2004.

Moreira, Ubiratan Pedrosa. "A FUNASA e a implantação de distritos sanitários especiais indígenas". In: Souza Lima, Antônio Carlos e Barroso-Hoffmann, Maria (orgs.). *Estado e povos indígenas: Bases para uma Nova Política Indigenista II.* Rio de Janeiro, Contra Capa Livraria, 2002, pp. 101–106.

Oliveira Filho; Pacheco, João e Iglesias, Marcelo Piedrafita. "As demarcações participativas e o fortalecimento das organizações indígenas". In: Souza Lima, Antônio Carlos e Barroso-Hoffmann, Maria (orgs.). *Estado e povos indígenas: Bases para uma Nova Política Indigenista II*, Rio de Janeiro, Contra Capa Livraria, 2002, pp. 41–68.

Oliveira Filho, João Pacheco e Souza Lima, Antonio Carlos. "Os muitos fôlegos do indigenismo". *Anuário Antropológico 81*, pp. 277–290. Fortaleza, Edições Universidade Federal do Ceará; Rio de Janeiro, Tempo Brasileiro, 1983.

Oliveira Pankararu, Paulo Celso. "Projeto permanece paralisado desde 1994". In: Ricardo, Carlos Alberto e Fany, Ricardo (orgs.). *Povos indígenas no Brasil: 2001–2005.* São Paulo, Instituto Socioambiental, 2006.

Pellegrini, Marcos. "Povos indígenas e a conquista da cidadania no campo da saúde". In: Ricardo, Carlos Alberto (org.). *Povos indígenas no Brasil: 1996–2000.* São Paulo, Instituto Socioambiental, 2001.

Peña Jumpa, Antonio. *Constituciones, derecho y justicia en los pueblos indígenas de América Latina.* Lima, Pontificia Universidad del Perú, 2002.

Ricardo, Carlos Alberto. "Quem fala em nome dos índios?" In: *Povos indígenas no Brasil: 1991–1995.* São Paulo, Instituto Socioambiental, 1996, pp. 90–100.

Ricardo, Carlos Alberto (org.). *Povos indígenas no Brasil: 1996–2000.* São Paulo, Instituto Socioambiental, 2000.

Ricardo, Fany P. e Santilli, Márcio. *Terras indígenas no Brasil: Um balanço da era Jobim.* Documentos do ISA nº 3. São Paulo, Instituto Socioambiental, 1997.

Santilli, Marcio. "O Estatuto das sociedades indígenas". In: Ricardo, Carlos Alberto (org.). *Povos indígenas no Brasil: 1991–1995.* São Paulo, Instituto Socioambiental, 1996.

Santilli, Marcio. "Demarcação das terras indígenas: Uma luz no fim do túnel?". In: Ricardo, Carlos Alberto (org.). *Povos indígenas no Brasil: 1996–2000.* São Paulo, Instituto Socioambiental, 2001.

Souza Lima, Antonio Carlos. "O indigenismo no Brasil: Migrações e reapropriações de um saber administrativo". In: L'Estoile, Benoît et al. (orgs.). *Antropologia, impérios e estados nacionais.* Rio de Janeiro, Relume Dumará, 2002.

Souza Lima, Antonio Carlos de e Barroso-Hoffmann, Maria (orgs.). *Estado e povos indígenas: Bases para uma Nova Política Indigenista* II. Rio de Janeiro, Contra Capa Livraria, 2002.

Van Cott, Donna Lee. *The friendly liquidation of the past: The politics of diversity in Latin America.* Pittsburgh, University of Pittsburgh Press, 2000.

Van Cott, Donna Lee. "História político-partidária do movimento indígena na América Latina". In: Costa, Luciana e Verdum, Ricardo. *Índios e Parlamentos.* Brasília, Instituto de Estudos Socioeconômicos, 2004.

Verdum, Ricardo. "Etnodesenvolvimento e mecanismos de fomento do desenvolvimento dos povos indígenas: A contribuição do subprograma Projetos Demonstrativos (PDA)". In: Souza Lima, Antonio Carlos e Barroso-Hoffmann, Maria (orgs.). *Etnodesenvolvimento e políticas públicas: Bases para uma Nova Política Indigenista.* Rio de Janeiro, Contra Capa Livraria, 2002.

Verdum, Ricardo. "Os direitos indígenas no governo Lula". *Boletim Orçamento & Políticas Socioambientais*, 7. Brasília, Instituto de Estudos Socioeconômicos, 2003.

Verdum, Ricardo (org.). *Assistência técnica e financeira para o desenvolvimento indígena.* Rio de Janeiro, Editora Contra Capa; Brasília, NEAD, 2005a.

Verdum, Ricardo. "Avanços e retrocessos da política indigenista". *Boletim Orçamento & Política Socioambiental*, 12. Brasília, Instituto de Estudos Socioeconômicos, 2005b.

Verdum, Ricardo. "El indigenismo brasileño en tiempos de multiculturalismo". *Alteridades*, 18 (25), México, 2008, pp. 33–46.

Os movimentos sociais no Brasil a partir dos anos 1990

Maria da Glória Gohn

Este capítulo objetiva analisar as características gerais da organização da sociedade civil no Brasil a partir dos anos 1990, expressas em ações coletivas sob a forma de movimentos sociais, ONGs, fóruns e entidades do terceiro setor. A análise não irá deter-se em movimentos específicos – ainda que muitos deles venham a ser citados como exemplos –, mas irá refletir sobre as características que as ações coletivas da sociedade civil organizada foi tomando ao longo dos anos 1990, especialmente durante os anos do governo do ex-presidente Fernando Henrique Cardoso, foco central deste livro. As mobilizações serão analisadas segundo momentos da conjuntura político-econômica nacional, buscando-se compreender as alterações nas relações entre os agentes sociais coletivos, promotores daquelas ações, e o Estado e suas políticas públicas.

Sociedade civil no Brasil a partir dos anos 1990

Ao longo dos anos 1990 o campo da sociedade civil ampliou-se, na prática de seus sujeitos ativos/participantes, em movimentos, ONGs e outras entidades civis, nos discursos a seu respeito, e na pesquisa e produção acadêmica/analítica. A descentralização de um sujeito único, privilegiado no campo da ação coletiva associativa, antes concentrado na classe operária, e a emergência de uma pluralidade de outros atores sociais – organizados ao redor de categorias como gênero, etnia, faixa etária, raça, religião, opção sexual, etc. –, conferiram a um outro conceito, o de cidadania, a mesma relevância que tinha o de autonomia nos anos 1980. A questão da cidadania já estava posta nos anos 1980, tanto nas lutas pela redemocratização – que levaram ao movimento Diretas Já, à Constituinte e à nova Carta Constitucional de 1988 –, em que a questão dos direitos civis e políticos tiveram centralidade, como nas lutas populares por melhorias na qualidade da vida urbana, onde a cidadania ganhou novo contorno – o da cidadania coletiva. A cidadania coletiva foi se construindo historicamente como resposta a demandas que extrapolam o indivíduo isolado, abrangendo o conjunto de cidadãos, e extrapolando a demanda pelos direitos civis para incluir outros direitos, como os sociais básicos, elementares, de primeira geração, já equacionados desde a Revolução Francesa, e contidos nas demandas por casa, abrigo e comida; assim como abrange também direitos sociais modernos, relativos a condições de trabalho, educação, saúde etc.

A diferença entre a cidadania reivindicada pela sociedade civil nos anos 1980 e a que foi incorporada nos discursos oficiais nos anos 1990, é que a primeira estava intimamente associada à ideia de direitos, e a segunda, que paulatinamente foi sendo incluída como diretriz de políticas públicas, estava próxima da ideia de participação civil, de exercício da civilidade, de responsabilidade social dos cidadãos como um todo. Passou-se a destacar que ela diz respeito não apenas a direitos, mas também a deveres. Estes deveres passaram a ser vistos como a responsabilização dos cidadãos em arenas públicas, via parcerias nas políticas sociais governamentais. A responsabilização estatal pela garantia do cumprimento daqueles deveres não recebeu a mesma ênfase. Em várias áreas de atendimento direto à população por parte do governo, houve diretrizes para que as políticas públicas se estruturassem segundo critérios de idade, gênero, ou etnia. De um lado este fato expressa uma conquista dos movimentos organizados, que demandaram atendimento a suas especificidades culturais, o respeito a suas identidades e diferenças. De fato, nos anos 1980, vários movimentos sociais exigiram políticas que considerassem também o lado subjetivo das ações humanas – seus desejos, sentimentos, sonhos e emoções –, e não apenas suas carências materiais; demandaram políticas que resgatassem a auto-estima dos indivíduos e o sentimento de pertencimento a uma dada comunidade. Tudo isso pode ser resumido no chamado *empowerment*. Por outro lado, este tratamento, quando congelado na execução de uma política pública, deveria contar com a presença de espaços públicos novos para operacionalizar as políticas de forma diferente, de tal forma que se tornasse realmente representativo, com participação efetiva da comunidade, diferentes tipos de conselhos, audiências públicas, redes jurídicas (locais, articuladas a outras de caráter regional, nacional e até internacional) e fóruns temáticos ou de participação popular.

Nos anos 1990, estas estruturas estavam começando a ser formatadas. Os conselhos gestores na área da saúde, por exemplo, foram pioneiros. Sem estruturas adequadas, as políticas levaram a uma quebra de unidade no atendimento à população, principalmente no que se refere à questão da igualdade, na medida em que passaram a ser elaboradas fracionando a sociedade. Essas políticas fizeram recortes no campo social, destacaram os pobres e, entre esses, os miseráveis, os mais excluídos e e/ou em situação de risco.

Tudo isso exacerbou os conflitos, porque a pobreza deixou de ser uma categoria una, e passou a ser subdividida. As políticas de atenção passaram a ser dirigidas aos mais pobres; a unidade de atendimento passou a ser o indivíduo ou a família, e não mais grupos sociais que demandavam, por exemplo, casas. A unidade e a força da mobilização em termos de direitos sociais e políticos enfraqueceu-se, as novas políticas, ao enfatizarem o lado dos deveres do cidadão, usualmente os reduzem a um cidadão cliente, consumidor de um serviço público.

Resulta do cenário um deslocamento na questão da desigualdade – de econômica, com ênfase na renda, passou a ser efetivamente social, com ênfase nas características sociais e culturais dos grupos sociais. Houve ainda um outro deslocamento – da questão da desigualdade para a questão das diferenças, e da igualdade para o da equidade. O tratamento das desigualdades deve ter como horizonte a igualdade. Como isso é muito difícil numa sociedade tão desigual como a brasileira, desloca-se o foco para outro tema: o das diferenças. *Desigualdade* não é o mesmo que *diferença*. A diferença reflete a diversidade da espécie e de suas formas de organização política e de expressão cultural. A diferença, que pode ser bem-vinda, difere assim da desigualdade, que nunca é. A equidade é a disposição de reconhecer igualmente o direito de cada um (*Dicionário Aurélio*), que não é a mesma coisa que dizer "o direito de todos serem iguais".

A equidade é "entendida como um princípio que rege funções distributivas, compensatórias, consideradas histórica e socialmente justas".[1]

> O conceito de equidade surge como que para aparar os efeitos nocivos da desigualdade social, uma estratégia de inclusão, de democratização da esfera

1 Telles, 2006, p. 217.

> pública, ou seja, comporta em si mesma o estabelecimento de critérios normativos que permitiriam atenuar os resultados e/ou a diminuição dos efeitos da não inclusão social, ampliando o espectro de participação social pela possibilidade de redistribuição. Enquanto dimensão igualitária e cívica, as medidas vinculadas ao entendimento de equidade (universalista e neoliberal) deveriam permitir a diminuição das tensões sociais, propiciando medidas de justiça social.[2]

Neste contexto, nos anos 1990 desenvolveram-se novas formas de organização da sociedade civil, agrupadas em ONGs e entidades do emergente terceiro setor, apoiado por fundações e organizações empresariais. Tendo em vista que no período do governo FHC uma das novidades na área do social foi a emergência e o crescimento do terceiro setor no Brasil, vale esclarecer o que ele é, como é composto, e sob que lógica atua, para uma melhor compreensão das mobilizações sociais daquele período.

O terceiro setor é uma expressão com significados múltiplos e é também uma construção histórica. Não se trata do terciário da economia, aquele voltado para o comércio, que se contrapõe à indústria à agricultura. O terceiro setor pressupõe uma ordem social onde há o primeiro setor – o Estado; o segundo setor, quase nunca mencionado neste termo, mas que se refere ao mercado; e o terceiro setor propriamente dito, relativo ao setor público não estatal.[3]

Inicialmente, o terceiro setor foi confundido com o voluntariado porque abrangia as entidades sem fins lucrativos, sendo qualificado portanto segundo um parâmetro do mundo do mercado, dos negócios, de forma contraditória. Depois ele passou a ser nomeado como o conjunto de entidades que atuam na esfera pública. O contraponto passou a ser o Estado. Uma esfera pública não governamental, não estatal. Nos Estados Unidos e na Inglaterra o terceiro setor já tem longa tradição – vem das *charities*, tendo a caridade, o assistencialismo, a memória religiosa, ou o mecenato e a filantropia como origens. Atualmente este setor se profissionalizou naqueles países e participa da economia dos mesmos. No Brasil e em outros países da América Latina, Ásia e África, o terceiro setor se configurou de forma contraditória pois nestes territórios a tradição das ONGs tem outra história e memória, especialmente as chamadas ONGS cida-

---

2 Idem, pp. 218–219.

3 Vide Fernandes, 1994 e Fernandes et al., 1997.

dãs – voltadas para a organização e apoio aos movimentos sociais populares, em luta contra regimes militares, ditaduras etc. O terceiro setor, na atualidade, atua nestes países cooperando e disputando espaço com as ONGs cidadãs, dialogando ou tensionando relações.

O terceiro setor é composto por inúmeras associações e entidades com perfis variados. Tais associações e entidades sobrevivem graças ao apoio financeiro e institucional que recebem de empresas nacionais e internacionais, fundações também empresariais, bancos e outras entidades da sociedade civil. Este conjunto de entidades patrocina inúmeros projetos sociais, projetos formulados com premissas associativistas destinados a clientelas carentes, no universo multifacetado das experiências associativas, inscrevendo suas atuações na esfera das políticas de responsabilidade social. A lógica da atuação das fundações do terceiro setor na área do social advém da lógica das empresas, via apoio a projetos sociais. Ela é diferente da lógica de atuação dos movimentos sociais e das ONGs cidadãs, que atuam via processo social. Nestas últimas o que importa é a construção de dadas metas e objetivos geradores de conhecimento e consciência social. A lógica que preside as entidades do terceiro setor gerou um novo ativismo que atua em redes, voltado para a execução de ações coletivas propositivas, geradoras de trabalho e renda ou de projetos de inclusão social de determinadas camadas sociais pré-qualificadas como em situação de vulnerabilidade social. Estas ações convivem com a outra lógica, dos movimentos demandatários por direitos sociais e políticas de igualdade social.

Os grandes bancos internacionais, várias empresas multinacionais, câmaras de relações comerciais de outros países etc. têm criado, além do apoio a entidades e seus projetos sociais, espaços *online* e espaços de debates sobre o terceiro setor. Entidades do comércio e da indústria, como o SENAC, o SESC, o SESI, também desenvolvem atividades de apoio ao terceiro setor. As universidades também têm criado cursos para formação e qualificação de quadros para esse setor.

Neste novo cenário, a sociedade civil se ampliou para entrelaçar-se com a sociedade política, colaborando para o caráter contraditório e fragmentado que o Estado passou a ter nos anos 1990. Desenvolveu-se um novo espaço público, denominado público não estatal, onde irão situar-se os conselhos, fóruns, redes e articulações entre a sociedade civil e representantes do poder público para a gestão de parcelas da coisa pública que dizem respeito ao atendimento das demandas sociais. Essas demandas passam a ser tratadas nos anos 1990 como parte da "questão social" do país. Com a mudança da conjuntura econômica, nacional e internacional, o desemprego – que não tinha a amplitude da crise do capitalismo do final dos anos 2000 –, tornou-se o ponto central da questão social do país, expressa na existência de desigualdades sociais e exclusão social.

O modelo econômico então vigente, subordinado aos ditames do mercado globalizado, não priorizava uma agenda de crescimento da economia via expansão do emprego formal (ao contrário, houve redução do contingente de mão de obra empregada devido à informatização, a reengenharias administrativas, e à própria crise fiscal das empresas). O setor que cresceu e expandiu-se foi o da economia informal, mas se tratava de uma nova economia informal – agora apoiada por redes de cooperativas. Nos novos arranjos no mundo da produção e do trabalho, os custos e os direitos trabalhistas ficaram em segundo plano porque já não se trata de contingentes de empregados, mas de autônomos. Organizações da sociedade civil, novas e antigas, são incorporadas como agentes de intermediação no atendimento das demandas sociais. A demanda básica dos setores populares passa a ser o emprego. Mas como não há trabalho formal para todos – e os informais têm capacidade limitada de absorção porque exigem certas habilidades e determinados tipos de capital-cultural, sociabilidades etc. –, o governo passa a estimular a criação de programas de atendimento emergencial: cestas básicas, bolsas trabalho, *tickets* de alimentação, que depois evoluem para os "vales" (gás, leite, ônibus entre outros), e culmina com as bolsas família, já no governo Luiz Inácio Lula da Silva.

De uma forma quase generalizada, ocorre portanto uma inversão na construção da agenda do ser cidadão. O atendimento das demandas sociais passa a ser ordenado segundo critérios da administração pública, a maioria elaborados em instâncias federais que priorizam os acordos internacionais de pagamento da dívida, ajustes fiscais acertados com o FMI etc. Ou seja, tratam-se de instâncias distantes à participação da sociedade civil, que atuam segundo princípios de restrições e contingenciamentos de verbas, negociações políticas diversas que envolvem também aspectos da chamada governabilidade, negociações entre os partidos da base aliada que compõem o governo, etc.

A importância da participação da sociedade civil se fez neste contexto não apenas para ocupar espaços antes dominados por representantes de interesses econômicos, encravados no Estado e seus aparelhos. A importância se fez necessária para democratizar a gestão da coisa pública, para inverter as prioridades das administrações no sentido de políticas que atendam não apenas questões de emergência, a partir do espólio de recursos escassos destinados às áreas sociais, mas que tratem os problemas sociais a partir de suas causas e origens, com atendimento universal e não focalizado. Nos anos 1990 o Estado priorizou políticas que seguiam fórmulas para o país se inserir na economia globalizada; com isso ele deixou de ter o papel de formulador de políticas e de projetos de mudança social, no compasso que vinha desde os anos 1980. Passou a ser um implementador de projetos frutos de acordos internacionais; tornou-se um gestor de programas e não produtor/executor de políticas públicas. Neste contexto, a participação social da população passou a ser incluída nos programas e ações do poder público, mas com diretrizes que visavam implementar as novas orientações globais, dificultando a participação social organizada no plano local – e sabemos que o local é o lugar da memória, expressa na língua, religião, cultura, práticas sociais civis, folclore.

Os novos atores que emergiram na cena política ao longo dos anos 1980 e também dos 1990 necessitavam de espaços na sociedade civil – com instituições próprias, para participarem de novos pactos políticos que redirecionem o modelo político vigente. O saudoso Betinho já nos dizia: a sociedade civil tem um papel central, o poder está na sociedade civil, não no Estado. O Estado é instrumento. Em síntese, o que se observa na História brasileira ao longo dos anos 1990 foi a incorporação progressiva das formas de participação social às políticas públicas monitoradas pelos órgãos públicos, desarticulando as ações e movimentos, principalmente no urbano. No plano rural brasileiro, ao contrário, a questão social acirrou-se e a organização dos movimentos sociais ampliou-se, destacando-se o MST (Movimento dos Trabalhadores Rurais Sem Terra), que oficialmente havia sido criado na década anterior.

O protagonismo de alguns atores da sociedade civil no que se refere às políticas públicas: os movimentos sociais e ONGs nos anos 1990

Creio que é interessante voltarmos um pouco na História e dividirmos a questão do protagonismo dos movimentos sociais no Brasil no período da gestão do ex-presidente Fernando Henrique Cardoso em três momentos: uma fase pré-gestão, de 1990 a 1994; de 1995 a 2000; e de 2000 a 2002.

No primeiro momento houve uma perda da visibilidade política dos movimentos e ações coletivas no urbano. Vários analistas diagnosticaram que houve crise nos movimentos sociais populares *urbanos* nos primeiros cinco anos dos anos 1990, no sentido de que eles tiveram reduzido, naqueles anos, parte do poder de pressão direta que haviam conquistado nos anos 1980. Isso se deu em função de vários fatos novos na conjuntura política nacional, que explicam as alterações que ocorreram em suas dinâmicas cotidianas. É bom lembrar que o país saía de uma etapa de conquista de novos direitos constitucionais, a maioria dos quais precisava ser regulamentada. A volta das eleições diretas em todos os níveis governamentais também alterou a dinâmica das lutas sociais, porque se tratava agora de democratizar os espaços públicos estatais. A necessidade de atuação no plano institucional e governamental aumentou, não apenas nos locais que passaram a ser administrados por governos populares, mas aumentou fundamentalmente no plano federal, *locus* de debate e encaminhamento das conquistas obtidas na Carta de 1988, para que viessem a ser implantadas tais conquistas. Conforme caracterizamos inicialmente, o governo federal, naquele período, passou a implementar ou a aprofundar, em todos os níveis, as políticas neoliberais. Para complicar mais ainda o cenário, essas políticas geraram desemprego, aumento da pobreza e da violência, urbana e rural.

Houve até quem preconizasse, naqueles anos, que a fase das mobilizações nas ruas dos movimentos populares estava ultrapassada, correspondiam a uma etapa já superada pois o regime militar havia caído e se tratava agora de atuar apenas no plano institucional. A educação popular e o trabalho de base junto a grupos populares também passaram a receber críticas, eram considerados algo também já superado, justificáveis apenas na década anterior. Naquele momento a página teria que ser virada. Consequentemente, a visibilidade externa dos movimentos populares urbanos, na mídia e na sociedade como um todo, refluiu naquele período. Ao mesmo tempo, outro sujeito sociopolítico advindo dos movimentos sociais populares do campo ganhava força: os sem terra, especialmente o MST. Portanto, quando se falava de "crise dos movimentos sociais urbanos", nos primeiros anos da década de 1990, não significava o desaparecimento deles, e nem o seu enfraquecimento enquanto atores sociopolíticos relevantes, mas sim uma rearticulação, interna e externa, de seu papel na sociedade. Os registros mais expressivos deste período foram: o movimento Ética na Política, que levou ao "fora-Collor" e ao *impeachment* do ex-presidente Fernando Collor de Mello, e ao retorno dos estudantes na cena pública, com os "cara-pintadas"; as rearticulações nos movimentos de base de demandas urbanas, principalmente no setor da moradia, que levou, no plano nacional ao Movimento Nacional da Reforma Urbana – depois transformado em Fórum; mobilizações ao redor de novos direitos constitucionais, e à criação da Central dos Movimentos Populares, após ter tido o formato de Pró-Central, ANAMPOS etc. desde os anos 1980; no plano institucional, destaca-se a criação dos OPS (Orçamentos Participativos) em prefeituras administradas pela então oposição ao governo federal da época, tendo Porto Alegre e o PT (Partido dos Trabalhadores) como exemplos principais. As mudanças na conjuntura política levaram também à emergência, ou ao fortalecimento, de outros movimentos sociais, como os ambientalistas, fortalecidos após a Conferência ECO 92, e a de novos atores sociais relevantes na sociedade civil, tais como as já citadas ONGs e outras entidades do terceiro setor. Os movimentos populares passaram a ter outros aliados, e/ou competidores, na disputa entre os grupos organizados para demandar as necessidades sociais ao poder público, ou organizar trabalhos coletivos para resolver estas demandas entre os próprios necessitados. O Movimento Nacional de Meninos e Meninas nas Ruas esteve em pauta na cena nacional tanto do ponto de vista jurídico com o ECA (Estatuto da Criança e do Adolescente), a promulgação/criação de conselhos relativos à criança e ao adolescente, em função de tragédias, como o massacre na Candelária, Rio de Janeiro.

Para finalizar as observações sobre o cenário dos movimentos populares, nos primeiros anos da década de 1990, não podemos deixar de registrar que houve tensões entre as lideranças na condução dos movimentos urbanos, principalmente em relação a questões como: institucionalização, participação ou não em conselhos propostos ou criados pelo poder público, participação em programas governamentais, entre outros. O fato de várias lideranças ascenderem a cargos no poder público, ou no parlamento, também teve alguma influência na nova dinâmica dos movimentos. Este novo cenário gerou a necessidade de articulações e a maioria dos movimentos, rurais ou urbanos, passaram a atuar em redes, a articularem-se em fóruns e a construir agendas anuais de congressos e manifestações públicas.

Em suma, no interior dos movimentos populares urbanos expressava-se uma crise maior, que não era só deles, mas refletia o momento que o país atravessava: o desmonte de políticas sociais públicas pelas políticas neoliberais, substituindo as ações então predominantes (que eram centralizadoras e necessitavam de mudanças urgentes), por outras políticas, em parceria com ONGs e outras entidades do terceiro setor. Ocorria no país também a fragmentação da organização sindical pela desorganização ou flexibilização do mercado de trabalho levando ao crescimento do setor informal. A defasagem na qualificação do mercado de trabalho, diante da emergente era das novas tecnologias, comunicações e informação, levou também a novas exigências no campo da educação, formal e não formal, em face do mundo globalizado. Portanto, a crise expressava os novos arranjos na busca de renovação, de adaptação à nova conjuntura e às mudanças no mundo do trabalho, de reposicionamento dos sujeitos e agentes sociopolíticos frente às novas políticas públicas.

Na segunda metade dos anos 1990, portanto durante a primeira gestão do governo FHC e parte de seu segundo mandato, novos ingredientes foram acrescentados, alterando ainda mais a dinâmica dos movimentos sociais em geral, e dos populares em particular. Começo citando as crises econômicas internas, em movimentos populares e ONGs cidadãs, que os levaram a repensar seus planos, planejamentos de ação, estratégias e forma de atuar. Avaliações e a elaboração de planejamentos estratégicos passaram a ser atividades comuns, na busca de novos rumos. Algumas entidades de apoio aos movimentos até fecharam suas portas, outras fizeram enxugamentos em termos de regiões de atuação, se fundiram com outras, ou ainda deslocaram suas áreas de atuação para setores específicos, dentro do leque dos programas sociais institucionalizados, governamentais ou de apoio advindo da cooperação internacional. Novas pautas foram introduzidas, e aos poucos a maioria foi adotando as diretrizes de orientação das agências internacionais de fomento para as políticas sociais: a de se trabalhar com os setores tidos como excluídos e em situação de vulnerabilidade socioeconômica, subdivididos segundo as questões de gênero, etnia, idades etc. As dificuldades de apoios para manter estruturas mínimas, ou a necessidade de reorientar suas ações no novo cenário em função de novas diretrizes e regras da cooperação internacional, não deixavam sobra de tempo para as lideranças se articularem com a população. Os novos tempos, de desemprego e aumento da violência urbana, assim como o crescimento de redes de poderes paralelos nas regiões pobres, ligadas ao tráfico de drogas e outros, também colaboraram, e muito, para desmotivar a população pobre para participar de reuniões ou outras atividades dos movimentos. Os movimentos sindicais, especialmente os petroleiros, e as categorias de trabalhadores do setor público tiveram duros embates políticos com o governo FHC, numa era de reforma do Estado e de revisão dos direitos políticos conquistados na Carta Magna de 1988. Foi também um período de mobilização na área da educação, que resultou na promulgação de uma nova LDB (Lei de Diretrizes e Bases da Educação), em 1996.

Registre-se ainda que a nova política de distribuição e gestão dos fundos públicos, em parceria com a sociedade organizada, concentradas não em áreas sociais amplas e tradicionais na administração pública (como moradia, saúde, educação etc.), mas em projetos pontuais (como crianças, jovens, mulheres etc.), contribuiu para alterar as antigas formas dos movimentos na maneira de organizar suas demandas e reivindicações. Um elemento importante deve ser lembrado neste período – a promulgação da Lei n° 9790 (23/03/1990), que diz respeito à Organização da Sociedade Civil de Direito Público (OSCIP). Esta lei deu novo apoio às ações desenvolvidas pelas ONGs e entidades assistenciais, e foi batizada como Lei do Voluntariado. Tal lei veio a ser um marco referencial, o marco legal para o terceiro setor ou para entidades sem fins lucrativos. Para a construção deste marco, teve papel de destaque o Conselho da Comunidade Solidária, órgão do governo FHC que em 1997 realizou consultas e diálogos com representantes da sociedade política e civil, visando identificar as dificuldades legais das organizações civis de caráter público. Este fato deu bases jurídicas para uma nova era de organização social no meio popular, organizado não mais por movimento de demandas mas por projetos sociais de instituições cadastradas, passíveis de receberem e administrarem verbas públicas para o desenvolvimento de projetos no campo tido como o de vulnerabilidade social. A palavra de ordem destes projetos e programas passou a ser propositivo e não mais apenas reivindicativo; ativo e não apenas um passivo reivindicante. Muitos movimentos se transformaram em ONGs ou se incorporaram a ONGs que já os apoiavam. A atuação por projetos exige resultados e tem prazos. Criou-se uma nova gramática onde "mobilizar" deixou de ser um ato ou ações objetivando o desenvolvimento de uma consciência crítica, ou protestos nas ruas. Mobilizar passou a ser sinônimo de arregimentar e organizar a população para participar de programas e projetos sociais, a maioria dos quais já vinha totalmente pronta e atendia a pequenas parcelas da população. O militante foi se transformando no ativista organizador das clientelas usuárias dos serviços sociais.

É preciso destacar que estas alterações foram profundamente tensionadas, contraditórias e fragmentadas. O programa da Ação da Cidadania, idealizado pelo Betinho, e depois apoiado por amplos setores governamentais na administração do ex-presidente Itamar Franco, articulou-se inicialmente com o programa da Comunidade Solidária, no governo FHC. Popularmente conhecido como Campanha Contra a Fome, ele despertou inúmeros debates internos sobre suas formas de participação, relações com o Estado, autonomia dos Comitês contra a Fome etc. Outras mobilizações da sociedade civil eram articuladas ou associadas a pastorais da Igreja Católica, tais como o Grito dos Excluídos. Mobilizações e campanhas utilizando-se de recursos institucionais previstos na Constituição de 1988 também ocorreram, tais como o plebiscito sobre a dívida externa, em 2000, a campanha contra a ALCA (Área de Livre Comércio das Américas), que resultou no plebiscito popular sobre a ALCA, em 2002. Tiveram presença importante no apoio a estes eventos o Movimento Consulta Popular e algumas organizações tais como a Cáritas brasileira, o IBRADES (Instituto Brasileiro de Desenvolvimento), a CNBB (Conferência Nacional dos Bispos do Brasil), o MNDH (Movimento Nacional dos Direitos Humanos), a Comissão de Justiça e Paz etc.

De um lado, o movimento pela moradia popular fragmentou-se, com o surgimento dc várias organizações e novas formas de ação, como a ocupação de prédios em áreas centrais e não tanto a luta em bairros periféricos, mutirões comunitários etc. De outro lado, a luta pela moradia organizou-se melhor no patamar jurídico, parlamentar, atingindo um pico quando passou a ser nucleada pelo Fórum Nacional da Reforma Urbana (FNRU), já citado acima como Movimento Nacional pela Reforma Urbana. Na segunda gestão FHC, o grande projeto do FNRU foi a elaboração do Estatuto da Cidade, promulgado apenas no novo século. A atuação e pressão localizadas mais no plano parlamentar deu ao movimento características de ser coordenado mais como fruto do ativismo de profissionais de camadas médias, articulados a ONGs, centros universitários, entre outros, do que coordenado pela militância popular, de lideranças de bairros.

A segunda metade dos anos 1990 marcaram também, no plano internacional, o surgimento de novas formas de mobilização, que vieram a ganhar relevância e visibilidade no século seguinte. Trata-se do movimento anti ou alter-globalização. Os conflitos em Seattle, nos EUA, quase ao final da década, são sempre citados como marco deste movimento, embora várias organizações e acontecimentos os tivessem antecedido. No Brasil, este movimento também só veio a ter ressonância nos primeiros anos do século XXI. Mas há um evento ocorrido no Brasil, ainda durante o governo FHC, que marcou para sempre a história dos alter-mundialistas. Foi a realização do I Fórum Social Mundial, em Porto Alegre, em 2001. Embora o FSM e o movimento antiglobalização não sejam a mesma coisa, as edições do FSM têm sido momentos de manifestação de protestos contra as formas de globalização econômica vigentes. Acolhido por um governo estadual de tendência política de oposição ao governo FHC, O PT de Porto Alegre, o FSM foi, inicialmente, ignorado pelo governo federal e pela mídia nacional. Entretanto, a mobilização de centenas de jornalistas e fotógrafos da imprensa internacional colocou o evento no campo dos acontecimentos mundiais midiáticos e levou diferentes setores a reverem seus olhares, passando a se concentrar naquela turba de pessoas desejosas de discutirem ou sonharem como "um outro mundo é possível."

Registre-se, entretanto, que, a despeito da relativa desmobilização dos movimentos populares urbanos, na segunda metade dos anos 1990 o conflito no campo acirrou-se e o MST passou a ser um ator político relevante no plano da conjuntura nacional, ganhando também atenção na mídia internacional. O grande marco que trouxe luz ao movimento, projetando-o na mídia nacional e internacional, foi uma tragédia – o massacre em Eldorado dos Carajás. Não se pode deixar de lado também a influência de Chiapas, no México, como fonte de inspiração e renovação das lutas sociais no campo. O MST, com suas marchas, a partir de 1997, tornou-se um marco referencial das mobilizações de protesto no país. Num primeiro momento, logo após as mortes em Eldorado dos Carajás e outros crimes cometidos contra os sem-terra, houve uma série de manifestações de vários setores da sociedade civil, com apoio de personalidades famosas, como Sebastião Salgado e Chico Buarque, no sentido de cobrar respostas do Estado, não apenas na punição dos culpados, mas em relação ao atendimento das demandas dos camponeses por uma reforma agrária que nunca ocorreu. Mas aos poucos, o tratamento que a grande mídia passou a dar aos sem-terras e as respostas tímidas dadas pelas ações governamentais às suas demandas confinaram a problemática e as lutas sociais rurais num círculo de tensões, com alta conflitualidade. De fato, havia um modelo de reforma agrária proposto na gestão FHC, mas era um modelo oposto ao demandado pelos sem-terras, especialmente pelo MST. O modelo do governo passava pela compra/venda da terra, e não pela desapropriação de terras improdutivas. Com isso, o conflito entre o Ministério federal que tratava da questão agrária e os sem-terra foi grande nas duas gestões do governo de FHC, chegando ao ponto de o movimento ocupar uma fazenda do ex-presidente e ficar acampado dentro de sua casa por vários dias.

Os rumos das políticas sociais e da reordenação do associativismo no início do novo milênio, ao final da gestão FHC, caminharam na mesma direção das implementadas na segunda metade dos anos 1990. De certa forma, programas como o Saúde da Família (PSF) podem ser utilizados como exemplos deste novo perfil de atuação da sociedade civil organizada, via a mediação das ONGs e outras instituições. No final da gestão FHC o PSF mantinha 15 mil equipes em todo o Brasil, sendo 690 só na cidade de São Paulo, onde havia 3.544 agentes comunitários. Exigia-se deste novo ativista uma atuação integrada com uma equipe médica, e ao mesmo tempo um trabalho prévio de cadastramento da população e de suas necessidades locais. Certamente, para o agente trata-se de um espaço de trabalho e renda, ainda que por certo período, dependendo de seu contrato com a ONG que o contratou. A maioria destes agentes não tinha experiência associativa anterior e nem cursos de formação ou de capacitação sobre como poderia ser uma participação cidadã.

Quanto ao serviço público de saúde prestado à população observa-se um movimento contraditório: de um lado, um avanço pelo fato de se ter contatos diretos com agentes comunitários que conhecem a realidade dos problemas locais, e de se ter a possibilidade de um "atendimento personalizado". De outro lado, esse atendimento se inscreve num cenário de escassez de recursos humanos e materiais, e o que deveria ser um acréscimo, de fato, é uma subtração, porque estes agentes precisam realizar outras tarefas nos postos de atendimento – para suprir o pessoal que deveria estar trabalhando como funcionários regulares. Faltam aos agentes comunitários a formação e a informação, assim como a socialização das informações – em geral, algo muito difícil. Na formação não bastam aspectos biológicos, relativos às doenças, deve-se ter uma prática que os capacitem a fazerem uma leitura mínima do mundo, da vida e de seus problemas, do entendimento de seu papel no processo. Para agir segundo um pretenso modelo que criou os agentes comunitários, eles deveriam entender certos códigos de conduta e de linguagem, estarem articulados em redes de formação. Eles não podem ser um agente comunitário "institucionalizado", que perdeu sua identidade com seu território de origem, que não tem laços de pertencimento locais, que só se preocupa com a rotina do trabalho segundo seu vínculo empregatício. Em suma, há limites no processo de participação, dado não apenas pela falta de infraestrutura, mas pela falta de uma cultura de participação, e pela falta de vontade política para que a cidadania de fato seja exercida.

Breve conclusão

Este artigo objetivou delinear o cenário dos movimentos sociais e de outras formas de associativismo civil no Brasil, nos anos 1990, no contexto das grandes transformações socioeconômicas e políticas, do ponto de vista da forma como o Estado altera e cria novas maneiras de controle e regulação social. Parte destas formas e políticas públicas foram também respostas às demandas dos movimentos sociais dos anos 1980, como os conselhos gestores, objetivando exercer democratizar, descentralizar e fiscalizar as políticas públicas.

A presidência da República esteve, na maior parte desta década, sob o comando do ex-presidente FHC, focalizado neste livro. Se de um lado aplicou-se no Brasil, durante sua gestão, a mesma fórmula das políticas neoliberais que foram se tornando hegemônicas em várias partes do mundo, especialmente em países em desenvolvimento na América Latina, como Brasil, México, Chile e Argentina, por outro lado não se pode negar que houve especificidades locais. O fato de se ter um presidente sociólogo e a colaboração de Ruth Correa Leite Cardoso[4] como articuladora de um dos principais programas sociais do governo FHC, o Comunidade Solidária, possibilitou diferenças no trato da questão social no país. Os embates e o conflito social entre governo e movimentos foi grande, principalmente entre os setores organizados articulados à oposição, mas o tratamento foi completamente diferente da era dos militares ou dos presidentes biônicos. Houve avanços na construção de mecanismos democráticos. E os movimentos sociais sobreviveram no compasso de resistência às políticas neoliberais, e na busca de assegurar a operacionalização das estruturas democráticas obtidas na Constituição de 1988.

Referências

Alexander, J. *The civil sphere*. Oxford, Oxford University Press, 2005.

Beck, Ulrich. *La sociedad del riesgo*. Barcelona, Paidós, 1988.

Borón, A. "A nova ordem mundial: como desmontá-la". In: Seone, J. e Taddei, E. *Resistências mundiais*. Petrópolis Vozes, 2001.

Cardoso, Ruth Correa Leite. "Movimentos sociais urbanos: balanço crítico". In: *Sociedade e política no Brasil*. São Paulo, Brasiliense, 1983.

Castells, Manuel. *The rise of the Network Society*. Oxford, Blackwell, 1996. [Ed. bras.: *Sociedade em rede*. São Paulo, Paz e Terra, 2007.]

Caldart, R. *Pedagogia do Movimento Sem Terra: Escola é mais do que escola*. Rio de Janeiro, Vozes, 2000.

Dagnino, Evelina; Olivera, Alberto J. e Panfichi, Aldo. *A disputa pela construção democrática na América Latina*. São Paulo, Paz e Terra.

4 Ruth Cardoso, antropóloga, orientou várias teses e dissertações sobre movimentos sociais desenvolvidas na Universidade de São Paulo nos anos 1970–1980 e início dos 1990, coordenou inúmeras pesquisas sobre movimentos sociais no CEBRAP e é autora de alguns artigos sobre os movimentos sociais que se tornaram marcos referenciais nos debates da época.

Della Porta, Donatella. *O movimento por uma nova globalização.* São Paulo, Loyola, 2007.

Farro, Antimo Lustiger Thales, Henry *Planetary culture and protest: Anti-globalization to alter-global movements.* 2007.

Farro, A. *Actors and conflict at the globalisation movements.* International Conference Subjects and Institutions: Social movements at a global crossroad. Tóquio, 2003.

Fernandes, B. M. *MST: Formação e territorialização.* São Paulo, Hucitec, 1996.

Fernandes, Rubem César. *Privado porém público.* Rio de Janeiro, Relume-Dumará, 1994.

Fernandes, Rubem César et al. *Terceiro setor: Desenvolvimento social sustentado.* São Paulo, GIFE/Paz e Terra, 1997.

Fraser, Nancy. "Repensando la esfera pública: Una contribuición a la critica de la democracia actualmente existente". *Debate.* Quito, 1999, pp. 139–173.

Gohn, Maria da Glória. *Reivindicações populares urbanas.* São Paulo, Cortez, 1982.

Gohn, Maria da Glória. *A força da periferia.* Petrópolis, Vozes, 1985.

Gohn, Maria da Glória. *Teoria dos movimentos sociais.* São Paulo, Edições Loyola, 2008.

Gohn, Maria da Glória. *Sem-terra, ONGs e cidadania.* 2ª ed. São Paulo, Cortez, 2003.

Gohn, Maria da Glória. *Mídia, terceiro setor e MST.* Petropólis, Vozes, 2000.

Gohn, Maria da Glória. *Conselhos gestores e participação sociopolítica.* 3ª ed. São Paulo, Cortez, 2007.

Gohn, Maria da Glória. *Movimentos sociais no início do século XXI.* Petrópolis, Vozes, 2007.

Gohn, Maria da Glória. *O protagonismo da sociedade civil.* 2ª ed. São Paulo, Cortez, 2008.

Gohn, Maria da Glória. *Novas teorias dos movimentos sociais.* 2ª ed. São Paulo, Loyola, 2008.

Hamel, Pierre. "Enjeux métropolitains et renouvellement de la démocratie locale", Université de Montreal, International Conference Subjects and Institutions: Social movements at a global cross-roads, Tóquio, 2003.

Hardt, M. e Negri, A. *Império.* Rio de Janeiro, Record, 2000.

Hardt, M. e Negri, A. *Multidão – Guerra e democracia na era do Império.* Rio de Janeiro, Record, 2005.

Honneth, Axel. *Luta por reconhecimento.* São Paulo, Ed. 34, 2003.

Houtart, F. e Polet, F. *O outro Davos. Mundialização de resistências e lutas.* São Paulo, Cortez, 2002.

McDonald, Kevin. *Global movements. Action and culture.* Oxford, Blackwell, 2006.

Mignolo, Walter D. *Histórias locais, projetos globais. Colonialidade, saberes subalternos e pensamento liminar.* Belo Horizonte, Ed. UFMG, 2003.

Munõz, Enara E. *Movimientos sociales y relaciones internacionales: La irrupción de un nuevo actor.* Madri, Catarata, 2008.

Negri, A. e Cocco, G. *Glob(AL): Biopoder e luta em uma América Latina globalizada.* Rio de Janeiro, Record, 2005.

Santos, Boaventura Souza. *A crítica da razão indolente – contra o desperdício da experiência.* São Paulo, Cortez, 2000.

Santos, Boaventura Souza (org). *Democratizar a democracia.* Rio de Janeiro, Civilização Brasileira, 2002.

Santos, Boaventura Souza. *A gramática do tempo. Para uma nova cultura política.* São Paulo, Cortez, 2006.

Sztompka, Piotr. *A sociologia da mudança social.* Rio de Janeiro, Civilização Brasileira, 1998.

Swidler, Ann. "Cultural power and social movements". In: Klandermans e Johnston (org). *Social movements and culture.* Minneapolis, University of Minnesota Press, 1995, pp. 25–40.

Putnam, Robert D. *Bowling alone. The collapse and revival of American community.* New York, Simon & Schuster, 2000.

Telles, V. S. e Cabanes, R. (orgs.) *Nas tramas da cidade. Trajetórias urbanas e seus territórios.* São Paulo, Humanitas, 2006.

Toro, J. B. e Werneck, N. M. D. F. *Mobilização social: um modo de construir a democracia e a participação.* Belo Horizonte, Autêntica, 2006.

Touraine, Alain. *Podremos vivir juntos*? Buenos Aires, Fondo de Cultura Económica, 1997.

Touraine, Alain. *Un nouveau paradigme.* Paris, Fayard, 2005.

Vattimo, Gianni. *O fim da modernidade: niilismo e hermenêutica na cultura pós-moderna.* Lisboa, Presença, 1987.

A segurança pública no governo FHC

Arthur Trindade

Introdução

No Brasil a violência tem feito parte da história e do cotidiano dos cidadãos, especialmente dos grupos social e politicamente desprivilegiados, tais como os de mulheres, crianças, jovens, idosos, grupos étnicos, trabalhadores rurais e homossexuais. A violência, no entanto, ganhou grande visibilidade a partir da década de 1990, devido ao enorme crescimento da mortalidade por homicídio e da criminalidade nas áreas urbanas. Nesse contexto, quatro grandes tendências podem ser observadas: a) o aumento dos crimes contra o patrimônio, particularmente roubos, furtos e extorsão mediante sequestro; b) a emergência da criminalidade organizada, em especial o tráfico internacional de drogas; c) o aumento dos conflitos intersubjetivos violentos e d) a persistência de práticas arbitrárias e violentas por parte dos agentes policiais.

Neste artigo, discutiremos as mudanças na área de segurança pública durante o governo de Fernando Henrique Cardoso (1995–2002). Argumentamos que o crescimento da violência urbana e a mudança de percepção do eleitorado sobre o papel do governo federal na gestão da segurança pública proporcionaram as condições necessárias para uma mudança institucional: a criação da Secretaria Nacional de Segurança Pública (SENASP), a elaboração do Plano Nacional de Segurança Pública (PNSP) e a implementação do Fundo Nacional de Segurança Pública (FNSP). Apesar do fortalecimento da sua capacidade de ação, a atuação do governo federal concentrou-se quase que fundamentalmente no repasse de recursos aos estados para aquisição de viaturas, armamento, munição, coletes e equipamentos de comunicações.

O crescimento da violência no Brasil

Certamente a consequência mais visível da violência é o acentuado crescimento da mortalidade violenta, especialmente nas grandes regiões metropolitanas do país. Este crescimento pode ser verificado pelo aumento das taxas de mortalidade por homicídio, que saltou de 11,4 homicídios por 100 mil habitantes em 1980 para 26,7 em 2000, representando um aumento de 130%.

Em 2000, a mortalidade violenta (homicídios, suicídios e acidentes) constituía a terceira principal causa de mortalidade geral, depois das doenças cardiovasculares e neoplasias. Em números absolutos, o Sistema de Informações do Ministério da Saúde contabilizou 45.416 homicídios em 2000 contra 13.910 em 1980, um aumento de 220% (Vasconcelos e Costa, 2005). Considerando que muitos dos homicídios não são classificados como tal no sistema de informações do Ministério da Saúde, o número real é ainda superior.

O aumento da violência concentrou-se, principalmente, nas áreas urbanas. O crescimento da taxa de homicídios foi mais acentuado nas 14 maiores regiões metropolitanas do país.[1] Em 2000, tais regiões concentravam 35,6% da população brasileira e respondiam por 59,3% do número total de homicídios. Pode-se dizer, portanto, que o acentuado crescimento da violência verificado nas últimas décadas é um fenômeno essencialmente urbano. Em 2000, seis capitais brasileiras apresentaram taxas superiores a 60 homicídios para cada grupo de 100 mil habitantes: Recife, Porto Velho, Vitória, Cuiabá, São Paulo e Rio de Janeiro. Neste mesmo ano, apenas duas capitais (Teresina e Florianópolis) registraram taxas pouco inferiores a 20 homicídios por 100 mil habitantes.

Quanto à distribuição dos homicídios nas metrópoles brasileiras, de forma geral o quadro se repete. Os estudos mostram que as principais vítimas são jovens do sexo masculino, residentes nas regiões periféricas e pobres das grandes cidades brasileiras, sendo a arma de fogo o principal instrumento utilizado para a perpetração do ato violento. As áreas mais pobres, onde a prestação de serviços públicos é mais precária, são aquelas que apresentam maior incidência de homicídios (Santos et al., 2001; Lima et al., 2002; Musemeci, 2002; Macedo et al., 2001; Andrade e Lisboa, 2000; Soares, 2000, Vasconcelos e Costa, 2005).

---

1 Regiões metropolitanas de Belém, Fortaleza, Recife, Salvador, Belo Horizonte, Vitória, Rio de Janeiro, São Paulo, Baixada Santista, Campinas, Curitiba, Porto Alegre, Goiânia e o Entorno de Brasília.

Com relação ao crime organizado, chama atenção nas últimas décadas o surgimento de novas dinâmicas relacionadas ao tráfico de drogas ilícitas. Embora seja um importante setor da economia global, o tráfico de drogas opera a partir de organizações criminosas fundadas em bases locais e étnicas, nas quais os aspectos culturais desempenham papel fundamental.

Um aspecto relevante do tráfico de drogas é a flexibilidade e a versatilidade. Seu *modus operandi* é a formação de redes em níveis locais, nacionais e internacionais, como destacou Manuel Castels (1999). No caso brasileiro em especial, nos últimos anos pudemos perceber a melhoria da capacidade de coordenação e articulação das ações de diferentes facções criminosas (novas ou preexistentes). Isto se deve, em parte, às características do sistema penitenciário brasileiro. Há inúmeros relatos sobre como o convívio nas prisões entre membros de grupos criminosos deu origem às redes de crime organizado (Adorno e Salla, 2007).

A partir de meados da década de 1990, temos assistido a ações realizadas por estes grupos criminosos contra estabelecimentos policiais e outros órgãos da administração pública. Isto tem chamado a atenção das autoridades políticas, das lideranças policiais, dos militares, bem como tem contribuído bastante para aumentar o sentimento de insegurança da população em geral. Em função disso, cresce a pressão para que as forças de repressão intensifiquem suas atividades. Também aumenta a pressão para que se estabeleçam penas mais duras contra este tipo de crime.

Entretanto, os efeitos do crime organizado não desafiam apenas a autoridade dos agentes estatais. Sua mais grave consequência é sentida pelas pessoas que residem nas áreas onde tais grupos criminosos se instalam. A expansão do comércio ilegal de drogas encontrou condições favoráveis nas periferias e favelas dos grandes centros urbanos brasileiros.

No plano comunitário, a presença do comércio a varejo de drogas, cuja principal expressão é a "boca de fumo", veio deteriorar ainda mais o já frágil tecido social. Em alguns lugares, as quadrilhas organizadas transformaram-se no poder central das favelas. Moradores incômodos foram expulsos ou mortos, e as associações de moradores foram esvaziadas e perderam substancialmente participação no debate político. De modo geral, a presença dessas quadrilhas alterou profundamente toda a rede de sociabilidades locais, das famílias aos blocos de samba (Arias, 2007).

No plano individual, as quadrilhas de narcotraficantes exercem uma grande influência sobre a juventude pobre das favelas. O pertencimento a um grupo criminoso e a posse de uma arma operam como mecanismos de reconhecimento num cenário de exclusão e invisibilidade social. Nesse contexto, a violência deixa de ser simplesmente uma estratégia de ação e passa a ser o próprio instrumento de expressão social. Esse tipo de violência expressiva põe em cena, não uma juventude miserável, mas uma juventude pobre que aspira reconhecimento social (Wieviorka, 1997; Peralva, 1997 e 2000).

A violência policial é prática corrente nas forças policiais do Brasil de forma geral. A prática de tortura, famosa durante os anos do regime militar (1964–1985), bem como maus-tratos de prisioneiros, continua sendo recorrente nas instituições policiais, especialmente nas delegacias da polícia civil.[2] Conforme apontou o relator especial da ONU sobre tortura, Nigel Rodney, a "tortura e formas semelhantes de maus-tratos são impostos de forma disseminada e sistemática".[3] Além da violência contra pessoas detidas pelas polícias, a população carcerária está submetida a condições subumanas e as instalações penitenciária estão superlotadas.

Outra forma bastante frequente de violência policial no Brasil é o abuso da força letal. Nas grandes cidades brasileiras, o número de civis mortos em confrontos com policiais na década de 1990 era impressionante. No Rio de Janeiro por exemplo, Ignácio Cano (1996) verificou que, em 1995, a polícia matou 358 civis em confrontos armados. Para se ter ideia da magnitude destes números, as polícias norte-americanas mataram 385 civis em 1990. Ou seja, na cidade do Rio de Janeiro, com aproximadamente 5.5 milhões de habitantes, as polícias mataram quase que o mesmo número de civis que todas os departamentos de polícia dos EUA, país com aproximadamente 240 milhões de habitantes.

A mudança de percepção do eleitorado

Até a década de 1990, questões relativas à segurança pública eram tratadas essencialmente como responsabilidade dos governadores de estados. É bem verdade que a maior parte do trabalho de polícia é realizado pelas polícias civis e

---

2 Ver Human Rights Watch. *Police brutality in urban Brazil*. New York, Human Rights Watch, 1997, e Anistia Internacional. *Tortura e maus-tratos no Brasil: Desumanização e impunidade no sistema de justiça criminal*. Londres, Anistia Internacional, 2001. Ver também os relatórios do Movimento Nacional dos Direitos Humanos.

3 Relatório sobre tortura no Brasil, produzido pelo relator especial sobre tortura da Comissão de Direitos Humanos da ONU, E/CN.4/2001/66/Add 2.

militares estaduais. Entretanto, o tema não é tão estadual quanto parece, uma vez que o exercício e a divisão do trabalho de polícia é disciplinado pela Constituição Federal. Além disso, a atividade policial também é condicionada pelo direito penal e processual penal, assuntos de competência exclusiva da União.

Em função do crescimento da violência urbana, esta percepção mudou. Em março de 2002, uma pesquisa nacional realizada pelo Instituto DataFolha verificou que a segurança pública era a segunda principal preocupação do eleitorado brasileiro (21%), atrás apenas do desemprego. Nos estados da região Sudeste e em alguns estados da região Centro-Oeste, a criminalidade urbana e a reforma nas polícias eram apontadas como os principais problemas para os eleitores, superando inclusive o desemprego. Em quase todos estados brasileiros o tema da criminalidade urbana dominou as campanhas para governador, em 2002. Em São Paulo e no Rio de Janeiro, por exemplo, todos os candidatos ao governo do estado incluíram o tema como a principal prioridade de sua plataforma política.

Ainda segundo a pesquisa do Instituto DataFolha, a maioria dos brasileiros (57%) achava que, para resolver o problema, o governo deveria priorizar investimentos na área social, como ações de combate ao desemprego e melhorias na educação. Para 38% do eleitorado (taxa idêntica à registrada em junho de 2000) o melhor seria que o governo investisse no aumento dos efetivos policiais e que os treinasse e equipasse adequadamente. Para o eleitor, independente da sua identidade ideológica, a solução do problema passava por investimentos sociais e reformas nas polícias.

A mesma pesquisa apontou que, para o eleitorado, os governos municipais (27%), estaduais (30%) e federais (32%) eram igualmente responsáveis pela segurança dos cidadãos. Nesse sentido, passou-se a cobrar maiores investimentos em segurança pública, reforma nas estruturas das polícias e implantação de políticas públicas mais eficientes. Com relação ao governo federal, espera-se maior participação na gestão da segurança pública.

Em função desta mudança de percepção, o governo federal passou progressivamente a ocupar-se mais das questões direta ou indiretamente relacionadas à segurança pública. Foram realizadas profundas modificações na estrutura interna do Departamento de Polícia Federal (DPF). Durante o regime militar, a direção do DPF cabia, via de regra, a um militar, normalmente oriundo do Exército brasileiro. Esta situação começou a mudar com a Nova República. Durante o governo Sarney, foi nomeado diretor geral o delegado da polícia civil de São Paulo, Romeu Tuma. Mas só a partir do governo FHC, todos os diretores gerais passaram a ser policiais integrantes da própria instituição. Em fevereiro de 1995, assume pela primeira vez a direção geral do DPF um delegado federal: Vicente Chelotti.

Além destas mudanças políticas, foram promovidas algumas importantes mudanças na estrutura interna do DPF. Em 1996, a Lei nº 9.266 estabeleceu a obrigatoriedade de curso superior para ingresso nas carreiras de agente, escrivão e papiloscopista. Foi concedido também um significativo aumento salarial para todos os integrantes do DPF. Aos poucos a Polícia Federal ganhava autonomia política e estruturava-se internamente a partir de carreiras redefinidas.

Durante o governo FHC, a Polícia Federal concentrou suas ações no combate ao tráfico ilícito de drogas e ao contrabando. Neste período, o DPF travou uma disputa interna com a Secretaria Nacional Antidrogas (SENAD) e com o Gabinete de Segurança Institucional (GSI) pela primazia na orientação do combate ao narcotráfico. O que estava em questão eram três diferentes visões sobre o tema: militar, policial e de saúde pública. O resultado dessa disputa foi uma política nacional antidrogas híbrida: descriminalizadora com os usuários e altamente repressiva com o comércio, especialmente o de pequena monta.

Apesar dos esforços, a atuação da polícia federal não era suficiente para das uma resposta satisfatória sobre os problemas relacionados a segurança pública. Tal resposta deveria passar pelos estados e municípios. Portanto, o maior desafio do governo FHC na área de segurança pública era ampliar sua capacidade de ação. Para isto era necessário estabelecer um arranjo institucional que permitisse coordenar as ações, porém, sem afetar as autonomias políticas estaduais e municipais.

Incrementando a cooperação intergovernamental

Ao longo da história republicana brasileira, os governos federais têm encontrado dificuldades para ampliar seu papel na área de segurança pública. Com isto, tarefas prioritárias, como a centralização de dados e informações relacionadas à criminalidade, têm se mostrado até agora insatisfatórias. Também são raras as iniciativas dos órgãos e agências federais, estaduais e municipais para elaborar operações policiais conjuntas. Pode-se dizer que as dificuldades para incrementar a cooperação intergovernamental na área de segurança pública devem-se às especificidades do sistema federativo brasileiro.

Nesta como em outras áreas, há grandes reservas com relação à interferência da União na autonomia política dos estados membros da federação.

Um traço marcante do federalismo brasileiro é a alternância entre períodos de centralização e descentralização (Camargo, 1999). Nos períodos autoritários podemos verificar excessiva concentração de poderes políticos e de funções administrativas nos governos federais. Essa centralização de poderes colocava em dúvida a existência de fato de um sistema federativo, posto que a formalidade de um federalismo encobria as tendências unitárias dos regimes autoritários (Selcher, 1989 e 1990).

Nos demais períodos, observamos um federalismo altamente descentralizado, no qual os estados guardavam grande autonomia política. Para algumas lideranças políticas, como apontou Carvalho (1995), a descentralização era a essência do sistema federativo e condição para a liberdade política. O desafio, nestes períodos, era manter a estrutura federativa descentralizada e, ao mesmo tempo, promover maior cooperação entre as diferentes esferas governamentais.

As polícias, embora ausentes das discussões sobre a federação brasileira, sempre foram instituições centrais para pensar as autonomias estaduais ou a concentração de poderes no governo federal. Ao longo da história republicana brasileira, o sistema policial brasileiro acompanhou as oscilações da federação. Ora estavam submetidas ao poder central, ora significavam a garantia da liberdade das elites políticas estaduais.

Durante os períodos autoritários (1937–1945 e 1964–1985) as polícias estaduais foram submetidas ao controle federal. Portanto, não se pode falar em cooperação, mas sim em submissão dos estados às diretrizes dos governos federais. Nos outros períodos republicanos (1889–1930 e 1946–1964), os estados gozaram de grande autonomia para organizar e controlar suas polícias. Entretanto, foram raros os casos de cooperação intergovernamental na área de segurança pública. Em boa medida, isso se deveu à relutância dos governos federais para criar mecanismos institucionais de incentivo à cooperação entre as polícias.

No governo de Fernando Henrique Cardoso, entretanto, diante do aumento alarmante dos índices de criminalidade no país, o governo federal viu-se forçado a mudar esta postura. Em 1995 foi criada a Secretaria de Planejamento de Ações Nacionais de Segurança Pública (SEPLANSEG), do Ministério da Justiça (MJ), transformada em setembro de 1997 na atual Secretaria Nacional de Segurança Pública (SENASP). A criação desta secretaria destinou-se a articular iniciativas relacionadas à área de segurança pública, possibilitando o incremento da cooperação intergovernamental (Costa e Grossi, 2007).

Em junho de 2000, foi anunciado o Plano Nacional de Segurança Pública (PNSP), cujo objetivo era articular ações de repressão e prevenção da criminalidade no país. O plano foi dividido em quatro partes ou conjuntos de medidas e compreendia 15 compromissos que se desdobravam em 124 ações, envolvendo temas relacionados ao crime organizado, controle de armas, capacitação profissional e reaparelhamento das polícias.[4] As quatro partes eram caracterizadas por sua abrangência: medidas que cabiam ao governo federal, medidas que cabiam ao governo federal em parceria com os governos estaduais, medidas de natureza normativa e medidas de natureza institucional.

Para dar apoio financeiro ao PNSP foi instituído, no mesmo ano, o Fundo Nacional de Segurança Pública (FNSP). O Fundo destina-se a gerir recursos para apoiar projetos de responsabilidade dos governos federais, estaduais e municipais na área de segurança pública. Foram estabelecidas cinco áreas prioritárias: reequipamento das polícias estaduais, treinamento e capacitação profissional, implantação de programas de policiamento comunitário e implantação de sistemas de informações e estatísticas policiais. Para administrar o fundo, foi criado um conselho gestor composto por representantes dos ministérios da Justiça, do Planejamento, Orçamento e Gestão e da Casa Civil, como também do Gabinete de Segurança Institucional e da Procuradoria-Geral da República.

De fato, a criação do FNSP significou um considerável aumento nos gastos federais com segurança pública (ver Figura 1). Os gastos federais na área saltaram de pouco mais de 1,5 bilhões de reais, em 1992, para pouco mais 3 bilhões em 2005, o que significou um aumento de 97,5%. Estes valores incluem pagamento de pessoal, gastos com defesa civil, compra de equipamentos e viaturas, construções e transferências ao Distrito Federal.

Em boa medida este aumento deveu-se à criação do Fundo Nacional de Segurança Pública em 2000. Entre 1992 e 1999, as despesas do governo federal com segurança pública dificilmente ultrapassaram o patamar de 2 bilhões de reais, à exceção do ano de 1996, quando os gastos com defesa civil foram muito elevados. A partir de 2000, os dispêndios federais com segurança saltaram para 3,9 bilhões. Em 2001, o total de despesas do governo federal nessa área ultra-

[4] As ações do plano também deveriam contemplar as diretrizes propostas no Plano Nacional de Direitos Humanos (PNDH) elaborado pela Secretaria Nacional de Direitos Humanos em 1996.

Figura 1 Gastos do governo federal com segurança pública (em bilhões de reais) 1992–2005*

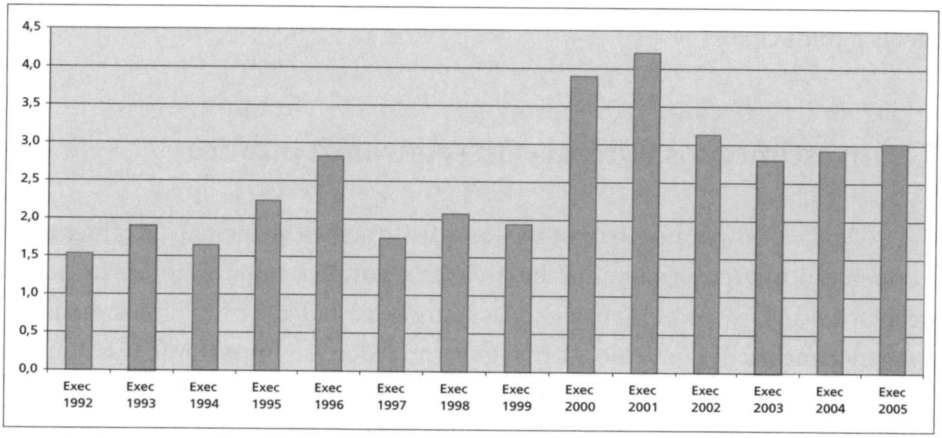

* Dados corrigidos a preços médios de 2005.

Fonte: Sistema Integrado de Administração Financeira – SIAFI

passou 4,2 bilhões. Desde então, estes valores mantiveram-se próximos ao patamar de 3 bilhões de reais.

Para termos ideia da importância de tais gastos, precisamos comparar esses valores com outros gastos do governo federal. Em 2005, os gastos com segurança pública (R$ 3,0 bilhões) superaram as despesas com desporto e lazer (R$ 0,4 bilhão), cultura (R$ 0,5 bilhão) habitação (R$ 0,6 bilhão) e gestão ambiental (R$ 2,0 bilhões). E alcançam o mesmo patamar dos dispêndios com ciência e tecnologia (R$ 3,3 bilhões) e agricultura (R$ 3,3 bilhões). Portanto, ao contrário da opinião pública corrente, desde 1995, a segurança pública passou a ser objeto de atenção dos governos federais, pelo menos no que se refere ao orçamento federal.

Além de ter permitido um substancial aumento nos gastos federais com segurança pública, a criação do FNSP também possibilitou melhoria na sua coordenação e controle. Até o ano de 1999, os gastos federais na área estavam dispersos por diversos ministérios: Integração Nacional, Meio Ambiente, Justiça, Defesa, além da presidência da República. A partir de 2000, os gastos com segurança pública concentraram-se nos ministérios da Justiça e da Integração Nacional, este último responsável basicamente pelas despesas relativas à defesa civil. Assim foram criadas as condições necessárias para incrementar a cooperação intergovernamental, cabendo ao Ministério da Justiça, por intermédio da SENASP, coordenar e incentivar as ações dos governos federais, estaduais e municipais.

Os investimentos federais em segurança pública

Pode-se dizer que os convênios constituem a principal ferramenta de cooperação intergovernamental na área de segurança pública, uma vez que os recursos do FNSP só podem ser repassados aos estados e municípios mediante estabelecimento de convênios com o governo federal. É importante ressaltar que o processo de convênio não tende a ser uma situação trivial, pois envolve várias fases desde o completo levantamento das necessidades do ente solicitante, elaboração de um quadro demonstrativo das ações a serem desenvolvidas, estabelecimento de critérios de desempenho além de certas exigências legais, como não ter dívidas com a União ou não estar em débito com relação a prestações de contas de recursos que porventura tenham sido solicitados no passado.

É também através dos convênios que o governo federal pode direcionar esforços conjuntos, estabelecer suas prioridades de investimentos e realizar o planejamento estratégico de algumas ações. Mas para que isso aconteça, não basta que o governo federal simplesmente repasse recursos aos estados e municípios. É necessário que sejam estabelecidas contrapartidas aos governos estaduais e municipais de forma a instituir efetivamente uma cooperação intergovernamental. São as chamadas "condicionalidades".

Inicialmente, foi estabelecido que na avaliação dos pedidos, o conselho gestor do fundo deveria priorizar os estados e municípios que se comprometessem com os seguintes resultados: a) redução do índice de criminalidade; b) aumento do índice de apuração de crimes sancionados com pena de reclusão; c) desenvolvimento de ações integradas das polícias civil e militar; d) aperfeiçoamento do contingente policial ou da guarda municipal, em prazo preestabelecido. Também foi determinado que só teria acesso aos recursos do FNSP o ente federado que tivesse instituído, em seu âmbito, um plano de segurança pública, nos moldes daquele elaborado pelo governo federal.

Contudo, em boa parte dos convênios estas "condicionalidades" não foram cumpridas *de facto*. Algumas eram de difícil cumprimento. Tanto a redução dos índices de criminalidade quanto o aumento do índice de apuração de

Figura 2 Destinação dos Recursos do FNSP (2000–2005)

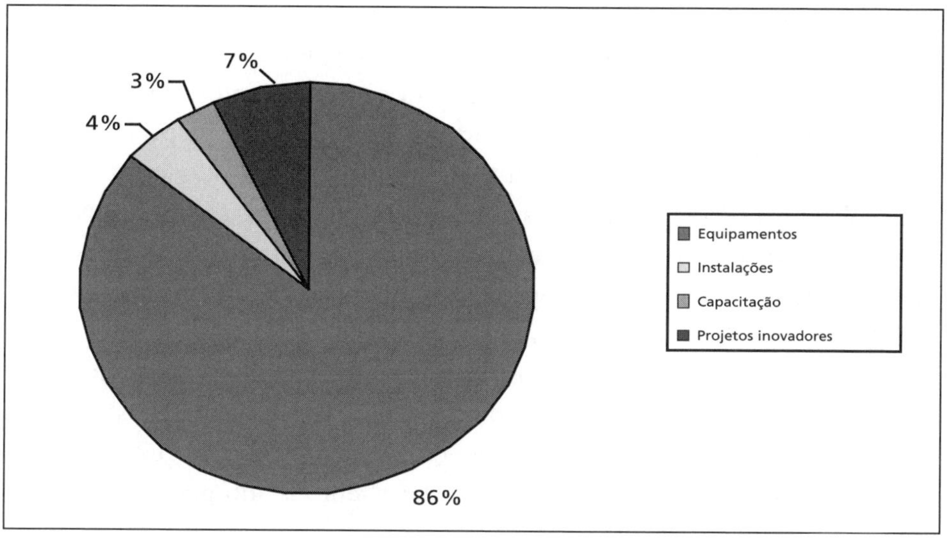

Fonte: Sistema Integrado de Administração Financeira (SIAFI)

crimes são resultados altamente desejáveis, cuja realização não depende somente da ação dos governos estaduais ou municipais, tampouco apenas das polícias. Fatores sociais, econômicos e demográficos têm forte influência na variação das taxas de criminalidade. Por outro lado, a maior integração da ação das polícias, a melhoria do treinamento policial, bem como a elaboração de um plano estadual de segurança pública são metas que estão ao alcance dos governos estaduais e municipais. Neste caso, entretanto, faltou ao governo federal disposição para exigir e verificar o cumprimento destas contrapartidas. Com isso, o governo federal deixou de exercer um papel mais ativo na área de segurança pública.

Entre 2000 e 2005 foram aprovados 820 convênios entre o governo federal e os governos estaduais e municipais para utilização dos recursos do FNSP. Ao todo, foram repassados R$ 1,2 bilhões para a execução de projetos na área de segurança pública. Da análise dos objetos destes convênios, verificamos que os convênios que mais receberam recursos foram aqueles destinados à compra de equipamentos (viaturas, armamentos, material de comunicações e informática).

Para se ter uma ideia, do total de recursos repassados pelo governo federal, cerca de 86% destinavam-se a esta finalidade, conforme mostra a Figura 2. Embora seja um dos temas do PNSP, somente 3% dos recursos do FNSP foram utilizados no treinamento e formação de policiais. Finalmente, apenas 7% dos recursos, cerca de R$ 102 milhões, foram aplicados na implantação de projetos inovadores, tais como policiamento comunitário, centros integrados de segurança e cidadania, ouvidorias de polícia, sistemas de informações criminais.

A maciça concentração de repasses destinados à aquisição de equipamentos pode ser explicada de duas formas: a primeira diz respeito ao valor agregado destes itens, haja vista o custo de aquisição de veículos, armas, munições, coletes balísticos, entre outros. A segunda razão refere-se à necessidade de justificar a solicitação de recursos. Era mais fácil para estados e municípios demonstrarem a carência de equipamentos do que elaborar projetos que contemplem algumas das áreas temáticas propostas pelo PNSP.

De qualquer forma, pudemos verificar a dificuldade dos governos federais em redirecionar as ações de segurança pública. Ou seja, em linhas gerais, os recursos do FNSP têm servido para (re)equipar as polícias e as guardas municipais. Uma parte muito pequena dos repasses tem servido para implantar as ações propostas pelo PNSP.

Considerações finais

Em função do crescimento da violência urbana na década de 1990 e das mudanças na percepção do eleitorado sobre o papel do governo federal na segurança pública, o governo FHC promoveu uma importante mudança institucional: criou a Secretaria Nacional de Segurança Pública (SENASP), elaborou o Plano Nacional de Segurança Pública (PNSP) e implementou o Fundo Nacional de Segurança Pública (FNSP). Esperava-se que assim o governo federal fosse exercer papel mais ativo na área.

O FNSP, criado em 2000, constituiu-se num importante instrumento de cooperação e articulação das ações na área de segurança pública. Apesar do seu potencial de direcionar ações e políticas, a SENASP limitou-se a repassar os recursos do fundo, sem, contudo, estabelecer uma ordem de prioridade às atividades contempladas por estes repasses.

O FNSP poderia ser um instrumento mais eficaz para a obtenção da adesão dos governos estaduais e municipais aos compromissos propostos no PNSP. Para isso, bastaria que fosse exigido como contrapartida ao repasse dos recursos o cumprimento de algumas dessas medidas e compromissos. Nesse caso, o governo federal se mostrou relutante em exigir um maior comprometimento das demais esferas de poder, principalmente dos governos estaduais, na montagem de um sistema policial cooperativo.

Referências

Adorno, S.; Lima, R. S. e Bordini, E. "O jovem e a criminalidade urbana em São Paulo". Relatório de Pesquisa. Brasília, Ministério da Justiça, Secretaria Nacional de Direitos Humanos, 1999.

Andrade, M. e Lisboa, M. "Desesperança de vida: Homicídios em Minas Gerais, Rio de Janeiro e São Paulo". Fundação Getulio Vargas, 2000. [Disponível em http:www.fgv.br/users/lisboa]

Beato e Reis. "Desigualdade, desenvolvimento socioeconômico e crime". In: Henriques, R. (org.). *Desigualdade e pobreza no Brasil*. Rio de Janeiro, IPEA, 1999, pp. 385–404.

Beato, C; Assunção, R; Alves da Silva, B; Marinho, F; Reis, I e Almeida, M. "Conglomerado de homicídios e tráfico de drogas em Belo Horizonte, Minas Gerais, 1995–1999". *Cadernos de Saúde Pública*, vol. 17 (5), pp. 1163–71, 2001.

Beato. C. "Determinantes da criminalidade em Minas Gerais". *Revista Brasileira de Ciências Sociais,* vol. 13 (37), 1998, pp. 74–87.

Camargo, A. "Do federalismo oligárquico ao federalismo democrático". In: Pandolfi, Dulce (org.). *Repensando o Estado Novo*. Rio de Janeiro, Ed. FGV, 1999.

Cano, I. *Letalidade da ação policial no Rio de Janeiro*. Rio de Janeiro, ISER, 1996.

Cano, I. *Análise territorial da violência no Rio de Janeiro*. Rio de Janeiro, ISER, 1997.

Carvalho, J. M. "Federalismo y Centralización en el Império Brasileño: Historia y Argumento". In: Carmagnani, Marcello (org.). *Federalismos Latinoamericanos: Mexico/Brasil/Argentina*. Ciudad del Mexico, Fondo de Cultura Económica, 1995.

Costa, A. T. e Grossi, B. C. "Relações intergovernamentais e segurança pública: uma análise do Fundo Nacional de Segurança Pública". *Revista Brasileira de Segurança Pública*, vol. 1 (1), 2007, pp. 6–20.

Lima, M. L.; Souza, E.; Ximenes, R.; Albuquerque, M. F.; Bitoun, J. e Barros, M. D. "Evolução de homicídios por área geográfica em Pernambuco 1980–1998". *Revista de Saúde Pública*, vol. 36 (4), 2002, pp. 462–69.

Lima, R. S. *Conflitos sociais e criminalidade urbana: uma análise dos homicídios cometidos no Município de São Paulo*. São Paulo, Sicurezza, 2002.

Macedo, A.; Paim, J.; Vieira da Silva, L. e Costa, M. C. "Violência e desigualdade social: Mortalidade por homicídios e condições de vida em Salvador, Brasil". *Revista de Saúde Pública*, vol. 35 (6), 2001, pp. 515–22.

Musemeci, L. "Homicídios no Rio de Janeiro: Tragédia em busca de políticas". *Boletim Segurança Pública e Cidadania, CESeC*, nº 2, 2002.

Santos, S.; Barcellos, C.; Carvalho, M. e Flores, R. "Detecção de aglomerados espaciais de óbitos por causas violentas em Porto Alegre, Rio Grande do Sul, Brasil". *Cadernos de Saúde Pública*, vol. 17 (5), 2001, pp. 1141–51.

Sapori, L. F. e Wanderley, C. B. "A relação entre desemprego e violência na sociedade brasileira: Entre o mito e a realidade". *A violência do cotidiano*. Cadernos Adenauer. São Paulo, Fundação Konrad Adenauer, 2001, pp. 42–73.

Selcher, W. "A new start toward a more decentralized Federalism in Brazil?" *Publius*, vol. 19, 1989, pp. 167–83.

Selcher, W. "Futuro do federalismo na Nova República". *Revista de Administração Pública*, vol. 24 (1), 1991.

SENASP. "Investimentos em segurança pública realizados pela SENASP (2000–2005): Distribuição dos recursos do Fundo Nacional de Segurança Pública". Mimeo, 2006.

Soares, G. A. D. "*Homicídios no Brasil: vários factóides em busca de uma teoria*". Trabalho apresentado na Reunião da LASA, Miami, EUA, 2000.

Vasconcelos, A. M. N. e Costa, A. T. "Demografia da violência no Distrito Federal: evolução e características". In: Paviani, A. (org.). *Brasília: Dimensões da violência*. Brasília, Ed. UnB, 2005.

Zaluar, A. "Violência e crime". In: Miceli, S. (org). *O que ler na ciência social brasileira (1970–1995)*. São Paulo: Sumaré; ANPOCS, 1999, pp. 13–107.

Zaluar, A. e Monteiro, M. *Determinantes socioeconômicos da mortalidade de jovens no município do Rio de Janeiro*. Trabalho apresentado na XXI Reunião Anual da ANPOCS, Caxambu, MG, 1999.

Zaluar, A.; Noronha, J. C. e Albuquerque, C. "Violence: poverty or institutional failure?" *Cad. Saúde Pública*, vol. 10 (1), 1994, pp. 213–217.

O Ministério da Defesa e a saga do Partido Fardado

Oliveiros S. Ferreira

> *O general sorveu um gole de café e depois disse: "Não sei por que vão criar o Ministério da Defesa. Depois da Segunda Guerra, os Estados Unidos criaram o seu e perderam duas guerras".*

A muito discutível – inclusive do ponto de vista jurídico administrativo – criação do Ministério da Defesa no governo Fernando Henrique Cardoso é a conclusão, com êxito, do processo em que se buscava afastar as Forças Armadas dos centros de decisão política. Ele tem início e fim bem marcados. Nesse processo poderá observar-se o esforço para a criação de mecanismos que favoreceriam um sistema de defesa (?) conjunto na América – em sequência lógica ao disposto no art. 4º, § único da Constituição promulgada em 1988.

Para que seja possível compreender o que isso significou, e também porque poderá ser considerado como o ponto culminante de múltiplas ações coordenadas e complexas visando à desestruturação do Estado e ao redirecionamento da sociedade nacional, será preciso acompanhar, passo a passo, o desenrolar desse processo, sem o que qualquer análise sobre o governo Fernando Henrique permanecerá incompleta.

O mundo civil começou a afastar-se dos militares em 1965, com a edição do Ato Institucional nº 2. Em meu livro *Elos partidos*, procurei demonstrar como o Ato, ainda que tivesse contado com o apoio de quantos políticos desejassem impedir a posse dos governadores eleitos da Guanabara e de Minas

Gerais, significou, para a maioria da "classe política", o rompimento com a tradição, diria mais, com a lenda de que as Forças Armadas eram o Poder Moderador da República. Vale dizer: elas intervinham na luta política e devolviam o poder ao sucessor constitucional daquele que haviam deposto. Essa lenda vinha de 1945, quando os militares depuseram Getulio Vargas e chamaram, para ocupar a presidência e realizar as eleições gerais de 2 de dezembro, o presidente do Supremo Tribunal Federal. Consolidou-se em 1954, quando o vice-presidente da República sucedeu a Vargas, que se havia suicidado.

A crise de 1961, quando os ministros militares tentaram impedir a posse de João Goulart, poderia ter aberto os olhos dos que pretendiam entender o processo político-militar brasileiro. Todavia, o triunfo da legalidade, devido em grande parte à atitude do comandante do III Exército, permitiu que a lenda se transformasse em realidade em 1964, quando governadores indicaram a candidatura do general Castelo Branco para a presidência, sucedendo a João Goulart, na certeza de que o antigo chefe do Estado-Maior do Exército presidiria as eleições gerais de 1965.

O Ato Institucional nº 2 fez luz sobre a realidade. O Ato nº 5, de um rigor maior, definitivamente, afastou das Forças Armadas o mundo civil, que se acostumara a contar com elas para resolver crises políticas, incentivando-as muitas vezes a romper a Constituição. A chamada redemocratização com o governo Sarney, mal compreendida e mal administrada pela "classe política," levou à convocação da Assembleia Nacional Constituinte. Esta foi eleita em 1986 num clima de flagrante hostilidade às Forças Armadas, já exemplificado nas eleições diretas para governador em 1982 e na campanha das Diretas Já para a presidência.

A eleição de Fernando Collor, sucedendo Sarney, foi mais um passo rumo ao isolamento das Forças Armadas da sociedade. Os governos Itamar Franco e Fernando Henrique concluíram a amarração da mortalha que envolvia aqueles a quem, um dia, José Bonifácio, o Moço, louvando um grande chefe militar, cantou no poema "O redivivo": "*Dorme o batalhador/ Silêncio, oh! Bravos/ Que a dor não o desperte*".

Para bem avaliar este processo é necessário compreender o que foram as intervenções militares na vida política brasileira. Antes de cuidar do seu desfecho, que foi a criação do Ministério da Defesa, lancemos um olhar sobre o passado.

A imagem de processo é tomada do Direito e, diria mesmo, das ciências sociais. No Direito e nas ciências sociais, é praticamente impossível fixar os claros-escuros das situações. Creio que será melhor, portanto, começar tratando do que desejo esclarecer como se estivéssemos assistindo a uma peça de teatro.

O que se passou de 1964 em diante, até 1999, quando, em *gran finale*, surge o Ministério da Defesa, foi o segundo ato de um drama em dois atos. Um drama de tipo específico, porém.

Na plateia, houve os que chegaram atrasados. Como a peça já tinha começado, foi preciso esclarecer-lhes que estavam vendo o segundo ato do drama.

O primeiro ato, este que os retardatários não viram, terminou em 1964. Uma espécie de preliminar, não teve autor nem diretor, os atores improvisando seu papel, mas obedecendo à trama de toda *commedia dell'arte*. Nela, todos os atores, ainda que com falas não escritas, pautam sua ação pelo sentido geral da peça inspirado em roteiros e motivos já por todos conhecidos. Seu início perde-se no tempo e, talvez por isso, os atores principais não se tenham dado conta, quando chamados para o segundo ato, de que já estavam cansados, e de que haviam atuado de tal maneira que, ao terminar a peça, a plateia não fora capaz de compreender o sentido profundo das falas e das ações – tendo guardado, porém, quem sabe, apenas a imagem dos que representavam os papéis mais simpáticos, sobretudo o de quem vai salvar a donzela ao fim de tantas peripécias. Todos os que entraram no palco, preparados para representar o segundo ato, aquele que seria agora escrito em linhas gerais por um diretor, já estavam esgotados. Mas muitos dos que assistiram à representação estavam predispostos a aplaudir os defensores da donzela.

O diretor – ou, como diriam os franceses e soa melhor, o *méteur en scène* – era o próprio autor do ato, sabendo que muitos dos atores, protagonistas ou coadjuvantes, deixariam de seguir o texto escrito para entregar-se às mesmas práticas da *commedia dell'arte* italiana, em que não se obedece ao que está escrito e nem mesmo à marcação. Houve, no decorrer da representação, quem no palco percebesse que alguma coisa de estranho estava acontecendo. Mas a peça deveria continuar ou, como costumava dizer o diretor-autor, "*the show must go on*".

Essa peça versava, no primeiro e no segundo atos, sobre o quê? As intervenções das Forças Armadas, especialmente do Exército, na vida política nacional. O encarregado da propaganda e divulgação havia preparado, para divulgá-la, um longo texto publicitário, em que se apresentavam todas as intervenções, os anos em que ocorreram, os pretextos ou motivos delas, os atores principais. Uma lista muito longa, começando em 1821 e terminando em 1969 – com um adendo, que estendia as intromissões militares na política até 1979. Embora o fato talvez devesse ser referido apenas mais tarde, é importante dizer desde já que, na plateia, houve quem protestasse que o adendo era insuficiente e quisesse que a lista se estendesse até 1985.

Quando se ergueu o pano no final do primeiro ato, um ator veio à beira do palco com um cartaz, como se dissesse que a peça cuidaria do que estava escrito, em que se lia "Viva o poder civil". Ele se retirou, e um outro se apressou a exibir cartaz menor, em que se lia com dificuldade "Frente civil-militar". A cena tornou-se confusa, cada qual tentando fazer que seu papel fosse o principal. E, no meio da confusão, os dois atores que empunhavam cartazes insistiam em mantê-los erguidos bem alto para que a plateia pudesse vê-los. O "ponto", então, subiu ao palco, acalmou os atores e fez longo discurso. Procurarei reproduzi-lo em suas linhas gerais para que se possa compreender o segundo ato, o que começou em 1964 e parece ter terminado com a criação do Ministério da Defesa.

Podemos dizer que as intervenções militares na vida política brasileira, de 1821 a 1969, deram-se a uma média de uma em cada seis anos. Algumas tiveram consequências institucionais; outras foram manifestações de espírito de corpo, corporativistas, se quisermos. Praticamente todas, mesmo as que não alteraram o quadro político-institucional, marcaram a penetração da política nos quartéis, qualquer que seja o sentido que emprestemos à palavra *política*. O fato incontestável é que desde a Regência do príncipe D. Pedro, o Exército – em 1821, a Tropa Paga – nunca foi o *grande mudo* ao estilo do francês, que foi mudo apenas até 1958, quando o golpe dos coronéis, em Argel, abriu caminho para a volta do general De Gaulle ao poder e o fim da IV República francesa.

Uma mirada sobre a reação de D. Pedro, príncipe regente, ao que podemos chamar de "golpe" da Tropa Paga, permite traçar algumas linhas de análise das intervenções militares na vida política brasileira. Segundo relata Varnhagen, uma delegação daquela tropa, tendo como intérprete um sacerdote, foi até o príncipe pedir a substituição de um ministro. A fala de D. Pedro ao receber a delegação pode servir até hoje para a compreensão da reação do dito poder civil à intervenção militar na política: "Devo-lhes advertir que a tropa não é a nação; pertence à nação, mas, como tropa, nem é admitida a votar nas eleições. Aqui temos a Câmara, que é uma autoridade, poderá com mais direito usar da palavra em nome da nação, e aqui estão os eleitores por mim convocados que poderão falar em nome do povo". Depois dessas palavras, o príncipe perguntou o que queria a delegação e imediatamente solicitou que os sublevados indicassem o substituto daquele a quem se opunham. Houve, segundo o relato, alguma hesitação, mas, ao final, a Tropa Paga indicou quem lhe parecia melhor (Varnhagen, 1940).

Um olhar ao mapa permitirá compreender por que D. Pedro cedeu tão depressa depois de marcar sua posição de regente. A ação passou-se no Rio de Janeiro. Outra força militar que pudesse vir em auxilio da autoridade constituída estava em Ouro Preto ou São Paulo – as duas cidades distantes do Rio de Janeiro, distância maior se levarmos em conta os meios de comunicação da época. A rigor, a oportunidade de um golpe neste estilo era decorrência do que podemos chamar de Espaço e, nele, da localização dos órgãos do Estado.

Se ao Espaço atribuo importância na discussão dos problemas brasileiros não é apenas porque o território é um dos elementos definidores do Estado. Isso, sem dúvida, mas também e, sobretudo, porque o território deve ser considerado base morfológica do Estado – sua *conditio realiter*, como diria Freyer. Iria mais longe: o Espaço, da mesma maneira que o Estado e a Economia, tem uma *racionalidade* (ou seria uma *vocação*?) que deve ser levada em conta: na medida em que o território só merece consideração se a ação do homem o tornar vivo, ele deve ser ocupado. Em outras palavras, o Espaço chama o Estado para ocupá-lo.

Se assim é, será importante ter sempre em mente quais são as ligações reais (as vias de comunicação) que permitem ao governo ocupar o Espaço estatal e exercer a função coativa em nome do Estado. Se as servidões da infraestrutura não permitem comunicação rápida entre os que comandam o aparelho do Estado (o governo) e aqueles que fazem cumprir suas determinações em todo território estatal (a burocracia), o governo estará à mercê de qualquer grupo organizado – e, ademais, armado – que tenha como campo e limite de operações a cidade que o governo fez capital do Estado. Há uma lei de ferro da política: os organizados triunfam sempre sobre os não organizados. Ela tem um corolário: os mais organizados triunfam sobre os organizados.

O grupo armado, as Forças Armadas no nosso caso, é mais organizado que a burocracia civil. Esta é o que se poderia chamar de "corporação do Estado", que se opõe às "corporações da sociedade" ou, se quisermos, àquilo que se convencionou chamar de algum tempo para cá de sociedade civil.

Há de ver que, entre outras coisas, as ações da burocracia civil só podem ser concebidas como racionais (com adequação entre fins e meios) se o comportamento dos funcionários for pautado pela hierarquia e pelas normas gerais do Direito Administrativo. Todavia, sua organização e o espírito que a ela é próprio não soldam atitudes. Não soldam na medida em que os funcionários civis sabem que um erro não os comprometerá, nem à operação, causando danos praticamente apenas aos indivíduos e grupos da sociedade que necessitam de uma decisão administrativa. Ademais, conforme o *ethos* das burocracias civis – que será conforme a organização geral de cada Estado – a ideia de responsabilidade tende a esmaecer-se, já que é possível ao subordinado remeter ao superior a decisão final sem que, com isso, comprometa-se funcional e juridicamente: isso é o que indica o "salvo melhor juízo" aposto no final dos documentos. Na organização militar, ocorre o contrário.

A burocracia civil é, sem dúvida, uma organização. As Forças Armadas – e tomamos o Exército como modelo – é uma organização com características diferentes. Ao caracterizar as organizações, Bosanquet assim descreveu o Exército: "Um Exército, da mesma maneira que uma multidão, consiste de muitos homens que estão associados, pessoas a pessoas. Influências passam e repassam entre cada um dos homens e aqueles outros com os quais forma as fileiras, ou com os quais passa seu tempo de lazer. Deve-se notar, aliás, que estas influências são de natureza mais permanente do que aquelas que se observam entre os integrantes de uma multidão, e que elas são necessariamente diferentes por causa daquela conexão de que falaremos a seguir. Isso porque os elos de 'associação' entre homem e homem não são a força determinante nas operações de um exército. O Exército é uma máquina, ou uma organização, que está ligada por ideias operacionais corporificadas, por um lado, nos oficiais e, por outro lado, no hábito de obediência e no treinamento que faz com que a ação de cada unidade seja determinada não pelo impulso de seus vizinhos, mas pelas ordens de seus oficiais. O que o Exército faz é determinado pelo plano do general e não por influências que se comunicam de homem para homem, como em uma multidão. [...] O Exército é, assim, um sistema ou grupo organizado, cuja natureza ou a ideia predominante corporificada em sua estrutura determina os movimentos e relações de suas partes ou membros" (Bosanquet, 1951).

No grupo militar, a hierarquia e a disciplina são elementos fundamentais para que, no combate, a execução das ordens dadas pelos superiores permita o menor número de vidas sacrificadas. É uma organização feita para o combate físico, cruento, não uma competição de aptidões, em que cada um arrisca sua vida e sabe que a dos outros depende de seu desempenho. Por isso, a disciplina (o cumprimento das ordens) é essencial para o êxito da operação. Se o funcionário civil "pode" errar na apreciação de um feito sem que daí lhe advenham consequências pessoais, no Exército, organizado para o combate, tal fato não pode acontecer. No Exército não há "salvo melhor juízo", pois o erro pode ter como consequência a morte de quem desobedece às ordens, e a de seus companheiros. O oficial pode ponderar a seu superior o acerto da ordem recebida, louvando-se na disciplina intelectual – pode ponderar e oferecer uma alternativa para a ação, mas deve obedecer se suas observações não forem acatadas por seu superior.

O hábito de viver junto para o combate faz que cada unidade militar desenvolva seu espírito de corpo e símbolos que têm, para oficiais e seus subordinados, significado dir-se-ia vital, como o estandarte regimental que não pode cair em mãos do inimigo, pois isso significará a desonra para o grupo. O grupo militar tem uma noção de honra que muitos poderão considerar como uma sobrevivência medieval. Afora isso, se quiséssemos usar as classificações de Gurvitch, diríamos que a sociabilidade que se desenvolve na carreira das armas é uma sociabilidade de comunhão, em que, na reciprocidade de perspectivas entre a consciência coletiva e as consciências individuais, as segundas tendem a influenciar menos a primeira, assim como os valores presentes na consciência coletiva tendem a predominar sobre aqueles das consciências individuais. No limite, qualquer ofensa ao grupo é ressentida como tendo sido feita a cada um de seus membros, e o insulto a um deles é tido como dirigido ao grupo.

Há outra característica da organização militar: o *ethos* burocrático. Ele também preside a vida da burocracia civil, mas, na militar, chega por assim dizer à sua maior potência. Por *ethos* burocrático, quando referido às organizações militares, deve-se entender também o espírito que inspira as relações entre as chefias e os subordinados e que impregna a mentalidade de todos, principalmente a dos que estão em posição de chefia. Na organização militar, as expectativas de comportamento criadas pela hierarquia – que existe em todos os campos de qualquer ordem social – estão potencializadas.

Para bem compreender o que entendo por *ethos* burocrático é necessário fazer uma distinção entre as organizações burocráticas e as organizações políticas. A organização *política* distingue-se daquela *burocrática* na medida em que, na primeira, as decisões são adotadas por um núcleo dirigente que deriva a legitimidade de sua dominação (portanto, a expectativa de que as decisões sejam obedecidas) por ter sido eleito pelos membros aderentes; na organização burocrática, a dominação se legitima pelo fato de o núcleo dirigente ter assumido tal função não por eleição, mas pelo preenchimento de uma série de requisitos administrativamente estipulados. Em outros termos, na organização política, cujo tipo ideal é o partido (Tönnies), obedeço àqueles que escolhi para líderes por corresponderem ao modelo de *chefe* que o meu grupo criou. Já na organização burocrática, cujo modelo é exatamente a organização militar, obedeço àqueles que os regulamentos designaram como superiores por corresponderem à imagem de chefe inscrita nos regulamentos e por terem preenchido as condições regulamentares para a ascensão aos postos de comando.

Ademais, cabe ver que as relações dentro da organização burocrática típica e as dela com as demais organizações sociais não criam aquilo que Georges Gurvitch chamaria de "sociabilidade ativa", isto é, contatos humanos capazes de criar novas formas de Direito e novas representações coletivas indicativas da existência de um feixe de ações simbólicas que aponte para um novo projeto grupal. O ethos burocrático não se define apenas por seus aspectos exteriores: nas organizações em que predomina, o chefe dá as ordens e os subordinados obedecem.

Nas organizações burocráticas, especialmente as assemelhadas ao Exército, as ordens são dadas com base naquilo que se pode chamar de "segurança militar" (Heller). Este é o fundamento da suposta "ordem hierárquica". O que vem a ser a "segurança militar" em contraposição à "segurança jurídica"? A "segurança militar" é a certeza que o dirigente tem de que sua ordem será cumprida porque a coação organizada assim garante; em outras palavras, na organização burocrática não se discute o mérito das ordens, nem mesmo, na maioria das vezes, sua oportunidade. Nisso se distingue da "segurança jurídica"; nas organizações em que esta impera, as ordens devem traduzir o espírito da norma metajurídica que fundamenta a norma positiva em que se funda o direito de ordenar – e esse espírito pressupõe que esteja presente na consciência de todos, os que detêm o poder de dar ordens e os que a elas devem obedecer.

Nas organizações burocráticas, mais do que a obediência às ordens emanadas de quem tem poder legal para dá-las, importa o fato de que aquele que dá as ordens não se preocupa em saber se elas preenchem uma função aglutinadora na relação de forças em presença, se são obedecidas porque se acredita nelas e no fim que se vislumbra estarem elas perseguindo, ou porque os subordinados temem uma sanção disciplinar.

Afastados da política – transformados no "grande mudo" de que se orgulhava ser o Exército francês –, os militares perderão de vista a natureza das relações políticas, esquecidos de que elas são o fundamento da ação bélica. Esse descompasso reforça códigos de conduta especificamente castrenses e estamentais – entre eles os disciplinares e, o que é mais importante, faz que se reforce aquele sentimento que Vigny tão bem caracterizou na *Servidão e grandeza militares*: o Exército é uma nação dentro da nação. No decorrer desse processo, ao pagar o preço à hierarquia e à disciplina, os militares deixarão de ver sua organização como um conjunto de relações de conflito, ajustamento e consenso – relações políticas, portanto, inseridas numa organização maior que é o Estado, a cujas diretivas se subordinam tal como os "instrumentos" se colocam em posição hierárquica inferior dentro de qualquer organização. Mais importante ainda, perdem de vista que o Estado mantém relações políticas (conflito e consenso) com a sociedade – seja com toda ela, quando se destaca da sociedade civil, seja com grupos específicos, quando o governo de fato representa os grupos socialmente dominantes.

Em boa medida, pode-se dizer que o trauma do Exército francês na Indochina e, depois, na Argélia, decorreu da tomada de consciência de que a guerra é política em sua essência – e de que o Exército não tinha condições de enfrentar politicamente a emergência na medida em que estava preso ainda à concepção de mundo do "grande mudo". Na literatura do período dessas lutas coloniais, encontra-se a evidência da transformação que se dá na consciência daqueles que alguns chamaram de "pretorianos", isto é, oficiais que se sentiram chamados a desempenhar um papel político nas colônias e na metrópole, mas que só sabiam agir politicamente no quadro dos valores mais entranhados da organização burocrática.

Uma análise mais fina das intervenções militares na vida política talvez permita dizer que no Império houve uma, a chamada Questão Militar de 1887, em que é difícil encontrar a urdidura de uma trama civil. Se, por um lado, isso é difícil, por outro é importante ver que a Questão Militar marcou o momento em que, no Exército, houve quem pretendesse fazer dele um ator na vida política do Segundo Reinado – o que pode ser visto como a culminação de um processo de tomada de consciência, por parte de um grupo de oficiais, de que o Exército tinha direito de opinar sobre as coisas da política – as coisas do Estado.

O apoio civil à ação dos militares sucedeu ao fato que dera origem à Questão, mas permitiu, por sua repercussão, que, no Senado, houvesse um general coberto de glórias na guerra do Paraguai que colocasse a honra militar acima da lei.

A Questão Militar irrompe no início – se assim se pode dizer – da campanha que grupos civis moviam contra o que chamavam de "golpe do Terceiro Reinado", que nada mais era do que a sucessão constitucional pela princesa Isabel por ocasião da morte ou renúncia do imperador D. Pedro II. No decorrer da Questão, pelo que se vislumbra nos editoriais de Rui Barbosa no *Diário de*

Notícias, estabeleceu-se uma ligação, ainda que intelectual, entre os militares indisciplinados e os conspiradores civis, republicanos. Ligação que tinha por objetivo não apenas evitar o "golpe do Terceiro Reinado", mas também combater a corrupção. Nessa perspectiva, Rui teve importante papel, denunciando o que afirmava ser o favorecimento (com sinais de corrupção) a familiares do presidente do Conselho na licitação e concessão de obras públicas. Chegou, inclusive, a cunhar um neologismo para designar quantos gozavam de favores que considerava ilegais: "loyos" – uma das famílias que ele acusava era exatamente a família Loyo, cujo ramo comercial era a empreitada de obras públicas.

O contato dos militares com o positivismo foi o primeiro com um pensamento político que oferecia soluções prontas e acabadas para todas as questões – mais tarde, esse contato será feito com o liberalismo e, já no segundo quartel do século XX, com o marxismo da III Internacional. O contato com o positivismo foi danoso para a disciplina e a hierarquia, na medida em que a incorporação das ideias de Comte, transplantadas para o meio brasileiro, permitiu cimentar a tese de que o militar, antes de ser soldado, era cidadão e que, como tal, deveria gozar de todos os direitos civis e políticos que a Constituição de 1824 a eles garantiria. A campanha abolicionista ajudou os militares a interpretar o direito de propriedade como subordinado às prerrogativas da condição de humanidade; a propaganda republicana levou-os a refletir sobre a superioridade de uma forma de governo sobre outra e a decidir pela melhor, ainda que fosse contra a Constituição. A República mergulhou-os no caos das agitações oligárquicas e antioligárquicas, ao mesmo tempo em que reforçou, em alguns setores militares, a ideia florianista de que apenas as Armas salvariam a Pátria e de que somente a espada, como o próprio Floriano escrevera no fim do Segundo Reinado, resolveria os problemas do país, especialmente a corrupção.

Se o "intervencionismo" nasceu nos quartéis, ainda que instigado por civis (as "vivandeiras" que rondavam os quartéis, a que se referiu, certa feita, o presidente marechal Castelo Branco, usando a expressão para marcar o desprezo com que via a ação desses civis que buscavam apoio militar para realizar seus objetivos políticos – esquecendo, provavelmente, que sua ascensão à presidência da República resultara de um assédio do tipo que condenava...), o objetivo colimado pela intervenção nas instituições a partir da campanha contra o "golpe do Terceiro Reinado" era de inspiração civil. Já na República, com exceção dos que perfilavam o "salvacionismo" florianista (e, em 1930, os que se abeberavam no positivismo castilhista que imperava no Rio Grande do Sul), os jovens comandantes que formaram sua personalidade rompendo a disciplina deixaram-se influenciar pelo liberalismo dos grupos com que mantinham contato e, às vezes, relações sociais íntimas – liberalismo que, a rigor, tratava-se mais de ideias dos indivíduos do que representações coletivas dos grupos sociais a que esses civis pertenciam, e que se traduziu nas fórmulas jurídicas da Constituição de 1891 ou na concepção do mundo que conformou o Código Civil de 1916. A primeira consagrou a exclusão, no corpo eleitoral, da maioria do corpo político, e um sistema de governo que permitiu a privatização do Estado mediante o acordo entre a presidência e as oligarquias regionais; o segundo estabeleceu normas de convivência social para uma sociedade ideal de homens letrados. Ambos eram construções jurídicas que pouco tinham a ver com a realidade social, exceto num ponto – aquele em que, na práxis cotidiana, consagrava uma forma não liberal de dominação social ao excluir o trabalho da cidade e a mulher da vida pública, e uma forma não liberal de expressão política, do que é testemunha e evidência o assassinato de Pinheiro Machado.

Os civis que se contrapunham àqueles que controlavam o poder no Império, e procuravam detê-lo na Primeira República, tinham nascido e vivido nessa organização social e nesse clima mental; sua oposição tinha por objetivo não a ampliação do corpo político e o fim da exclusão política e social de vastos setores da população, mas fazer com que a pureza das fórmulas consagradas na Constituição e no Código se traduzissem em *práticas políticas* que permitissem um lugar ao sol na política aos membros dos grupos sociais privilegiados pela riqueza e pelo *status*, mas que divergiam das práticas políticas vigentes. Não tendo bases sociais de sustentação, o liberalismo das oposições era típico do civilismo oligárquico.

É preciso voltar agora ao drama com que iniciamos estas considerações, lembrando os atores que exibiam cartazes em que se lia "Viva o Poder Civil" e "Frente civil-militar".

Ao estudar o Segundo Reinado, Oliveira Viana foi quem primeiro soube ver as diferenças entre tipos de mentalidade e ação visíveis no Exército. Para ele, eram dois os tipos de militares que tinham influência na política: os que formavam a "mole militar" e os "totens", aqueles que, por sua posição na hierarquia militar e seu prestígio, reuniam as condições de, havendo ocasião e oportunidade, movimentar a "mole". Nesse último grupo, incluía Caxias, conservador, e Osório, liberal, na clara indicação de que os chefes militares tinham sua particular orientação política, embora ambos fossem dedicados à defesa do Estado.

Os "totens" integram aquilo que chamei de Estabelecimento Militar: o conjunto dos oficiais, geralmente generais ou coronéis na expectativa de promoção, que têm plena consciência de sua subordinação ao Estado via governo, e do papel que a Constituição lhes prescreve. Vivem esse papel ditado pelas normas constitucionais e obedecem aos governos cuja investidura consideram legítima por haver decorrido do respeito às mesmas normas legais. Cabe não esquecer que, pela Carta de 1824, a que deu base legal ao Exército, as Forças Armadas eram essencialmente obedientes. Os oficiais intervirão, apesar disso tudo, quando julgarem que o Estado corre risco e a situação política o exige. Na "mole", encontramos o que chamo de "Partido Fardado". Convém deter-nos sobre ele.

Ouvi a expressão "Partido Fardado" no início da década de 1960, quando um general da reserva, comentando a situação política, deu a entender que o Exército era um "partido" e, como tal, deveria influir na condução dos negócios do Estado. Com certeza, ele não se referia a uma organização formal e complexa, com aparelho burocrático adequado a uma atividade partidária tal como a entendemos. A expressão traduzia mais a convicção de que o Exército, enquanto organização, deveria participar das decisões políticas que dissessem respeito ao Estado. E ele sabia que nada aconteceria para tornar efetiva essa influência enquanto as chefias naturais não se dispusessem a agir. Foi a partir desse contato que decidi incorporar às minhas considerações sobre as Forças Armadas a ideia de "partido", contrapondo-a à das chefias naturais, o "Estabelecimento Militar". É que, na verdade, ao referir-se ao "Partido Fardado", o general tinha na memória o Movimento Militar Constitucionalista, que ajudara a organizar em 1954, o qual contribuíra para êxito da "novembrada" de 1955, liderada pelo general Teixeira Lott.

Contrariamente aos que integram o Estabelecimento Militar, os oficiais que podemos enquadrar no Partido Fardado, jovens em sua maioria, não guardam diante da Constituição a atitude de obediência passiva que a Carta de 1824 permitiria esperar: "essencialmente obedientes". A ideia de que os militares são cidadãos antes de serem soldados, que veio da Questão Militar, esteve presente no dia a dia das Forças Armadas desde 1887 ao lado de outra de grande relevância: por serem membros de uma organização afastada das grandezas e misérias da vida civil (confundida com as atividades mercantis), consideravam-se os únicos e legítimos (por desinteressados daquelas atividades) intérpretes da Constituição e defensores do Estado. Esta é uma postura política por excelência.

Assim como, no estudo das culturas, somos levados a falar no "espírito" de uma época, que perpassa gerações ainda que não haja instituições formalmente dedicadas à transmissão de valores e ideais. Estas duas ideias moldaram uma visão do papel do soldado frente à cidade, a *Polis*. Ser cidadão-soldado significa poder pensar fora e além dos quadros mentais da instituição, uma afirmação de autonomia e independência que só não se traduz em poder porque os que sustentam a ideia sabem que não têm condições hierárquicas para movimentar a "mole militar". Ver-se como membro de uma organização desligada das atividades mercantis (muitas vezes tidas como vis) faz do cidadão-soldado o único guia legítimo da sociedade, intérprete privilegiado da Constituição e garante, por excelência, do Estado como organizador das condutas coletivas. Quando há uma crise política ou de valores na sociedade, a ideia do cidadão-soldado permite aos que a perfilam agir como "partido" – um partido *funcional*, que como tal deve ser tomado ao exercer uma função hegemônica – a mesma que exerceria, segundo Gramsci, o chefe de Estado no sistema parlamentarista. Note-se que a ação do Partido Fardado visa a destacar a importância do papel do Exército na política, não a desestruturar o Exército e fazer dele uma organização a mais na sociedade civil.

Na tentativa de caracterizar o Partido Fardado, cabe dar o devido relevo ao fato de que o Exército é uma organização formal nacional. A Igreja Católica é a única organização que poderia se contrapor ao Exército, por possuir organização centralizada e por cobrir todo o território nacional. Na dita sociedade civil não se encontrará, até o último quartel do século XX, uma organização capaz de ombrear com o Exército quando se tem em mente o Espaço estatal – e, claro está, que a Igreja Católica não é parte da sociedade civil. Dito isto, é fácil entender como a consciência de ser "nacional" e, ademais, defensor do Estado, leva o militar a distinguir-se do civil, especialmente quando o sentimento de autonomia e independência é forte. Chamo atenção para este fato: ser "nacional", "organizado" e defensor do Estado faz do Militar um cidadão conservador – e faz das Forças Armadas, especialmente do Exército, uma organização defensora da Ordem.

Abramos parênteses. O Exército não pode existir sem que todas as suas ações sejam inspiradas pela ideia de ordem, isto é, pela ideia de que hierarquias devem ser ordenadas na sociedade para que não haja ruptura da solidariedade social. O pensamento liberal sobre a sociedade e as relações de poder que se dão nela também se inspira numa ideia de ordem, embora introduza a do dissenso. A diferença entre o que chamaríamos de "ordem militar" e a "ordem liberal civil" é que, para os militares, a ordem é estabelecida pelos regulamentos, enquanto os liberais a têm como resultante do consenso. O que implica dizer que o liberal aceita que o enfrentamento aberto em caso de conflito seja parte integrante da ordem, passo necessário para que se chegue ao consenso. Nos momentos de crise de poder na sociedade – aqueles em que apenas pelo jogo das instituições é impossível definir quem será o vencedor do enfrentamento criado entre interesses materiais e também ideológicos –, os grupos em presença, especialmente aqueles que se imaginam já derrotados, deixam de considerar esse conflito como inerente à "ordem civil" e consideram que a ordem só existe quando esse conflito não tiver lugar. É normal, então, que esses setores – mesmo se dizendo liberais – apelem ao "grande mudo" para que a ordem seja restabelecida. Para os militares, especialmente os do Partido Fardado, não há nada que contrarie sua maneira de ver o mundo quando os civis pedem que restabeleçam a ordem; pelo contrário, consideram estar cumprindo seu dever. Afinal, não foram os civis que inscreveram, nas constituições republicanas, que sua função é, entre outras, manter a lei e a ordem? *Fechemos parênteses.*

Tendo sempre presente que o Partido Fardado é um partido funcional, é preciso perceber que ele se constitui de uma trama bem urdida, como a de um tapete persa, de relações interpessoais. Não se sabe onde começa a urdidura: no quartel, nas reuniões familiares, na troca de correspondência com amigos ou companheiros das escolas militares. Mas ela existe, e à medida que o tapete vai ganhando forma e cor, a existência de uma crise mais ou menos séria na sociedade, que ponha em risco a ordem, faz que os contatos se tornem mais estreitos, o que faz também que os superiores comecem a ser informados de que alguma coisa não está bem. Chegará o momento em que o Estabelecimento Militar, conduzido, com frequência, por um totem, será chamado a agir para que se mantenha a hierarquia e a disciplina, ainda que à custa da legalidade formal. Nesse momento, há a intervenção. Comandada pelos generais, mas provocada pelo desassossego criado pelos membros do Partido Fardado.

Um caso ilustrará o que pretendo dizer. De minha experiência profissional como jornalista, guardo a memória dos fatos que cercaram a edição do Ato Institucional nº 5 em 1968. Para que bem se compreenda o que aconteceu, convém insistir em que vivíamos, desde março de 1967, sob o império de uma Constituição votada pelo Congresso, embora a intranquilidade nos quartéis fosse de todos conhecida. Não tenho memória do discurso do deputado Márcio Moreira Alves (que provocou a crise) ter sido publicado ou difundido por algum meio de comunicação. Ele o pronunciara no momento conhecido como pinga fogo, reservado na Câmara dos Deputados aos que, no Baixo Clero, tenham alguma comunicação a fazer, de qualquer natureza. Geralmente, a imprensa não cobre esse período das sessões da Câmara, pois nada de útil (em termos jornalísticos) acontece. Tudo me faz crer que um membro do Partido Fardado leu no *Diário Oficial* o que Márcio Moreira Alves dissera e fez chegar o discurso a seus companheiros em todo o Brasil.

Uma noite, começaram a chegar notícias de que os quartéis estavam em polvorosa porque o discurso de Márcio Moreira Alves fora considerado ofensivo às Forças Armadas. Começou aí o processo que levou ao Ato: os ministros militares fazendo pressão sobre o presidente da República para que punisse o deputado, e Costa e Silva e Pedro Aleixo (vide-presidente) resistindo. Tal processo a imprensa cobriu. A decisão da Câmara, negando licença para que o deputado fosse processado pelo Supremo Tribunal Federal, rompeu os diques da disciplina.

Os que viveram aquele momento, especialmente a tarde e a noite do dia 13, lembram-se de que, em todo o Brasil, especialmente nos centros vitais, a tropa se fez à rua sem comando apenas conhecida a decisão da Câmara – os generais assumindo a direção dos acontecimentos depois dos fatos consumados para não serem ultrapassados. Houve quem, presente à reunião ministerial na qual se votou a edição do Ato, dissesse ter sentido nos oficiais presentes, não nos generais, um "elã soreliano" de fazer a revolução, isto é, depor o presidente Costa e Silva se ele não concordasse com a edição de medidas de exceção. Houve também quem dissesse, mais tarde, que, se Castelo Branco fosse vivo, Costa e Silva teria sido deposto e Castelo seria o executor do Ato. A relação entre o Partido Fardado e o Estabelecimento Militar foi posta em evidência não naquele dezembro de 1968, mas em 1969, quando, nos quartéis, escolheu-se o novo presidente de República, general Médici. O totem do período que se concluiu com a eleição de Médici foi o general Orlando Geisel, chefe do Estado-Maior do Exército.

Permito-me fazer ainda algumas outras observações sobre o Estabelecimento Militar e o Partido Fardado, buscando melhor esclarecer seu comportamento. Até 1964, mais especificamente até o governo Castelo Branco – o chamado Comando Revolucionário afastou os dissidentes de 31 de março – eram conhecidos os totens nas Forças Armadas. Digo conhecidos, porque deles se falava nos círculos políticos. Eram oficiais-generais das diferentes Forças que tinham feito por reunir, ao longo de sua vida profissional, a simpatia, quando não a adesão de um bom número de oficiais de diferentes patentes, inclusive, às posições políticas que se manifestavam, no limite permitido pelos regulamentos disciplinares. Dizia-se, então, que havia o "grupo" deste ou daquele oficial-general. Nas eleições no Clube Militar, denominado "A casa da República," a cuja presidência – diferentemente do que hoje ocorre – concorriam generais da ativa, cada grupo (ou coligação de vários deles) media suas forças, apoiado no prestígio de um ou de vários chefes militares.

Passados os anos e refletindo sobre o período pós-1945, creio poder dizer que era no Clube Militar que o Estabelecimento Militar procurava influenciar o governo, ao mesmo tempo em que os oficiais-generais que disputavam a presidência da entidade transmitiam sua mensagem para grupos civis politicamente afins que, muitas vezes, auxiliavam financeiramente as campanhas. Politicamente afins porque, a partir de 1945 ou 1950 para sermos mais precisos, a política invadiu os quartéis e contaminou o Estabelecimento Militar. Foi o período em que se começou a falar nos "nacionalistas" e nos "democratas," que se distinguiriam pelas posições que assumiam diante dos Estados Unidos e da presença do capital estrangeiro no país.

Em 1945, quando a discussão desses temas ainda não era motivo de divisão, o fim do Estado Novo era a palavra de ordem que unia todos – os civis que se articulavam a partir de 1942 quando o Brasil declarou guerra ao Eixo, e alguns grupos militares, especialmente, os coronéis que tinham estado na FEB. O receio de um golpe de Getulio Vargas com o apoio dos comunistas permitiu que o Estabelecimento Militar agisse como um bloco coeso. Em 1954, a pressão popular para que Vargas renunciasse a fim de que se esclarecesse o assassinato do major Rubem Vaz, por sua vez, permitiu uma ação homogênea dos generais em comando no Rio de Janeiro. Nas intervenções de 1961 e de 1964 o mesmo não ocorreu. Na crise da renúncia de Jânio Quadros, o general Machado Lopes, comandante do III Exército, dissentiu da orientação dos ministros militares em ação paralela à de Leonel Brizola, levando à implantação do parlamentarismo. Em março de 1964, o general Mourão Filho, que era general-de-divisão, agiu por iniciativa própria, levando a que Costa e Silva, general-de-Exército, assumisse, no Rio de Janeiro, o comando geral das operações contra o presidente João Goulart.

Em 1961, a crise foi resolvida pelos generais, vale dizer, nos quadros do Estabelecimento Militar, ainda que vencendo a resistência dos ministros militares. Em 1964, ao assumir o comando das operações, o general Costa e Silva conseguiu dar ao movimento o caráter de ação em que se respeitava o princípio da hierarquia, muito embora o Partido Fardado tivesse desempenhado papel de relevo na conspiração que se iniciou em 1962.

Conforme o Partido Fardado tem de ser visto como organização funcional. Assim como os generais se dividiam em grupos mencionei de acordo com sua posição diante dos Estados Unidos e da presença do capital estrangeiro, com reflexo na política interna conforme o comportamento dos representantes eleitos, era possível encontrar uma divisão entre oficiais superiores e os demais. O que não impede que, no esforço de caracterização, falemos em Partido Fardado, pois foi ele que levou, especificamente depois de 1945, às intervenções de 1955 e 1964. O que eu gostaria de deixar claro é que o Partido Fardado, nos diferentes momentos em que forçou uma intervenção do Estabelecimento Militar, agiu como catalisador de inconformismo com uma dada situação, confiante, esta é a verdade, em que haveria generais que, para resguardar o princípio da hierarquia e fazer com que o Estado não se desviasse dos rumos que julgavam certos, comandariam a intervenção. O depoimento do general-de-divisão (R/1) José Alberto Betancourt sobre o 11 de novembro de 1955 o ilustra: a tropa na rua, ele e seu irmão José Alexínio foram ao general Lott pedir que assumisse o comando da operação. O que acabou acontecendo.

É tempo de cuidarmos da criação do Ministério da Defesa. Antes, porém, é preciso examinar brevemente cada uma das intervenções militares a que me referi.

Salvo engano, houve 25 intervenções, algumas decisivas, outras apenas indicativas de uma crise militar. Dessas, 15 ocorreram em sequência a crises na sociedade ou contaram com o apoio de grupos sociais: 1821, 1831, 1840, 1888, 1889, 1924, 1930, 1945, 1950, 1955 (duas vezes), 1961, 1964. As que tiveram motivação exclusivamente militar foram em número de 11: 1868, 1887, 1903, 1922, 1937, 1956, 1959, 1963, 1968, 1969 (duas vezes). As de 1965 têm caráter duplo, pois foi a ação do Partido Fardado que levou o presidente Castelo Branco a editar o Ato Institucional nº 2, contando com o apoio de pequenos grupos civis.

É relevante, para essa análise, ter em conta que as intervenções que tiveram profundas consequências institucionais foram aquelas em que o mundo civil preparou o clima para a ação dos militares ou a apoiou com entusiasmo. Digo relevante porque foi a partir desse apoio que os militares (Partido Fardado e Estabelecimento Militar) consideraram-se intérpretes daquilo que a sociedade desejava ter como política de Estado e observância da Constituição. No caso específico de 1964, a Marcha (multitudinária) da Família com Deus pela Liberdade, realizada em São Paulo e outras capitais antes do 31 de março, consolidou, na mentalidade do grupo militar triunfante, a ideia de que a contrarrevolução (como o movimento passou a ser chamado) atendera ao apelo da sociedade. Os grupos civis – não os que decidiram partir para a ação armada – que se colocaram contra a intervenção foram tidos como adversários do saneamento necessário do Estado.

A análise das intervenções – e, portanto, a da História – será falha se deixarmos de considerar que nem todas uniram a "mole militar" num bloco orgânico e impermeável às eventuais seduções de grupos civis prejudicados. Em todos os momentos decisivos depois da eleição de Castelo Branco, grupos civis e os militares exaltaram a união civil-militar. Queremos dizer com isto que houve intervenções que consolidaram a unidade das Forças Armadas e outras que contribuíram para a sua divisão. A união ou a fratura na unidade decorreu sempre da posição política dos totens – porque, não nos enganemos, para que um general pudesse ser considerado totem era necessário que, pelas posições assumidas ao longo de sua vida militar, especialmente depois que chegava ao generalato, tivesse conquistado a simpatia de muitos oficiais subordinados que se dispusessem a segui-lo em suas ações mesmo que fora do quadro constitucional. Um "caso" servirá de exemplo: por volta de 1962, muitos capitães se recusavam a seguir alguns generais que, para eles, haviam sido promovidos por injunções políticas e não por mérito pessoal ou profissional.

Tomemos 1937 como ponto de partida para a análise das intervenções. O golpe de Estado só foi possível porque o ministro da Guerra e o chefe do Estado-Maior do Exército garantiram a Vargas a solidariedade da tropa. Além disso, não devemos nos esquecer de que a Intentona de 1935 e as notícias da Guerra Civil espanhola tinham reforçado no corpo da tropa a consciência da necessidade de manter a ordem contra uma eventual repetição do que acontecera no Nordeste e no Rio de Janeiro. Além do que, também, convém termos sempre presente que a pregação da Ação Integralista Brasileira conquistara adeptos fervorosos nas Forças, especialmente na Marinha.

O significativo no golpe de 10 de novembro é que tanto Eurico Gaspar Dutra (ministro) quanto Pedro Aurélio de Góes Monteiro (chefe do EME) tiveram o cuidado de não comprometer o Exército em ações repressivas. A tropa que fechou o Congresso Nacional era da PM do Distrito Federal; a repressão aos adversários foi feita pela Polícia Especial. E, fato relevante, Dutra teve o cuidado de comunicar ao Alto Comando do Exército que fora promulgada uma nova Constituição, que os especialistas consideravam adequada ao momento vivido pelo Brasil, Constituição essa que previa um plebiscito para que fosse consagrada pela vontade popular. Em outras palavras, para todos os efeitos o Exército não interferira no processo político, limitando-se a cumprir suas funções, obediente ao chefe de Estado.

Essa maneira de apresentar as coisas marcou o Exército, inclusive os que conspiraram com Vargas em 1937; marcou tanto que, em 1945, Góes, ministro, os generais com comando no Rio, além de Dutra e Eduardo Gomes com ele solidários, da mesma forma que a Marinha e a FAB infante, todos agiram no 29 de outubro na certeza de que Vargas planejava um golpe de Estado para impedir as eleições marcadas para dezembro. A imagem de Vargas, golpista, ademais aliado aos comunistas (a política de Prestes em 1945, formando com os queremistas, levava-os a acreditar numa aliança) ficará para sempre e marcará o processo político depois de 1945. O recurso a ela ajuda a entender o processo de março de 1964, quando se temeu o golpe de Goulart-Brizola e dos comunistas.

A deposição de Vargas em 1945 foi a última intervenção coesa das Forças Armadas. Depois, desconsiderada a de 1950, que se limitou à fala isolada de um general (tomada como posição do Exército), a situação mudou.

1954 – Ao reclamar a demissão de Vargas, os oficiais-generais das três Forças não consultaram os coronéis, muitos dos quais defendiam que o processo político deveria seguir os caminhos previstos pela Constituição. O resultado dessa atitude foi a criação do Movimento Militar Constitucionalista, que permitiu a "novembrada" de 1955.

1955 – Os dois golpes de Estado – 11 e 21 de novembro – dividiram as Forças Armadas. A divisão no Exército não chegou a ser significativa. Na Marinha, a quase totalidade do corpo de oficiais colocou-se contra a nova situação; na FAB, a divisão foi sensível. As revoltas de Jacareacanga e Aragarças (1956 e 1959), protagonizadas por oficiais da Aeronáutica, ações que poderíamos chamar de "individuais", foram consequência dessa divisão. Não se deve desconsiderar que muitos daqueles que se colocaram contra a "novembrada" viram nela a ação do Partido Comunista, que teria se infiltrado no Exército e na FAB.

1961 – A decisão dos ministros militares de não dar posse a João Goulart cindiu o Exército e a FAB. A ação do general Machado Lopes, no comando do III Exército, recusando-se a apoiar os ministros, foi decisiva na condução do processo e para a solução da crise.

1964 – A divisão nas Forças Armadas não se traduziu em ações no dia 31 de março ou nos primeiros dias de abril, mas sim nas medidas repressivas aplicadas contra oficiais e sargentos das três Forças pelo Comando Revolucionário que se constituiu no dia 31 de março. É significativo que o apelo à unidade das

Forças Armadas tenha sido a tônica de quase todos os pronunciamentos de Castelo Branco e Costa e Silva quando se dirigiam ao meio militar.

1969 – O Ato Institucional nº 17 espelhou a crise nas Forças Armadas. A Junta Militar agiu para prevenir qualquer tipo de ação militar que contestasse sua política geral.

Castelo Branco foi exemplo típico do integrante do Estabelecimento Militar influenciado pelo liberalismo que vicejava em alguns círculos urbanos brasileiros – com o que seu governo e sua política foram marcados pelo liberal-militarismo.

Da leitura do livro do general Jayme Portela sobre o governo Costa e Silva resulta, claro, que Castelo Branco foi escolhido pelos governadores da Guanabara, de São Paulo, Minas, Paraná, Santa Catarina e Rio Grande do Sul, fosse para impedir que o general Costa e Silva exercesse um poder quase pessoal, contrariando os objetivos declarados do movimento, fosse para atender à exigência que lhes fizera o general Moniz de Aragão: *o Exército quer Castelo.*

Foi com a eleição do marechal Castelo Branco que teve início o segundo ato do drama referido de início.

Por haver pautado suas ações pela tentativa de conciliar os ideais liberais-democráticos com o *ethos* militar e as exigências do período, o governo Castelo Branco fez o possível para que não fosse visto como uma ditadura – mais especificamente, uma ditadura militar. Além da crença professada por Castelo Branco na democracia liberal, havia outra razão para esse empenho: o fato de sempre haver tido as ditaduras militares ibero-americanas como referência negativa e desejar sinceramente que este epíteto não recaísse sobre o Brasil. Editou o Ato Institucional nº 2, o único repressivo de sua gestão, mas tudo fez para que as cassações e suspensões de direitos políticos fossem vistos como exigência daquilo que se chamava, então, Revolução. E para deixar claro que o Brasil era diferente da América espanhola, promoveu a elaboração de uma Constituição que reforçava, sem dúvida, o Poder Executivo, mas preservava as liberdades. Nada melhor ajuda a definir sua posição ideológica e sua relação com o Partido Fardado do que a frase atribuída ao general Orlando Geisel na fatídica noite do 13 de dezembro de 1968, quando se editou o Ato Institucional nº 5. Dirigindo-se ao vice-presidente Pedro Aleixo, teria dito: "Dr. Pedro, Castelo nos traiu. Desta vez não haverá nem prazo [para a vigência do Ato] nem *habeas corpus*".

O apego de Castelo Branco às formas liberais e o temor de que o Brasil pudesse ser confundido com uma republiqueta ibero-americana qualquer – no contexto da Guerra Fria, assinale-se – levou-o a tentar criar as condições legais para que os totens não pudessem mais ter ação na vida política brasileira. Mais do que isto: deixassem de existir. Ao mesmo tempo, retirou um dos motivos de insatisfação na jovem oficialidade, que era a demora nas promoções a postos superiores. As duas ideias fixas levam-no a promulgar uma profunda reforma na estrutura das Forças Armadas: os oficiais passaram a ter um limite de idade para permanecer no posto, critério este associado ao de tempo limite de permanência no cargo. Quando se junta essa reforma ao decreto da Junta Militar de 1969, concedendo aos ministros militares a prerrogativa de, a cada promoção, escolherem os oficiais que, a seu ver, deveriam passar para a reserva – dispositivo que continua em vigor, independentemente da forma legal que assumiu depois de 1969 –, passamos a ter Forças Armadas bem diferentes daquelas em que ele próprio, Castelo, se formara, e cuja estrutura vinha sendo mantida desde as últimas reformas da República, a última das quais, quero crer, foi a famosa "Lei Denys". O general-de-Exército Odylio Denys, peça chave na "novembrada", deveria passar à reserva por ter atingido o limite de idade na ativa, que era de 64 anos. Para mantê-lo no comando do I Exército, indispensável à segurança do governo, o presidente Kubitschek fez aprovar lei aumentando para 66 anos o limite de permanência na ativa.

Com a reforma feita por Castelo, e tendo em vista que a presidência era ocupada por um general, o Partido Fardado deixava de existir porque não haveria mais campo no qual pudessem florescer suas demandas; não haveria mais totens porque não haveria mais tempo para que uma liderança se consolidasse nos altos postos da hierarquia – a permanência num posto estava condicionada a tempo e idade e, ademais, dependia de um ato do ministro, da confiança do presidente da República.

A essas providências, aceitas pelos jovens oficiais na medida em que abriam a possibilidade de os coronéis chegarem a general com menor idade do que até então, somou-se uma outra que teve efeito imediato e duradouro: o congelamento, se não a redução do orçamento das Forças Armadas. Essas medidas trouxeram visível prejuízo para a pretensão das Forças Armadas – desde a proclamação da República, pelo menos – de influir nos negócios do Estado. Da mesma forma como viriam a ser responsáveis pela tão pequena reação militar à criação do Ministério da Defesa. É preciso, igualmente, atentar para a concepção geral que Castelo Branco tinha da defesa nacional – concepção esta que em alguns de seus aspectos, talvez os essenciais, inspirou governos que se sucederam ao do general João Baptista Figueiredo.

A ideia que Castelo Branco fazia de segurança e defesa nacionais, ele a expôs com clareza na última conferência que proferiu na Escola Superior de Guerra, a 13 de março de 1967, dois dias antes de deixar o governo. A conferência é longa. Dela, tomo alguns trechos sem, com isto, diminuir a extensão da citação. Creio necessário fazê-lo, pois ali se encontram muitas das ideias que acabaram consolidando a posição de quantos desejavam a criação do Ministério que unificasse os assuntos militares e de defesa e segurança nacional – intenção que foi também a de Castelo Branco. Ainda que não se encontrasse quem externasse uma clara oposição a esse Ministério, sua criação já era vista em pequenos círculos como imposição do governo dos Estados Unidos. À época, a reação mais firme às políticas de Castelo Branco surgiu do grupo que assessorava o general Costa e Silva: uma clara oposição à criação da Força Interamericana de Paz, proposta que Castelo Branco defendeu na conferência proferida na ESG. Mais tarde, o presidente Costa e Silva revogaria o artigo do Decreto-Lei 200, da reforma administrativa feita por Castelo Branco no fim de seu governo, determinando estudos para a criação do Ministério das Forças Armadas.

Vamos, porém, aos trechos mais relevantes daquela conferência:

Segurança e defesa – "A primeira parte a fixar é a dilatação do conceito de segurança nacional, hoje bastante diferenciado do conceito mais restrito de defesa nacional. A diferença é dupla. O conceito tradicional de defesa nacional coloca mais ênfase sobre os aspectos militares da segurança e, correlatamente, sobre os problemas de agressão externa. A noção de segurança nacional é mais abrangente. Compreende, por assim dizer, a defesa global das instituições, incorporando por isso os aspectos psicossociais, a preservação do desenvolvimento e da estabilidade política interna. Além disso, o conceito de segurança, muito mais explicitamente que o da defesa, leva em conta a agressão interna, corporificada na infiltração [e na] subversão ideológica, até mesmo nos movimentos de guerrilha, formas hoje mais prováveis de conflito que a agressão externa."

Segurança e desenvolvimento – "Desenvolvimento e segurança, por sua vez, são ligados por uma relação de mútua causalidade. De um lado, a verdadeira segurança pressupõe um processo de desenvolvimento, quer econômico, quer social. Econômico porque o poder militar está também essencialmente condicionado à base industrial e tecnológica do país. Social, porque mesmo um desenvolvimento econômico satisfatório, se acompanhado de excessiva concentração de renda e crescente desnível social, gera tensões e lutas, que impedem a boa prática das instituições e acabam comprometendo o próprio desenvolvimento econômico e a segurança do regime".

Segurança e ideologias – "A doutrina de segurança nacional, assim como o conceito de estratégia, não constituem um corpo rígido de princípios, comportando influências ideológicas, tecnológicas e econômicas."

"A influência doutrinária pode ser exemplificada pelo expansionismo territorial [...], pelo expansionismo ideológico [...] ou pelo isolacionismo, conforme ocorreu em certas fases da história americana."

Defesa associativa – "No caso brasileiro, a nossa longa tradição pacifista leva-nos a uma doutrina essencialmente defensiva. A opção que realmente se nos apresenta é entre um conceito de segurança eminentemente nacional, o que seria algo irreal no mundo moderno, e esquemas de defesa associativa, em que passamos a pensar em termos de segurança continental."

Segurança e PIB – "A interrelação entre desenvolvimento e segurança faz com que, de um lado, o nível de segurança seja condicionado pela taxa e potencial de crescimento econômico. E, de outro lado, com que o desenvolvimento econômico não se possa efetuar sem um mínimo de segurança. O problema comporta análise mais detida. A primeira e mais fundamental limitação ao planejamento da segurança é a própria dimensão do produto nacional bruto do país. Estima-se que, para os países subdesenvolvidos, não mais que de 1% a 2% do produto nacional bruto possam, em condições normais, ser dedicados à segurança, sob pena de reduzir o próprio ritmo do crescimento, uma vez que uma boa parcela do dispêndio de segurança é por sua própria natureza improdutiva".

"Nos países já desenvolvidos e com responsabilidades de liderança, essa proporção tem ascendido recentemente a cerca de 10%, aparentemente sem efeitos danosos para a manutenção da taxa de crescimento. O Brasil tem procurado ater-se a esse critério geral. [...] Comparativamente ao Produto Interno Bruto, o dispêndio de defesa se situa na faixa entre 1% a 2%, sendo de notar que boa parcela desse dispêndio é de natureza produtiva como, por exemplo, os investimentos em treinamento técnico e científico, em telecomunicações, infraestrutura de avaliação civil e na construção de vias de transporte."

Segurança e inflação – "Se o volume de recursos que se pretende devotar à segurança nacional se choca contra ambições inflexíveis de outros setores, agrava-se imediatamente a pressão inflacionária. Daí podem decorrer três tipos de atitude. [...] A terceira atitude, a única sensata a longo prazo, é o planejamento para a estabilização. Isso implica na utilização do orçamento como instrumento estabilizador, para reconciliação de objetivos conflitantes, sem inflação ou com um mínimo de inflação".

Segurança e câmbio – "Outra das grandes contribuições ao planejamento da segurança é de natureza cambial. Um país sem reservas de divisas não pode contar com abastecimento regular de produtos essenciais à segurança. Tem dificuldade em conseguir empréstimos, e só consegue em condições onerosas. Finalmente, suas importações carregam um sobrepreço pelos riscos de atraso e insolvência."

Segurança e política internacional – "No exame da interrelação do desenvolvimento com a segurança nacional, não nos podemos furtar à consideração da política internacional. Ela é importante neste contexto sob dois aspectos. Primeiramente, porque, num mundo econômico e socialmente interdependente, a segurança nacional não pode ser alcançada em bases exclusivamente internas. Em segundo lugar, porque temos de buscar no exterior meios de economizar dispêndio de defesa, através de esquemas associativos e também financiamentos, de capital e tecnologia para o desenvolvimento econômico."

Dissuasão nuclear – "As realidades históricas e geográficas nos inscreveram no dispositivo da segurança do hemisfério ocidental. Ele nos fornece um escudo nuclear efetivo contra veleidades de agressão extracontinental, hoje pouco prováveis, em face do chamado 'equilíbrio do terror'. É certo que não teríamos recursos econômicos, e mesmo técnicos, para criarmos nossa 'dissuasão nuclear' própria e, se o buscássemos fazer, fá-lo-íamos com sacrifício de nosso desenvolvimento econômico e padrão de vida. Felizmente, o dispositivo de segurança continental, assim como o de todo o mundo ocidental, é consensual e não impositivo. Dentro dele há espaço para o exercício da verdadeira independência, seja pelo esforço de asserção de uma hegemonia política regional, como sucede hoje na Europa Ocidental, seja pela livre busca de formas e organização política e econômica e de contatos internacionais, com a única exceção do regime comunista [de Cuba], considerado pela declaração de Punta del Este, firmada anteriormente a meu governo, como 'incompatível' com o sistema interamericano."

Creio que devemos guardar duas ideias de Castelo Branco: diante do dilema "manteiga ou canhão", escolheu com clareza "manteiga", pensando na inflação, que decorreria de um esforço maior na segurança e na defesa; a defesa nacional ("*O conceito tradicional de defesa nacional coloca mais ênfase sobre os aspectos militares da segurança*"), pelas mesmas razões econômicas, deverá ser associativa. A dissuasão nuclear estará fora de cogitação.

A preocupação com a inflação e o controle orçamentário persiste até hoje. Da mesma maneira que continua sendo realizada a política de congelamento do orçamento militar (e o de outros ministérios). Além das restrições orçamentárias, o contingenciamento de verbas afeta de maneira dramática programas autônomos de desenvolvimento das diferentes Forças. A ideia de defesa associativa foi abandonada pelos governos que se sucederam, presidentes militares ou civis. Mas foi substituída pelo emprego sistemático das Forças Armadas em operações de paz das Nações Unidas. Essa última política encontra justificação, em alguns círculos, como necessária para que o Brasil possa ter trunfos que o habilitem a conquistar um lugar permanente no Conselho de Segurança. Esta é uma política a ser discutida com vagar – em síntese, podemos dizer que transforma as Forças Armadas brasileiras em "sipaios" da globalização. A combinação dessas políticas representou, na prática governamental, o controle civil das Forças Armadas aperfeiçoado com a criação do Ministério da Defesa.

O dano maior causado pela política de congelamento orçamentário foi facilitar a penetração, no meio militar, da mentalidade que poderíamos chamar de "sindicalista" – isto é, a preocupação limitada a soldos e vencimentos. Tal mentalidade não afetou apenas os sargentos, mas também o corpo de oficiais. A ela, veio associar-se a ideia, continuadamente expressa por oficiais da ativa, de que se faz necessário eleger uma bancada de representação militar para que os interesses daqueles que integram as Forças Armadas fossem defendidos. Por outro lado, o corte dos orçamentos impediu a modernização das Forças – sem falar, pois foge de meu tema neste artigo, da atual situação de penúria delas todas.

Desde Castelo Branco até o momento em que o Ministério da Defesa entra em cena, em 1999, decorreram pelo menos 32 anos em que a crise salarial (com perdão da expressão) encontrou campo e condições para corroer já não o "*ethos* burocrático", mas o "espírito militar" fundado na vocação para a carreira das Armas. Esse processo foi acompanhado por outro, decorrente da crise socioeconômica que afeta largas camadas da população. Já em 1965, os oficiais mais atentos à preservação do "espírito militar" se preocupavam com dois fenômenos: o progressivo desaparecimento das "famílias militares" (três ou até mesmo quatro gerações engajadas) e a crescente procura pelas escolas militares, especialmente a do Exército, por cidadãos das classes C e D, que nelas viam apenas um caminho mais suave para vencer as desigualdades sociais, muitos deles sem qualquer vocação nem qualquer "espírito militar", embora pudessem possuir forte espírito esportivo e competitivo. Tal fato, porém, não altera o sentimento de camaradagem que desde sempre uniu e une os oficiais, mas altera as perspectivas e as posturas perante o Estado e a sociedade.

Este quadro, ainda que longo (mas seguramente precário) fornece elementos para compreender por que o Ministério da Defesa não encontrou reações significativas nas Forças. O general, cujas palavras citei em epígrafe, ele próprio aceitava passivamente a subordinação de sua Força a um civil. É que no fundo, embora não o dissesse, não estava disposto a lutar contra o sentimento de hostilidade experimentado pelas Forças Armadas, que já podia ser sentido no governo Collor e na sociedade, afora saber que não havia mais grupos civis dispostos a formar com elas aceitando que influíssem nos negócios do Estado. Uma dupla realidade que ainda hoje se encontra em muitos grupos sociais, especialmente no que se diria ser a inteligência, para não citar os empresários que tiveram participação ativa na criação do clima que levou a março de 1964.

É que, na verdade, na sociedade, são poucos, muito poucos, os que se identificam hoje com os objetivos sonhados por muitos dos que agiram no período em que os generais eram presidentes, ainda que fazendo toda sorte de reservas ao sistema repressivo que se instalou a partir de 1968. O período Costa-Figueiredo, 13 de dezembro de 1968 a 1º de janeiro de 1979, parece condenar as Forças Armadas ao isolamento sem que nelas haja comandos naturais que as defendam inclusive de si mesmas. Esse isolamento não significa rejeição nas pesquisas, é, antes, uma condição que permite a aprovação dos serviços que as Forças hoje prestam às comunidades denominadas carentes e dos métodos utilizados, e não se definiu apenas em 1999. Bem antes, numa conferência sobre os objetivos do Instituto Liberal de São Paulo a oficiais superiores da Marinha, defrontei-me com esta questão angustiada: "Por que a sociedade está contra nós?". É comum encontrarmos, hoje, oficiais jovens da ativa, em diferentes Forças, que dividem a história do Exército em dois momentos: 1964–1985, e hoje. Eles nada têm a ver com a instituição e sua história. E a sociedade vê as Forças como um instrumento de apoio aos governos, não como instrumento do Estado, embora muitas vezes resolvam problemas que ele, governo, demonstra não ter condições de resolver.

Antes, ainda, de cuidar de outra perspectiva, do Ministério da Defesa, não podemos deixar de lembrar, não uma circunstância, mas um fato: a pressão norte-americana para que as Forças Armadas brasileiras sejam transformadas em Gendarmaria dedicada, além da guarda das fronteiras (concessão evidente), ao combate contra o tráfico e drogas, o crime organizado e, eventualmente, contra a subversão armada.

Esta é uma política de Estado. Tomei conhecimento dela, pela primeira vez, em 1968, enunciada como sugestão por Robert Kennedy, que esteve em São Paulo para participar do I Fórum das Américas. Depois, soube que nas reuniões de ministros da Defesa e chefes de Estado-Maior das Américas (às quais comparecia o secretário da Defesa dos Estados Unidos), o assunto era levantado. A última notícia que tive foi da reunião de Santiago do Chile, quando José de Alencar teve de dizer "não" a Rumsfeld, que lhe fizera a proposta. Nas reuniões anteriores, comparecia pelo Brasil o ministro-chefe do Estado-Maior das Forças Armadas (EMFA).

A pressão nessas reuniões poderia ser considerada um "ataque frontal". Agora, a estratégia é a da "aproximação indireta", que se dá via American Defense University, à qual convocam universitários brasileiros para realizar cursos de curta duração. O objetivo, claro, é falar da necessidade de o poder civil controlar as Forças Armadas. E o primeiro passo para tanto é o controle do orçamento militar.

Em fevereiro de 1967, um mês antes de transmitir o governo ao marechal Costa e Silva, o presidente Castelo Branco assinou o Decreto-Lei 200 que "dispõe sobre a organização da administração federal, estabelece diretrizes para a reforma administrativa e toma outras providências". O DL 200 sofreu muitas alterações introduzidas por diferentes governos posteriores. É interessante observar as modificações (ou inclusões) feitas na parte referente ao Estado-Maior das Forças Armadas.

Pelo artigo 32, III, o EMFA é "órgão de assessoramento imediato do presidente da República" sem *status* de ministro. Apenas em 1974, alteração introduzida no artigo 32 diz, em seu parágrafo único, que o chefe do Estado-Maior das Forças Armadas é ministro titular do órgão. O EMFA, porém, convém lembrar, não é um ministério; é apenas, como estabeleceu o DL 200, um órgão de assessoramento imediato do presidente da República e nessa condição participa do Conselho de Segurança Nacional (artigo 42). Além do EMFA, é órgão de assessoramento do presidente da República, entre outros, o Alto Comando Militar.

As Forças Armadas estavam, assim, diretamente ligadas ao presidente da República, que as ouvia na seguinte condição :

"Artigo 47 – O Alto Comando Militar [integrado pelos ministros militares, o chefe do EMFA e os chefes de EM das Forças singulares] é um órgão de assessoramento do presidente da República nas decisões relativas à política militar e à coordenação de assuntos pertinentes às Forças Armadas" – DL 200.

O artigo 50 estabelece as atribuições do EMFA:

"I – Proceder aos estudos para a fixação da política, da estratégia e da doutrina militares, bem como elaborar e coordenar os planos e programas decorrentes;

"II – Estabelecer os planos e coordenar o emprego de forças combinadas (e ou conjuntas) e de forças singulares destacadas para participar de operações militares no exterior;

"III – Coordenar as informações no campo militar;

"IV – Propor os critérios de prioridade para aplicação dos recursos destinados à defesa militar;

"V – Coordenar os planos de pesquisas, de fortalecimento e de mobilização das Forças Armadas, e os programas de aplicação de recursos decorrentes;

"VI – Coordenar as representações das Forças Armadas no país e no exterior;

"VII – Proceder aos estudos e preparar as decisões sobre assuntos que lhe forem submetidos pelo presidente da República".

O DL 200, como visto, é de fevereiro de 1967. O general Costa e Silva não o assinou, pois deixara o Ministério da Guerra para concorrer às eleições. O Ministério da Guerra passou a denominar-se "do Exército" depois do DL 200. Em 1969, no governo Costa e Silva, a resistência dos ministros militares ao EMFA tornou-se patente.

O Decreto-Lei 900, de 1969, alterou as funções do EMFA. São mudanças às vezes sutis, mas que indicam a clara vontade dos ministros militares de não ceder poder a esse órgão ou de estabelecer limites para que ele não interfira no que se chamaria de autonomia de ação dos ministérios militares.

Pelo DL 200, artigo 50, II, transcrito acima, ao EMFA caberia "estabelecer os planos [...] para participar de operações militares no exterior". A redação dada a este inciso pelo DL 900 é idêntica até a palavra "exterior". Depois vem uma vírgula e o que segue: "*levando em consideração os estudos e as sugestões dos ministros militares competentes*".

Ao item III (DL 200) foi acrescentada uma palavra: "III – Coordenar as informações *estratégicas* no campo militar". O item V do artigo 55 do DL 200 teve sua numeração e redação alteradas. Antes, rezava: "V – Coordenar os planos de pesquisa [...] recursos decorrentes". Pela DL 900, esse inciso passou a ser numerado como IV e teve sua redação alterada: "IV – Coordenar, *no que transcenda os objetivos específicos e as disponibilidades previstas no Orçamento dos Ministérios militares*, os planos de pesquisa, de desenvolvimento e de mobilização das Forças Armadas e os programas de aplicação de recursos decorrentes".

Mais significativo de como os ministros militares viam o Estado-Maior das Forças Armadas é a revogação dos artigos 168 e 169 do DL 200 pelo DL 900. Baseados neles, é que se pode dizer que Castelo Branco pensou em criar um Ministério que seria denominado "das Forças Armadas", não "da Defesa". Os dois artigos deixam claro o caminho pelo qual Castelo Branco pretendia conduzir o problema:

"DL 200 – Artigo 168 – O Poder Executivo promoverá estudos visando à criação do Ministério das Forças Armadas para oportuno encaminhamento de projeto de lei ao Congresso Nacional".

"Artigo 169 – Como medida preparatória e preliminar à criação do Ministério, a garantia da mais perfeita integração das Forças Armadas e a coordenação de suas atividades poderão ser asseguradas na forma dos arts. 36, 37 e parágrafo único e 50 da presente lei".

O artigo 36 rezava na redação original: "Artigo 36 – Para auxiliá-lo, temporariamente, na coordenação de assuntos afins ou interdependentes, o presidente da República poderá incumbir de missão coordenadora um dos ministros de Estado ou, conforme o caso, o ministro do Planejamento e Coordenação Geral".

"Artigo 37 – Além dos 4 (quatro) previstos nos artigos 147, 155, 157 e 169, o presidente da República poderá prover até 3 (três) cargos de ministro extraordinário, para o desempenho de encargos temporários de natureza relevante.

"Parágrafo único – Ao ministro extraordinário poderá ser confiada a missão coordenadora a que se refere o artigo anterior" (esse parágrafo foi revogado pelo DL 900).

Os índices de aprovação das Forças Armadas pela população apontados pelo IBOPE medem a confiança nos serviços que prestam, mas não medem a *confiança política* da população nas Forças Armadas. Ora, essa *confiança política*, que fazia das Forças Armadas o defensor em última instância da Constituição e da Ordem, existiu durante todo o período em que se registraram as intervenções nas quais os civis tiveram grande participação. Nos momentos de crise nacional anteriores ao governo Sarney, se pressão houve sobre as Forças Armadas foi para que interviessem. Basta lembrar o apoio que teve a investigação da FAB, no final do governo Vargas, para descobrir os assassinos do major Rubem Vaz, e as marchas civis realizadas antes do 31 de março de 1964.

Não se encontrará nos jornais e memórias dos muitos que escreveram sobre o movimento de março e o período dos presidentes militares referência às pressões sobre as Forças Armadas desestruturadoras do "espírito militar". Existiram, porém, e a elas já nos reportamos. É bom enfatizar que as pressões internacionais vieram somar-se àquelas que grupos civis comprometidos ou não com a situação vencida em março de 1964 e dezembro de 1968 faziam a partir de posições de influência e até mesmo de poder na sociedade e no governo. Para não dizer da crise de identidade das Forças Armadas e do desejo de parte da oficialidade das diferentes Forças de separá-las dos governos presididos por militares. Ou, como acentuado, para não dizer do fim do "espírito militar" decorrente das transformações internas nelas ocorridas a partir de 1965. Ou, então, da corrosão provocada pelo "espírito sindicalista". Todos esses fatores, que abrem caminho à instituição do Ministério da Defesa tal como se formou, não foram provocados ou surgiram no governo Fernando Henrique; são parte de um processo que culmina nesse governo.

É preciso fazer uma referência à insistência com que o sr. Collor de Mello menciona e critica, durante sua campanha eleitoral, o Serviço Nacional de Informações, e às decisões que adotou logo que assumiu a presidência, visando a apresentar os ministros militares (que tinham residência em áreas nobres de Brasília) como "marajás". Nenhum membro de seu governo usou esta expressão; os atos, porém, falaram mais alto que qualquer palavra. Ao obrigar os ministros a residir fora do Lago Sul, nos mesmos prédios que coronéis, criou situação constrangedora para os comandantes, especialmente por ocasião das promoções a general. Poderia dar-se o caso – como de fato se deu com os ministros da Marinha e da Aeronáutica – de oficiais superiores que residiam nos mesmos edifícios não serem promovidos a oficial general, o que criou sérios embaraços para um dos ministros ao encontrar-se com quem se sentia injustamente prejudicado, ou suas esposas, nas áreas comuns de suas residências. O ministro do Exército escapou desses constrangimentos porque a sua residência oficial era uma propriedade do Exército.

O debate na Assembleia Constituinte, em torno do artigo da nova Carta que dispunha sobre as Forças Armadas, contribuiu para isolá-las ainda mais da sociedade, não encontrando elas grupos civis ativos na sua defesa e dispostos a reclamar que continuassem a participar das decisões de Estado. O debate pode parecer, hoje, bizantino: constaria ou não da Constituição que sua função era manter a lei e a ordem? Os ativistas do PSDB e do PT, muitos deles anistiados pelo governo Figueiredo, insistiram o quanto possível para que a expressão (que vem da Constituição de 1891) não constasse da nova Carta que estava sendo votada. O empenho militar para inscrevê-la tornou-se público sem que, no entanto, as razões dos ministros militares se tornassem conhecidas. Sendo assim, a ideia que passou para a sociedade foi a de que os militares desejavam controlar a Constituinte e impor sua vontade. Finalmente, houve um acordo que contentou os ministros militares, mas não os ativistas contrários. Depois de promulgada a Constituição de 1988, leis complementares ou ordinárias cuidaram de especificar o que as Forças Armadas poderiam fazer, além de defender a pátria e os poderes constituídos a pedido de um deles.

A defesa da lei e da ordem passou a ser assunto de menor importância. Fernando Collor e, depois dele, Itamar Franco cuidaram de manter as Forças Armadas isoladas sem que houvesse, da parte delas, em momento algum, protesto. Muito menos houve da parte da sociedade. Estava aplainado o caminho para que se criasse, no governo Fernando Henrique, o Ministério da Defesa e se buscasse, amparado na Lei, submeter não os militares, mas a função dos militares ao poder civil, ou seja, aos governos.

O burocrata que há em todos nós, tendo maior ou menor apego às normas escritas que governam a administração de um governo bem policiado (como queria Rousseau), diria que o Ministério da Defesa é uma ficção administrativa. Nada melhor, para esclarecer dúvidas, do que seguir o caminho burocrático.

No sítio https://www.defesa.gov.br/conheça_md/index.php?page= histórico encontrei, em 11 de julho de 2009, o "Histórico do MD". A transcrição parecerá longa, mas servirá a dois objetivos – um: o leitor poderá confrontar o histórico feito acima, neste artigo, com o oficial; dois: permitirá que raciocinemos com base em dados oficiais. Vamos a esse histórico, a começar pelas justificativas da existência do Ministério:

"São raros os países que atualmente não reúnem suas Forças Armadas sob um único órgão de defesa subordinado ao chefe do Poder Executivo. No Brasil, as três Forças Armadas mantinham-se em ministérios independentes, até a criação do Ministério da Defesa em 10 de junho de 1999.

"A discussão sobre a criação de um Ministério da Defesa – integrando a Marinha, o Exército e a Aeronáutica – vem desde meados do século passado.

A Constituição de 1946 já citava a criação de um Ministério único, que resultou na instituição do Estado-Maior das Forças Armadas (EMFA), à época chamado de Estado-Maior Geral.

"O presidente da República marechal Castelo Branco defendia a tese da criação de um Ministério da Defesa. Ele assinou o Decreto-Lei 200, de 25 de fevereiro de 1967, que previa a promoção de estudos para elaborar o projeto de lei de criação do Ministério das Forças Armadas. No entanto, a proposta foi abandonada.

"Durante a Assembleia Nacional Constituinte de 1988, o assunto voltou à discussão, mas não prosperou. Finalmente, em 1995, o presidente da República Fernando Henrique Cardoso declarou que, em seu plano de governo, estava prevista a discussão para a criação do Ministério da Defesa.

"O presidente Fernando Henrique Cardoso pretendia criar o Ministério ainda no primeiro mandato. A ideia era otimizar o sistema de defesa nacional, formalizar uma política de defesa sustentável e integrar as três Forças, racionalizando as suas atividades

"Durante os anos de 1995–1996, o EMFA, responsável pelos estudos sobre a criação do Ministério da Defesa, constatou que, entre 179 países, apenas 23 não possuíam Forças Armadas integradas por um único Ministério. Desses 23 países, apenas três, entre eles o Brasil, possuíam dimensões políticas para justificar a criação de um Ministério da Defesa, como extensão territorial e Forças Armadas treinadas e estruturadas.

"Os ministérios da Defesa da Alemanha, da Argentina, do Chile, da Espanha, dos EUA, da França, da Grã-Bretanha, da Itália e de Portugal foram escolhidos para uma análise aprofundada porque possuíam algum tipo de identificação com o Brasil, como extensão territorial, população e efetivo das Forças Armadas, entre outros fatores.

"Para dar continuidade aos estudos de criação, o presidente Fernando Henrique Cardoso criou o Grupo de Trabalho Interministerial que definiu as diretrizes para implantação do Ministério da Defesa. Reeleito, o presidente nomeou o senador Élcio Álvares ministro extraordinário da Defesa, em 1º de janeiro de 1999. O senador foi o responsável pela implantação do órgão.

"Mas somente em 10 de junho de 1999, o Ministério da Defesa foi oficialmente criado, o Estado-Maior das Forças Armadas, extinto e os ministérios da Marinha, do Exército e da Aeronáutica, transformados em Comandos".

Vamos, agora, aos fatos administrativos.

O cargo de ministro de Estado extraordinário da Defesa não foi criado pelo Decreto nº 2.923 de 1º de janeiro de 1999. Convém voltar a citar o artigo 37 do DL 200, não revogado:

"Artigo 37 – Além dos 4 (quatro) previstos nos artigos 147, 155, 157 e 169, o presidente da República poderá prover até 3 (três) cargos de ministro Extraordinário, para o desempenho de encargos temporários de natureza relevante".

Ora, o decreto de 1999 diz que ao ministro extraordinário "compete [...] preparar a instalação do Ministério da Defesa" – ainda não criado! Seria o caso de perguntar em que consiste, à luz do Direito Administrativo brasileiro, a "instalação" de um Ministério não criado. Pergunta tão mais pertinente quando se lê que o artigo 3º do decreto estabelece que "o controle interno do gabinete do ministro extraordinário da Defesa será exercido pelo órgão de controle interno do Estado-Maior das Forças Armadas".

Segundo informações, corretas e verdadeiras, disponíveis no sítio da internet anteriormente referido, o Ministério da Defesa existiu antes de sua criação. Pela informação oficial, a criação do Ministério é de 10 (dia *dez*, guarde-se isso) de junho de 1999. Curiosamente, a Lei Complementar nº 97, de 9 de junho (dia *nove*, note-se aqui), que "dispõe sobre as normas gerais para a organização, o preparo e o emprego das Forças Armadas", estabelece em seu artigo 2º:

"O presidente da República, na condição de Comandante Supremo das Forças Armadas, é assessorado:

"I – no que concerne ao emprego de meios militares, pelo Conselho Militar de Defesa;

"II – no que concerne aos demais assuntos pertinentes à área militar, pelo Ministro da Defesa".

Temos, assim, que, pelo menos até onde é possível encontrar entre os documentos oficiais publicados, o cargo de ministro extraordinário da Defesa não foi extinto por ato administrativo. Por outro lado, a Lei Complementar nº 97, note-se, não cria o Ministério da Defesa; refere-se apenas às funções do ministro e dá outras providências no âmbito do que se denominou Ministério da Defesa para todos os fins políticos. O Ministério, dessa forma, foi criado um dia depois da promulgação desta lei que estabelece as funções do seu titular e a composição de alguns (supõe-se) dos órgãos que o integram, como veremos a seguir.

O significado político mais amplo da Lei Complementar nº 97 é que ela elimina a participação direta dos ministros militares (a partir dessa lei chamados de comandantes, título dado ao responsável por qualquer unidade militar) nas decisões de Estado, quaisquer que sejam elas. Passaram a ser, dali em diante, "assessores". Se, antes dessa lei, os ministros militares tinham acesso direto ao presidente da República, passaram a não ter mais, e se este era assessorado pelo Alto Comando das Forças Armadas e pelo Estado-Maior das Forças Armadas, a partir de junho de 1999, passou a não mais ser.

Outro aspecto importante é que, no sistema anterior, os ministros levavam diretamente ao presidente a lista dos oficiais que deveriam ser promovidos no quadro de oficiais generais (os coronéis que seriam promovidos a general e os generais de brigada e divisão promovidos aos postos mais altos). Essa possibilidade – ou seria uma prerrogativa? – foi negada às Forças pela Lei Complementar. Ela fez do ministro da Defesa o canal exclusivo para o contato com o presidente para assuntos militares em geral.

Nada melhor do que transcrever artigos desta lei complementar:

"Artigo 2º, § 1º – O Conselho Militar de Defesa [*que assessora o Presidente como visto acima*] é composto pelos Comandantes da Marinha, do Exército e da Aeronáutica e pelo chefe do Estado-Maior da Defesa.

"§ 2º – Na situação prevista no inciso I deste artigo (*cf. acima*) o ministro de Estado da Defesa integrará o Conselho Militar de Defesa na condição de seu Presidente.

"Artigo 7º – Compete aos Comandantes das Forças apresentar ao ministro de Estado da Defesa a Lista de Escolha, elaborada na forma da lei, para a promoção aos postos de oficiais-generais e indicar os oficiais-generais pra a nomeação aos cargos que lhes são privativos".

O crivo aí já tem lugar. Há outros aspectos a considerar:

"Artigo 9º – O ministro de Estado da Defesa exerce a direção superior das Forças Armadas, assessorado pelo Conselho Militar de Defesa, órgão permanente de assessoramento, pelo Estado-Maior de Defesa, pelas Secretarias dos demais órgãos, conforme definido em lei.

"Artigo 10º – O Estado-Maior da Defesa [...] terá como chefe um oficial-general do último posto, da ativa, em sistema de rodízio entre as três Forças, nomeado pelo presidente da República, ouvido o ministro de Estado da Defesa.

"Artigo 11 – Compete ao Estado-Maior da Defesa elaborar o planejamento do emprego combinado das Forças Armadas e assessorar o ministro de

Estado da Defesa na condução dos exercícios combinados e quanto à atuação das forças brasileiras em operações de paz. Além de outras atribuições que lhe forem estabelecidas pelo ministro de Estado da Defesa".

A Lei Complementar cuida também do orçamento das Forças Armadas. O texto permite concluir que se pretende, via orçamento, controlar as Forças, na medida em que os projetos de orçamento elaborados por cada uma delas será consolidado tendo em vista "as prioridades estabelecidas na política de defesa nacional". É importante notar a referência à Lei de Diretrizes Orçamentárias:

"Artigo 12 – O orçamento do Ministério da Defesa contemplará as prioridades da política de defesa nacional, explicitadas na Lei de Diretrizes Orçamentárias.

"§ 1º – O orçamento do Ministério da Defesa identificará as dotações próprias da Marinha, do Exército e da Aeronáutica.

"§ 2º – A consolidação das propostas orçamentárias das Forças será feita pelo Ministério da Defesa, obedecendo-se às prioridades estabelecidas na política de defesa nacional, explicitadas na Lei de Diretrizes Orçamentárias.

"§ 3º – A Marinha, o Exército e a Aeronáutica farão a gestão, de forma individualizada, dos recursos orçamentários que lhes forem destinados no orçamento do Ministério da Defesa".

É possível verificar pela leitura da Lei Complementar nº 97, que, a pretexto de subordinar as Forças Armadas ao poder civil, houve o completo isolamento dos comandantes militares da chefia do Poder Executivo – não só governo, mas também Estado. Os poderes administrativos e *políticos* dos chefes militares foram concentrados nas mãos do novo ministro, indicado por cada governo e representativo deste. Os poderes políticos, em sentido estrito, pois, ao ter como competência a "direção superior das Forças Armadas" (que se suporia caber ao comandante supremo), a doutrina de emprego, a escolha dos oficiais a serem promovidos a general (ou a ascender no quadro dos oficiais-generais) e a designação dos oficiais-generais "para os cargos que lhes são privativos" dependem dele.

Sem levar em conta os desacertos burocráticos que envolvem sua criação, o grave na existência de um Ministério da Defesa nos moldes em que foi concebido é que afasta a possibilidade de as Forças Armadas opinarem sobre as grandes políticas nacionais – o que faziam fosse pelo assessoramento direto do presidente da República, fosse por sua participação no Conselho de Segurança Nacional, extinto em 1988. Pela DL 200, cuidava-se da "participação" das Forças

Armadas na discussão das grandes políticas de Estado já que são, da mesma maneira que o Estado a que servem, uma organização nacional.

A referência ao fato de que Castelo Branco "defendia a tese da criação de um Ministério da Defesa" é ardilosa. Nada indica que a proposta de criação de um Ministério das Forças Armadas extinguiria o Estado-Maior das Forças Armadas (ou órgão que o substituísse) na condição de órgão de assessoramento imediato do presidente da República. Ainda que o fizesse, respeitando o DL 200, o Alto Comando das Forças Armadas continuaria a assessorar o chefe de Estado, da mesma maneira que o Conselho de Segurança Nacional continuaria com sua função de "assessorar o presidente da República na formulação e na conduta da política de segurança nacional" (DL 200, art. 40). Resumindo, tudo indica que, na ideia de Castelo, as Forças Armadas continuariam tendo a autonomia que um Ministério de Estado tem, e participação direta na condução das políticas gerais do Estado.

O Ministério da Defesa "foi criado" em 1999. Foram, portanto, desde Castelo Branco, pelo menos 32 anos em que as transformações mais profundas que ocorreram nas Forças Armadas – paralelas às que ocorreram na sociedade – encontraram campo e condições para corroer já não o "*ethos* burocrático", mas o "espírito militar", fundado na vocação para a carreira das Armas. Durkheim já aconselhava que se observassem a densidade e o volume dos grupos sociais – qualquer alteração, neles, produziria mudanças na mentalidade coletiva e fatos sociais novos. Essa alteração se deu lenta e progressivamente. As consequências vieram à luz no decorrer dos anos.

No que se refere às intervenções propriamente ditas, a criação do Ministério da Defesa não as impede, teoricamente. A sermos precisos, a Junta Militar já havia criado as condições legais e organizatórias para que os ministros militares tivessem o poder de colocar na reserva os oficiais que, a seu ver, pudessem causar embaraços de qualquer tipo ao governo. A "expulsória" (como é conhecida esta política) contribuiu para, se não determinou, a morte do Partido Fardado.

Examinando *sem cólera nem parcialidade* as intervenções militares relacionadas de início, ousaria dizer que fosse o Partido Fardado, fosse o Estabelecimento Militar, estas repetidas ações tiveram um sentido, ainda que os que as conduziram nessa direção não tivessem plena consciência. Exceto na intervenção de 1964, quando os conduzidos o perderam completamente de vista. As modalidades de ação das oposições armadas a partir de 1967, que desconheciam o fato de que a Constituição de 1967 permitia a livre manifestação das oposições não armadas, conduziu ao Ato Institucional nº 5 e a tudo o que dele decorreu. O rigor da repressão fez com que em muitos grupos da sociedade não se vissem os esforços dos governos militares para reconstruir o Estado, que começara a ter desnaturado seu "espírito" desde a Constituição de 1946. A reconstrução do Estado exige que as Forças Armadas sejam seu garante de fato contra as investidas dos particularismos e pressões internacionais. A Constituição de 1988 e, depois, a legislação sobre os partidos políticos criaram as condições que permitem que, hoje, o governo predomine sobre o Estado e, mais que nunca, os interesses privados predominem sobre os públicos, assim como os internacionais sobre os nacionais.

O "caso" do Tratado de Não Proliferação Nuclear é paradigmático. O governo Costa e Silva recusou-se a assiná-lo e denunciou, pela voz de Araújo Castro, que o representava na ONU, o "congelamento do poder mundial". Com o governo Fernando Collor de Mello começou a liquidação, via controle orçamentário, do Programa Nuclear Paralelo que o governo Ernesto Geisel havia iniciado. A publicidade com que o então presidente da República cercou a descoberta e o fechamento dos poços para experimentação de artefatos nucleares (cuja fabricação era permitida pelo artigo 28 do Tratado de Tlatelolco sobre a desnuclearização da América Latina em sua versão original) indicou que o governo brasileiro estava disposto a aceitar a renúncia à independência no campo da pesquisa nuclear. No governo Fernando Henrique Cardoso, finalmente, o TNP foi assinado.

Nada melhor, para iluminar as circunstâncias em que se desenrolou este processo de adesão ao que se chamou à época de *mainstream* da política internacional liderada pelos Estados Unidos, do que transcrever parte do artigo que o Sr. Robert B. Zoellick, hoje no Banco Mundial e à época principal Conselheiro do então candidato e depois presidente George W. Bush, publicou a 24 de dezembro de 2000 no jornal *O Estado de S. Paulo*: "Em toda a América Latina, a democracia avançava em 1992 à medida que os velhos regimes autoritários cediam a novos líderes eleitos, que queriam introduzir seus países numa era democrática em formação. Esses novos líderes ajudaram a solucionar sérios problemas de segurança – alguns, antigos, como conflitos entre vizinhos a respeito de fronteiras; outros, novos, implicando na renúncia a armas de destruição em massa e a proliferação de mísseis. Por exemplo, os Estados Unidos serviram-se da sensibilidade dos latinos aos interesses americanos para persuadir Brasil e Argentina a liquidar programas nucleares e assinar salvaguardas de longo alcance; a Argentina suspendeu o programa de mísseis Condor II que era financiado por nada menos que o Iraque".

A assinatura do TNP deu-se a 13 de julho de 1998. Juntamente com a adesão ao Tratado, o presidente Fernando Henrique Cardoso assinou os instrumentos de ratificação do Tratado de Proibição Completa de Testes Nucleares. Também no primeiro governo Fernando Henrique Cardoso foi assinada a adesão do Brasil ao *Missile Technology Control Regime*, que regula a transferência de tecnologia balística.

É tempo de concluir

Em uma das biografias de Charles De Gaulle há uma referência a um momento importante em sua luta para defender a honra da França Eterna. Ele tinha sido aceito pelos Estados Unidos e pela Grã-Bretanha como único representante da França Livre, depois de ásperos confrontos com Churchill e Roosevelt. O general reuniu-se com um assessor privilegiado para discutir como agir após a Libertação. Era 1943 e ele estava em Argel. Ao seu auxiliar perguntou como se deveria proceder para reconstruir o Estado. A resposta foi "Começar pela educação". De Gaulle retrucou: "Pelo Exército!".

Também já é tempo de concluir, com este texto, um longo ciclo de estudos que dediquei aos temas e questões castrenses – as quais não mais voltarei, a menos, é claro, que ocorra um novo fato político, trazendo-nos à tona um novo totem à imagem de Caxias e Osório.

Referências

Bosanquet, Bernard. *The philosophical theory of the State*. Londres, Macmillan & Co., 1951.

Varnhagen, Francisco Adolfo de. *História da Independência do Brasil*. Rio de Janeiro, Imprensa Nacional, 1940.

O governo Fernando Henrique Cardoso e os Direitos Humanos

Paulo Sérgio Pinheiro

in memoriam, Carmelina (Carminha) Rosa[1] e Paulo de Mesquita Neto,[2] aqueles que tornaram realidade as ideias

O contexto da ordem internacional do fim do Estado Novo, marcada pelo *débâcle* da Sociedade das Nações, é contemporâneo da carta que viria a fundar a Organização das Nações Unidas em 1945 e da Declaração Universal dos Direitos Humanos, em 1948. Mesmo assim, o referencial da Declaração Universal, e da Declaração Americana de Direitos e Deveres do Homem, promulgada quatro meses antes da outra, bastaria para se assegurar os direitos fundamentais mínimos devidos à pessoa humana. Entretanto, os princípios desses documentos, os direitos humanos, não impregnaram a volta à democracia no Brasil nem o período democrático populista até o golpe militar de 1964.

---

1 Carmelina Rosa (1948–2007) desde o início do governo Fernando Henrique foi responsável pelos convênios internacionais no Ministério da Justiça e mais tarde na Secretaria Nacional de Direitos Humanos, fundada em 1997. Em outubro de 2001, se tornou chefe de gabinete do secretário de Estado dos Direitos Humanos. Depois de 2003, reassumiu sua função anterior. Sua ação foi fundamental nos dois programas nacionais de direitos humanos, PNDH I e II. Tinha grande espírito público, notável senso de humor e generosidade.

2 Paulo de Mesquita Neto (1961–2008). Desde 1993 foi pesquisador e depois coordenador de pesquisa no Núcleo de Estudos da Violência, NEV-USP. Foi relator dos PNDH I e II. Também foi secretário executivo do Instituto São Paulo Contra a Violência, onde fundou o fórum metropolitano de segurança pública. Era um dos intelectuais mais bem preparados do continente em questões de segurança pública e direitos humanos. Coordenava para a Comissão Interamericana de Direitos Humanos, da Organização dos Estados Americanos, um relatório sobre segurança e cidadania nas Américas. Sempre foi uma referência de integridade e dignidade em toda a sua atuação pública. Entre seus livros cito Mesquita Neto, Paulo de. *Ensayos sobre securidad ciudadana*. Quito, FLACSO, 2008, 335 p.

Ocorre, entretanto, que a partir dos anos 1990, os dois pactos internacionais de direitos humanos e convenções especificando os direitos indicados naqueles textos fundadores, que não haviam sido assinados ou ratificados, *et pour cause*, pelo regime autoritário, como a Convenção Americana ou o Pacto de San José de Costa Rica, as convenções internacionais contra o genocídio, a discriminação e contra a tortura, foram afinal integralmente ratificados pelo Brasil, promulgados e, vários deles, regulamentados por Lei. Paralelamente a tais textos foram consolidados os comitês de diversos tratados que monitoram o cumprimento das obrigações desses tratados e, particularmente na região da América Latina e no Caribe, um sistema interamericano de direitos humanos, com a Comissão e a Corte Interamericanas de Direitos Humanos.

Levando em conta esses desenvolvimentos do direito internacional dos direitos humanos na ordem internacional e uma situação de violência crescente e de práticas de graves violações de direitos humanos, num contexto de um Estado de direito que o funcionamento regular do sistema político e de eleições não conseguira ainda assegurar para toda a população, todas as administrações federais depois do final da ditadura militar no Brasil tomaram iniciativas para enfrentar esses desafios. A política nacional de direitos humanos do Estado brasileiro, desenvolvida desde o retorno ao governo civil em 1985, e de forma mais definida, desde 1995, pelo governo do presidente Fernando Henrique Cardoso, reflete e aprofunda um grande consenso em torno dos direitos humanos partilhado por organizações desde a resistência ao regime autoritário nos anos 1970.[3]

As origens de uma política[4]

Como reconheceu o então ministro da Justiça, Nelson Jobim, no lançamento do Programa Nacional de Direitos Humanos, PNDH, em 1996, este

---

[3] Utilizo largamente Pinheiro, Paulo Sérgio e Mesquita Neto, Paulo de. "Os direitos humanos no Brasil: Perspectivas no final do século" [Fundação Konrad Adenauer-Stiftung, São Paulo] *Pesquisas, 11*, 1998; Pinheiro, Paulo Sérgio. "Democratie et état de non-droit au Brésil: Analyse et témoignage". *Culture et Conflits*, 29, 2005 e Pinheiro, Paulo Sérgio. "Esquecer é começar a morrer", prefácio a Soares, Inês Virginia Prado Soares e Kishi, Sandra Akemi Shimada. *Memória e verdade: Justiça de transição no Estado democrático brasileiro*.

[4] A partir de agosto de 1995, convidado pelo então ministro de Estado da Comunicação Social, Sérgio Amaral, passei a colaborar com o governo Fernando Henrique especificamente na política de direitos humanos, primeiramente como consultor fora do governo e depois de novembro de 2001 até dezembro de 2002 como secretário de Estado dos Direitos Humanos.

programa situa-se na esteira dos trabalhos precursores do senador Severo Gomes na elaboração da "carta de direitos" do artigo 5º da Constituição de 1988, e das iniciativas do ex-ministro da Justiça, Maurício Corrêa, no governo do presidente Itamar Franco, propondo projetos de Lei contra a violência, resultantes de vasto diálogo com a sociedade civil. Pela primeira vez, entretanto, na história republicana, quase meio século depois da Declaração Universal de Direitos Humanos de 1948, os direitos humanos foram assumidos como política oficial do governo, num contexto social e político de fim de século extremamente adverso para a maioria das não elites da população brasileira.

A luta pelos direitos humanos é um processo contraditório, no qual o Estado, qualquer que seja o governo no regime democrático, e a sociedade civil têm responsabilidades necessariamente compartilhadas. É uma parceria que se funda sobre princípios rígidos e irrenunciáveis, qualquer que seja a conjuntura política ou econômica do país. Como nenhum país no mundo conseguiu realizar plenamente os direitos humanos ou o Estado de direito, a avaliação de sua implementação no Brasil somente pode ser avaliada à luz de sua própria evolução histórica. O Estado é o lugar mesmo da contradição entre o monopólio da violência física legítima, com seus agentes muitas vezes perpetrando violações de direitos humanos e sua outra face, a da obrigação de proteger os direitos humanos. Por causa mesmo dessa ambiguidade do Estado, está claro que a parceria jamais se tratou de um "contrato de confiança" da sociedade civil com o Estado, mas de um "pacto de desconfiança" em que a autonomia da sociedade civil é condição necessária. Não há política de direitos sem conflitos, dificuldades e obstáculos, progressos e recessos.

O governo Fernando Henrique Cardoso, em seus dois mandatos, de 1995 a 2002, continuou com a política de seus antecessores, decidindo fazer prevalecer a transparência sobre as violações. Essa política, já presente no programa de campanha, no momento de sua implantação, foi definida diretamente pelo próprio presidente, ainda que possa ter contado com o apoio de alguns ministros de seu gabinete, baseando-se fundamentalmente no Ministério da Justiça e no das Comunicações. Algumas críticas que foram dirigidas ao presidente pretendiam dizer que o único objetivo dessa prevalência dos direitos humanos teria por propósito somente melhorar a imagem do Brasil no exterior. Em resposta a essas críticas o presidente respondeu não acreditar que simples operações de comunicação pudessem mudar a imagem do Brasil: a única forma de melhorar a imagem era aprofundar a proteção dos direitos humanos para a maioria da população.

O meu primeiro contato[5] com o então presidente eleito foi no começo de 1995 durante sua visita aos Estados Unidos, quando ele se reuniu com as maiores organizações de diretos humanos internacionais, na Blair House, em Washington, em frente à Casa Branca.[6] Foi uma conversa muito positiva, com a Anistia Internacional, Human Rights Watch, entre um grupo de doze entidades, cheias de expectativas quanto ao novo presidente e num tom extremamente cordial, informal e bem-humorado. Havia enormes esperanças que a nova administração fizesse avançar a proteção aos direitos humanos e que fosse aprofundado o diálogo com as organizações internacionais que documentavam as violações de direitos humanos no país.

A responsabilidade do Estado pelos crimes da ditadura

Há 22 anos o Brasil, com a Constituição de 1988, voltava à ordem democrática. Saudada como a Constituição cidadã – como se houvera outras que não o fossem – no que diz respeito ao acerto de contas com o passado nada havia a surpreender. Nos momentos de transição há uma ilusão de que novos tempos se abrem, que mudar significa esquecer o passado e perdoar, desconhecendo-se o peso das continuidades, dos legados.

Mesmo países que foram afetados por regimes fascistas, como a França durante o governo Pétain em Vichy, viveram desde o pós-guerra, desde o general De Gaulle até o governo François Mitterand, socialista e resistente, sob a ficção de que Vichy havia sido um interregno não pertencendo à continuidade do Estado francês. Foi preciso que o governo conservador do presidente Chirac em 1995 reconhecesse que "a loucura criminal dos ocupantes [nazistas] foi

---

5 A primeira vez que me encontrei com Fernando Henrique Cardoso foi em Paris em 1967, num jantar num restaurante na rua Monsieur Le Prince a convite de meus amigos do Rio de Janeiro, Ana Maria Moscowitz e Silvio Gomes de Almeida. Eu havia lido somente seu livro *Empresário industrial e desenvolvimento econômico* (1964) que comprara para a biblioteca da Associação dos Dirigentes Cristãos de Empresa, ADCE, no Rio de Janeiro da qual era secretário-executivo em 1965, sucedendo meu amigo Mario Brockman Machado.

6 Nessa reunião estava presente o ministro Sérgio Amaral, quem me chamou para sentar à mesa do lado do governo. Houve um momento de grande constrangimento quando o embaixador Paulo Tarso Flecha de Lima intempestivamente no meio da conversa se levanta e diz: "Senhor presidente, aqui na sua frente estão os inimigos do Brasil", pede desculpas por ter de sair para preparar (sic) a recepção ao presidente em sua residência e sai da sala. Todos se entreolharam e a conversa com o presidente continuou como se nada houvera, única saída.

secundada por franceses, *pelo Estado francês*". Logo, reconhecia que os crimes de Vichy tinham sido perpetrados por funcionários franceses, sob a responsabilidade do Estado francês.[7]

Não faz parte da tradição política brasileira acertar contas com o passado. Todas as transições do período republicano foram marcadas por anistias generalizadas e pelo esquecimento. Em todas pairou o arquétipo da *conciliação* entre grupos dominantes, como observou Michel Debrun.[8] O precedente mais próximo que se pode invocar antes da ditadura militar de 1964 foi a volta à democracia depois do regime democrático com a Constituição de 1946. E os crimes do Estado Novo se esvoaçaram para não perturbar os festejos do retorno à democracia, como os da ditadura de 1964 para não empanar o brilho da Nova República. É como se – assim como ocorreu em Vichy na França – o Estado brasileiro tivesse hibernado desde o golpe de 1937 para despertar em 1946, e também em 1964 para acordar somente em 1985.

E nunca houve nenhuma dúvida que os crimes no Estado Novo e na ditadura de 1964 haviam sido cometidos por agentes do Estado. Desde o golpe do 18 Brumário de Napoleão III, passando pelos regimes fascistas e nazistas, até os exemplos mais recentes como a ditadura de Trujillo na República Dominicana e a de Fujimori no Peru, tais governos se valeram de grupos criminosos civis para sua implantação e consolidação no poder. No Brasil, não foi o que ocorreu, porque se pode dizer que a repressão foi burocrática e "cartorial", perpetrada por funcionários públicos nas polícias civil, militar e nas três forças armadas. Mesmo que tenha sido estruturado um regime de exceção paralelo, composto por circuitos fora da hierarquia militar, como por exemplo na Operação Bandeirantes (OBAN) – bando criminoso lançado em 1969, integrado por policiais e financiado por empresários paulistas e apoiado por autoridades do governo do estado de São Paulo –, as prisões ilegais, os sequestros, as torturas, os desaparecimentos foram perpetrados por agentes lotados nas estruturas formais da administração pública federal e estadual. Daí decorre uma responsabilidade patente do Estado brasileiro pelos crimes cometidos pela ditadura militar.

---

7 Grifo do autor. O presidente francês Jacques Chirac em 16 de julho de 1995 faz esse reconhecimento quando da cerimônia em memória da prisão em massa, a maior durante a Segunda Guerra Mundial, em 17 de julho 1942, de mais de 13.000 judeus, por 9.000 policiais e gendarmes franceses. Os presos foram internados no Velódromo de Inverno em Paris e despachados para o extermínio nos campos de concentração alemães.

8 Debrun, Michel. *A conciliação e outras estratégias*. São Paulo, Brasiliense, 1983, p. 14.

O que chama a atenção nessa postura de inação diante dos crimes do passado por parte do Estado nos primeiros governos da Nova República e especialmente por parte do *establishment* judicial e militar como sempre lembra Glenda Mezarobba,[9] é o contexto em que se dá tal impunidade. Perdura essa ausência de *accountability*, de tornar os agentes do Estado da ditadura responsáveis pelos crimes cometidos, de uma reconstituição da verdade e de perdão às vítimas.

É no contexto dessa evolução e consolidação do direito internacional dos direitos humanos, especialmente no contexto das autoanistias concedidas por regimes autoritários, como fora o caso no Brasil, que deve ser situada a primeira e mais difícil decisão do presidente Fernando Henrique, a de reconhecer os desaparecidos políticos e oferecer reparações às famílias. Na elaboração do projeto de Lei foram estabelecidos três pontos básicos: o Estado admitiria sua responsabilidade pelas mortes e desaparecimentos; pagaria indenizações devidas, desde que as famílias as desejassem. Foi organizada uma primeira lista de 152 mortos anexada ao projeto de Lei. Foi necessário grande tato e paciência para implantar essa política, especialmente para lidar com as Forças Armadas O artífice direto dessa política e das delicadas negociações com as Forças Armadas e outros interlocutores para a implementação daquele reconhecimento foi José Gregori, então chefe de gabinete do ministro da Justiça, Nelson Jobim. O Projeto de Lei 869 resultou na Lei 9.140, de 1995, e na criação da Comissão Especial sobre mortos e desaparecidos referentes ao período de 1961, quando da intervenção militar que tentou impedir a posse do vice-presidente João Goulart, até agosto de 1979.

A comissão reconheceu a responsabilidade do Estado durante a ditadura militar por aqueles crimes, determinando o montante de indenização destinado às famílias dos desaparecidos. Mesmo casos evidentes de assassinato pela polícia, como foi o de Carlos Mariguela e de morte pelo Exército, como aconteceu com o capitão Lamarca, foram incluídos no reconhecimento e indenização. Em agosto de 2002 foi editada a Lei nº 10.536 ampliando a data limite para 5 de outubro de 1988, data da promulgação da Constituição. Em 11 anos de trabalho a Comissão examinou 475 casos.[10] O Estado brasileiro promoveu

---

[9] Ver Mezarobba, Glenda. *O preço do esquecimento: As reparações pagas às vítimas do regime militar, uma comparação entre Brasil, Argentina e Chile.* Tese de Doutorado, Departamento de Ciências Políticas, Faculdade de Filosofia, Letras e Ciências Humanas, Universidade de São Paulo, 2007, 470 p., *passim.*

[10] O ministro Paulo de Tarso Vannuchi, da Secretaria Especial de Direitos Humanos, SEDH, promoveu a elaboração e publicação de: SEDH. *Direito à verdade e à memória: Comissão especial sobre mortos e desaparecidos políticos.* Brasília, SEDH, 2007.

reparação para opositores e dissidentes lesados pela repressão militar, a partir da medida provisória 2151-3, de 24 de agosto de 2001, que instalou no Ministério da Justiça uma comissão de anistia, destinada a examinar requerimentos não acolhidos pelo governo e assessorar o ministro em suas decisões. A essa medida provisória se seguiu a Lei de reparação, nº 10.559, de 13 de novembro de 2002.

O Programa Nacional de Direitos Humanos, PNDH I

Com o objetivo de limitar, controlar e reverter as graves violações de direitos humanos e implementando uma recomendação da Conferência Mundial de Direitos Humanos realizada em Viena em 1993 – na qual o Brasil teve papel muito atuante, pois foi o embaixador Gilberto Sabóia quem presidiu o comitê de redação da Declaração e Programa de Viena[11] – o governo Fernando Henrique Cardoso decidiu integrar como política de governo a promoção e realização dos direitos humanos propondo um plano de ação. Em 7 de setembro de 1995, o presidente anunciava: "Chegou a hora de mostrarmos, na prática, num plano nacional, como vamos lutar para acabar com a impunidade, como vamos lutar para realmente fazer com que os direitos humanos sejam respeitados".

Ao assumir esse compromisso, o governo brasileiro reconhece a obrigação do Estado de proteger e promover os direitos humanos e os princípios da universalidade e da indivisibilidade de tais direitos. No texto introdutório diz o programa:

> Os direitos humanos não são, porém, apenas um conjunto de princípios morais que devem informar a organização da sociedade e a criação do direi-

[11] Em 1993, sendo Fernando Henrique chanceler, fomos Margarida Genevois, Maria Ignes Bierrenbach e eu, em nome da Comissão Teotônio Vilela de Direitos Humanos, a seu escritório particular na rua dos Ingleses, propor a ele uma reunião na USP para discutir a agenda de Viena. Fernando Henrique propôs que se fizesse a reunião em Brasília. E assim pela primeira vez se realizou no Itamaraty em Brasília uma reunião com a sociedade civil para discutir a plataforma brasileira para a Conferência Mundial da ONU sobre direitos humanos em Viena, 1993, sob a coordenação do então ministro José Augusto Lindgren Alves, que mais tarde viria a ser o primeiro chefe do recém-aberto Departamento de Direitos Humanos e Temas Sociais, criado pelo ministro Celso Amorim. Nas vésperas de Viena, José Aparecido de Oliveira foi convidado para ser chanceler, não assume por motivos de saúde, mas apesar disso teve um papel importante na preparação da participação brasileira naquela conferência, tendo como chefe da delegação Maurício Correa, ministro da Justiça, que realizou reuniões diárias com a delegação de 32 entidades da sociedade civil durante a conferência.

to. Enumerados em diversos tratados internacionais e constituições asseguram direitos a indivíduos e coletividades e estabelecem obrigações jurídicas concretas aos Estados. Compõem-se de uma série de normas jurídicas claras e precisas, destinadas a proteger os interesses mais fundamentais da pessoa humana. São normas cogentes ou programáticas, que obrigam os Estados nos planos interno e externo.

Para sinalizar esse compromisso, o governo federal criou um prêmio nacional de direitos humanos a ser distribuído no dia 7 de setembro, data da Independência, que desde 1995 passou a ser também uma data dedicada aos direitos humanos. No discurso diria o presidente: "A luta pela liberdade e pela democracia tem um nome específico: chama-se direitos humanos".[12] As candidaturas eram apresentadas e os premiados escolhidos por um comitê independente sendo dois na categoria personalidades, dois entre ONGs e dois em trabalhos de estudantes de ensino médio e universitários, que recebiam prêmios pecuniários oferecidos por empresas privadas. A primeira personalidade a receber o prêmio em 1995 foi o cardeal Dom Paulo Evaristo Arns, então arcebispo de São Paulo.

O Programa Nacional de Direitos Humanos, PNDH I, foi promulgado em setembro de 1996. A proposta do programa foi preparada sob coordenação do Núcleo de Estudos da Violência da Universidade de São Paulo, sendo relator o saudoso Paulo de Mesquita Neto.[13] Participaram mais de 200 organizações da sociedade civil e centros de pesquisa em todas as regiões do país, reunidos em consultas regionais, por solicitação do Ministério da Justiça, contribuindo com mais de 260 sugestões dizendo respeito mais especificamente aos direitos civis e políticos, mas considerando também direitos sociais de grupos vulneráveis. O PNDH I se fundava no princípio de que a violência endêmica exigia políticas

---

[12] Na semana anterior ao 7 de setembro, foi-me solicitado que propusesse algumas ideias para o pronunciamento do presidente. Reuni-me uma noite em São Paulo, em casa, com meu querido amigo de Milão, criador do Arquivo Histórico do Movimento Operário Brasileiro (ASMOB), junto à Fondazione Feltrinelli, Jose Luiz del Roio, que me ajudou a propor vários motes para o discurso e muitos foram aproveitados na versão final. Foi assim que o futuro senador da República italiana, 2006–2008, se associou diretamente a esse importante momento. Del Roio também participou de varias reuniões regionais preparatórias do programa nacional de direitos humanos coordenadas por José Gregori.

[13] Uma cena inesquecível foi Paulo de Mesquita Neto no gabinete de José Gregori, então chefe de gabinete do ministro da Justiça, tentando montar um quadro seguindo a *logical framework analysis*, ordenando dezenas de sugestões em papeizinhos autocolantes amarelos, todos espalhados no chão. Sob a preparação do PNDH, ver Gregori, José. *Os sonhos que alimentam a vida*. São Paulo, Jaboticaba, 2009, *passim*.

ativas para enfrentar a violência estrutural da pobreza, da fome e do desemprego. Em relação à ação imediata o programa tinha por objetivo o reforço do Estado de direito no Brasil. Quatro anos após sua instauração, uma parte das propostas do programa foi implementada, em vários casos em parceria das organizações da sociedade civil com agências estatais.

O que mudou na política do governo federal com relação aos direitos humanos durante este período? Desde o lançamento do Programa, o governo federal fez propostas para combater a impunidade, principalmente no caso de crimes contra a vida e a integridade física das pessoas e de crimes cometidos por agentes do Estado. Algumas dessas medidas poderiam ter sido adotadas independentemente do PNDH I. Entretanto, muitas puderam ser implementadas em caráter de urgência porque o governo federal comprometeu-se a colocá-las em prática ao lançar o PNDH e porque a sociedade cobrou do governo federal a adoção dessas medidas e em vários casos colaborou com parcerias para a adoção dessas reformas.

Para o cumprimento dos objetivos do PNDH, o Congresso Nacional aprovou em dois anos, em meio a uma intensa votação de reformas constitucionais, uma série de medidas legais previstas no Programa, que protegem direitos assegurados pela Declaração Universal dos Direitos Humanos de 1948. Esses direitos estão ligados diretamente ao controle do exercício do monopólio da violência física legítima pelo Estado: a saber, o artigo 3 da Declaração proclama que toda pessoa tem direito à vida, direito à liberdade, e direito à segurança da pessoa; o artigo 5 declara que ninguém pode ser submetido a tortura nem a tratamento ou castigo cruel, desumano ou degradante, e o artigo 9 afirma que ninguém será arbitrariamente preso, detido ou exilado. Quando esses três direitos fundamentais são violados podemos falar de graves violações de direitos humanos universalmente reconhecidas: execuções sumárias, tortura e desaparecimentos decorrem diretamente desses três artigos.

Essas violações constituem o que poderia ser chamado de *triângulo fatal* porque elas ocorrem muitas vezes simultaneamente. Complementando esses artigos da Declaração, há vários dispositivos no Pacto Internacional dos Direitos Civis e Políticos (1976) que clarificam a responsabilidade do Estado não apenas na repressão, mas na prevenção das violações no âmbito desse *triângulo fatal*, como o artigo 6, segundo o qual o direito à vida é inerente à pessoa humana. Ninguém poderá ser arbitrariamente privado de sua vida; o artigo 7, que diz respeito à tortura e outros tratamentos cruéis e degradantes, e que protege não somente as pessoas detidas ou presos, mas todos aqueles internados em instituições totais, e finalmente o artigo 9, que determina que todo indivíduo tem direito à liberdade e à segurança da pessoa. No âmbito do PNDH foram aprovadas Leis, antes e depois de seu lançamento, como aquela referente às mortes de pessoas desaparecidas em razão de participação política (Lei nº 9.140/95), que investe claramente para coibir as violações daquele *triângulo fatal*.

Para se entender o alcance dessa legislação deve ser levado em conta que o artigo 5 da Constituição, no bojo dos direitos e garantias individuais, acenasse com a futura regulamentação dos direitos humanos; a Constituição consagrou intocada a mesma estrutura dos aparatos estatais de segurança que havia sido a base do arbítrio na ditadura militar. Em 1985, o *Brasil Nunca Mais* havia documentado com rigor, baseando-se nos autos dos processos de crime contra opositores, o uso que a ditadura militar fizera dos aparatos policiais e da estrutura militar do Estado na repressão clandestina. Mas os constituintes optaram por desconhecer a responsabilidade dos aparelhos da segurança pública pelos crimes praticados na ditadura e deixar a estrutura da segurança pública intocada. Assim nos anos 1990 permanecia a excrescência da competência dos tribunais das polícias militares para o julgamento de todos os crimes cometidos contra civis e mantidos os inquéritos policiais-militares para a investigação desses crimes.

Graças a um projeto do deputado Hélio Bicudo, do PT, apoiado pelo então ministro Nelson Jobim, que foi ao plenário da Câmara de Deputados para apoiar a votação, foi aprovada a transferência da justiça militar para a justiça comum de crimes dolosos (os culposos continuaram sob a alçada militar) praticados por policiais militares (Lei 9.299/96). Essa Lei que permitiu que os policiais militares responsáveis pelos massacres ocorridos em outras administrações federais, na casa de detenção do Carandiru, em São Paulo, em Corumbiara, Rondônia, e em Eldorado de Carajás,[14] no Pará, fossem indiciados e levados ao tribunal do júri.

---

[14] Fui para Eldorado dos Carajás no dia 18 num avião fretado pelo PT, com Luiz Eduardo Greenhalg, José Dirceu e Sebastião Salgado, meu amigo desde os anos 1960 em Paris. Na manhã seguinte, cedíssimo, Sebastião e eu tomamos um táxi e fomos para o necrotério onde estavam os corpos já liberados da autópsia para serem entregues às famílias, que se aglomeravam do lado de fora. Alison Sutton, na época da Anistia Internacional, alertou-me que as perícias poderiam ter sido direcionadas para culpar as vítimas. Como ali encontrei o médico legista Nelson Massini, enviado pela Comissão de Direitos Humanos da Câmara Federal, que me disse ter sido impedido de participar das autópsias, liguei para José Gregori, chefe de gabinete do ministro da Justiça Nelson Jobim, relatando a urgência de serem dadas ordens expressas para que os caixões fossem abertos e Massini pudesse fazer autópsias independentes, o que seria essencial para qualquer processo contra os responsáveis pelo massacre. Dali a minutos me liga o governador do Pará, Almir Gabriel, que diz estar à disposição para fazer o que fosse necessário para plena transparência. Expliquei a ele a questão e passei o telefone para o delegado local.

O massacre de 19 trabalhadores rurais em 17 de abril de 1996 no sul do Pará pela polícia federal foi o primeiro grande teste para a política de direitos humanos do governo Fernando Henrique.[15] O confronto ocorreu quando 1.500 sem-terra que estavam acampados na região decidiram fazer uma marcha em protesto contra a demora da desapropriação de terras, principalmente as da Fazenda Macaxeira. Cento e cinquenta e cinco soldados da Polícia Militar foram encarregados de tirá-los do local, porque estariam obstruindo a rodovia PA-150, que liga a capital do estado Belém ao sul do estado. Dezenove trabalhadores foram executados na hora, outros dois morreram anos depois, vítimas das sequelas, e sessenta e sete pessoas ficaram feridas. Pelo menos dez sem-terra foram mortos por instrumentos cortantes, como foices e facões.

Completando o tratamento do triângulo de violações, foi definida a tipificação do crime de tortura, com penas severas (Lei 9.455/97), tornando possível a aplicação efetiva dos preceitos da Convenção contra Tortura e outros instrumentos cruéis e degradantes ratificada pelo Brasil. Quando, ao lado dessas três Leis, foi finalmente estabelecida a competência da Justiça Federal para crimes contra os direitos humanos,[16] o PNDH I conseguiu lançar as fundações

---

Os caixões foram reabertos e Masini fez novos exames. Ver a respeito na pesquisa de Carvalho, Sandra. "O massacre de Eldorado de Carajás", www.dhnet.org.br.

[15] O presidente Fernando Henrique Cardoso determinou que tropas do Exército fossem deslocadas para a região do massacre em 19 de abril com o objetivo de conter a escalada de violência e pediu a prisão imediata dos responsáveis pelo massacre. O general Alberto Cardoso, ministro-chefe da Casa Militar da presidência da República, foi o primeiro representante do governo a chegar a Eldorado dos Carajás. No enterro dos 18 trabalhadores mortos, olho para trás e estão perfilados o general Cardoso e seus oficiais assistentes, ouvindo toda a sucessão de discursos e hinos do MST, e depois cumprimentou os familiares dos mortos. Na saída o general me pergunta onde era o enterro do outro trabalhador e fui com ele para outro cemitério, e apresentei-o à família da vítima para que recebessem as condolências do governo. Durante os dias seguintes as equipes do Exército trabalharam em estreita cooperação com os trabalhadores sobreviventes e com o MST local para a varredura em busca de corpos. Alguns dias depois o ministro da Justiça se reuniu com as autoridades da Polícia e do Judiciário, no Pará, para acompanhar as investigações. Descobriu que o IPM que investigava o massacre se compunha de um coronel PM da engenharia e uma máquina de escrever manual. De qualquer forma, aqueles laudos de necrópsia independentes foram essenciais para processar os responsáveis. Entre os 144 indiciados pelas mortes em Eldorado de Carajás, dois foram condenados até 2009: o coronel Mário Pantoja e o major José Oliveira. Eles aguardam em liberdade o julgamento dos recursos das sentenças.

[16] Instituída pela Emenda Constitucional nº 45, de 31 de dezembro de 2004, que proclamou o deslocamento de competência institucional, a partir da inclusão do inciso V-A e do parágrafo 5º ao artigo 109 da Constituição Federal da República, durante o governo Luiz Inácio Lula da Silva.

para o fortalecimento de instrumentos jurídicos decisivos para debelar a impunidade dos agentes do Estado, os quais a ditadura militar havia "blindado".[17]

Um programa de proteção a testemunhas foi igualmente implantado, e pela primeira vez o governo federal fez um recenseamento levando em conta critérios de raça e etnia. Além disso, a gratuidade da certidão de nascimento foi assegurada por Lei.[18] Outros programas foram elaborados para combater problemas cruciais, como a recomendação de uma porcentagem mínima de afrodescendentes, indígenas e deficientes nos órgãos federais. No Ministério das Relações Exteriores foi criado um programa de bolsas de estudo para candidatos afrodescendentes ao concurso de entrada na carreira de diplomata. Foram instituídos o programa de eliminação do trabalho infantil (PETI), o grupo executivo de eliminação do trabalho forçado (GERTRAF) e grupos móveis de vigilância para repressão ao trabalho escravo. Pela primeira vez um governo federal punha em prática uma estrutura ágil permitindo lutar contra o crime de redução de trabalhadores à condição análoga à escravidão.

Depois da promulgação da Lei que criminaliza a tortura em 1997, o governo até seu final promoveu inúmeras iniciativas relativas à repressão desse crime. Em 2001 foi lançada uma Campanha Permanente de Combate à Tortura e Impunidade, numa parceria entre o Movimento Nacional dos Direitos Humanos e a Secretaria de Estado. Em agosto de 2002, Nigel Rodley, relator especial para a tortura visitou o Brasil, com total acesso a todos os lugares que solicitou.

Em abril de 1997, o governo do presidente Cardoso criou a Secretaria Nacional dos Direitos Humanos (em 1998 concedendo *status* de ministro ao

---

[17] Brasil, Secretaria de Estado dos Direitos Humanos. *Direitos Humanos, 1995-2002: Políticas públicas de promoção e proteção* – (organização de Marcos Vinicius Romano Lemos). Brasília, Secretaria de Estado dos Direitos Humanos, 2002, p. 9. Ver igualmente Adorno, Sérgio. "Insegurança versus direitos humanos: entre a lei e a ordem". *Tempo Social*, São Paulo, v. 11, nº 2, 1998 p. 129–153, e Adorno, S. "Lei e ordem no segundo governo Cardoso". *Tempo Social*, vol. 15, nº 2, novembro 2003, p. 103–140. Ver também Ballestrin, Luciana Maria de Aragão. "Direitos Humanos, Estado e Sociedade Civil nos governos Fernando Henrique Cardoso (1994–2002)", 19 pp., http://www.senado.gov.br/sf/senado/ilb/pdf/Artigo_Luciana_Ballestrin.pdf.

[18] Lei 9.534, de 10 de dezembro de 1997, que chamamos na USP de "Lei Cardia", pois foi uma sugestão encaminhada a José Gregori por minha colega a professora Nancy Cardia, coordenadora de pesquisa do Núcleo de Estudos da Violência, da USP, NEV-USP Após o PNDH, Nancy desenvolveu várias pesquisas de opinião para avaliar a disseminação do programa na sociedade brasileira. Ver Cardia, N. *Primeira pesquisa sobre atitudes, normas culturais e valores em relação à violência em 10 capitais brasileiras*. Brasília, Ministério da Justiça/Secretaria de Estado dos Direitos Humanos, 1999.

secretário de Estado).[19] Depois do lançamento, organizações não governamentais nacionais, como o Movimento Nacional de Direitos Humanos, e internacionais, como a Anistia Internacional e a Human Rights Watch/Americas, passaram a acompanhar a execução do Programa e algumas foram chamadas a colaborar com a sua implementação. No dia 13 de maio de 1997, no primeiro aniversário do Programa, o presidente da República, Fernando Henrique Cardoso, determinou que todas as instâncias do governo federal fornecessem informações sobre a execução das metas do Programa e que submetessem à presidência propostas para sua implementação.

Nos dias 12 e 13 de maio de 1997, um ano depois do lançamento do Programa, a Segunda Conferência Nacional de Direitos Humanos se reuniu em Brasília com mais de quatrocentos participantes, sem que nenhum recurso público financiasse a viagem ou estada desses representantes de organizações da sociedade civil na capital federal para fazer uma avaliação do Programa Nacional de Direitos Humanos. Essa conferência foi precedida de reuniões estaduais de avaliação do Programa promovidas em 9 estados e no Distrito Federal, organizadas por conselhos estaduais de defesa dos direitos da pessoa humana, comissões de direitos humanos das assembleias legislativas e organizações de direitos humanos. Ficou patente nos relatórios, tanto das plenárias, como dos grupos de trabalho na conferência, o alto grau de profissionalismo, sofisticação e objetividade das discussões, tomando por base as conclusões da primeira Conferência e a avaliação da implementação do Programa.

O PNDH reflete e fortalece uma mudança na concepção de direitos humanos, já partilhada anteriormente por organizações de direitos humanos,

[19] Os titulares da Secretaria Nacional dos Direitos Humanos foram José Gregori (7 abril 1997 – 14 abril 2000), tornando-se em dezembro de 1998 secretário de Estado, seguido por Gilberto Sabóia (20 junho 2000 – 14 novembro 2001) e Paulo Sérgio Pinheiro (16 outubro 2001 – 31 dezembro 2002). Em 2003, o governo Luiz Inácio Lula da Silva transformou aquele órgão em Secretaria Especial dos Direitos do Homem, ligada à presidência, com título de ministro, tendo seus titulares sido Nilmário Miranda (janeiro de 2003 – julho de 2005) e Paulo de Tarso Vannuchi até o presente. Paulo Vannuchi, com sua abordagem ecumênica e generosa, tem continuado, avançado e consolidado os progressos realizados em direitos humanos desde a volta à democracia, provando na prática e à quente que os direitos humanos são uma política de Estado. Paulo Vannuchi, a partir do ano de 2008, desencadeou o processo para elaboração do PNDH 3, promovendo 27 conferências estaduais e uma nacional para colher subsídios para o programa, com apoio de uma equipe altamente profissional, sob a coordenação de Paula Ferreira Lima. O PNDH foi lançado em 21 de dezembro de 2009.

mas pela primeira vez adotada e defendida pelo governo brasileiro na história republicana, segundo a qual os direitos humanos devem ser os direitos de todos: a cidadania plena não deve estar limitada, como na tradição brasileira, às elites. As não elites são sujeitos plenos de direitos. A política de direitos humanos passa a abranger os direitos definidos em tratados internacionais ratificados pelo Congresso Nacional.

As obrigações internacionais

O governo brasileiro e os estados da federação obrigam-se a proteger não apenas os direitos humanos definidos nas Constituições nacional e estaduais, mas igualmente os direitos humanos definidos em tratados internacionais, reconhecidos como válidos para aplicação interna pela Constituição de 1988.

Essas decisões prolongavam em concreto uma doutrina estabelecida a partir de 1990 segundo a qual a soberania nacional não podia servir de argumento contra as denúncias de violação dos direitos humanos. O Estado brasileiro em consequência aceitava o monitoramento dos direitos humanos no país não apenas pelos órgãos das Nações Unidas e do sistema interamericano, mas igualmente pelas ONGs brasileiras e internacionais. Em dezembro de 1998 numa cerimônia no Palácio Itamaraty no Rio de Janeiro, por ocasião do 50° aniversário da Declaração Universal dos Direitos Humanos, o presidente Fernando Henrique assinava a declaração do reconhecimento da competência da Corte Interamericana dos Direitos Humanos, em San José da Costa Rica.

Durante o período da ditadura militar, os sucessivos governos se recusaram a assinar os tratados internacionais relativos aos direitos humanos ou se recusaram a propor a ratificação dos já assinados. Depois do retorno ao governo civil, o Brasil assinou e ratificou todos os principais documentos que compõem a carta internacional dos direitos humanos,[20] como os pactos internacionais de direitos econômicos, sociais e culturais e o dos direitos civis e políticos, a convenção contra a tortura, assim como no sistema interamericano a convenção americana. Entre 2001 e 2002, o governo Fernando Henrique

---

20 Os instrumentos legais internacionais que fazem parte dessa carta são: a Declaração Universal dos Direitos Humanos; os pactos internacionais referentes aos direitos econômicos, sociais e culturais e aos direitos civis e políticos e seus dois protocolos facultativos, aquele que permite a apresentação de queixas e o outro relativo à abolição da pena de morte.

levantou a reserva referente a todos esses tratados, com a ratificação de protocolos permitindo o recebimento de queixas individuais junto aos órgãos de tratado. Além disso, os relatórios apresentados regularmente pelo Brasil aos órgãos de tratado apresentam de forma objetiva a situação, algumas vezes precária, da implementação das disposições desses tratados. Em 2002, o governo federal dirigiu um convite aberto a todos os relatores especiais das Nações Unidas para que visitassem o Brasil quando o desejassem sem necessidade de solicitar autorização prévia

Além disso, a nova concepção de direitos humanos implica que os Estados nacionais na comunidade internacional tenham o direito de agir para proteger os direitos humanos em outros países e reconheçam o direito de outros Estados de defenderem a realização dos direitos humanos dentro do seu próprio território. Também reconhece o direito de indivíduos, coletividades e organizações não governamentais no Brasil de procurarem o apoio de outros Estados e de entidades internacionais para a proteção e promoção de direitos humanos no Brasil.

Estreitaram-se as relações e o diálogo com a Comissão Interamericana de Direitos Humanos, que foi convidada a visitar o Brasil em 1995 e publicou em 1998 um Relatório de Direitos Humanos no Brasil, que, aliás, reconhece vários avanços realizados. Deve ser lembrada a recente aceitação em 1998 do procedimento de solução amistosa pelo governo federal quanto ao caso de asfixia de presos comuns no 42° Distrito Policial em São Paulo: o governo federal reconheceu ter havido grave violação de direitos humanos por parte de autoridades do estado de São Paulo em administração passada. O governo de São Paulo decidiu dar indenização a todas as famílias das vítimas e solicitar agilidade na aplicação das penas dos culpados (um dos criminosos já havia tido a sentença passada em julgamento, mas estava ainda em liberdade).

Em parceria com o Ministério das Relações Exteriores, a Secretaria Nacional dos Direitos Humanos publicou o relatório sobre a implementação da Convenção Internacional sobre a Eliminação de Todas as Formas de Discriminação Racial, com base em texto elaborado pelo Núcleo de Estudos da Violência da Universidade de São Paulo. A aceitação do procedimento de solução amistosa e apresentação regular de relatórios aos tratados e convenções internacionais são indicadores claros e consistentes da aceitação do Brasil do monitoramento dos direitos humanos pelo sistema internacional das Nações Unidas e pelo sistema interamericano.

O PNDH II

Em maio de 2002 foi lançado o PNDH II, incorporando as iniciativas do PNDH I que não haviam sido realizadas, assim como proposta mais específicas dizendo respeito aos direitos econômicos e sociais. As recomendações do programa eram a expressão direta de proposições formuladas em encontros regionais, igualmente sob a coordenação de Paulo de Mesquita Neto, que foi igualmente o relator desse segundo programa, com a colaboração do professor Flavio Piovesan, da PUC-SP.

As 518 metas estabelecidas no PNDH II resultaram de um abrangente processo de consulta à sociedade civil. O programa instituído hoje por meio de decreto representa o maior esforço coletivo, reunindo governo e sociedade civil, de que se tem notícia no país para a formulação de políticas públicas no campo dos direitos humanos. Dessa forma conseguimos ultrapassar a habilidade limitada de fixar objetivos em longo prazo: o PNDH II vai além do imediato e prolonga os compromissos atuais para o futuro. A mobilização gerada pela preparação do PNDH II estimulou a construção da proposta de reforma do Poder Judiciário, na qual se inclui, entre outras medidas destinadas a agilizar o processamento dos responsáveis por violações, a chamada "federalização" dos crimes de direitos humanos. O novo programa expande as metas do PNDH original no campo dos direitos civis e políticos, e, atendendo à justa reivindicação da sociedade civil, incorpora os direitos econômicos, sociais e culturais.

O PNDH II reforçou as medidas de combate à discriminação contra os grupos mais vulneráveis da sociedade. Novas metas foram estabelecidas para promover os direitos das crianças e adolescentes, das mulheres, dos idosos, das pessoas portadoras de deficiência, dos afrodescendentes, dos povos indígenas, dos ciganos, dos homossexuais e dos estrangeiros, migrantes e refugiados.

O PNDH II representa a vanguarda do pensamento do governo e da sociedade brasileira no campo da proteção e promoção dos direitos humanos. O acompanhamento e o monitoramento das ações contempladas no PNDH II se fundamentam na relação estratégica entre a implementação do programa e a elaboração das Leis orçamentárias anuais. O PNDH II passa a ser implementado por meio de planos de ação anuais, os quais definirão as medidas a serem adotadas, os recursos orçamentários destinados a financiá-las e os órgãos responsáveis por sua execução. O Plano de Ação 2002 foi distribuído juntamente com a versão atualizada do Programa Nacional. Além da parceria em projetos de ONGs com o governo federal, a proteção dos direitos humanos se beneficiou da criação de vários conselhos nacionais específicos aos direitos humanos de diferentes grupos.[21]

O CDDPH

Depois de 1995, o governo federal começou a promover o funcionamento mais efetivo de órgãos já existentes como o Conselho de Defesa dos Direitos da Pessoa Humana, CDDPH, o primeiro conselho de direitos humanos criado no país, em 1964, pelo presidente João Goulart. E subordinado ao Ministério da Justiça. Durante o regime militar, o Conselho a não ser em raros momentos pôde realizar seus fins. Seu objetivo, depois de 1985 com o fim da ditadura militar, se tornou mais concreto, aquele de estabelecer a responsabilidade de autoridades sobre violações aos direitos humanos. Esse engajamento havia sido assumido perante a comunidade internacional, especialmente com a ratificação dos tratados de proteção dos direitos humanos nos anos 1990. O governo Cardoso dotou o Conselho de uma estrutura, alargada com a presença da sociedade civil e de membros do Congresso Nacional, governo e oposição. O Conselho foi o fórum privilegiado da política de direitos humanos do governo federal. Denúncias são ouvidas, governantes prestam informações, ações legais de responsabilização dos culpados por crimes contra os direitos são abertas e reparações do direito das vítimas são iniciadas. Foi lhe dada uma grande visibilidade analisando com a presença da mídia casos exemplares de violação dos direitos humanos.

Outro sinal positivo foi o Programa Nacional de Segurança Pública lançado em junho de 2002 pelo ministro da Justiça, José Gregori. O plano foi a primeira proposta de uma política de segurança definida pelo governo federal para fazer frente à violência, aos massacres, ao crime organizado e para assegurar o controle da circulação de armas no território nacional. O plano tentou

[21] Vários conselhos foram criados depois do retorno à democracia: o Conselho Nacional dos Direitos da Mulher (CNDM, 1988), o Conselho Nacional de Proteção dos Direitos das Crianças e dos Adolescentes (CONANDA, 1991). Entre os criados pelo governo Cardoso, o Conselho Nacional Contra a Discriminação (1998), o Conselho Nacional dos Portadores de Deficiência (CONADE, 1999), o Conselho Nacional dos Idosos (2001) e o Conselho Nacional de Promoção do Direito à Alimentação (2002), instituído após a visita do relator especial da ONU sobre o direito à alimentação, Jean Ziegler, em 2002. Esses conselhos compreendem representantes da sociedade civil que também passaram a indicar o presidente depois de 2001.

impor aos estados critérios uniformes para a segurança em todos os estados da federação, assim como uma condicionalidade estrita sobre as verbas liberadas.

No final, qual a situação dos direitos humanos?

Qual era a situação dos direitos humanos no final do governo Cardoso? As inovações em termos de políticas sociais (como a Bolsa Escola) tiveram grande repercussão, mas não tratamos aqui das políticas públicas postas em prática por outros ministérios, ainda que efetivamente tenham a ver com a implementação dos direitos econômicos, sociais e culturais. Deve ficar claro que essas observações finais dizem respeito às áreas sob responsabilidade direta da Secretaria de Estado dos Direitos Humanos, como, por exemplo, os direitos civis e políticos, os direitos das crianças e adolescente, a luta contra a tortura e o trabalho dos diversos conselhos. Se considerarmos essas frentes dos direitos civis houve, sem dúvida, progressos. Na luta dos direitos humanos, o menor avanço, mesmo que muito limitado, sempre tem impacto na proteção dos direitos. Porque não faz sentido comparar-se a situação brasileira com outros contextos onde idealmente (e ideologicamente) os direitos humanos tivessem sido plenamente realizados.

Não há nenhuma dúvida que o fato de o governo federal e o presidente regularmente se referirem à gramática dos direitos humanos contribuiu para que a sociedade civil se mobilizasse e reivindicasse a implementação dos PNDH I e II. Grande parte da continuidade das violações de direitos humanos decorre da incapacidade do Estado federal de assegurar em cada estado os direitos garantidos pelas convenções internacionais que o Brasil ratificou. Entre dois direitos que o Estado não tem tido condições de proteger efetivamente estão o direito à vida e os direitos das vítimas. Sem muito exagero, pode-se afirmar que o Estado brasileiro não controla completamente largos territórios dominados pelo crime organizado, como são as colinas do Rio de Janeiro, as zonas periféricas da cidade de São Paulo e grande parte das fronteiras terrestres no Centro-Oeste e Norte dominadas por traficantes de droga.

No final do governo restavam ainda obstáculos estruturais para assegurar uma implementação efetiva da política de direitos humanos que fora bem definida. Um passo importante não pôde ser dado, aquele das reformas institucionais, como da polícia, cuja estrutura definida pela ditadura militar persistia, e do sistema judiciário. Os direitos humanos, apesar da grande ênfase que o presidente Cardoso deu para sua promoção, continuam a não ser percebidos pelos políticos como um tema importante. Parece que muitos temem que o apoio aberto à promoção e proteção dos direitos humanos possa significar um enfraquecimento de seu posicionamento duro contra o crime nas campanhas eleitorais. Muitos candidatos temem enfrentar diretamente o crime organizado sob o risco de perderem o apoio de grupos de eleitores nos meios populares, muitas vezes beneficiários de atividades ilícitas e submetidos ao terror que tiraniza sua vida quotidiana. É preciso também levar em conta que vários deputados federais são eleitos com apoio dos fabricantes de armas e munição.

Assim, no que diz respeito aos direitos humanos, persistia no final de 2002 um *chiaroscuro* com um engajamento formal dos governos estaduais que se traduz em algumas iniciativas positivas contra as violações graves ainda existentes. Caminhou-se no sentido de debelar a impunidade, mas o funcionamento da justiça na apuração e no processamento de casos de violações de direitos humanos continua lenta.

Ainda que, como vimos, houve progressos importantes, nas *policies*, na política externa de direitos humanos, na legislação, no judiciário e no Ministério Público Federal, além de nos executivos e instituições dos estados (uns mais do que outros ...) dever ser registrado que esses avanços foram determinados pelo empenho pessoal do presidente Fernando Henrique. No Poder Executivo houve algum empenho de alguns ministros e nos vários escalões de milhares de funcionários, exemplos de *public spirit*, na implementação das garantias de direitos humanos. Interlocutores diretos na oposição, como os deputados Hélio Bicudo e Nilmário Miranda (que tinha assento no CDDPH) tiveram um papel marcante na defesa de causas comuns.

Mas seria ilusório e danoso para uma análise rigorosa fazer crer que institucionalmente a política de Estado de direitos humanos ao término dos dois mandatos estava sólida ou consolidada. Fernando Henrique sempre preferia não levar muito a sério a cobrança da vontade política do presidente, quase completamente determinada pela circunstância e pelo Congresso. Mas paradoxalmente o que se alcançou na proteção dos direitos humanos foi diretamente por disposição, aval direto e apoio do presidente. Muitas decisões cruciais, como o reconhecimento da competência da Corte Interamericana de Direitos Humanos, em 1998, contra a posição de alguns ministérios, foi exclusivamente dele. Não fosse o acesso direto a Fernando Henrique do pequeno grupo[22] que

---

[22] Num final de almoço no Itamaraty para um dignatário estrangeiro, membros desse grupo literalmente cercam o presidente que revia o discurso que faria numa cerimônia de direitos humanos. Insistiam

apoiava e empurrava as medidas de direitos humanos, as propostas de Lei e os gestos simbólicos, o saldo final teria sido muito mais magro. Se essa é uma das vantagens do presidencialismo em termos da consolidação dos direitos humanos, tal vantagem sinaliza que a política de Estado de direitos humanos não está, como diria o saudoso Aloysio Magalhães, ainda suficientemente adensada nos circuitos de governo, mesmo na esfera federal. A consolidação da política de Estado dos direitos humanos é um processo que continua em curso. Entretanto, fica patente que o claro engajamento do presidente Fernando Henrique Cardoso e de seu governo com a realização dos direitos humanos situa o Brasil num caminho de não retorno.

na sugestão de que o presidente deveria anunciar o seu veto a qualquer projeto de Lei que diminuísse a idade da responsabilidade penal infantil. Como já estava convencido, rabisca o discurso, se vira de troça para o visitante e diz: "Você está vendo o que me obrigam a dizer?" E logo depois diz mesmo.

TERCEIRA PARTE

Comparações e contextualizações internacionais

Lembrem-se de tudo que escrevi:
O impacto de Fernando Henrique Cardoso sobre as ciências sociais

Ted Goertzel

Fernando Henrique Cardoso alcançou o ápice em duas profissões bastante diferentes: o mundo acadêmico e a política. Não é comum ter grande sucesso nesses dois campos, já que as habilidades e o temperamento exigidos para cada um são diferentes. Mas o estrelato acadêmico de Cardoso surgiu em uma disciplina altamente politizada: Estudos sobre a América Latina. Um crítico, Robert Packenham, argumenta que "Cardoso tinha um instinto e uma habilidade política formidáveis que ele utilizava de maneira brilhante, tanto dentro da academia quanto mais tarde, na prática da política."[1]

Uma das habilidades de Cardoso é sua flexibilidade para tirar vantagem dos eventos inesperados, não planejados. Sua nomeaçao para o cargo de ministro da Fazenda pelo presidente Itamar Franco foi uma completa surpresa, já que muitos pensavam que seria a ruína de sua carreira. Mas ele aproveitou a oportunidade para implementar um plano de estabilização monetária que o levou à presidência. Sua carreira acadêmica também se beneficiou de acontecimentos que escapavam ao seu controle. Se os militares brasileiros não o tivessem forçado a se exilar em 1964 e não o tivessem banido do mundo acadêmico em 1968, ele teria tido uma carreira acadêmica mais convencional.

A disciplina de Estudos da América Latina, nas décadas de 1960 e 1970, seguiu as mesmas tendências políticas que tiveram impacto na carreira de Cardoso. A maioria dos estudiosos nos EUA, na Europa e na América Latina opunha-se fortemente a ditaduras militares de direita – estavam ávidos para

---

[1] Packenham, Robert. *The Dependency Movement*, Cambridge, MA, Harvard University Press, 1992.

promover mudanças sociais progressivas. Eram contra a guerra dos EUA no Vietnã e nutriam simpatia pela revolução cubana. Precisavam de uma teoria para dar um ar de aceitação acadêmica a suas posições políticas, e o trabalho de Cardoso foi utilizado com esse propósito, embora isso às vezes significasse uma leitura seletiva e até mesmo distorcida do seu pensamento.

O estrelato acadêmico pode ser mensurado ao se contar as citações, ou seja, o número de vezes que um especialista cita a obra de outro numa publicação acadêmica. As citações podem não dar a medida da real qualidade de uma obra, mas refletem seu impacto na comunidade acadêmica. O poder dessa ferramenta de mensuração aumentou consideravelmente com o desenvolvimento do Google Scholar, uma ferramenta especializada de busca que explora as obras acadêmicas em todos os países e línguas, tanto em publicações obscuras quanto nas de prestígio. Esse não é o famoso mecanismo de busca do Google que indexa toda a World Wide Web; o Google Scholar limita-se apenas a publicações e ensaios acadêmicos. Subalternos do Google, por meio de um bom patrocínio, escaneiam todos os livros ou periódicos acadêmicos publicados em qualquer lugar, em qualquer língua. Além de contar as citações, o Google Scholar dá um *link* para cada fonte, facilitando o acesso aos textos originais.

Um livro destaca-se numa busca feita no Google Scholar por obras de Fernando Henrique Cardoso: *Dependency and development in Latin America* [*Dependência e desenvolvimento na América Latina*], escrito em parceria com Enzo Faletto. Há 1.116 citações a diversas edições deste livro, em diferentes línguas. Não é exatamente o ápice da fama em termos de citações, mas chega perto. A obra de Talcott Parsons, *The Social System*, é citada 4.295 vezes. No campo dos estudos sobre o Terceiro Mundo, Cardoso e Faletto são precedidos por *The wretched of the Earth* [*Os condenados da Terra*], de Frantz Fanon, que tem 2.606 citações. Mas ele é provavelmente o livro com mais citações no campo dos estudos sobre a América Latina, ultrapassando *Capitalism and underdevelopmant in Latin America*, de Gunder Frank, com 991 citações, e *The economic development of Latin America*, de Raúl Prebisch, com 727.

Tabela 1;[2] Citações acadêmicas das principais obras de Fernando Henrique Cardoso

1960	*Cor e mobilidade social em Florianópolis*	37
1962	*Capitalismo e escravidão no Brasil Meridional*	109
1965	*Empresário industrial e desenvolvimento econômico no Brasil*	78
1969	*Dependencia y desarollo en America Latina*	258
1970	*Dependência e desenvolvimento na América Latina*	168
1971	*Dipendenza e Sviluppo in America latina*	5
1976	*Abhängigkeit und Entwicklung in Lateinamerika*	29
1978	*Dépendance et développement en Amérique Latine*	26
1979	*Dependency and development in Latin America*	630
	Todas as edições de *Dependencia y desarollo*	*1.116*
1969	*Mudanças sociais na América Latina*	25
1972	*Estado y sociedad en America Latina*	24
1973	*O modelo político brasileiro e outros ensaios*	71
1973	*Associated-dependent development*	69
1975	*Autoritarismo e democratização*	80
1975	*Os partidos e as eleições no Brasil*	21
1977	*The Consumption of Dependency Theory in the United States*	66
1977	*El Consumo de la Teoría de la Dependencia en los Estados Unidos*	12
1977	*Amazônia: expansão do capitalismo*	29
1978	*On the characterization of authoritarian regimes in Latin America*	40
1979	*The new authoritarianism in Latin America*	192
1980	*As ideias e seu lugar*	49
1994	*A construção da democracia*	14
1994	*Mãos à obra, Brasil: proposta de governo*	56

(continua)

2 Dados de uma busca no Google Scholar (scholar.google.com) feita em 19 de março de 2008. A tabela inclui somente as obras mais citadas; existem também muitas citações de outras obras.

1998	*O presidente segundo o sociólogo*	29
1998	*Reforma do Estado*	22
2001	*Democracy as a starting point*	19
2001	*Charting a new course*	15
2006	*A arte da política*	8
2006	*The accidental president of Brazil*	6

O legado acadêmico de Cardoso não se limita a somente um livro. Ele publicou diversas obras acadêmicas que foram bem recebidas nas décadas de 1970 e 1980, algumas delas escritas em parceria com outros eruditos. Tais obras foram lidas e citadas por outros especialistas que trabalham nas mesmas áreas. Sua fama acadêmica, contudo, ocorreu graças a um livro que foi primeiramente publicado em espanhol, em 1969. O número de citações que este livro recebeu é particularmente notável, já que o mundo das publicações acadêmicas é dominado pelas obras publicadas em inglês. Cerca de metade das citações a *Dependencia* y *desarollo en America Latina* são de obras publicadas em inglês. A edição de 1979 em inglês foi revisada e ampliada de maneira significativa – portanto, de certo modo, ela pode ser considerada um livro diferente.

E por que esse livro fez tanto sucesso? Ele não era uma obra-prima que apresentava uma nova teoria geral; os autores afirmavam que era um ensaio. Ele examinava e comparava o histórico econômico do Brasil, Argentina, México, Bolívia, Colômbia, Venezuela, Chile, Uruguai e Guatemala em 220 páginas, uma abordagem que necessariamente precisou ser bastante seletiva. A obra revelou a grande variedade de maneiras pelas quais as elites de cada país administravam seu relacionamento com os interesses econômicos estrangeiros. Se existe uma mensagem básica no livro, é que os países latino-americanos não foram vítimas passivas das forças globais, e sim participantes ativos cujas escolhas de estratégias de desenvolvimento foram cruciais para seu sucesso ou fracasso.

Pouquíssimas obras acadêmicas que citam *Dependencia y desarollo* incluem uma discussão detalhada de seus argumentos, e muito menos incluem uma análise do material dos estudos de caso. A maioria dos estudiosos da América Latina na verdade são especialistas somente em um país, ou talvez numa região, como no caso da América Central. Cardoso, como a maioria dos acadêmicos brasileiros, concentrou-se em grande parte no Brasil, até seu exílio em 1964. Seu trabalho junto à ONU em Santiago, no Chile, fez com que ele entrasse em contato diariamente com estudiosos de peso de toda a América Latina, o que fez dele um verdadeiro especialista na região.

Muitos dos autores de língua inglesa que citam *Desarollo y desenvolvimento en America Latina* classificam o livro entre as diversas obras que compõem aquilo que chamam de "teoria da dependência". É comum afirmar que a teoria da dependência determina que a pobreza do Terceiro Mundo é causada primordialmente pela exploração por parte dos países ricos. Isso tem correspondência na obra de André Gunder Frank, mas ignora o argumento de Cardoso e Faletto de que o desenvolvimento é possível dentro da estrutura que agora chamamos de globalização. Muitos autores parecem ter lido Gunder Frank com grande interesse, mas acabaram por dar pouca atenção a Cardoso e Faletto, e então colocaram Gunder Frank e Cardoso na mesma classificação.

Um dos atrativos da "teoria da dependência" para os acadêmicos anglo-saxões era o fato de se tratar de um produto latino-americano, a primeira grande teoria de ciências sociais a vir de um país do Terceiro Mundo. Gunder Frank nasceu na Alemanha e foi educado nos EUA. Portanto, não pode ser citado como o "descobridor" da dependência. Mas, como observou Robert Packenham em seu estudo do "movimento da dependência" (em obra do mesmo nome, *The Dependency Movement*), Cardoso era perfeito para ocupar o papel de fundador da teoria da dependência. Ele era brasileiro, um esquerdista que tinha orgulho de seus estudos marxistas e um ilustre cientista social, além de ter sólidas realizações acadêmicas. Além disso, era um homem culto, gentil e poliglota que fazia de tudo para ajudar os estudiosos que trabalhavam nesse campo, mesmo quando diferiam dele em termos ideológicos, e principalmente quando estavam em apuros com regimes militares. Era um ícone perfeito para o "movimento da dependência" e foi leitura obrigatória no estudo de pós-graduação em todo o mundo.

Dependência e desenvolvimento é um livro complexo, sutil, cheio de nuances. Levanta muitas questões importantes e sugere possíveis soluções, mas não oferece hipóteses simples que possam ser facilmente confirmadas ou desmentidas com dados objetivos. Nesse sentido, ele tem algo em comum com uma plataforma política, já que oferece elementos que interessam a todos. Em vez de atacar outros estudiosos, Cardoso em geral tentava dar valor às obras deles e guiá-los suavemente na direção que considerava mais produtiva. Se essas eram "habilidades políticas", eram então habilidades inatas. A família de Cardoso há tempos fazia parte da elite política brasileira e foi nos jantares em família que ele aprendeu o discurso político civilizado.

O problema com isso é que Cardoso foi mais elogiado e citado do que imitado. Ele achava que os especialistas deveriam concentrar-se em estudos da história, das condições atuais e das opções futuras de cada país. Sem dúvida havia estudiosos que realizaram esse importante trabalho, entre eles Peter Evans, cujo *A tríplice aliança: as multinacionais, as estatais e o capital nacional no desenvolvimento dependente brasileiro* é um excelente exemplo do tipo de trabalho que Cardoso procurava inspirar. E a obra foi bem recebida, com 558 citações no Google Scholar. Mas a reação em massa a *Dependência e desenvolvimento* foi bem além desse tipo de trabalho, por parte dos especialistas no mundo todo. Algumas das reações vieram de estudiosos com o forte compromisso ideológico de defender o Terceiro Mundo da exploração imperialista. E outras vieram de estudiosos que buscavam hipóteses refutáveis que pudessem ser testadas com dados quantitativos. Ambos os grupos pensavam em termos de polos opostos: "modernização *versus* dependência" ou "socialismo *versus* barbárie". Estavam dispostos a provar que um lado estava certo e o outro errado.

Mas essa nunca foi a abordagem de Cardoso. Ele se recusava a formalizar suas ideias e submetê-las a testes quantitativos. Dizia que a dependência não era uma "teoria" a ser testada, e sim um problema a ser estudado, e fez essa argumentação de maneira bastante contundente em um discurso para a Latin American Studies Association (Associação de Estudos da América Latina) em Atlanta, na Geórgia, em 1976. Disse aos estudiosos da América Latina que se aquela reunião pudesse ser observada por um alienígena, ele pensaria que "os cérebros desses seres parecem limitar suas imagens e pensamentos a opostos binários".[3] Tal palestra foi publicada em um ensaio chamado "The consumption of Dependency Theory in the United States", o qual teve uma influência considerável sobre os estudiosos da América Latina. O Google Scholar lista 66 menções à versão em inglês e 12 à versão em espanhol.

Isso era, em parte, uma questão política; a "teoria da dependência" foi usada como eufemismo para a teoria leninista de imperialismo por parte de ativistas acadêmicos, cujo principal objetivo era promover a revolução socialista. Mas também havia a questão fundamental da filosofia da ciência. Muitos dos críticos de Cardoso eram seguidores do argumento de Karl Popper de que o progresso científico é feito ao se avançar hipóteses testáveis e depois verificando se tais hipóteses podem ser falsificadas pela pesquisa empírica.

---

[3] Cardoso, Fernando Henrique. "The consumption of Dependency Theory in the United States". *Latin American Research Review*, 12(3), 1977, pp. 7–24.

Na década de 1970, as ideias de Popper tinham ampla aceitação por parte dos cientistas sociais, os quais esperavam que as ciências sociais se tornassem disciplinas quantitativas, como a física e a química. Cardoso rejeitava veementemente essa abordagem. Ele não acreditava que as "teorias" das ciências sociais eram verdades abstratas que poderiam ser convenientemente resumidas em proposições formais e depois testadas com o conjunto de dados quantitativos disponível. Elas eram afirmações sobre conjunturas históricas específicas, cuja verdade ficaria mais aparente à medida que tais conjunturas se desenvolvessem. A obra de Cardoso baseava-se na tradição marxista e hegeliana que salientava o desenvolvimento gradual de um entendimento mais completo por meio do debate e da apuração de ideias. Os dados empíricos fazem parte do processo, mas são usados para refinar e desenvolver teorias, não para descartá-las quando elas não passam num teste estatístico.

Hoje em dia, há uma melhor compreensão das limitações das ideias de Popper. Suas ideias são mais bem aplicadas a campos onde experimentos são caros e demorados. Em tais casos, poucos experimentos são feitos e é bem provável que eles sejam decisivos. Nesses campos, uma hipótese é formada com base numa teoria e observações passadas e depois testada com novos dados. A abordagem de Popper não funciona bem em pesquisas estatísticas em que dezenas de hipóteses podem ser testadas em poucas horas, onde muitas vezes existem modelos múltiplos que são em termos gerais igualmente bons (ou ruins), e onde a escolha de um conjunto de dados e as decisões a respeito da filtragem de dados são às vezes cruciais. Com os computadores modernos, é fácil testar dezenas ou centenas de modelos estatísticos e depois publicar somente aqueles que sobrevivem ao teste. A escolha de um modelo pode depender da intuição do pesquisador quanto ao que faz mais sentido ou é o mais elegante. Nesse tipo de trabalho estatístico, o processo de reprodução é repetido com o mesmo conjunto de dados inúmeras vezes, utilizando diferentes técnicas, até que o pesquisador encontre aquela que funciona. Qualquer coisa que seja descoberta dessa maneira precisa ser testada com novos dados, mas muitas vezes esses novos dados só estão disponíveis depois de muitos anos. Como observou de Leeuw:

> Em muitas disciplinas quantitativas, mais caracteristicamente na econometria, o método adequado é supor um modelo estatístico, coletar os dados e depois testar o modelo comparando-o com a estatística. Se o modelo não se encaixar, ele é rejeitado. Supostamente, isso é "arriscar o pescoço", que aparentemente é a atitude corajosa e popperiana a tomar. Existem diversos

> problemas com essas diretrizes [...] se você segue tais diretrizes e os seus dados tiverem algum valor, você arrisca demais o pescoço e perde a cabeça. [...] as pessoas sabem que perderão a cabeça, então ninguém segue as diretrizes. Elas coletam dados, os observam, modificam o modelo, observam de novo, arriscam o pescoço um pouquinho mais, modificam mais uma vez o modelo, e finalmente olham em volta com uma expressão de orgulho e um modelo não rejeitado em mãos, fingindo que seguiram as diretrizes de Popper. Dessa forma, tais diretrizes levam à fraude.[4]

Para muitos cientistas sociais de língua inglesa na década de 1970, era difícil aceitar a rejeição de Cardoso à abordagem popperiana, já que era grande o entusiasmo pelo teste popperiano de hipóteses e pelas teorizações abrangentes parsonianas. A crítica mais poderosa a Popper, no campo da filosofia da ciência, foi a teoria de "programas de pesquisa" de Imre Lakatos, publicada em 1978.[5] Lakatos salientou que até nas ciências físicas os pesquisadores não podem e não abandonam suas ideias centrais todas as vezes que obtêm um resultado negativo. Um programa de pesquisa bem-sucedido consiste em suposições centrais defendidas por uma camada protetora de técnicas e teorias auxiliares. Lakatos mostra que isso é verdadeiro até mesmo nas ciências físicas que serviram de base para o trabalho de Popper. Isso é certamente verdadeiro em campos como a sociologia do desenvolvimento, onde é necessário esperar um longo tempo para que se acumulem fatos suficientes para demonstrar a utilidade ou as falhas de um programa de pesquisa. Isso porque, na ciência real, ao contrário da abstração popperiana, a adequação objetiva é muitas vezes difícil de medir, por diversas razões, inclusive devido ao número limitado de casos disponíveis para testes.

Cardoso não sugeriu nem uma "teoria abrangente" parsoniana e nem uma hipótese popperiana falsificável. Ele propôs aquilo que Lakatos chamaria de programa de pesquisa, uma empreitada coletiva em que estudiosos acrescentam algo ao trabalho uns dos outros em vez de testá-los ou refutá-los. Tal estilo de trabalho encaixa-se melhor num instituto de pesquisa, onde diversos estu-

---

4 Leeuw, Jan de. "Statistics and the Sciences". In: Borg, Ingwer e Mohler, Peter (orgs.). *Trends and perspectives in empirical social research*. Berlim, Walter de Gruyter, 1994, pp. 139–148.

5 Lakatos, Imre. *The methodology of scientific research programs*. Cambridge, Cambridge University Press, 1978. Packenham, op. cit., comete o engano de citar Lakatos como um "falsificacionista" juntamente com Popper. A obra de Lakatos é, acima de tudo, uma crítica ao falsificacionismo.

diosos trabalham juntos, do que em muitos departamentos universitários, onde estudiosos isolados competem entre si. Quando Cardoso começou sua carreira, o sistema universitário brasileiro tinha como modelo o sistema europeu, onde estudiosos específicos competiam pelas cátedras. Cardoso teve sucesso nesse sistema e ganhou uma cátedra na Universidade de São Paulo. Se a ele tivesse sido permitido continuar numa carreira acadêmica convencional, talvez pudesse ter achado mais difícil desenvolver o estilo de trabalho colaborativo que adotou no Chile e depois desenvolveu no Centro Brasileiro de Análise e Planejamento, em São Paulo (CEBRAP).

Politicamente, o modelo popperiano estimula batalhas entre os defensores de diferentes teorias. O grito de guerra é: "estamos certos e você está errado, e temos os dados para provar". No campo dos estudos de desenvolvimento, o livro de Robert Packenham, *The Dependency Movement*, é um notável exemplo dessa abordagem. Pode ser uma leitura interessante, mas não é um método para fazer amigos ou influenciar pessoas. Mesmo assim, as ideias de Popper ainda são influentes nos estudos sobre a América Latina. Diferentemente, em um estudo esclarecedor da ascensão e queda do movimento da dependência, Omar Sánchez diz que "se aceitarmos a famosa máxima de Karl Popper de que, para uma teoria ser científica, ela precisa ser testável e falsificável, podemos dizer que a teoria da dependência é obviamente não científica".[6] Mas, como nota Sánchez, Cardoso e Faletto rejeitaram explicitamente essa abordagem das ciências sociais.

Cardoso muitas vezes discordava de outros estudiosos, mas no geral também encontrava pontos positivos em seus trabalhos, como, por exemplo, quando elogiou André Gunder Frank pela "magistral polêmica, que é sua grande especialidade".[7] Em vez de tentar provar que estava certo e que seus críticos estavam errados, Cardoso descobriu maneiras de trabalhar em tópicos de interesse mútuo, juntando forças com estudiosos que adotavam diferentes pontos de vista.

Enquanto estava no CEBRAP, Cardoso e mais sete colegas publicaram *São Paulo 1975: Crescimento e pobreza*, um estudo muito importante da pobreza na cidade de São Paulo em meio à explosão econômica chamada de "milagre brasileiro". O livro teve apoio da Arquidiocese e foi influente na pressão que se

---

6 Sánchez, Omar. "The rise and fall of the Dependency Movement". *Estudios Interdisciplinarios de América Latina y el Caribe*, vol. 14, nº 2, julho de 1973. http://www.tau.ac.il/eial/XIV_2/sanchez.html.

7 Cardoso, Fernando Henrique. "The consumption of Dependency Theory in the United States," op. cit., p. 12.

fez pela democratização e reformas sociais. Também teve um impacto acadêmico significativo, resultando em 45 citações no Google Scholar, a maioria de estudiosos brasileiros especializados em problemas urbanos e saúde pública. Cardoso achava que diversos capítulos iam longe demais na argumentação de que a pauperização era um subproduto inevitável do desenvolvimento capitalista, mas acabou seguindo os outros. O esforço coletivo era mais importante do que revelar o posicionamento de cada autor quanto a cada interpretação.

Outra iniciativa colaborativa, com Geraldo Müller, foi o livro *Amazônia: Expansão do capitalismo*, feito com a assistência de diversos colegas. Foi um trabalho em grande parte descritivo e histórico, com muitas informações estatísticas. Ele defendia um equilíbrio entre a proteção ao meio ambiente e o desenvolvimento econômico. Recebeu 29 citações no Google Scholar, muitas de especialistas que escrevem em inglês.

Esses foram os anos da abertura democrática no Brasil, levando à restauração da democracia em 1984. Cardoso estava bastante envolvido no movimento pelas eleições diretas, e seu prestígio acadêmico e suas conexões políticas deram a ele a oportunidade de concorrer a cargos políticos. Ele também tinha colunas regulares em jornais e escrevia artigos para revistas de interesse geral. Seus escritos acadêmicos durante esse período concentravam-se na política brasileira e na transição para a democracia. A maioria de seus trabalhos eram ensaios, publicados em periódicos ou publicações científicas, e depois reunidos em livros.

Havia, é claro, considerável interesse internacional quanto à natureza daqueles que viriam a ser chamados regimes burocráticos autoritários, dessa forma, diversos ensaios de Cardoso foram traduzidos para o inglês. Talvez o ensaio de maior circulação tenha sido "On the characterization of authoritarian regimes in Latin America" ["Da caracterização dos regimes autoritários na América Latina"], de 1978, republicado em uma antologia muitas vezes citada no livro *The new authoritarianism in Latin America* [*O novo autoritarismo na América Latina*], editada por David Collier, em 1979. O livro foi patrocinado pelo American Council of Learned Societies e pelo Social Science Research Council, dos Estados Unidos, e teve o apoio das Fundações Ford e Tinker. Além de Collier e Cardoso, entre os autores presentes estavam José Serra, Albert O. Hirschman, Guillermo O'Donnell, James Kurth e Julio Cotler. Era um grupo de primeira linha e confirmou o lugar de Cardoso na comunidade internacional das ciências sociais. Como integrante sênior desse grupo, Cardoso escreveu não apenas sobre o Brasil, mas também sobre outros regimes latino-americanos.

Em seus escritos naquela época, Cardoso defendia um posicionamento que se opunha claramente à ideia de André Gunder Frank de que a América Latina precisava fazer uma escolha entre o subdesenvolvimento e a revolução socialista. Ele argumentava que o golpe de estado dos militares, em 1964, não foi uma consequência inevitável das contradições econômicas, e que tal regime poderia ter sido evitado se houvesse uma melhor liderança. Argumentava também que o confronto armado jamais derrubaria os governos militares no Brasil e convenceu-se cada vez mais de que seria possível uma transição não violenta para a democracia. Embora sua política estivesse indo na direção do reformismo democrático social, ele não via motivos para renunciar o marxismo como estrutura teórica. Via o marxismo como uma ferramenta teórica que poderia levar a conclusões políticas diferentes de acordo com as circunstâncias. Continuou a ter um bom relacionamento com muitos estudiosos cuja política situava-se muito mais à esquerda, e eles continuaram a citar seus escritos e a recomendá-los em suas aulas.

Quando Cardoso entrou no Senado, seu discurso de abertura discorreu sobre as ideias de Max Weber sobre a política e a ciência como vocações. Uma das coisas que ele rapidamente aprendeu foi que os políticos ativos têm pouco tempo para ruminações acadêmicas. De qualquer modo, ele estava um pouco cansado de debates acadêmicos e pronto para novos desafios. Seus escritos acadêmicos foram deixados de lado, mas sua obra foi trazida à baila quando foi eleito presidente. O lugar comum jornalístico à época dizia que ele era um "ex-teórico da dependência" que adotou outro tom. Não foi nada surpreendente, dada a tendência dos estudiosos a agruparem Cardoso com Gunder Frank e outros. A ele foi atribuída, e amplamente divulgada, a frase "esqueçam tudo o que eu escrevi", uma declaração inventada por um jornalista de TV. É irônico que sua citação mais conhecida seja algo que ele nunca disse ou quis dizer. Ele na verdade deseja que as pessoas se lembrem de tudo que escreveu, e publicou uma nova antologia de seus escritos em inglês, em 2001.[8]

Os críticos sérios descobriram poucas discrepâncias em seus escritos acadêmicos. Em 1995, José Luiz Fiori escreveu que "embora Cardoso tenha alcançado a fama como sociólogo marxista nas décadas de 1960 e 1970, pode-se argumentar, por mais que suas primeiras obras contenham uma acusação veemente e bem fundamentada do rumo que ele acabou tomando como presidente, que a trajetória de suas obras intelectuais não apresenta maiores ruptu-

---

8 Font, Mauricio (org.). *Charting a new course*. New York, Rowman and Littlefield, 2001.

ras".[9] Nessa época, o "movimento da dependência" havia perdido o fôlego no mundo acadêmico por causa do sucesso da Coreia do Sul e outros "tigres asiáticos", e dos resultados desanimadores do socialismo estatal da Coreia do Norte e dos países do Leste Europeu. A opinião de muitos outros estudiosos teve uma evolução similar à de Cardoso.

A única obra de Cardoso a receber citações significativas por parte do mundo acadêmico, desde que ele se tornou presidente, foi *O presidente segundo o sociólogo*, publicado em 1998. Suas memórias, *A arte da política* e *The accidental president of Brazil* receberam poucas citações até o momento, mas são recentes, e a publicação acadêmica é lenta. *A arte da política* será uma fonte essencial para os historiadores da era Cardoso. *The accidental president of Brazil*, escrito em parceria com Brian Winter, é uma maravilhosa síntese de biografia e sociologia, que merece ser traduzida para o português para o leitor comum. Mas ainda é muito cedo para avaliar o impacto acadêmico desses trabalhos.

Os escritos acadêmicos muitas vezes preocupam-se com teorias e princípios abstratos, em contraste com os interesses tangíveis e práticos do mundo político. Durante toda sua carreira, Fernando Henrique Cardoso esteve ciente da tensão entre o que Max Weber chamava de ética dos fins últimos e a ética da responsabilidade. Sua obra acadêmica foi marcada pela busca de soluções plausíveis para os problemas de países específicos, em conjunturas históricas específicas. Sua liderança política era contrabalançada pela habilidade de colocar os interesses políticos do dia a dia em um amplo contexto histórico e sociológico. Como estudioso e político, ele foi um exemplo do que o sociólogo C. Wright Mills chamava de "imaginação sociológica", a "qualidade da mente essencial para compreender a interação entre o homem e a sociedade, entre a biografia e a história, entre o eu e o mundo".[10]

---

[9] Fiori, Jose Luiz. *Nacla Report on the Americas*, maio de 1995.

[10] Mills, C. Wright. *The sociological imagination*, 1959. http://www.camden.rutgers.edu/~wood/207socimagination.htm

Fernando Henrique Cardoso:

A *Astutia Fortunata* do presidente-sociólogo do Brasil

Laurence Whitehead

Mesmo na Renascença, não havia muitos homens renascentistas. A expectativa de vida era menor, é claro, mas todos os bem-nascidos podiam dar início a suas carreiras na adolescência, graças a tutores particulares e ao acesso a privilégios hereditários. No fim do século XX, no Brasil, é necessário passar por uma longa educação formal em algum campo ou disciplina especializada. Alcança-se o reconhecimento público por meio de realizações e não devido ao nascimento, e isso leva tempo. A Constituição brasileira agora estipula que os presidentes só podem ocupar o cargo por dois mandatos consecutivos de cinco anos (quando FHC tomou posse pela primeira vez, os presidentes só tinham um mandato de quatro anos). Um exílio com privilégios era uma carreira renascentista também já bastante consagrada na América Latina republicana,[1] mas costumava utilizar uma grande e considerável parte da vida profissional e não garantia maior sucesso no país de origem assim que o exílio chegasse ao fim. Em outras palavras, se era difícil combinar diversas vidas em uma só, mesmo para os mais bem-nascidos na Europa renascentista, sem dúvida é ainda mais difícil na República contemporânea brasileira. E mesmo assim FHC conseguiu. Como isso foi possível? E a que custo, se pensarmos no conflito entre os diferentes papéis especializados que ele ocupou de maneira tão cumulativa e sequencial? O que isso nos diz a respeito da "política como vocação" no Brasil democrático do começo do século XXI?

[1] Roniger, Luis e Snajder, Mario (orgs.). *Constructing collective identities and shaping public spheres: Latin American paths*. Sussex Academic Press, 1998.

Este capítulo é uma exploração inicial dessas questões, mais do que uma tentativa de esboçar uma biografia política certeira do primeiro presidente brasileiro democraticamente eleito a cumprir dois mandatos. Ele se baseia em grande parte em dois volumes autobiográficos de Fernando Henrique Cardoso (um em inglês, o outro em português);[2] mas também em diversas fontes complementares. Também tive o privilégio de conhecer FHC e conversar com ele (como colega de estudos e não como adversário político, é claro). Tais encontros e impressões pessoais não são considerados muito confiáveis para uma biografia objetiva. No entanto, essa experiência em primeira mão estimulou as minhas hipóteses e ajudou a dar rumo à linha de pesquisa deste capítulo. Essas lembranças dão um elemento extra de verossimilhança às interpretações que poderiam ter sido feitas integralmente a partir de registros públicos, mas com um grau menor de confiabilidade.

A questão central que desejo abordar é a seguinte: existem muito poucos casos conhecidos de um intelectual público profissional ou de um cientista social de renome que também tenha alcançado e mantido tal posição de liderança na política de uma nação. Mais especificamente, ele é o único sociólogo profissional que atuou como presidente e chefe de governo (a erudição no campo legal é outro assunto). Existem diversos exemplos de economistas mais ou menos profissionais que também ocuparam posições similares. Pode-se dizer que o presidente Ernesto Zedillo do México, por exemplo, era talvez mais economista do que político. E embora seu antecessor, Carlos Salinas de Gortari, seja às vezes classificado, com Zedillo, como outro "tecnocrata", sou da opinião de que suas ambições políticas sempre moldaram a sua carreira, e que a ciência social era-lhe secundária. Talvez a analogia contemporânea mais próxima seja a carreira de Vaclav Havel, que alcançou fama internacional como escritor e intelectual público antes de se tornar o primeiro presidente na Tchecoslováquia pós-comunista.[3] Mas nem Zedillo nem Havel combinavam as duas identidades de forma tão perfeita quanto FHC. Os dois eram líderes políticos "acidentais",

---

[2] Cardoso, Fernando Henrique (com Brian Grazer). *The accidental president of Brazil: A memoir*. New York, Public Affairs, 2007; Cardoso, Fernando Henrique. *A arte da política: A história que vivi*. Rio de Janeiro, Civilização Brasileira, 2006.

[3] Havel fez algumas observações interessantes sobre o intelectual na política em seu *Summer meditations*. New York, Random House, 1993, pp. 1–12. Mas depois confessou que tinha sido ingênuo em acreditar que não havia necessariamente um conflito entre atuar politicamente e atuar honestamente. Havel, Vaclav. "Paradise lost", *New York Review of Books*, 9/4/1992, pp. 6–8.

enquanto que FHC foi um político de "sangue puro", embora ele se descreva como o "presidente acidental do Brasil", em sua biografia em inglês.

Se adotarmos uma perspectiva temporal mais alargada, há mais exemplos comparativos, mas referem-se a um período anterior à especialização moderna e à política de massa. Thomas Jefferson combinava diversos papéis, incluindo o de terceiro presidente dos EUA, o de influente intelectual, teórico político, fundador da Universidade de Virgínia (e o de proprietário de uma fazenda que utilizava mão de obra escrava). Alexis de Tocqueville alcançou somente o *status* de ministro das Relações Exteriores da França antes do fim prematuro de sua carreira, ocasionado por Napoleão III, mas é outro exemplo parecido. Woodrow Wilson e Winston Churchill são dois nomes do começo do século XX que vêm à mente. Mas Fernando Henrique Cardoso alcançou reconhecimento internacional em meios intelectuais em uma época de formalismo acadêmico muito maior (ele recusou a oferta de uma alta cátedra na Universidade da Califórnia em Berkeley, ainda em 1982). Não é o tipo de trajetória que se espera de líderes democráticos no século XXI. Além de suas inegáveis qualidades e feitos, FHC deve seu considerável sucesso histórico a um conjunto excepcional e provavelmente único de circunstâncias.

Voltando ao Brasil, portanto, surge a questão: existem características específicas da estrutura social desse país ou tradições no recrutamento da elite que possam ser responsáveis pela carreira atípica de FHC? Eis o que diz Gilberto Freyre: "Pode-se dizer dos intelectuais brasileiros que sua tendência predominante – mas não exclusiva –, desde a época pré-federação, é a de permitir elementos não lógicos em suas análises e interpretações das situações sociais". Ele desenvolve essa ideia referindo-se especificamente a José Bonifácio de Andrade e Silva, que aceitou um modelo monárquico e não republicano de um Brasil livre e independente. Sua "filosofia política e social pode ser considerada típica daquilo que desde sua época transformou-se na base intelectual de muitas – senão todas – as soluções que os brasileiros encontraram, e continuam a encontrar, para seus problemas nacionais. José Bonifácio é o protótipo do intelectual como homem de ação, como estadista ou político; e, como tal, ele teve uma sucessão de seguidores cujo comportamento contrastava muito com o dos intelectuais hispano-americanos e até os anglo-saxões do tipo mais abstrato, os quais, quando envolvidos em políticas mais ativas, têm uma tendência a ser estritamente lógicos ou racionais em suas atitudes. Homens como Balthazar Brum, no Uruguai, García Calderón, no Peru, Estanislau Zeballos, na Argentina, José Vasconcelos, no México, e Woodrow Wilson e Adlai Stevenson, nos EUA, parecem ter sido demasiadamente intelectuais para seus posicionamentos políticos e, consequentemente, fracassaram em suas carreiras políticas. No Brasil, de intelectuais como o Visconde de Rio Branco no Império, e seu filho, o Barão de Rio Branco, na República de 1889 dos dois Nabucos [...]; pode-se dizer, talvez, que foram relativa ou completamente bem-sucedidos em suas carreiras políticas. Eles seguem o modelo de José Bonifácio, já que não são excessivamente lógicos ou racionais ao administrar problemas que exigem reflexões irracionais ou ilógicas."[4]

O que Freyre chama aqui de irracionalidade é mais bem descrito como uma inclinação pragmática para aparar as arestas teóricas e assim levar em conta as atitudes populares. O debate sobre um sistema presidencial/parlamentar que absorveu a atenção de politólogos brasileiros no começo da década de 1990 é um contraponto moderno à divisão Monarquia/República que separou o Brasil da América hispano-falante no começo do século XIX. A ideia de que, para haver um Brasil democrático, era preciso um regime parlamentar, ideia ortodoxa na ciência política, tinha sido amplamente aceita no mundo acadêmico. FHC e o PSDB estavam particularmente de acordo nesse aspecto. Mas no plebiscito de abril de 1993, no qual o povo brasileiro teve a oportunidade de optar pelas "melhores práticas racionais" relativamente ao desenho das instituições, a opção parlamentar foi veementemente rechaçada. Foi, talvez, um indício da flexibilidade política de FHC o fato de que ele não apenas aceitou o resultado como o adotou com entusiasmo suficiente para assegurar sua eleição como o próximo presidente da República, e depois usou esse cargo para modificar a Constituição de modo a reforçar o Poder Executivo federal. A consistência intelectual talvez exigisse um posicionamento mais "lógico", mas esse pragmatismo foi eficiente em termos políticos e também estava de acordo com a tradição brasileira identificada por Freyre.

Mas, por mais forte que fosse a tradição brasileira, ela está longe de explicar por inteiro o papel dos intelectuais na política brasileira no último terço do século XX. A especialização e o reconhecimento internacional obviamente passaram a desempenhar um papel maior na determinação de quem era um erudito; e, ao mesmo tempo, a massificação da educação superior no Brasil, logo depois dos expurgos do regime militar e do exílio dos intelectuais dissidentes

---

4 Freyre, Gilberto. *Order and progress: Brazil from Monarchy to Republic*. Berkeley, CA, University of California Press, 1986, pp. xxi–xxii.

mais proeminentes, criou um ciclo extraordinário e único de oportunidades. FHC era o homem certo na hora certa, e naquelas condições de extrema turbulência a sorte ditou que ele herdaria raras oportunidades negadas a seus contemporâneos mais próximos. Ele também demonstrou perspicácia ao perseguir tais oportunidades. (Nos termos de Maquiavel, para tornar-se o governante de um principado constitucional "não por vias criminais ou qualquer outro ato deplorável de violência, e sim pela aprovação dos cidadãos [...] não basta somente a *virtù* ou somente a *fortuna*, e sim uma *astutia fortunata*").[5]

Em sua autobiografia em inglês, FHC reconhece que teve vantagens atípicas derivadas da sua formação intelectual em sua juventude no Brasil. "Em alguns países, os eruditos são vistos como pessoas que fracassaram na vida, incapazes de participar do mundo real, ou relutantes a fazê-lo. Mas no Brasil das décadas de 1950 e 1960, isso não podia estar mais longe da verdade. A elite intelectual era incrivelmente pequena – havia somente cerca de 100 mil alunos nas universidades em um país com 65 milhões de pessoas. Por isso, aos homens e mulheres com diploma era-lhes concedida uma importância quase reverencial. Os maiores acadêmicos tinham papéis de influência no governo e nos negócios. As universidades eram vistas como lugares perfeitos para se educar e se preparar para uma vida totalmente ativa [...] Depois de vinte anos, um professor poderia se tornar senador ou executivo de uma empresa. Como jovem professor, eu não tinha a intenção de entrar na política; eu estava feliz lecionando e aprendendo. Mas eu sempre achei que estava me preparando para *alguma coisa*."[6]

Já com vinte e poucos anos, ele alcançou visibilidade internacional como parte de uma equipe liderada por Roger Bastide e Florestan Fernandes que pesquisava as relações de raça no Brasil para uma conferência na UNESCO no Rio. Isso é um exemplo bem precoce de um fator contextual que diferencia os intelectuais brasileiros da sua geração dos intelectuais das gerações anteriores. Depois da II Guerra Mundial, as ciências sociais comparativas rapidamente se universalizaram. A consequência disso foi que, numa longa lista de tópicos essenciais, era necessário alguém que pudesse representar o caso brasileiro (a respeito dos temas da raça, classe, urbanização, a emergência da burguesia

---

[5] Machiavelli, Niccòlo. 1995. *Il Principe* (nova edição organizada por Giorgio Inglese). Turim, Giulio Einaudi, 1995.

[6] *The accidental president of Brazil*, p. 48. De fato, em 1962 havia 110.093 estudantes universitários matriculados em todo o Brasil, dos quais 25.826 e somente 1.048 na área de Humanidades. Ver: Burns, E. Bradford. *A History of Brazil* (3rd edition). Nova York, Columbia University Press, 1993, p. 398.

industrial e, no devido tempo, também sobre o Estado da Segurança Nacional, o desenvolvimento dependente e até sobre a democratização). O Brasil era um exemplo tão amplo e significativo desses fenômenos que a comunidade acadêmica internacional quase exigia um porta-voz, um intermediário e um intérprete que pudesse falar sobre o caso brasileiro, implementando as teorias, os conceitos e as técnicas analíticas dos centros avançados de investigação. A base de FHC, a Universidade de São Paulo, estava evidentemente numa posição privilegiada para atender a essa demanda (embora existissem centros rivais que quisessem participar).

O mundo exterior, com sua exigência constante de uma contribuição brasileira, mas com sua participação limitada na "fechada" vida acadêmica e intelectual do Brasil, criou um mercado para um pequeno número de "estrelas" instantaneamente identificáveis. Viagens internacionais, familiaridade com o francês[7] e o inglês e flexibilidade de comunicar realidades nacionais em termos acessíveis àqueles sem tempo para investir no tema e que não fossem "brasilianistas" eram qualidades de grande peso nessa época. Além disso, assim que uma reputação internacional e uma rede de contatos fossem estabelecidas, elas tendiam a se autossustentar. Era difícil para os concorrentes locais penetrar nesse círculo fechado. E isso fazia o reconhecimento acadêmico ser um campo altamente disputado e profundamente desigual. "Padrões similares podem ser detectados em outros países latino-americanos nessas décadas pós-guerra, mas o caso brasileiro foi o mais extremo. Em parte, isso se devia ao fato de que os comparativistas só podiam omitir um estudo de caso do Peru ou da Colômbia se a fonte certa não pudesse ser encontrada, mas o Brasil não podia ser descartado tão facilmente. E em parte também porque o vasto tamanho e a diversidade interna da formação social continental que chamamos de Brasil tornava a tarefa da síntese (a representação de toda essa complexidade de maneira inteligível para um mundo exterior em grande parte desinformado) algo que exigia além do nível acadêmico médio, em termos de autoconfiança e versatilidade. Também era importante ter uma base de pesquisa local sólida, mas os focos de capacitação para realizar tal tarefa eram muito incipientes e mal distribuídos para gerar uma camada estável de especialistas profissionais. Em seu lugar, teve

[7] Quando Jean-Paul Sartre visitou o Brasil, seu intérprete para o português não se mostrou muito competente – então, mesmo sem aviso prévio, FHC assumiu seu papel.

destaque uma pequena galáxia de estrelas internacionais".[8] Foi nesse cenário que FHC despontou para a fama. Nada disso serve para diminuir nosso respeito pelo trabalho pioneiro desses estudiosos, e sim para contextualizar suas atividades de pesquisa e talvez ajudar a explicar por que desse grupo de acadêmicos brasileiros saiu uma quantidade irregular de intelectuais públicos que podiam aspirar não somente ao reconhecimento intelectual como também a altos cargos públicos.

Em seus relatos autobiográficos, FHC se apresenta como um moderado, um realista, alguém capaz de compreender os pontos de vista tanto da esquerda como da direita, depois de delimitar um equilíbrio imparcial entre os dois lados (no capítulo dois da sua autobiografia em inglês, por exemplo, ele admite que se identifica tanto com Dom Pedro II, deposto em 1889, quanto com seu avô, "um jovem fervoroso que preconizou com veemência a execução do imperador"). [9] Mas até seus quarenta anos, sua reputação era de um radical de esquerda. Quando o conheci, no escritório recém-inaugurado do CEBRAP, em São Paulo, lembro-me de que ele andava lendo a respeito das guerras no sul do leste asiático: "parece que os ventos do leste estão prevalecendo sobre os ventos ocidentais". Meus amigos latino-americanos mais liberais tinham comentado comigo, antes daquele encontro, que ele passou tempo demais flertando com o marxismo. Em suas próprias palavras, ele diz que "no Brasil, praticamente todos nós que éramos jovens, progressistas e, acima de tudo, românticos, brincamos com a ideia de sermos comunistas em algum momento. Eu inclusive. Foi amor à primeira vista. Num país com uma desigualdade tão imensa entre os ricos e os pobres, a fascinação pelo comunismo era totalmente compreensível. Ela oferecia uma alternativa a um esquema existente que todos nós acreditávamos que havia fracassado". Era "impressionante ver como tantos dos líderes influentes no Brasil eram comunistas (Jorge Amado, Oscar Niemeyer, Luis Carlos Prestes). Nunca fui um membro formal do Partido Comunista, mas sem dúvida flertei com a ideia. Como estudante universitário, escrevi para um jornal chamado

---

[8] "Os eruditos brasileiros desfrutavam de uma reputação cada vez maior na comunidade internacional. Como grupo, eles provavelmente tiveram mais reconhecimento do que seus predecessores ou contemporâneos de outras repúblicas latino-americanas. O sociólogo Gilberto Freyre, o economista Celso Furtado, o historiador José Honório Rodrigues e o crítico literário Afrânio Coutinho lecionaram em diversas universidades nos EUA e na Europa, e tiveram seus livros traduzidos para diversas línguas estrangeiras." Burns, E. Bradford, op. cit., p. 408.

[9] *The accidental president*, op. cit., p. 16.

Fundamentos..."[10] e, na década de 1950, ele ajudou a organizar um seminário ou grupo de discussão sobre textos marxistas – muitas vezes estando em Paris – que continuou a funcionar, de modo intermitente, durante sete anos.

Seus antecedentes ajudam a explicar o escopo de seus interesses acadêmicos, o pano de fundo de seus escritos sobre a "dependência" e algumas das fontes de seu prestígio intelectual na década de 1970. Eles também lançam luz sobre o significado do golpe militar de 1964 tanto para as suas esperanças quanto para suas possibilidades políticas.

No começo da década de 1960, conta-nos FHC, ele recusou um convite para participar do Conselho de Desenvolvimento Econômico Nacional, já que acreditava que a situação política estava muito instável. Pouco antes do golpe de 1964, "eu me refugiei no universo acadêmico... Acabei me enfiando numa espécie de concha. Recusei convites para lecionar na Universidade de Brasília – ficava perto demais do olho do furacão."[11] A oposição de seu pai ao golpe era bem conhecida, e muitos de seus amigos estavam desaparecendo, então ele resolveu, depois de algumas semanas, exilar-se. Saiu do aeroporto de Campinas e relatou que "se parecêssemos membros da classe abastada, a polícia nos deixava em paz assim que chegávamos ao aeroporto".[12] Mais tarde, refletiu: "Em retrospecto, acredito que talvez pudesse ter ficado no Brasil sem que minha vida corresse perigo, pelo menos a curto prazo. Se eu tivesse me entregado naquela primeira manhã, talvez tivesse ficado detido durante um ou dois dias, e depois seria liberado. No entanto, sérias restrições seriam impostas ao meu trabalho acadêmico, e eu também ficaria sujeito a abafar a atmosfera intelectual e à perseguição de todos os esquerdistas suspeitos. Não teria crescido profissionalmente."[13]

Se ele tivesse ficado no país, ou ele precisaria evitar situações de risco – e fingir que não via quando seus colegas mais ousados eram presos e perseguidos – ou teria de se definir como um radical mais empenhado do que desejava ser. No exílio, em contraste, ele adquiriu um cargo na matriz da CEPAL em Santiago (o primeiro sociólogo a ser empregado pela ONU), juntamente com *status* diplomático. Mas, ao mesmo tempo, sua reputação como intelectual de esquer-

---

[10] Ibid., p. 61. (Jornal próximo do PCB [Nota dos orgs.].)

[11] Ibid., p. 73.

[12] Ele e outros aproveitaram uma "brecha" no sistema repressor: os aeroportos recebiam listas com nomes dos "subversivos" que não podiam viajar, mas a lista sempre mudava e havia uma versão diferente para cada aeroporto, então foi mais seguro sair do aeroporto de Campinas. Ibid., p. 82.

[13] Ibid., p. 84.

da crescia. Quando ele quis escrever sobre o "imperialismo", disseram-lhe que a ONU era um órgão internacional que não aceitava tal terminologia controversa. Então, ele buscou um termo alternativo que expressasse basicamente a mesma ideia. Assim, a expressão "teoria da dependência" foi lançada. Quando seu pai faleceu, ele teve de voltar ao Brasil para o funeral. A essa altura, intervieram as conexões da sua família de elite e também seus contatos militares. O general Peri Constant Bevilaqua (neto de Benjamin Constant, famoso professor do avô de FHC, que liderou o golpe em 1889 contra Dom Pedro II) falou em sua defesa e o mandado de prisão contra ele foi suspenso.

Ele recorda: "Olhando para trás, às vezes me senti culpado por ter sobrevivido à luta contra a ditadura. Muitas pessoas lutaram pela democracia com muito mais coragem do que eu e perderam suas vidas. Outros carregam sequelas psicológicas e físicas da tortura até hoje. Embora eu nunca tenha explicitamente usado as conexões da minha família para fugir do perigo, é provável que o meu *status* social e o meu nível de reconhecimento profissional tenham me livrado de um trauma maior."[14] E, de fato, seu reconhecimento profissional era tamanho que, em 1967–1968, ele foi convidado por Alain Touraine para lecionar no laboratório de sociologia industrial no novo campus de Nanterre, em Paris (conseguindo, assim, uma excelente posição para observar *les evènements* de maio de 1968). Mais tarde, ao retornar ao Brasil, quando se inscreveu para uma posição de cátedra na Universidade de São Paulo, ele relata que "descobri que não tinha saída dos dois lados. Se a esquerda radical simplesmente não gostava de mim" (acusavam-no de "traição" por tentar mudar o sistema de dentro para fora), "a extrema-direita opunha-se a mim vigorosamente". O próprio ministro da Justiça entrou em contato com o reitor da universidade para deixar claro que a minha candidatura a um cargo sênior na universidade não teria aprovação oficial."[15] Mais uma vez, sua reputação internacional veio em seu socorro. A Fundação Ford apoiou a criação de um centro de pesquisa independente, o CEBRAP, sob sua supervisão (o CEBRAP era uma tentativa parcial de preencher o vazio deixado pela supressão, em 1964, do ISEB, o *think-thank* nacionalista de esquerda). Ele conta que isso foi possível mesmo durante a fase mais reacionária e repressiva do governo militar devido àquilo que os brasileiros chamam de *jeitinho*, "uma maneira particularmente brasileira de quebrar as regras na qual, contanto que você insista em parecer obedecer as regras, é pos-

---

[14] Ibid., p. 118.

[15] Ibid., p. 108.

sível se safar com praticamente qualquer coisa..."[16] (pelo menos se você tiver boa fama e conexões suficientes.)

Então, durante dez anos, depois do golpe militar, ele levou uma "vida encantada" como intelectual radical, identificado fora do Brasil em grande parte como um símbolo importante da resistência ao golpe e da abertura ao pensamento internacional progressivo, enquanto que ao mesmo tempo conseguia criar e avançar redes de apoio pelo menos nos círculos mais eruditos de São Paulo. Até a emergência do PT, no fim da década de 1970, nenhum outro tipo de oposição política era tolerado, por isso não houve, nesse período, o problema de escolher entre atalhos de carreira alternativos.

Mas a partir de 1974 (quando o presidente Geisel proclamou a *distensão*) até 1982,[17] o seu dilema original não resolvido ressurgiu aos poucos (ele estava se preparando para *algo* – mas para o quê?). Após residir no Chile na década de 1960 e ter testemunhado de longe o surgimento e a queda do governo Allende (de certa maneira, uma repetição estranha e mais extrema daquilo que tinha acontecido com o governo Goulart), ele – como todos os esquerdistas de sua geração – sentiu-se profundamente abalado pelo golpe de setembro de 1973.[18] Apesar da derrota dos EUA no Vietnã – ou talvez na verdade por causa dela –, a ideia de que forças socialistas no Leste estavam prestes a prevalecer sobre o Ocidente capitalista perdeu sua força, principalmente à medida que o experimento maoísta dava marcha a ré, e a reação dos EUA ao Vietnã foi substituir Kissinger por Carter.

Uma reviravolta importante aconteceu em 1974: para sua surpresa, o novo líder do partido da oposição "mansa", o MDB, foi até o CEBRAP e convidou seu *think-thank* a ajudar a conceber o programa eleitoral. Com isso, o acadêmico deu início à sua entrada na política reformista. Esses dois aconteci-

16 Ibid., p. 112.

17 Ano em que FHC, então presidente da Associação Internacional de Sociologia, recusou o cargo em Berkeley, e em vez disso assumiu a cadeira no Senado anteriormente ocupada por Franco Motoro, já que Montoro passou para o governo de São Paulo – e assim definiu sua carreira futura como essencialmente doméstica e política.

18 O Chile de Allende foi um teste mais rígido para o marxismo do que o Brasil de Goulart, e deve ter dado a impressão de inverter o ditado a respeito da História: de que ela se repete. Dessa vez, o primeiro episódio foi mais uma farsa e o segundo foi mais uma tragédia. Para ter uma ideia do que isso significou para os cientistas sociais da geração de FHC e que pensavam como ele, veja Alain Touraine, *Vie et mort du Chili Populaire*. Paris, Editions du Social, 1974. Saber até que ponto o fracasso no Chile foi compensado pela Revolução dos Cravos, em Portugal, seis meses depois, e pela *distensão* no Brasil, é algo que exige investigações mais profundas.

mentos internacionais e essa oportunidade em solo nacional provavelmente contribuíram para a grande mudança em sua posição acadêmica, que ocorreu quando ele decidiu distanciar-se dos excessos que surgiram a respeito da teoria da dependência. Embora o seu fosse o nome mais famoso associado a essa moda internacional, ele não era de modo algum o único autor da ideia e também não desejava estar associado com o mecanismo dos *dependencistas* radicais (para quem somente o "desligamento" extremo do capitalismo global – talvez até mesmo uma abordagem semelhante à da Coreia do Norte – seria capaz de combater o poder de controle do capital internacional). Como sociólogo, FHC tinha estudado de perto a burguesia industrial de São Paulo, e sabia que era reducionista demais atribuir a ela um papel único e inevitavelmente reacionário e antinacional, como estavam inclinados a fazer alguns teóricos da "divisão de classes". E, como beneficiário principal da perspectiva "iluminada" da Fundação Ford, ele também estava ciente de que algumas conexões internacionais e linhas de influência poderiam dar base a um desenvolvimento integrado, embora outras pudessem (pelo menos em épocas de crise) servir apenas para suprimir as aspirações da maioria.

Em sua autobiografia, FHC apresenta seu famoso trabalho sobre a "dependência" na América Latina como um precursor da literatura subsequente sobre a "globalização", e é verdade que sua contribuição mudou o foco da análise estrutural, que passou do nível nacional para o internacional. Mas, durante a primeira década depois da publicação de seu campeão de vendas, a maioria daqueles que se consideravam defensores da "teoria da dependência" enfatizava as desigualdades e injustiças geradas pela economia global de mercado e minimizava a importância de seu potencial para acelerar aquilo que a teoria estruturalista rival ("modernização") considerava como traços tipicamente positivos (uma "classe média" em ascensão e mais oportunidades para um desenvolvimento das bases, inclusive a democratização). Como criador mais famoso da abordagem da dependência, e como intelectual dissidente que tentava não sufocar sob um regime militar arbitrário e intermitentemente brutal, não se esperava que FHC fosse defender abertamente a perspectiva da modernização, mas tanto sua práxis diária quanto seus compromissos acadêmicos o deixavam cada vez mais desconfortável com a direção tomada por muitos de seus defensores mais entusiasmados; com o tempo, ele se sentiu obrigado a se distanciar daquilo que via como um "consumo" pouco crítico da teoria da dependência.

Havia três questões principais: em primeiro lugar, havia justificativa para os radicais apresentarem o desenvolvimento dependente como um beco sem saída inevitável, do qual só era possível escapar por meio de um desligamento radical ou da revolução socialista? Ou será que não era mais uma tendência adversa internacional, cujas características negativas precisavam ser compreendidas para que fossem neutralizadas (por meio de estratégias de reforma adequadas e alianças)? Em segundo lugar, mesmo se os radicais estivessem certos a respeito de alguns países e de alguns impasses no desenvolvimento, será que seu modelo deveria ser generalizado, de modo que em todos os lugares – mesmo no Brasil e no Chile, onde a esquerda havia sido derrotada politicamente – só houvesse uma rígida ruptura? Em terceiro lugar, e talvez esta seja a questão mais crucial para o entendimento da carreira e da estratégia de FHC, seriam os resultados políticos predeterminados por estruturas econômicas e de classe ou haveria ainda uma esfera autônoma para a criatividade política, uma política de reformas e de formação de alianças, dentro de um sistema político nacional dependente?

Quanto a esses três pontos, ficou cada vez mais claro para FHC que os radicais estavam enganados, e que na verdade estavam interpretando mal a sua obra mais famosa. Afinal, Cardoso e Faletto sempre disseram que não poderia haver uma teoria única, já que havia diferentes "situações" de dependência em diferentes contextos econômicos e históricos. E embora tivessem dito que as instituições políticas "só podem ser de fato compreendidas em termos da estrutura da dominação, porque elas explicam os interesses de classe por trás da organização política",[19] eles também sugeriram que "em momentos históricos decisivos", a capacidade política (que inclui a vontade de organização e as ideologias) é necessária para impor ou modificar uma situação estrutural".[20]

Na prática, do fim da década de 1970 em diante, foi o surgimento de uma capacidade política (reformista) para mudar a situação estrutural (dependente) do Brasil que ganhou o compromisso de FHC e tomou conta de sua energia criativa. Os interesses de classe poderiam dificultar alguns de seus objetivos e favorecer outros, mas eram, no mais das vezes, mais maleáveis, mais abertos à persuasão ou à reinterpretação manipulativa do que se tinha suposto inicialmente.[21] De qualquer modo, como descendente de uma linhagem política bem

---

19 Cardoso, Fernando Henrique e Faletto, Enzo. *Dependency and development in Latin America*. Berkeley, CA, University of California Press, 1979, p. 14.

20 Ibid., p. xi.

21 Seu trabalho a respeito da burguesia de São Paulo e também sobre as relações de raça no Brasil sempre refletiu, supostamente, certo teor de plasticidade em tais categorias sociais. Talvez as constatações de sua esposa, a antropóloga Ruth Cardoso, tenham tido alguma contribuição.

estabelecida e com grandes conexões, ele não estava muito disposto a ver seu país como mais uma "carta no baralho", passivamente à mercê do controle externo; e também não tinha intenção de negligenciar as oportunidades de mudanças políticas de dentro do sistema, que faziam parte do patrimônio de sua família.[22]

É importante ressaltar o fato de que, apesar das mudanças no posicionamento analítico de Cardoso sobre a natureza do sistema internacional, e da possibilidade de o Brasil modificar sua posição por meio da criatividade política nacional, e apesar do que dizem alguns de seus críticos, FHC afirma que nunca abandonou totalmente sua argumentação anterior. Ele sempre buscou reformulá-la e atualizá-la, por exemplo, ao ligar a perspectiva da dependência a relatos recentes (e mais positivos) da "globalização", ou ao estender o ponto de vista da necessidade de reformas a uma visão mais sólida de "democratização" (na qual a autonomia do universo político ficava necessariamente maior, enquanto que as amarras das políticas de classe desapareciam de vista). Nesse sentido, ele permaneceu fiel ao lado acadêmico de sua *persona*.

Sua autobiografia em português reflete esse compromisso intelectual contínuo, já que ele tenta refletir teoricamente sobre suas experiências e educar seus leitores quanto à realidade da vida política, em vez de simplesmente justificar suas ações (embora reconheça a subjetividade inevitável de tais empreitadas). Não há dúvida de que a estrutura diversificada, fugaz e bastante descontraída de suas contribuições acadêmicas fez com que ele pudesse adotar vários papéis políticos e posições ideológicas sem liquidar explicitamente qualquer parte de sua herança intelectual. O provável é que a especialização acadêmica mais delimitada, mais bem estruturada e mais rígida que atualmente domina as ciências sociais teria sido mais hostil e não se ajustaria tão facilmente à sua trajetória política.

A transição de líder acadêmico para político não foi rápida e muito menos suave. E embora FHC somente tivesse recusado a cátedra em Berkeley em 1982, seu compromisso com uma carreira política já estava aparente no fim da década de 1970. Ele se tornou companheiro de chapa de Franco Motoro nas

---

[22] Seu avô foi um dos dois únicos generais brasileiros que apoiaram os tenentes na década de 1920. Como relata FHC, "Meu tio-avô Augusto Ignácio do Espírito Santo Cardoso foi o ministro de Guerra de Getulio. Meu pai trabalhava no ministério com ele. Diversos outros membros da família eram também generais... um de meus primos depois substituiu o pai como ministro da Guerra, e outro primo tornou-se o prefeito do Rio, nomeado pelo governo." *The accidental president*, p. 2.

eleições para o senado em 1978 – em parte porque, ao contrário de muitos outros candidatos possíveis, ele não havia sido banido de sua posição (embora tivesse sido impedido de ocupar qualquer cargo acadêmico público). Sua campanha ganhou impulso quando sua candidatura foi declarada ilegal – depois disso, o Supremo Tribunal Federal restituiu seus direitos. Mas, apesar de suas conquistas eleitorais, ele ainda estava no mundo acadêmico até sua inesperada ascensão ao Senado. Somente no fim da década de 1980 (depois de um sério contratempo, quando Jânio Quadros derrotou-o na competição pelo governo de São Paulo) é que suas tentativas de se estabelecer como competidor eleitoral e peça-chave no Congresso deram resultado.[23]

Seguiu-se outro ciclo de aprendizado bastante longo, quando ele saiu do Congresso e ocupou posições de gabinete no Executivo federal. E então, em 1995, de um modo que ele caracteriza como "acidental", fez a transição final de líder de partido e intelectual público para presidente da República – cargo que acabaria ocupando por oito anos. Sem dúvida, sua carreira no Congresso e no Ministério foi uma preparação adequada para a sua última reinvenção como líder de Estado democrático, mas cada uma dessas fases foi uma grande mudança que exigia que ele cultivasse novas habilidades e estivesse livre de compromissos e expectativas anteriores. Foram "muitas vidas em uma", e para ter sucesso em todas elas sem dúvida era necessário um contexto particularmente favorável e um nível considerável de destreza (uma *astucia fortunata* da mais alta ordem).

Assim como a entrada na política em tempo integral exigia ousadia, sorte e a hora certa, a escolha do veículo de entrada também era essencial. Em vista de sua reputação pública e de suas credenciais, talvez se esperasse que FHC fosse se juntar a outros cientistas sociais (como o sociólogo Francisco Weffort) para ajudar a fundar o PT. Em vez disso, ele aceitou a nomeação pelo partido da oposição aprovado pelos militares (o PMDB) para concorrer ao Senado por São Paulo. Essa opção foi facilitada pela organização menos rígida e pela heterogeneidade ideológica do pioneiro MDB. Em 1974, ele estava organizado em 28% dos municípios de São Paulo, mas em 1976 esse número chegou a 80%, depois que a esquerda juntou-se para embarcar no *trabalho de base*. A preferência de FHC por

---

23 Como relata FHC, "Como eu tinha chegado até o Congresso essencialmente por acidente, nunca achei que tivesse de competir para ter sucesso. Tive a vantagem de agir mais como um mediador, um papel que me é natural devido à minha formação e à minha personalidade. É claro que eu tinha ambições, como qualquer outro homem. Mas nunca senti necessidade de tirar outros do meu caminho para alcançá-las." Ibid., p. 165.

essa opção menos confrontadora também faz sentido do ponto de vista do histórico de sua família, e também pode ser compreendida em termos da estratégia do *jeitinho* que ele adotou ao assumir o CEBRAP. (Se você insistisse que estava agindo dentro dos limites da legalidade, você poderia se safar bastante.) Mas talvez houvesse um fator adicional: o cerne da organização do PT eram os sindicatos não oficiais de São Paulo, e sua posição doutrinária era marxista. Se alguém quisesse arranjar alianças entre os diversos interesses e preservar a flexibilidade necessária para uma "promoção de reformas" (*reform-mongering*) intuitiva (expressão de Albert Hirschman), o PT em seus primórdios não era um veículo muito promissor. Além disso, a reputação e o talento de FHC faziam com que ele tivesse acesso às elites educadas, e não aos trabalhadores de fábrica.

Suas primeiras campanhas eleitorais foram altamente indicativas desses pontos fortes e fracos. Na área universitária de São Paulo, ele ficou bem acima dos nomes fortes do PMDB; mas no cinturão industrial mais ao sul, foi o partido que contou, e não o candidato. E no interior ele não foi bem (por exemplo, ele não aproveitou suas ligações com o seu lugar de nascimento, no interior rural). Sua chegada até o Senado ocorreu graças mais à sorte e aos contatos com a elite do que a suas habilidades como ganhador de votos. Na verdade, o professor acostumado a explicar argumentos complexos para um público acadêmico curioso descobriu que seria um grande desafio fazer um discurso eficaz num comício.[24] Talvez o fator mais revelador dessas dificuldades tenha vindo um pouco depois, em sua fracassada campanha para o cargo de governador. Ele havia negociado com o jornalista de TV a respeito do escopo e dos limites dos tópicos a serem discutidos quando concordou em fazer uma entrevista ao vivo, e acreditava que tinha certeza de que essa pergunta específica não seria feita. Então acabou sendo pego de surpresa quando, com as câmeras já rodando, ele teve de responder à fatal pergunta "você acredita em Deus?" Sua resposta evasiva não apenas refletia o fato de que ele não estava preparado para a pergunta como também o quanto era difícil revelar-se para seus amigos educados e seculares e admiradores progressistas como outro político que desejava dizer mentiras de modo a ganhar uma eleição.[25]

---

[24] A *arte da política*, p. 66. Ele conta que preferia entrevistas pela TV a comícios populares, porque poderia ser mais didático e "professoral".

[25] Ele, é claro, tinha perfeitamente todo o direito de responder que, no Brasil, havia uma separação entre Igreja e Estado, e que portanto as opiniões religiosas de cada candidato deveriam ser assunto privado e ficar fora da esfera política. Mas, por mais tecnicamente correta que pudesse ser tal resposta, seria necessária uma grande habilidade política para levá-la adiante sem perder votos.

Outro episódio parecido dizia respeito à maconha. Não era fácil comunicar-se com o eleitorado brasileiro sobre tais questões sem ficar vulnerável a rumores absurdos ("Se ele virar governador, todas as crianças nas nossas escolas vão usar drogas"). Na segunda metade da década de 1980, ele ficou mais experiente e teve mais sucesso ao administrar tais desafios,[26] embora nunca tivesse superado sua altivez – ele continuou a ser uma figura distante para a maioria dos eleitores brasileiros.[27] Ele também teve sorte: foi retratado enquanto torcia pela equipe brasileira na final da Copa do mundo, por exemplo, e admitiu que isso era injusto (Lula sentia mais entusiasmo pelo futebol do que ele). Mas ele também teve sorte (o Brasil ganhou). No Brasil, na década de 1980, muitos acreditavam que o povo jamais confiaria em um homem sem estudo para confiar a ele o cargo máximo do governo. Esse foi um grande empecilho para as tentativas eleitorais de Lula em nome do PT – até 2002, quando, para a surpresa de todos, descobriu-se que um metalúrgico que falava de maneira simples, um sindicalista, *podia*, na verdade, ocupar a presidência. Isso quase certamente fechou a breve "janela de oportunidade" que havia temporariamente permitido que o sociólogo mantivesse sua integridade profissional, assegurando também aprovação em massa dos eleitores. A transição de uma política como refúgio de uma pequena elite consanguínea para a administração profissional da opinião em massa de uma democracia do século XXI foi um breve e excepcional interlúdio. FHC foi tanto *fortunato* quanto *astuto* de aprender tal habilidade exatamente quando a transição democrática do governo militar criou espaço suficiente.

Aqui, também, Maquiavel tem algo a acrescentar. Ele distingue entre "o povo e os nobres" e, portanto, estabelece um modelo binário para o fundamento de um principado constitucional. É possível traçar a ascensão de FHC de acordo com o primeiro padrão, e o sucesso posterior de Lula de acordo com o segundo: "quando os nobres percebem que não conseguem compreender o povo, passam a aumentar o prestígio de um dos seus e o tornam príncipe para alcançar seus próprios objetivos sob seu disfarce... [mas]... um homem que se torna príncipe com a ajuda dos nobres descobre que é mais difícil manter sua

---

26 No começo da década de 1990, o temível governador da Bahia e líder do PFL percebeu seu progresso como político de campanha: "*O senhor está melhorando*", comentou, irônico. *A arte da política*, p. 212.

27 Ele aprendeu que fazer campanha era uma troca de energia física, já que as pessoas literalmente queriam tocá-lo: "*o político está expressando para aquelas pessoas que tem empatia com elas, que vai respeitá-las... É um gesto, e política é também gesto...*" (ibid., p. 214). Mas como resultado, a campanha vira uma prova de resistência, com o candidato se sentindo "*uma corda de violino permanentemente esticada...*" (ibid., p. 216).

posição do que um homem que o faz com a ajuda do povo." Por outro lado, "um homem que se torna príncipe pelas graças do povo descobre que está sozinho... [mas]... o povo é mais honesto em suas intenções do que os nobres, porque estes querem oprimir o povo, enquanto que o povo só deseja não ser oprimido."[28]

Como importante cientista social e intelectual de São Paulo, FHC tinha a vantagem de fácil acesso à melhor concentração de estudiosos e analistas políticos do Brasil. Nunca foi um sujeito solitário: sempre foi o líder (e facilitador) de uma ampla rede de estrategistas ambiciosos, talentosos e confiantes. Em épocas cruciais de sua carreira (incluindo o momento em que Itamar Franco mais ou menos o obrigou a assumir o Ministério da Fazenda, à frente do plano de estabilização do Real), ele recebeu proteção e apoio de figuras bem conservadoras – até mesmo associadas à ditadura militar. Mas, acima de tudo, sua liderança deveu-se à sua compreensão da dinâmica da democratização política do Brasil e a seu interesse por ela. Ele possuía uma capacidade de comparação e discernimento que muitos de sua geração não tinham, e usou seu talento e flexibilidade para montar uma posição de liderança no Congresso (ajudando, assim, a dar forma à Constituição de 1988), e também para estabelecer o PSDB como o maior protagonista nos processos de acomodação da elite, reconciliação popular e a criação de instituições,[29] processos que foram parte integral da mudança de regime no Brasil. Para este propósito, era crucial não apenas que ele pessoalmente tivesse sempre um foco nas decisões estratégicas de democratização como também criasse uma equipe forte de colaboradores que pensassem como ele.

Mais uma vez de acordo com Maquiavel, "A escolha de ministros é um assunto de grande importância para um príncipe; seu valor depende da sagacidade do próprio príncipe". A primeira opinião que é formada da inteligência de um governante baseia-se na qualidade dos homens ao seu redor. Quando são competentes e leais, ele sempre pode ser visto como sábio, porque foi capaz de

---

[28] *Il Principe*, op. cit., pp. 67–68. Claro que isso parece certinho demais: o presidente Cardoso devia sua eleição ao sucesso do Plano Real, o que beneficiou os pobres tanto quanto a elite. E o presidente Luiz Inácio Lula da Silva tem garantido o apoio da elite empresarial e ao mesmo tempo indica ao povo a identificação emocional com suas causas.

[29] Lourdes Sola e eu desenvolvemos o tema da "destreza estatal" (*statecrafting*) como uma explicação para a democratização paulatina e que teve um sucesso relativo na década de 1990. Whitehead, Laurence e Sola, Lourdes (orgs.). *Statecrafting monetary authority: Democracy and financial order in Brazil.* Oxford, Centre for Brazilian Studies, 2005.

reconhecer sua competência e zelar por sua lealdade."[30] Essa foi a chave de sua ascensão ao PSDB na década de 1990.

Suas memórias contêm muitas reflexões esporádicas e exemplos de como FHC selecionou e administrou sua equipe de colaboradores. O planejamento econômico era uma importante responsabilidade para a qual ele não estava pessoalmente preparado. Ele pôde recorrer à experiência de conselheiros como Pedro Malan e Edmar Bacha, ambos extremamente capazes e bem treinados, mas também reconheceu que a responsabilidade política final caía sobre ele.[31] Quando os especialistas tentaram instruí-lo a respeito dos aspectos técnicos do Plano Real, ele lhes dizia que tinham de colocar tudo numa linguagem mais simples, já que era assim que ele precisaria explicar para o povo brasileiro.[32] Quando se viu na posição de orientar seu candidato para presidente do Banco Central, contaram-me que esta foi sua instrução principal: "Gostaria que você o administrasse como se fosse o Bundesbank."[33]

Como ministro das Relações Exteriores, e depois presidente, ele também precisou liderar a política externa do Brasil. Mais uma vez, este não é necessariamente um ponto forte para a maioria dos sociólogos, embora FHC tivesse mais experiência de mundo que a maioria (tanto teórica, atuando como teórico da dependência, como também pessoal – exilado e viajante acadêmico, presidente da Associação Internacional de Sociologia em 1982, e também interlocutor direto de pessoas como Chirac e Clinton, entre outros). Ele também teve um excelente apoio nessa área por parte do serviço diplomático brasileiro. O Itamaraty foi e é um dos braços mais desenvolvidos do aparato estatal do Brasil.

---

30 *Il Principe*, op. cit., p. 124.

31 Nesse sentido, o Brasil teve sorte, em comparação com outras novas democracias. A ciência social não estava reduzida à aplicação mecânica de teoremas econômicos. Para os efeitos da democratização e reforma legítima, um sociólogo presidente foi melhor do que um economista presidente.

32 A *arte da política*, p. 174.

33 Em termos técnicos, esta não era uma proposta realista, mas ela de fato passava o sentido das prioridades do presidente. Com as taxas de juros reais em dois dígitos e problemas específicos de desindexação, a analogia com o Bundesbank não é adequada, mas a necessidade de credibilidade monetária era muito grande. Muitos especialistas teriam dito que só através da concessão de plena autonomia ao Banco Central e uma meta severa para a inflação seria possível gerar tal credibilidade. Mas FHC não era prisioneiro dessa ortodoxia, e em vez disso utilizou técnicas brasileiras de "destreza estatal" para elaborar um quadro de estabilização que se revelou mais duradouro e eficaz do que a maioria das instituições do mesmo quilate na América Latina. Para mais detalhes, ver Sola, Lourdes e Whitehead, Laurence (orgs.) *Banco Central*. São Paulo, Fundação Getulio Vargas, 2004.

Na minha experiência, aprendi muito observando a agilidade com que FHC ajustava-se a novos desenvolvimentos internacionais e a novas ideias. Por exemplo, tive o privilégio de participar de um painel com ele na Itália (no mesmo dia em que ele aprendeu que havia sido movido do Ministério das Relações Exteriores para o Ministério da Fazenda). Meu tópico, como sempre, eram as dimensões internacionais da democratização, e eu salientei o papel que uma comunidade de estados democráticos poderia desempenhar para reforçar o compromisso democrático dos novos membros. Em última análise, um esquema de integração talvez precisasse levar em consideração suspender da filiação um estado que regredisse. FHC tinha outros assuntos em mente naquele dia, e ficou evidente com a sessão de perguntas e respostas que ele não havia pensado nessa possibilidade a fundo, ou pelo menos não na sua relação com o Mercosul. Não tinha ficado nem um pouco claro que ele aceitava a ideia. Mas, logo depois, o Paraguai teve a ameaça de um golpe militar, e o presidente Cardoso liderou o caminho para acrescentar o protocolo de Ouro Preto ao Tratado do Mercosul.[34]

Com esses fatores de pano de fundo, vale a pena ouvir o que ele próprio tem a dizer sobre o relacionamento entre sua formação sociológica e suas atividades presidenciais. "Talvez num país desenvolvido como a Alemanha ou os EUA, um sociólogo não teria sido um grande trunfo como presidente; mas, no Brasil, onde muitos dos problemas advêm das injustiças sociais, eu estava em posição de vantagem. Era surpreendente a frequência com que um dilema podia ser solucionado a partir de um exame honesto e objetivo dos diferentes grupos envolvidos, e depois impondo a solução mais justa para todos. Um pouco de bom-senso mostrava ser bem mais eficaz do que desperdiçar dinheiro com um problema – e bem mais barato, também."[35] Por outro lado, ele também admite para seus críticos que "às vezes eu ficava tão ansioso para ver o Brasil com os olhos de um sociólogo que hesitava em fazer uso do poder. Essa foi, sem dúvida, uma das maiores falhas da minha presidência. Eu ainda pensava muito como sociólogo. Ansiava tanto para ficar acima do conflito que perdi algumas chances de convencer outras pessoas ou de adotar uma postura mais ativa. Eu precisava ter uma visão mais global em vez de limitada, e meus instintos cien-

---

34 Quanto a esta última ocasião, durante sua visita oficial ao Palácio de Buckingham, tentei argumentar que o Mercosul estava em sérios apuros, mas ele subestimou minhas preocupações. Seu argumento era que, se a União Europeia tivesse levado quarenta anos para a criação do Euro, os europeus não deveriam esperar um progresso ainda mais rápido na América do Sul.

35 *The accidental president*, pp. 206–207.

tíficos talvez me fizessem parecer desligado de tudo."[36] Assim, ele confessa a falha de ser mais um sociólogo, mas nega que tenha recomendado às pessoas que "esquecessem tudo que escrevi no passado", já que a realidade do presente era diferente.

Apesar de progredir no aprendizado da arte da comunicação política moderna, ele reconheceu que apresentava a falha de ainda parecer distante. Existem diversos exemplos disso, mas talvez o mais revelador seja um comentário que ele fez a respeito de seu relacionamento com os líderes do movimento dos sem-terra (o MST). Como *sociólogo de campo*, ele achava que compreendia o problema das pessoas sem terra e estava disposto a tentar resolvê-lo. Mas quando os líderes do MST vieram ver o presidente e se dirigiram a ele como "Fernando", ele reagiu de modo ríspido, defendendo a dignidade do cargo e da presidência, dizendo (na clássica frase brasileira, cujas origens já foram bastante analisadas por Guillermo O'Donnell e Roberto DaMatta): "o senhor está falando com quem?"[37] Nesse ponto, o contraste com Lula é enorme: "A maior habilidade de Lula tanto na época (1978) como agora (na presidência) foi sua capacidade de se relacionar com as pessoas. Ele nunca, jamais esqueceu suas raízes."[38] E nem FHC.

Ao analisar esses exemplos dos pontos fortes e fracos de FHC como chefe de Estado, podemos voltar, pela derradeira vez, ao que diz Maquiavel: "todos hão de concordar que seria mais admirável se um príncipe possuísse todas as qualidades consideradas necessárias para ser bom... Mas a natureza humana, em sendo como é, os príncipes não possuem todas essas qualidades, ou melhor: nem sempre podem exibi-las. Então um príncipe deve tomar o cuidado de saber como escapar à malévola reputação associada aos defeitos que poderiam fazê-lo perder seu Estado... E, depois, ele não deve esquivar-se de ser julgado culpado pelos defeitos que são necessários para proteger o Estado. Isso porque, se levarmos tudo em conta, ele descobrirá que algumas das características que

---

36 Op. cit., p. 206.

37 *A arte da política*, p. 69. Ele pode ter começado como *sociólogo de campo*, mas a distância social entre pesquisador e objeto de estudo sempre foi grande. De fato, os jovens sociólogos brasileiros da década de 1950 usavam jalecos brancos, como médicos, quando faziam suas entrevistas de campo. Ver O'Donnell, Guillermo. "Y a mi, que me importa? Notas sobre sociabilidad y política en Argentina y Brasil," *Estudios CEDES*, Buenos Aires, 1984; e DaMatta, Roberto, *Carnavais, malandros e heróis*. Rio de Janeiro, Editora Guanabara, 1990.

38 *The accidental president*, p. 135.

parecem virtudes poderiam, caso ele as pratique, arruiná-lo, e algumas das características que parecem defeitos poderiam trazer a ele segurança e prosperidade."[39]

Esses dilemas éticos de reconstrução do Estado, de como combinar a cautela com a virtude, como fundir uma ética de responsabilidade com uma de convicção, sobre como prosperar na luta pelo poder e preservar a autoridade pública e ao mesmo tempo servir aos interesses coletivos, são assuntos cruciais para FHC. E, de fato, sua autobiografia em português é explicitamente uma meditação sobre esses assuntos, e serve como orientação para aqueles que desejam ser a um tempo politicamente progressivos e realistas, em vez de ser somente uma justificativa para seu próprio histórico. Que eu me lembre, ele, mais do que qualquer outro líder das Américas, consegue abordar tais questões de uma maneira sofisticada e bem fundamentada. Nesse aspecto, ele parece mais ser um intelectual público de velha guarda, mais um teórico social europeu do que um sociólogo profissional contemporâneo. Assim, parece válido concluir esse esboço de crenças a respeito desse "homem da Renascença" tecendo comentários sobre como suas respostas são convincentes em termos teóricos, como são validadas por sua carreira pessoal e sua práxis política.

Em sua autobiografia em português, ele aborda explicitamente Maquiavel, Weber, Montesquieu, Berlin e Hirschman, entre outros, para embasar seu posicionamento sobre como a ética e o poder precisam estar mesclados de maneiras que nem sempre são compreendidas por quem está de fora.

Para ele, a arte da política é um processo de persuasão; um processo que requer que se ouçam, de maneira imparcial, opiniões alternativas e se busquem soluções imaginativas de modo a reconciliar os oponentes, muito embora elas às vezes levem a acordos complicados: "*O jogo político não se desenvolve contando aritmeticamente os 'contra' como se o fossem para sempre, e os 'a favor,' sendo estes os bons e maus os outros. Pelo contrário: dialeticamente, trata-se de transformar 'maus' em 'bons:' a política implica um processo de convencimento, por motivos e com objetivos variáveis, que, olhados de forma individual, podem ser moralmente aceitáveis ou discutíveis, mas cujo significado histórico será julgado por suas consequências. Este não é um tema banal.*"[40] Ele, portanto, vê um alcan-

[39] *Il Principe*, pp. 91–92.

[40] *A arte da política*, p. 99 (itálicos do autor do artigo). Mas ele não aborda diretamente a questão da farsa que também pode surgir no discurso democrático. Comparar com Runciman, David. *Political Hypocrisy*. Cambridge, Cambridge University Press, 2007.

ce real para o indivíduo criativo em termos políticos: "*Caminhadas novas requerem líderes. Líderes democráticos e inovadores são líderes morais que podem ser também políticos. Não são heróis nem super-homens, e muito menos santos. São pessoas capazes de apontar caminhos e dar exemplos.*"[41]

Por mais válidas e criteriosas que sejam essas conclusões, elas também são bastante vagas. Elas também têm uma notável semelhança com o posicionamento em voga na Faculdade de Direito de São Paulo no século XIX. Ajudam a compreender as concepções de um líder político democrático ponderado e experiente, mas não fornecem uma estrutura analítica rigorosa para uma sociologia política ética. Tanto Maquiavel quanto Weber tinham argumentos mais bem estruturados e precisos. É claro que Maquiavel estava discutindo uma Europa na qual a divisão entre os príncipes e as massas era intransponível, e ele se concentrava mais nas condições para a estabilidade política (a minimização do perigo) do que nos requisitos necessários para o progresso para obter uma democracia mais participativa e deliberativa. Mas ele também era mais calculista sobre os dilemas do governo de um príncipe, incluindo aí a necessidade de enganar e reprimir.

Weber era ainda mais e rigoroso e de um realismo sem piedade.[42] Sua estrutura ética baseava-se na teologia luterana e também aceitava a lógica da dominação política por meio da violência. Seu objetivo teórico era, portanto, como sintetizar os elementos necessários da liderança política (a "vocação" e a racionalidade instrumental) dentro de um cenário altamente germânico, onde a política era compreendida como a luta pelo poder estatal. É verdade que a rígida estrutura analítica de Weber podia ser mitigada de modo a dar passagem para a possibilidade daquilo que FHC agora chamava de democracia (a legitimidade carismática poderia, em princípio, adquirir uma forma antiautoritária se os indivíduos subjugados pela dominação política passassem a corroborar uma autoridade que lhes fora previamente imposta de cima). Assim como FHC, Weber opunha-se ao romantismo nietzschiano e à pura política da vontade. Mas o molde nacionalista e autoritário de sua teoria política coloca sua "ética da responsabilidade" mais próxima da *herrschaft* e da imposição da obediência do que das formas mais permissivas de deliberação e participação.

---

[41] *A arte da política*, p. 681 (itálicos do autor do artigo). Ele claramente se vê como tal, mas aqueles que identifica são outros semelhantes a ele. O interessante é que ele inclui Lula.

[42] No original, "tough-minded". O autor do artigo refere-se a uma inteligência extremamente realista, que desvenda as mistificações, os preconceitos piedosos, os auto-enganos, as ilusões confortáveis [nota dos orgs.].

Assim como FHC, tanto Maquiavel quanto Weber aspiravam também a ocupar posições de liderança e também ter uma melhor compreensão analítica da natureza da política. Mas estes teóricos mais rigorosos tiveram menos sucesso do que o pensador mais intuitivo que é FHC, e penso que é possível detectar uma relação causal aqui. É verdade que o acaso e os eventos históricos também desempenharam um papel: FHC era o homem certo, no lugar certo, na hora certa. Em comparação, Maquiavel teve a má sorte, após quatorze anos de incansável servidão à chancelaria florentina, de ser identificado com o governo republicano de Soderini e, portanto, entrar em atrito com os Médici, que voltavam ao poder. Se não fosse essa má sorte política, ele não teria sido forçado a ter o tempo livre para escrever os livros que o fizeram famoso.[43] E Weber, que acreditava, compreensivelmente, que sua erudição e sabedoria eram o que sua nação precisava para evitar os desastres do fim da era imperial na Alemanha e restaurar sua prosperidade depois do cataclisma de 1918, descobriu que não tinha o carisma necessário, e morreu cedo demais para ter influência sobre a República de Weimar. Ele provavelmente estava excessivamente apegado às suas opiniões analíticas para conseguir ser um líder político de sucesso. Portanto, ambos são lembrados por teorias que não conseguiram aplicar na realidade. Os posicionamentos teóricos de FHC tiveram importância intelectual em sua época, mas eram menos sólidos, mais efêmeros. Mesmo assim, poderiam ter sido um empecilho para o sucesso de sua carreira política se ele não os tivesse encarado de maneira leve, se não os tivesse interpretado tão livremente. As amarras estruturais internacionais nas quais ele se concentrou no começo de sua carreira tornaram-se as oportunidades (e o perigo) da globalização na década de 1990.[44] Os interesses de classe por trás da organização política provaram ser tão maleáveis que, no fim de sua presidência, somente setores dogmáticos como o MST ainda não haviam se reconciliado. Por mais comprometido que ele estivesse com a democracia como um valor-em-si-mesmo, ele ganhou a força e o apoio de muitos interesses políticos que floresceram sob a proteção do regime militar. Essa flexibilidade e agilidade foram

---

[43] "Ele escreveu *O Príncipe* no ano após sua demissão, e sem dúvida ele preferiria estar escrevendo as atas das reuniões do governo ou recrutando camponeses relutantes no interior da Toscana." Hale, J. R. *Machiavelli and Renaissance Italy*. London, Pelican, 1972, p. 5.

[44] Os primeiros admiradores de seu trabalho sobre o desenvolvimento dependente teriam ficado surpresos ao descobrir que, assim que ele assumiu a presidência, buscou fazer amizade com Camdessus, Clinton e Jacques Chirac, e que ficou feliz com o apoio da revista *The Economist*.

ingredientes cruciais para o seu sucesso político, tal como teriam sido na sua carreira prévia nas ciências sociais.

É importante diferenciar entre a astúcia e a flexibilidade, por um lado, e o carreirismo, ou o engodo manipulador, do outro. Os compromissos políticos de FHC podem não ter sido os mais claramente estruturados, mas eles persistiram e o ajudaram a orientar sua conduta. Ele tinha um desejo constante de ver estabelecido um Brasil de mais sucesso, mais democrático, e por meio da *astutia fortunata* contribuiu bastante para avançar esse objetivo. Mesmo no fim de sua carreira, seu objetivo não foi participar de embates partidários e sim dar orientações para aqueles que continuavam nesse caminho, além de promover a educação do povo brasileiro como um todo. Ele veio de uma família privilegiada e desfrutou das vantagens de ser um cidadão do mundo (o que não foi uma opção para Maquiavel ou Weber). Ele ajudou a administrar a transição de uma política de elite fechada no Brasil para a política de massa de uma maneira que suavizou a dor e minimizou a violência, a tal ponto que, quando um homem genuíno do povo finalmente ascendeu ao cargo eleitoral mais alto, a sociedade brasileira (e até a maioria da elite brasileira) pôde aceitar o fato. Ele ajudou a montar uma estrutura institucional para dar direção às políticas do Estado de maneira responsável e coerente, o que conta pontos a seu favor em comparação com muitos outros casos. Tudo isso exigia flexibilidade, ausência de um excesso de prejulgamentos, um "poder de convocatória" e um sentido de responsabilidade pública. Um academicismo excessivo provavelmente teria entrado em conflito com vários desses elementos.

Compreendendo o Brasil a partir de FHC:

Uma perspectiva do Japão e implicações para as economias asiáticas em crescimento

Kotaro Horisaka
Akiko Koyasu

FHC e a Ásia

Quando recebemos dos organizadores deste volume o tópico "Fernando Henrique Cardoso e a Ásia", ficamos um tanto perplexos. FHC, como sociólogo, principalmente como teórico da dependência, tem um lugar sólido entre os estudiosos do desenvolvimento e entre os especialistas sobre a América Latina, como nós. Isso é evidenciado pelo fato de que em março de 1996, quando visitou o Japão, a primeira visita de um presidente brasileiro desde João Baptista Figueiredo, 12 anos antes, as universidades japonesas conferiram a ele o título de *honoris causa* por suas conquistas acadêmicas.[1] Sua longa presidência de dois mandatos, com duração de 8 anos, sem dúvida, impressionou, não somente o Japão, mas também outras nações asiáticas pela estabilidade e a originalidade das políticas adotadas, e, para os líderes de outros países, pelas eficazes estratégias. Cada vez mais, o Brasil tem relevância mundial. Este é um fator que só pode ser encarado tendo-se em mente o período de transição dos 8 anos do governo FHC.

Contudo, ligar FHC à Ásia não é tão fácil. FHC fez quatro visitas a seis nações asiáticas durante sua presidência. Em dezembro de 1995, ele visitou a Malásia e a China; em janeiro de 1996, a Índia; em março de 1996, o Japão; e a Coreia e a Indonésia em janeiro de 2001. Aparentemente, essas visitas foram um

[1] FHC recebeu o titulo de doutor *honoris causa* da Universidade Sofia em março de 1996 e da Universidade Soka em maio de 1997. Também recebeu honrarias por parte da Malásia, em dezembro de 1995 e da Coreia, em setembro de 1996.

fator significativo para a criação de um novo elo entre a América Latina e a Ásia, o qual S. Jayakumar, ministro das Relações Exteriores de Singapura, chamou de "elo perdido".[2] O fato de FHC ter visitado outras nações asiáticas antes de ir ao Japão fez com que os líderes de Tóquio se dessem conta de que o posicionamento do Japão na política brasileira mudara desde a época do governo militar e das negociações da dívida externa, que se baseava fortemente em uma tríade de relações externas com os Estados Unidos, a Europa e o Japão.[3] A ordem em que FHC visitou os países da Ásia ilustrou a escolha dos líderes políticos brasileiros que se aventuraram a pensar uma nova estratégia para a política externa.[4]

De qualquer modo, FHC não teve muita influência sobre a Ásia.[5] Neste aspecto, existe uma enorme diferença no relacionamento do Brasil com os EUA e a Europa. Surpreendentemente, até mesmo *Dependência e desenvolvimento na América Latina*, sua principal obra, foi traduzida somente para o chinês,[6] não para o japonês. Existem algumas traduções para o japonês de teóricos da dependência latino-americanos. Entre elas, estão *Imperialismo y dependencia*, de Theotônio dos Santos (1978), *El desarrollo del capitalismo en America Latina*, de Agustín Cueva (1977), entre outras. Apesar disso, não são poucos os pesquisadores do desenvolvimento econômico que tomam as observações feitas por FHC como referência e que muitas vezes citam suas obras. Isso é um indicador das relações atuais entre o Japão e o Brasil, principalmente se considerarmos que a tese de doutorado de Ruth Cardoso, *Estrutura familiar e mobilidade social: estudo dos japoneses no estado de São Paulo*,[7] foi traduzida para o japonês por um brasileiro de origem japonesa assim que ela se tornou primeira-dama.

---

[2] Tsunekawa, Keiichi. "Japan and the Asia-Latin American Connection". In: Smith, Peter H.; Horisaka, Kotaro; Nishijima, Shoji (orgs.). *East Asia and the unlikely alliance*. Lanham, Rowman & Littlefield Publishers, 2003, p. 289.

[3] Não existem dados documentados para provar tal ponto, mas ele se baseia na erudição acumulada pelos autores. E, sem dúvida, influenciou psicologicamente a diplomacia do Japão em relação ao Brasil. Pode-se fazer argumento semelhante em relação à visita que Lula fez à Ásia.

[4] Cardoso, Fernando Henrique. "Política externa do Brasil no início de um novo século: Uma mensagem do presidente da República". *Revista brasileira de política internacional*, vol. 44, nº 1, janeiro–junho 2001, p. 5.

[5] Este ponto fica claro julgando-se as poucas referências feitas à Ásia nos dois livros que FHC escreveu depois de deixar o cargo de presidente, *The accidental president of Brazil: A memoir* e *A arte da política*.

[6] *Dependência e desenvolvimento na América Latina* foi traduzido em 2002 por Shan Chu com o título *La-mei de yifu ji fazhan*. Beijing, Shinjie Zhishi Chuban She.

[7] Traduzido e editado por Ninomiya, Masato. *Kazoku kouzou to shakaiteki idousei: Sanpauloshuu ni zaijuusuru nihonjin ni kansuru kenkyuu*. São Paulo, Primus Comunicação, 1995.

Afinal, que importância teve FHC para a Ásia? Considerando-se a atual situação política, econômica e social na Ásia, os autores são da opinião de que as perspectivas do período de transição sob a era FHC, principalmente a perspectiva em relação ao desenvolvimento como um conceito abrangente que inclui fatores políticos, econômicos e sociais aos quais FHC muitas vezes aludia, são as mais importantes para a Ásia atual. Isso não diz respeito apenas a diversas nações asiáticas que não conseguem chegar a uma resolução quanto ao crescimento econômico e a democratização. É necessário examinar, mais uma vez, o Japão, o qual alcançou o máximo de desenvolvimento econômico na Ásia e que também foi levado a tornar-se uma nação democrática como resultado da derrota na Segunda Guerra Mundial.

Período de transição e criação de um consenso nacional

Como posicionamos o Brasil de hoje em sua história? O posicionamento determina a avaliação e as possibilidades futuras. Os países asiáticos, entre eles o Japão, que estão localizados geograficamente tão distantes da América do Sul, tendem a julgar o Brasil sob uma perspectiva muito estreita, como se observassem por meio de um telescópio.

Uma comparação muito limitada ente os BRICs, título que a Goldman Sachs criou como uma marca convidativa ligando habilmente os nomes dos países com um alto potencial de crescimento,[8] também leva a esse risco. Tal senso de comparação é o motivo pelo qual somente a baixa taxa de crescimento, em comparação com a Índia e a China, tende a ser enfatizada ao se falar sobre o Brasil. Já que muitos dos governos recém-eleitos da América do Sul e Central têm partidos ou coalizões de esquerda, eles muitas vezes são coletivamente tratados dentro do contexto do "pendor para a esquerda da América Latina", ignorando-se diferenças mais importantes entre os governos de esquerda. Em vez de considerá-los como algo único, sob o rótulo geral de "esquerdista", é mais importante observar as questões específicas de cada nação, suas próprias políticas para lidar com suas próprias questões e o acúmulo de suas diferentes experiências.

O que mais intriga aqui é o panorama da economia brasileira dos últimos 60 anos divulgado pela *Conjuntura Econômica*, publicação da Fundação

---

[8] A sigla BRIC refere-se a Brasil, Rússia, Índia e China. (N. E.)

Getulio Vargas. Em um artigo na edição de 2007, Fernando de Holanda Barbosa, professor na Escola de Pós-Graduação de Economia da Fundação Getulio Vargas, dividiu a história econômica do Brasil em quatro períodos. Eles são: (1) período de crescimento de 1947–1979 (média de crescimento anual do PIB de 7,4%, inflação de 28,5%), no qual o Brasil utilizou o modelo de industrialização por substituição de importações (ISI) liderado pelo governo; (2) período de crise econômica de 1979–1994 (2,4% e 460,3%, respectivamente); (3) período de transição de 1994–2004, que presenciou políticas de liberalização do mercado e reforma do Estado, tendo a privatização como arma principal (2,5% e 16,1%, respectivamente), e (4) período de crescimento de 2004-2007 (3,7% e 3,9%, respectivamente), de economia e regulamentações abertas.[9]

Não vemos, aqui, necessidade de analisar cada período em detalhes. Contudo, é preciso salientar que o professor Barbosa afirma que "a transição do modelo ISI para a economia aberta no Brasil foi praticamente completada durante o segundo ano do primeiro mandato do governo Lula (2004)"[10] e também que "em relação a essa (nova) política, não é possível perceber uma diferença fundamental na postura entre os principais partidos políticos", ou seja, houve a formação de um consenso nacional. O que fez com que o autor chegasse a essa conclusão foi o fato de o presidente Luiz Inácio Lula da Silva, que tinha raízes políticas no Partido dos Trabalhadores, um partido de esquerda, ter adotado a política aberta neoliberal defendida pelo governo FHC.

Contudo, devemos observar que o fato de ter havido concordância quanto ao modelo de crescimento econômico não indica necessariamente que a política adotada tenha sido a mesma nos dois governos. Isso é claramente abordado no artigo mencionado anteriormente, escrito pelo professor Barbosa, mas não podemos ignorar a continuidade que o Brasil ganhou nesse período longo e confuso (o professor Barbosa diz que esse é um grande período de transição que abarcou 25 anos; uma geração, na verdade) ao dar excessiva importância às brigas entre partidos políticos em eleições ou órgãos legislativos, às diferenças nos históricos pessoais de FHC e Lula, ou a seus padrões de comportamento.

Ao fim do livro de memórias, *The accidental president of Brazil*,[11] que FHC escreveu depois de sair da presidência, ele menciona um episódio ocorri-

---

[9] Barbosa, Fernando de Holanda. "Crescimento, crise e transição da economia". *Conjuntura Econômica*, vol. 61, nº 11, novembro, 2008, pp. 22–29.

[10] Ibid., p. 29.

[11] Cardoso, Fernando Henrique. *The accidental president of Brazil: A memoir*. New York, Public Affairs, 2006, p. 275.

do durante a cerimônia em que passou o poder para Lula, o novo presidente. Quando tirou a faixa presidencial para entregá-la a Lula, acabou derrubando acidentalmente seus óculos, de grossas lentes. O novo presidente, sem hesitar, abaixou-se, pegou os óculos e os entregou a FHC com um sorriso.

Nós, os autores deste artigo, estávamos no Japão, e não pudemos ver a cobertura da cerimônia nem pela TV. Mas, a nosso ver, esse episódio não ilustra somente a personalidade de Lula. Quando um dos autores trabalhou como correspondente de um jornal japonês durante a ditadura militar, teve a oportunidade de observar, pessoalmente, os importantes papéis desempenhados por FHC e Lula na democratização, apesar de representarem bases políticas diferentes. Depois disso, Lula foi derrotado nas eleições presidenciais três vezes, duas delas para FHC. Como confessa FHC no livro mencionado acima, depois que seu governo foi iniciado, as diferenças de opinião entre eles, principalmente em relação à crise econômica e contramedidas políticas, ficaram mais pronunciadas e eles acabaram se afastando. Para os que têm familiaridade com o relacionamento antagônico entre eles, tal episódio durante a cerimônia não representou somente uma divertida demonstração de cortesia social, muito comum no Brasil. Para nós, foi um acontecimento que simbolizou uma transferência de FHC para Lula, sendo que os dois, mesmo que por um breve momento, compartilhavam a mesma percepção de uma época da História do Brasil.

Três referências estratégicas da era FHC

Qual foi, então, a influência de FHC sobre a Ásia durante o período de transição? O governo, sem dúvida, conquistou a confiança do povo em relação à sua moeda com o Plano Real, além de uma grande reputação internacional ao pôr um fim à hiperinflação, que chegava a 4 dígitos. Contudo, considerando-se que, em geral, a taxa inflacionária na região da Ásia, historicamente, tem sido baixa, as medidas brasileiras para resolver sua hiperinflação não são necessariamente uma referência estratégica adequada para as nações asiáticas. Contudo, a resposta de FHC à pergunta "quais são as vitórias do seu governo em 8 anos?" para uma entrevista no *Miami Herald*, depois de sua presidência, impressionou bastante os autores:

> Na democracia, tivemos progressos. Tentei reforçar as instituições; a democracia precisa de instituições. O que faz falta no Brasil, em termos democrá-

ticos, não são as instituições. É algo mais difícil. É uma cultura cívica: o respeito à lei. Em segundo lugar, eu consolidei a estabilização econômica. Depois da estabilização da economia, passamos por uma grande crise financeira. Tentamos não cuidar somente da economia, mas também do povo, da educação, da reforma agrária e da saúde.[12]

O que atraiu nossa atenção nessa declaração é que FHC faz primeiro uma referência à democracia seguida da estabilidade econômica e depois das políticas sociais como educação e saúde, e faz uma conexão entre elas. Considerando-se a atual situação das nações asiáticas, a era FHC no Brasil nos dá as três referências estratégicas abaixo:

(1) A democracia como ponto de partida

"A democracia não é a meta final. É o ponto de partida." Esse é um trecho do discurso que FHC fez na abertura da segunda assembleia do Movimento Mundial pela Democracia, que aconteceu em São Paulo em novembro de 2000.[13] Nesse discurso, FHC citou duas noções que representam a democracia: (1) eleições regulares e justas, (2) garantia dos direitos individuais, a liberdade de expressão, a liberdade de associação e de participação e a igualdade dos cidadãos perante a lei. Ele afirmou que "democracia é pluralismo de opiniões e crenças e proteção das minorias".

O conceito de democracia para FHC vai ainda mais longe. Ambas as noções acima, 1 e 2, são conceitos do sistema e processos democráticos, nos quais FHC insiste na importância de uma "sociedade civil". A sociedade civil exige seus direitos do governo e ao mesmo tempo vigia-o. FHC argumenta que a democracia requer exatamente tal mobilização proativa e organizada da sociedade civil, que muitas vezes pode fazer acusações errôneas ao governo e também exigências descabidas. FHC afirma que isso não o preocupa. "Sem isso, não existe progresso democrático", declara.[14]

Um exemplo da tentativa de FHC de ouvir as vozes da sociedade civil e de buscar um diálogo seria sua resposta pessoal às questões do MST (Movimento

---

12 Bussey, Jane. "The future is closer than ever for Brazil". *Miami Herald*, April 16, 2007.

13 Cardoso, Fernando Henrique. "A democracia como um ponto de partida". *Social-Democracia Brasileira*, janeiro, 2002, pp. 7–16.

14 Ibid., p.12.

dos Trabalhadores Sem Terra). Ele conta[15] que, ocultando sua identidade, penetrou em um acampamento de ativistas do MST, perto da fazenda de sua família. Na sociedade atual, onde tudo está sob o escrutínio imperdoável da mídia, é impensável, se não impossível, que o líder de uma nação esconda sua identidade e penetre numa reunião da oposição. Mas FHC ousou fazer isso para ouvir o que as pessoas tinham a dizer e para explicar sua posição numa linguagem que entendessem. Esse é somente um exemplo, mas parece simbolizar sua postura como sociólogo que dá valor à sociedade civil como base da democracia. Em referência à estratégia de seu governo para erradicar a pobreza, FHC muitas vezes usou a expressão "parceria", ou seja, um ato de associação que tem em vista a realização de um objetivo comum. Esta é uma posição que visa à resolução dos problemas da pobreza em diversos campos da educação e da saúde, entre outros. A política do governo de combate à AIDS, por exemplo, adotou o princípio da parceria. De acordo com FHC, "o exemplo mais claro disso é a luta contra o HIV/AIDS no Brasil, que foi um sucesso internacional. Porque foram os grupos não governamentais, formados por pessoas que padecem da AIDS ou que têm o HIV, que ocuparam cargos no Ministério da Saúde e que controlaram e mobilizaram tais programas."[16]

FHC foi o primeiro presidente a dar início ao combate à AIDS, a qual, por um bom tempo, foi considerada tabu no Brasil. Se o problema não fosse abordado, a AIDS se espalharia como na África. Essa previsão de uma crise fez com que o governo FHC mergulhasse no problema de cabeça. O próprio governo considerava esse posicionamento um mero ato de bom-senso.

O fator mais importante na ideia que FHC tem de democracia, a qual inclui as noções de sociedade civil e pluralismo, é que "a democracia é (somente) um ponto de partida". Ele não afirma que a democracia resolve tudo. Mas, sob um regime democrático, as pessoas podem emitir suas opiniões. Elas podem, sem medo, expor a pobreza, a desigualdade social e problemas afins. Esta é, afirma ele, uma base para discutir, como sociedade, as questões da pobreza e da desigualdade. Ele afirma que "sob a democracia, a injustiça não tem como triunfar."[17]

---

[15] Cardoso, Fernando Henrique. *The accidental president of Brazil: A Memoir*, op. cit., pp. 212–213.

[16] Sonntag, Heinz R. *Globalization and Democracy: An interview with Fernando Henrique Cardoso*. Esta entrevista foi feita na Brown University, em 19 de outubro de 2003. O texto da entrevista foi publicado em http://crab.rutgers.edu/~goertzel/ pelo professor Goertzel, da Rutgers University. (As páginas da web foram acessadas em 30 de setembro de 2007.)

[17] Cardoso, Fernando Henrique. "A democracia como um ponto de partida". *Social-Democracia Brasileira*, janeiro, 2002, p. 12.

(2) De uma nação integrada à inclusão social

Ao lermos a literatura política brasileira, muitas vezes deparamo-nos com a palavra "integração". Na verdade, a História contemporânea do Brasil é uma história de integração. O presidente Getulio Vargas concentrou o poder dos estados no governo federal e deu início a uma nação centralizada. O presidente Kubitschek, ao transferir a capital federal da costa do Atlântico para Brasília, no Planalto Central, unificou geograficamente a remota região Centro-Oeste. Durante o regime militar, deu-se início ao desenvolvimento dos afluentes do Amazonas. Tal integração geográfica continuou depois disso: a política de integrar a região Nordeste, a área mais pobre do Brasil, com a economia nacional e o Programa de Aceleração do Crescimento (PAC) de Lula, criando uma infraestrutura que inclui linhas ferroviárias, rodoviárias, gasodutos e redes elétricas.

FHC, contudo, não utilizou a palavra "integração" muitas vezes enquanto ocupava a presidência; em vez disso, ele enfatizou a expressão "inclusão social". A integração nacional, em termos geográficos, foi uma integração tangível, enquanto que a inclusão social, uma integração intangível, teve seu primeiro projeto sério no governo FHC. Ele enfatizou diversas vezes que, ao atrair para a sociedade as pessoas que são marginalizadas ou excluídas, tencionava estabelecer uma nação socialmente integrada.[18] As medidas colocadas em prática com base em tais ideias incluíam o programa Comunidade Solidária (1999), cuja meta era erradicar a pobreza, o projeto Alvorada (2000) e o Bolsa Escola, um programa de bolsas para promover a educação escolar de crianças pobres.

Embora houvesse críticas afirmando que o auxílio econômico acabaria por inibir a autonomia dos pobres, durante os oito anos do governo FHC, houve um grande aumento no número de crianças frequentando a escola no ensino fundamental. A inclusão social a que FHC deu início passou para o governo Lula. O programa Bolsa Família é um exemplo típico. Das cinco classes econômicas, de A até E, as famílias que se encaixam nas categorias C e D, os grupos de média a baixa renda, tiveram um aumento na renda disponível, o que levou a um rápido progresso no consumo, um fator de apoio para a economia brasileira.

---

[18] Um exemplo consta em Cardoso, Fernando Henrique. "Development in a changing world". *Brown Journal of World Affairs*, vol. 10, nº 2, Winter/Spring 2004.

O professor Barbosa, mencionado anteriormente, chama o período de 1994 a 2004, incluindo a era FHC, de "período de transição". Em uma entrevista concedida em 2007, em resposta à pergunta sobre quais foram as estratégias adotadas pelo Brasil, FHC falou sobre sua percepção dos períodos da História brasileira. Disse que o período da década de 1950 a 1960 foi uma fase de crescimento econômico; chamou o período da década de 1970 a 1980 de democrático e a década de 1990 de reforma estrutural, com medidas anti-inflacionárias, e acrescentou que o período atual se caracteriza pela busca de justiça social, distribuição de renda e estratégias sociais. Além disso, ele nunca deixou de enfatizar que a questão futura para o Brasil é lidar com tais planos de forma interligada.[19]

(3) Abordagem pragmática

O próprio FHC acredita que a inclusão social irá levar tempo. Ele salienta que "não devemos nutrir ilusões quanto à possibilidade de reformar em apenas cinco anos uma sociedade que passou 500 sendo injusta e desigual."[20] É um grande contraste se compararmos à impetuosidade do presidente Juscelino Kubitschek no fim da década de 1950, que afirmou que realizaria "cinquenta anos de progresso em cinco" de modo a implementar a industrialização encabeçada por bens de consumo e de capital e a construção da nova capital federal, Brasília. A política econômica do governo Kubitschek trouxe enormes mudanças para o Brasil, mas, ao mesmo tempo, não se pode esquecer que ela também levou à dívida externa, a uma crise econômica e à reviravolta política da década de 1960. Tal atitude impetuosa foi também observada em diversas políticas heterodoxas para prevenir crises, adotadas em sequência pelo governo na crise pós-dívida de 1982. Em uma tentativa de resolver todos os problemas de uma vez só, o governo acabou em crises mais sérias e complexas.

A postura pragmática de FHC, de resolver um problema de cada vez, também pode ser vista no modo como ele lidou com as negociações com outros países. Um exemplo típico é a fabricação brasileira de drogas anti-HIV em sua versão genérica. Enfrentando um rápido crescimento no número de pacientes

---

19 Entrevista publicada em http://itv.org.br/site/biblioteca pelo Instituto Teotônio Vilela, órgão de pesquisa estratégica do Partido Social-Democrata Brasileiro (PSDB).

20 Faria, Vilmar e Graeff, Eduardo. *Progressive governance for the 21st century – The Brazilian experience.* Brasília, Presidência da República, Special Advisory Body, 1999, p. 18.

soropositivos, e demonstrando, ao mesmo tempo respeito ao acordo sobre Aspectos do Direito de Propriedade Intelectual (TRIPS), um tratado aceito em grande parte do mundo, FHC, ao aprovar o uso de leis brasileiras de "licenciamento compulsório", começou a negociar com grandes empresas farmacêuticas dos EUA e da Europa. Com apoio da Assembleia Geral das Nações Unidas e da OMS (Organização Mundial de Saúde), foi bem-sucedido em conseguir um meio de fornecer remédios de baixo custo para combater a AIDS. Isso atraiu grande apoio por parte dos países em desenvolvimento que estavam lutando com problemas semelhantes e, além disso, o Brasil, conhecido até então por sua diplomacia "discreta", fez com que a comunidade global percebesse suas novas capacidades de negociação. Isso impulsionou o país a ser mais ativo no cenário internacional.

A Ásia não interessava muito a FHC. Contudo, ele, sem dúvida, construiu uma base diplomática em todas as direções: dos EUA à Europa, passando pelas nações em desenvolvimento; Ásia, África e a ex-União Soviética. A diplomacia presidencial[21] com Lula, que tem sido conduzida de maneira ativa através de visitas a países em todo o mundo, ficou ainda mais ágil. Além disso, com "moedas de barganha" como a autossuficiência em petróleo, capacidade de fornecimento de energia reciclável, incluindo o etanol, a geração de energia hidráulica e a floresta tropical amazônica, o Brasil demonstrou ter pulso firme ao ser visto como uma *Soft-Power BRIC*,[22] mostrando-se possuidor de uma voz mais ativa em relação a questões globais, como a pobreza e os direitos humanos.

As implicações para a Ásia

O que se pode dizer quando comparamos a História contemporânea brasileira com o estado atual da Ásia? Os países asiáticos são tão diversos que não podem ser discutidos como algo único, mas os autores estão certos de que seus leitores hão de concordar que a economia, a política e a sociedade são as três maiores questões de desenvolvimento. Além desse triângulo na área do-

---

[21] Lins da Silva, Carlos Eduardo. "Política e comércio exterior". In: Lamonier, Bolívar e Figueiredo, Rubens (org.). *A era FHC: Um balanço*. São Paulo, Cultura Editores Associados, 2002, p. 298.

[22] Termo criado por Paulo Sotero (e outros), diretor do Instituto Brasil do Woodrow Wilson Center. Sotero, Paulo; Armijo, Leslie Elliot. "Brazil: To be or not to be a BRIC". *Asian Perspective*, vol. 1, nº 4, 2007.

méstica, é preciso considerar o ambiente internacional em rápida mutação. Isso é particularmente verdadeiro no século XXI, quando a globalização está em ritmo ainda mais acelerado.

O Brasil passou mais de uma vez em sua história por um rápido crescimento econômico mas sem um planejamento político ou social. O primeiro período depois da Segunda Guerra Mundial, de acordo com o professor Barbosa (isto é, o período de crescimento do modelo ISI liderado pelo governo em 1947–1979) é um exemplo. Em particular, o período do Plano de Metas, sob o governo de Juscelino Kubitschek, e o começo da década de 1970, muito elogiado pela publicação britânica *The Economist* como "o milagre brasileiro", são exemplos típicos. O primeiro ocorreu na ordem do populismo político, mas sob a constituição democrática, enquanto que o segundo ocorreu sob um regime militar autoritário.

Não podemos afirmar que a política brasileira atingiu sua maturidade se levarmos em conta as reviravoltas e escândalos políticos que abalam o Congresso (embora seja questionável afirmar que o Japão, a Coreia ou Taiwan estejam qualificados para falar sobre maturidade política). Contudo, considerando as reviravoltas políticas desde a abertura política durante o regime militar até o movimento das Diretas Já, a versão preliminar e as emendas na nova Constituição, e a renúncia, quase que por meio de *impeachment*, do presidente Fernando Collor de Mello, a democracia brasileira, dentro de um conceito amplo de democracia representativa como sistema, com liberdade de imprensa e associação, claramente já estabeleceu suas bases.

Como resultado, a opinião pública e os interesses nacionais voltaram-se, com sucesso, para a "sociedade" atormentada por questões históricas e estruturais herdadas da época colonial. E de fato, em tal conjuntura, FHC, o sociólogo, subiu ao palco como chefe de Estado. Não é exagero afirmar que o Plano Real criou a base da estabilidade econômica no Brasil. Contudo, os autores concluem que o sucesso desse plano, que seguiu diversas fases, talvez se deva à análise e ao julgamento de um sociólogo que percebeu que o povo brasileiro estava exaurido pelas políticas econômicas heterodoxas.

O governo Lula sucedeu a política econômica neoliberal do governo FHC e a atenção voltou-se mais para a sociedade; as pessoas de classes baixas e da região Nordeste, que eram deixadas de lado em relação ao crescimento econômico, passaram a fazer parte da economia nacional. Apesar de o Brasil ainda enfrentar diversos problemas, como o aumento da criminalidade, o baixo nível educacional e as falhas nos sistemas de saúde e de aposentadoria, podemos argumentar que a economia, a política e a sociedade já começam a funcionar em uníssono.

As relações econômicas internacionais do Brasil parecem melhorar significativamente no século XXI. Em particular, o notável crescimento na área da exportação e na inserção internacional por parte das indústrias brasileiras, desde 2003, é espetacular. Quando o triângulo da economia, política e sociedade estiver firmemente estabelecido, a nação poderá desfrutar da globalização do século XXI, uma mudança radical no ambiente internacional. O Brasil parece estar no lugar certo, na hora certa. Refletindo o crescimento econômico rápido mas contínuo da Ásia, incluindo a China e a Índia, a demanda de produtos brasileiros como minério de ferro e soja teve uma rápida alta, um fator externo que reforça a economia brasileira. Essa é uma indicação de que a atual tendência não é uma mera repetição da "era de exportação de bens primários", porque seu mercado doméstico é forte.

Mas e quanto à Ásia? A Ásia, em geral, alcançou um crescimento notável como centro mundial de crescimento, ou como fábrica do mundo, mas devemos examinar situações específicas relativas ao triângulo da economia, política e sociedade. Infelizmente, vemos muitos casos em que a economia parece ter deixado para trás as outras duas.[23] A China e o Vietnã, que desfrutam de uma "economia socialista de mercado", estão sob controle total de seus partidos comunistas. A Tailândia, felizmente, abandonou o regime militar e retomou o governo civil. No entanto, ela parece ainda estar sob a tutela das forças militares. Não podemos descartar as rupturas religiosas, políticas, étnicas e de classe na Indonésia, nas Filipinas, na Malásia e na Índia, respectivamente.

Até no Japão, uma das poucas noções da região com uma democracia estável e cujo poder econômico é considerado o segundo do mundo, muitas vezes observamos fenômenos em que somente a economia é priorizada, dei-

---

[23] Em relação a isso, o próprio FHC declara o que pensa da China:

"Durante minha visita à China, vi coisas que fizeram pensar tanto no passado quanto no futuro do Brasil. A crescente força econômica da China e sua demanda por produtos que o Brasil exporta serão um fator central da vida de ambos os países nas décadas que virão. Contudo, embora eu me sinta otimista quanto ao futuro a longo prazo da China, acredito que a História do Brasil oferece algumas lições importantes para os próximos anos. A China agora está dando início à transição de uma sociedade amplamente rural para uma sociedade urbana; entusiasmados com o alarde dessa rápida transformação, muitos analistas parecem ter esquecido o quão turbulenta e instável pode ser tal mudança social. A China ainda não fez a transição para a democracia [...]". Cardoso, Fernando Henrique. *The accidental president of Brazil: A memoir*, op. cit., p. 266.

xando a política e a sociedade de lado. Podemos dizer que o dramático estabelecimento do governo do Partido Democrático do Japão em setembro de 2009, trará pressões por correções na fórmula do desenvolvimento que até hoje foi baseado na priorização do capital, da indústria e investimentos em infraestrutura. O Partido Liberal Democrático, que deteve a liderança na Câmara Baixa desde 1955, como o maior partido, foi derrotado com larga margem de diferença, o que refletiu a vontade popular. O novo primeiro-ministro Yukio Hatoyama, com o slogan "Do concreto para Pessoas" (From concrete to people) tem redirecionado as prioridades dos gastos governamentais para as crianças e sua educação, para o desenvolvimento regional e para o meio ambiente. Estes acontecimentos recentes do cenário político japonês vêm a confirmar a importância de tudo o que foi sugerido pelo posicionamento político de FHC. Quando testemunhamos isso, tudo o que o posicionamento político de FHC sugere é muito significativo.

Cardoso e o mundo

*Andrew Hurrell**

Seria tolo imaginar que um curto capítulo pudesse ser capaz de fazer uma avaliação definitiva ou uma análise profunda tanto da riqueza e escopo dos escritos acadêmicos de Fernando Henrique Cardoso sobre o sistema global quanto da complexa relação entre seus escritos acadêmicos e sua prática política. Em vez disso, o objetivo deste capítulo é mais humilde: refletir sobre como o pensamento de Cardoso se encaixa nas relações internacionais como campo acadêmico e, de alguma maneira, dentro de alguns dos padrões dominantes de pensamento nas relações internacionais no Brasil. Tenho um interesse específico no modo como o pensamento e a prática de FHC interagem com a sua análise do sistema internacional como um todo e com os tipos de espaços de desenvolvimento e opções de política externa disponíveis para o Brasil. Este capítulo foi escrito a partir da perspectiva de alguém profissionalmente envolvido com o caráter mutável da ordem global, e para quem Cardoso tem sido uma grande fonte de inspiração e engajamento intelectual.

I

Quais aspectos do mundo foram mais significativos nos escritos e discursos de Cardoso? Claro que ele nos adverte contra a busca de modelos simples de mundo e teorias simplificadas de ação social.[1] No entanto, existe um pode-

* Queria agradecer a Arthur Bernardes do Amaral pelo trabalho excelente como assistente de pesquisa.

1 "Não se tem mais um esquema explicativo consistente do mundo". *O presidente segundo o sociólogo. Entrevista de Fernando Henrique Cardoso a Roberto Pompeu de Toledo*. São Paulo, Companhia das Letras, 1998, p. 52. (Usaremos a abreviação *OPSS*.)

roso senso de uma visão de mundo dominante que se repete constantemente: a dinâmica estrutural da economia mundial capitalista. Se há um tema constante na obra de Cardoso, ele é, sem dúvida, a sua preocupação com o modo como o capitalismo global está se desenvolvendo e seu desejo de compreender as implicações dessas mudanças para os países em desenvolvimento em geral e para o Brasil em particular. Talvez como reflexo de seu ponto de vista num país que passou por mudanças sociais e econômicas tão fundamentais nos últimos 80 anos, o impulso dominante parece ser sempre buscar aspectos dinâmicos da História, conceitos e processos de mudança, e o potencial de transformação. "Os dados significativos são aqueles que iluminam tendências de transformação e processos imprevistos emergentes na História."[2]

O ponto central da obra acadêmica de Cardoso nas décadas de 1960 e 1970 foi salientar que, apesar do regime autoritário e da contínua dependência externa, o sistema produtivo nos países periféricos em desenvolvimento estava se expandindo, e que novos agentes sociais surgiam – incluindo aí uma nova classe média, novas formas de organização de trabalho e uma mobilização muito maior por parte da sociedade civil. A abordagem "estrutural-histórica" que Cardoso fez da dependência, usando casos específicos, aceitava o fato do desenvolvimento econômico, mas argumentava que a natureza desse desenvolvimento ficaria indelevelmente marcada (e distorcida) pelo *status* dependente da região. Em resumo, o enfoque, portanto, abandonava a noção de "desenvolvimento do subdesenvolvimento" (elaborada por teóricos como Andre Gunder Frank) e ia para a análise do "desenvolvimento dependente" ou "desenvolvimento dependente-associado" [3] (como na obra de Cardoso e, mais tarde, nos trabalhos de Peter Evans). O ponto central não eram esses aspectos externos que dominavam o consumo da teoria da dependência no hemisfério norte

---

[2] Prefácio à edição em inglês de *Dependência e desenvolvimento na América Latina*, republicado em Cardoso, Fernando Henrique; Sorj, Bernardo e Font, Mauricio (orgs.). *Economia e movimentos sociais na América Latina*. São Paulo, Editora Brasiliense, 1985, p. 20. (A partir de agora, iremos nos referir a ele como Prefácio.)

[3] Para uma opinião clara que salienta a importância contínua do controle imperialista, mas também o caráter bastante diferente do desenvolvimento capitalista periférico, ver "Dependent capitalist development in Latin America". *New Left Review*, 1, 74, 1972. Para a melhor análise das fontes intelectuais e das mutáveis características analíticas dentro da teoria da dependência, ver Love, Joseph L. "The origins of dependency analysis". *Journal of Latin American Studies*, 22, 1, 1990, pp. 143–68.

(o imperialismo americano, o papel das multinacionais).[4] Ele se concentrava mais na variação das formas de dependência em diferentes circunstâncias históricas e geográficas e na relação íntima e essencial entre o interno e o externo, especialmente, "através das práticas de grupos e classes sociais locais que tentam reforçar interesses estrangeiros, não propriamente porque são estrangeiros, mas porque podem coincidir com os valores e interesses que pretensamente pertencem àqueles grupos".[5]

Na década de 1990, evidentemente, o foco vai para a globalização e a maneira como a continuidade de um sistema capitalista em expansão vem assumindo novas formas – desde a internacionalização dos mercados e o papel das corporações multinacionais na década de 1970 até a integração global da produção e a globalização financeira cada vez mais desregulada na década de 1990. Ao final da década de 1970, Cardoso já chamava atenção para o fato de que as novas formas de dependência têm a ver, sobretudo, com a tecnologia e as finanças globais.[6] À medida que avançamos na década de 1990, novos sistemas de comunicação passam a mudar o significado social e econômico de tempo e espaço, ao passo que novos sistemas de informação revolucionam a produção global. No âmbito da literatura sobre a globalização, a obra de Cardoso tende claramente a ser econômica, se não economicista. Ele salienta não apenas o aumento de operações e fluxos de capital, força de trabalho, bens e serviços interestaduais, mas também estruturas de produção transnacionais e o surgimento de novos tipos de mercados desterritorializados. Embora apareçam, as interpretações políticas da globalização recebem uma ênfase relativamente menor; essas interpretações analisam o surgimento de novas formas de governo e autoridade, novas arenas de ação política ("desterritorialização" ou a "reconfiguração do espaço social"), ou novas interpretações de identidade ou comunidade. Do mesmo modo, em comparação com a década de 1970, há uma ênfase menor no impacto sociopolítico nacional da globalização em sociedades periféricas e nas suas consequências para as relações de classe – como demonstrarei mais adiante.

---

[4] Cardoso, Fernando Henrique. "The consumption of dependency theory in the United States". *Latin American Research Review* 12, 2, 1977, pp. 7–24. Ver também Tickner, Arlene B. "Latin American IR and the primacy of lo prático". *International Studies Review* 10, 2008, principalmente pp. 738–39.

[5] Prefácio, p. 22.

[6] Ver a entrevista para a *Folha de São Paulo* de 9 /12/1979, reproduzida em Graeff, Eduardo P. (org.). *Perspectivas. Fernando Henrique Cardoso: Ideias e atuação política*. Rio de Janeiro, Paz e Terra, 1983, p. 53.

Em termos de sua postura quanto ao impacto da globalização, Cardoso deve ser classificado mais como um pensador que se encaixa na literatura "hiper-globalista".[7] Ao citar nomes como Giddens, Held e Castells, fica claro, para Cardoso, que a globalização está exercendo um impacto profundo, talvez revolucionário, principalmente sobre o papel do Estado. Cardoso aceita a opinião comum de que alguns conjuntos de políticas econômicas deixaram de ser viáveis e que os Estados enfrentam pressões cada vez maiores para adotar políticas similares que sejam pró-mercado. Devido ao crescente poder dos mercados financeiros, os governos se veem forçados a buscar políticas macroeconômicas que tenham a aprovação desses mercados.

Raramente são citados aqueles que veem a globalização com ceticismo. Da mesma forma, os críticos da globalização que defendiam por escrito suas ideias no começo e meados da década de 1990 são raramente mencionados, assim como seus argumentos, a saber: que os níveis de globalização não são maiores ou mais intensos do que de períodos anteriores; que não existem dados claros que apontam para um recuo do Estado, que as políticas de bem-estar social recebem cortes devido a pressões da globalização, ou que o capital transnacional fica em oposição automática ao bem-estar social e Estados intervencionistas fortes; que a globalização não foi impulsionada por alguma lógica implacável de inovação tecnológica, e sim por conjuntos específicos de políticas de Estado com o respaldo de coalizões políticas específicas dentro de poderosos Estados-nação; que a globalização, em seus sucessivos períodos históricos, levou a tentativas redobradas de reafirmação do Estado e de controle estatal, inclusive como parte de um "movimento duplo" à moda de Polanyi; e que o impacto mais importante da globalização liberal não é "aplainar" o mundo, e sim modificar a balança de poder entre os Estados mais importantes. Embora muitas das mudanças e desafios da globalização sejam bastante reais, os críticos argumentavam que tais mudanças e desafios não apontavam numa direção única, e que certamente não davam um base segura para aceitar a alegação de que alguma mudança ou transformação profunda estava a caminho.

Rejeitando tais pontos de vista e demonstrando uma evidente continuidade com relação a sua obra acadêmica prévia, Cardoso acreditava que a evo-

7 Sobre os tipos de globalização, ver Hurrell, Andrew. *On global order. Power, values and the constitution of international society*. Oxford, Oxford University Press, 2007, capítulo 8. Sobre a opinião de Cardoso quanto à globalização, ver Velaso e Cruz, Sebastião C. "Ideias do poder: dependência e globalização em F. H. Cardoso". *Estudos Avançados*, 13 (37), 1999, pp. 225–47.

lução das estruturas do capitalismo global significava que não havia muitas opções além de se adaptar à globalização, e que eram muito limitadas as possíveis oportunidades políticas para um ativismo de política externa de sucesso. Em termos de política no Brasil, a mudança mais importante surge com Collor (e talvez não por acaso um *outsider* e um *maverick*) e com a aceitação da ideia de que o Brasil precisa se adaptar a um mundo constantemente em mutação. Tais ideias já são, no entanto, visíveis em alguns dos discursos de Cardoso no fim dos anos 1980, mas tornam-se dominantes e difundidas lá pelo meio da década de 1990:

> Estamos tratando, efetivamente, de um fenômeno muito mais cruel [do que as formas anteriores de dependência]: Ou o Sul (ou parte dele) ingressa na corrida democrático-tecnológico-científica, investe pesadamente em pesquisa e desenvolvimento, e suporta a metamorfose da "economia da informação", ou se torna desinteressante, inexplorado e inexplorável. O Sul se encontra sob uma dupla ameaça – aparentemente incapaz de integrar-se, buscando seus próprios interesses, e tampouco capaz de evitar "ser integrado" como servo das economias mais ricas. Os países (ou partes deles) incapazes de repetir a revolução do mundo contemporâneo e, ao mesmo tempo, encontrar um nicho no mercado internacional, terminarão no "pior dos mundos". Não valerão ao menos o trabalho de serem explorados, tornar-se-ão irrelevantes, sem qualquer interesse para a economia global em desenvolvimento.[8]

Como Cardoso notou em várias ocasiões, essa ideia reflete a famosa declaração de Giorgio Napolitano: "ou nos internacionalizamos, ou eles irão nos internacionalizar". A inexorabilidade das forças da globalização – "cada vez mais poderosas" – e o imperativo de se adaptar são temas recorrentes.[9] "A vocação do capitalismo é sua expansão universal, revolucionando outros sistemas. Isso é Marx. Mudando todos os demais sistemas, submetendo-os".[10] Ou ainda, "A globalização, em suas diversas expressões, tornou-se um componente incon-

---

[8] Cardoso, Fernando Henrique. "Relações Norte–Sul no contexto atual: Uma nova dependência". In: Baumann, Renato (org.). *O Brasil e a economia global*. Rio de Janeiro, Editora Campus, 1996, p. 12.

[9] Cardoso, Fernando Henrique. *A arte da política: A história que vivi*. Rio de Janeiro, Civilização Brasileira, 2006, p. 559. (A partir de agora, usaremos a abreviação *AdaP*.)

[10] *OPSS*, p. 82.

tornável das decisões de governo, condicionando escolhas no plano nacional e no plano das ações externas".[11]

O que decorre dessa compreensão de mundo é que as oportunidades para moldar o sistema são limitadas. Assim, em grande medida, a principal preocupação do governo de Cardoso era a estabilização e as reformas econômicas, e não o mundo e a política externa. Houve uma grande ênfase na ideia de que o Brasil precisava reafirmar suas "credenciais" de democracia liberal moderna com um aparelho estatal eficaz e uma política econômica coerente. Suas memórias reforçam a crença de que o Estado "estava próximo da ruína", e que restaurar a credibilidade era tanto uma absoluta necessidade quanto uma grande conquista.[12]

Evidentemente, houve grande atividade no campo da política externa. Mas, ao observar o passado, havia um senso geral de que a tarefa principal consistia no que poderia e deveria ser conquistado dentro do Brasil, e não das possibilidades de mudar, confrontar ou desafiar o mundo fora do Brasil. Por um lado, a globalização é uma certeza contra a qual pouco podemos fazer individualmente e na qual, como veremos, as perspectivas de gestão coletiva eram extremamente limitadas. Por outro lado, o sucesso externo deve depender, no fim das contas, de uma reforma interna bem implementada.

Podemos fazer três considerações finais. Em primeiro lugar, é difícil avaliar o equilíbrio entre a estrutura e o órgão de ação e entre o imperativo estrutural e as considerações sobre o espaço disponível para a adoção de estratégias. Essa avaliação também precisará de uma perspectiva histórica maior do que a que está atualmente disponível. É uma verdade parcial afirmar, como ele o faz em contraposição a seus críticos, que a "globalização não é um valor, não é algo que você deseja", ou ainda "A globalização não é algo a que podemos nos posicionar contra ou a favor. Ela simplesmente existe".[13] A verdadeira questão diz respeito à possibilidade de escolha e da natureza das escolhas feitas. Para os críticos, essas escolhas resultaram em uma vulnerabilidade externa maior do que era necessário e numa ideia excessivamente limitada quanto ao que poderia ser conquistado externa-

[11] "The impact of globalization on developing countries: Risks and opportunities", palestra ministrada em El Colégio de México, em 20 de fevereiro de 1996. Consultada em http://www.planalto.gov.br/pubi04/COLECAO/GLOBA3.HTM.

[12] *AdaP*, pp. 12 e 633: "Disso resultou um aumento extraordinário de nossa credibilidade internacional. O Brasil, de país caloteiro, passou a ser um parceiro responsável."

[13] *OPSS*, pp. 87 e 93.

mente. O argumento de defesa enfatiza tanto o tempo quanto o processo – que o Brasil de fato permaneceu extremamente vulnerável até o começo deste século; que o processo de estabilização e reforma estatal era uma precondição para as mudanças sociais e de política externa que surgiram depois; que sua visão de um projeto nacional era "tão nacional quanto possível nas circunstâncias do mundo contemporâneo";[14] e que, ao fazer pressão para mudanças reais na natureza da inserção econômica do Brasil no mundo, os dois mandatos de Cardoso não foram somente um interregno/interlúdio: no governo de Lula, havia fortes indícios de que haveria uma continuidade.

Em segundo lugar, há a impressão de que o desafio apresentado pelo mundo ficava mais sério à medida que a década de 1990 progredia. Mesmo se tivesse atingido o seu (importante) propósito inicial de restabelecer a credibilidade política e econômica do Brasil, ao fim dos anos 1990 a política externa de Cardoso de "autonomia através da participação" passou a enfrentar desafios cada vez maiores.[15] O relativo otimismo com que os estrategistas percebiam o ambiente internacional no período pós-Guerra Fria, em meados da década de 1990, e também as oportunidades surgidas depois da estabilização no Brasil estava sendo substituído por uma ênfase maior na vulnerabilidade econômica do país e na dificuldade de transformar em resultados práticos e concretos a adaptação do Brasil às normas mundiais liberais, bem como sua vontade de participar nas instituições internacionais. Em outras palavras, antes da chegada de Bush à Casa Branca e antes da eleição de Lula, ficou claro que o Brasil encontrava-se num ambiente externo cada vez mais severo e exigente.

Qualquer que seja o veredicto a respeito das políticas do presidente, é importante ressaltar a análise extremamente poderosa e visionária que Cardoso fez das instabilidades causadas pela liberalização excessiva. Por exemplo, numa série de entrevistas em 1997, Cardoso coloca bastante ênfase nos perigos da globalização financeira desregulada. "Mas o capital financeiro tradicional é benigno diante desse de hoje, perverso como jamais houve na história".[16] O capitalismo, insiste ele, tem de ser regulamentado "porque está indo em uma direção muito perigosa". Ao retornar de suas visitas a Blair e Clinton, ele argumentou que, embora fosse o mundo em desenvolvimento que estivesse sofren-

---

[14] *AdaP*, p. 449.

[15] Sobre a lógica da autonomia através da participação, ver Fonseca Jr., Gelson. *A legitimidade e outras questões internacionais.* São Paulo, Paz e Terra, 1998.

[16] *OPSS*, p. 84.

do com as crises financeiras do final da década de 1990, havia um perigo maior que poderia afetar todo o sistema: "esse capitalismo especulativo pode danificar o próprio centro do sistema".[17]

Finalmente, apesar de todos os problemas, dilemas e contradições, a globalização parece representar para Cardoso uma modernidade universalizante e historicamente progressista: não resta outra opção, para o Brasil, senão adaptar-se – e também seria normativamente correto fazê-lo. Um dos motivos pelos quais as alterações no caráter do capitalismo periférico da década de 1970 ainda deveriam ser classificadas como "dependentes" foi que o dinamismo essencial para a transformação econômica precisou agir de fora para dentro. Tal posicionamento faz, obviamente, parte da teoria dos anos 1970. De um lado, "a acumulação e expansão de capital não podem encontrar seu componente dinâmico essencial no interior do sistema", principalmente por causa da posição dominante por parte dos países industrializados na produção de tecnologia e bens de capital. Por outro lado, e refletindo sobre sua crítica anterior ao desenvolvimentismo nacional, ele tem dúvidas quanto à capacidade da burguesia nacional de desempenhar tanto o papel clássico como o papel *cepalista* que lhe são atribuídos como motor do desenvolvimento capitalista nacional. As primeiras formulações da teoria da dependência surgiram de uma crítica do tipo de desenvolvimentismo nacional associado ao ISEB, ou seja: uma estratégia consciente e planejada de desenvolvimento nacional erigida em torno de um papel de destaque para o Estado, da substituição de importações e de uma coalizão de diversas classes liderada pela burguesia nacional modernizadora.[18] A teoria da dependência diferia de tais posicionamentos por causa do profundo ceticismo quanto à possibilidade de as elites locais serem nacionalistas o suficiente para desempenhar seu papel nesse projeto de modernização para todas as classes. [19]

Mas o tema implícito desse ponto de vista fica visível na década de 1990. Sim, o Estado continua sendo importante (por isso ele não é neoliberal); sim, o

---

[17] *OPSS*, p. 97.

[18] Ver Bresser-Pereira, Luis Carlos. "Do ISEB e da CEPAL à teoria da dependência". In: Navarro de Toledo, Caio (org.). *Intelectuais e política no Brasil: A experiência do ISEB*. Rio de Janeiro, Editora Revan, 2005, p. 201–32.

[19] Para uma declaração bastante objetiva das opiniões de Cardoso a respeito da indústria nacional, ver uma entrevista concedida em 1979: "A função dos nacionais é diferente da que foi no passado. Isso é específico dessa nova forma de dependência", entrevista à *Folha de São Paulo*, 9/12/1979. Reproduzida em P. Graeff , Eduardo (org.). *Perspectivas. Fernando Henrique Cardoso: Ideias e atuação política*. Rio de Janeiro, Paz e Terra, 1983, p. 53.

Estado necessita seriamente de reformas e modernização; e, sim, a reforma estatal pode ser realizada, mas será uma tarefa difícil e demorada. Do mesmo modo, a "perna" representada pela indústria nacional no famoso tripé da década de 1970 não pode ser ignorada. Mas ainda resta um ceticismo quanto a saber se é possível para a indústria nacional modernizar-se sozinha sem integrar-se de maneira significativamente maior nas estruturas de transformação do capitalismo globalizado do século XX. A diferença essencial entre Cardoso e os desenvolvimentistas nacionais do ISEB do fim da década de 1950, portanto, nunca desaparece de todo nos anos 1990. E esse continua a ser um ponto crucial na diferença entre o projeto de Cardoso e as diversas propostas de desenvolvimentismo nacional, incluindo aquelas que ressurgiram sob o governo de Lula.[20]

A noção de que o capitalismo global representa uma base historicamente progressista e uma fonte de modernidade pode ser vista em outros aspectos da obra de Cardoso. Os escritos e as memórias de Cardoso estão repletos de comentários perspicazes sobre a evolução da História e da sociedade brasileiras. Mas ele não se sente tentado a adotar a visão dos relatos construtivistas da política externa e das relações internacionais que enfatizam as noções de identidade.[21] E também não encontramos aquela ênfase na cultura e em fatores culturais presentes nas obras mais nacionalistas a respeito do desenvolvimento brasileiro – a opinião de que o Brasil precisa de uma ideologia nacional desenvolvimentista que inclua uma forte valorização das próprias tradições culturais e valores brasileiros.[22] Na verdade, as opiniões de Cardoso a respeito do conservadorismo social da sociedade brasileira e seu "caipirismo" também podem ser vistas sob esse ponto de vista.[23]

À medida que a influência da teoria da dependência diminuía, uma das grandes mudanças intelectuais nos escritos sobre o Terceiro Mundo foi a dis-

---

[20] Ver Bresser-Pereira, op. cit., p. 206, e Jaguaribe, Helio. "O ISEB e o desenvolvimento nacional". In: Navarro de Toledo, Caio (org.). *Intelectuais e política*, pp. 40–42.

[21] Comparar, por exemplo, Lafer, Celso. "Brazilian international identity and foreign policy: Past, present and future". In: *Brazil: Burden of the past. Promise of the future.* Daedalus 129, 2 (2002), pp. 207–38.

[22] Sobre esta tradição culturalista ver, por exemplo, Weffort, Francisco. *Formação do pensamento político brasileiro: Ideias e personagens.* São Paulo, Editora Ática, 2006, capítulo 13.

[23] "O conservadorismo brasileiro não é político – é de costumes, é social, é de cabeça. É o atraso." *OPSS*, p. 37. Para uma forte crítica do que é visto como a defesa de Cardoso da dependência ideológica, ver Pinheiro Guimarães, Samuel. *Desafios brasileiros na era dos gigantes.* Rio de Janeiro, Contraponto, 2006, em especial as p. 225–30.

cussão das variedades das análises pós-coloniais. Contudo, quase não há indícios, nos escritos de Cardoso, da opinião de que é preciso resistir às tendências universalizantes do capitalismo exatamente por causa da importância da identidade, da diferença e das dificuldades de representar diferentes comunidades e subjetividades dentro das categorias da modernidade ocidental.[24] O valor supremo da modernidade ocidental e ocidentalizante continua a ser inquestionável, por mais problemático que seja o caminho.

II

Como poderíamos comparar esse com outros pontos de vista sobre o sistema global e sobre as relações internacionais? Ele faz uma antítese, em primeiro lugar e de maneira mais óbvia, com a visão realista do sistema global como algo dominado pela luta de poder entre os Estados-nação. Nessa visão, a política externa de todos os Estados será fortemente influenciada, se não determinada, pela necessidade de buscar segurança em um sistema internacional anárquico. A política externa é explicada ao se observar "de fora" e ao acompanhar as maneiras com que os Estados são "pressionados" pelo sistema internacional a agir de formas específicas.

Claro que poder e dominação são temas centrais nos escritos acadêmicos de Cardoso, especialmente na década de 1970, com particular ênfase em suas obras da época que tratavam de noções de dominação, controle externo e exploração. E, apesar de todos os seus defeitos, a teoria da dependência está basicamente correta ao argumentar que tanto os interesses quanto as identidades das nações precisam ser compreendidos no contexto de um "complexo transnacional" dentro do qual estão incorporados, e também nos termos das forças sociais, das relações entre Estado e sociedade e dos projetos políticos que constituem e dão sentido à ação estatal. Mesmo assim, para o crítico realista, a teoria da dependência busca explicar o poder que reside no lugar errado, ou pelo menos em um lugar apenas, ou seja: o funcionamento do sistema capitalista global. Ao fazê-lo, o seu viés economicista impediu que os teóricos da dependência vissem a importância da competição política de poder entre as nações. Em outras palavras, que o sistema político internacional pudesse ser tão

---

24 Ver a discussão dessa questão em Seth, Sanjay. "Back to the future?" *Third World Quarterly* 23, 3 (junho de 2002), pp. 565–75.

importante quanto o capitalismo global ao dar forma ao destino econômico e às políticas externas das sociedades em desenvolvimento, e que a lógica da concorrência entre as nações e do equilíbrio de poder tem uma dinâmica interna que possui uma autonomia pelo menos relativa em relação a modelos econômicos ou estruturas econômicas.

Uma questão, portanto, diz respeito à prioridade dada aos diferentes pontos de vista das fontes e da natureza da luta pelo poder na política mundial. Mas o enigma do poder na obra de Cardoso não se limita a isso. Ainda resta a seguinte questão: em que medida a sua própria visão da política está disposta a aceitar analiticamente ou a empenhar-se politicamente na lógica política interna da competição por poder entre os Estados e no papel permanente da força e da coerção na política internacional?

Cardoso fala muito sobre Weber, e os estudiosos destacaram a importância de Weber em seus escritos posteriores. Mas, nas suas memórias, ele se concentra principalmente na "ética da responsabilidade" de Weber como substituta para a força controladora de se determinar regras formais ou princípios éticos inescapáveis. Ele faz uma breve referência à violência como instrumento decisivo na política. Mas há pouco entendimento quanto àquilo que constitui a verdadeira tragédia da política para Weber, ou seja, o nexo existente entre poder e valores, entre um embate não solucionável de valores conflitantes e o pluriverso de deuses que competem entre si, de um lado, e a centralização do poder e da coerção como meios pelos quais essa luta é mediada no mundo político, de outro.

Em suas opiniões sobre política interna, Cardoso muitas vezes ressalta as limitações de um estilo de política que se baseia no confronto. Embora argumente que o Brasil precisa de uma ruptura social, ele rejeita sistematicamente a ideia de uma ruptura política. Mudanças de dentro para fora, com base em alianças, negociações, acordos e uma comunidade política inclusiva são a marca registrada do estilo político de Cardoso, associada a uma grande suspeita do populismo e dos estilos populistas de fazer política. Nos termos do mundo, existe uma reticência semelhante para falar e agir em termos de poder e promover ou provocar a afirmação do poder do Estado. O Brasil representa um importante e significativo quebra-cabeças para o realismo na medida em que não entrou no jogo político de poder da mesma maneira que a teoria nos faz imaginar. Esse é um assunto demasiadamente amplo e complexo para ser abordado neste capítulo, a não ser para servir de argumento para a tese de que Cardoso tanto reflete quanto reforça esta tradição.

Vamos examinar três momentos. No início da década de 1990, não era apenas o Brasil que precisava adaptar-se à globalização; também existia a questão de como acomodar o poder dos Estados Unidos. De um lado, parecia óbvio que havia apenas uma superpotência "... que acumula uma soma incontestável de poder militar, atômico, econômico e tecnológico".[25] Além disso, Cardoso não partilha da opinião nacionalista conspiratória de que os Estados Unidos estão determinados a subjugar o Brasil ou dominar a América do Sul para que o Brasil fique em desvantagem. Muito pelo contrário, ele consegue perceber de maneira bem clara o ínfimo interesse que Washington tem na região. Por outro lado, há a ausência de alternativas. Evidentemente, tanto o Mercosul quanto a América do Sul são fundamentais, e há tempos ocupam essa posição.[26] Mas a América Latina não pode representar uma fuga daquilo que, para Cardoso, é o principal desafio. Assim, nas suas memórias, imediatamente depois de falar da sua política regional e hemisférica, ele afirma: "Não obstante, estavam claros os sinais dos novos tempos. Não haveria como escapar da grande questão: teríamos de nos integrar à economia global".[27] Existe também um ceticismo quanto ao valor de montar coalizões com outros países em desenvolvimento, e é interessante notar que o ceticismo quanto ao Terceiro Mundo e quanto às negociações entre os hemisférios norte e sul existe há um bom tempo. Já em 1982, ele falava sobre o diálogo de surdos entre o "clube dos ricos" e o "Terceiro Mundo".[28]

Alguns podem desejar enxergar essa acomodação com os Estados Unidos em termos de uma lógica realista de alianças "seguir o rebanho" (no jargão da teoria), exceto que o objetivo parece ser evitar um atrito prejudicial em vez de negociar apoio político em troca de benefícios concretos. Apesar da relação pessoal de Cardoso com Clinton, as relações EUA–Brasil não são muito intensas durante os anos de seu governo. Outros podem enfatizar, de maneira mais exata, o ponto de vista liberal kantiano de um poderoso núcleo liberal que atrai

---

[25] Cardoso, Fernando Henrique. "Política externa: fatos e perspectivas". *Política Externa* 2, 1, junho de 1993, p. 5.

[26] A respeito de sua ideia cada vez mais predominante sobre a região, ver a declaração de uma reveladora entrevista de 1978: "Vimos que os problemas que nos pareciam brasileiros não eram apenas brasileiros, eram latino-americanos. Na minha geração, havia a ideia de que não temos nada a ver com a América Latina, a ilusão de pensar que não somos latino-americanos". *Perspectivas. Fernando Henrique Cardoso: Ideias e atuação política*. Graeff, Eduardo P. (org.). Rio de Janeiro, Paz e Terra, 1983, p. 41.

[27] *AdapP*, p. 611.

[28] *IstoÉ*, 16/6/1982. Republicado em *Perspectivas. Fernando Henrique Cardoso: Ideias e atuação política*. Graeff, Eduardo P. (org.). Rio de Janeiro, Paz e Terra, 1983, pp. 60–63.

outras nações que pensem da mesma maneira, em parte como resultado de uma economia liberal e da maior interdependência econômica, em parte como uma ordem jurídica liberal que surge para sustentar a autonomia de uma sociedade civil global, e em parte como resultado do exemplo de sucesso deixado pelo sistema capitalista liberal multifacetado dos Estados. Na realidade, tanto uma preocupação com o poder quanto com os valores encontra-se nos discursos e escritos de Cardoso neste período.

Se examinarmos o final da década de 1990, sua reticência em impor poder continua. Em parte, isso parece ser uma questão de tempo e de sincronia: assim, de acordo com Cardoso, é "cedo" para que o Brasil desempenhe um papel mais intervencionista e político na América do Sul. O país deve desenvolver a função de "organizador" da região, mas ainda não estava pronto para desempenhar um papel político mais ativo.[29] Em parte, a notável "escassez de poder" é uma função da contínua vulnerabilidade econômica. E ainda assim, por outro lado, no final dos anos 1990, Cardoso nos dá um sofisticado relato a respeito dos limites do poder, mesmo no caso do Estado mais poderoso. Os EUA estão limitados por amarras domésticas; pela difusão de poder, incluindo a tecnologia de armamentos; mas, acima de tudo, pela sua vulnerabilidade a forças globalizantes que já não pode mais controlar. Sua hegemonia factual, portanto, acabou ficando restrita por causa do mesmo tipo de interdependência liberal que Cardoso havia rejeitado em seus escritos da década de 1970 e início da de 1980. E, mesmo assim, é surpreendente a modéstia de suas metas de política externa e de sua visão quanto à capacidade de realização do poder brasileiro. Por exemplo, a ideia de que o Brasil deve ser visto como um país próximo do Grupo dos Sete "...é mera ilusão para um país como o nosso". O porquê disso ele nunca explica de fato, assim como não explica a afirmação de que é sempre melhor estar fora do foco de atenção dos EUA (como disse Cardoso, "Quanto menos a gente entrar no radar dos EUA, melhor"[30]).

Talvez o mais indicativo seja a medida com que tal reticência para pensar na política mundial em termos de poder continua até o período mais recente, mesmo quando fica mais óbvio que o unilateralismo americano foi longe demais e que esse balanço da política de poder (e muitos outros aspectos das relações internacionais Vestfalianas) voltou a ter um lugar garantido nesse cenário. Ao escrever sobre o balanço de poder em um artigo de jornal, em 2007,

---

[29] *AdaP*, p. 628.

[30] *Folha de São Paulo*, 4/8/2004.

ele explica como a era da hegemonia americana durou apenas um breve período e foi prejudicada por uma tentativa de estratégia de dominação baseada na força bruta; e como a China, a Rússia e a Índia estão desempenhando um papel cada vez mais importante no equilíbrio global de poder. Em certa medida refletindo a opinião construtivista da identidade e de valores mútuos, ele afirma que "Alinhar-se fora do Ocidente... poderá apenas causar males futuros. Alinhar-se automaticamente ao Ocidente tampouco é uma boa opção".[31] E ele continua de uma maneira que parece unir seu senso de prioridades e sua relutância em pensar em termos de poder e a afirmação de poder:

> Quem sabe o Brasil possa ter um papel que dispense armas atômicas e sonhos de potência, mas que nos torne um país mais respeitado e nos dê tempo para robustecer nossa economia, melhorar a vida de nosso povo e ganhar o reconhecimento (como fez Nehru com a Índia) de que somos uma grande democracia que exerce a liderança em nossa região, assegura nela a paz e os vínculos ocidentais, mais pelo exemplo do que pela astúcia ou pela assertividade do poder, e que pode contribuir para a emergência de uma nova ordem política mundial. Esta, sem voltar às ideias de equilíbrio de poder, deveria pelo menos evitar desequilíbrios que nos levem a novas catástrofes.[32]

Entrar num jogo de balanço de poder não é, portanto, uma opção vista como viável para o Brasil. Mas um balanço de poder renovado tampouco seria uma opção para o mundo. "Não existe poder militar e nem poder de convergência moral capaz de sustentar um mundo controlado por um único hiperpoder ou por uma coalizão de alguns superpoderes".[33] Em relação ao Brasil, há uma ausência quase completa do que se poderia chamar de "síndrome de De Gaulle" – a ideia que um Estado de segunda categoria precisa construir um discurso de poder, "*une certaine idée de la France*" – e que projetar poder, inclusive causando problemas, na maioria das vezes retóricos mas às vezes reais, é a melhor maneira de ser levado a sério nas reuniões dos poderosos. Eram visíveis elementos desse tipo de pensamento na Índia de Nehru, mas eles estavam ausentes em Cardoso e em seu Brasil.

---

31 "Desequilíbrio do poder". *O Estado de São Paulo*, 4/2/2007.

32 Ibid.

33 "*New Paths: Reflections about some challenges of globalization*", p. 5, e discurso em Oxford em 2004.

III

E quanto ao mundo das instituições e o institucionalismo? Como ministro das Relações Exteriores e depois como presidente, Cardoso continuou com o papel historicamente central que o multilateralismo desempenhou na política externa brasileira. O Brasil é um Estado que há muito tempo abdicou do *hard power* e da coerção em favor do multilateralismo e das reformas de dentro para fora. Além disso, muitas questões e temas específicos que dominaram a política externa brasileira desde o fim da Guerra Fria estão bem explícitos nos discursos de Cardoso como ministro das Relações Exteriores, e na sua política externa como presidente – por exemplo, a motivação para democratizar os processos internacionais de tomada de decisão; a importância de explorar o potencial de nivelamento de poder dos mecanismos de resolução litigiosa da OMC; e também a necessidade de fortalecer tanto o Mercosul quanto a cooperação sul-americana.[34]

De modo mais geral, como parte da política de "autonomia por meio da participação", o Brasil, durante a década de 1990, passou a buscar maior aceitação de uma grande variedade de normas internacionais para controlar a tecnologia de mísseis, a exportação de armamentos e a proliferação nuclear. Do mesmo modo, em relação ao meio ambiente, houve uma nítida rejeição à atitude defensiva da década de 1980 e uma aceitação da legitimidade do interesse da comunidade internacional por questões ambientais e pelas atividades das ONGs (que eram muitas vezes vistas, antes, como subversivas), e também um compromisso mais positivo nas negociações internacionais. Uma importante mudança paralela ficou aparente também em relação aos direitos humanos e à identificação do Brasil com questões intranacionais e transnacionais no sistema internacional de direitos humanos.

Mesmo assim, em termos analíticos e intelectuais, as instituições não parecem ser tão fundamentais ou tão instintivamente importantes para a cosmovisão de Cardoso se o compararmos com, digamos, neogrotianos brasileiros como Celso Lafer ou Gelson Fonseca.[35] Na década de 1970, é relativamente

---

[34] Ver, por exemplo, Cardoso, Fernando Henrique. "Política externa: fatos e perspectivas". *Política Externa* 2, 1 (junho de 1993), pp. 3–10.

[35] Neogrotianos: termo referente ao pensamento do jurista holandês do século XVII Hugo Grotius, cuja concepção da ordem internacional enfatiza o papel das instituições e normas que estruturam e moldam a sociedade internacional. (N. T.)

pequena a atenção que Cardoso devota em suas obras às armadilhas formais da diplomacia e das instituições internacionais. Em parte, elas são vistas como epifenomenais e secundárias para a lógica essencial que impulsiona o capitalismo mundial. E, também em parte, os abusos rotineiros de princípios supostamente universais de direito e da moral por parte dos Estados Unidos prejudicaram suas reivindicações de legitimidade e qualquer possibilidade que talvez tivessem de obter ampla aceitação internacional por parte dos países que sofriam de maneira tão severa nas mãos do intervencionismo americano.

Na década de 1990, sem dúvida, Cardoso esteve ciente de que os problemas da globalização necessitam de regulamentação institucionalizada. Como diriam os institucionalistas, a demanda por instituições foi sem dúvida bastante elevada. As instituições são necessárias para se lidar com os dilemas cada vez mais complexos de ação coletiva que surgem em um mundo globalizado. Mas mesmo assim Cardoso não parece partilhar da visão progressista de que a globalização pode ser gerida por instituições competentes e que os Estados são capazes de suprir essa demanda sempre crescente de cooperação. Embora, como vimos, existam nichos e oportunidade para os Estados individualmente, especialmente para os grandes países em que a reestruturação da produção capitalista avançou, a regulamentação eficaz da globalização só pode ser internacional. O problema, no entanto, é precisamente a falta de instituições competentes. O G7 produz diretivas que são mais simbólicas do que eficazes. O FMI encontra-se prejudicado pelo seu próprio compromisso ideológico com a liberalização. "O sistema de Bretton Woods não funciona mais[...] No limite, o que está acontecendo, em consequência dessa globalização, é que você não tem mais autoridade".[36] À semelhança de outros estruturalistas econômicos, ele tem uma visão um tanto pessimista das instituições existentes, que vê como sedentas pelo poder. Na verdade ele não leva particularmente a sério a ideia de que o Brasil deve fazer da reforma do Conselho de Segurança uma prioridade, já que "não adianta ter um assento permanente no Conselho de Segurança, enquanto o que precisamos é de um sistema de segurança eficaz."[37]

Mas o pensamento de Cardoso segue uma linha claramente liberal na ideia de que as regras e os valores da vida internacional podem expressar de modo verdadeiro valores mútuos. Assim, depois de ter descrito, na década de

---

[36] *OPSS*, p. 85.

[37] *OPSS*, p. 87.

1990, o processo da aceitação, por parte do Brasil, das normas internacionais, por exemplo a respeito dos direitos humanos, ele prossegue:

> Esses poucos exemplos mostram que sacudimos a poeira de uma predisposição arcaica à não participação e à não submissão às regras da convivência internacional, estratégia que havia sido elaborada com requintes de sofisticação intelectual nos governos do período autoritário, para nos defendermos dos efeitos da Guerra Fria e que permaneceu insepulta por alguns anos mais. Já era mais do que tempo de o governo brasileiro abrir-se ao mundo, seguindo, de resto, os passos de sua população, que passou a ver no exterior mais oportunidades do que riscos.[38]

Mais uma vez, podemos perceber a clara distância entre o posicionamento de Cardoso e daqueles que, tanto à direita quanto à esquerda, veem o discurso sobre valores mútuos e interesse mútuo em instituições comuns simplesmente como um reflexo do poder. De acordo com o pensamento tradicional do Itamaraty, nas décadas de 1960 e 1970, a promoção de normas globais em áreas como a não proliferação de armas nucleares ou o meio ambiente mundial era vista como uma tentativa de "congelar o poder mundial" e obstruir o papel cada vez maior que o Brasil exercia na esfera internacional. Para muitos dos principais pensadores ligados à política externa sob o governo Lula, muitas das normas liberais "globais" dos anos 1990 em relação a direitos humanos, democracia e liberdade de mercado são vistas como normas que foram utilizadas de maneira igualmente seletiva para refletir interesses nacionais restritos aos principais países industrializados. Da mesma maneira, as novas ameaças à segurança na era pós-11 de setembro também estavam sendo exploradas como um meio de mobilizar o apoio doméstico e proteger e expandir o poder dos EUA no exterior. [39]

Se o estado-nação se torna, como argumentaremos mais tarde, o objeto principal da análise, ele não é o único. É fascinante ver tanto nas memórias quanto nas entrevistas de Cardoso a ideia de uma humanidade que emerge como sujeito histórico por seus próprios méritos:

---

38 *AdaP*, pp. 616–17.

39 Ver, por exemplo, a visão do "fenômeno da normatização", desenvolvida em Guimarães. *Desafios brasileiros*, principalmente pp. 254–55.

> Temos de pensar de novo no mundo como humanidade. Quando digo [...] que vivemos um novo Renascimento, é por isso. No Renascimento, colocou-se o homem como a medida de todas as coisas. Agora, a discussão é a humanidade. As mudanças têm de ser em função desse valor universal que é a humanidade.[40]

Ou, ainda, a necessidade tanto de defender os interesses nacionais quanto de "buscar formas de organização política mundial que tomem em conta os valores e requisitos da comunidade planetária".[41]

IV

Como assinalei, e como o próprio Cardoso enfatizou, existe uma grande continuidade entre a análise da dependência da década de 1970 e sua compreensão da globalização na década de 1990. "A globalização, da mesma maneira que a dependência, nada mais é do que um desdobramento do sistema capitalista nas condições históricas do presente."[42] Mas existem mudanças importantes. Delimitar se são ontológicas ou não irá depender de como enxergamos a cosmologia de Cardoso. "O que houve não foi uma ruptura epistemológica na minha trajetória intelectual, mas uma ruptura ontológica no mundo".[43] Na verdade, a principal preocupação com a estrutura e a lógica do sistema capitalista continua; mas existe uma importante mudança no objeto de análise, tanto em termos analíticos como, até certo ponto, normativos. Grosso modo, essa mudança afasta o objeto da análise das forças sociais e classes sociais e o aproxima de um foco ainda maior no estado-nação.

Embora obviamente ocupe-se da posição das nações da América Latina dentro do sistema global, a teoria da dependência nunca foi uma teoria estadista. Como vimos, em vez de uma lógica baseada no poder da concorrência no sistema de um estado anárquico, a teoria da dependência concentra-se na dinâmica do sistema capitalista mundial e nas necessidades econômicas e pressões dos grandes Estados capitalistas. Além disso, a característica mais

---

[40] *OPSS*, p. 57.

[41] *AdaP*, p. 601.

[42] "New Paths: Reflections about some challenges of globalization", p. 16.

[43] Citado em Salles, João Moreira. "O andarilho". *Piauí*, agosto de 2007.

distintiva da teoria da dependência é o argumento de que o poder dos EUA se mantém e é manipulado não por formas de poder de Estado-a-Estado, e sim por alianças transnacionais de classe. As forças internas e externas, portanto, estão intimamente ligadas e a principal tarefa de um analista é esboçar a convergência de interesses entre as classes dominantes dentro das sociedades latino-americanas e aquelas que estão nas principais economias capitalistas. Finalmente, uma das principais razões para rejeitar as tentativas de isolar e medir as "dimensões" externas da dependência e de afirmar que o Brasil tinha-se tornado mais ou menos dependente foi precisamente porque tais movimentos não conseguiram analisar a distribuição dos vencedores e perdedores, dentro dos Estados e não apenas entre eles – em outras palavras, analisar quais classes e grupos estavam ganhando com o desenvolvimento que estava ocorrendo.

A relação entre Estado e classe, especialmente no nível mundial, nem sempre é clara; mas a teoria da dependência nunca poderá ser reduzida a uma teoria que se preocupa com a desigualdade de poder entre os Estados-nação, ou mesmo centrada unicamente na posição externa e nas possibilidades de um determinado estado-nação.

Mas, à medida que avançamos na década de 1990, o estado-nação, e mais especificamente o estado nação brasileiro, de fato, torna-se cada vez mais o foco central da política por parte dos analistas. Existem diversos aspectos para essa mudança. Como ministro das Relações Exteriores, ele assume um Ministério que afirma, de maneira categórica e histórica, ser a encarnação de um conjunto de interesses nacionais que vão além de governos específicos e um defensor ainda maior do mito de que a política externa brasileira tem sido essencialmente um processo sem discordâncias. E, como líder político nacional, é totalmente natural e esperada sua crescente preocupação com o Brasil.

Mas também é possível relacionar essa mudança à centralidade cada vez maior da democracia, tanto no pensamento quanto, é claro, nas práticas políticas de Cardoso. Como assinala Weffort, a democracia como um valor em si mesmo e não algo sujeito a adjetivos qualificativos ("democracia relativa", "democracia controlada", ou mesmo "democracia burguesa") entrou relativamente tarde no Brasil (e a ideia afim da noção de direitos humanos ainda não fincou raízes).[44] Sem dúvida, grande parte da Esquerda, até depois da metade

---

[44] Weffort, Francisco C. *Formação do pensamento político brasileiro: Ideias e personagens*. São Paulo, Editora Ática, 2006, p. 259.

da década de 1970, via o destino da democracia política como algo relacionado à mutável posição do Brasil no sistema capitalista global. Parecia haver uma afinidade eletiva entre o capitalismo periférico e o autoritarismo burocrático. A própria visão que Cardoso tem da erosão do autoritarismo no Brasil está certamente relacionada à sua análise do capitalismo periférico e à emergência de novas forças sociais e ideologias de mudança política. Mas o valor intrínseco da democracia e a relativa autonomia da política democrática fica cada vez mais central, assim como a ideia fundamental de que a democracia no Brasil deve ser inclusiva e um projeto nacional. Essa é a explicação para a rejeição de uma política baseada em classes, representada pelo PT, a insistência na inevitabilidade de alianças, a recusa, em momentos importantes, de apelar para confrontos e rupturas e não para uma mudança gradual e negociada, e sua aceitação notoriamente limitada de ataques contra-hegemônicos à globalização, os quais são descartados como uma tentativa de voltar a uma "utopia regressiva".

Sem querer sugerir um retorno a qualquer forma reducionista de análise com base em classes, é, contudo, difícil não acreditar que uma parte da fúria crítica analítica, tão evidente na literatura clássica sobre a dependência, acabou perdendo sua força quando chegamos à análise da globalização liberal na década de 1990. Em termos do mundo externo e da análise que Cardoso faz da globalização liberal, há uma tendência a superestimar os fatores determinantes tecnológicos da globalização. A globalização liberal da década de 1990 não foi um "fato"; foi um projeto político imposto por Estados específicos e pelas forças sociais que os impeliam em função de seus próprios interesses políticos e econômicos. Como salientamos acima, no fim da década de 1990 Cardoso ressalta os perigos da globalização financeira desregulada e os terríveis danos trazidos pelas crises financeiras na Ásia, na Rússia e na América Latina. Ele retorna de reuniões na Europa e nos EUA, percebendo os limites do mecanismo institucional existente, seja ele o FMI ou o G7, e também a oposição à reforma institucional. Mas a análise das razões para a inação permanece incompleta, na melhor das hipóteses. Não é "uma crise de vontade política". Em parte, ocorreu um evidente fracasso intelectual com importantes figuras da política no mundo industrializado, que reforçavam, em vez de questionar, o pensamento convencional vigente à época com suas noções banais de "mundo plano", "fim da história" e "globalização transformadora". Isso também pode ter sido reflexo de algum grau de aprisionamento e reforço ideológico. Como observou Peter Evans de maneira tão contundente, em 1997, "Preocupado em maximizar o seu espaço de manobra, o capital transnacional poderia facilmente tornar-se cúmplice da destruição da infraestrutura das instituições públicas das quais dependem seus lucros".[45] Mas, de certo modo ele refletia escolhas políticas que líderes como Clinton e Blair tinham tomado ao montar seus projetos políticos nacionais e a escolha consciente para a política externa, a qual ditava que a globalização liberal representava a estratégia mais eficaz para garantir o poder dos EUA e a hegemonia ocidental.

Se observarmos do ponto de vista interno, a necessidade de uma análise crítica política também é evidente, talvez até maior. À medida que a teoria da dependência desaparecia do meio acadêmico ocidental, a partir do começo dos anos 1980, a economia política crítica voltou-se para uma interpretação fortemente gramsciana de "hegemonia neoliberal". Essa análise tem sido feita de cima para baixo, e considera a mudança para o neoliberalismo mais em termos de um processo de imposição hegemônica do que de uma visão liberal de envolvimento progressivo ou de algo com mais matizes de socialização coerciva. Gramscianos como Cox e Gill permitem que se atribua um papel bem maior às ideias, "[...] um processo transnacional de formação de consenso entre os responsáveis oficiais pela economia global".[46] No entanto, a lógica da imposição e do poder estrutural do capitalismo global permanece clara e dominante.[47]

Mas uma explicação de cima para baixo, não diferenciada, levanta exatamente as questões destacadas por Cardoso em seu ataque ao consumo da teoria da dependência nos Estados Unidos na década de 1970. Tal esclarecimento demonstra ter uma compreensão muito limitada da variação em diferentes partes da América Latina e das diversas formas com que forças gerais ou universais agiram em contextos históricos bastante diferentes. Vejamos, por exemplo, a seguinte afirmação:

> O neoliberalismo pode ser visto, neste contexto, como um mecanismo que ajusta economias nacionais e regionais à economia mundial ao criar as condições, incluindo aí um ambiente adequado de política macroeconômica e

---

[45] Evans, Peter. "The eclipse of the State? Reflections on stateness in an Era of Globalization". *World Politics* 50, 1, 1997, p. 72.

[46] Ver, por exemplo, Cox, Robert W. "Global restructuring: Making sense of the changing international Political Economy". In: Stubbs, Richard e Underhill, Geoffrey R. D. (orgs.). *Political Economy and the changing global order.* London, Macmillan, 1994, p. 49.

[47] Ver também Gill, Stephen (org.). *Gramsci, historical materialism and international relations.* Cambridge, CUP, 1993; e Gill, Stephen. *Power and resistance in the New World Order.* Palgrave Macmillan, 2002.

> ambiental, o quadro jurídico, e assim por diante, para a reorganização interna produtiva e inserção no mercado mundial econômico.[48]

De igual modo, na explicação de Robinson, a "democracia de baixa intensidade" acompanha a economia neoliberal, assim como o autoritarismo burocrático acompanhou a modernização conservadora e excludente da década de 1970.

Este panorama da imposição pode nos dizer muito pouco sobre a ampla variação entre os países na aceitação e aplicação das ideias econômicas neoliberais. Além disso, a tradição da teoria da dependência também poderia nos fazer esperar uma análise diferente da década de 1990 – uma análise da globalização e das reformas econômicas como parte de um projeto político consciente, tendo em conta um conjunto específico de forças sociais e de classes, e um processo dinâmico e dialético, "gerando contradições e tensões sociais, abrindo possibilidades para os movimentos sociais e ideologias de transformação", para citar o Prefácio de *Dependência e Desenvolvimento*.

Escrevendo em 1985, Peter Evans alegou que, embora o valor heurístico da teoria da dependência tivesse sido demonstrado pelo número cada vez maior de estudos que analisavam a interação entre as classes e o Estado dentro de uma economia global cada vez mais internacional, o rótulo tinha uma carga teórica grande demais para ser útil, e portanto deveria ser descartado. Ele, no entanto, depois sugeriu que a questão crucial levantada pela teoria da dependência não tinha a ver com a possibilidade de uma aliança entre o Estado e o capital transnacional, e sim com a possibilidade a longo prazo de divergências entre o capitalismo nacional e o global. "Mas nenhuma parte desse pensamento [sobre as alianças] refuta a hipótese de que existem diferenças fundamentais entre os que lucram com o mercado global e aqueles que estão em primeiro lugar interessados no desenvolvimento nacional."[49]

Na década de 1990, essas tensões ficaram mais evidentes no funcionamento dos mercados financeiros e na fragilidade externa do Brasil. O governo Lula teve a sorte de encontrar um conjuntura muito mais positiva, incluindo o legado das reformas de Cardoso, e um ambiente externo mais favorável, o que

---

48 Robinson, William I. "Global crisis and Latin America". *Bulletin of Latin American Research*, 23, 2, 2004, p. 137.

49 Evans, Peter. "After dependency? Recent studies of class, state, and industrialization". *Latin American Research Review* 20, 2, 1985, p. 156.

permitiu que fosse possível perseguir ao mesmo tempo muitos objetivos valiosos: a ortodoxia macroeconômica; a atratividade para os investidores estrangeiros; o aumento de programas sociais; uma política externa mais ativa com a defesa da solidariedade entre os países do hemisfério sul. A crise financeira mundial sem dúvida irá se revelar um teste muito mais árduo para a teoria central de Evans quanto à divergência entre os interesses dos agentes que geram lucro no mercado global e aqueles interessados basicamente no desenvolvimento nacional. Nesse sentido, permanece aberto o teste entre uma visão fundamentalmente liberal da economia mundial e uma visão influenciada pela dependência ou pela economia política crítica.

V

Encerro este capítulo com duas reflexões que surgem a partir da obra de Cardoso; ambas, creio eu, contêm importantes implicações e ramificações para as relações internacionais de modo mais geral. A primeira diz respeito à natureza das estruturas sociais e do papel de contingência. A análise estruturalista depende, afinal, da possibilidade de isolar e analisar em termos relativos estruturas estáveis: "Uma asserção básica é de que a análise da vida social só é profícua se partir do pressuposto de que existem estruturas globais relativamente estáveis."[50] Como vimos, a obra de Cardoso contém reflexões bastante profundas a respeito do caráter mutável das estruturas dentro do sistema global. Novamente, como vimos, há uma forte base materialista em tais estruturas, sendo que as mudanças tecnológicas desempenham um papel particularmente importante.

Contudo, para alguém que se declara estruturalista, é surpreendente constatar a instabilidade e fluidez das estruturas globais e o grau com que são constantemente fustigadas pelas mudanças e pelas vicissitudes da *fortuna*. De um lado, as forças e ideias que animam e dão significado real às "estruturas" do capitalismo global parecem conter uma boa dose de contingência. Embora talvez não seja nada além de uma imagem retórica, é interessante notar a utilização recorrente, na obra e nos discursos de Cardoso, da frase "os ventos da mudança". Juntamente com a necessidade de compreender os fatores universais que dão estrutura às oportunidades e amarras domésticas, existe uma necessi-

---

[50] Prefácio à edição em inglês de *Dependência e desenvolvimento na América Latina*, p. 15.

dade constante, tanto para o intelectual quanto para o político, de sentir de que direção estão vindo os ventos da mudança – do Leste, no fim dos anos 1960 (como se constata no capítulo de Laurence Whitehead); do Norte neoliberal no início da década de 1980;[51] do liberalismo globalizado, no começo da década de 1990;[52] da Direita, nos anos do governo Bush ("os ventos do mundo sopravam para a direita"[53]); e agora, talvez, depois da crise financeira, oriundos do mundo além do Grande Oriente.

Por outro lado, as próprias mudanças nas quais Cardoso deposita tanta importância levam a uma noção muito diferente de "estrutura", e de fato talvez subvertam, em um sentido mais básico, o nosso entendimento tradicional daquilo que compreendem as "estruturas globais". Em parte, isso se deve ao impacto das novas tecnologias na abertura de um novo mundo de correntes, fluxos, conexões em rede e cadeias de produção transnacionais. Mas, em parte, e de maneira mais significativa, isso resulta do primado da confiança e credibilidade em manter a "estrutura" de trocas financeiras globais de uma forma cada vez menos mediada e confinada a territórios específicos. O capitalismo financeiro desterritorializado depende de um conjunto arraigado de crenças socialmente construídas sobre um vasto sistema de confiança, credibilidade e ideologia comum. As metáforas estruturais, incluindo aquelas centradas no desenvolvimento de novas arquiteturas financeiras e na construção de novas instituições, lutam para lidar com essa ideia bastante diferente de estrutura. Novamente, é interessante observar a própria linguagem de Cardoso e ver que, apesar de todo o esforço intelectual para determinar a lógica e a dinâmica das estruturas globais, algo importante parece escapar-lhe. Assim, no início dos anos 1980, ele fala da "louca ciranda do desenvolvimento importado". De maneira ainda mais contundente, na década de 1990, ele observa que os "movimentos selvagens" do capitalismo financeiro não regulamentado são tudo menos fixos e estáveis, e novamente fala da "ciranda do capitalismo financeiro".

É claro que pode muito bem ser um caso em que, assim como em outros aspectos da globalização, será possível provar que Marx estava certo. Tudo o que é sólido de fato se desmancha no ar, e o ser humano irá sentir-se "compelido a enfrentar, com sobriedade, suas verdadeiras relações de vida, relações com seus iguais". Mas também pode ser o caso de que as verdadeiras condições de vida e

---

51 "Ventos do Norte", entrevista de fevereiro de 1981, republicada em *Perspectivas*, 57.

52 "Os ventos do mundo e a diplomacia presidencial". *AdaP*, p. 601.

53 *AdaP*, p. 431.

a natureza das relações humanas tenham sido alteradas por uma ideia muito diferente da estrutura e pela necessidade de aceitar uma noção bastante diferente de solidez, ou a sua ausência.

Meu segundo ponto de conclusão parte da ideia da "originalidade da cópia". Cardoso usa essa ideia para elucidar a originalidade e importância da CEPAL/ECLA e, sobretudo, da obra de Raúl Prebisch.[54] Mas a ideia tem, penso eu, ressonância ainda maior. Grande parte das relações internacionais acadêmicas, principalmente nos Estados Unidos, alimenta-se de divisões binárias simplistas – entre o liberalismo e o realismo e ainda mais entre o neorrealismo e neoliberalismo. Dentro dos tais debates "neo-neo" e sua implacável implementação de escolhas racionais, existe pouco espaço para a análise histórica de estruturas dentro das quais essa lógica política supostamente a-histórica age e, menos ainda, para compreender suas raízes temporais e geográficas.

À medida que as relações internacionais passam progressivamente a reconhecer suas próprias raízes e a necessidade de "provincializar" suas crenças vestfalianas, a disciplina ficou (levemente) mais ciente da necessidade de abordar como ela é pensada e analisada em diferentes partes do mundo. Mas existe a tentação de tentar isolar visões de mundo essencialistas e fechadas e buscar as teorias de relações internacionais ou conceitos de ordem global da China, Índia e Brasil. Em vez disso, a necessidade deve ser compreender a relação entre o exterior e o interior e monitorar os processos através dos quais ideias originalmente ocidentais quanto à ordem internacional são transpostas para diferentes contextos nacionais e regionais, além da mútua conflagração de ideias e entendimentos que resultam dessa interação.

Na década de 1990, o impacto da globalização era muitas vezes visto em termos bastante polarizados – incorporação *versus* exclusão, ou fusão *versus* fragmentação. Claro, quase todos os debates a respeito da globalização reconheciam que seu impacto é muito desigual, já que algumas partes do mundo são incorporadas em redes cada vez mais densas de interdependência, enquanto que outras regiões ficam de fora, às margens, ou até mesmo além das margens. Da mesma forma, quase todos os escritores salientaram até que ponto as forças da globalização podem produzir fragmentação, reação ou retaliação. Mas pensar principalmente nesses termos polares sempre iria obscurecer aquilo que é mais interessante: o fato de que, embora existam fortes pressões sistêmicas, em ambos os processos de mudança os resultados (ainda mais importantes) variam

---

54 *OPSS*, p. 102.

muito. O caráter e a intensidade das pressões da liberalização dependem da posição geopolítica, do nível de desenvolvimento, do tamanho e da força estatal. Seu impacto em um país como o Brasil será, obviamente, muito diferente do que ocorre em um país como o Chile. Em todos os casos, as pressões da liberalização foram de encontro a poderosas e tradicionais estruturas nacionais e modos de pensamento historicamente enraizados. É importante, portanto, reconhecer e analisar as pressões sistêmicas que têm exercido impacto sobre o Brasil e também, ao mesmo tempo, descompactar e desconstruir o complexo processo de desestruturação e adaptação que ocorreu no país. O resultado é que a ideia intuitivamente poderosa de homogeneização acaba se desfazendo à medida que fica claro que, como no caso do Brasil, os resultados não se encaixam em nada que se pareça com um simples "modelo" liberal, mas também não são uma simples rejeição do mesmo modelo. A mesma análise pode ser vista em um comentário mais recente. Reconhecendo o "retorno da história", muitos analistas americanos, tanto à esquerda quanto à direita, viram o embate atual como a luta entre um Ocidente redivivo e liberal, liderado pelos EUA, e um renovado desafio autocrático, liderado pela Rússia e pela China.

Tanto a obra analítica de Cardoso quanto a experiência brasileira de modo mais amplo servem para nos lembrar que tais padrões de pensamento binário são extremamente inúteis – tanto em termos analíticos quanto normativos e políticos. Como insistia Cardoso, o Brasil pode muito bem fazer parte do Ocidente em inúmeras áreas de relevância, embora seja parte do "*l'extrême occident*" (na formulação famosa de Alain Rouquié). Mas a natureza do liberalismo, a natureza da ordem mundial, bem como a natureza de uma ordem mundial liberal são conceitos altamente controvertidos, os quais serão moldados no século XXI pelas democracias mais importantes do hemisfério sul, incluindo aí o Brasil. O Brasil não se encaixa facilmente em uma visão que busca determinar uma divisão binária entre o Ocidente, por um lado, e a autocracia não liberal, por outro, não porque ele represente a postura radical de um país que gosta de contestar, e certamente não porque possa ser visto como parte de algum renascimento autocrático não liberal; e sim porque o país consistentemente passou pela experiência de encarar os limites do sistema liderado pelo Ocidente, tanto em relação às suas próprias aspirações quanto às aspirações de outros países em desenvolvimento.

Ao ponderar todas essas questões, o estilo da obra de Cardoso continua a ser um importante estímulo para a reflexão crítica. Por mais que muitas de suas conclusões específicas possam ser contestadas, e por mais que o equilíbrio exato entre o global e o local às vezes seja mutável e ambíguo, ele certamente tem razão naquela que talvez seja sua afirmação mais duradoura: que o crítico de políticas globais deve possuir um entendimento do universal e do global com o máximo de sensibilidade possível para as circunstâncias locais, as trajetórias históricas específicas e a textura complexa dos laços sociais, econômicos e políticos que ligam o ambiente interno e externo. Assim como no caso de todos os outros grandes intelectuais, o pensamento de Cardoso já foi alvo de amargas polêmicas. A complexa relação entre pensamento e práxis inevitavelmente intensificou essa polêmica, particularmente se levarmos em conta o grau sem precedentes com que a política externa brasileira tornou-se tão profundamente politizada durante o governo Lula. E, como já sugeri, existem aspectos importantes na visão que Cardoso faz da globalização que podem, de fato, ser alvo de críticas e contrapontos de qualidade. No entanto, a sua obra continua a ser uma fonte indispensável de engajamento para qualquer pessoa que tenha preocupações genuínas a respeito do papel do Brasil no mundo em mutação, e, talvez ainda mais, a respeito da evolução do papel do mundo no Brasil.

A emergência do possibilismo no Brasil do tucano Cardoso ao Lula *light*

Javier Santiso

A grande transformação na América Latina, ao fim do século XX, não é a chegada do Bom Neoliberal e nem, antes disso, a emergência do Bom Revolucionário.

Não houve, como se poderia pensar, uma mudança de um paradigma para o outro e sim a emergência de um novo estilo cognitivo. Em outras palavras, isso confirma o fracasso da própria ideia de uma utopia política e da economia política do impossível, o fracasso de um estilo cognitivo que, como o populismo ou o monetarismo macroeconômico, acabou sendo a defesa e o exemplo suplementar dos mesmos fracassos utópicos.

Na verdade, estamos testemunhando a emergência da política do possível, um enfoque mais humilde, menos orientado para um futuro indefinido e mais voltado para o presente. Uma economia política mais centrada nos resultados de fato e menos na pureza conceitual. Do Chile ao México, do Brasil à Colômbia, do Uruguai à Costa Rica, o possibilismo está proliferando na América Latina. As exceções a essa vertente também são muitas e aparecem nas manchetes dos jornais: da Venezuela à Bolívia, da Nicarágua à Bolívia, a economia política do impossível, feita de retórica revolucionária, nacionalismo econômico e populismo político, ainda sobeja e está bem presente.

Contudo, a vertente dominante, exemplificada pelo Brasil sob o governo de Cardoso e Lula, como queremos salientar, é a emergência do possibilismo, a economia política do possível, que combina os processos de garantia fiscal, monetária e de mercado com uma economia política social e redistributiva. Essa emergência caracteriza em particular o fracasso das convicções baseadas na crença de benéficos sacrifícios individuais no altar dos grandes ideais históricos. Como escreveu o filósofo britânico Isaiah Berlin, o fracasso da ideia de que "os pensadores, desde Bacon até o presente, foram inspirados por uma certeza de que deve existir uma solução total: de que, no fim dos tempos, seja pela vontade de Deus ou pelo esforço humano, o reino da irracionalidade, da injustiça e da infelicidade chegará ao fim; o homem ganhará a liberdade e não mais será o joguete de forças que estão além de seu controle [...]"[1]

No cerne do processo de democratização política e liberalização econômica na América Latina, existe o reconhecimento implícito ou explícito da necessidade de reconciliar interesses e valores em conflito. Isso implica na ideia de que se dar conta de alguns ideais significa que outros serão impossíveis. Por exemplo, a ideia de buscar a justiça para aqueles que são perseguidos por ditaduras pode representar um risco real de perder os avanços já conquistados rumo à democracia, e que nem as terapias de choque liberais e nem as soluções de desenvolvimento virão a anunciar o nirvana do desenvolvimento econômico.

A emergência do "possibilismo" destaca-se em meio a uma renovação diversa de correntes socialistas – no Chile e no Brasil, por exemplo –, agora mais flexíveis e moderadas do que no passado. No Chile e fora dele, para aqueles que se tornaram refugiados políticos na Europa central e oriental, o ressurgimento de algumas ideias socialistas deram início a um amplo programa de renovação política, reavaliando a democracia formal ao abandonar seu conceito instrumental e adotar o reexame das leis do mercado, sem ignorar suas limitações. Isso não é algo específico da esquerda latino-americana, e muito menos está completo. Em parte, subscreve ao esquema processual de democratização política e liberalização econômica, durante o qual chegou-se a um novo entendimento e à arte do possível, ou seja, é o resultado de uma série dinâmica de ajustes e reajustes de preferências.

O possibilismo no Brasil: A emergência da economia política do possível sob o governo FHC

Outra experiência possibilista, tão singular quanto a do Chile, embora mais recente e menos articulada, pode ser encontrada no Brasil. Sob o governo FHC, o Brasil firmou raízes mais profundas no solo democrático e se comprometeu com o pragmatismo econômico. O famoso Plano Real, bem recebido por

---

[1] Berlin, Isaiah. *Crooked Timber*, p. 212.

diversos críticos por causa de seu bem-sucedido programa de estabilização macroeconômica e de sua luta contra a hiperinflação, permitiu conter a espiral inflacionária e colocou o progresso do país em caminhos desconhecidos. Implementado em 1994, o Plano Real foi bem-sucedido em romper a inércia da inflação e atingiu a estabilidade depois de trinta anos de volubilidade dos preços, já tão enraizada no tecido social brasileiro. Tal sucesso veio depois de vários fracassos anteriores, como o Plano Cruzado, em 1986, o Plano Bresser, em 1987, o Plano Verão, em 1989, e os Planos Collor, em 1991 e 1992.

A história contemporânea brasileira também é caracterizada por experiências democráticas frustradas, interrupções autoritárias, e a imposição de um corpo social polarizado por modelos forçados de políticas industriais e de substituição de importações. A experiência democrática da esquerda, entre 1946 e 1964, caracterizou estágios diferentes da era mais ampla do populismo brasileiro (1930–1964), uma era de nacionalismo econômico, modernização guiada pelo Estado, substituição de importações e políticas de mercado. Essa experiência, marcada por um crescente populismo, nacionalismo e desenvolvimentismo que contribuíram para a crise que acometeu o Brasil, chegou ao fim com o golpe militar da direita em 1964, que levou a um dos primeiros regimes burocráticos autoritários, único sob diversos aspectos. Esse governo se sustentou até o retorno da democracia, em 1985, situado dentro da esfera da crise de dívida que irrompeu no Brasil depois da crise no México, no começo da década de 1980, e pela incapacidade do regime militar de controlar a inflação galopante. Uma das prioridades dos democratas brasileiros era reduzir a espiral inflacionária implementando, em 1986, uma solução rápida de choques anti-inflacionários, o Plano Cruzado, o qual não teve sucesso em sua tentativa de interromper o aumento dos preços. Em 1989, depois do retorno da democracia, as primeiras eleições presidenciais diretas colocaram Fernando Collor de Mello no poder. Seu novo e heterodoxo programa de combate à inflação rapidamente teve o mesmo destino que os anteriores. Seu mandato foi encerrado por um *impeachment* por corrupção, prova de que o *zeitgeist* da época na América Latina havia mudado não somente para os autocratas, mas também para os democratas iniciantes que aspiravam à perpetuação dos hábitos políticos corrosivos da corrupção.

A liberalização do mercado e os planos de privatização finalmente foram postos em prática, mas estavam envoltos na névoa de ceticismo e falta de urgência características do Brasil. A chegada de um sociólogo, anteriormente defensor de estratégias de desenvolvimento mais centradas no Estado, ao cargo de chefe do Ministério da Fazenda, em 1993, foi um marco na trajetória econômica do país, o qual, até o momento, havia passado por muitas turbulências. Fernando Henrique Cardoso cercou-se de uma equipe de jovens e brilhantes tecnocratas que, em 1994, introduziram um programa de reformas ortodoxas, tanto criativas quanto pragmáticas: o Plano Real. Ao contrário dos fracassados planos anteriores, ele não dependia de um congelamento geral de preços e salários para impedir a inflação: o plano determinava que o cerne das medidas seria uma audaciosa desindexação da economia brasileira e a criação de uma nova unidade monetária, o Real. Como resultado desse plano de estabilização, a febre inflacionária declinou e o consumo voltou ao normal. Esse sucesso levou o ex-sociólogo e agora economista iniciante à presidência do Brasil. Do cargo, Cardoso, que foi um dos gurus da Teoria da Dependência, uma visão de mundo econômica inspirada pelo economista argentino Raúl Prebisch centrada em dois conjuntos de estados, descritos alternadamente como dominantes (as nações industriais avançadas) e dependentes (que se baseiam fortemente na exportação de um único produto para ganhos na troca com o exterior), ou de centro/periferia ou metrópole/satélite, deu início a um abrangente programa de reformas pró-mercado. Quando Cardoso foi reeleito, em 1998, ele não hesitou em se cercar de outros tecnocratas brilhantes, experientes nas leis de mercado. Um deles não era ninguém menos do que Armínio Fraga, um talentoso economista de Wall Street, educado em Princeton, que deixou de fazer parte da equipe que administra os bens de George Soros em Nova York para se tornar presidente do Banco Central no Brasil.

Mais de dez anos depois do início das reformas no Chile, durante a década de 1990, sob o regime de FHC (ávido leitor de Albert Hirschman), o Brasil adotou políticas econômicas que combinavam aberturas liberais com o controle do Estado, por meio de sucessivas medidas moderadas. Sustentada por diversas décadas de populismo e nacionalismo econômico, a oposição não aprovava essas tímidas inovações. Mas os líderes da oposição não impediram a aprovação, em 1995, de seis propostas da equipe liderada pelo novo ministro da Fazenda, Pedro Malan, para alterar a Constituição de 1988 de modo a promover políticas econômicas mais liberais e rápidas. As principais mudanças foram feitas de modo a dar às empresas estrangeiras oportunidades de investimento nos setores de mineração e petróleo. As empresas estrangeiras também puderam fornecer serviços de telefonia, operar na área de transmissão de dados e até distribuir gás natural para empresas e indivíduos. A essas medidas foram acrescentados – sempre gradualmente – ajustes fiscais e uma liberalização econômica progressiva.

No entanto, a centralização do governo e a intervenção estatal não desapareceram. O relaxamento no controle da empresa petrolífera brasileira, a Petrobras, em 1995, foi apenas parcial, e o Congresso rejeitou diversas reformas experimentais. A crise financeira asiática e o perigo de contágio estimularam o andamento das mudanças no fim de 1997, impelindo, num único movimento, as primeiras reformas administrativas sérias, juntamente com aumento nos impostos, redução no orçamento e, o mais importante, o estabelecimento de um fundo para estabilização fiscal, o qual permitiu que o governo federal limitasse o estouro de orçamento por parte dos estados federais. A privatização continuou – não na velocidade relâmpago da Argentina, mas como se fosse medida a conta-gotas. Mas foi implementada amplamente, como exemplificada pela privatização do controle absoluto da Telebrás. No todo, o governo privatizou mais de 90 bilhões de dólares em empresas estatais, concluiu a venda de gigantes industriais e mineradoras, como a Vale do Rio Doce (CVRD), transferiu para o mercado o setor de estradas de ferro e empresas prestadoras de serviços de energia e vendeu a maioria dos bancos estaduais. A crise da moeda russa, no verão de 1998, mais uma vez abalou a economia brasileira, forçando o governo do país, depois da reeleição de FHC em outubro, a impor uma austeridade fiscal para restabelecer a confiança dos mercados financeiros internacionais. Em janeiro de 1999, o Banco Central do Brasil resignou-se a deixar que o Real flutuasse, depois da moratória anunciada pelo governador do estado de Minas Gerais e ex-presidente Itamar Franco, o que por si só gerou novas turbulências financeiras.

De acordo com alguns analistas, o segundo mandato de FHC (1999–2003), inaugurado por um batismo de fogo, decepcionou mais que o primeiro. Depois de um leve abalo, o aparato legislativo afogou-se numa espécie de letargia. A atençao do governo se concentrou na consolidaçao das conquistas do primeiro governo de FHC. A natureza instável do crescimento, contudo, foi confrontada pela crise de energia, em 2001, e depois pela espetacular inadimplência da Argentina.

Apesar desses obstáculos e de seus críticos, o segundo mandato de FHC conseguiu consolidar algumas vitórias importantes em relação ao federalismo fiscal, ao impor a lei de responsabilidade fiscal. Tal legislação foi a primeira num país com déficits de orçamento nacional intensificados pelos estados federais. Durante a crise de 1999, Minas Gerais declarou-se em dívida com a Federação. Na área social, uma série de iniciativas que já haviam sido delineadas em seu primeiro mandato foram reforçadas, consolidadas e amplificadas. Mais especificamente, foram estabelecidos em todo o país programas que transferiam recursos diretamente para as famílias mais pobres e permitiam que seus filhos pudessem ir à escola, no nível municipal, estadual e federal.

Depois da era FHC: mais possibilismo com Lula *light*

Ao fim de 2001, os contínuos abalos que reverberaram da crise argentina fizeram com que a economia brasileira titubeasse novamente, tendo as dívidas no epicentro de suas preocupações financeiras, em 2002. De repente, a partir de abril, à medida que a candidatura de Luiz Inácio Lula da Silva tornava-se mais evidente, os mercados financeiros internacionais se concentraram nas eleições presidenciais marcadas para outubro de 2002. O medo de um governo abertamente esquerdista, que o estereótipo dita ser sinônimo de desordem monetária e relaxamento da disciplina fiscal, juntou-se à ansiedade crescente dos mercados financeiros internacionais. Depois de algumas semanas, as taxas de câmbio e os prêmios de risco registraram grandes oscilações e o nervosismo dos investidores cresceu exponencialmente à medida que as pesquisas eleitorais confirmavam a possibilidade de sucesso do líder do Partido dos Trabalhadores, Luiz Inácio Lula da Silva. Em outubro de 2002, quando Lula foi eleito o trigésimo nono presidente do Brasil, a aversão dos mercados financeiros chegou ao máximo e os prêmios de risco atingiram níveis nunca vistos antes: 2.500 pontos base (foram multiplicados por cinco), uma "conquista" igualada somente por dez países na história dos mercados emergentes. A dívida pública brasileira chegou ao recorde de 65% do PIB, enquanto que o Real perdeu quase 50% de seu valor.

A ascensão de Lula ao poder foi um acontecimento decisivo em dois aspectos. Primeiro, ele confirmou a consolidação democrática do Brasil, já que a transferência de poder entre Cardoso e Lula foi, em si mesma, uma lição de elegância política. Pela primeira vez na história da democracia contemporânea do mundo, a quarta maior democracia do mundo, e também o terceiro país mais desigual do mundo, elegeu um presidente da classe trabalhadora, o qual nasceu na pobreza e passou de engraxate a líder sindical e fundador do Partido dos Trabalhadores, a maior força de esquerda da América Latina. Depois de disputar quatro eleições presidenciais, ganhando mais de 61% dos votos populares, em outubro de 2002, Lula se tornou o presidente de todos os brasileiros.

Além dessa vitória nas eleições, houve outra no ano seguinte, 2003. Contra todas as expectativas, Lula recuperou a confiança dos mercados financeiros internacionais. Em 2002, a febre dos operadores financeiros, principalmente os estrangeiros, e a piora no *spread* da taxa de juros brasileira, ou seja, o risco-país em relação aos títulos do Tesouro norte-americano, dominavam o cenário. O ano de 2002 foi caracterizado por prêmios de risco que subiam exponencialmente à medida que Lula ascendia nas pesquisas e suas chances de ser eleito aumentavam. O mesmo fenômeno de prêmios de risco em ascensão, em antecipação à eleição de Lula, foi constante nas quatro candidaturas do petista à presidência, em 1989, 1998 e principalmente em 1994 e 2002. Em sua última tentativa, Lula teve dificuldade para convencer os investidores de que ele tinha abandonado suas opiniões prévias de esquerdista radical em relação a questões delicadas, como a dívida externa. Contudo, ao contrário do que diziam as piores profecias de Wall Street, o Lula recém-eleito acabou revelando-se surpreendentemente pragmático em suas políticas econômicas. Ele mudou seu estilo depois que assumiu o cargo e apoiou medidas mais convencionais, optando por um gradualismo, combinando a austeridade fiscal e uma rígida política monetária com o ativismo social. Apelidado de "Lula Light," ele logo se tornou o queridinho dos investidores e dos mercados financeiros e também foi vaiado durante o Fórum Mundial antiglobalização em Porto Alegre.

Dentro de poucos meses, o Real ficou mais forte e se estabilizou de maneira permanente. O rendimento dos títulos brasileiros, em comparação com os rendimentos dos EUA de títulos do governo federal, melhorou, e os *spreads* voltaram a níveis que não excediam 500 pontos base. As taxas de juros começaram a cair na segunda metade de 2003, de 26% para 17%, num período de alguns meses. Os diretores nomeados para o Ministério da Fazenda e o Banco Central agradaram o mercado, que gradualmente se convenceu de que a administração de Lula pretendia seguir na direção da ortodoxia fiscal e monetária iniciada por FHC. Na verdade, Lula e os que o apoiavam tiveram o cuidado de abandonar a retórica da mudança repentina, contaminada pelos sonhos messiânicos e promessas utópicas impossíveis invocadas durante a campanha presidencial. Durante a campanha, eles não conseguiram convencer os mercados financeiros internacionais, que ainda continuavam descrentes após a eleição. Mas assim que os ministérios de Lula foram definidos, e a equipe financeira passou a ser liderada por tecnocratas com um notável tato político – começando pelo ministro da Fazenda, Antonio Palocci, um ex-trotskista formado em medicina que adquiriu experiência como prefeito de Ribeirão Preto, uma cidade de tamanho médio no interior do estado de SP – surgiu rapidamente como exemplo de um pragmatismo estável. Palocci impressionou os mercados financeiros ao prometer que o Brasil seguiria políticas financeiras seguras e logo demonstrou seu ponto de vista ortodoxo quanto ao desenvolvimento econômico com base em duas âncoras de credibilidade: controlar a inflação na frente monetária e ter uma sólida disciplina orçamentária no lado fiscal. Por fim, Palocci aplicou uma dose ainda maior de austeridade do que seu predecessor, Pedro Malan, um economista ortodoxo respeitado e alvo favorito do Partido dos Trabalhadores quando este era oposição.

Eleições e mercados financeiros: o efeito Lula em 1994, 1998 e 2002

Em menos de um ano, a administração de Lula aprovou reformas que tinham sido propostas, sem sucesso, por seu antecessor. Medidas de segurança social que FHC tentara pôr em prática durante seus 45 meses no cargo foram aprovadas em menos de doze meses – um recorde de velocidade.

Entre as reformas mais importantes encontrava-se a da previdência, mudanças que geraram grandes protestos em 2003. Tal reforma, contudo, estava totalmente de acordo com a estratégia do governo anterior. Lula e seus partidários originalmente se opuseram a essas medidas enquanto estavam na oposição, mas adotaram tais estratégias sem hesitar assim que chegaram ao poder, tornando a iniciativa uma prioridade da política econômica em 2003. Em contraste com outros países da América Latina, essas reformas não afetaram os princípios básicos do sistema de distribuição – as mudanças evitaram lidar com questões delicadas, como a reforma do sistema de previdência pública como um todo, e só alcançaram grande progresso no campo privado. As reformas incluíam o aumento da idade de aposentadoria e limites para as pensões dos funcionários públicos. Mas, no Brasil, não houve uma passagem radical do domínio público para o setor privado; não houve uma privatização dos fundos de pensão, como no Chile. No Brasil, o Estado preservou o controle de sua capacidade de assegurar o futuro de seus cidadãos.

A relutância dos funcionários públicos, combinada com a dos representantes eleitos, acabou moderando o escopo das reformas nos fundos de pensão. Em relação ao sistema geral previdenciário, o cálculo do valor total das aposentadorias foi modificado para equivaler a uma média de 80% dos melhores anos assalariados de um indivíduo desde 1994, e não apenas uma média dos últimos quatro anos, como era feito anteriormente. A ideia de impor uma idade mínima para a aposentadoria foi finalmente descartada devido à grande oposição. Embora FHC não tivesse conseguido superar a resistência do Congresso e do Partido dos Trabalhadores, Lula deu início a reformas do sistema de aposentadoria dos funcionários do governo. Em menos de oito meses, as emendas constitucionais foram aprovadas – o que, mais uma vez, foi uma velocidade recorde para as reformas no Brasil. Com essa aprovação, a idade de aposentadoria para funcionários do governo foi estabelecida em 60 anos para os homens e 55 para as mulheres, juntamente com um período mínimo em seus cargos públicos de modo a se ter direito a uma pensão equivalente ao salário do último ano de trabalho, enquanto que as contribuições pessoais para o fundo de aposentadoria foram definidas em 11% dos salários dos funcionários públicos.

Essas foram as medidas de reforma adotadas apesar de grande reticência, muitas vezes no cerne da coalizão do governo, graças a um estilo de liderança ao mesmo tempo flexível e firme. Lula, um negociador experiente em sindicatos, é um mestre da persuasão, desde a guerra travada nas trincheiras legislativas até as negociações entre trabalhadores braçais. Ele tem demonstrado firmeza, combinando concessões com a manutenção de prioridades, mostrando uma inquestionável coragem política ao arriscar gerar desgosto entre seus próprios partidários.

Outra grande reforma ocorreu no domínio fiscal, centrada basicamente em uma melhor cobrança de impostos e controle de gastos. O princípio norteador era garantir a missão fundamental de aumentar e controlar a receita do governo. Contudo, de modo a não gerar confronto com os poderosos governantes estaduais, os impostos sobre bens de primeira necessidade e a sanção de alíquotas de imposto unificadas sobre a venda de produtos e serviços (um tipo de imposto sobre valor agregado) foram adiados.

Ao melhorar a educação, o saneamento e o salário mínimo, a ênfase social do governo Lula não foi negligenciada. Mas de modo a sustentar o avanço da austeridade fiscal e inibir qualquer risco de inflação, as taxas de câmbio foram mantidas deliberadamente altas durante os seis primeiros meses da administração. Juntamente com isso, o objetivo de alcançar um excedente orçamentário foi reforçado e o governo respeitou diligentemente seus compromissos com o Fundo Monetário Internacional. Mais para o fim de 2003, não apenas a taxa inflacionária estava baixa como a dívida pública líquida caiu bem abaixo do limite de 56% do PIB, caindo vertiginosamente da média de 65%, no ápice da crise de 2002. O preço a pagar por essa ortodoxia, contudo, foi uma taxa de crescimento econômico quase inexistente em 2003, o que gerou a infelicidade da ala mais radical do Partido dos Trabalhadores, que considerava as medidas de Lula excessivamente ortodoxas.

Apesar disso, ao fim de 2003 a popularidade de Lula estava particularmente alta nas pesquisas, e ao mesmo tempo uma certa economia política centrada na paciência gradualmente passou a vigorar. A população estava ansiosa para dar a Lula e sua equipe tempo para sancionar tais mudanças. De acordo com as pesquisas, na época, 60% aprovavam as conquistas pessoais do presidente, um recorde em relação ao fraco domínio que os líderes têm sobre o poder político no Brasil, o que é verdadeiro em toda a América Latina. Além disso, dados macroeconômicos consolidaram a satisfação relativa dos brasileiros, já que em 2004 a economia alcançou uma taxa de crescimento anual próxima a 5%, claramente acima da média dos vinte anos anteriores, que era de 2,7%. A balança comercial, em parte devido à força da grande demanda chinesa, registrou um excedente orçamentário em 2004 e 2005, e as exportações ultrapassaram o limite de 100 bilhões, o que equivalia a mais de 15% do PIB.

Políticas sociais: um importante legado

Juntamente com a administração de políticas fiscais e monetárias ortodoxas, os novos líderes do Brasil devotaram sua atenção às mazelas sociais endêmicas do país, principalmente a pobreza, na qual a campanha Fome Zero foi a ponta de lança. A luta contra a pobreza no Brasil se tornou prioridade na presidência de Luiz Inácio da Silva (2003–2006), com um foco especial na eliminação da fome nas regiões mais necessitadas do país. FHC costumava dizer que o Brasil não era um país pobre, e sim um país injusto: apesar de um PIB *per capita* relativamente alto, a pobreza extrema afeta 15% da população total, e a pobreza em geral afeta mais de 35% dos brasileiros. Como a maior economia da América Latina, o Brasil também é exemplo de uma das mais extremas desigualdades de renda do mundo. De acordo com o Instituto de Pesquisa Econômica Aplicada (IPEA), 1% da população, a parcela mais rica, detém a riqueza da nação, enquanto que os 50% mais pobres detêm somente 13%. Lula, com razão, tentou transformar o escândalo da pobreza na prioridade entre as políticas econômicas do Brasil, lançando o Programa Fome Zero oficialmente em janeiro de 2003. O programa tinha como alvo a desnutrição ao introduzir um sistema de bolsas para a compra de alimentos, o qual exigia que as crianças de famílias pobres permanecessem na escola.

As realidades macroeconômicas e as restrições orçamentárias, a dimensão faraônica e o caráter de longo prazo do desafio, contudo, fizeram com que as tendências redistributivas se dissipassem, apesar do apoio veemente de Lula a essas medidas enquanto estava no partido da oposição. De certa forma, os objetivos da política macroeconômica sobrepujaram parte da agenda social doméstica e nunca alcançaram totalmente a estabilização macroeconômica, impedindo a implantação de todos os grandes objetivos e promessas iniciais. Ao fim do primeiro governo de Lula, muitos dos esforços iniciais e do entusiasmo foram desviados e diluídos pela crise da corrupção que abalou o governo no meio de 2005, um ano antes do fim de seu mandato. Alguns dos aliados mais próximos de Lula foram acusados de comandar um esquema de propinas de proporções épicas, o qual colocou o Brasil em uma de suas piores crises políticas desde o *impeachment* por corrupção do presidente Collor, em 1992.

Quanto aos escândalos de corrupção, a consciência da importância da capacidade e eficácia de um regime democrático redistribuir a renda, impulsionada no passado por um sociólogo e hoje por um líder dos trabalhadores, não é exatamente algo novo no Brasil. Ela é, contudo, mais saudável, já que é parte de uma economia política pragmática, uma tendência possibilista que busca se destacar de todo ruído ideológico e que está bastante consciente do fato de que as democracias sobrevivem em sociedades prósperas ou, nos casos mais extremos, independentemente do nível de renda, contanto que a renda *per capita* seja distribuída de maneira suficientemente igualitária. E, de fato, durante a segunda metade do século XX, a probabilidade de "morte" das democracias era de 1 em 12 nos países com renda *per capita* abaixo de US$ 1.000 1 em 60 nos casos de renda *per capita* acima de US$ 6.000. A isso se acrescenta um fator ainda mais relevante, salientado por Jess Benhabib e Adam Przeworski: esse limite "fronteira" fica em torno de US$ 6.000/US$ 60.000 em termos de renda *per capita*, além do qual as possibilidades de sobrevivência da democracia são maiores, e crescem quando as diferenças de renda são menores. Em outras palavras, as chances de uma democracia sobreviver são muito maiores quando as sociedades são mais igualitárias em termos de distribuição de riqueza.

De qualquer modo, tal combinação de ortodoxia econômica e políticas sociais foi a marca registrada dos primeiros passos do governo Lula, um governo liderado por um presidente mais atento aos objetivos globais de desenvolvimento seguro, igualitário e sustentável, do que à pureza ideológica dos métodos utilizados para alcançá-los. O próprio Lula insiste que ele é, acima de tudo, um negociador, e não alguém preso a ideologias. Os membros do governo responsáveis pela pasta da Economia também concordam em adotar a mesma linha empírica de ação, como Antonio Palocci, ministro da Fazenda, e também Guido Mantega, ministro do Planejamento, e Luiz Furlan, ministro do Desenvolvimento, da Indústria e do Comércio Exterior, anteriormente um empresário industrial que ocupava o cargo de presidente do conselho de diretores da Sadia, uma das maiores empresas alimentícias do Brasil. Embora seja verdade que a economia política brasileira continua impregnada de um certo "heroísmo nominal", em que a personalidade individual ainda tem maior importância do que a autoridade institucional, a imposição dessas políticas em grande parte ainda depende mais das pessoas no poder do que das instituições em si. Embora o nominalismo ainda prevaleça, o Brasil, como o Chile, parece estar no caminho seguro de um maior fortalecimento de suas instituições.

Brasil: A terra do possibilismo

É óbvio que essas políticas econômicas mistas são parte do mesmo impulso que atinge toda a América Latina, seja no Brasil ou nos países de língua espanhola – a miscigenação de pensamentos alimentada por historiadores e antropólogos, economistas e sociólogos. No Brasil, um país de proporções continentais, onde o censo registra até 136 matizes de variação racial da cor da pele, onde a literatura da "antropofagia" teve origem na década de 1920, a capacidade de assimilar opostos e agregar misturas constitui a base de um pragmatismo social tropical, o qual também se desdobra para a teoria econômica e política do século XX. "Ordem e Progresso", o lema adotado pela República brasileira em seu nascimento, em 1889, é nada mais do que um dos ditados favoritos do positivismo, inspirado diretamente por Auguste Comte. Ele combina a vontade de projetar-se no futuro impondo a ordem presente nessa projeção, dar-lhe um molde racional.

"Sou um tupi tangendo um alaúde", escreveu o poeta brasileiro Mário de Andrade, evocando a realidade de um país com alianças e linhagem múltiplas, onde os compromissos e as adaptações estão inextricavelmente misturados. Como o personagem do poema de Mário de Andrade, os líderes brasileiros no fim do século XX, e também neste novo século, estão multiplicando as combinações. Eles se tornaram tocadores de alaúde econômicos sem igual, que apresentam ao mesmo tempo grandes óperas musicais e a música simples do acaso. Assim, planejamento e imaginação, rigor e flexibilidade se misturam, dando à luz, no solo brasileiro, a mais uma variante da economia política do possível. Dos primeiro e segundo mandatos de FHC aos primeiro e segundo mandatos de Lula, essa abordagem, pragmática, eclética, sem maior obsessão por paradigmas e modelos macro e mágicos, é o estilo dominante hoje em dia da estratégia política brasileira.

Como fez o Chile em 1989, com sua volta à democracia, e o México em 2000, com a eleição de Fox, em 2002 o Brasil experimentou uma transição fundamental com a eleição de Lula. Em 1989, os chilenos optaram por um gradualismo econômico, em vez de outro rompimento com todas as reformas anteriores, apesar da mudança dramática do regime político. Uma década depois, o triunfo da oposição do México não terminou numa turbulenta descontinuidade econômica, e sim no contrário. Da mesma maneira, Lula e antes FHC, tornou-se o ponto de referência, mantendo a estabilidade econômica, advogando políticas de mercado amistosas e avançando as reformas sociais em uma região desigual e polarizada socialmente.

Ambos os governos, tanto o de Lula quanto o de FHC, apesar de suas diferenças de estilo, conseguiram a aprovação de projetos de lei que estavam atrasados há anos, conseguindo aprovar reformas fiscais e previdenciárias, e também uma nova lei de falência e uma reforma constitucional com vistas a melhorar o deficiente sistema judiciário.

Mas um acontecimento igualmente importante no Brasil foi, durante os anos dos governos de FHC e Lula, a consolidação do que Armínio Fraga chamou de novo regime econômico. Esse termo se aplica a uma economia política mais confiável, mais centrada em alcançar uma meta razoável e ordeira. Ao demonstrar para o mundo que a escolha de medidas de política econômica é partilhada por um amplo espectro que abrange tanto as elites quanto as massas, e que essa escolha se baseia em posicionamentos pragmáticos, e não ideológicos, o Brasil de FHC e Lula também surge, de maneira singular, dentro do possibilismo emergente na América Latina.

Sobre os Autores

Maria Ângela D'Incao é socióloga e pesquisadora de relações entre grupos sociais e a natureza, estudos sobre família, modernidade e globalização no Brasil. Estudou na USP, foi professora visitante na Universidade de Oxford, na Universidade de Sussex, na Universidade Livre de Berlim e na Universidade do Pará. Atuou no Museu Paraense Emilio Goeldi em Belém e no mestrado em Antropologia da UFPA. Atualmente é professora associada à pós-graduação em Geografia na Faculdade de Ciência e Tecnologia da UNESP. Entre seus livros publicados destacam-se *Sentimentos modernos: A família na literatura; Presidente Prudente, capital regional; A Amazônia e a crise da modernização*; *Diversidade biológica e cultural na Amazônia*; *Brasil não é mais aquele: Mudanças sociais após a redemocratização*; *Mulher e modernidade na Amazônia;* A *mulher existe? Uma contribuição ao estudo da mulher e relações de gênero na Amazônia.*

Hermínio Martins foi professor nas universidades de Leeds, Essex e Oxford, investigador no Instituto de Ciências Sociais da Universidade de Lisboa e professor visitante nas universidades de Harvard, Pennsylvania, UNESP-Marília e na UNICAMP. Autor de *Classe, status e poder: Ensaios sobre o Portugal contemporâneo* e *Hegel, Texas e outros ensaios de teoria social*, coordenador de *Knowledge and Passion*, e co-coordenador de *Max Weber's science as a vocation*; *Debating Durkheim*; *Scientific establishments and hierarchies* e *A morte em Portugal*. Autor de artigos sobre teoria sociológica, sociologia da ciência, tecnologia e cultura, e filosofia das ciências sociais.

Bernardo Sorj é diretor do Centro Edelstein de Pesquisas Sociais e professor titular de Sociologia da Universidade Federal do Rio de Janeiro. Foi professor visitante em várias universidades europeias e dos Estados Unidos, ocupando entre outras posições as cátedras Sérgio Buarque de Holanda da Maison des Sciences de L'Homme e Simón Bolívar do IHEAL/Paris. Autor de 23 livros publicados em várias línguas, sobre temas de teoria social, América Latina, democracia e judaísmo. Entre os livros mais recentes se incluem: *O desafio latino-americano* (com Danilo Martuccelli, Civilização Brasileira, 2008), *Information societies and digital divides: An introduction* (Polimetrica, 2007), *Internet na favela* (com L. E. Guedes, Unesco, 2005), *A democracia inesperada* (Jorge Zahar, 2004) e *A construção intelectual do Brasil contemporâneo* (Jorge Zahar, 2001).

Sérgio Fausto é bacharel em Ciências Sociais pela Faculdade de Filosofia, Letras e Ciências Humanas da Universidade de São Paulo e pós-graduado em Ciência Política pela mesma faculdade. Atualmente trabalha como diretor do Instituto Fernando Henrique Cardoso. Trabalhou também como assessor do ex-presidente Fernando Henrique Cardoso em São Paulo; foi assessor da Secretaria-Executiva do Ministério da Fazenda, membro titular do Conselho de Administração da Empresa Brasileira de Pesquisa Agropecuária (EMBRAPA), assessor do gabinete do ministro do Ministério do Desenvolvimento, Indústria e Comércio, e assessor do gabinete do ministro do Ministério do Planejamento, Orçamento e Gestão.

Celso Lafer é professor titular da Faculdade de Direito da USP, membro da Academia Brasileira de Letras e da Academia Brasileira de Ciências. No governo FHC foi embaixador, chefe da Missão Permanente do Brasil junto à ONU e à OMC em Genebra (1995–1998), ministro do Desenvolvimento, Indústria e Comércio (1999) e ministro das Relações Exteriores (2001–2002). Principais publicações: *A reconstrução dos direitos humanos (um diálogo com o pensamento de Hannah Arendt); Comércio, desarmamento, direitos humanos – Reflexões sobre uma experiência diplomática; A identidade internacional do Brasil e a política externa brasileira; Hannah Arendt: Pensamento, persuasão e poder; A internacionalização dos direitos humanos: Constituição, racismo e relações internacionais.*

Afrânio-Raul Garcia Jr. é formado em Economia, mestre e doutor em Antropologia Social pela Universidade Federal do Rio de Janeiro e tem pós-doutorado pela École des Hautes Études en Sciences Sociales, França. Atualmente é Maître de Conférence da École des Hautes Études en Sciences Sociales. Atua principalmente nos seguintes temas: campesinato, economia familiar e transformação social. Publicou *Terra de trabalho: Trabalho familiar de pequenos produtores* e *O sul: Caminho do roçado. Estratégias de reprodução camponesa e transformação social.*

Bolívar Lamounier é doutor em Ciência Política pela Universidade da Califórnia, Los Angeles, sócio-diretor da Augurium Consultoria e integrante do Comitê Acadêmico do Clube de Madri – entidade formada por ex-chefes de Estado e de Governo com o objetivo de fortalecer internacionalmente a democracia. Lecionou na PUC-SP e na USP e presidiu o Conselho Diretor do Centro de Estudos de Opinião Pública da Universidade de Campinas (CESOP). Em 1997, foi eleito para a Academia Paulista de Letras. É autor de *Conversa em família* (2004) e *Da Independência a Lula: Dois séculos de política brasileira* (2005).

Roberto DaMatta é professor titular de Antropologia da Pontifícia Universidade Católica do Rio de Janeiro. De 1959 até 1987 trabalhou como antropólogo do Museu Nacional da Quinta da Boa Vista, onde foi estagiário, pesquisador auxiliar, professor, chefe do Departamento de Antropologia e coordenador do programa de Pós-Graduação em Antropologia Social. De 1987 a 2003, ocupou a cátedra Reverendo Edmund P. Joyce de Antropologia da Universidade de Notre Dame, em Indiana, Estados Unidos, da qual é, atualmente, professor emérito aposentado. Escreveu ensaios sobre duas sociedades tribais do Brasil: os Gaviões do Estado do Pará e os Apinayé, do atual Estado do Tocantins. Produziu e editou diversos livros sobre a sociedade brasileira. É cronista semanal do jornal *O Estado de S. Paulo* e do *Globo*. Seu último livro intitula-se *Crônicas da vida e da morte* (Rio de Janeiro, Rocco, 2009).

Edmund Amann é professor de Desenvolvimento Econômico na Universidade de Manchester, professor adjunto no Regional Economics Applications Laboratory (REAL) da Universidade de Illinois, Urbana-Champaign e professor da Paul H. Nitze School for Advanced International Studies, Johns Hopkins University. Sua área de pesquisa é a economia da América Latina. Se interessa especialmente pelas formas como as mudanças tecnológicas, a distribuição de renda e o crescimento impactam a região. Publicou recentemente *Regulating development: Evidence from Africa and Latin America* (org.), com Edward Elgar, 2007.

Werner Baer é professor de Economia na Universidade Illinois. Escreveu extensivamente sobre o Brasil. Suas publicações mais recentes incluem *The Brazilian economy: Growth and development* (6ª edição, Lynne Rienner Publishers, 2008) e *Brazil under Lula* editado com J. Love (Palgrave/Macmillan, 2009).

Luiz Carlos Bresser-Pereira é professor emérito da Fundação Getulio Vargas, editor da *Revista de Economia Política*, e professor associado da École des Hautes Études en Sciences Sociales. Foi professor visitante da Universidade de Oxford (Nuffield e St. Anthony's Colleges). Foi ministro da Fazenda (1987), da Administração Federal e Reforma do Estado (1995–1998) e da Ciência e Tecnologia (1999), e secretário do governo Montoro em São Paulo (1985–1986). É autor, entre outros livros, de *Globalização e competição; Macroeconomia da estagnação; As revoluções utópicas dos anos 60; Democracy and public management reform*; *Desenvolvimento e crise no Brasil*; *Reforma do Estado para a cidadania*; *A crise do Estado*; *Lucro, acumulação e crise*; *Inflação e recessão*, com Yoshiaki Nakano; *Sociedade Estatal e a tecnoburocracia; O colapso de uma aliança de classes*. Mantém o site www.bresserpereira.org.br.

Simone de Castro Tavares Coelho é mestre e doutora em Ciência Política, pela Universidade de São Paulo. Autora do livro *Terceiro Setor: Um estudo comparado entre Brasil e Estados Unidos*, publicado pela editora SENAC-SP. Especialista em análises sobre movimentos sociais e ações de intervenção social, coordenou e participou de diversas pesquisas sobre políticas públicas. Atualmente é diretora presidente do Instituto de Desenvolvimento Educacional, Cultural e Ação Comunitária (IDECA), especializado no desenvolvimento de pesquisas sociais e avaliação de resultados e impacto de ações sociais e políticas públicas.

Carlos Alberto Batista Maciel é assistente social, mestre em Antropologia pela Universidade Federal do Pará, doutor em Sociologia pela Universidade Estadual Paulista, campus de Araraquara. Foi diretor do Conselho Federal de Serviço Social e do Conselho Regional de Serviço Social do Pará, representando este último na presidência do Conselho Estadual de Assistência Social do Estado do Pará em 2007. Docente da UFPA desde 1992, onde leciona na graduação e na pós-graduação do Serviço Social. Exerceu a função de coordenador do curso de mestrado em Serviço Social no período 2006–2009. Autor do livro *Benefício de prestação continuada: As armadilhas* e de artigos na revista *Serviço Social e Sociedade.*

Edval Bernardino Campos é bacharel em Serviço Social, mestre em Planejamento do Desenvolvimento, doutor em Ciência Política, professor da Universidade da Amazônia (UNAMA) e assistente social da Secretaria de Estado de Assistência e Desenvolvimento Social (SEDES, PA). É membro do Conselho Federal de Serviço Social (CFESS) e do Conselho Nacional de Assistência Social (CNAS). Autor de artigos publicados nas revistas *Trilhas* e *Serviço social e sociedade* e de trabalhos publicados em congressos e conferências na área das políticas sociais.

Sérgio Costa é professor titular de Sociologia e diretor do Instituto de Estudos Latino-Americanos da Freie Universität Berlin. Suas áreas de investigação são: democracia e diferenças culturais, racismo e antirracismo, teoria social contemporânea e desigualdades sociais. Livros e edições mais recentes: *Brazil and the Americas. Convergences and perspectives* (com Birle, Peter e Nitschack, Horst); *Vom Nordatlantik zum 'Black Atlantic'. Postkoloniale Konfigurationen und Paradoxien transnationaler Politik* (versão em português: *Dois Atlânticos. Teoria social, antirracismo, cosmopolitismo*); *The Plurality of Modernity. Decentring Sociology* (com Domingues, J. Maurício; Knöbl, Wolfgang e Silva, Josué).

Cláudio de Moura Castro é formado em Economia pela UFMG, mestre pela Universidade de Yale e doutor pela Universidade de Vanderbilt. Trabalhou no IPEA/INPES e foi coordenador técnico do Programa ECIEL, passando em seguida a diretor geral da CAPES. Foi também secretário executivo do CNRH/IPEA. Foi chefe da Divisão de Políticas de Formação da OIT (Genebra), economista sênior de Recursos Humanos do Banco Mundial, passando para o BID como chefe da Divisão de Programas Sociais. Ao aposentar-se do BID em fins do ano 2001, assumiu a posição de presidente do Conselho Consultivo da Faculdade Pitágoras, permanecendo até a metade do ano 2009. Atualmente é assessor especial da presidência do Grupo Positivo. Autor de mais de trinta e cinco livros e mais de trezentos artigos científicos, é articulista da revista *Veja.*

Lúcio Flávio de Faria Pinto é sociólogo e jornalista, editor do *Jornal Pessoal*, que circula quinzenalmente em Belém do Pará há 23 anos. Foi pesquisador visitante do Centro de Estudos Latino-Americanos da Universidade da Flórida, em Gainesville (EUA) e do Núcleo de Altos Estudos da Universidade Federal do Trabalho, Pará. Tem inúmeros artigos sobre a Amazônia e 15 livros individuais publicados. Os mais recentes são *Amazônia sangrada* e *A história proibida*.

Ricardo Verdum é doutor em Antropologia Social pelo Centro de Pesquisa e Pós-Graduação sobre as Américas (CEPPAC), da Universidade de Brasília. Desenvolve estudos e pesquisas sobre políticas de desenvolvimento na América Latina; impactos socioambientais; políticas de desenvolvimento indígena; movimentos etnopolíticos e pluralismo jurídico. É assessor do Instituto de Estudos Socioeconômicos (INESC). Publicações: *Mapa da fome entre os povos indígenas no Brasil* (org.); *Índios e parlamentos* (org.); *Assistência técnica e financiamento para o desenvolvimento indígena* (org.); *Mulheres indígenas, direitos e políticas públicas* (org.); *Povos indígenas, constituições e reformas políticas na América Latina* (org.); *El indigenismo brasileño en tiempos de multiculturalismo* (Alteridades, México).

Maria da Glória Gohn é socióloga, doutora em Ciência Política pela Universidade de São Paulo, tem Pós-Doc na New School of University, New York. É professora titular da Faculdade de Educação da Universidade de Campinas e do programa de Pós-Graduação em Educação da UNINOVE. Pesquisadora I do CNPq, é secretária executiva do RC 47 da Associação Internacional de Sociologia. Livros publicados: *Novas teorias dos movimentos sociais*; *Não fronteiras: universos da educação não formal*; *O protagonismo da sociedade civil: Movimentos sociais, ONGs e redes solidárias*; *Movimentos sociais no início do século XXI*; *Teoria dos movimentos sociais*; *Movimentos sociais e educação*; *Conselhos gestores e participação sociopolítica*; *Mídia, terceiro setor e MST*; *Educação não formal e cultura política*; *Os sem-terra, ONGs e cidadania*; *História das lutas e movimentos sociais*, *Movimentos sociais e luta pela moradia* e *Reivindicações populares urbanas*.

Arthur Trindade Maranhão Costa é doutor em Sociologia (UnB) e professor adjunto da Universidade de Brasília. Suas principais áreas de pesquisa são: violência, violência policial, segurança pública, democracia e cidadania. É membro do Fórum Brasileiro de Segurança Pública e atualmente coordena o Núcleo de Estudos sobre Violência e Segurança (NEVIS) da Universidade de Brasília. Publicou *Entre a lei e a ordem: Violência e reforma nas polícias do Rio de Janeiro e Nova York* (Rio de Janeiro, Ed. FGV, 2004) e *A segurança pública no Distrito Federal: Práticas institucionais e dilemas culturais* (Brasília, LGE, 2007), além de artigos relacionados a sua área de pesquisa.

Oliveiros S. Ferreira é bacharel e licenciado em Ciências Sociais pela Faculdade de Filosofia, Letras e Ciências Humanas da Universidade de São Paulo. É doutor em Ciências Sociais, livre docente em Ciência Política (USP), professor emérito da Escola de Comando e Estado Maior do Exército. Livros publicados: *Nossa América, Indoamérica – A ordem e a revolução no pensamento de Haya de la Torre*; *Os 45 cavaleiros húngaros – Uma leitura dos Cadernos do Cárcere de Gramsci*; *Vida e morte do Partido Fardado*; *A crise da política externa*; *Ordem pública e liberdades políticas na África Negra*; *Teoria da coisa nossa* e *elos partidos.*

Paulo Sérgio Pinheiro é professor-adjunto de Relações Internacionais do Watson Institute of International Studies, Brown University; coordenador de pesquisa do Núcleo de Estudos da Violência e professor de Ciência Política (aposentado) na USP. Publicou diversos artigos, ensaios e livros sobre história social, democracia, violência, e direitos humanos. É comissionado e relator da Infância da Comissão Interamericana de Direitos Humanos (CIDH), Organização dos Estados Americanos (OEA). Copreside um Painel de Pessoas Eminentes, indicado pelo governo suíço, para a preparação e disseminação de uma Agenda para os Direitos Humanos. De 2004 a 2007 foi membro do grupo de consultores internacionais do Comitê Interncaional da Cruz Vermelha (ICRC). Ocupou o cargo de Relator Especial da ONU para a Situação dos Direitos Humanos em Burundi de 1995 a 1998 e em Myanmar de 2000 a 2008. Foi membro da extinta Subcomissão para a Proteção e Promoção dos Direitos Humanos da ONU. Ocupou o cargo de secretário especial dos Direitos Humanos na presidência de Fernando Henrique Cardoso e de relator do Programa Nacional de Direitos Humanos.

Laurence Whitehead é *Official Fellow* em Política no Nuffield College, Oxford University, e *Senior Fellow* do Nuffield College. Durante 2005–2006 foi *Acting Warden* no Nuffield College. Seus livros mais recentes são: *Latin America: A new* *interpretation*; *Democratization: Theory and experience*. Publicou diversos capítulos em livros, além de artigos em jornal, o mais recente sendo "Losing 'the Force'? The dark side of democratization after Iraq" (*Democratization*, abril 2009, vol. 16, nº 2). É editor de uma coleção da Oxford University Press, *Studies in democratization*. Atualmente faz parte do Research Committee 13 da International Political Science Association (Comparative Democratization) e da seção europeia e latino-americana da Latin American Studies Association. Faz parte também da direção do comitê Red Eurolatinoamericano de Gobernabilidad para el Desarrollo.

Ted Goertzel é professor de Sociologia na Univerdade de Rutgers em Camden, New Jersey. Estudou o movimento estudantil no Brasil na sua dissertação de Ph.D em 1966 e publicou *Fernando Henrique Cardoso e a reconstrução de democracia no Brasil* nos Estados Unidos, em 1999, e no Brasil, em 2002. Publicou recentemente *The great São Paulo homicide decline*, com Tulio Kahn, no jornal *Homicide Studies*. Está terminando o livro *Lula: The son of Brazil in power*, que inclui transcrições da entrevista de Denise Paraná com Lula.

Kotaro Horisaka é professor de Economia e Política no Departamento de Estudo Luso-Brasileiro (Faculdade de Estudos Estrangeiros) da Universidade Sophia em Tóquio, e diretor do Instituto Ibero-americano desta universidade. Formou-se pela Universidade Cristã Internacional (ICU) em Tóquio em 1968. Foi correspondente do diário econômico do Japão *Nihon Keizai Shimbun* até 1983. Serviu em São Paulo de 1978 até 1982 como representante da sucursal deste jornal. É autor de vários livros e artigos sobre a economia e a política da América Latina, em japonês e em outros idiomas. Artigos em: *East Asia and Latin America: The unlikely alliance* (Lanham, Rowman & Littlefield Publishers, 2003), *Fragmentos sobre as relações nipo-brasileiras no pós-guerra* (São Paulo, Bolsa de Mercadorias & Futuros, 1997).

Akiko Koyasu é professora associada de Relações Internacionais no Departamento de Estudo Luso-Brasileiro (Faculdade de Estudos Estrangeiros) da Universidade Sophia em Tóquio e é membro do Instituto Ibero-americano desta universidade. É licenciada em Letras pela Universidade Sophia e mestre em Relações Internacionais pela mesma universidade desde 1991. Foi professora assistente da Universidade Kanda de Estudos Internacionais. É autora de artigos sobre a diplomacia brasileira e as relações internacionais do Brasil.

Andrew Hurrell é professor de Relações Internacionais na Universidade de Oxford e *Fellow* do Balliol College. Seu livro *On global order, power, values and the constitution of international society* ganhou o prêmio *Internacional Studies Association* de melhor livro no campo das Relações Internacionais, em 2009. Outras publicações incluem: *Inequality, globalization and world politics* (organizador, com Ngaire Woods, 1999); *Regionalism in world politics* (organizador, com Louise Fawcett, 1995). É pesquisador sobre teorias das Relações Internacionais, teorias de governança global, a história do pensamento nas Relações Internacionais, regionalismo comparativo, e as Relações Internacionais nas Américas, com particular referência ao Brasil.

Javier Santiso é diretor e economista da OECD Development Centre. É também membro do Emerging Markets Network da OECD e editor, dentre outros, da OECD Latin American Economic Outlook (LEO). Anteriormente foi economista do BBVA (Emerging Markets) e professor de Economia Política da América Latina e Economia Internacional (Sciences Po Paris), e na SAIS da Johns Hopkins University. Possui os diplomas de MA, MBA e PhD em Ciências Sociais pela Sciences Po Paris, HEC School of Management e Oxford University, onde terminou seu PhD no St. Antony's College. Publicou mais de 70 artigos sobre América Latina, mercados emergentes e economia internacional.

IMPRESSÃO E ACABAMENTO:
YANGRAF Fone/Fax: 2095-7722
e-mail:santana@yangraf.com.br